Claudia Fliß & Claudia Igney (Hrsg.)
Handbuch Rituelle Gewalt

Claudia Fliß und Claudia Igney (Hrsg.)

Handbuch Rituelle Gewalt

Erkennen – Hilfe für Betroffene – Interdisziplinäre Kooperation

3. Auflage 2016

PABST SCIENCE PUBLISHERS
Lengerich

Bibliografische Information der Deutschen Nationalbibliothek
Die Deutsche Nationalbibliothek verzeichnet diese Publikation in der Deutschen Nationalbibliografie; detaillierte bibliografische Daten sind im Internet über http://dnb.ddb.de abrufbar.

Das Werk einschließlich aller seiner Teile, ist urheberrechtlich geschützt. Jede Verwertung außerhalb der engen Grenzen des Urheberrechtsgesetzes ist ohne Zustimmung des Verlages unzulässig und strafbar. Das gilt insbesondere für Vervielfältigungen, Übersetzungen, Mikroverfilmungen und die Einspeicherung und Verarbeitung in elektronischen Systemen.

© 2010 Pabst Science Publishers, D-49525 Lengerich

Konvertierung: Claudia Döring
Druck: KM Druck, D-64823 Groß-Umstadt

ISBN 978-3-89967-644-0

Inhaltsverzeichnis

Vorwort der Herausgeberinnen 9

Zur Definition Rituelle Gewalt
Claudia Fliß, Claudia Igney, Rudolf von Bracken 11

Teil 1: Rituelle Gewalt – Strukturen und Methoden

1.1 Rituelle Gewalt in unserer Gesellschaft –
ein Phänomen zwischen Entsetzen, Glaubenskrieg und Arbeitsalltag
Claudia Igney 19

1.2 Dissoziative Identitätsstruktur –
Ziel der Konditionierung, Krankheit, Überlebensstrategie?
Ira Bohlen 36

1.3 Traumatisierung und Macht
Jennifer Fliß, Tamara Wiemers 58

1.4 Stand der Forschung in Deutschland
Claudia Igney 67

1.5 Rituelle Gewalt: Was wir über Gewalt ausübende, ideologische Kulte,
Täter und Täterstrukturen wissen – eine Betrachtung
Thorsten Becker 105

1.6 "Durch meine Schuld" – eine Innensicht.
Rituelle Gewalt durch Mitglieder der christlichen Kirche
Anna Hafer 135

1.7 Systematische Kinder-Abrichtung in Deutschland
Sylvia Schramm 141

1.8 Konditionierung und Programmierung
Baphomet 153

Teil 2: Einsteigen? Aussteigen?

2.1 In ein lebendiges Leben hineinwachsen, das geht ohne Selbstbestimmung nicht ...
Interview mit der Pionierin Monika Veith 171

2.2 Aussteigen – eine Innensicht
Melina 187

2.3 Ausstiegsbegleitung
Claudia Fliß 195

Teil 3: Psychosoziale und medizinische Hilfen für Betroffene

3.1 Medizinische Versorgung
Anne Kathrin Ludwig 221

3.2 Spezifische psychische Folgen
Claudia Fliß 228

3.3 Ambulante Psychotherapie
Claudia Fliß 261

3.4 Stationäre Therapie
Kornelia Sturz, Micaela Götze, Martina Rudolph, Iris Semsch ... 295

3.5 Gratwanderungen. Beratungsarbeit mit Betroffenen Ritueller Gewalt
Tanja Rode 318

3.6 Pädagogische Begleitung. Wohngruppen für Frauen mit Psychotraumatisierungen
Gisela Krille, Astrid Jürgensen, Angelika Vogler, Silke Neumann ... 333

3.7 Eine ganzheitliche Betrachtung des Heilungsprozesses bei Dissoziation
Sabine Gapp-Bauß 349

Teil 4: Rechtliche Hilfen?

4.1 Unglaublich – aber wahr! Rechtliche Aspekte Ritueller Gewalt
Rudolf von Bracken 365

4.2	Rituelle Gewalt – (k)ein Thema für die Polizei? Rituelle Gewalt unter besonderer Berücksichtigung der sexuellen Ausbeutung von Kindern *Manfred Paulus*	382
4.3	Aussagepsychologische Begutachtung *Helga Erl*	392
4.4	„Würdest du dich noch mal so entscheiden?" – Über Grenzen und Chancen von Strafanzeigen. Erfahrungen mit polizeilichen Ermittlungen *Eline Maltis*	413

Teil 5: Es geht nur gemeinsam

5.1	Wir leben damit *Statement der bundesweiten Austauschgruppe Betroffener*	445
5.2	Interdisziplinäre Vernetzung *Silvia Eilhardt*	451
5.3	Vertrauen als ein Fundament des Verständnisses der Welt *Lena Seidl*	459
5.4	Die Wurzeln und das Wachstum der Gewalt und welches Kraut dagegen hilft. Ein Plädoyer für mehr Raum für Verletzlichkeit *Barbara Knorz*	466

Verzeichnis der Autorinnen und Autoren 505

Vorwort der Herausgeberinnen

Im Handbuch Rituelle Gewalt ist eine Sammlung von Praxiswissen und -erfahrung vereint. Sich mit dem Thema auseinanderzusetzen, erfordert einigen Mut, denn Rituelle Gewalt ist ausgesprochen grausam. Und es ist unbequem, sich anzusehen, wie oft und wie ausgeprägt sie vorkommt – auch wenn das genaue Ausmaß zahlenmäßig schwer zu ermitteln ist – und welche Verbindungen die Akteure Ritueller Gewalt mit der Pornoindustrie, der Zwangsprostitution und der Ausbeutung von Kindern, darunter auch Babys und Kleinkinder, haben. Diese Formen der Gewalt sind nicht „verrückt", sondern sie sind absichtlich, sadistisch und kalkuliert.

Es ist aus der Sicht der Herausgeberinnen verständlich, wenn nicht alle Menschen mit den Abgründen der menschlichen Seele zu tun haben wollen, wenn sie nicht wissen möchten, was Menschen anderen Menschen anzutun in der Lage sind. Doch zumindest diejenigen sollten bereit sein hinzusehen, die in unserer Gesellschaft in wichtigen Funktionen und Positionen gesellschaftliche Verantwortung tragen, und diejenigen, die in ihrer professionellen Arbeit Betroffenen Ritueller Gewalt begegnen (können). Diese Betroffenen sind mitten unter uns, und immer wieder wenden sich einige wegen ihrer Leiden an Professionelle – verbunden mit der Hoffnung auf die Hilfe der Gesellschaft.

Wir als HerausgeberInnen haben Professionelle aus verschiedenen Fachrichtungen und Menschen, die selbst Rituelle Gewalt er-/überlebt haben, um Beiträge gebeten und haben Interessantes und Wertvolles erwartet. Als die Beiträge eintrafen, waren wir nicht nur zufrieden, sondern beeindruckt und bewegt von der Vielfalt, Ausführlichkeit und Inhaltsschwere. Das bereits vorliegende Wissen um Rituelle Gewalt ist weitaus größer, umfassender und klarer, als wir erwartet haben. Wissen und Engagement der MitautorInnen haben uns beeindruckt, bereichert und emotional bewegt. Auch deshalb möchten wir allen Mitarbeitenden herzlich für ihre reichhaltigen Beiträge danken, und nicht nur dafür, sondern auch für die Möglichkeit der Diskussion über Inhalte und Zusammenhänge, über daraus entstehende weitere Ideen und Denkanstöße. Die Offenheit der MitautorInnen bei der Erstellung des Buches könnte ein Vorbild für die Offenheit sein, die wir alle benötigen, um uns diesem schwierigen und belastenden Thema zu stellen.

Den MitautorInnen wurde freigestellt, ihre Arbeitsansätze und ihr Wissen in ihrem eigenen Stil darzustellen, auch die Gestaltung der Texte und die Verwendung von Begriffen und männlichen/weiblichen Sprachformen konnten frei gewählt werden.

Für eine differenzierte und nachvollziehbare Darstellung des Themas ist es unvermeidlich, auch Gewaltstrukturen und Vorgehensweisen der Täter zu beschreiben. Solche Darstellungen können als Trigger für Betroffene wirken. Wir hoffen, dass Betroffene – und UnterstützerInnen – mit dem Buch im Sinne guter Selbstfürsorge umgehen.

Die meisten AutorInnen des Buches haben sich auf die Definition Ritueller Gewalt von Becker & Fröhling bezogen (siehe nächstes Kapitel), da es bisher keine einheitliche

Definition gibt. Manche AutorInnen haben die Begriffsdefinition aber weiter gefasst und die Begründungen dafür haben uns überzeugt. Die jeweilgen Blickwinkel beleuchten das, was unter Ritueller Gewalt verstanden wird, entsprechend den jeweiligen Arbeitsansätzen oder eigenen Erfahrungen nachvollziehbar unterschiedlich. Da wir diese lebendige Diskussion spannend und wichtig fanden, haben wir ihr ein eigenes Kapitel gewidmet.

Das Handbuch soll die unterschiedlichen professionellen Arbeitsansätze und -aufträge zunächst einmal nachvollziehbar machen. Ebenso wichtig sind uns die Erfahrungen der Betroffenen – als NutzerInnen der Hilfsangebote ebenso wie als ExpertInnen in eigener Sache und zum Thema Rituelle Gewalt. Wir haben uns entschieden, bei besonders schwierigen Aspekten wie Strafanzeigen und strafrechtlicher Verfolgung bei Ritueller Gewalt verschiedene, sich teilweise auch widersprechende Sichtweisen stehen zu lassen, um deutlich zu machen, wie wichtig und notwendig Gespräche, Diskussionen und Klärungsprozesse für eine interdisziplinäre Kooperation Professioneller sind. So zeigen sich Unterschiede in der Sichtweise bei Rudolf von Bracken und Manfred Paulus bezüglich der Überzeugung, wieweit Strafanzeigen und Ermittlungen gegen die Täter derzeit Erfolg versprechend sein können und was dazu erforderlich ist. Eline Maltis beschreibt aus ihrer Sicht als Anzeigende differenziert die Probleme und Möglichkeiten. Die verschiedenen Sichtweisen machen nicht nur nachdenklich, sondern sie lassen auch deutlich werden, in welcher Richtung Professionelle weiter arbeiten müssen, um Kriterien und Vorgehensweisen zu entwickeln, damit eine Strafanzeige Chancen auf erfolgreiche Strafverfolgung haben kann.

Das Thema Rituelle Gewalt rüttelt heftig an unserem Verständnis der Welt und an einem positiven Bild des Menschseins. Fachwissen allein genügt nicht, um Betroffene zu verstehen und zu unterstützen. Hilfreich erscheint uns eine eigene Haltung auf dem Hintergrund eines größeren Zusammenhangs. Deshalb haben wir nicht nur Texte aus den direkt unterstützenden Professionen und von Betroffenen angefragt, sondern auch Texte in das Buch aufgenommen, die uns nachdenken lassen, was Macht eigentlich ist und wann sie wie und warum eingesetzt wird. Außerdem wurden Texte eingeflochten mit Reflexionen zu Themen wie Vertrauen und Hoffnung, Wahrheit und Gerechtigkeit.

Dazu haben junge Menschen im Alter von Anfang/Mitte 20 ebenso beigetragen wie über 50- und 60-jährige Menschen, die über eine lange berufliche und menschliche Erfahrung verfügen. Darunter sind mit Monika Veith und Thorsten Becker Menschen, die als eine der Ersten vor gut 20 Jahren (und bis heute) wesentlich dazu beigetragen haben, das Thema Rituelle Gewalt in Deutschland in die Diskussion zu bringen und Unterstützungsangebote für Betroffene zu entwickeln. Die im Buch zusammengetragene Vielfalt und Komplexität der Erfahrungen und die gelungene Zusammenarbeit sehen wir als Anstoß für die Fortführung interdisziplinärer Arbeit zum Thema Rituelle Gewalt und die Erweiterung der Netzwerke z.B. um VertreterInnen aus Wissenschaft und Forschung, PolitikerInnen und MinisteriumsmitarbeiterInnen. Notwendig ist darüber hinaus die strukturelle Verankerung von Maßnahmen gegen Rituelle Gewalt und verbesserten Schutz- und Unterstützungsmöglichkeiten für Betroffene/AussteigerInnen.

Zur Definition Rituelle Gewalt
Claudia Fliß, Claudia Igney, Rudolf von Bracken

Was ist Rituelle Gewalt?
Claudia Igney und Claudia Fliß

Als wir dieses Handbuch planten, war uns bewusst, wie wichtig eine klare Definition ist. Gewalt und insbesondere Rituelle Gewalt unterliegen in der öffentlichen Darstellung den Wellen von Bagatellisierung und Skandalisierung. Der Begriff „Trauma" boomt und wird inflationär gebraucht. Und fast jede/r hat heute auch irgendeine Vorstellung zu dem Begriff Rituelle Gewalt. Auf die „Sozialisierung" durch mehr oder weniger seriöse bis voyeuristische Medienberichte möchten wir an dieser Stelle nicht eingehen. Allerdings gibt es auch unter Fachleuten international keine einheitlich gebräuchliche Definition.

Wir haben uns in diesem Handbuch für die Definition nach Becker/Fröhling entschieden, weil sie uns als Arbeitsdefinition für unsere Praxis und Gedankenstütze für das Buch am brauchbarsten erschien. Allerdings bleiben hier unseres Erachtens einige Aspekte zu wenig berücksichtigt. Und einige AutorInnen gaben weitere Aspekte zu bedenken und/oder plädierten für einen umfassenderen Begriff bzw. die erweiterte Anwendung des Begriffs und der Definition. Auszüge dieser Diskussion möchten wir im Folgenden wiedergeben.

Die Definition nach Becker und Fröhling 1998 in Becker 2008, S. 25/26:
„Rituelle Gewalt ist eine schwere Form der Misshandlung von Erwachsenen, Jugendlichen und Kindern. Intention ist die Traumatisierung der Opfer. Rituelle Gewalt umfasst physische, sexuelle und psychische Formen von Gewalt, die planmäßig und zielgerichtet im Rahmen von Zeremonien ausgeübt werden. Diese Zeremonien können einen ideologischen Hintergrund haben oder auch zum Zwecke der Täuschung und Einschüchterung inszeniert sein. Dabei werden Symbole, Tätigkeiten oder Rituale eingesetzt, die den Anschein von Religiosität, Magie oder übernatürlichen Bedeutungen haben. Ziel ist es, die Opfer zu verwirren, in Angst zu versetzen, gewaltsam einzuschüchtern und mit religiösen, spirituellen oder weltanschaulich-religiösen Glaubensvorstellungen zu indoktrinieren. Meist handelt es sich bei rituellen Gewalterfahrungen nicht um singuläre Ereignisse, sondern um Geschehnisse, die über einen längeren Zeitraum wiederholt werden."

Tanja Rode schreibt im Kapitel 3.5 ergänzend und in Auseinandersetzung mit der Definition:

„Häufig werden Opfer Rituellen Missbrauchs dazu gezwungen, selber zu missbrauchen oder zu misshandeln oder strafbare Handlungen innerhalb und außerhalb des Kultes zu begehen. Diese Mittäterschaft erfüllt zwei Funktionen: Zum einen werden diese Taten in der Regel beobachtet oder gar gefilmt und dienen dem Kult dazu, über den Weg der direkten Erpressung Druck auf den Handelnden auszuüben. Zum anderen werden diese Taten im Rahmen von Mind-Control-Techniken benutzt, um Schuldgefühle zu implantieren, das Gefühl von Zugehörigkeit einerseits und von Ausweglosigkeit andererseits zu verstärken. Die Intention zur Traumatisierung, die zur Vollständigkeit der zitierten Definition dazugehört, ist für mich kein notwendiger Bestandteil des Begriffs. Vorsichtig bin ich auch mit der Auseinandersetzung um reelle oder Schein-Religiosität oder -Magie. Dies deshalb, weil dahinter auch die Frage steckt, ob es, wenn nicht in diesem Kontext, überhaupt so etwas wie Magie gibt (wenn eine Schein-Magie postuliert wird, ist damit nahe gelegt, dass es eine reelle Magie gebe) und wenn, worin diese dann bestünde."

Für Woodsum (zit. nach Huber 2003, S. 174) ist ein zentraler Punkt, dass die Misshandlungen in ritualisiert-repetitiver Form – hinsichtlich Zeitpunkt, Ort und Misshandlungsart – wiederholt werden. Hierzu gehören auch spezielle Misshandlungsformen wie Elektroschocks, das Opfer fesseln, es auf unterschiedliche Weise aufhängen, in Gegenwart des Opfers oder am Opfer selbst Verstümmelungen vornehmen, Drogen und Alkohol, Einsperren.

Thorsten Becker (2008 und Kap. 1.5 in diesem Buch) plädiert zunehmend für die Verwendung des Begriffes „Ideologisch motivierte Straftaten" statt Ritueller Gewalt, da es sich um Organisierte Gewalt und das konsequente Begehen schwerer Straftaten in Verbindung mit einem (vorgetäuschten) Glaubenssystem handelt. Auch die systematische Indoktrination und die erzwungene intensive innere Bindung an die Gruppe und das Glaubenssystem (als Rechtfertigung für Gewaltanwendung und sinnstiftend für das Erleiden dieser) müssen seines Erachtens stärkere Berücksichtigung finden.

Für Silvia Eilhardt (Kap 5.2.) war es wichtig, ihren Arbeitskreis klar zu benennen „Rituelle Gewalt im Kontext von Satanismus" und die Arbeit auf diesen Bereich zu konzentrieren, um dem spezifischen Erleben der Betroffenen aus satanistischen Gruppierungen gerecht zu werden.

Arbeitsdefinition der Herausgeberinnen (Claudia Fliß und Claudia Igney)
Unserer Erfahrung nach sind wesentliche Bestandteile Ritueller Gewalt:
Rituelle Gewalt findet in der Regel statt in Gruppierungen mit hierarchischen und männlich dominierten Strukturen, oft generationenübergreifend und mit langer Tradition. In manchen Gruppierungen sind die Handlungen in ein Glaubenssystem eingebettet. Andere Gruppierungen täuschen ein Glaubenssystem nur vor, um andere Interessen (Macht, Geld, Sadismus) verwirklichen zu können. Das Wissen über Ziele, Strukturen und Handlungen der Gruppierung liegt bei einem oder wenigen Mächtigen, die dies nach dem Motto divide et impera (teile und herrsche) untereinander aufteilen. Macht und Wissen werden in absteigenden Hierarchie-Ebenen geringer. Verbindungen zu anderen Bereichen der Organisierten Kriminalität (Menschenhandel, sexuelle Ausbeutung jeglicher Art,

Drogen etc.) sind üblich (vgl. Kap. 1.5, 4.2). Die Klassifizierung der Gruppierungen ist auf Grund des von außen kaum zugänglichen Wissens schwierig (vgl. Kap. 1.5).

Es gibt unabhängig agierende Gruppierungen und solche, die sich untereinander vernetzen und zweckgebunden kooperieren, aber auch rivalisieren um Vorherrschaften.

In Gruppen, die Rituelle Gewalt anwenden, werden Entscheidungen nach dem Kosten-/Nutzen-Prinzip getroffen. U. a. wegen der strafrechtlichen Relevanz der meisten Handlungen besteht in den Gruppen ein Schweigegebot, dessen Bruch durch die Gruppe geahndet wird. Ausstiegswillige werden unter Druck gesetzt, erpresst, verfolgt oder – als letztes Mittel – getötet.

Funktionalität und Gehorsam werden in manchen Gruppierungen durch lebenslange Konditionierung und Programmierung der Mitglieder gewährleistet, die mit Situationen von Todesbedrohung und Auswegslosigkeit verbunden sind (vgl. Kap. 1.7, 1.8 und 2.3). Dabei wird i. d. R. schon ab Geburt oder vorgeburtlich absichtlich eine Dissoziative Identitätsstruktur mit verschiedenen, voneinander abgespaltenen Persönlichkeiten erzeugt, die im Inneren des Menschen die Machtausübung und Kontrolle fortsetzen (vgl. Kap. 1.2, 1.3 und 1.8). Die Welt der Rituellen Gewalt findet parallel zu unserer Alltagswelt statt und spiegelt sich in der Aufteilung der Persönlichkeiten wider. Die i. d. R. ausgeprägte Amnesie der „Alltagspersönlichkeiten" für die Welt der Rituellen Gewalt erschwert das Verlassen der Gruppe zusätzlich. Die wechselseitige Kontrolle der Mitglieder untereinander wird zusätzlich verstärkt durch emotionale Bindungen untereinander (Eltern, Geschwister, eigene Kinder, Verwandte, Freundschaften). Manche der Persönlichkeiten haben nur in der Welt der Rituellen Gewalt ihre Bindungen und ihre Bedeutung. Dies beinhaltet oft auch eigene Taterschaft – erzwungen oder aus eigener Überzeugung (vgl. Kap. 1.1, 2.2 und 2.3).

Extreme Gewalt, die ritualisiert ausgeübt wird – oder Rituelle Gewalt als komplexe spezifische Gewaltform?
Wir haben im vorliegenden Buch Rituelle Gewalt als Eigennamen für eine spezifische Gewaltform verwendet, weil unserer Erfahrung nach gerade das systematische Zusammenwirken der oben genannten Faktoren den Ausstieg, die Unterstützung der Opfer und auch die Strafverfolgung so schwierig machen. Es ist notwendig, die spezifische „Qualität", die Komplexität und die spezifischen psychischen Folgen (siehe Kap. 3.2) zu verstehen, um angemessen helfen zu können und Chancen der Strafverfolgung und des Opferschutzes zu haben.

Dennoch ist uns wichtig, Rituelle Gewalt auch als äußerstes Ende des Spektrums an psychischer, physischer und körperlicher Misshandlung denken zu können (vgl. Huber 2003, S. 171-175). Elemente Ritueller Gewalt kommen auch in anderen Kontexten vor, z. B. wenn ein sadistischer Vater seinen Sohn immer wieder mit denselben sadistischen Bestrafungsritualen quält, oder in der Ausbildung von Kindersoldaten, bei politischer Folter und in der Pornoindustrie und Zwangsprostitution, wenn „magische Rituale" lediglich inszeniert werden zur Verkaufssteigerung und für den „besonderen Kick".

Und auch wenn Rituelle Gewalt zunächst unvorstellbar erscheint: Gewalt, einfache Konditionierung und den Kampf um Macht gibt es auch in unserer Gesellschaft in erheblichem Ausmaß (siehe Kap. 1.1., 1.3 und 5.4). Chrystine Oksana, eine Überlebende Ritueller Gewalt, schreibt: „Alles, was kollektiv im rituellen Missbrauch auftaucht (physischer Missbrauch, emotionaler Missbrauch, sexueller Missbrauch, Inzest, sadistische Gewalt, Mord, Drogen, Betrug, Manipulation, Konditionierung, die auf Strafe beruht, und vorbehaltslose Anbetung von Macht) ist bekannt, unabhängig voneinander in unserer Gesellschaft zu existieren. Wir wissen auch, dass es tragischerweise üblich ist, dass Menschen in unserer Gesellschaft sich organisieren, um andere zum eigenen Machtgewinn zu missbrauchen (wie z.B. Neo-Nazis oder Ku Klux Klan). Ritueller Missbrauch kombiniert alles oben Genannte. Es ist organisierter Missbrauch, von einer Gruppe ausgeführt, um Macht zu erlangen. Der Missbrauch zielt darauf ab, die Seele eines Opfers zu brechen und ultimative Macht zu gewinnen – absolute Kontrolle über einen anderen Menschen." (Oksana 1996, S. E-15).

Diese Verbindungen zu sehen, verhindert, dass Rituelle Gewalt als das Unvorstellbare, Verrückte oder schlechthin „das Böse" aus unserer Vorstellungswelt abgespalten werden kann oder muss. Es öffnet Denkräume und Möglichkeiten, die Wahrheit der Opfer Ritueller Gewalt anzuerkennen.

Wahrheit und Gerechtigkeit
Rudolf von Bracken

Rituelle Gewalt und ihre rechtlichen Aspekte, das Thema für meinen Beitrag in diesem Buch, haben unentrinnbar mit dem Begriff Wahrheit zu tun. Es gibt keine Gerechtigkeit ohne Wahrheit, denn die Gerechtigkeit ist ein Anspruch an die Wirklichkeit. Wer Gerechtigkeit will, muss die Wirklichkeit kennen. Weiße Flecken, „rechtlose Räume" darf es nicht geben, sie relativieren die Gerechtigkeit in ihrem allgültigen Anspruch, und das verträgt sie nicht. Von der vollen Erkenntnis der Wirklichkeit, also der Wahrheit, geht der Gestaltungsanspruch der Gerechtigkeit aus. Wenn es Gerechtigkeit nicht für alle gibt, für alle Menschen und alle ihre Wirklichkeiten, ist das der Gerechtigkeit immanente Prinzip der Gleichheit verletzt, denn Gleichheit vor dem Gesetz ist ein fundamentaler Anspruch der Gerechtigkeit.

In diesen Monaten Anfang 2010 erleben wir, wie machtvoll sich der Gerechtigkeitsanspruch auf die Wahrheit bezieht. Mit täglich neuen Nachrichten von Misshandlungen in kirchlichen und pädagogischen Kinderheimen, die Gewalt und sexuellen Missbrauch umfassen, vor denen die kindlichen Opfer in den jeweils gegebenen Anstaltsrahmen zu fliehen außerstande waren, stürzt eine Wahrheit in die öffentliche Wahrnehmung, die in unserem bisherigen Gerechtigkeitssystem nicht „wahr"-genommen wurde. Unzählige Ablehnungsbescheide von Staatsanwaltschaften, ein Vielfaches davon an achselzuckenden Hinweisen auf die strafrechtlichen Verjährungsfristen haben die längst erwachsenen Opfer, so sie sich denn trauten, erfahren müssen. So viele „bedauerliche Einzelschicksale" drängten in die Akten, die dann darüber geschlossen wurden.

Die bundesrepublikanische Wirklichkeit war – nach Schauergeschichten aus Portugal, Irland, Großbritannien und den USA – schon in den letzten Jahren eingeholt worden von

Berichten aus dem Werkhof Torgau aus der damaligen DDR, die nach aktuellen Meldungen nicht nur Gewalt, sondern auch regelhafte sexuelle Übergriffe des Heimleiters (!) umfassen (Süddeutsche Zeitung, 3.4.2010). Staatliche und kirchliche (!) Einrichtungen der Schwarzen Pädagogik praktizierten in den 50er-, 60er-Jahren und bis in die 70er-Jahre in der Bundesrepublik systematische Kindermisshandlungen, die bei näherem Hinschauen und Nachfragen in erschreckender Voraussehbarkeit sexuellen Kindesmissbrauch umfassen.

Bis ins Mark erschüttert unsere aufgeklärte und erziehungswissenschaftlich so fortgeschrittene, gesellschaftliche Überzeugung die nicht mehr bestreitbare, weil gestandene kindermissbrauchende Pädosexualität des höchst angesehenen Leiters eines Leuchtturms pädagogischen Fortschritts, der Odenwaldschule. Das waren nicht finstere katholische Zwangsrituale, sondern offene, progressive Ansätze, in Wertschätzung die Kinder und ihre vorhandenen Entwicklungsmöglichkeiten zu Entfaltung zu bringen, zu fördern. Und auch da: Ausgeliefertsein, Unfreiheit, sexuelle Ausbeutung! Und überall auf der bundesrepublikanischen Landkarte tauchen neue, auch hoch angesehene kirchliche und weltliche Erziehungsheime, Internatsschulen und sonstige gruppenmäßig geschlossene Verbünde auf, mit weiteren Opfern, die jetzt den Mut haben zu berichten: die Wahrheit.

Die Opfer von ritueller Gewalt und rituellem Missbrauch wissen um die Wahrheit.

Mit den Herausgeberinnen hatte ich einen Disput über die Relevanz all dieser in jüngster Zeit öffentlich gewordenen Berichte für das Buchthema Rituelle Gewalt.

Nach der Definition von *Thorsten Becker* und *Ulla Fröhling* (2008) erkenne ich den unmittelbaren Bezug an dem, was all diese Heimkinder erleben mussten, an „physischer, sexueller und psychischer Form von Gewalt, die planmäßig und zielgerichtet im Rahmen von Zeremonien ausgelebt wurde". Den „ideologischen Hintergrund" und die Inszenierungen zum Zwecke von Täuschung und Einschüchterung haben diese Heimkinder erlebt, allerdings scheint es zu fehlen an den Symbolen, Tätigkeiten und Ritualen, „die den Anschein von Religiosität, Magie oder übernatürlichen Bedeutungen haben". Ziel war es aber auch da, „die Opfer zu verwirren, in Angst zu versetzen, gewaltsam einzuschüchtern und mit religiösen, spirituellen oder weltanschaulich religiösen Glaubensvorstellungen zu indoktrinieren", ob Ideologie und Religion nun Zweck an sich oder nur Mittel für Täuschung und Einschüchterung mit dem Ziel des Gefügigmachens waren. Dass es sich dabei nicht „um singuläre Ereignisse, sondern um Geschehnisse handelte, die über einen längeren Zeitraum wiederholt" wurden, markiert die zeitliche Dimension der Ausweglosigkeit.

Aus Sicht der damaligen Kinder handelte es sich um ein geschlossenes System, überhöht mit vorgeschobenen und religiösen oder pädagogischen Dogmen, objektiv wie subjektiv unentrinnbar, ihnen vorgegeben als ihr gewolltes, bestimmtes oder auch „selbstverschuldetes" Schicksal. Die Rituale von Bestrafung und Belohnung weisen auf ein normatives Regelsystem für Ausbeutung und Unterdrückung hin, die vielen Schilderungen beweisen die Organisiertheit dieses Systems aus unmittelbarer körperlicher Gewalt und normativer Erzwingung und erfüllen für mich die Definition der Rituellen Gewalt.

Entscheidend für mich sind subjektive Ausweglosigkeit, gewollte und systematisch angerichtete Unentrinnbarkeit für die Opfer.

Nachdem nun die Öffentlichkeit anhand der Berichte sowohl das Opfer- wie auch das Täterbild, welches bisher die „bedauernswerten Einzelschicksale" als solche disqualifizierte und damit aus der Wirklichkeit verdrängte, verabschieden muss, ringt die gesellschaftliche Diskussion darüber, wie sie den laut und beredt gewordenen Opfern gerecht wird und den Tätern, oft hoch angesehene Persönlichkeiten aus ihrer Mitte, gegenübertritt. Die Verjährung der Taten ist jetzt nicht mehr die letzte und gültige Antwort, die Opfer werden ermuntert und zu berichten aufgefordert, die bisher unterdrückte Wahrheit offen zu legen und *geltend zu machen*. Dass ihnen Genugtuung, dass ihnen auch Entschädigung geboten werden muss, ist selbstverständlich geworden.

Deswegen finde ich gerade für das Thema dieses Buches die aktuellen Ereignisse und Erkenntnisse absolut spannend. Wenn es nun gelungen ist, die Wahrheit in das Licht der öffentlichen Wahr-Nehmung zu heben, fordert die Gerechtigkeit weitergehende und mitunter ganz andere Regelungen und Reaktionen, als sie das bisher geltende gesetzte Recht vorsieht. All diese Opfer haben die „Organisation von Machtbeziehungen in einem ausweglosen Raum" erlebt (*Georg Seeßlen*", taz 10.03.2010). Das gilt doch erst recht für die Opfer von kultischen Gewaltsystemen und ist in meinen Augen eine ungeheure Gelegenheit, die dort erfahrene Wirklichkeit als Wahrheit in die Öffentlichkeit zu heben und mit demselben Recht die Wahr-Nehmung, also Anerkennung von erlittenem Leid zu fordern.

Ich plädiere für die Bekundung von Wahrheit als Anspruch der Opfer auf Gerechtigkeit. Wer jetzt laut die – seine – Wahrheit sagt, den findet auch die – seine – Gerechtigkeit. Die Würde dieses Menschen wird wieder unantastbar, auch der dunkle Bereich des Opferseins schreckschrumpft nicht mehr bei jeder Näherung. Das Trauma, die Wunde, kommt ans Licht und schließt sich, die Narbe wird zum Orden des Bestehens, zum Ausweis der wahren Würde des Überlebens und des Wissens darum, nicht für Mitleid, sondern für die Überwindung des Leids, zum eigenen Weiterleben. In dieser Gesellschaft ist niemand mehr allein.

Literatur

Becker, T. (2008). Organisierte und Rituelle Gewalt. In Fliß, C. & Igney, C. (Hrsg.), Handbuch Trauma und Dissoziation (S. 23-37). Lengerich: Pabst Science Publishers.

Huber, M. (2003). Trauma und Traumabehandlung. Teil 1: Trauma und die Folgen. Paderborn: Junfermann.

Oksana, Chr. (1996). Safe Passage to Healing (In Sicherheit heilen – ein Leitfaden für Überlebende von rituellem Missbrauch), Übersetzung ausgewählter Kapitel. Erhältlich über VIELFALT e.V., Postfach 10 06 02, 28006 Bremen, www.vielfalt-info.de

Teil 1: Rituelle Gewalt – Strukturen und Methoden

1.1 Rituelle Gewalt in unserer Gesellschaft – ein Phänomen zwischen Entsetzen, Glaubenskrieg und Arbeitsalltag

Claudia Igney

Rituelle Gewalt –
Wie oft kommt dabei der Gedanke: Das ist so extrem und weit weg von meinem Alltag. Oder: Es ist so unvorstellbar! Das soll es mitten in unserer Gesellschaft geben?

1.1.1 Gewalt ist alltäglich

Ein Beispiel: Eine repräsentative Bevölkerungsbefragung des BMFSFJ (2004, 2008) belegt, wie nah Gewalt in unser aller Leben ist, auch wenn die hier erfragten Gewalterfahrungen in ihrer Ausprägung nicht mit Ritueller Gewalt vergleichbar sind:
– In etwa jeder fünften aktuellen Paarbeziehung kommen „relevante und folgenreiche Formen von körperlicher, sexueller und psychischer Gewalt gegen Frauen" vor, in ca. jeder 17. Paarbeziehung sogar „schwere Formen körperlicher in Kombination mit psychischer und teilweise sexueller Gewalt" (BMFSFJ 2008, S. 24)
– Es gibt zwei Hoch-Risikogruppen:
  - Beide Partner in schwierigen sozialen Lagen (Arbeit, Einkommen, Bildung)
  - Frauen, die hinsichtlich Bildung, beruflicher Position und/oder Einkommen dem Partner gleichwertig bis überlegen sind und damit offen oder implizit traditionelle Geschlechterhierarchien in Frage stellen (S.40)
– Frauen, die in Kindheit und Jugend häufig oder gelegentlich körperliche und/oder sexuelle Gewalt durch Erziehungspersonen erlebt haben, werden zwei- bis dreimal häufiger als Nichtbetroffene später Opfer von Gewalt in Paarbeziehungen (S. 43)

Im Bereich der häuslichen Gewalt ist erfreulicherweise in den letzten 10 Jahren viel getan worden, z.B. durch diese Studie, durch einen Paradigmenwechsel in vielen gesellschaftlichen Institutionen (Motto „Wer schlägt, der geht") und die Schaffung spezifischer Gesetze und Unterstützungsangebote. Nach wie vor wird aber nur ein Bruchteil dieser Gewalt öffentlich, und nur selten werden die Gewaltausübenden zur Verantwortung gezogen. Gewalt ist in unserer Gesellschaft noch immer – in gewissem Ausmaß – ein legitimes oder zumindest geduldetes Mittel zur Interessensdurchsetzung und Erlangung von Macht.

Gewalt ist immer eine Option – für jeden Menschen.

Wir können damit leben, weil wir normalerweise das Ausmaß der Gewalt von uns fernhalten, verdrängen, bagatellisieren, abspalten und/oder uns daran gewöhnen.

Wir wissen um die Gräueltaten im Krieg – aber sie sind weit weg.

Wir wissen, dass es Kinderpornographie in großem Ausmaß gibt – aber das ist nicht in meinem sozialen Umfeld.

Wir lesen über spektakuläre Einzelfälle bestialischer sexueller Gewalt und sind beruhigt: So sind wir nicht.

Die Traumaforschung boomt und wir lernen: Es gibt Heilung für die Krankheiten unserer KlientInnen.

Manche Unerträglichkeiten sind nur durch Spaltung auszuhalten.

Und dies gilt für alle: PolitikerInnen, TherapeutInnen, misshandelte Ehefrauen, Betroffene Ritueller Gewalt ...

Die Aufhebung der Spaltung ist destabilisierend und gefährlich.

1.1.2 Ist Traumatherapie die (Er-)Lösung?

Ziel von Traumatherapie ist die Realisation und Integration der traumatischen Erfahrungen. „Ich habe das erlebt – und es ist vorbei."

Ich habe im Laufe der Jahre einige Betroffene Ritueller Gewalt kennen gelernt, die dies für sich auf individueller Ebene in mehr oder weniger umfassender Weise geschafft haben.

Ohne Zweifel hat die rasante Entwicklung der Traumaforschung und -therapie schon vielen gewaltbetroffenen Menschen geholfen, auch Betroffenen Ritueller Gewalt. Ich möchte im Folgenden einige Punkte anführen, die aus meiner Erfahrung der Arbeit bei VIELFALT e.V.[1] immer wieder von Betroffenen als Herausforderung auf diesem Weg benannt werden.

1.1.2.1 Wie ist Leben ohne Spaltung möglich?

Spaltung ist notwendig, um die Gewalt zu überleben.

Multipel zu sein[2] bedeutet gespaltene innere und äußere Welten (Alltagswelt und „Kultwelt") und die Gleichzeitigkeit der Gegensätze, z.B. zwischen der Identität eines kleinen, verängstigten Mädchens und der Identität eines starken Beschützers. Oder: Da

---

[1] VIELFALT e.V. Information zu Trauma und Dissoziation, www.vielfalt-info.de, siehe auch Kap. 1.4

[2] Dissoziative Identitätsstörung/Multiple Persönlichkeit ist eine bei Betroffenen Ritueller Gewalt sehr häufig auftretende Traumafolgestörung, laut DSM-IV: Anwesenheit von zwei oder mehr unterscheidbaren Identitäten oder Persönlichkeitszuständen (jeweils mit einem eigenen, relativ überdauernden Muster der Wahrnehmung von der Beziehung zur und dem Denken über die Umgebung und das Selbst). Mindestens zwei dieser Identitäten oder Persönlichkeitszustände übernehmen wiederholt die Kontrolle über das Verhalten der Person. Im Detail siehe Kap. 1.2

ist die kompetente Kollegin oder die fürsorgliche Mutter – und vielleicht nur einen Trigger oder einen „Schaltkreis" entfernt ist das sprachlose Entsetzen in Form einer traumatisierten Kindpersönlichkeit oder einer Persönlichkeit, die nichts anderes als die Welt der Täter kennt. Es sind getrennte innere Welten. Und getrennte Wertvorstellungen, Gefühle und Wahrnehmungen von der äußeren Welt.

Die Aufhebung der Spaltung ist notwendig, um der Gewalt zu entkommen – real physisch (Ausstieg, siehe Kap. 2.2, 2.3) und innerpsychisch (Flashbacks, Programme, siehe Kap. 3.2, 3.3). Das Wissen über erlebte Gewalt, gefährliche Trigger und über Möglichkeiten des Schutzes ist bei multiplen Menschen verteilt über viele Persönlichkeiten. Sie müssen sich kennen lernen, ihr Wissen zusammentragen und sich gegenseitig unterstützen.

Joan Amery, ein KZ-Überlebender, schrieb: Wer gefoltert wurde, „kann nicht mehr heimisch werden in der Welt". (Amery 1980, S. 73).

Das Schwierigste bei der Integration traumatischer Erfahrungen bzw. der Integration von Persönlichkeiten bei Dissoziativer Identitätsstruktur ist m. E., einen Umgang zu finden mit dem Wissen, was Menschen anderen Menschen antun und wozu man selbst gebracht werden kann an der Grenze des Mensch-Seins und des Unaushaltbaren. Integration heißt: Es ist nicht (mehr) die oder der andere oder meine Fantasie, sondern dies ist MIR geschehen und ICH habe es getan, es sind MEIN Körper, MEINE Seele und MEIN Verstand, die damit weiterleben. Erst wenn dies gelingt, ohne daran zu zerbrechen, gibt es eine gemeinsame Identität und eine gemeinsame Heimat in dieser Welt. Die spezifischen Methoden der Traumatherapie sind dafür hilfreich – aber nicht ausreichend! Was traumatisierte Menschen am meisten schätzen – oder eben vermissen, sind „ein guter, heilsamer Ort", menschlicher Beistand, die Anerkennung des erlittenen Unrechts und das Gefühl, als einzigartiger Mensch (bzw. bei Multiplen eben auch als mehrere Persönlichkeiten) mit individuellen Bedürfnissen und Stärken und in ihrer Not gesehen und unterstützt zu werden.

Das ganze Ausmaß solcher erlebten Gewalt zu (er-)tragen ist eine existenzielle Erfahrung, an der jeder Mensch zerbrechen kann. Und es ist noch schwieriger, wenn diese individuell zu integrierende Gewalt offiziell gar nicht existiert (bzw. nur als angebliche Hirngespinste kranker Menschen und überengagierter HelferInnen) oder aber die Betroffenen nur als diffuse Bedrohung angesehen und abgespalten werden.

Was auf der individuellen Ebene als Ziel vorgegeben wird und z.T. auch erreicht werden kann, ist auf der gesellschaftlichen Ebene und auch auf der Ebene der meisten psychosozialen, medizinischen und juristischen Arbeitszusammenhänge noch Utopie.

Von einer ernsthaften Realisation der Existenz Ritueller Gewalt ist unsere Gesellschaft noch weit entfernt. Auf der politischen Ebene und in den meisten professionellen Arbeitszusammenhängen findet keine ernsthafte Auseinandersetzung mit dem Thema statt. Aber auch Traumafachbücher und Traumafachkongresse spalten diese Gewalt und die spezifischen Folgen meist noch ab. Selbst Fachtagungen zum Thema müssen noch mit Titeln wie „Rituelle Gewalt – Spinnerei oder Realität?" (Juni 2008, Münster) um ihre Akzeptanz kämpfen.

Professionelle HelferInnen erleben die emotionale, seelische und körperliche Wahrheit ihrer von Ritueller Gewalt betroffenen KlientInnen, können aber höchstens in der Einzelsupervision oder mit sehr vertrauen Menschen darüber reden.

Und: Professionelle Helferinnen laufen Gefahr, die Professionalität abgesprochen zu bekommen, wenn sie sich zu eigenen Gewalterfahrungen bekennen. Dies ist nicht so, werden Sie jetzt vielleicht einwenden. Es ist Teil der Psychohygiene und Supervision, eigene traumatische Erfahrungen gut verarbeitet zu haben. Stimmt – und trotzdem. Was wäre, wenn Ihre Kollegin sich als Aussteigerin Ritueller Gewalt zu erkennen gäbe?

Es geht nicht um blinden Glauben. Es gibt im Rechtsstaat gute Gründe, warum im konkreten Einzelfall die Anforderungen an die juristische Beweisbarkeit bei der Strafverfolgung von Gewalttaten sehr hoch sind. Gewalterfahrungen oder unerträgliche Lebenskonflikte können auch psychotisch verarbeitet werden. Dennoch ist Wahrheit nicht nur das, was sich mit einer sauberen strafrechtlichen Verurteilung oder den Methoden der Evidenzbasierten Medizin belegen lässt.

Die angemessene Unterstützung für Menschen, die von Ritueller Gewalt berichten oder bei denen Professionelle einen solchen Hintergrund vermuten, ist eine Realität und ein Problem der beruflichen Praxis. Es gibt inzwischen eine Menge an Praxiswissen bei engagierten Professionellen und AussteigerInnen. Dieses Wissen muss anerkannt, genutzt, interdisziplinär diskutiert und gemeinsam weiterentwickelt werden – so wie das schon in einigen Arbeitskreisen oder Tagungen geschieht.

Ich möchte hierzu eine betroffene Frau selbst zu Wort kommen lassen, die den inneren und äußeren Ausstieg aus der Gewalt geschafft hat:

... was die Grundvoraussetzung für das Einlassen überhaupt war, um mit der Zeit vielleicht Vertrauen aufbauen zu können, waren zwei klare Äußerungen der Menschen, die mir helfen wollten. Und hier stand an erster Stelle: „Ich glaube dir." In allen Variationen war dieser Kernsatz von entscheidender Bedeutung. Ihn immer wieder zu hören, war für mich am Anfang überlebensnotwendig. Die zweitwichtigste war: „Ich weiß, dass es ganz schlimm ist/war". (...) Beide Sätze waren deswegen so wichtig, weil die Menschen, die mir Leid zugefügt hatten, alles dafür getan hatten, mich als Schuldige, als Lügnerin, als diejenige hinzustellen, die es nicht besser verdient hatte. Und sie hatten mir zu verstehen gegeben, dass mir das Leid, das sie mir zufügten, auf jeden Fall zustand, dass es im Übrigen überhaupt nicht schlimm war und ich mich nicht so anstellen solle. (P. C. Frei in Huber & Frei 2009, S. 221)

1.1.2.2 Ressourcenförderung

Am Anfang und im Zentrum der Traumatherapie stehen Ressourcenförderung und Stabilisierung. Die Auseinandersetzung mit dem Schrecklichen braucht ein Gegengewicht an schönen Dingen im Leben – und seien sie anfangs noch so klein. Eine duftende Blume, ein respektvolles Gespräch, ein kurzer Moment, in dem eigene Kraft gespürt werden kann. All das und noch viel mehr ist wichtig.

Was aber nützt ein innerer sicherer Ort, wenn es keinen äußeren sicheren Ort gibt?

Was helfen Kriterien wie „Traumatherapie beginnt erst, wenn der Täterkontakt beendet und äußere Sicherheit hergestellt ist.", wenn doch erst eine erfolgreiche Traumabearbeitung notwendig ist, um Triggern und Programmen etwas entgegensetzen und sich vor den Tätern und der Gewalt schützen zu können?

Und wie soll die Ressourcenförderung in wöchentlich ein bis zwei Stunden Traumatherapie funktionieren, wenn außerhalb der Therapie die gesellschaftliche Reduzierung auf den Status der Kranken, AntragstellerIn oder SpinnerIn erfolgt – also eine Individualisierung und Pathologisierung des Problems?

Wie sollen Ausstieg und Integration gelingen in 80 - 100 Stunden Richtlinientherapie?

Wie soll jemand die Ressourcen des Opferentschädigungsgesetzes für sich nutzen können, wenn dafür in der Regel ein jahrelanger Kampf bis hin zum Sozialgericht notwendig ist?

Ressourcenförderung ist wichtig – aber ebenso notwendig sind eine gesellschaftliche Sichtweise und politisches Engagement!

1.1.2.3 Es ist vorbei

Im optimalen Fall gibt es am Ende der Therapie keine Trigger und Flashbacks mehr. Die erlebte Gewalt ist Vergangenheit und Erinnerung.

Dennoch bleibt:
– Die Gewalt geht weiter im Kult, in der Herkunftsfamilie, oft auch an Kindern und Verwandten, die noch im Kult sind und als Druckmittel gegen AussteigerInnen verwendet werden.
– Mord verjährt nicht! Es bleibt die innere Auseinandersetzung um die Frage: Kann und soll ich doch noch Anzeige erstatten? Habe ich irgendwelche Chancen, gegen die Täter vorzugehen und die Gewalt zu beenden? Auch wenn dies meistens nicht (mehr) möglich ist, bleibt das moralische Dilemma.
– Fast immer gibt es Bilder der Gewalt, die als so genannte (Kinder-)Pornographie – treffender: (Kinder-)Folter-Dokumentationen – weiterhin im Umlauf sind.
– Es gibt meist auch Bilder oder Filme, auf denen die Aussteigerin Gewalt gegen andere – also reale Straftaten – ausübt. Dass dies unter Zwang bzw. in Folge der Konditionierung geschieht, sieht ein außen stehender Betrachter nicht oder zumindest nicht ohne spezifisches Fachwissen. Diese Dokumente dienen der Erpressung zum Schweigen (Du hast doch mitgemacht!).

Diese bittere Realität begleitet eine Aussteigerin bis an ihr Lebensende und jede muss einen eigenen Weg damit finden. Manche tun dies mit Spiritualität, andere mit Kunst und Schreiben, andere in der Auseinandersetzung mit den Bewältigungswegen von KZ-Überlebenden und/oder politischer Arbeit gegen Gewalt.

1.1.3 Verantwortung und Schuld

Das Wissen um die erlebte Gewalt zusammenzutragen bedeutet im Kontext Ritueller Gewalt fast immer die Erkenntnis, selbst Gewalt gegen andere ausgeübt zu haben, sei es unter dem Zwang von Folter und Programmierung oder aber auch von einzelnen Persönlichkeiten, die durch die Spaltung ausschließlich die Welt der Täter und ihre Ideologie kannten.

Es kann hilfreich sein, aber genügt meiner Erfahrung nach nicht, zu sagen: Du bist nicht schuld, du/ihr konntet nichts dafür. Gerade die täternahen Persönlichkeiten haben oft ein Potenzial von Stärke und Handlungsfähigkeit und können zunächst mit dem Identifikationsangebot als Opfer und Kranke nichts anfangen. Sie brauchen ehrliche Beziehungsangebote und Auseinandersetzungen, ein Ernst-Nehmen ihrer Erfahrungen und neue Perspektiven. Das heißt auch eine sehr genaue Auseinandersetzung mit eigener Verantwortung für das Leben damals und heute. Was hätte ich tun können und was kann ich heute tun? Wohin mit der Verzweiflung, dem Entsetzen und der Schuld? Was ist mein Platz in dieser Welt – trotz dieser Erfahrung?

1.1.4 Das Ziel ist Integration

Integration innerhalb eines Menschen bedeutet:
- Gewalt und Schuld als Teil des Menschenmöglichen anzuerkennen, ohne sie zu bagatellisieren oder unreflektiert fortzuführen
- ein Neben- und Miteinander von schrecklichen und schönen Erfahrungen
- alte Gewissheiten aufzugeben
- mit den Verlusten und der Vergangenheit leben zu lernen
- neue Wege zu gehen
- Verantwortung für das eigene Handeln im Hier und Jetzt

Integration auf institutioneller und gesellschaftlicher Ebene bedeutet:
- Betroffenen und ihren UnterstützerInnen umfassende, spezifische Unterstützungsangebote zum Ausstieg aus der Gewalt und zur Verarbeitung der traumatischen Erfahrungen zur Verfügung zu stellen
- Hilfe gibt es auch ohne Übernahme der Identität als Kranke und/oder Opfer
- AussteigerInnen, professionelle HelferInnen und FreundInnen/Angehörige können offen über ihre Erfahrungen und ihr Wissen sprechen ohne gesellschaftliche Stigmatisierung und Ausgrenzung
- gesellschaftliche Institutionen (Polizei, Justiz, Gutachter, Versorgungsämter, psychosoziales Versorgungssystem etc.) verfügen über spezifisches Fachwissen. Sie können entsprechend mit dem Thema und Betroffenen umgehen und interdisziplinär – also integrierend – zusammenarbeiten auf der strukturellen Ebene und im Einzelfall
- spezifische Forschung zu Ritueller Gewalt und angemessener Unterstützung der Betroffenen wird finanziert und strukturell verankert

– Gewalt wird in unserer Gesellschaft in jeder Form wahrgenommen, geächtet und verhindert

1.1.5 Wo stehen wir heute?

1.1.5.1 Dialektik des Traumas

„Gewalttaten verbannt man aus seinem Bewusstsein – das ist eine normale Reaktion. (…) Menschen, die ein Trauma überlebt haben, erzählen davon oft so gefühlsbetont, widersprüchlich und bruchstückhaft, dass sie unglaubwürdig wirken. Damit ist ein Ausweg aus dem Dilemma gefunden, einerseits die Wahrheit sagen und andererseits Stillschweigen wahren zu müssen. Erst wenn die Wahrheit anerkannt ist, kann die Genesung des Opfers beginnen." (Judith Lewis Herman, 1994, Die Narben der Gewalt, S. 9)

Diese Dialektik des Traumas gilt für die Gesellschaft ebenso wie für die wechselvolle Geschichte der Traumaforschung, in der wertvolle Erkenntnisse immer wieder in Vergessenheit gerieten und wieder gefunden werden mussten und die Diskussion schwankte zwischen Verleugnung und Anerkennung der Realität und der Folgen von Traumatisierung (Herman 1994, Fischer & Riedesser 1998, Seidler u.a. 2008).

Die Enquete-Kommission des Deutschen Bundestages 1998
Die Dialektik des Traumas findet sich auch im Umgang mit dem Thema Rituelle Gewalt[3]. Bereits 1998 attestierte die über zwei Jahre arbeitende Enquete-Kommission „Sogenannte Sekten und Psychogruppen" des Deutschen Bundestages eine „gespaltene Datenlage".
Im Endbericht findet sich der Hinweis auf eine „Umfrage der deutschen Sektion der International Society for the Study of Dissociation, die 305 Fälle aus 61 Orten des Bundesgebietes ergeben habe, wobei es sich um einen Minimalwert handle." (S. 96). Ergebnisse dieser Umfrage wurden zwar teilweise auf Fachtagungen und bei einer Anhörung verwendet, aber meines Wissens nie veröffentlicht. Der Bericht fährt fort: „Angesichts der Neuheit der beschriebenen multiplen Persönlichkeitsstörung, damit einhergehender Diagnoseprobleme und einer keineswegs flächendeckenden Untersuchung wäre dies **ein erschreckend hoher Wert, der deutlich Handlungsbedarf signalisieren würde**. Dem stehen die Daten aus einer von Seiten der Enquete-Kommission durchgeführten Befragung des Bundeskriminalamtes und der Landeskriminalämter (LKA`s) gegenüber: Lediglich von vier Landeskriminalämtern liegen Hinweise auf vergangene oder laufende Ermittlungen bzw. Anzeigen im Zusammenhang von Satanismus und rituellem Missbrauch vor. Die bislang wohl gründlichste Sonderauswertung Okkultismus/Satanismus des Landeskriminalamtes NRW vom April 1995 stellt zum rituellen sexuellen Missbrauch von Kindern fest, dass durch polizeiliche Ermittlungsverfahren bislang das Vorliegen bzw. die Tragwei-

---

[3] Siehe hierzu auch Fröhling (2008), S. 380-403 und Becker (2008 a und b)

te der geschilderten Straftaten nicht belegt werden. **Von der Existenz solcher Kulte ist jedoch auszugehen.**" (S. 97, Hervorhebung C. I.)

„Damit entsteht der Eindruck einer gespaltenen „Datenlage": Einerseits nahezu drastisch zu nennende Minimalzahlen auf Grund einer nicht flächendeckenden Befragung und andererseits keine Bestätigung der Verdachtsmomente durch die Polizei- und Ermittlungsbehörden. Diese weitgehend widersprüchliche Datenlage – insbesondere das Fehlen entsprechender Tatsachbestände auf Seiten der Ermittlungsbehörden – darf allerdings nicht dazu führen, die vorliegenden journalistischen und therapeutischen Berichte als gegenstandslos zu betrachten. Dies verbietet schon die Härte der beschriebenen Vorfälle. Aufgrund der Darstellungen zu Dissoziation und multiplen Persönlichkeitsstörungen ist es plausibel, warum sich Ermittlungen hier als besonders schwierig darstellen und es schnell zur Einstellung von Ermittlungen kommen kann. Dies wäre – angesichts der geschilderten Delikte – umso folgenreicher. **Gezielte polizeiliche Fortbildungen, Erhöhung der Sensibilität und Aufmerksamkeit für Phänomene rituellen Missbrauchs sowie eine stärkere Ermittlungstätigkeit in diesem Bereich**, die sich nicht durch auf den ersten Blick „wirre" und scheinbar „unglaubwürdige" Aussagen zur schnellen Niederschlagung der Ermittlungsverfahren verführen lässt, **scheinen angebracht.**" (S. 97, Hervorhebung C. I.)

„Es ist dringend erforderlich, den Wissensstand über die Situation von Kindern und Jugendlichen in neuen religiösen und ideologischen Gemeinschaften, Bewegungen und Psychogruppen zu verbessern. Hier sind vor allem **empirische wissenschaftliche Studien** zur Erziehungs- und Lebenssituation von Kindern und Jugendlichen erforderlich, die in diesen Gruppen und Milieus aufwachsen. **Insbesondere gilt es, die Phänomene des „rituellen Missbrauchs" weiter zu erhellen.**" (S. 98, Hervorhebung C. I.)

2010, einige Bundestagswahlperioden weiter, muss konstatiert werden, dass von staatlicher Stelle keinerlei Initiative ergriffen wurde. Meines Wissens wurden weder Fortbildungen noch Studien zu diesem Thema in Auftrag gegeben oder finanziert. Fortschritte entstehen bisher nur durch das Engagement an der Basis – sowohl im psychosozialen, pädagogischen und medizinischen Versorgungssystem als auch im Bereich Polizei und Justiz. Diesen Menschen ist ein großer Dank auszusprechen! Aber es genügt nicht.

Der Erfolg des Dissoziationskonzeptes

Immerhin haben Dissoziation und auch die Dissoziative Identitätsstörung in Deutschland den Weg in Fachgesellschaften und Fachzeitschriften gefunden (Fiedler 2001, Reddemann u.a 2004, Eckhardt-Henn &Hoffmann 2004, Gast 2003, Gast u.a 2006), auch wenn immer noch gelegentlich gestritten wird über die kausale Beziehung zwischen Dissoziation und Trauma (Giesbrecht & Merckelbach 2005). Die neurobiologischen Forschungen und das Erklärungsmodell der Strukturellen Dissoziation (Nijenhuis u.a 2004, van der Hart, Nijenhuis & Steele 2008, s.a. Kap. 1.2 in diesem Buch) finden zunehmend weite Verbreitung und Anerkennung.

Gast, Rodewald, Hofmann, Matteß, Nijenhuis, Reddemann & Emrich (2006) konnten 2006 im Deutschen Ärzteblatt einen „State-of-the-art"-Artikel zur Dissoziativen Identitätsstörung veröffentlichen. Studien belegen für DIS eine Häufigkeit von 0,5-1% in der Gesamtbevölkerung und 5% in stationären psychiatrischen Patientenpopulationen –

somit eine „versorgungsrelevante Häufigkeit" (S.A 3193). „Ziel dieses Artikels ist es, einen Überblick über den aktuellen Wissensstand der DIS zu geben. (…). Die Darstellung basiert sowohl auf der klinischen Erfahrung der Autoren als auch auf den Ergebnissen einer systematischen Literaturrecherche in den wichtigsten medizinischen und psychologischen Fachliteratur-Datenbanken."(S. A 3194). Rituelle Gewalt und ihre spezifischen psychischen Folgen kommen hier – wie in allen anderen mir bekannten deutschsprachigen wissenschaftlichen Übersichtswerken – nicht vor. Eckhardt-Henn & Hoffmann (2004), HerausgeberInnen des Übersichtsbandes „Dissoziative Bewusstseinsstörungen. Theorie, Symptomatik, Therapie" gehen sogar so weit: „Heute sind es die Kontroversen um die „false (recovered) memory", Berichte über rituellen Missbrauch sowie die Schutzbehauptung des Vorliegens von dissoziativen Störungen in Sensationsprozessen, welche die Wissenschaftlichkeit des Dissoziationskonzepts potenziell beschädigen" (S. 6/7).

Die International Society für the Study of Dissociation (ISSD) widmen dem Thema eine von 81 Seiten in ihren Richtlinien zur Behandlung der Dissoziativen Identitätsstörung bei Erwachsenen (Deutsche Bearbeitung 2006). Unter dem Titel „Ritueller Missbrauch" (Anführungszeichen im Original) wird aber lediglich ausgeführt, dass manche ExpertInnen diesen Berichten „über bizarr anmutende Misshandlungserfahrungen" (S. 76) glauben – und andere eben nicht. Das hilft der Praktikerin im Behandlungsalltag herzlich wenig!

Verdrängen fällt schwerer, je näher man dran ist
Im Überblick aller hier dargelegten Befunde scheint es so zu sein, dass Menschen, die „ganz nah dran" sind, sich der Realität des Themas Rituelle Gewalt nicht entziehen können (bis hin zu sekundärer Traumatisierung, Youngsen 1993 in Becker & Overkamp 2008, S. 226 ff). Je weiter weg Menschen und Arbeitszusammenhänge davon sind, umso eher scheinen Verdrängung, „Nicht-Glauben-Können" und mehr oder weniger berechtigte Zweifel die Oberhand zu gewinnen. Dies scheint mir im Einklang mit der Analyse von Herman (1994) eine ganz normale menschliche Reaktion zu sein. Die Grässlichkeit Ritueller Gewalt **ist** unglaublich. Allerdings sind auch die Gräuel des Nationalsozialismus oder der Folter in Kriegen unglaublich – und trotzdem unbestrittene Realität.

Fakt ist, dass es Menschen gibt, die von solch grässlicher Gewalt in Deutschland berichten und/oder Symptome zeigen, die sich mit Ritueller Gewalt erklären lassen. Wer direkt mit Opfern Ritueller Gewalt arbeitet, kann sich dieser Realität nicht entziehen. Die befragten Vertragstherapeuten der Kassenärztlichen Vereinigungen in Nordrhein-Westfalen, Rheinland-Pfalz und im Saarland (siehe Kap. 1.4) gaben zu über 90% an, die Schilderungen ihrer PatientInnen für im Großen und Ganzen glaubwürdig zu halten.

In der direkten Begegnung mit traumatisierten Menschen sind nicht nur die verbal geschilderten Vorkommnisse ausschlaggebend. Es kommen auch andere Erlebnisqualitäten auf der emotionalen und Beziehungsebene hinzu, die ein Gesamtbild ergeben und zu dieser Einschätzung beitragen. Die Dialektik des Traumas wirkt hier selbstverständlich auch: Es gibt die Zweifel im betroffenen Menschen selbst und die Zweifel der UnterstützerInnen. Hinzu kommt, dass Täuschung, Verwirrung und Unglaubwürdigmachen immanente Bestandteile Ritueller Gewalt sind. Immer wieder werden von Betroffenen und UnterstützerInnen Situationen beschrieben, in denen es für alle Beteiligten schwirig ist, herauszufinden, ob eine aktuell erlebte konkrete Bedrohung oder Verletzung durch äußere Täter oder innere täteridentifizierte Persönlichkeitsanteile verursacht sind, oder ob eine als real erlebte Bedrohung „nur" in einem Flashback stattfindet. Hier gibt es immer wieder Irrtümer und auch von Tätern inszenierte Täuschungen. An solchen Stellen enden strafrechtliche Ermittlungen oft, weil die Glaubhaftigkeit der Aussagen des Opfers im strafrechtlichen Sinne als nicht ausreichend beurteilt wird. An solchen Stellen scheitern auch so manche Medienberichte, wenn klar wird, dass die geschilderte Gewalt so nicht stattgefunden haben kann. Und auch für die Forschung stellt sich die Frage: Wie kann man hier zu möglichst objektiven, also von Zufall und Täuschung unabhängigen Ergebnissen kommen?

Im direkten, oft langjährigen Kontakt einer Therapie, Begleitung oder Freundschaft ist es leichter möglich, eine Vertrauensbeziehung aufzubauen und diese Realitätsprüfung auf allen Ebenen zu verbessern. Es entsteht ein inneres Wissen, das umso mehr Bestand hat, je mehr das Sich-Einlassen Erfolg hat, d.h. die Situation verstehbar und positiv veränderbar werden lässt. Wer den Ausstieg und eine Traumatherapie als Betroffene geschafft oder als professionelle HelferIn begleitet hat, hat keine Zweifel mehr an der grundlegenden Wahrheit, auch wenn nicht alle Details geklärt werden können und es keine strafrechtliche Verwertbarkeit gibt.

Je weiter man von dieser Basis weg ist, umso eher überwiegen die Zweifel und die Abwehr. Die Grausamkeit Ritueller Gewalt anzuerkennen und nah an sich heranzulassen erschüttert das eigene Weltbild. Dazu gibt es noch ein anderes Problem: Auf der Suche nach Informationen zum Thema Rituelle Gewalt lassen sich z.B. im Internet eine Vielzahl mehr oder weniger glaubwürdig erscheinender Erfahrungsberichte und Analysen bis hin zu Theorien oder (angeblichen) Gewissheiten einer Weltverschwörung größten Umfanges finden. Es ist also unumgänglich, irgendwo einen eigenen Standpunkt in dieser Spannbreite von „Das gibt es nicht." bis „Weltverschwörung" zu beziehen. Und nachvollziehbarerweise ist der Pol „Das gibt es nicht" bzw. „Ich rede/schreibe nur über beweisbare Fakten" in vielerlei Hinsicht sicherer und angenehmer.

Dies lässt sich nicht allein an unterschiedlichen Personengruppen festmachen. Es hängt auch von der jeweiligen Situation ab und inwieweit es möglich ist oder möglich erscheint, das Wissen über Rituelle Gewalt und die spezifischen psychischen Folgen mit einzubeziehen.

Vermutlich ist es manchmal effektiver, nur von Dissoziativer Identitätsstörung als Krankheitsbild zu schreiben und die möglichen Ursachen wegzulassen, wenn dies die Chancen erhöht, dass ein Artikel in einer wichtigen Fachzeitschrift erscheint und Gehör findet oder eine Behandlungsrichtlinie als Statement einer angesehenen Fachgesellschaft verabschiedet werden kann. Manchmal ist es auch besser, in einer strafrechtlichen Anzeige oder einem OEG-Verfahren „nur" von Vergewaltigung oder Schlägen zu sprechen und den Hintergrund Ritueller Gewalt wegzulassen, wenn dadurch die Chancen für die Glaubhaftigkeit, Beweisbarkeit und Verurteilung oder finanzielle Unterstützung (OEG) steigen oder sich weitergehende Ermittlungen verhindern lassen, wenn eine Aussteigerin nicht ausreichend geschützt werden kann.

Dies ist im Einzelfall sicher (noch) sinnvoll, zementiert aber die „gespaltene Datenlage" weiterhin.

Noch immer „gespaltene Datenlage"
Wenn Rituelle Gewalt und ihre spezifischen psychischen Folgen keinen Eingang finden in Forschungen/Forschungsanträge, wichtige Fachzeitschriften, die öffentliche Expertenmeinung und Kriminalstatistiken, dann finden sie eben auch keinen Eingang in „State-of-the-Art-Artikel", Leitlinien, Qualitätsstandards und für das jeweilige Fachgebiet Ton angebende Kongresse.

Mein Eindruck ist, dass das Thema und die damit verbundenen Probleme immer noch von der öffentlichen gesellschaftlichen und psychotraumatologischen Diskussion „abgespalten" werden. Es findet sich in den konkreten Arbeitszusammenhängen derer wieder, die durch Hilfe suchende Betroffene mit dem Thema gewollt oder ungewollt konfrontiert sind (z.B. Beratungsstellen gegen sexuelle Gewalt, Klinikstationen, Einrichtungen des Betreuten Wohnens, TherapeutInnen, RechtsanwältInnen) und wird dort „aufgeteilt". Hier gibt es inzwischen ein beachtliches Fachwissen, wie viele Beiträge des Buches zeigen.

Spaltungen finden sich auch bei Fachkongressen und in der Fachliteratur. Es gab in den letzten Jahren zwei spezifische Fachtagungen[4], auf denen sich v.a. Menschen trafen, die zu diesem Thema arbeiten und Hilfe/Austausch für ihre tägliche Arbeit suchen. Manchmal findet das Thema einen Platz am Rande in Form eines „Sonderworkshops"[5], in spezifischen Büchern wie diesem hier (und Huber 1995, 2003, May u.a. 2001) oder einzelnen Medienberichten. Erfreulicherweise scheint sich aktuell eine positive Entwicklung abzuzeichnen: Die Jahrestagung 2010 der Deutschen Gesellschaft für Psychotraumatologie widmete einen zentralen (und gut besuchten) klinischen Workshop dem Thema Rituelle Gewalt und für 2010 sind eine weitere Fachtagung in Münster[6] und ein bundesweites Vernetzungstreffen für AusstiegsbegleiterInnen[7] geplant.

Eine integrative Sicht- und Handlungsweise hieße aber, in allen Arbeitszusammenhängen und Materialien – als einen Aspekt unter vielen – Rituelle Gewalt und die spezifischen Folgen selbstverständlich mit einbeziehen. Diese Forderung gab es vor ca. 20 Jahren vergleichbar zum Thema sexuelle Gewalt als eine mögliche (Mit-)Ursache von psychischen und psychosomatischen Störungen. Inzwischen ist dies generell akzeptiert und muss nicht mehr gesondert begründet werden.

---

[4] Fachtagung "Rituelle Gewalt – Spinnerei oder Realität" am 4.6.2008 in Münster, Fachtagung "Rituelle Gewalt. Vom Erkennen zum Handeln" am 6./7.11.2009 in Trier, s. Mann u.a. 2010

[5] "Sonderworkshop rituelle Gewalt: Erfahrungsaustausch", im Programm der 16. Fachtagung der ISSD, Deutsche Sektion am 11.-12.9.2009 zum Tagungsthema "Eine gemeinsame Sprache finden. Vernetzungs- und Versorgungsstrukturen bei Komplextrauma und Dissoziation.", s.a. Kombinierte Papersession "Rituelle Gewalt/Traumafolgen in der Lebensspanne" auf der 11. Jahrestagung der DeGPT, 7.-10.5.2009

[6] Fachtagung Rituelle Gewalt – das Unheimliche unter uns – Der Umgang mit ideologisch motivierten Straftaten aus multiprofessioneller Sicht am 24.06.2010 in Münster

[7] Initiiert vom Zentrum für Psychotraumatologie e.V. Kassel: 1. Deutschlandweiter AusstiegsbegleiterInnen-Tag am 4.9.2010 in Kassel

Was tun? Mut machend erscheint mir noch einmal ein Blick auf das Thema „Häusliche Gewalt" – also psychische, physische und sexuelle Gewalt in Paarbeziehungen. Es ist in Deutschland vor allem einer starken Frauenbewegung zu verdanken, dass Gewalt gegen Frauen und Kinder ein öffentlich diskutiertes Thema wurde. In den 1970er-Jahren entstanden die ersten Frauenhäuser und spezifischen Unterstützungsangebote. Auch damals hieß es: Gewalt gegen Ehefrauen? Vergewaltigung in der Ehe? Gibt es nicht oder es sind seltene Ausnahmen. Strafrechtliche Verurteilungen gab es nicht – weil nur wenige Frauen den Mut zu einer Anzeige hatten, aber auch weil häusliche Gewalt kein eigener Straftatbestand ist und Verurteilungen z.B. unter Körperverletzung oder Totschlag fallen. Inzwischen gibt es breitere interdisziplinäre Bündnisse, in vielen Bundesländern wird „häusliche Gewalt" zahlenmäßig durch die Polizei erfasst und 2004 wurde in staatlichem Auftrag eine repräsentative Bevölkerungsbefragung durchgeführt zu Gewalt gegen Frauen (BMFSFJ 2004, 2008). Sie liefert wertvolles Argumentationsmaterial über das immense Ausmaß der Gewalt und die große Dunkelziffer der Gewalttaten, die nicht staatlichen Behörden bekannt werden. Dennoch: Zahlen allein lösen das Problem nicht. Nach wie vor gibt es keine finanzielle Absicherung der Unterstützungseinrichtungen für von Gewalt betroffene Frauen und Kinder oder die Arbeit mit Tätern häuslicher Gewalt. Auch hier ist weiterhin politische Öffentlichkeitsarbeit erforderlich.

Rituelle Gewalt und die Arbeit mit den Opfern bringt alle Beteiligten immer wieder an Grenzen, an persönliche und professionelle Grenzen: Ausstiegsbegleitung bedeutet therapeutische Arbeit trotz fortbestehendem Täterkontakt und manchmal muss die Methodenvielfalt erweitert werden, um helfen zu können. Was z.B. aber ist, wenn intensiver Körperkontakt (Halten, Wiegen) einem kindlichen Persönlichkeitsanteil aus der traumatischen Starre hilft, dies aber in den Behandlungsrichtlinien der ISSD als „therapeutisch unangemessene und regressive Techniken, die keinen Platz in der psychotherapeutischen Behandlung einer DIS haben" (S. 73) verurteilt wird?

Eine offene Auseinandersetzung und Fachdiskussion an und zu diesen Grenzen und Tabus kann die Entwicklung von spezifischen Unterstützungsangeboten voranbringen. Prof. G.H. Seidler, Mitherausgeber der Zeitschrift „Trauma & Gewalt" schreibt dazu: „Nach der heilsamen Wirkung körperlicher Berührungen in Therapien zu fragen ist ein großes Tabuthema. Wo Tabus wirksam sind, kann der Bereich des Wissens nicht erweitert werden. Stattdessen entsteht ein Dunkelfeld, und Tabubrecher, die ja auch Protagonisten sein können, verlieren in der Regel a priori, vor jedwelcher Prüfung, den Schutz ihrer professionellen community." (Seidler 2008, S.81).

Beides – das Dunkelfeld ebenso wie der (drohende) Ausschluss der ProtagonistInnen aus der professionellen community – sind hinderliche Steine auf dem Weg der Erkenntnisgewinnung, nicht nur, aber ganz besonders im Bereich Ritueller Gewalt.

1.1.4 (K)ein Recht auf Unterstützung?

Der Staat hat seine BürgerInnen vor Gewalt zu schützen. Versagt dieser Schutz, muss Opfern entsprechende Unterstützung und Entschädigung gewährleistet werden. Dazu gibt es u.a. das Opferentschädigungsgesetz. „Wer im Geltungsbereich dieses Gesetzes (…) in Folge eines vorsätzlichen, tätlichen Angriffs (…) eine gesundheitliche Schädigung erlitten hat, erhält wegen der gesundheitlichen und wirtschaftlichen Folgen auf Antrag Versorgung (…)" (§1 OEG). Diese Versorgung besteht aus Heilbehandlung, Rente, Hilfen zur Teilhabe am Arbeitsleben u. v. a. m. Gewaltopfer sagen (und der gesunde Menschenverstand der Beraterin pflichtet bei): Ja klar steht mir das zu! Endlich gibt es Hilfe, z.B. eine sichere und langfristige Finanzierung der Therapie. In der Praxis steht das Opfer aber in der Beweispflicht. Die juristischen Hürden sind sehr hoch und aus psychotraumatologischer Sicht zum großen Teil nicht nachvollziehbar. Die Ausführung des OEG liegt in der Hand der Länder und diese Rechtspraxis ist sehr uneinheitlich, undurchschaubar und restriktiv. Im Land Bremen liegt die Bewilligungsquote bei 26,7%, im Bundesdurchschnitt bei ca. 40% aller Anträge[8], meiner Erfahrung nach im Bereich Komplextrauma und ohne strafrechtliche Verurteilung aber sehr viel niedriger. Es untergräbt das Vertrauen in den Rechtsstaat, wenn es einen Rechtsanspruch gibt, der sich in der Praxis nur selten durchsetzen lässt (siehe hierzu auch Stang & Sachsse 2007, Igney 2008 und Kap. 4.1, 4.2). Die meisten mir bekannten, erfolgreichen Fälle verlangten den AntragstellerInnen einen langjährigen Rechtsstreit vor den Sozialgerichten ab. Andererseits ist es eine große Hilfe, wenn dies gelingt. Ich kenne mehrere schwer traumatisierte Opfer (auch Ritueller Gewalt), die durch das OEG langjährige Therapiefinanzierung und/oder andere mehr oder weniger umfangreiche Versorgungsleistungen bekommen. Das macht Mut, ist aber eher ein Lotteriespiel mit der Hoffnung auf den Hauptgewinn. In den meisten Fällen ist es ein langjähriger, Kräfte zehrender, z. T. retraumatisierender und am Ende doch erfolgloser Kampf.

Es gibt heute erfreulicherweise im Bereich der Psychotraumatologie viel mehr Vernetzung und Fortbildung, in Arbeitskreisen, Trauma-Zentren, Fachorganisationen etc. – aber diese Fortschritte kommen bei sehr vielen komplextraumatisierten Betroffenen Ritueller Gewalt (noch?) nicht an.

Für Betroffene bedeutet die Realität oft, dass sie sich durch diverse Listen und viele Adressen durchtelefonieren auf der Suche nach einem freien Therapieplatz und/oder in den Vernetzungen „rumgereicht" werden. Wenn sie Glück haben, finden sie dann wirklich gute Unterstützung. Oft allerdings drehen sich die Vermittlungen im Kreis und die Betroffenen fühlen sich verschaukelt, weil zwar alle sich bemühen und weiter vermitteln, aber letztlich bei keiner Stelle die Ressourcen (und/oder Bereitschaft?) für eine entsprechend notwendige intensive und fachkompetente Beratung, Begleitung und Therapie vorhanden sind. Konkret z.B. wird oft nach ambulanter oder stationärer Therapie gesucht,

---

[8] Antwort des Bremer Senats auf eine Kleine Anfrage der CDU, zit. nach Die Tageszeitung 18./19.4.2009, S. 44

in der nicht nur stabilisiert wird (so wichtig das auch ist), sondern konkrete Traumaarbeit möglich ist, damit „es endlich aufhört". Noch schwieriger ist es, einen Therapieplatz, eine Wohnmöglichkeit oder sonstige Unterstützung zu finden, wenn noch Täterkontakt besteht. Diese erfolglose Vermittlungsarbeit bindet Ressourcen und frustriert oft.

Wir erleben es bei VIELFALT e.V. oft – und dies höre ich auch von Beratungsstellen, erfahrenen TherapeutInnen oder anderen ExpertInnen –, dass wir beim Thema Ritueller Gewalt die Letzten in der Vermittlungskette sind und damit „die letzte Hoffnung". Es gibt große Not und große Erwartungen, die wir oft nicht erfüllen können. Die Diskrepanz ist groß zwischen unseren Möglichkeiten einerseits und andererseits der Menge und Vielfalt des an uns herangetragenen Unterstützungsbedarfs, der damit verbundenen Not sowie des sich daraus ergebenden gesellschaftspolitischen Handlungsbedarfs. Andererseits bekommen wir oft zurückgemeldet, wie hilfreich es ist, dass es da eine Telefonnummer gibt, bei der man einfach anrufen kann und verstanden wird mit seiner Not. Oder dass sich jemand die Zeit nimmt, eine ausführliche E-Mail zu schreiben, um die Suche nach einer passenden Klinik zu unterstützen. Und dass wir uns nicht mit unzumutbaren, opferfeindlichen Zuständen in unserer Gesellschaft abfinden!

1.1.5 Was ist notwendig?

Wie oben schon beschrieben, ist eine Integration des Themas Rituelle Gewalt in alle gesellschaftlichen und professionellen Bereiche erforderlich.

Und jeder Mensch, der Opfer von Gewalt wurde/ist, sollte ein (umsetzbares!) Recht auf umfassende Information, vielfältige Unterstützung und Behandlung nach dem aktuellen Wissensstand der Forschung und Erfahrung haben. Dazu gehört der bedarfsgerechte Zugang zu qualifizierten ambulanten und stationären Traumatherapie-Angeboten sowie Unterstützungsangeboten zum Ausstieg aus den Gewaltstrukturen. Darüber hinaus ist ein mit angemessenen Ressourcen und staatlichem Auftrag ausgestattetes Kompetenzzentrum zum Thema Organisierte sexuelle Gewalt/Rituelle Gewalt notwendig. Es sollte folgende Aufgaben abdecken (bzw. entsprechende Strukturen in Deutschland aufbauen, damit diese Bereiche abgedeckt werden können):

– Sammeln und Bündeln der praktischen Erfahrungen bzw. des ExpertInnenwissens aus den verschiedenen Berufsfeldern (z.B. Sozialarbeit, Strafverfolgung, Opferschutz, Medizin, Beratung und Therapie)
– Erstellen von berufsgruppenspezifischen Informationsmaterialien
– Vernetzung (Organisation von Vernetzungstreffen zu spezifischen Themen auf Bundesebene und international)
– Politische Aufklärungs- und Lobby-Arbeit
– Initiieren, Begleiten und Finanzieren von spezifischen Forschungsprojekten
– Hotline (für Betroffene und Professionelle) als erste Ansprechmöglichkeit
– Angebot der Ausstiegsbegleitung (fachkompetente Beratung in psychosozialen und juristischen Fragen, Unterstützung beim Aufbau eines Helfernetzwerkes vor Ort, Vermittlung entsprechender Fachkräfte, Schutzunterkünfte etc.)

– Schutzunterkünfte (in verschiedenen Formen: niedrigschwellige, anonyme „Unterschlupfmöglichkeiten" für Krisen, längerfristige Wohnmöglichkeiten mit intensiver, spezifisch fortgebildeter psychosozialer Betreuung)

Des Weiteren brauchen wir eine stärkere Vernetzung mit Polizei und Justiz im Sinne des Opferschutzes und der Verbesserung der Strafverfolgung. Wir brauchen bundeseinheitlich verbindliche, opferorientierte Ausführungsbestimmungen zum OEG, die den spezifischen Erfordernissen traumatisierter Menschen gerecht werden und die eine realistische Einschätzung der Erfolgschancen eines OEG-Antrags im Einzelfall ermöglichen. Hätten wirklich alle Opfer schwerer Gewalttaten einen durchsetzbaren Anspruch auf Versorgungs-/Entschädigungsleistungen, dann würde das (sichtbar!) sehr viel Geld kosten und Investitionen in Gewaltprävention und Verhinderung chronischer Folgeschäden auch volkswirtschaftlich sehr lohnenswert machen. Denkbar wären auch spezifische Opferschutzprogramme in Anlehnung an Aussteigerprogramme bei Rechtsradikalismus, aber mit Einbezug des psychotraumatologischen Fachwissens und entsprechender psychosozialer Begleitung der AussteigerInnen. Solange Schutz/Unterstützung/Entschädigung der Opfer in der Praxis so mangelhaft sind, gibt es m.E. nur wenige Chancen für eine erfolgreiche Strafverfolgung bei Ritueller Gewalt. Dies ist ein Zustand, mit dem sich ein Rechtsstaat und seine BürgerInnen nicht abfinden dürfen!

Wir brauchen auch noch mehr Kooperationen mit „schlagkräftigen Türöffnern" aus anderen Fachbereichen jenseits unserer „psychotraumatologischen Community" (Kostenträger, Politik, Wirtschaft, Innenministerium ...). Vielleicht könnte der nächste „Aktionsplan zur Bekämpfung von Gewalt gegen Frauen" der Bundesregierung speziell die Bereiche Komplextrauma, Organisierte Gewalt (Kinder-Folter-Dokumentationen) und Rituelle Gewalt in den Mittelpunkt rücken? Für den Bereich „Häusliche Gewalt" haben die Aktionspläne 1999 und 2007 wichtige Entwicklungen angestoßen und begleitet. Notwendig wäre allerdings, dass nicht weiterhin dem „Frauenministerium" die (Haupt-)Zuständigkeit überlassen wird, sondern Innen-, Justiz- und Gesundheitsministerium federführend mitwirken und mitfinanzieren. Letztendlich würde eine effektive Unterstützung gewaltbetroffener Menschen und die Förderung der Vernetzung viel Geld sparen für die Volkswirtschaft und die Sozialversicherungssysteme. Denn viele der Menschen, die nicht genug Kraft für den „Hilfesuch-Marathon" haben bzw. keine FreundIn/PartnerIn, die/der dies für sie leistet, landen langfristig in Betreuungseinrichtungen und der Drehtürpsychiatrie oder werden körperlich chronisch krank.

Ebenso wichtig ist die „Graswurzelebene": die Initiativen, Vernetzungen und Aktionen vor Ort. Überall sind bedarfsgerechte Unterstützungsangebote und deren strukturelle Verankerung zu fordern. Die Vielfalt der Aktivitäten reicht hier von regionalen Arbeitskreisen Rituelle Gewalt – wie es sie bereits erfolgreich seit einigen Jahren in NRW und Rheinland-Pfalz gibt, fallbezogene Helfernetzwerke, Fördervereine für Traumastationen (wie z.B. www.traumhaus-bielefeld.de), das entstehende Mut-Netz[9] u.v.a.m. ...

---

[9] 1. Deutschlandweiter AusstiegsbegleiterInnen-Tag am 4.9. 2010 in Kassel

Traumatisierte Menschen brauchen eine starke Lobby. Wir sollten hierfür alle Möglichkeiten nutzen mit vielfältig vereinten Kräften!

Literatur

Amery, J. (1980). Jenseits von Schuld und Sühne Bewältigungsversuche eines Überwältigten. Stuttgart: Klett-Cotta.

Becker, T. (2008a). Rituelle Gewalt in Deutschland. In Fröhling, U. (Hrsg), Vater unser in der Hölle (S. 419-428). Bergisch-Gladbach: Bastei-Lübbe,

Becker, T. (2008b). Organisierte und Rituelle Gewalt. In Fliß, C. & Igney, C (Hrsg.), Handbuch Trauma und Dissoziation. Interdisziplinäre Kooperation für komplex traumatisierte Menschen (S. 23-37). Lengerich: Pabst Science Publishers.

Becker, T. & Overkamp, B. (2008). Spezifische Anforderungen an die Unterstützung von Opfern organisierter und Ritueller Gewalt. In Fliß, C. & Igney, C (Hrsg.), Handbuch Trauma und Dissoziation. Interdisziplinäre Kooperation für komplex traumatisierte Menschen (S. 223-236). Lengerich: Pabst Science Publishers.

Bundesministerium für Familie, Senioren, Frauen und Jugend (BMFSFJ) (Hrsg.) (2004). Lebenssituation, Sicherheit und Gesundheit von Frauen in Deutschland. Eine repräsentative Untersuchung zu Gewalt gegen Frauen in Deutschland – Zusammenfassung zentraler Studienergebnisse. http://www.bmfsfj.de

BMFSFJ (Hrsg.) (2008). Gewalt gegen Frauen in Paarbeziehungen. Eine sekundäranalytische Auswertung der Differenzierung von Schweregraden, Mustern, Risikofaktoren und Unterstützung nach erlebter Gewalt. Kurzfassung. Berlin: Selbstverlag BMFSFJ. http://www.bmfsfj.de

Deutscher Bundestag, 13.Wahlperiode (1998). Endbericht der Enquete-Kommission „Sogenannte Sekten und Psychogruppen". Drucksache 13/10950.

Eckhardt-Henn, A. & Hoffmann, S. O. (Hrsg) (2004). Dissoziative Bewusstseinsstörungen Theorie, Symptomatik, Therapie. Stuttgart: Schattauer-Verlag.

Evangelisches Krankenhaus Bielefeld (Hrsg.) (2009). Trauma und Persönlichkeitsentwicklung. Abstracts 11. Jahrestagung der DeGPT Deutschsprachige Gesellschaft für Psychotraumatologie in Bielefeld vom 7.-10. Mai 2009.

Fiedler, P. (2001). Dissoziative Störungen und Konversion. Weinheim: Beltz PVU.

Fischer, G. & Riedesser, P. (1998). Lehrbuch der Psychotraumatologie. München: Ernst-Reinhardt-Verlag.

Fröhling, U. (2008). Vater unser in der Hölle. Bergisch-Gladbach: Bastei-Lübbe.

Gast, U. (2003). Zusammenhang von Trauma und Dissoziation. In Seidler, G.H., Laszig, P., Micka, R. & Nolting, B.V. (Hrsg), Aktuelle Entwicklungen in der Psychotraumatologie. Theorie, Krankheitsbilder, Therapie (S. 79-102). Gießen: psychosozial-Verlag.

Gast, U. Rodewald, F., Hofmann, A., Matteß, H., Nijenhuis, E., Reddemann, L. & Emrich, H.M. (2006). Dissoziative Identitätsstörung – häufig fehldiagnostiziert. Deutsches Ärzteblatt, 103 (47), A 3193-3200.

Giesbrecht, T. & Merckelbach, H. (2005). Über die kausale Beziehung zwischen Dissoziation und Trauma. Ein kritischer Überblick. Nervenarzt, 76 (1), 20-27.

Herman, J. L. (1994). Die Narben der Gewalt. Traumatische Erfahrungen verstehen und überwinden. München: Kindler.

Huber, M. (1995). Multiple Persönlichkeiten. Überlebende extremer Gewalt. Ein Handbuch. Frankfurt: Fischer Tb.

Huber, M. (2003). Trauma und die Folgen. Teil 1: Trauma und Traumabehandlung, Teil 2: Trauma und Traumabehandlung. Paderborn: Junfermann.

Huber, M. & Frei, P. C. (2009). Von der Dunkelheit zum Licht. Trauma, Krankheit und Todesnähe überwinden. Paderborn: Junfermann Verlag.

Igney, C. (2008). Das Opferentschädigungsgesetz. In Fliß, C. & Igney, C. (Hrsg.), Handbuch Trauma und Dissoziation. Interdisziplinäre Kooperation für komplex traumatisierte Menschen (S. 317-331). Lengerich: Pabst Science Publishers.

International Society für the Study of Dissociation (2005). Deutsche Bearbeitung (2006). Richtlinien zur Behandlung der Dissoziativen Identitätsstörung bei Erwachsenen. (zum Download unter www.vielfalt-info.de, Stand 09.01.2010).

Mann, B., Spieckermann, C. & Wagner, A. (2010). Das Vorkommen von ritueller Gewalt wird heute nicht mehr bestritten. Ärzteblatt Rheinland-Pfalz, 1, 18.

May, A., Remus, N. & Bundesarbeitsgemeinschaft Prävention Prophylaxe e.V. (Hrsg.) (2001). Rituelle Gewalt. Berlin: Verlag die Jonglerie.

Nijenhuis, E., van der Haart, O. & Steele, K. (2004). Strukturelle Dissoziation der Persönlichkeitsstruktur, traumatischer Ursprung, phobische Residuen. In Reddemann, L., Hofmann, A. & Gast, U. (Hrsg.), Psychotherapie der dissoziativen Störungen (S. 47-72). Stuttgart: Thieme Verlag.

Reddemann, L., Hofmann, A. & Gast, U. (Hrsg.) (2004). Psychotherapie der dissoziativen Störungen. Stuttgart: Georg Thieme Verlag.

Seidler, G.H. (2008). Trauma und Kultur. Trauma & Gewalt, 2 (2), 81.

Seidler, G. H., Wagner, F. & Feldmann, R.E. (2008). Die Genese der Psychotraumatologie. Eine neue Disziplin im Kanon der medizinischen Fächer. Trauma & Gewalt, 2 (3), 178-191.

Stang, K. & Sachsse, U. (2007). Trauma und Justiz. Juristische Grundlagen für Psychotherapeuten – psychotherapeutische Grundlagen für Juristen. Stuttgart: Schattauer.

Van der Hart, O., Nijenhuis, E. & Steele, K. (2008). Das verfolgte Selbst. Strukturelle Dissoziation und die Behandlung chronischer Traumatisierung. Paderborn: Junfermann.

1.2 Dissoziative Identitätsstruktur – Ziel der Konditionierung, Krankheit, Überlebensstrategie?

Ira Bohlen

Bei der Dissoziativen Identitätsstörung (DIS) handelt es sich um die schwerste Störung aus dem Bereich der dissoziativen Störungen. Sie betrifft alle Bereiche des Bewusstseins, den Bereich des Gedächtnisses, der Wahrnehmung und der Identität. Diese Bereiche werden fragmentiert und als voneinander separiert im Bewusstsein gespeichert, so dass es zu einem Verlust der psychischen Integration des Erlebens und Handelns kommt.

Fiedler schreibt, dissoziative Störungen seien „sichtbarer Ausdruck der innerpsychischen Verarbeitung und Bewältigung traumatischer Erfahrungen" (Fiedler 2002, S.1), und bei den Betroffenen schwerer Traumatisierungen seien dissoziative Phänomene wie Amnesien, Depersonalisationen und Konversionen sehr häufig anzutreffen.

Übereinstimmend wird heute von schweren anhaltenden frühkindlichen Traumatisierungen als Ursache für die Entstehung einer DIS ausgegangen.

Ein Zusammenhang zwischen dem Erleben von schwerer körperlicher, sexueller Gewalt in der Kindheit und Jugend und dem Entstehen einer DIS konnte in den vergangenen 20 Jahren empirisch belegt werden (Eckhardt-Henn & Hoffmann 2004, S. 205, Gast u.a. 2006).

Die verschiedenen Ausprägungen erlittener Traumatisierungen bei Patientinnen mit der Diagnose Dissoziativer Identitätsstörung wurden u. a. von Putnam et al. (1996) untersucht. Es zeigte sich hier, dass die häufigste Art der berichteten Traumatisierung bei dieser Klientengruppe die sexuelle Gewalt (Inzest) und zwar in einer ausgeprägten sadistischen Weise war (Eckhart-Henn & Hoffmann 2004, S. 207). Es fanden sich in der Anamnese dieser Patientinnen Schilderungen über erlittene sexuelle Gewalt durch mehrere Täter oder Tätergruppen, sowie Berichte über sexuellen Missbrauch oder Angaben über den Zwang zu Kinderprostitution. 60 – 80 % der Patientinnen mit Dissoziativer Identitätsstörung, die im Rahmen unterschiedlicher Studien mit befragt wurden, gaben außerdem an, zusätzlich Opfer körperlicher Gewalt gewesen zu sein. Putnam fand auch Angaben zu körperlichen, in ritualisierter Form durchgeführten Misshandlungen und Folter sowie Schilderungen von Misshandlungen im Rahmen satanischer Rituale und von Kult-Ritualen. Auch U. Gast kam in ihren Untersuchungen von stationären PatientInnen mit der Diagnose DIS und dem Vergleich mit einer Gruppe allgemeinpsychiatrischer stationärer PatientInnen zu dem Ergebnis, dass die Gruppe der PatientInnen mit der Diagnose DIS über signifikant schwerere Traumatisierungen berichtete als die Kontrollgruppe. Sie stellte zudem einen Zusammenhang zwischen dem Ausmaß der Traumatisierungen in der Kindheit und dem Ausmaß der Schwere der bestehenden dissoziativen Symptomatik im Erwachsenenalter fest (Eckhardt-Henn & Hoffmann 2004, S. 207).

Menschen, die bereits in der Kindheit Opfer extremer Gewalt wie der Rituellen Gewalt wurden, mussten die Fähigkeit zur Dissoziation entwickeln und einsetzen, um zu überleben. Die erlittene extreme Gewalt überforderte alle anderen zur Verfügung stehenden Bewältigungsmöglichkeiten, so dass auf die Dissoziation als letzte mögliche Bewältigungsstrategie zurückgegriffen werden musste.

Obwohl sich die DIS oft als Folge erlittener Ritueller Gewalt entwickelt, ist Rituelle Gewalt nicht die einzig mögliche Ursache für das Entstehen der DIS. Auch andere Formen von Gewalt wie innerfamiliäre Gewalt (physische, sexuelle) oder extreme Vernachlässigung können die Entstehung einer DIS begünstigen.

Wenn es zur Entstehung einer DIS kommt, hat es bereits in der frühen Kindheit i. d. R. vor Vollendung des 5. Lebensjahres massive Gewalterfahrungen gegeben.

1.2.1 Theoretische Überlegungen zur Entstehung der Dissoziativen Identitätsstörung

Wiederholte, über längere Zeiträume erfolgende Traumatisierungen erhöhen das Risiko für ein Zurückgreifen auf den Abwehr-/Bewältigungsmechanismus der Dissoziation. Durch sich wiederholende traumatische Situationen werden Reiz-Reaktions-Verbindungen gefestigt und das Zurückgreifen und Einsetzen der Dissoziation als Bewältigungsstrategie im Laufe der Zeit automatisiert. Ein traumatisches Ereignis wird durch Dissoziation fragmentiert, abgespalten und dadurch zunächst für das Bewusstsein unzugänglich. Wiederholungen der traumatischen Situationen/Erfahrungen lassen typische klassisch und operant konditionierte Reiz-Reaktions-Verbindungen entstehen[1], so dass die abgespaltenen Fragmente durch bestimmte Auslösereize, die an die traumatische Situation erinnern, aktualisiert werden und sich ein alternierender State (Bewusstseinszustand) entwickelt. Kommt es zu Wiederholungen der traumatischen Situation/Erfahrung, erhöht sich die Dissoziationsfähigkeit, die States stabilisieren sich und entwickeln sich zu dissoziierten Teilpersönlichkeiten (Alters), die dann regelmäßig auf bestimmte Auslösereize und Situationen reagieren, so dass die Ich-Integration mehr und mehr gelockert wird und schließlich nicht mehr aufrechterhalten werden kann.

1.2.2 Diagnostik

In der Literatur findet sich eine synonyme Verwendung der Bezeichnungen Dissoziative Identitätsstörung und Multiple Persönlichkeitsstörung. Im DSM-IV löste die Bezeich-

---

[1] Siehe Kap. 2.3 in diesem Buch

nung Dissoziative Identitätsstörung die ältere Bezeichnung multiple Persönlichkeit ab. Im ICD-10 jedoch existiert die Bezeichnung multiple Persönlichkeit weiterhin.

In Studien wurde eine Prävalenz der DIS von 0,5-1 Prozent in der Gesamtbevölkerung und 5 Prozent in stationären psychiatrischen Patientenpopulationen gefunden. Frauen sind sehr viel häufiger betroffen als Männer (Gast u.a. 2006).

1.2.2.1 Klassifikation der dissoziativen Störungen

Im ICD-10 werden folgende dissoziative Störungen unterschieden:
Hier wird die DIS als eine Kategorie der dissoziativen Störungen (Konversionsstörungen) den neurotischen Störungen zugeordnet. Es werden traumatogene Ursachen für die Störung auch als Auslöser für das erste Auftreten eines anderen Persönlichkeitsanteils angenommen. Problematisiert werden hier eine möglicherweise anzunehmende iatrogene sowie eine kulturspezifische Ursache der Störung.

Dissoziative Amnesie (F44.0): reversibler Erinnerungsverlust für wichtige, i. d. R. traumatische, kurze Zeit zurückliegende Ereignisse ohne Vorliegen einer organischen Ursache oder Drogenintoxikation.

Dissoziative Fugue (F44.1): zielgerichtete, äußerlich geordnete Ortsveränderung, für die eine Amnesie besteht. Es kann für unbestimmte Zeiträume eine neue Identität angenommen werden.

Dissoziativer Stupor (F44.2): Eine beträchtliche Verringerung oder ein Fehlen der willkürlichen oder normalen Reaktionen auf äußere Reize ohne Hinweise für eine körperliche Ursache.

Trance- und Besessenheitszustände (F44.3): Zeitweilig einsetzender Verlust der persönlichen Identität sowie der vollständigen Wahrnehmung der Umgebung, häufig in Zusammenhang mit unfreiwillig wiederholten Folgen eingeschränkter Bewegungen, Stellungen und Äußerungen.

Dissoziative Bewegungsstörung (F44.4)
Dissoziative Krampfanfälle (F44.5)
Dissoziative Sensibilitäts- und Empfindungsstörung (F44.6)
Dissoziative Störungen (Konversionsstörungen) gemischt (F44.7)

Sonstige dissoziative Störungen (F44.8)
Ganser Syndrom (F44.80) (= Vorbeiantworten),
Multiple Persönlichkeitsstörung (F 44.81),
Vorübergehende dissoziative Störungen in der Kindheit und Jugend (F 44.82),
Sonstige näher bezeichnete dissoziative Störungen (F 44.88)

Nicht näher bezeichnete dissoziative Störung (F44.9)

Klassifikation der dissoziativen Störungen im DSM-IV
Auch im DSM-IV wird die Dissoziative Identitätsstörung als Achse-I-Störung den dissoziativen Störungen zugeordnet.

Dissoziative Amnesie (300.12): Unfähigkeit, sich an wichtige persönliche Informationen zu erinnern. Es handelt sich um eine reversible Gedächtnisstörung, bei der Erinnerungen an persönliche, meist hochgradig belastende oder traumatisierende Empfindungen, nicht in eine verbale Form gebracht werden bzw. nicht vollständig im Bewusstsein gehalten werden können.

Dissoziative Fugue (300.13): plötzliches und unerwartetes Verlassen des Zuhauses bzw. des gewohnten Arbeitsplatzes, kombiniert mit der Unfähigkeit, sich an Teile bzw. die gesamte eigene Vergangenheit zu erinnern. Verwirrung über die eigene Identität bzw. Übernahme einer neuen Identität. Während der Fugue-Episode sind die Betroffenen abgesehen von den Gedächtnislücken in der Regel psychopathologisch unauffällig. Der Beginn der Störung steht in Zusammenhang mit stark belastenden traumatischen oder überwältigenden Lebensereignissen.

Depersonalisationsstörung (300.60): andauernde bzw. wiederkehrende Episoden von Depersonalisation, z.B. Gefühl des Losgelöstseins oder der Entfremdung vom eigenen Selbst. Charakteristischerweise treten eine sensorische Unempfindlichkeit, ein Mangel an emotionalen Reaktionen sowie das Gefühl auf, die eigenen Handlungen bzw. die eigene Sprache bei bestehender Realitätskontrolle nicht vollständig kontrollieren zu können.

Dissoziative Identitätsstörung (300.14): Vorhandensein von mindestens zwei unterscheidbaren Identitäten oder Persönlichkeitszuständen, die als nicht zur eigenen Person gehörend wahrgenommen werden, die infolge innerer oder äußerer Auslösereize die Kontrolle über das Verhalten der Person übernehmen. Es besteht häufig eine teilweise oder vollständige Amnesie für die Handlungen der anderen Persönlichkeitsanteile. Im Rahmen dieser Störung können alle anderen dissoziativen Phänomene auftreten.

Nicht näher bezeichnete dissoziative Störung (300.15): Bei dieser Störung existieren wie bei der DIS unterschiedliche Persönlichkeitszustände, die aber nicht als völlig getrennt von der eigenen Person erlebt werden oder für die keine schweren Amnesien vorliegen. Unterscheidungsmerkmal ist lt. Huber ein Fehlen von Alltagsamnesien (vergl. Peichl, 2007, S. 15).

Eine von Paul Dell (Dell 2001 nach Gast 2004, S. 34/35) vorgeschlagene Neubearbeitung der Diagnosekriterien für die Dissoziative Identitätsstörung ist die Diskussionsgrundlage der in Vorbereitung befindlichen 5. Ausgabe des DSM.

Dell schlägt folgende Einteilung und Systematik vor:
Dell hat eine verhaltensorientierte Charakterisierung der dissoziativen Störungen erarbeitet und die Unterscheidung in einfache und komplexe dissoziative Störungen vorgeschlagen (ebenda).

Kennzeichen der komplexen dissoziativen Störung
Es handelt sich um ein durchgängiges Muster dissoziativen Funktionierens, bei dem eine mangelnde Integrationsfähigkeit des Bewusstseins in den Bereichen des Gedächtnisses, der Wahrnehmung und der Identität vorliegt. Es liegen zwei oder mehr unterscheidbare Identitäten (Persönlichkeits- oder Selbstzustände) vor, die wiederholt die Kontrolle über das Verhalten der Person übernehmen.

Kriterium A:
Das dissoziative Funktionieren äußert sich durch Vorhandensein folgender dissoziativer Symptome:
Gedächtnisprobleme (z. T. Amnesien für autobiographisches Material)
Depersonalisation, Derealisation
Flashbackerleben, Alters-Regression
Pseudoneurologische Symptome
Weitere somatoforme Symptome
Trancezustände

Dies kann mit der Manifestation von teil-abgespaltenen (B-Kriterien) sowie voll-abgespaltenen Identitätszuständen (C-Kriterien) einhergehen, die man an folgenden Kriterien erkennen kann:

Kriterium B:
Subjektiv erlebte Manifestation teil-abgespaltener Identitätszustände:
Nicht zu sich gehörig erlebtes Sprechen, Denken, Fühlen, Verhalten.
Nicht zu sich gehörig erlebte Fertigkeiten oder Fähigkeiten.
Pseudohalluzinationen, z.B. Stimmen hören in Form von kindlichen Stimmen, inneren widerstreitenden Dialogen oder verfolgender Stimmen (DD: schizophrene Psychose).
Irritierende Erfahrungen von verändertem Ich-Erleben und Verunsicherung über das eigene Ich (z.B. Gedankeneingebungen), nicht zu sich gehörig erlebte, teil-abgespaltene Ich-Zustände, mit denen der Therapeut in Kontakt tritt.

Kriterium C:
Objektive und subjektive Manifestationen vollständig abgespaltener Identitätszustände:
Auffallende deutliche Diskontinuität im Zeiterleben: Gefühl von „Zeit verlieren" und/oder „Herauskommen", Fugue-Episoden.
Nicht erinnerbares Verhalten.
Von Anderen beobachtbares Verhalten, an das man sich nicht erinnern kann.
Finden von Sachen in seinem Besitz, an deren Erwerb man sich nicht erinnern kann.

Finden von (Auf-)Zeichnungen, an deren Anfertigung man sich nicht erinnern kann. Evidente Anzeichen für kürzliches Verhalten, an das man sich nicht erinnern kann. Entdecken von Selbstverletzungen oder Suizidversuchen, an die man sich nicht erinnern kann.

Bei Vorliegen aller drei Kriterien Vollbild einer schweren dissoziativen Störung im Sinne einer DIS. Bei Vorliegen des Kriteriums A und B wird DDNOS (nicht näher bezeichnete dissoziative Störung) diagnostiziert.

Diskutiert werden zzt. neben den Konzepten der Klassifikationssysteme ICD-10 und DSM-IV (wie oben beschrieben), die DIS als eine Persönlichkeitsstörung zu klassifizieren wie z.B. emotional instabile Persönlichkeitsstörung oder Borderline-Persönlichkeitsstörung, oder die DIS als eine Komplexe Posttraumatische Belastungsstörung zu begreifen (Deistler & Vogler 2002, S. 17).

1.2.2.2 Nosologische Zuordnungen der Dissoziativen Identitätsstörung

Dissoziative Identitätsstörung als Persönlichkeitsstörung
Die Vorstellung von der DIS als eine mit der Borderline-Persönlichkeitsstörung (BPS) verwandten Störung, die als Untergruppe der BPS zu charakterisieren ist, stützt sich auf die Ähnlichkeit und Überschneidung der Symptome bei beiden Störungen.

Aus tiefenpsychologischer Sicht sind beide Störungsbilder Ausdruck einer frühen Störung mit frühen, primitiven Abwehrmechanismen wie Verleugnung und Spaltung, die sich auch in ihrem vergleichbar rudimentären Ich-Gefühl ähneln. Entwicklungsstörungen sind im Rahmen dieser Theorie charakterisiert durch die sich auf einer Entwicklungsstufe fixierenden frühen Abwehrmechanismen, und die BPS ist Ausdruck des entwicklungsbedingten Strukturniveaus des Individuums.

Als Folge und Reaktion auf sequentielle Traumatisierungen verstanden, können sie dagegen lt. Votsmeier (1999) (Deistler & Vogler, S. 31) als dissoziative Bewältigung/Verarbeitung dieser Traumatisierungen angesehen werden. Diese Einschätzung wird durch Studienergebnisse bestätigt, nach denen zwischen 60 und 90 % der stationär behandlungsbedürftigen Patienten mit der Diagnose BPS in der Kindheit und Jugend massive Traumatisierungen erlitten haben (Reddemann & Sachsse 1999, zit. nach Deistler & Vogler, S. 31). Auch Untersuchungen von Herman und van der Kolk (1987) weisen in die gleiche Richtung. Patientinnen mit einer BPS berichteten demnach von massiver erlebter sexueller Gewalt und Vernachlässigung.

Das Erscheinungsbild der BPS unterscheidet sich trotz einiger Ähnlichkeiten bzgl. ihrer Entstehungsbedingungen deutlich von dem der DIS, u.a. durch die bestehenden deutlichen amnestischen Barrieren bei der DIS.

Auch die Charakteristik der Persönlichkeitsstörungen im ICD-10 als durch tief verwurzelte, anhaltende Verhaltensmuster sowie starre Reaktionen auf unterschiedliche persönliche und soziale Lebenslagen charakterisierte Störungen, bei denen sich gegenüber der Mehrheit der Bevölkerung deutliche Abweichungen im Wahrnehmen, Denken, Fühlen und in den Beziehungen sowie eine gestörte Funktionsfähigkeit zeigen, wirft Zweifel an der Einschätzung der DIS als Persönlichkeitsstörung auf, denn bei einer DIS ist durch eine fachgerechte therapeutische Behandlung mit einer Bearbeitung der traumatischen Erfahrungen eine Veränderung des inneren Systems erreichbar (vgl. Deistler & Vogler 2002).

Dissoziative Identitätsstörung als Posttraumatische Belastungsstörung
Den Symptomen der Menschen, die langjährigen sich wiederholenden Traumatisierungen ausgesetzt waren, wird die Diagnosekategorie der Posttraumatischen Belastungsstörungen nicht gerecht. Deshalb wird u.a. von Herman eine Kategorie der Komplexen Posttraumatischen Belastungsstörung (Disorder of extreme Stress not otherwise specified DDNOS) vorgeschlagen, die folgende Symptomkomplexe umfassen sollte:
– Störungen der Affektregulierung und anhaltende dysphorische Verstimmung (z.B. Dysphorie, Ausagieren extremer Wut, Selbstaggression)
– Störungen des Bewusstseins (z.B. Amnesie, Hypermnesie, Dissoziation)
– Störungen der Selbstwahrnehmung (z. B. Hilflosigkeits- und Ohnmachtsgefühle, Scham, Schuld)
– Veränderung in der Wahrnehmung der Täter (z. B. Idealisierung des Täters, dauernde Rachegedanken, Identifikation mit dem Aggressor)
– Störungen in den Beziehungen zu anderen Menschen (z. B. Isolation und Rückzug, Probleme, sich selbst zu schützen, Suche nach einem Retter)
– Veränderung des Wertesystems (Verlust von Sinn und Hoffnung)
(Herman 1994, S. 169/170)

Die Diagnosekategorie DESNOS wurde bisher nicht in die Klassifikationssysteme ICD-10 oder DSM-IV aufgenommen.

Außerdem gibt es Vorschläge, die DIS und die BPS im Rahmen eines Störungskonzeptes als unterschiedliche Reaktionen und Bewältigungsformen früher extremer Traumatisierung zu charakterisieren.

1.2.3 Diagnostische Einschätzungen

Trotz der Aufnahme der Diagnose in die Manuale DSM-IV und ICD-10 kommt es häufig vor, dass die DIS nicht diagnostiziert und eine andere Diagnose gestellt wird. Dafür kommen unterschiedliche Gründe in Betracht, wie z. B. die Überzeugung von Klinikern, dass es eine DIS nicht gibt, oder dass sie eine Kategorie im Rahmen einer anderen Diagnose ist. Auch die sehr unterschiedlichen Symptome, die Patienten mit einer DIS präsentieren, tragen dazu bei, dass die Diagnosen sehr variieren. Auch die Scham der Betroffenen und das Bestreben, die Probleme und Schwierigkeiten zu verbergen, erschweren ein Erkennen und Einordnen der Symptome.

Häufig wird die DIS als Borderline-Persönlichkeitsstörung oder aber als Schizophrenie diagnostiziert. Mögliche Gründe dafür können darin liegen, dass einige der Symptome der DIS wie Wahnsymptome oder Halluzinationen der Schizophrenie anmuten.

Das von DIS-Klientinnen häufig angegebene Hören von Stimmen kann z. B. von mit dem Erscheinungsbild der DIS wenig vertrauten Behandlern als Halluzination im Rahmen einer Schizophrenie interpretiert werden. Allerdings werden die Stimmen bei PatientInnen mit Dissoziativer Identitätsstörung von innen kommend, im Kopf lokalisiert und in der Regel auch als deutlich identifizierbar beschrieben.

Auch eine Verwechselung mit den bei der Schizophrenie auftretenden Symptomen einer Denkstörung ist in der Praxis häufig. Diese wie ein Abreißen der Gedanken oder eine Unterbrechung der Gedanken erscheinenden Symptome können Ausdruck von inneren Auseinandersetzungen zwischen Teilidentitäten sein, bei denen es keinem der Anteile gelingt, die Kontrolle über den Körper kontinuierlich aufrechtzuerhalten. Dies erweckt dann den Eindruck, als würden Gedanken nicht zu Ende geführt. Ferner kann der Eindruck einer wie bei der Schizophrenie auftretenden Affektlabilität mit unvereinbar nebeneinander bestehenden Affekten und Verhaltensweisen entstehen. Im Gegensatz zur Schizophrenie dauern die Symptome bei einer Dissoziativen Identitätsstörung nicht an, sie treten hier eher im Rahmen schnell stattfindender Wechsel auf.

Es ist also zu vermuten und durch die Praxis oft bestätigt, dass auf Grund der Unterschiedlichkeit der präsentierten Symptome die Menschen mit einer DIS häufig eine nicht zutreffende Diagnose erhalten. Deistler & Vogler 2002 zitieren die Studie von Boon & Draijer 1993, die in einer niederländischen Stichprobe durchschnittlich mehr als 3 Vordiagnosen fanden, bevor die Diagnose DIS gestellt wurde. In der Praxis werden die präsentierten Symptome häufig fehlinterpretiert und dissoziative Symptome häufig übersehen. Es kommt zu Diagnosen wie Persönlichkeitsstörungen, affektiven Störungen, Borderline-Persönlichkeitsstörung, Schizophrenie, Angststörungen, Essstörungen, Somatisierungsstörungen, Sucht oder Impulskontrollstörungen (vgl. Deistler &Vogler 2002, S. 22). Gast u.a. (2006, S. A3193) stellen in ihrem Übersichtsartikel im Deutschen Ärzteblatt aktuell fest, dass, obwohl die Erkrankung keineswegs selten ist, PatientInnen häufig gar nicht entsprechend diagnostiziert oder fehldiagnostiziert werden.

1.2.4 Innere Struktur von Menschen mit DIS

Deistler & Vogler (2002) vergleichen die Persönlichkeit eines Menschen mit einem viele Zimmer umfassenden Haus. Der Mechanismus der Dissoziation verhindert und blockiert den Zugang zu dem, was sich in den anderen Zimmern des Hauses befindet. So kann im Extremfall der Eindruck bestehen, in einer Ein-Zimmer-Wohnung zu leben.

Auf das Störungsbild der DIS übertragen bedeutet das, ehemals zusammengehörige Informationen fallen auseinander und stehen abgespalten nebeneinander, die als verschiedene voneinander unabhängige Ich-Zustände, fragments, states, Alters oder auch Teilidentitäten bezeichnet und wahrgenommen werden.

Die „Überlebensstrategie DIS" ist das Ergebnis einer enormen Anpassungsleistung an viele extrem traumatische Lebenssituationen. Auch Menschen ohne DIS passen sich an unterschiedliche Lebenssituationen an, indem sie in unterschiedlichen Situationen verschiedene Rollen übernehmen. Ähnlich der unterschiedlichen Rollen für unterschiedliche Kontexte können bei Menschen mit einer DIS die unterschiedlichen Teilidentitäten innerhalb eines multiplen Persönlichkeitssystems verschiedene Aufgaben übernehmen und anhand dieser Aufgaben unterschiedlichen Kategorien zugeordnet werden. Es kann eine sog. Gastgeberin geben sowie verschiedene andere Persönlichkeitsanteile, die durch innere oder/und äußere Auslöser (Trigger) in Erscheinung treten (nach „vorne" kommen, nach „draußen" kommen, als Front-Persönlichkeit in Erscheinung treten).

Weitere Begriffe, mit denen die verschiedenen Persönlichkeitsanteile bezeichnet werden, sind z. B.: Teilidentität, Teilpersönlichkeit, Persönlichkeit, Person, Alter.

In der Selbsthilfebewegung multipler Menschen wurde die Frage aufgeworfen: Kann und darf eine Identitätsstörung zum Zentrum unserer Identität werden? Auch Vertreterinnen der feministischen Therapie und Beratung warnten vor der Stigmatisierung durch eine schwere psychiatrische Diagnose. Es wurde vorgeschlagen, statt von Dissoziativer Identitätsstörung von Dissoziativer Identitätsstruktur zu sprechen. Multiple Menschen wählen als Selbstbeschreibung auch oft Begriffe wie Viele-Sein oder Multipel-Sein und als Bezeichnung für das innere Persönlichkeitsystem Begriffe wie Truppe, Bande, System, Familie etc. (vgl. Igney 2008, VIELFALT e.V. 2009).

Die Persönlichkeitsanteile der KlientInnen mit einer DIS bewahren individuelle verdrängte Erfahrungen, die sie zunächst nicht preisgeben. Sie sind jeweils in Situationen entstanden, in denen es galt, extreme Traumatisierungen zu überstehen und weiter zu funktionieren. Die Persönlichkeitsanteile unterscheiden sich entsprechend der übernommenen Funktionen und Aufgaben voneinander. Sie haben individuelle unterschiedliche Altersstufen (Kinder, Jugendliche, Erwachsene), oft auch individuelle charakteristische Eigenheiten und körperliche Besonderheiten. Auch die sexuelle Identität (Mann, Frau, Junge, Mädchen) sowie die sexuelle Orientierung (nebeneinander bestehende heterosexuelle, homosexuelle und bisexuelle Orientierung) können sich unterscheiden. Jede Teilidentität hat individuelle eigene, von anderen unterscheidbare Werte und Selbstkonzepte sowie typische Körperhaltungen mit einer unverwechselbaren Körpersprache sowie Gestik und Mimik. Sie zeigen unterschiedliche Handschriften und eine u. U. wechselnde Händigkeit, eine in den Akzenten, Dialekten, Sprachniveaus, Stimmlagen unterscheidbare Sprache oder auch Fremdsprache. Auch die Bildungsniveaus einzelner Anteile können sich unterscheiden.

Persönlichkeitsanteile treten als eigene Identitäten mit eigenen Vorlieben und Kompetenzen, eigenen individuellen Interessen und Hobbys und oft in individueller, unterschiedlicher Kleidung auf. Die medizinischen Befunde und physiologischen Messwerte wie EEG-Befunde, Blutdruck, Pulsfrequenz können variieren je nach Anteil der Persönlichkeit. Es können Allergien oder Erkrankungen bei einem Anteil vorliegen, bei anderen jedoch nicht bestehen, und die Reaktionen auf Medikamente können sich je nach Persönlichkeitsanteil unterscheiden. Auch die Sehstärke kann variieren, Brillenstärken können sich unterscheiden. Subjektiv können unterschiedliche Körperschemata und Vorstellungen von individuell unterschiedlicher Augenfarbe, Haarfarbe, Größe, Figur und Gewicht auftreten.

Es werden eine Außenperson und Innenpersonen unterschieden. Innenpersonen können im Hintergrund mithören und mitagieren oder schlafen.

Jeder Persönlichkeitsanteil hat im System individuelle und für die soziale Umwelt der Betroffenen typische eigene Aufgaben. Häufig finden sich folgende charakteristische Funktionen und Persönlichkeitsanteile:

Primärpersönlichkeit
Wird auch als Hauptpersönlichkeit, Gastgeberpersönlichkeit oder Host bezeichnet. Sie sorgt für ein Funktionieren des Systems im Alltag, hat i. d. R. für einen großen Teil der Zeit die Kontrolle über den Körper. Das Alter entspricht meistens ungefähr dem physischen Alter der Person, und auch die sexuelle Identität entspricht dem physischen Geschlecht. Sie ist i. d. R. sehr zuverlässig, hat Gedächtnislücken und Amnesien. Häufig sucht dieser Persönlichkeitsanteil Kontakt zum Therapeuten, weiß aber selten etwas über die anderen Persönlichkeitsanteile.

Kind-Persönlichkeiten
Diese Persönlichkeitstypen sind in fast allen Fällen einer DIS anzutreffen. Putnam fand in seinen Untersuchungen bei 85% der DIS-Klientinnen mindestens eine Kind-Persönlichkeit. Die Anzahl der Kind-Persönlichkeiten überwiegt nach seiner Einschätzung die der Erwachsenen-Persönlichkeiten (Putnam 2003). Die Kinder altern laut Putnam im Gegensatz zu den Erwachsenen-Persönlichkeiten nicht und sind in ihrem Entstehungsalter sozusagen „eingefroren". Die Funktion der Kind-Persönlichkeiten besteht darin, die traumatischen Erinnerungen zu bewahren. Körperhaltungen, Bewegungen, Sprache, Vokabular entsprechen dem individuellen kindlichen Alter.

Verfolger/Peiniger-Persönlichkeiten
Auch diesen Persönlichkeitstyp identifizierte Putnam bei 85% seiner untersuchten Gruppe von DIS-Klientinnen. Häufig befinden sie sich im Konflikt mit der Primärpersönlichkeit und anderen Persönlichkeitsanteilen. Sie können zeitweise versuchen, die Therapie zu verhindern, können andere Anteile körperlich angreifen, indem sie ihnen Verletzungen wie Brandwunden oder Schnittwunden zufügen. Es kann beispielsweise dazu kommen, dass sie andere Persönlichkeitsanteile zwingen, Tabletten einzunehmen. Der Verfolger-Anteil zieht sich i. d. R. zurück, sobald die Situation lebensbedrohlich wird und überlässt der Primärpersönlichkeit oder anderen Anteilen den Körper. Verfolger-Anteile sind oft auch für Suizidversuche, Unfälle und nach außen gerichtete Aggressionen verantwortlich. Verfolger-Persönlichkeiten sind häufig der Überzeugung, den Körper verletzen zu können, ohne dass sie selbst Schaden nähmen.

Psychische Angriffe oder Qualen werden anderen Persönlichkeitsanteilen zugefügt, indem Halluzinationen verursacht oder Ängste bei ihnen ausgelöst werden. Sie sind in der Lage, bei anderen Anteilen Schmerzen auszulösen und diese verbal zu tyrannisieren.

Beschützer-Persönlichkeiten

Werden auch als Wächter bezeichnet und gehören zu den vor allem im Inneren agierenden Persönlichkeiten, sie zeigen sich nur selten, z. B. dann, wenn das gesamte System oder einzelne Persönlichkeitsanteile bedroht werden. Sie fungieren oft als Gegenpol zu den destruktiven selbstzerstörerisch agierenden Anteilen und stellen das Überleben der Betroffenen sicher. Es können folgende Beschützer-Persönlichkeiten unterschieden werden:

Anteile, die über kognitive, rationale Verhaltensstrategien verfügen, sie übernehmen häufig die Kontrolle über Wechsel/Switches und entscheiden dadurch, welcher Anteil die Kontrolle über den Körper bekommt und „draußen" ist. Bei diesem Typ von Beschützer-Persönlichkeit kann es sich auch um einen Beobachter-Persönlichkeitsanteil handeln.

Aggressive Beschützer-Persönlichkeiten verteidigen den Körper gegen von außen kommende physische Gefahren. Häufig sind dies männliche Anteile, die die Fähigkeit besitzen, enorme physische Kräfte zu mobilisieren.

Andere Beschützer-Anteile nutzen Vermeidungsstrategien wie z. B. Initiieren von Trancezuständen, Gefühllosigkeit oder Unempfindlichkeit gegen Schmerzen sowie von Techniken, die helfen können, traumatische Ereignisse zu überleben. Häufig verfügen sie über nützliche Fähigkeiten wie das Finden von Verstecken oder die Fähigkeit, schnell wegzulaufen.

Gegengeschlechtliche Persönlichkeiten

Putnam (2003, S. 140) fand in Befragungen zu Ende der 1980er Jahre bei etwa der Hälfte aller weiblichen DIS-Patienten männliche Identitäten im Alter von Kindern, Jugendlichen oder Erwachsenen. Männliche Multiple hatten in ca. zwei Drittel bis drei Viertel der Fälle weibliche Identitäten.

Beobachter-Persönlichkeiten

Der Beobachter-Anteil hat keine Amnesien oder Zeitverluste. Er zeigt sich selten, kann mit anderen Anteilen eines Systems kommunizieren, zeigt keine Gefühle, reagiert rational, da dieser Anteil seiner Aufgabe nur mit einer Distanz zur inneren und äußeren Realität gerecht werden kann.

Putnam identifizierte bei vielen seiner untersuchten DIS-Patientinnen Beobachter-Persönlichkeiten (Putnam 2003). Charakteristisch sind „Inner self helpers" (Allison), die als gelassen, rational und objektiv, physisch eher passiv beschrieben werden, das System der Persönlichkeit kennen und eine beratende Funktion übernehmen, sowie die „memory Trace"-Persönlichkeit, die über das Wissen um eine relativ vollständige lückenlose individuelle Lebensgeschichte verfügt.

Es können außerdem Persönlichkeitstypen wie Dämonen und Geister, verstorbene Verwandte, promiskuitive Persönlichkeiten, suizidale Persönlichkeitsanteile, die infolge einer depressiven Haltung Suizidwünsche haben, auftreten.

Folgende etwas abweichende, aber auch an der Funktion für das System orientierte Einteilung der Persönlichkeits-Anteile findet sich bei Deistler & Vogler (2002, S. 59 f, in Anlehnung an Smith 1994 und Huber 1995):

GastgeberIn
BeobachterIn

Täteridentifizierte Persönlichkeitsanteile

Täteridentifizierte Persönlichkeitsanteile haben Wertvorstellungen der Täter und Täterkreise übernommen. Ihre Aufgabe besteht häufig darin, zu verhindern, dass Informationen über Täter und Täterkreise weitergegeben werden oder die Situation einer Hilfe suchenden Person bekannt wird. Bei einem fortbestehenden Täterkontakt werden u.a. Informationen aus der therapeutischen Behandlung durch diese Anteile an die Täter übermittelt, ohne Wissen anderer Anteile des Systems. Sie sind oft dafür zuständig, andere Anteile des Systems zu bestrafen, wenn diese sich Menschen aus dem sozialen Umfeld anvertrauen oder aus den Täterkreisen aussteigen wollen (durch Auslösen von Selbstverletzung, Aktivierung von Schmerzerfahrungen und Empfindungen u.a.). Eine Zusammenarbeit mit den übrigen Anteilen des Systems lässt sich oft erst nach langer intensiver „Überzeugungsarbeit" in der Therapie erreichen.

In jedem System gibt es Kinder und Jugendliche, die zu einem bestimmtem Zeitpunkt „eingefroren" sind, d. h. sie haben subjektiv das Alter, in dem die Traumatisierungen erfahren und erlebt wurden.

BeschützerInnen oder WächterInnen

Zudem beschreiben sie bei den unvollständig abgespaltenen Bewusstseinszuständen, die auf einen typischen äußeren oder inneren Reiz gleichbleibend reagieren, States und Fragments, d.h. zu einer charakteristischen Situation gehörende Zustände oder Bruchstücke, die erst in der therapeutischen Arbeit mit dem Trauma erkennbar werden und für die kein Zusammenhang zur gegenwärtigen Realität existiert.

Die Diagnose DIS wird gestellt, wenn neben den States auch Alters als eigenständige Teilidentitäten erkennbar sind.

Kommunikation innerhalb des Persönlichkeitssystems

Das Persönlichkeitssystem kommuniziert über verschiedene bestehende Verbindungen und Bezüge untereinander.

So ist die Primärpersönlichkeit, der Host, meistens ahnungslos und weiß über die Anwesenheit alternierender Anteile nichts. Auch für die Zeiträume, in denen andere Anteile die Kontrolle über den Körper hatten, besteht eine Amnesie. Umgekehrt gibt es aber i. d. R. Anteile, die von der Primärpersönlichkeit wissen („Ein-Weg"-Amnesie, gerichtete Kenntnis) (vgl. Putnam 2003). Der Zustand, in dem sowohl der Host als auch die Anteile nichts voneinander wissen, wird als „Zwei-Weg"-Amnesie bezeichnet.

Ein Persönlichkeitsanteil, der sich der Erinnerungen, Gefühle, Gedanken oder Handlungen eines weiteren Anteils bewusst ist, befindet sich in einem Zustand der Co-Bewusstheit oder der Mitbewusstheit (co-consciousness).

Wechsel (Umschalten, switchen)
Das Wechseln zwischen den Persönlichkeitsanteilen wird als Switch bezeichnet. Da es häufig plötzlich und sprunghaft erscheint, entstand die Bezeichnung Switch.

Ein Wechsel zwischen zwei Anteilen der Person kann durch innere oder äußere Auslösereize/Trigger (mit dem Trauma im Zusammenhang stehende Erinnerungen) im Alltag ausgelöst werden und erfolgt in einem solchen Fall oft unkontrolliert. Wenn sich der Host einer Situation nicht gewachsen, sich überfordert fühlt, kann ein kontrollierter Wechsel erfolgen. Für diese kontrollierten Wechsel sind Persönlichkeitsanteile verantwortlich, die auf Grund rationaler Überlegungen für diese Situation erforderliche nützliche Fähigkeiten auswählen und entscheiden, dem entsprechenden Anteil die Kontrolle über den Körper zu überlassen.

1.2.5 Theorien zur Ätiologie der Dissoziativen Identitätsstörung

Es besteht in der Literatur weitgehend Konsens darüber, dass die DIS das Ergebnis einer bereits in der Kindheit beginnenden schweren, andauernden Traumatisierung ist, die die vorhandenen Bewältigungsmöglichkeiten des Individuums überfordert und die normalen Funktionsweisen des Ich außer Kraft setzt.

„Das Erleben plötzlicher und heftiger oder anhaltender äußerer und/oder innerer Bedrohung, das mit dem Gefühl von Todesangst, Hilflosigkeit, Ohnmacht, Schutzlosigkeit und oft auch körperlichem Schmerz und Verletzung einhergeht" (Besser o. J.).

Es kommt zu einer Alarmreaktion, die zunächst das Bindungssystem des Individuums aktiviert, und den sogenannten „Bindungsschrei" auslöst, der das Ziel hat, Bindungspersonen zur Unterstützung und Rettung herbeizuholen. Scheitert der Versuch, eine Bindungsperson und damit Trost und Unterstützung zu erreichen, ist eine Flucht aus der Situation und auch der Kampf gegen die Bedrohung aussichtslos, gerät das Individuum in einen Zustand von Handlungsunfähigkeit, den Huber (2003) die „Traumatische Zange" nennt. Es kommt zu einem Erleben von Hilflosigkeit, der nicht durch Flucht zu entgehen ist, und zu einem Erleben von Ohnmacht. Wenn auch die Möglichkeit zu kämpfen nicht gegeben scheint, entsteht eine ausweglose Situation und ein Gefühl des Ausgeliefertseins, auf das physiologisch mit Bewegungslosigkeit (Freeze) reagiert wird. Die Stressbelastung steigt, mit ihr die Stresshormone Adrenalin, Noradrenalin, Cortisol, später dann auch die köpereigenen Opiate, was zu einer Angstreduktion und -abschaltung führt und eine autoprotektive Wahrnehmungsveränderung bewirkt, d. h. die Gesamtheit des traumatischen Erlebnisses zerfällt in seine Einzelteile.

Es kommt zu einem Auseinanderfallen der Wahrnehmung des Traumaerlebnisses und seines Kontextes, der peritraumatischen Dissoziation. Die einsetzenden dissoziativen Reaktionen können stufenweise von Derealisation, Depersonalisation, Bewusstlosigkeit bis zur Fragmentierung der Sinneseindrücke, des situativen Traumakontextes sowie der Gefühle, Affekte und Kognitionen reichen.

Das Gehirn reagiert auf die erhebliche Bedrohung also mit einer Blockierung der Verarbeitung und Speicherung von Informationen. Die Zusammenarbeit der beiden für die

Reizverarbeitung und Speicherung verantwortlichen Systeme Hippocampus und Amygdala wird gestört. Die Amygdala kann als sogenanntes Frühwarnsystem, das entwicklungsbiologisch ältere und primitiver reagierende System, als heißer Informationsspeicher bezeichnet werden. Der Hippocampus ist das entwicklungsbiologisch später entwickelte System, das sogenannte kühle Speichersystem, das Informationen episodisch geordnet, kognitiv überprüfbar, emotional wenig antriggerbar verarbeitet und speichert und mit dem Broca Sprachzentrum und dem Thalamus verbunden ist. Die traumatische Situation mit der extremen Stressbelastung verhindert die Integration der in der Amygdala gespeicherten emotionalen und körperlichen Erfahrungen, die nun fragmentiert bestehen bleiben und nicht zur Vergangenheit werden können. Diese „Erinnerungssplitter" sind dann durch Auslösereize, die an die traumatische Situation erinnern, schnell auslösbar, so dass die fragmentiert gespeicherten Aspekt der Situation erneut in einer Hier-und-Jetzt-Qualität erlebt werden.

Der Dissoziation kommt in der traumatischen Situation eine Schutzfunktion zu, sie schützt das Individuum vor Reizüberflutung. Sind Menschen einer fortgesetzten sequentiellen Traumatisierung ausgesetzt, kommt es zur Verfestigung dieser traumabezogenen Reaktionen und es können Ego-States oder dissoziierte Teilidentitäten entstehen.

Eine Dissoziative Identitätsstörung entwickelt sich nach Kluft (1984, zit. nach Peichl 2007, S. 91) dann, wenn eine angeborene deutliche Fähigkeit zur Dissoziation besteht, auf die im Rahmen schwerer, bereits in der frühen Kindheit beginnenden Traumatisierungen zurückgegriffen wird, wenn die Möglichkeit der Bewältigung die normalen Abwehrstrategien überfordert und emotional unterstützende Bezugspersonen nicht zur Verfügung stehen. Das Erscheinungsbild der Dissoziativen Identitätsstörung entsteht auf der Grundlage angeborener Persönlichkeitseigenschaften wie z. B. Temperament, bestehender neurotischer Konfliktpathologie und kultureller und sozialer Einflüsse. Es entstehen Teilidentitäten mit unterschiedlichen charakteristischen Erinnerungen, Erfahrungen, Emotionen und Verhaltensmustern, die sich dann durch wiederholtes Aktualisieren voneinander abgrenzen und entsprechend der „gebrauchsabhängigen Nutzung" konditioniert werden, eine eigene Identität entwickeln (Peichl 2007, S. 93).

Wenn die Traumatisierungen von Bindungspersonen ausgehen, gerät das Kind in eine unlösbare Situation. Es ist darauf einerseits angewiesen, die Bindung an die Bezugsperson aufrechtzuerhalten, andererseits muss es sich vor der überwältigenden Bedrohung durch diese schützen. Der „Bindungsschrei" führt nicht zu einer Beendigung der traumatischen Situation und die Stressbelastung steigt weiter. Das Kind gerät in einen Zustand des Hyperarousals, der mit einer Zunahme der Schreckhaftigkeit einhergeht und zu einer erhöhten Wachsamkeit führt. Diese Wachsamkeit wird genutzt, um Bedrohungen frühzeitig zu erkennen, indem das Verhalten sowie die Mimik und Gestik des Täters beobachtet werden, um anhand kleinster Veränderungen zu erahnen, was passieren wird. Ein Gefühl der inneren Sicherheit kann sich nicht entwickeln. Außerdem muss ein Kind, das die Absichten eines anderen erahnen möchte, sich sehr intensiv mit dessen destruktiven/bösen Absichten beschäftigen und sich in diese hineinversetzen. Auf diesem Weg kommt es zu einer Identifizierung mit dem Täter und der Übernahme dieses Täterintrojekts in das eigene Selbst (vgl. Peichl 2007, S. 112).

Das Konzept der strukturellen Dissoziation von Nijenhuis

Nach Nijenhuis et al. (z.B. in Nijenhuis & Matheß 2006, van der Hart, Nijenhuis & Steele 2008) ist unsere Persönlichkeit ein aus mehr oder weniger integrierten Subsystemen bestehendes kohärentes psychosoziales, psychobiologisches System, das eine Anpassung an die Anforderungen der Umwelt ermöglicht. Das geschieht mit Hilfe von Aktionssystemen, die wiederum unterschiedliche Subsysteme umfassen. Unterschieden werden zwei Arten von Aktionssystemen: das Aktionssystem, das „verhaltensmäßige und psychische Reaktionsmuster" zur Anpassung und Bewältigung des Alltags (Alltagssystem) umfasst, sowie ein Aktionssystem, das auf die Bewältigung von Gefahrensituationen und die Verteidigung in realen und vermuteten Gefahrensituationen ausgerichtet ist (Verteidigungssystem). Beide Systeme bestehen aus weiteren Aktionssystemen, deren Aufgabe in der mentalen und verhaltensorientierten Reaktion auf Anforderungen der Umwelt besteht. Das sogenannte Alltagssystem umfasst Subsysteme wie Reproduktion und Bindung, Partnerwahl, Spracherwerb, Familienbeziehungen. Das Aktionssystem Verteidigung setzt sich aus Aktionssystemen wie Kampf, Flucht, Erstarrung, Unterwerfung zusammen.

Die im Rahmen früher Traumaerfahrungen erlebte extreme Bedrohung beeinträchtigt die Integration dieser beiden Systeme. Es kommt zu einer Spaltung (strukturellen Dissoziation) entlang der Persönlichkeitsstruktur, mit dem Ziel, die grundsätzliche Funktionsfähigkeit des Individuums im Alltag zu erhalten und das Überleben zu sichern. Peichl (2007) bezeichnet diese Persönlichkeitsanteile als dissoziative Zustände und zeitstabile, komplexe neuronale Netzwerke, deren Basis ein oder mehrere tierähnliche Abwehrsysteme für extremen Stress bilden (a. a. O., S. 125), die als „notwendige Anpassungsleistungen" infolge chronischer Bedrohung entstehen (a. a. O., S. 127). Die innere Struktur dieser entstehenden dissoziativen Anteile kann sehr komplex sein. Wang et al. (1996) beschreiben diese ANPs und EPs s.u. als individuelle Mischung aus Verhaltensmustern, Gefühlen, Kognitionen, Bindungsmustern, Erinnerungen und Copingstrategien (Peichl 2007, S. 128).

Nijenhuis & Matheß (2006) unterscheiden folgende Stufen der strukturellen Dissoziation:

Primäre strukturelle Dissoziation

ANP Anscheinend normaler Persönlichkeitsanteil und emotionaler Persönlichkeitsanteil EP. Auf der Ebene der primären Dissoziation erfolgt eine Trennung der beiden Aktionssysteme Alltags- und Verteidigungssystem. Es entsteht eine ANP (Apparently Normal Part of the Personality, die anscheinend normale Persönlichkeit), die eine Bewältigung der Alltagsanforderungen gewährleistet, sowie ein EP (Emotional Part of the Personality oder emotionaler Persönlichkeitsanteil), der auf die traumatische Situation fixiert bleibt, die emotionalen Belastungen der traumatischen Situation erträgt. EP können durch konditionierte traumabezogene Auslöserreize reaktiviert werden, sie erleben dann die emotionale Belastung der traumatischen Situation erneut und agieren im Verteidigungssystem. Auf dieser Ebene der strukturellen Dissoziation liegen die posttraumatische Belastungsstörung und die akute Belastungsreaktion.

Sekundäre strukturelle Dissoziation
ANP (anscheinend normaler Persönlichkeitsanteil) und verschiedene EP (emotionale Persönlichkeitsanteile) wie z. B. ein EP im Fluchtmodus, ein EP im Erstarrungsmodus, ein EP im Unterwerfungsmodus, ein EP im Kampfmodus. Auf dieser Ebene kommt es zu weiterer Desintegration des Verteidigungssystems, es erfolgt eine weitere Fragmentierung des EP entlang der Subsysteme von Flucht, Kampf, Erstarrung, Unterwerfung. Hier sind die komplexe posttraumatische Belastungsstörung, dissoziative Störungen und die Borderline-Persönlichkeitsstörung einzuordnen.

Tertiäre strukturelle Dissoziation
Unterschiedliche ANP, z. B. ein ANP für den Beruf, einen für die Familie, einen für die sozialen Kontakte und verschiedene EP wie oben. Es kommt zur weiteren Fragmentierung der EP, und auch zur Fragmentierung der ANP. Wie bei den EP erfolgt die Spaltung der ANP ebenfalls entlang der Subsysteme Bindung, Reproduktion, Versorgung des Nachwuchses. Auf dieser Ebene ist die DIS einzuordnen.

1.2.6 Dissoziative Identitätsstörung aus Sicht einer Betroffenen

Die Symptome, mit denen die DIS einhergeht, erschweren die Bewältigung des Alltags enorm und führen zu starker Verunsicherung, lösen Angst aus.
    Eine meiner Patientinnen hat im Folgenden ihre Situation und ihr Leben mit der DIS sehr anschaulich geschildert. Sie zeigt im Rahmen der Therapie bereits erreichte Fortschritte. Es wird deutlich, dass es ihr mit Hilfe einer professionellen therapeutischen Unterstützung inzwischen gelungen ist, Möglichkeiten zu entwickeln, die Anforderungen des Alltags gemeinsam mit den „Anderen" zu bewältigen.

Wenn wir auf fremde Menschen treffen, sind wir immer sehr nervös und aufgeregt. Es ist sogar egal, ob sie schon von irgendwoher wissen, dass wir viele sind, oder nicht. Die Aufregung ist dieselbe. Allerdings ist es doch am schwersten, wenn wir auf Menschen treffen, die über unseren Zustand wissen, ohne uns wirklich zu kennen. Denn es ist immer die Frage, wie sie auf uns reagieren.
Es gab Zeiten, in denen wir sehr instabil waren und ins Krankenhaus mussten. Dann waren die Ärzte schon vorher über unsere Diagnose informiert. Dies ist für uns doch oft der schwierigste Fall. Wir trafen auch auf Ärzte, die sich schon vorher ihr Urteil gebildet haben, und beim Kontakt mit uns haben wir das gespürt. Wir waren nervös vor den Terminen. Es wusste schon jemand Bescheid, aber wir hatten Angst, nicht wirklich gesehen zu werden. Wenn jemand nichts über uns weiß, ist das auch immer eine Art Schutzmauer und wir fühlen uns weniger angreifbar. Es ist wichtig für uns, selbst zu entscheiden, wem wir uns zeigen. Doch in den Zeiten im Krankenhaus waren die Umstände anders. Man merkt, wenn jemand sehr kritisch zu diesem Thema steht, oder es uns einfach nicht glaubt. Dann ziehen wir uns zurück, weil wir uns nicht für unsere Existenz rechtfertigen wollen. Einige Menschen haben uns nicht ernst genommen, und das hat einige Anteile sehr verletzt. Sie haben sich gefragt, warum jemand sie

bittet, sich zu zeigen, wenn sie dann als Psychose oder Ähnliches abgetan werden. Bei mehreren Kontakten mit diesen Ärzten haben wir Strategien entwickelt und versucht zu entscheiden, wer am besten hochkommen kann und wer nicht so wütend wird. Es war nur manchmal sehr anstrengend, wenn eine Außenperson unseren Zustand einfach nicht akzeptieren wollte. Dann reagierte diese Außenperson manchmal schroff, und durch den Druck, der bei uns entstand, kam manchmal ein kleiner Anteil hoch. Der Arzt wurde wütend, weil der kleine Anteil natürlich Angst hatte und nicht mit der Außenperson sprechen wollte. Das führte manchmal zu Kettenreaktionen. Ein Helfer kam hoch und wurde wütend, schimpfte oder wollte einfach raus. Wir haben auch schon versucht zu erklären, dass mit Psychopharmaka eine Krankheit, die wir nicht haben (wie z.B. eine Psychose), immer noch nicht geheilt werden kann.

Mittlerweile haben wir eine gute Struktur entwickelt und wissen, welche Personen dann besser oben sind und bleiben, damit so was nicht passiert, und hoffen, dass keiner von uns getriggert wird und deswegen hochkommt.

In der Arbeit mit unserem Therapeuten ist dies aber ganz anders. Wir haben gelernt, dass wir in der Therapie vertrauen können. Wenn wir uns dort zeigen, sind manche vielleicht noch aufgeregt (besonders beim ersten Mal), aber wir wissen, dass wir keine Angst haben müssen und dass eine offene, ehrliche Stimmung herrscht. Das wurde auch durch ständige Ehrlichkeit geschaffen. Dann ist es eher erleichternd und gut, endlich erkannt zu werden, denn nur dann kann man auch bekommen, was einem so lange gefehlt hat.

Ich selbst zeige mich in der Therapie und noch bei vier ganz vertrauten Außenpersonen. Bei ihnen fühle ich mich wohl und geborgen, bin froh, mich nicht erklären zu müssen, und weiß, dass keiner sich wundert, wenn ich etwas Wichtiges nicht weiß. Denen ist völlig klar, dass ich Dinge nicht kann, die andere Anteile wie selbstverständlich können, dass ich aber auch andere Sachen mache, die sonst keiner so kann wie ich. Und sie zeigen mir, dass sie sich nicht daran stören und dass ich willkommen bin. Das erleichtert mir den Umgang im Außen und ich bin auch eher bereit, etwas von mir zu erzählen. Und so wie mir geht es auch vielen anderen Anteilen. Wir haben kein Problem damit, dass jemand Fragen stellt, egal, wie seltsam die klingen. Es ist auch nicht schlimm, dass wir mit jeder Person, die von uns erfährt, dieselben Fragen nochmals durchsprechen. Es ist nicht schlimm, wenn jemand sagt, was er seltsam oder nicht nachvollziehbar findet, und es ist auch vollkommen okay, wenn unser Gegenüber viel Zeit braucht, um „auf uns klarzukommen". Ich selbst kann schon verstehen, dass wir irritierend wirken können und dass da viele Fragen aufkommen. Aber was uns wichtig ist, ist, dass Menschen sich erst ein Urteil über uns bilden, wenn sie uns kennen gelernt haben und uns nicht schon vorher ablehnen. Denn dann verstehen wir nie, warum wir trotzdem Schritte auf sie zugehen sollen. Wenn das Gefühl entsteht, dass man sich für seine Person rechtfertigen muss, fängt es an weh zu tun, was jedem Menschen (egal ob viele oder nicht) wehtun würde.

Zum Glück haben wir Menschen in unserem näheren Umfeld, die uns voll akzeptieren und uns nehmen, wie wir sind. Es ist meistens sehr leicht und locker im Umgang mit ihnen, und manche Anteile haben schon eine eigene Freundschaft mit bestimmten Menschen im Außen aufgebaut. Dann ist es auch komisch, mit dieser Selbstverständlichkeit, die in unserem näheren Umfeld entstanden ist, an einen öffentlichen Ort zu gehen. Da dann erst mal die Konzentration anders ist. Wenn z. B. ein männlicher Anteil beim Einkaufen oben ist und jemand spricht uns mit „junge Frau" an. Zunächst reagiert er gar nicht, weil er vergisst, wie er gera-

de gesehen wird, und oft muss er dann von einem Freund oder einer Freundin (die dabei sind) angestubst werden. Jedes Mal ist das wie ein Wachwerden. Das so bekannte Gefühl, bei einem Namen gerufen zu werden, der gar nicht zu einem gehört, aber doch zu wissen, dass man darauf reagieren muss. Ich selbst fühle mich so willkommen und auch gesehen, dass ich auch schon vergesse, dass ich in der „anonymen" Öffentlichkeit einen anderen Namen trage. Es ist okay, weil man sich ja nicht jedem erklären muss und wir doch auch schon diskret mit unserer Lebensgeschichte umgehen wollen.

Viele zu sein, bedeutet auch immer, im Außen aufzupassen. Wir haben uns eine Art Schutzhaltung über die Jahre angeeignet, damit wir relativ problemlos durch den Alltag kommen. Diese Schutzhaltung fängt damit an, dass es einen Beobachter gibt. Er schaut, was im Außen passiert. Natürlich gibt es mehrere Beobachter, aber einer muss gucken, was wer gemacht hat. Seit wir die Therapie machen, hat sich die Aufgabe des Beobachters im „Außen-Alltag" immer mehr verfeinert. Er achtet darauf, ob schon Mittag gegessen wurde, ob wichtige Telefonate getätigt wurden, und wenn es eine wichtige Sache für jemand Bestimmten zu tun gibt, bittet er den, der gerade oben ist, das auf einen Zettel (den wir immer in unserer Tasche haben) zu notieren. Wenn etwas im Außen passiert und es findet aber auch gerade ein Wechsel statt, informiert er die Person, die gerade hochkommt, was gerade passiert ist. Manchmal bekommen wir auch Besuch und dann sagt er den Personen Bescheid, die sich besonders auf den Besuch freuen. Aber genauso sagt er immer nach innen Bescheid, wann man lieber aufpassen sollte.
Gerade bei den kleineren Anteilen ist dies sehr wichtig. Viele sind im Außen noch sehr verunsichert und wissen nicht, wie sie reagieren sollen. Dadurch werden Aufgaben wie z. B. Einkaufen manchmal zum Balanceakt. Ein Erwachsener, der schon Übung im Alltag hat, muss ganz oben sein, aber manchmal möchte sich jemand Kleines auch etwas Bestimmtes anschauen. Doch dann kann es passieren, dass er so interessiert ist, dass er auf einmal ganz hochkommt, weil er vielleicht mit dem Spielzeug, was er gerade sieht, auch spielen möchte. Aber wenn er oben ist, dann kommt auch schnell Verunsicherung oder sogar Angst auf, weil er dann realisiert, dass da noch viele andere Menschen beim Einkaufen sind. Also sagt der Beobachter nach innen Bescheid, dass wieder jemand Erwachsenes hochkommen sollte. Wenn die Kleinen zunächst nur mit oben sind, können sie sich langsam an alles gewöhnen.
Die Aufgaben im Außen haben sich mit der Zeit verfestigt und wir sind immer noch dabei, weiter daran zu arbeiten. Es gibt nicht die eine Alltagsperson und der Rest lebt im Innen seinen Alltag. Wir lernen immer mehr an einem Strang zu ziehen. Mittlerweile haben wir uns das „wir" so angeeignet, dass wir Menschen im Außen manchmal damit verwirren oder verunsichern. Darum versuchen wir, beim Kontakt mit Menschen, die nichts über uns wissen, auf das „Ich" zu achten, auch wenn gerade eigentlich noch zwei weitere Personen mit oben sind. Da wir so auf das „wir" hingearbeitet haben, ist dies eine komische Umstellung für uns.
Es gibt jemanden, der unheimlich gerne kocht. Er hat diese Aufgabe auch im Außen übernommen. Er plant fast täglich die Gerichte und verpflegt jeden im Außen gleich mit. Jemand anderes ist für das Schreiben der Einkaufsliste zuständig und trägt zusammen, was welcher Anteil will. Er fragt auch immer noch mal kurz nach Innen, falls jemand vergessen hat, aufzuschreiben, was er will, oder falls jemand noch nicht schreiben kann und da Hilfe braucht. Ein Anteil schreibt für jeden Tag eine Liste mit Aufgaben, die es im Haushalt zu tun gibt. Jeder

weiß, wo diese Liste ist, und wenn er Lust hat, etwas davon zu machen, kann er die Punkte davon abstreichen. Das variiert aber immer. Manche sind lieber im Garten und andere waschen lieber die Wäsche.

Außerdem gibt es bei uns auch einen Organisator und gleichzeitig Sprachrohr. Ich denke, es ist wichtig für Angehörige, zu wissen, dass es einen Ansprechpartner gibt, der einen Überblick hat und bei wichtigen Fragen ansprechbar ist. Gleichzeitig ist dieser Anteil für uns wichtig, wenn wir etwas unbedingt nach Außen mitzuteilen haben.

Bei ernsthaften Problemen gibt es Anteile, die für uns kämpfen würden, damit wir da rauskommen. Sie haben etwas mehr Mut und sind auch stärker. Immer wenn wir unterwegs sind, hat einer von denen ein Auge auf alles, was gerade so geschieht. Und falls etwas passiert, kommt einer hoch und geht auch schnurstracks nach Hause. Zu unserer einzig wirklichen sicheren Stelle im Außen.

Für die Kleinen haben wir eine Spielecke, aber auch die Älteren eignen sich immer mehr Hobbys an. Wir bilden Gruppen, um alles auch zeitlich unter einen Hut zu kriegen. Zum Beispiel besprechen sich alle, die gerne lesen, welches Buch sie gerade lesen wollen, wenn dann eins ausgesucht wurde (was manchmal echt lange dauern kann), ist ein Anteil ganz oben und die anderen Anteile sind so weit mit oben, dass sie noch alles mitkriegen, und dann wird gelesen. Das ist sehr aufregend für alle, da man auch ein Tempo für alle finden muss und jemand eventuell eine bestimmte Passage noch einmal lesen möchte oder einen Teil lieber überspringen möchte. Dann sind wir immer so konzentriert, dass wir nicht viel um uns herum mitbekommen. Und so versuchen wir, jedem, der es möchte, Zeit zu geben.

Im Innen ist das alles wohl ein wenig komplexer, dafür aber nicht so geballt. Ich habe bewusst mit der Beschreibung im Außen angefangen, weil die für „nicht-multiple" greifbarer ist. Doch wir haben erst angefangen, im Innen eine gewisse Struktur zu entwickeln, sonst wäre es im Außen gar nicht möglich. Es scheint eine endlose und so schwere Aufgabe zu sein, dass alle Anteile sich aneinander gewöhnen und sich einander nähern. Alle Informationen müssen ausgetauscht werden, und es muss sich sehr viel mit Schmerz auseinandergesetzt werden. Doch es ist nötig, damit wir uns gegenseitig um uns kümmern können. Wir können uns nur sehen, wenn wir uns auch kennen. Im Innen ist es noch wichtiger, Aufgaben zu verteilen. Allerdings gibt es auch viele, die schon Aufgaben haben.

Wir haben einen wirklich sicheren Ort, in dem wir alle Anteile einquartieren. Anfangs lebte noch fast keiner dort, aber es haben sich immer mehr zu uns getraut. Manche Anteile kümmern sich so viel um diesen Ort (wir wollen nicht so gerne öffentlich sagen, wie er beschaffen ist, da es ja unser sicherer Ort ist), dass sie fast den ganzen Tag mit Arbeiten dafür beschäftigt sind. Kinderzimmer werden aufgebaut, schwarze, Angst einflößende Räume wieder bunt und farbenfroh angemalt und Räume werden zugeteilt. Diese Anteile nennen wir auch die „Handwerker".

Die „Betreuer" kümmern sich um die ganz kleinen Anteile. Sie übernehmen Aufgaben wie füttern, schlafen legen und Ähnliches, aber geben denen auch die Aufmerksamkeit, die denen so lange fehlte.

Wir haben im Innen eine Art Schule aufgebaut. Die „Lehrer" kümmern sich dort einige Stunden am Tag um die etwas älteren Kinder. Sie bringen ihnen wichtige Sachen bei und bespre-

chen auch mit ihnen, was sie brauchen und wollen. Nach der Schule kümmern sich die Betreuer auch um sie.

Dann gibt es noch die „Versorger". Sie kochen für alle, die Hunger haben, nähen bunte Kleider für die, die welche brauchen, versorgen immer wieder die Wunden der Verletzten und haben immer ein Auge darauf, was jemand gerade braucht.

Die „Organisierer" haben ein eigenes großes Büro im Innen bekommen. Mit Aktenschränken für alle wichtigen Notizen. Sie wissen am meisten über alle und besprechen immer, was es zu tun gibt. Es ist wichtig, dass es eine Gruppe gibt, die über möglichst viel Bescheid weiß. Wenn Innen etwas los ist, dann kriegen diese Anteile Bescheid, und sie überlegen dann, wer das Problem am besten lösen kann.

Die „Boten" sind dafür zuständig, alles Nötige nach außen zu tragen. Meistens geben sie alles Wichtige an den Anteil weiter, der das Sprachrohr nach außen bildet. Dieser Anteil (der bei uns ja auch organisiert) ist auch im Innen bei Problemen da.

Einmal die Woche machen wir eine Besprechung. Jeder, der möchte, kann daran teilhaben. Außerdem wird in jeder Gruppe einer gewählt, der immer an dieser Besprechung teilnimmt, um den Überblick zu bewahren. Wenn Ergebnisse rauskommen, die jemand im Außen wissen sollte (z. B. der Therapeut), dann werden diese Ergebnisse an ihn weitergetragen.

Im Ganzen, können wir sagen, dass es viel Arbeit und Organisation braucht, um Stabilität zu schaffen, aber dass es sich wirklich lohnt. Unser Leben ist umso vieles lebenswerter geworden. Dieser Prozess, den wir natürlich immer noch durchmachen, ist wohl eine schwere Aufgabe, aber er gibt uns einen anderen Sinn oder Grund, zu kämpfen. Immer mehr Anteile verstehen langsam, dass es nicht mehr ums Überleben, sondern ums Leben geht.

1.2.7 Zusammenfassung

Im Verlauf der therapeutischen Arbeit mit Menschen, die unter einer Dissoziativen Identitätsstörung leiden, wird oft deutlich, dass sie Opfer organisierter Ritueller Gewalt sind oder waren. Sie leiden unter auffälligen konditionierten Reaktionsweisen, die sich als Folge einer bereits in früher Kindheit oder gar im Mutterleib durchgeführten „brutalen Dressur" (Gresch o. J.) entwickelt und verfestigt haben. Mit Hilfe von Methoden wie Folter, Drogen, Hypnose, sensorische Deprivation, soziale Isolation, Elektroschocks, demütigende Erziehungsmethoden sowie ausgefeilte Methoden der Verhaltensmodifikation sollen Alters (Teilidentitäten) erzeugt werden, denen bestimmte Aufgaben, Identitäten und Schlüsselreize zugeordnet werden, um dann deren Aktivierung und Kontrolle zu ermöglichen. Das auf diese Weise abrufbare Verhalten wird dann von Täterkreisen für kriminelle Pläne und Ziele eingesetzt, zu denen u.a. Zwangsprostitution, Kinderprostitution, Pornographie und Benutzen der auf diese Weise entstandenen Alters im Rahmen der Rituale zählen[2].

---

[2] Näheres dazu in den Kap. 1.7, 1.8 und 2.3

Möglich wird dies bei Kindern, bei denen eine angeborene Hypnotisierbarkeit vorliegt, die eine überdurchschnittliche Intelligenz und eine ausgeprägte Phantasie-Begabung besitzen und deren Eltern gezwungen werden oder die Bereitschaft mitbringen, sich an diesen Verbrechen zu beteiligen (Gresch, a. a. O.).

Menschen, die in einer derart durch extreme Gewalt geprägten Umwelt überleben wollen/müssen, haben oft nur die Möglichkeit, dies mit Hilfe ihrer Dissoziationsfähigkeit zu bewältigen.

Die Betroffenen haben häufig eine lange Suche nach Hilfe und Unterstützung hinter sich, bevor sie eine entsprechende Therapie oder Begleitung finden. Die oben zitierte Betroffene war Opfer extremer Organisierter Ritueller Gewalt und suchte Hilfe, weil ihren Lehrern und Freunden ihre Verzweiflung sowie ein sehr wechselhaftes Verhalten aufgefallen war und sie sie ermutigt und dabei unterstützt haben, sich Hilfe zu suchen. Zu der Zeit, als sie sich an mich wandte, hatte sie bereits mehrere Klinikaufenthalte hinter sich, in denen die Dissoziative Identitätsstörung zunächst nicht erkannt wurde. Es gelang im therapeutischen Kontakt, eine tragfähige Vertrauensbeziehung zur Klientin aufzubauen, und so wurde das Ausmaß der erlittenen Gewalt und Folter schließlich deutlich. Inzwischen ist es mit umfangreicher Unterstützung durch das soziale Umfeld und der Ämter gelungen, den Kontakt zu den Tätern abzubrechen. Im Verlauf der Therapie ist es inzwischen außerdem gelungen, viele der bestehenden Konditionierungen/Programmierungen zu löschen, so dass der Klientin die Bewältigung der Alltagsanforderungen inzwischen besser gelingt, es ist eine innere Kommunikation und ein Co-Bewusstsein der Teilidentitäten entstanden, und sie wagt es wieder, zu hoffen. Das war ein sehr anstrengender, schmerzvoller Weg für die Betroffene, der noch nicht abgeschlossen ist, sich aus ihrer Sicht aber bisher gelohnt hat.

Literatur

Besser, L.U. (o. J.). Traumaseminar – Theorie und Praxis neuer traumatherapeutischer Konzepte, Handout, s.a. www.zentrum-psychotrauma.de

Deistler, I. & Vogler, A. (2002). Einführung in die Dissoziative Identitätsstörung. Paderborn: Junfermann.

Dilling, H., Mombour W. & Schmidt, M.H. (1999). Internationale Klassifikation psychischer Störungen, ICD 10 Kapitel V (F) (3. Auflage). Bern: Verlag Hans Huber.

Eckhardt-Henn, A. & Hoffmann, S. O. (Hrsg.) (2004). Dissoziative Bewusstseinsstörungen. Stuttgart: Schattauer.

Fiedler, P. (2002). Dissoziative Störungen. Göttingen, Bern, Toronto, Seattle: Hogrefe.

Fiedler, P. (2001). Dissoziative Störungen und Konversion. Weinheim: Psychologie Verlags Union.

Gast, U. (2004). Dissoziative Identitätsstörung – valides und dennoch reformbedürftiges Konzept. In Reddemann, L., Hofmann, A. & Gast, U. (Hrsg.), Psychotherapie der dissoziativen Störungen (S. 26-36). Stuttgart: Georg Thieme Verlag.

Gast, U. Rodewald, F., Hofmann, A., Mattheß, H., Nijenhuis, E., Reddemann, L. & Emrich, H.M. (2006). Dissoziative Identitätsstörung – häufig fehldiagnostiziert. Deutsches Ärzteblatt, 103 (47), A 3193-3200.

Gresch, H. U. (o. J.). Die multiple Persönlichkeitsstörung. www.psychoprobleme.de/lexikon-psychische-Krankheiten/mps.htm

Herman, J. L. (1994). Die Narben der Gewalt. Traumatische Erfahrungen verstehen und überwinden. München: Kindler.

Huber, M. (1995). Multiple Persönlichkeiten. Überlebende extremer Gewalt. Ein Handbuch. Frankfurt: Fischer Tb.

Huber, M. (2003). Trauma und Traumabehandlung, Teil 1: Trauma und die Folgen. Paderborn: Junfermann.

Igney, C. (2008). Kleine Mädchen und starke Beschützer? Geschlechtsidentitäten bei Menschen mit dissoziativer Identitätsstruktur. Vortrag zum Kongress „Dissoziation und Geschlecht", 14.11.08 in Marburg, www.vielfalt-info.de

Nijenhuis, E. R. S. & Mattheß, H. (2006). Traumabezogene strukturelle Dissoziation der Persönlichkeit. Psychotherapie im Dialog, 4, 393-398.

Van der Hart, O., Nijenhuis, E. & Steele, K. (2008). Das verfolgte Selbst. Strukturelle Dissoziation und die Behandlung chronischer Traumatisierung. Paderborn: Junfermann.

Peichl, J. (2007). Innere Kinder, Täter, Helfer & Co. Stuttgart: Klett-Cotta.

Putnam, F. (2003). Diagnose und Behandlung der Dissoziativen Identitätsstörung. Paderborn: Junfermann.

Smith, M. (1994). Gewalt und sexueller Missbrauch in Sekten. Zürich: Kreutz Verlag.

VIELFALT e.V. (2009). Viele-Sein. Überlebensstrategie und Alltag. Eine Broschüre für dissoziative/multiple Menschen und ihre UnterstützerInnen. Selbstverlag. Erhältlich über VIELFALT e.V., Postfach 100602, 28006 Bremen oder www.vielfalt-info.de

Zunder, S. & Madeiski, A. (o. J.). „Multiple Persönlichkeitsstörung", Hochschule für angewandte Wissenschaften Hamburg.

1.3 Traumatisierung und Macht

Jennifer Fliß, Tamara Wiemers

In der klinisch-diagnostischen Leitlinie wird Trauma als eine Reaktion auf ein belastendes Ereignis bzw. eine Situation außergewöhnlicher Bedrohung eines Individuums erklärt. Aus dieser Situation resultiert ein Gefühl von tiefer Verzweiflung und Unfähigkeit, sein eigenes oder das Leben anderer aus eigener Kraft zu lenken.

Typische Merkmale sind ein wiederholtes Erleben des Traumas in sich aufdrängenden Erinnerungen (z.B. durch Flashbacks, Albträume), aber auch ein andauerndes Gefühl von Betäubtheit, emotionaler Stumpfheit, von Gleichgültigkeit anderen gegenüber, von Teilnahmslosigkeit gegenüber der Umwelt, Anhedonie und Vermeidung von Situationen/Aktivitäten, welche mit dem Trauma-Ursprung in Verbindung gebracht werden könnten, gehören in den Symptomkatalog dieses Syndroms.

In der oben stehenden Definition kann mensch den Ursprung und die negative Wirkung einer traumatisierenden Situation auf ein Subjekt erfassen. Leider erfassen die meisten diagnostischen Definitionen jedoch weder die „positive", die Gedanken- und Verhaltensstrukturen hervorbringende Wirkung auf das Subjekt, noch den gesellschaftlichen „Nutzen" von Trauma. Warum wird traumatisiert? Welche gesellschaftliche Rolle kann Traumatisierung einnehmen? Ein schnell verständliches Beispiel hierfür ist die Vergewaltigung von Frauen in Kriegssituationen. Einerseits bricht sie die Widerstandsfähigkeit der Zivilgesellschaft des Gegners, andererseits gibt sie dem Täter ein Gefühl von Macht über seine Gegner. Er kann die Frauen der Soldaten, gegen die er antritt, meist durch ihre körperliche Unterlegenheit zu seinen Opfern werden lassen und somit indirekt gegen die Soldaten des Gegners angehen. Weiterhin gibt es ihm ein Gefühl der Befriedigung und der Fähigkeit, mit seinen Opfern alles machen zu können, was er will.

In diesem kurz erfassten Beispiel wird schnell erkennbar, inwieweit Traumatisierung auf der Täterseite einen beachtlichen Zusammenhang mit der Thematik „Macht" hat.

Aber auch auf der Opferseite ist ihre Wirkung zu erkennen: die Unfähigkeit, sich zu wehren, das Gefühl von Verzweiflung und das Gefühl, durch den Täter „entmachtet" zu sein, was tiefgehende Konsequenzen für die meisten Opfer hat – aufdringliche Erinnerungen, das Gefühl von Betäubtheit, emotionaler Stumpfheit etc.

Auf der Opferseite kann mensch die „Positivität" der Macht innerhalb des Konstruktes der Traumatisierung erkennen – sie bricht, verformt und formt somit das Subjekt in sich neu.

Nun reichen in dieser Denkweise alte Konzepte von „Macht" nicht aus, da sie meist von einem verbietenden gesetzgebenden Herrscher ausgehen und nicht die Wirkungsweisen auf das einzelne Subjekt erfassen. Deshalb möchten wir uns an Foucaults Machtkonzept anlehnen, welches weitestgehend versucht, das Subjekt in den Vordergrund zu rücken.

Als Erstes werden wir einen theoretischen Komplex anführen, in dem wir auf Teile der foucaultschen Machttheorie weiter eingehen werden. Weiterhin werden wir Judith Butler anführen, die das Machtkonzept um das psychologische Denken versucht zu erweitern. Als Drittes wird versucht, die Machtkonzeption anhand des Themas „Rituelle Gewalt" zu erläutern.

Grundsätzlich hat dieser Text nicht den Anspruch einer Theorie, sondern beinhaltet eher einen Gedankenversuch, der in foucaultscher Tradition dazu anhalten soll, ihn weiterzudenken.

1.3.1 Michel Foucault – Die Entwicklung eines Machtkonzeptes

Der französische Philosoph, Psychologe, Historiker und Soziologe wurde am 15. Oktober 1926 geboren. Er gehörte der Generation an, die sich mit den schrecklichen Auswüchsen des 20. Jahrhunderts auseinandersetzen mussten. Er selber sah sich in einer antiautoritären Tradition und wird dem Poststrukturalismus zugeordnet. In seinen Analysen untersuchte er, wie Wissen entsteht, wie es seine Geltung erlangt, und daraus folgernd, wie Macht ausgeübt wird und wie die Subjekte sich in ihr konstituieren und diszipliniert werden.

In seiner 1970 gehaltenen Inaugural-Vorlesung am Collège de France „Die Ordnung des Diskurses" ging er noch von einer juridischen Form der Macht in ihrer Wirkungsweise aus. Er erklärte, „dass in jeder Gesellschaft die Produktion des Diskurses zugleich kontrolliert, selektiert, organisiert und kanalisiert wird – und zwar durch gewisse Produzenten, deren Aufgabe es ist, die Kräfte und die Gefahren des Diskurses zu bändigen, sein unberechenbar Ereignishaftes zu bannen, seine schwere und bedrohliche Materialität zu umgehen" (Foucault 1991, S. 11). Das bedeutet, dass Macht als eine Form von externen Produzenten dargestellt wird, die Mechanismen wie Verbote, Erstellung von einer Wahrheit oder auch Festlegung von Normen nutzen. Somit wirkt Macht negativ, verbietend, verknappend und ausgrenzend. Diese Vorstellung von Macht und ihrer Wirkung verwarf der postmoderne Theoretiker nach und nach. 1978 stellte er in einem Interview fest, dass er „alles, was er [zugefügt durch Autorin] in 'Die Ordnung des Diskurses' über die Verhältnisse der Macht zum Diskurs als negative Verknappung dargestellt hat, sehr gern über Bord werfen würde" (Foucault 1978, S. 105). Diese negative Vorstellung von Macht könne nicht ihre Funktion, und vor allem das, was sie hervorbringt und produziert, erklären.

Der Panoptismus

In „Überwachen und Strafen – Die Geburt des Gefängnisses", welches 1976 erschien, veranschaulicht Foucault sein Konstrukt der Disziplinarmacht anhand des Panoptismus, anlehnend an Jeremy Benthams Architekturkonzept des perfekten Gefängnisses. Er entwickelt eine gesellschaftliche Architektur, in der durch „Macht" die Subjekte parzelliert und eine Raumordnung der Macht entsteht (Foucault 1976 B).

In dem Modell eines Gefängnisses befindet sich der Gefangene unter permanenter Überwachung. Jedes Subjekt befindet sich in einer von vielen Einzelzellen, die ringförmig um einen Überwachungsturm angeordnet sind. Durch die nach beiden Seiten offenen Zellen kann das gefangene Subjekt jederzeit von den Beobachtern aus dem Turm überwacht werden, welche ihrerseits von den Gefangenen aus nicht sichtbar sind. Diese Unsichtbarkeit des Überwachenden, der jederzeit anwesend sein kann, führt zur Internalisierung der Überwachung durch das gefangene Subjekt. Es passt sein Verhalten der Norm an und unterwirft sich selbst den Regeln. Dadurch wird es zu seinem eigenen Überwacher. Dies erscheint für Foucault die ökonomischste Variante der Macht zu sein, da die Verinnerlichung des Überwachtwerdens die permanente Gegenwart des Wärters unnütz erscheinen lässt. Die „gesichtslose Macht" des Panoptismus individualisiert ihre „Objekte", indem sie sie immer neuen Sanktionen, Messungen, Beobachtungen und Experimenten aussetzt. Die „Subjekte", die tatsächlich Macht ausüben, verschwinden oder werden bedeutungslos. Ein anonymer Blick nimmt die Position des Herrschers und seiner Helfer ein. In diesem Konstrukt wird Macht „automatisiert und entindividualisiert" (ebenda, S. 259) Die moderne Macht befindet sich in den Köpfen und Körpern der „freien" und disziplinierten Individuen.

Michel Foucault – Sexualität und Wahrheit – Die Konstruktion der Macht

In „Der Wille zum Wissen" scheint von der altertümlichen Machtvorstellung nichts mehr übrig zu sein. Hier entwickelt Foucault ein Sinnbild einer technologischen Macht, „die statt Recht mit Technik, statt Gesetzen mit Normalisierung, statt Strafe mit Kontrolle arbeitet" (Foucault 1976 A, S. 110 f). Macht wird hier definiert als „die Vielfältigkeit von Kraftverhältnissen, die ein Gebiet bevölkern und organisieren; das Spiel, das in unaufhörlichen Kämpfen und Auseinandersetzungen diese Kräfteverhältnisse verwandelt, verstärkt, verkehrt; […] und schließlich die Strategien, in denen sie zur Wirkung gelangen und deren […] institutionelle Kristallisierung sich in den Staatsapparaten, in der Gesetzgebung und in der gesellschaftlichen Hegemonie verkörpert" (ebenda, S. 93) Somit gibt es nicht „die Macht", sondern sie besteht aus komplexen Machtverhältnissen, komplexen Machtbeziehungen zwischen allen Punkten, was sie letztendlich richtungslos erscheinen lässt.

Nun stellt sich die Frage, wie sich eine solche richtungslose und personenungebundene Macht strukturiert, wirkt und reproduziert, wie sie sich formt, aber auch, wie sie sich verformen kann. Für diese Mechanismen führt Foucault das Konstrukt der Subjektivierung ein. Diese wird definiert als „eine Form der Macht, welche die Individuen in Kategorien einteilt, ihm seine Individualität aufprägt. Es an seine Identität fesselt, ihm ein Gesetz der Wahrheit auferlegt, das es anerkennen muss und das andere in ihm anerkennen müssen" (Dreyfus & Rabinow 1987, S. 166). Wie kann sich mensch diese „Subjektivierung" vorstellen? Macht, die sich zum Beispiel in gesellschaftlichen Normen wiederfinden lässt, formt und bildet das Subjekt durch ihre Unterwerfung und somit die Richtungsweisung des Begehrens des Subjektes und dessen Inkorporation dieser Normen, als wären es die seinen. Beispielsweise ist Leistungserbringung eine derzeitige gesellschaftliche Norm. Schon früh wird Kindern beigebracht, wie sie in der Schule ruhig sitzen sollen, um dem Unterrichtsstoff zu folgen und um ihn reproduzieren zu können. Es wird ihnen durch

Lehrer und Eltern (von denen sie abhängig sind) nahe gelegt, wie wichtig ihre Bildung für ihr Leben ist. Diese Wichtigkeit wird von dem Kind aufgenommen (inkorporiert), was zu einem subjektgesteuerten Leistungsdruck führen kann. Auch die Berufswahl, das „sich in gesellschaftliche Kategorien zu denken", sind Erzeugnisse des Subjektivierungsprozesses.

Gesellschaftliche Normen, Konstrukte und Vorstellungen werden dem Individuum „nahe gelegt", welches sich diesen unterwirft, diese in sich aufnimmt, sie bewertet und sich selber in diesen Kategorien denkt.

Subjektivierung erscheint als eine zirkuläre Struktur, die weder Anfang noch Ende hat, keinen Machthaber, noch einen Untergebenen. Dadurch, dass das Subjekt die Normen etc. in sich aufnimmt und sich selber in die erlernten Konstruktionen eingliedert, reproduziert es diese, ohne das Gefühl des „Beherrschtwerdens", sondern es nimmt sie an, verinnerlicht sie und gibt sie weiter. Dadurch werden die Handlungsmöglichkeiten des Subjektes festgelegt, der Rahmen, in dem es sich bewegen kann/darf. Subjekt hat somit einen zweifachen Sinn: 1. durch Kontrolle und Abhängigkeit jemandem unterworfen zu sein, und 2. durch Bewusstsein und Selbsterkenntnis seiner eigenen Identität verhaftet sein.

Michael Foucault stellt fest, dass Macht nicht etwas ist, was ein Mensch über einen anderen besitzt, sondern das sich eher innerhalb von Machtverhältnissen widerspiegelt. „Ein Machtverhältnis […] errichtet sich auf zwei Elementen, ohne die kein Machtverhältnis zustande kommt: so daß der »andere« (auf den es einwirkt) als Subjekt des Handelns bis zu allerletzt anerkannt und erhalten bleibt und sich vor dem Machtverhältnis ein ganzes Feld von möglichen Antworten, Reaktionen, Wirkungen, Erfindungen eröffnet." (Foucault 1976 A, S. 254).

Innerhalb dieser These wird festgestellt, dass alle Handlungsmöglichkeiten, auch die, die sich gegen z.B. gesellschaftliche Normen und Praxen richten, sich weiterhin im Spannungsfeld der Handlungsmöglichkeiten der Machtverhältnisse bewegen. Daraus folgert Foucault, dass auch Widerstand ein Teil der Macht ist, da er sich auf sie bezieht. „Wo es Macht gibt, gibt es Widerstand. Und doch oder vielmehr gerade deswegen liegt der Widerstand niemals außerhalb der Macht. [...] *[Widerstand ist]* in den Machtbeziehungen die andere Seite, das nicht wegzudenkende Gegenüber." (ebenda, S. 116- 117).

1.3.2 Judith Butler – Psyche der Macht – das Subjekt der Unterwerfung

Judith Butler versucht, Foucaults Diskurs weiterzudenken. In „Psyche der Macht – Das Subjekt der Unterwerfung" übernimmt sie Foucaults Machtanalyse und das Konzept der Subjektivierung. Auch für sie bildet und formt Macht das Subjekt und dessen Richtung des Begehrens, was daraus folgend die Existenz des Subjektes von der Macht abhängig macht, deren Bedingungen das Subjekt verinnerlicht oder akzeptiert. Butler betrachtet Subjektivierung als „den Prozeß des Unterwerfens durch Macht und zugleich der Subjektwerdung. Ins Leben gerufen wird das Subjekt […] durch eine ursprüngliche Unterwerfung der Macht." (Butler 2001, S. 8) Sie stellt weitergehend die Fragen, welche Formen Subjektivierung einnehmen kann, und wie die „ursprüngliche Unterwerfung" erklärbar sein könnte. Sie stellt fest: "Foucault weist zwar auf die Ambivalenz dieser Formierung hin, geht jedoch nicht weiter auf spezifische Mechanismen der Subjektbildung in der Unterwerfung ein. In seiner Theorie bleibt nicht nur die gesamte Sphäre der Psyche weitgehend unbeachtet, Foucault geht auch auf den Doppelaspekt der Macht als Unterwerfung und Erzeugung nicht ein." (ebenda, S. 8). Als Beispiel hierfür möchte ich die Unterwerfung von Bedürfnissen, aber auch die Erzeugung von Bedürfnissen anbringen.

Um das Psychologische der Subjektivierung begreiflich zu machen, zieht Butler ein Beispiel aus Hegels Phänomenologie des Geistes heran. Hegel erzählt von einem Knecht, der durch seinen Herrn reglementiert wird. Am Anfang scheint der Herr dem Knecht äußerlich, jedoch verinnerlicht der Knecht dessen Normen und Regeln, so dass der Herr als das Gewissen des Knechtes erscheint. Dieses Beispiel zeigt den Prozess der Subjektivierung auf.

Das Äußerliche wird inkorporiert, bestimmt die Handlungsmöglichkeiten. Im weiteren Verlauf geht Butler auf Nietzsches Genealogie der Moral ein. Dieser erklärt, dass Handlungen gegen dieses von außen aufgesetzte, inkorporierte Gewissen ein schlechtes Gewissen erzeugen. Somit wird nicht nur dargelegt, „wie Repression und Reglementierung das Phänomen von Gewissen und schlechtem Gewissen entstehen lassen, sondern auch, wie letzteres für Formung, Bestand und Kontinuität des Subjektes wesentlich wird. In jedem Fall nimmt die Macht, die zunächst von außen zu kommen und dem Subjekt aufgezwungen und es in die Unterwerfung zu treiben schien, eine psychische Form an, die die Selbstidentität des Subjektes ausmacht." (ebenda, S. 9). Dieses Gewissen ist somit eine psychische Form, die sich in die Persönlichkeit des Subjektes integriert. Somit führen Erfahrungen mit Macht im Subjekt zu einer Wendung (griechisch Trope), welche als Begründungsmoment des Subjekts fungiert, „dessen ontologischer Status dauerhaft ungewiß bleibt." (ebenda, S. 9). Somit wird die Unterordnung (*Einordnung*, Ergänzung Verfasserin) für Butler das zentrale Moment der Subjektwerdung und die Möglichkeitsbedingung der Existenz des Subjektes. Sie erklärt, dass „kein Subjekt ohne leidenschaftliche Verhaftung an jene entsteht, von denen es fundamental abhängt. [...] Das Verhaftetsein in seiner ursprünglichen Form muß sowohl *entstehen* wie *verleugnet werden*, seine Entstehung muß teilweise verleugnet sein, soll es überhaupt zur Subjektbildung kommen" (ebenda, S. 12-13). Dieses Verhaftetsein, welches wiederum verleugnet wird, damit das Subjekt seine eigene Individualität, seine Illusion der Unabhängigkeit, nicht verliert, erinnert stark an das Konzept des Unbewussten aus der Psychoanalyse. Das „Ich" entsteht, indem es seine Formierung in Abhängigkeit erfährt, seine ursprünglichen Möglichkeiten verleugnet und die Bedingungen der Macht als die seinen annimmt. Auch im Akt der Opposition gegen diese Unterwerfung wiederholt das Subjekt seine Unterwerfung, da der Widerstand durch die Macht bedingt wird. Somit befindet sich das „Ich" in permanenter Auflösung und ist in permanenter Entfremdung.

Macht hat somit zweierlei Wirkungsweisen auf das Subjekt. „Die Macht *wirkt* nicht nur *auf* ein Subjekt ein, sondern *bewirkt* im transitiven Sinn auch die Entstehung des Subjekts. [...] Der Begriff der in der Subjektivation tätigen Macht erscheint somit in zwei unvereinbaren Zeitmodalitäten: erstens das, was für das Subjekt immer vorgänglich ist, außerhalb seiner selbst und von Anfang an wirksam, zweitens als gewollte Wirkung des Subjekts." (ebenda, S. 18-19).

In Butlers Ausführungen wird beleuchtet, welche Rolle die Psychologie in der Subjektbildung einnimmt. Psychische Mechanismen werden zu Instrumenten, Bedingungen und Wirkungsweisen der Macht.

Aber wie können wir uns dies begreiflich machen? Was passiert mit einem Subjekt, das Widerstand leistet? Wie formt die Macht das Subjekt auf der „praktischen Ebene"? Welche psychischen Prozesse können im Individuum entstehen, die seine Unterwerfung, aber auch seinen Widerstand darin beeinflussen? Welche Strategien kann das bewusste Individuum innerhalb seiner Machtverhältnisse entwickeln, um sich gegenüber den Machtstrategien zu verhalten? Und was bedeutet das Konstrukt Widerstand innerhalb der psychischen Prozesse?

Welche Rolle hat Macht innerhalb psychischer Prozesse? Welche Form nimmt Macht innerhalb von Täterstrategien ein und wie wirkt sie auf die Opfer (Wobei mensch innerhalb Foucaults Diskursanalyse mit Begriffen wie Täter/Opfer nur bedingt argumentieren kann)? Kann das Konzept der Subjektivierung zumindest anteilig auf das Konzept der Täter-Opfer-Dynamiken aus der Traumatologie übertragen werden? Inwieweit spielt Macht eine vielleicht sogar übergeordnete Rolle in der Rituellen Gewalt? Was geschieht innerhalb von Menschen, die in Sekten hineingeboren werden? Welche Rolle spielen Normvorstellungen für die Subjektivierung von Opfern Ritueller Gewalt?

1.3.3 Macht und Rituelle Gewalt

Das Streben nach Macht und ihre Erhaltung innerhalb von Gruppen der Organisierten und Rituellen Gewalt (im Folgenden „Gruppen" genannt) spielt eine übergeordnete Rolle. Sie zu erlangen ist oberstes Ziel. Hier geht es darum, andere zu beherrschen, zu unterwerfen, die eigene Überlegenheit zu demonstrieren, aber auch darum, die Macht weiterzugeben, sie zu teilen und zu verinnerlichen.

Die Mechanismen, welche dazu verwendet werden, sind hierbei oft diejenigen, die Foucault in seinen Theorien beschreibt und diskutiert, und sie finden sich in vielfältiger Form wieder, insbesondere bei Menschen mit einer Dissoziativen Identitätsstörung (im Folgenden wird die Gesamtheit der Persönlichkeiten eines Menschen mit Dissoziativer Identitätsstörung „System" genannt).

Die Internalisierung, Subjektivierung und die Reproduktion von Macht sind von besonderer Bedeutung. Ziel ist es, eine klare und überlegene Macht zu demonstrieren, der sich alle Mitglieder zu unterwerfen haben, wobei jedes Mitglied zumindest der Überzeugung ist, dass es diese ebenso erlangen kann. Macht ist hierbei ebenso wenig an Personen gebunden wie bei Foucault, sondern abstrakt und durch die Gruppe und den Herrscher allenfalls verkörpert.

In Gruppen Ritueller und Organisierter Gewalt (insbesondere in satanischen Kulten) wirkt diese Macht normativ. Nur so lange sich ein Mitglied an bestehende Regeln hält, sich diesen unterwirft und sie an andere weiter vermittelt, kann es Macht erlangen bzw.

diese erhalten. Jegliche Form von Widerstand und Ungehorsam wird mindestens mit Machtverlust bestraft, so dass auch eine Weiterentwicklung, eine Veränderung der bestehenden Strukturen weitgehend ausgeschlossen bleibt.

Die Subjektivierung der Menschen und die Verinnerlichung dieser Strukturen finden in den Gruppen auf vielen Ebenen statt. Menschen, die in diesen Gruppen aufwachsen, leiden häufig an einer Dissoziativen Identitätsstörung, wodurch das Spektrum der Möglichkeiten, bestimmte Machtvorstellungen und -strukturen in die nächste Generation zu transportieren, erweitert ist.

Die Disziplinierung der einzelnen Mitglieder ist mehrfach in ihnen verankert, wobei die Position des anfänglichen Beobachters nicht nur andere Mitglieder der Gruppe, sondern auch unterschiedliche Persönlichkeiten in ein und demselben Menschen einnehmen. Die Tatsache, dass bei diesem Phänomen sich viele Persönlichkeiten einen Körper teilen, impliziert auch, dass das Modell des Panopticon hier nicht nur in der Theorie existiert, sondern im Menschen selbst seine Wirksamkeit findet.

Viele der Persönlichkeiten eines Systems wissen um die Spaltung, leben damit und haben gelernt, damit umzugehen. Ihnen ist klar, dass sie niemals allein sind, nichts verborgen bleibt, sie stets unter Beobachtung anderer stehen und dass selbst Gedanken und Emotionen anderen zugänglich sein könnten. Sie sind gezwungen, sich selbst zu disziplinieren, um etwaigen Strafen zu entgehen. Sie kontrollieren demnach eigenständig ihre Handlungen, ihre Gedanken, ihre Gefühle, werden also wie im Modell beschrieben selbst zu ihrem eigenen Beobachter, ihrem Wärter. Dennoch wird dieses Modell durch die Anwesenheit weiterer Menschen verstärkt. Mitgliedern wird vermittelt, dass sie durch die Gruppe ständig beobachtet würden, dass ihr nichts verborgen bleibt. Beispielsweise wird Kindern häufig vorgetäuscht, dass sogar Vögel sie überwachen und gegebenenfalls verraten würden, was diese auf Grund ihres Entwicklungsstatus glauben.

Durch den Zwang, sich in eine gewisse Rolle zu begeben und damit verbundene Aufgaben zu bewältigen, werden die Persönlichkeiten des Systems individualisiert. Das bedeutet, dass ein Mensch innerhalb der Gruppe zwar einen Grundstatus innehat, der ihm seinen Platz in der Hierarchie zuweist und dem System entsprechende Privilegien sichert (zumindest solange es sich den Regeln der Gruppe unterwirft), die einzelnen Persönlichkeiten an sich jedoch noch einmal eine eigene Rolle bekleiden, welche sie im System, aber auch innerhalb der Gruppe hervorhebt. So ist es üblich, dass einige Persönlichkeiten eines Systems ein höheres Ansehen innerhalb der Gruppe genießen, Sonderrechte erhalten und ihnen ein Gefühl von Stärke vermittelt wird, während andere Persönlichkeiten als schwach gelten und Demütigungen ausgesetzt sind.

Durch diesen Umstand kommt es auch zur Parzellierung der Persönlichkeiten untereinander.

Sie werden deutlich voneinander unterschieden und auf Grund von Regeln innerhalb der Gruppe getrennt gehalten. Durch die unterschiedlichen Stati, andere Aufgaben, Pflichten und Rechte, aber auch durch die teilweise herrschende Anonymität und Amnesien innerhalb eines Systems wird das Kollektiv gespalten, das Individuum hervorgehoben und der Mensch kontrollierbar. Nur durch die Parzellierung wird sichergestellt, dass die Persönlichkeiten auf die Gruppe angewiesen, ihr ausgeliefert sind, ohne die Möglichkeit zu haben, zusammen die ihnen vorgelebten Normen zu überprüfen, sie in Frage zu stellen und vor allem aus der Situation des Überwachtwerdens zu fliehen. Aber nicht nur voneinander werden die Persönlichkeiten getrennt, sondern zum Teil auch von der Gesellschaft, um Fremdeinflüsse zu minimieren und die Norm zu erhalten. Vor allem in Gruppen der Rituellen Gewalt gelten andere Normen und Werte als in unserer Gesellschaft. Manche Persönlichkeiten des Systems kennen nur diese Normen und Werte, da sie ausschließlich in Situationen Ritueller Gewalt aktiv und für das Alltagsleben in unserer Gesellschaft amnestisch sind (für das Alltagsleben in unserer Gesellschaft sind andere Persönlichkeiten zuständig). Durch die Disziplinierung der Persönlichkeiten ist es möglich, zumindest einigen von ihnen einen Einblick in diese (unsere) Welt zu verwehren und sie somit an die Gruppe zu binden.

Auch Lügen, die dem betroffenem System oder einzelnen Persönlichkeiten daraus für wahr verkauft werden wie in dem oben aufgeführten Beispiel der überwachenden Vögel, müssen diese somit als Tatsache akzeptieren und sich danach richten, sich ihnen unterwerfen.

Durch die Bindung an die Gruppe, die dort geltenden Normen und die fehlende Möglichkeit, diese in Frage stellen, überprüfen und verändern zu können, wird das System dazu gezwungen, sich in diese Strukturen einzufügen, sie folglich als einzigen Weg zu akzeptieren und in sich aufzunehmen. Die Strukturen der Gruppe spiegeln sich demnach in den Systemen wider, die Vorstellungen werden übernommen und weiter vermittelt. Sie werden also von einer Generation an die nächste weitergegeben und sind starr, nicht veränderbar.

In der Gesellschaft wird dies häufig als täteridentifiziertes Denken und Handeln gewertet, ist aber für das System oder zumindest einzelne Persönlichkeiten nicht mit Tätern im eigentlichen Sinne, sondern eher mit den einzig bekannten Normen und Werten verbunden.

Doch trotz der Abstraktheit der Macht, die allenfalls von verschiedenen Menschen in hohen Positionen verkörpert wird, versuchen die Mitglieder der Gruppe, diese an sich zu binden. Macht ist es, die es zu erlangen und zu erhalten gilt, der normative Charakter der Macht und der damit verbundene Zwang, sich diesen Normen zu unterwerfen, um in der einmal erreichten Position zu verbleiben, wird hierbei häufig verleugnet und als eigene Entscheidung, als freier Wille dargestellt und empfunden.

Dabei wird Macht in diesen Gruppen häufig mit Stärke definiert und steht für die Möglichkeit und die Berechtigung, andere zu beherrschen. Stärke wiederum steht für den Sieg des Geistes über den Körper, für Skrupellosigkeit und absoluten Gehorsam, wobei dieser Gehorsam wieder eine Unterwerfung einer Macht gegenüber beinhaltet, so dass letzlich niemand wirklich der Inhaber der Macht ist.

Anders als bei Foucault jedoch wird dem Mittel der Repression in der Gruppe eine bedeutende Rolle zugeschrieben. Mit Hilfe von Bestrafungen, welche nicht nur ungehorsamen Persönlichkeiten eines Systems, sondern auch dritten unbeteiligten Menschen drohen, versucht die Gruppe, ihre Mitglieder weiter zu unterwerfen. Durch die ständige Bedrohung und das damit verbundene Gefühl von Angst sowie dem für den Menschen typischen Vermeidungsverhalten nur schwer erträglichen Situationen gegenüber erhofft die

Gruppe, sich den Gehorsam der Mitglieder zu erzwingen. Gleichzeitig dienen die Repressionen zur Demonstration von Macht. Mit Hilfe dieses Prinzips soll den Mitgliedern die Ausweglosigkeit aus ihrer Situation vor Augen geführt und die Strukturen aufrechterhalten werden, in denen die Gruppe seit vielen Generationen lebt und die unbedingt an die nächsten weitergegeben werden müssen, denn was sich einmal bewährt hat, soll sich auch nicht ändern.

Die bei vielen Mitgliedern vorliegende Dissoziative Identitätsstörung ist in den Gruppen kein zufälliges Nebenprodukt der dort herrschenden Gewalt, sondern gezielt provoziert, sie dient als Waffe den Betroffenen gegenüber (Spaltungen ermöglichen es der Gruppe, ihre Mitglieder genauer zu kontrollieren) und als Mittel zur Machterhaltung und Reproduktion.

Durch Traumatisierungen in der frühesten Kindheit wird diese hervorgerufen und dient als Grundlage, um den oder die Betroffene/n den größtmöglichen Nutzen bei minimiertem Risiko für die Gruppe erbringen zu lassen.

Das Vorhandensein mehrerer Personen in einem Menschen impliziert, dass dieser nicht zu einem Subjekt mit einer Aufgabe, sondern zu vielen Subjekten mit vielen Aufgaben wird.

Dies erhöht die Produktivität und den Nutzen für die Gruppe um ein Vielfaches.

Die psychische Störung ermöglicht es der Gruppe zudem, die einzelnen Persönlichkeiten in eine für die Gesellschaft kaum vorstellbare und erträgliche "Welt" zu zwingen. Denn, obwohl es einige Überschneidungspunkte zwischen beiden "Welten" gibt (Gewalt und das Streben nach Macht und Geld sind auch in unserer Gesellschaft gegenwärtig), sind die Ausmaße dessen im Kult enorm. Durch die Spaltung jedoch ist es möglich, einzelnen Persönlichkeiten nur Einblick in den Kult zu gewähren, so dass diese ihn als Norm wahrnehmen, die Strukturen verinnerlichen und sie schließlich reproduzieren, sie in die nächste Generation transportieren.

Ohne die Spaltung würden alle Mitglieder über ein Bewusstsein über beide "Welten" verfügen, so dass die Normen des Kultlebens einem ständigen Vergleich ausgesetzt, im Verhältnis bewertet und verworfen werden könnten. Ein Risiko, das es für die Gruppe unbedingt zu vermeiden gilt.

Literatur

Butler, J. (2001). Psyche der Macht. Das Subjekt der Unterwerfung. Frankfurt a.M.: Suhrkamp.
Dreyfus, H. L.& Rabinow, P. (1987). Michel Foucault. Jenseits von Strukturalismus und Hermeneutik. Frankfurt a.M.: Athäneum-Verlag.
Foucault, M. (1976A). Der Wille zum Wissen. Sexualität und Wahrheit Bd.1. Frankfurt a.M.: Suhrkamp.
Foucault, M. (1976B). Überwachen und Strafen – Die Geburt des Gefängnisses. Frankfurt a.M.: Suhrkamp.
Foucault, M. (1978). Die Machtverhältnisse durchziehen das Körperinnere. Gespräch mit Lucette Finas. In: Dispositive der Macht. Michel Foucault über Sexualität, Wissen und Wahrheit (S. 75-95). Berlin: Merve Verlag 1978.
Foucault, M. (1991). Die Ordnung des Diskurses. Frankfurt a. M.: Fischer-Taschenbuch-Verlag.

1.4 Stand der Forschung in Deutschland
Claudia Igney

1.4.1 „Wir brauchen Zahlen!"

Kommt das Thema Rituelle Gewalt auf, ist dieser Ausruf fast immer zu hören. Zahlen als „Beruhigung" (dass es so was nur in extrem seltenen Fällen oder gar nicht gibt), als „Beweis" (dass es so was gibt/häufig gibt und Handlungsbedarf besteht), in jedem Fall aber als Argumentationsgrundlage.

Bei der Recherche lassen sich dann auch einige mehr oder weniger begründet vorgetragene Aussagen finden, von „das gibt es gar nicht" bzw. Berichte über organisierte Rituelle Gewalt seien „Konstruktionen" (Eckhardt-Henn & Hoffmann 2004, S. 6-7) über die Schätzung von 3.000 – 7.000 „mehr oder weniger praktizierenden Satanisten" in Deutschland (Christiansen 2001, S. 55) bzw. „Satanslogen sind in aller Regel sehr klein. Beleg hierfür sind unter anderem die Mitgliederlisten der wichtigsten Orden. Die Zahl ihrer Anhänger beträgt zwischen fünf und maximal 150 Mitgliedern in Deutschland" (Fromm 2009, S. 68) bis hin zu Angaben über umfangreiche weltweite Täternetzwerke alter Kulte (z.B. Svali auf http://www.suite101.com/articles.cfm/ritual_abuse).

Irgendwo dazwischen liegt die Wahrheit und m. E. kennt diese zurzeit – außer vielleicht einigen hochrangigen Tätern[1] – niemand.

Allerdings gibt es hier auch ein Definitionsproblem. Es gibt keine international einheitliche gebräuchliche Definition für Rituelle Gewalt. Folglich muss bei jeder Zahlenangabe, Befragung, Schätzung und wissenschaftlichen Untersuchung genau geschaut werden, was und wer hier gemeint ist bzw. was die Zielgruppe der Befragung ist und wie der Forschungsgegenstand definiert ist.

Da in den Medien und in der Fachdiskussion Rituelle Gewalt oft eng mit Satanismus verbunden oder gleichgesetzt wird, liegt es nahe, das zugängliche Hellfeld satanistischer Gruppierungen zu untersuchen. Es gibt eine Vielzahl öffentlich zugänglicher Bücher und Websites bekannter Satanslogen, z.T. gibt es dort tatsächlich auch Kontaktadressen und Antragsformulare für die Mitgliedschaft (Church of Satan, Temple of Set, s. Anhang in Fügmann 2008). Dieses Hellfeld ist in Literaturrecherchen (Fromm 2003, 2009, Christiansen 2000, Grandt & Grandt 1995) intensiv untersucht worden. Außerdem liegen einige Diplom-/Magisterarbeiten vor. In einer religionswissenschaftlichen Dissertation befragte Fügmann Menschen, die ihre eigene Weltanschauung selbst als Satanismus bezeichnen, via Fragebogen und Interview nach ihren Hintergründen und Wertvorstellungen, –

---

[1] Im Folgenden wird die männliche Sprachform verwendet, Frauen als Täterinnen sind gleichermaßen gemeint.

und fand beruhigend harmlose Ergebnisse. Fromm (2009) weist dagegen darauf hin, dass auch in den öffentlich zugängigen Büchern und Websites offen Spaltungs- und Sexualmagie, Konditionierung, Kannibalismus bis hin zu Tieropferungen und Blutopfern mit Kindern (also reale Morde) als Teil okkulter Theorie und Praxis angepriesen werden und sich auf manchen satanistischen Online-Kontaktbörsen fließende Übergänge zu Straftaten (insbesondere sexualisierte Gewalt) finden lassen.

Auf der anderen Seite des Spektrums gibt es Berichte von AussteigerInnen über Gruppierungen, die organisiert, kommerziell und massiv mit Ritueller Gewalt[2] arbeiten. Für diesen Bereich gibt es nachvollziehbarerweise keine zugänglichen Mitgliederlisten und viele Schwierigkeiten, das Forschungsfeld zu erhellen. Dieses Dunkelfeld ist im vorliegenden Buch und auch in diesem Kapitel Schwerpunkt der Betrachtungen.

Es ist gegenwärtig schwer einzuschätzen, ob und welche Schnittmengen es zwischen den verschiedenen Gruppierungen und bei Art und Ausmaß der Gewaltanwendung gibt (s. a. Kap. 1.5). Berichte von AussteigerInnen lassen die Vermutung zu, dass es Rituelle Gewalt praktizierende Gruppen gibt, die unabhängig agierende Abspaltungen der bekannten Satanslogen sind. Es gibt auch Hinweise, dass die öffentlich zugänglichen Websites nur ein offizielles, „harmloses" Aushängeschild internationaler, Rituelle Gewalt praktizierender Kulte sind. Und es gibt Hinweise, dass es im Bereich Rituelle Gewalt Netzwerke zwischen Gruppen unterschiedlicher Ideologien gibt (also neben satanistischen z.B. auch faschistische Gruppierungen).

Die Veranstalterinnen des Kongresses „Dissoziation und Geschlecht" fassen in der Kongressdokumentation den derzeitigen schwierigen Diskussionsstand treffend zusammen:

„Umfang und Vernetzungsstruktur von Kulten, die organisiert, kommerziell und mit ritueller Gewalt arbeiten, waren recht umstritten. Was der Recherche zugänglich ist, mag nur die Spitze des Eisbergs sein. In der praktischen Arbeit mit komplextraumatisierten Frauen und Männern gewinnen viele Professionelle den glaubhaften Eindruck einer starken Vernetzung bis hin zu mafiösen Strukturen: organisierte Kriminalität, professionelle Gewalt-Zusammenhänge, die auch in die „Normalität" der Gesellschaft hineinwirken. Eine andere Frage ist die, ob es möglich ist, dass Menschen in Kulte hineingeboren werden. Aus den Praxiserfahrungen deutlich mit Ja beantwortet, gibt es dazu noch keine „wissenschaftliche Verifizierung" (Rode & Wildwasser Marburg e.V. 2009, S. 15).

In den letzten Jahren sind aber erfreulicherweise in Deutschland bzw. mit deutscher Beteiligung einige Versuche gestartet worden, die Schätzungen im Dunkelfeld auf einen sichereren Boden zu stellen und den Wissensstand zum Thema Rituelle Gewalt zu vertiefen. Sie werden nachfolgend vorgestellt.

Für die Übersicht des internationalen Forschungsstandes sei an dieser Stelle verwiesen auf Noblitt & Perskin Noblitt (2008), Sachs & Galton (2008) und Kap. 1.5 in diesem Band.

---

[2] Im Sinne der diesem Buch zugrunde liegenden Definition Ritueller Gewalt, siehe Vorwort.

1.4.2 Empirische Untersuchung zur Situation Ritueller Gewalt in im Ruhrgebiet (NRW), Rheinland-Pfalz und Saarland

1.4.2.1 Durchführung

Die repräsentative Befragung wurde zuerst 2005 im Ruhrgebiet durchgeführt (AG „Rituelle Gewalt-NRW", S. Eilhardt, B. Hahn, A. Kownatzki, R. Kownatzki 2005, Kownatzki 2008) und 2007 in Rheinland-Pfalz (A. Wagner, B. Bosse 2007) und im Saarland (B. K. Deubel 2007) in vergleichbarer Form. Angeschrieben wurden alle VertragspsychotherapeutInnen (d.h. von der jeweiligen Kassenärztlichen Vereinigung zugelassene ärztliche oder psychologische PsychotherapeutInnen) im Ruhrgebiet (Bereich Regionalverband Ruhr, incl. Münster, Düsseldorf) und in den Bundesländern Rheinland-Pfalz und Saarland.

Der Fragebogen beinhaltete folgende Fragen:
1. Ein Patient/eine Patientin hat während meiner ärztlich-, psychotherapeutischen Tätigkeit berichtet, er/sie sei Opfer ritueller kultischer Handlungen geworden (ja, nein).
2. Der Patient/die Patientin hat von folgenden Erlebnissen berichtet oder folgende Begriffe verwendet: (Auflistung siehe Tabelle unten)

Organisierte Gruppe (Name):
3. Wann ungefähr haben diese Ereignisse stattgefunden? (Von Jahr bis Jahr)
4. Wo ungefähr haben diese Ereignisse stattgefunden? (Bundesland/Ort/PLZ)
5. Der Patient/die Patientin war bei Ihnen in Therapie von/bis: (Von Jahr bis Jahr).
6. Bei dem Patienten/der Patientin handelt es sich um (Frau, Mann, wbl jugendlich, ml jugendlich, Mädchen, Junge).
7. Gab es während der Behandlung Hinweise auf noch aktuelle Täterkontakte? (ja/nein)
8. Halten Sie die geschilderten Vorgänge durch den Patienten/die Patientin im Großen und Ganzen für glaubwürdig oder eher unglaubwürdig?
9. Wurden bereits andere Therapeuten/Berater/Ärzte zur gleichen Thematik konsultiert? (ja, nein)

1.4.2.2 Vergleich der Ergebnisse

	Ruhrgebiet	Rheinland-Pfalz	Saarland
Angeschriebene KV-TherapeutInnen	1.950	1.058	217
Rückmeldungen	936 (48%)	455 (43%)	132 (61%)
Von den rückmeldenden Therap. sind mit dem Problem "Rituelle Gewalt" konfrontiert	110 (11,8%)	55 (12,3%)	17 (12,9%)
Gemeldete Fälle gesamt	126	67	20
Glaubwürdige Fälle	122[3] (97%)	63 (94%)	20 (100%)
Anteil Frauen/Mädchen	80,5%	94%	95%
Täterkontakt während Therapie	31%	57%	68%
Pat. hat berichtet von:			
Absoluter Gehorsam	67%	79%	75%
Tieropferung	36%	38%	45%
Ritueller sexueller Missbrauch	69%	65%	70%
Ekeltraining	18%	19%	5%
Leichenschändung	15%	22%	0%
Absolute Geheimhaltung	78%	69%	65%
Menschenopferung	25%	36%	10%
Rituelle körperliche Misshandlung	58%	68%	35%
Schwarze Messen	54%	60%	35%
Taten fanden (noch) innerhalb der letzten 15 Jahre statt	56%	71%	67%

---

[3] Da in 50 Fällen die PatientInnen mehrere TherapeutInnen aufgesucht hatten, wurden diese Fälle in der weiteren Bearbeitung ausgeschlossen, um eine Mehrfachzählung zu vermeiden. Es blieb also eine korrigierte Fallzahl von 72. Im Saarland konnten Mehrfachzählungen ausgeschlossen werden, da die jeweiligen Tatzeitpunkte verschieden waren. Die Befragung RLP macht hierzu keine Angabe.

Auffallend sind die vielen Gemeinsamkeiten zwischen den drei Bundesländern.

Die Rate der mit dem Thema konfrontierten TherapeutInnen liegt zwischen 10 und 13%. Auf Grund der angegebenen hohen Geheimhaltung und dem vielfach geringen Kenntnisstand der TherapeutInnen zu diesem Thema ist von einer hohen Dunkelziffer auszugehen.

Die Fälle werden zu 94-100% als glaubwürdig eingestuft.

Die Berichte der PatientInnen enthalten auch schwere Straftaten. Menschenopferung wurde insgesamt 42-mal angekreuzt (NRW: 17, RLP: 23, Saarland: 2). Das bedeutet mindestens 42 berichtete Tötungsdelikte. Hinter jeder Nennung können sich aber mehrere Tötungsdelikte verbergen und gleichzeitig können darunter auch von Tätern gezielt zur Verwirrung und Einschüchterung vorgetäuschte Tötungen oder auch falsche Erinnerungen sein. Ein Großteil der berichteten Tötungsdelikte lag im Zeitraum der letzten 15 Jahre.

Der Anteil der PatientInnen, die während der Therapie noch Täterkontakt haben, schwankt bei den drei Bundesländern zwischen 31% und 68%.

1.4.2.3 Zusatzauswertung Rheinland-Pfalz

In Rheinland-Pfalz wurde der Fragebogen erweitert um Profession und Geschlecht der BehandlerInnen, Therapiedauer, Expositionsdauer, Zeitraum zwischen Expositionsbeginn und Therapiebeginn.

Die Expositionsdauer (Dauer der Rituellen Gewalt) lag zwischen geringer als einem Jahr und 40 Jahren (im Durchschnitt 9,3 Jahre).

Die Zeiträume zwischen Expositionsbeginn und Therapiebeginn bewegen sich zwischen 0 und 47 Jahren (im Durchschnitt 16,3 Jahre).

Bei beendeter oder abgebrochener Therapie betrug der durchschnittliche Therapiekontakt 3,3 Jahre und reicht von einem einmaligen Kontakt bis zu 10 Jahren.

Bei den noch nicht beendeten Therapien beträgt der durchschnittliche Therapiekontakt 3,1 Jahre und reicht von einem einmaligen Kontakt bis zu 19 Jahren.

1.4.3 Extreme Abuse Survey (EAS) – drei internationale Online-Umfragen

1.4.3.1 Extreme Abuse Survey (EAS) – Umfrage für Überlebende extremer Gewalt

Durchführung
Diese internationale Umfrage für Überlebende extremer Gewalt wurde als anonyme Online-Befragung (englisch/deutsch) vom 1. Januar bis 31. März 2007 durchgeführt. Die vollständigen Daten dieser und der beiden nachfolgenden Umfragen wurden nach Ende der Befragungen vom Survey-Team (T. Becker, W. Karriker, B. Overkamp, C. Rutz) un-

kommentiert im Internet zugänglich gemacht. Ebenso liegen Veröffentlichungen in englischer Sprache vor (http://extreme-abuse-survey.net).

1.471 Personen haben zumindest eine der Fragen der Umfrage beantwortet. Die meisten inhaltlichen Fragen wurden von jeweils 950 bis 1.150 Personen beantwortet.

1.347 Personen machten Angaben zu ihrem Herkunftsland. Insgesamt 31 Herkunftsländer wurden angegeben, wobei die USA mit 774 TeilnehmerInnen vor Deutschland mit 273 TeilnehmerInnen dominierten, gefolgt von Großbritannien (92), Kanada (75), Australien (38), Schweiz (13), Israel (11). Dies lässt keine Rückschlüsse auf die Häufigkeit extremer Gewalt in den jeweiligen Ländern zu, da Einflussfaktoren wie Verbreitungswege der Information über die Befragung, Zugang zum Internet, Sprachbarrieren etc. nicht bekannt sind. Die Herkunft der AutorInnen (USA, Deutschland) hatte sicherlich auch einen Einfluss.

81% der TeilnehmerInnen sind Frauen.
Von den TeilnehmerInnen antworteten bei dem Satz „Meine Erfahrungen als Überlebende/r extremer Gewalt lassen sich am besten in folgender Kategorie beschreiben:
„Rituelle Gewalt und Mind Control"   52%
„Rituelle Gewalt"   19%
„Mind Control"   7%
„Andere Formen extremer Gewalt"   22 %.

Im EAS-Fragebogen (S. 3) verwendete Definitionen:
„Rituelle Gewalt beinhaltet – beschränkt sich aber nicht auf – Satanistische Rituelle Gewalt.

Mind Control (MC) bezieht sich auf jedwede Mind Control-Technik, die entwickelt worden ist, um ein Opfer dazu zu bringen, Handlungsanweisungen der 'Programmierer' ohne bewusste Wahrnehmung auszuführen, und beinhaltet – beschränkt sich aber nicht auf – staatlich finanzierte Mind Control-Experimente.

Rituelle Gewalt/Mind Control steht für Rituelle Gewalt und/oder Mind Control"[4].

Eigene Erinnerungen an und Erfahrungen mit extremer Gewalt
Als eigene Erinnerungen werden 50 Möglichkeiten abgefragt, hier eine kleine Auswahl der Ergebnisse:

---

[4] Anmerkung (CI): mit staatlich finanzierten Mind Control-Experimenten sind hier z.B. die Experimente der CIA in den 50er bis 70er Jahren gemeint, die auch Experimente mit Hypnose und gezielter Verhaltenskontrolle beinhalteten (vgl. Koch, Wech 2002, MEDIA PACKET Torture-based, Government-sponsored Mind Control Experimentation on Children, http://extreme-abuse-survey.net). Mind Control-Techniken werden aber auch in Kulten und anderen Bereichen organisierter Gewalt angewendet.

Meine Erinnerungen an extreme Gewalt beinhalten:	Ja-Antworten in %
Mit dem Tode für den Fall bedroht worden sein, dass Sie jemals über die Gewalthandlungen sprechen	77%
In einen Käfig gesperrt worden zu sein	53%
Lebendig begraben worden sein	45%
Mit Licht geblendet werden	53%
Fesselungen	67%
Elektroschock	50%
Erzwungene Teilnahme an durch Täter begangene Morde	46%
Erzwungene Gewalthandlungen gegen andere Opfer	55%
Erzwungene Schwangerschaft	38%
Erzwungene Tötung eines Babies (oder dazu gebracht worden zu sein, dies zu glauben)	50%
Erzwungener Kannibalismus	44%
Erzwungene Drogen-/Medikamenteneinnahme	71%
Inzest	70%
Nah-Tod-Erfahrung verursacht durch Ertränken durch die Täter	51%
Teilnahme an Kinderpornographie	52%
Teilnahme an Kinderprostitution	46%
Verwendung von Urin und Kot	55%
Nahrungsmittelentzug	48%
Sensorische Deprivation	61%
Sexuelle Gewalt durch eine Gruppe von Tätern	79%
Schlafentzug	69%
Verwendung von Blut während der Gewalthandlungen	63%
Beobachten von Verstümmelung/Tötung von Tieren	62%
Beobachten von Morden der Täter	54%

Antwortmöglichkeiten zu jedem Punkt: ja, nein, weiß ich nicht, keine Angabe. Letzteres konnte angekreuzt werden, wenn die Frage unklar erscheint. Angaben im Detail unter http://extreme-abuse-survey.net

Nachfolgend eine Auswahl aus 94 Fragen zu eigenen Erfahrungen

Meine eigenen Erfahrungen als Überlebende/r extremer Gewalt ...:	Ja-Antworten in %
Bei mir wurde eine Dissoziative Identitätsstörung (DIS) – ehemals Multiple Persönlichkeitsstörung (MPS) – diagnostiziert.	65%
Die Täter haben bei mir vorsätzlich dissoziative Bewusstseinszustände erschaffen/programmiert (wie Alter-Persönlichkeiten, Persönlichkeitsanteile, Ego-States).	63%
Ich habe erlebt, dass mir selbstzerstörerische Programme gesetzt worden sind für den Fall, dass ich mich an Programmierungen erinnere.	57%
Ich habe ein oder mehrere Male versucht, mich umzubringen.	62%
Ich habe sexuelle Mind Control-Programmierungen erlebt, die von den Tätern für Erpressungen oder persönliche Interessen genutzt wurden.	41%
Als Kind habe ich einer Bezugsperson davon berichtet, dass ich auf eine Art und Weise misshandelt wurde, von der ich heute weiß, dass es sich um Rituelle Gewalt/Mind Control gehandelt hat.	28%
Zumindest einer der Täter, die mich misshandelt haben, ist der Straftaten von Missbrauch oder Misshandlungen überführt worden.	7%
Ich bin in einem satanistischen Kult rituell misshandelt worden.	55%
Ich habe rituelle Gewalterfahrungen im Kontext einer religiösen Sekte (einer Gruppe/oder Abspaltung von einer etablierten Glaubensgemeinschaft wie z.B. einer christlichen Sekte) erlebt.	39%
Ich habe rituelle Gewalterfahrungen im Kontext einer faschistischen Gruppe (Neo-Nazi, Klu-Klux-Klan, Weißer Arischer Widerstand oder jedwede andere Gruppierung, die sich selbst als überlegen in Bezug auf Rasse, Überzeugung oder Ursprung versteht) erlebt.	22%
Ich bin in einem Hexenkult rituell misshandelt worden.	23%
Ich bin in einer gnostisch-okkulten Gruppe rituell misshandelt worden.	14%
Ich bin unsicher über die Vorstellungen, Glaubensinhalte und Absicht von mindestens einer Gruppe, die mich rituell misshandelt hat.	47%
Zumindest eine der Tätergruppen, die mich misshandelt haben, hat nationale oder internationale Ausmaße.	46%
Meine rituellen Gewalterfahrungen haben ihren Ursprung in der Herkunftsfamilie.	63%

Ich bin Rituelle Gewalt/Mind Control-Experimenten ausgesetzt gewesen.
    vor meiner Geburt
    zwischen meiner Geburt und meinem zweiten Lebensjahr
    zwischen meinem dritten und sechsten Lebensjahr
    zwischen meinem siebten und dreizehnten Lebensjahr
    zwischen meinem vierzehnten und achtzehnten Lebensjahr
    zwischen meinem neunzehnten und dreißigsten Lebensjahr
    nach meinem dreißigsten Lebensjahr
	20%, weiß nicht: 39%
	50%, weiß nicht: 22%
	70%, weiß nicht: 11%
	69%, weiß nicht: 11%
	51%, weiß nicht: 17%
	34%, weiß nicht: 17%
	21%, weiß nicht: 14%

Ich habe eine hilfreiche klinische Behandlung in Bezug auf die Auswirkungen von Ritueller Gewalt/Mind Control erhalten.	19%
Ich habe ein spirituelles Glaubenssystem.	75%

Antwortmöglichkeiten zu jedem Punkt: ja, nein, weiß ich nicht, keine Angabe. Letzteres konnte angekreuzt werden, wenn die Frage unklar erscheint. Angaben im Detail unter www.extreme-abuse-survey.net.

Die Ergebnisse lassen Überschneidungen zwischen den Täterkreisen vermuten, d.h. Betroffene wurden von mehreren Tätergruppen misshandelt, wobei ihnen die jeweilige Tätergruppe nicht immer näher bekannt ist.

Zudem wird deutlich, dass die Gewalt überwiegend sehr früh in der Kindheit beginnt und die Herkunftsfamilie einbezogen ist.

Offen bleibt, ob die deutliche Abnahme der Gewaltbetroffenheit ab dem Jugendalter damit zusammenhängt, dass die Opfer „uninteressanter" für die Täter und bestimmte Taten (wie Kinderpornographie) werden oder ob die Abnahme vor allem durch den gelungenen Ausstieg vieler TeilnehmerInnen zu erklären ist.

Folgen der Gewalt
Am häufigsten werden mit Ja bewertet:

Einige der möglichen Folgen der extremen Gewalterfahrungen, die ich erlebt habe, sind ...	Ja-Antworten in %
Schlafstörungen	90%
Posttraumatische Belastungsstörung	89%
Schmerzhafte Körpererinnerungen	87%
Ungewöhnliche Ängste	85%
Überzeugungen und Glaubensvorstellungen, die von den Tätern erzeugt worden sind	77%
Überlebenden-Schuld/Überlebensschuld	73%
Suizidale Gedanken an bestimmten Feiertagen, Geburtstagen etc.	71%
Probleme mit Programmierungen, die durch Täter gesetzt worden sind	70%
Essstörungen	70%
Dissoziierte Erinnerungen mit satanistischen Aspekten	68%
Suizidale Gedanken direkt bevor traumatische Erinnerungen auftreten	68%
Selbstverletzendes Verhalten	65%
Auslösen von sexuellem Verlangen durch Gefühle von Bedrohung, Angst, Scham, Schuld etc.	65%
Migräne-Kopfschmerzen	62%
Unerklärliche Leiden, für die keine Diagnose erstellt werden kann	60%
Nichterklärbare Blutergüsse und Wunden	59%
Aufenthalt in einer psychiatrischen Einrichtung	54%
Substanzmissbrauch	48%

20% der Befragten waren bisher noch nicht in Psychotherapie/Beratung wegen der Folgen der extremen Gewalterfahrung. 21% waren/sind 5-9 Jahre in Therapie/Beratung und weitere 22% sogar 10-19 Jahre bzw. mehr als 20 Jahre (6%). Dies zeigt, dass ein erheblicher Teil der Betroffenen nicht von bestehenden Angeboten erreicht wird und ein anderer Teil langjährige Unterstützung in Anspruch nimmt. Zum Zeitpunkt der Befragung sind 57% in Psychotherapie/Beratung.

Hilfreiche Heilungsmethoden

Bei den 53 zur Auswahl gestellten Methoden wurde jeweils gefragt, ob mit dieser Methode Erfahrung besteht und wenn ja, wie hilfreich sie war (überaus hilfreich, sehr hilfreich, bisschen hilfreich, wenig hilfreich, nicht hilfreich). Die Fragen wurden jeweils von ca. 920-960 Personen beantwortet. Detaillierte Auswertungen, auch getrennt nach Opfergruppen und im Vergleich zu der Befragung der professionellen HelferInnen (P-EAS), sind zu finden bei Karriker (2007).

Als am häufigsten angewendete Methoden wurden benannt:

Individuelle Psychotherapie/Beratung	93%
Unterstützende Freunde	87%
Tagebuchschreiben	87%
Lesen von Berichten Überlebender	86%
Persönliche Gebete/Meditation	80%
Körperübungen	79%
Selbstversorgungs-/Selbstberuhigungstechniken	79%
Zeichnen/Malen	78%
Kreatives Schreiben	77%
Kunsttherapie	68%
Spirituelle Führung/Beratung	64%
Massage-Therapie	63%
Erdungs-Techniken	63%
Unterstützungsangebot im Internet	63%
Gruppen-Psychotherapie	61%
Unterstützende Familienmitglieder	61%
Stationäre Unterbringung (Klinik)	58%

Was hat am besten geholfen? Nachfolgend werden die Methoden aufgelistet, die von den AnwenderInnen am häufigsten mit „überaus hilfreich" oder „sehr hilfreich" bewertet wurden:

Heilungsmethode	Überaus hilfreich oder sehr hilfreich
Individuelle Psychotherapie/Beratung	76%
Unterstützende Freunde	66%
Kreatives Schreiben	63%
Persönliche Gebete/Meditation	61%
Tagebuchschreiben	61%
Kunsttherapie	57%
Zeichnen/Malen	56%

Deutlich wird der Wert guter Psychotherapie/Beratung, aber auch der kreativen Verfahren. Malen und Schreiben helfen, dem „Unsagbaren" einen Ausdruck zu geben. Tagebuchschreiben hilft zudem vielen multiplen Menschen, die innere Kommunikation zu verbessern.

Auffallend ist die große Wichtigkeit der spirituellen Komponente. 75% der TeilnehmerInnen gaben an, ein spirituelles Glaubenssystem zu haben, 80% wenden persönliche Gebete/Meditation an und für 61% dieser AnwenderInnen ist dies überaus hilfreich oder sehr hilfreich. 64% der TeilnehmerInnen haben sich auch an spirituelle Führer/Beratung gewandt. Von diesen AnwenderInnen empfanden 51% dies als überaus hilfreich oder sehr hilfreich, aber auch 29% als wenig hilfreich oder nicht hilfreich.

Es erscheint nahe liegend, dass für einen erfolgreichen Ausstieg aus z.B. satanistischen Kulten ein Umgang mit dem spirituellen Vakuum gefunden werden muss. Eine individuelle, positive Entwicklung eines spirituellen Glaubenssystems ist hierbei für viele Betroffene offenbar eine große Unterstützung. Dem muss bei der Unterstützung von AussteigerInnen/Betroffenen (verstärkt) Rechnung getragen werden. In beiden Befragungen – EAS und P-EAS (s.u.) – wurde zudem angegeben, dass an Ritueller Gewalt häufig auch Geistliche (katholische Priester, Geistliche anderer anerkannter Glaubensgemeinschaften) beteiligt sind.

Ein weiterer interessanter Aspekt ist die Bewertung anerkannter Traumatherapiemethoden. 35% der TeilnehmerInnen (331 Personen) verfügen über Erfahrung mit EMDR. Von diesen AnwenderInnen empfanden 35% dies als überaus hilfreich oder sehr hilfreich, aber auch 16% als wenig hilfreich und 33% als nicht hilfreich.

Grenzen der Befragung
Selbstverständlich ist diese Umfrage im streng wissenschaftlich statistischen Sinne nicht repräsentativ für alle Opfer/Betroffenen Extremer Gewalt oder Ritueller Gewalt. Dies ist zurzeit aber – und vielleicht auch grundsätzlich – auch mit keiner anderen Forschungsmethode zu erreichen. Der übliche Weg über die zufällig ausgewählte Bevölkerungsstichprobe wird hier kaum Erkenntnisse zutage befördern. Klinische Populationen wären einfacher zu rekrutieren, aber auch nicht repräsentativ. Und was wäre hier die Voraussetzung

für eine Teilnahme? Selbstdefinition als Betroffene/r und/oder Diagnose durch Professionelle und ausreichende Belastbarkeit und Sicherheit für die Beantwortung von Fragen nach Gewalterfahrungen?

Anonyme Online-Befragungen sind ein niedrigschwelliger Zugang. Dies zeigt die Vielzahl der TeilnehmerInnen. Es ist möglich, dass nicht alle TeilnehmerInnen der Onlinebefragung tatsächlich Opfer Extremer Gewalt sind. Allerdings stellt sich dann die Frage, warum sich 1.000 Menschen an dieser Befragung beteiligten und einen sehr langen Fragebogen bearbeiteten, obwohl es keine finanziellen oder sonstigen Anreize gab.

Für die Ernsthaftigkeit der Antwortenden spricht auch, dass einige Fragen an verschiedenen Stellen des Fragebogens in ähnlicher Form wiederholt wurden und ähnliche, oder sich ergänzende Häufigkeiten ergaben, z.B. auf S. 7 des Fragebogens beantworteten den Satz „Meine Erinnerungen an extreme Gewalt beinhalten erzwungene Teilnahme an Kinderpornographie" 52% mit Ja und auf S. 19 „Ich bin im Rahmen von Kinderpornographie rituell misshandelt worden" antworteten 49% mit ja.

Differenzen ergaben sich bei der Frage nach aktuellem Täterkontakt, die zweimal an unterschiedlichen Stellen des Fragebogens auftaucht: Dem Satz „Gegenwärtiger Kontakt zu Tätern Ritueller Gewalt/Mind Control führt zu Schädigungen meiner psychischen/mentalen/spirituellen Gesundheit" stimmten 34% zu, 45% verneinten dies.

Dem Satz „Ich werde gegenwärtig gegen meinen Willen von Tätern Ritueller Gewalt/Mind Control-Experimenten kontaktiert/misshandelt" stimmten dagegen nur 15% zu, 66% verneinten dies. „Weiß ich nicht" wurde bei beiden Fragen zu 14% angekreuzt. Es bleibt offen, ob diese Differenz an der unterschiedlichen Fragestellung liegt oder ob sie die innere Spaltung mit entsprechend gespaltenem Wissensstand bei den multiplen TeilnehmerInnen wiedergibt. Interessant hierzu ist, dass in der Befragung der professionellen HelferInnen (s.u.) 44% der TeilnehmerInnen angaben, schon mal erlebt haben, dass Betroffene glaubten, durch einen (äußeren) Täter missbraucht oder misshandelt zu werden, obwohl es sich um einen inneren Täter/Täter-Anteil gehandelt hat.

Dem Satz „Meiner Meinung nach sollten TherapeutInnen/BeraterInnen/SeelsorgerInnen immer eine neutrale Sicht in Bezug auf die Glaubwürdigkeit von Erinnerungen der Überlebenden haben" stimmten 46% zu (28% nein, 23% ich weiß nicht). Dies lässt Vorsicht und Problembewusstsein bei vielen Betroffenen vermuten.

Auch „Fangfragen" können Aufschluss geben. Tatsächlich antworteten auf den Satz (S. 9) „Meine Erinnerungen an extreme Gewalt beinhalten Entführung durch unbekannte Flugobjekte (UFOs)" 6% mit ja und 15% mit „Weiß ich nicht". Es ist bekannt, dass zur Einschüchterung und Verwirrung und Unglaubwürdigmachung der Opfer auch gezielte Manipulationen wie Scheinhinrichtungen oder die Verwendung von Märchen und virtuellen Welten gehört. Ein Fragebogen kann nicht klären, ob die Ja-Antworten eine bewusste Falschantwort oder eine unbewusste Realitätsverzerrung sind oder ob die Antwortenden mit „Ja" auch die Inszenierung einer UFO-Entführung durch Täter meinen und sich dabei heute der Inszenierung bewusst sind.

Dem Satz „Einige der möglichen Folgen der extremen Gewalterfahrungen, die ich erlebt habe, sind … Fremde Objekte im Körper" stimmten immerhin 28% zu. Auch hier bleibt offen, inwieweit die Antwortenden damit reale physische Objekte meinen oder das (sehr real erscheinende) Gefühl, ein fremdes Objekt in sich zu haben (eine andere Innenperson oder ein durch die Täter mittels Scheinoperationen „eingepflanztes" angebliches Monster, das aufpasst, damit das Kind nichts verrät).

Ein Problem sind auch die Definitionen, z.B. die Fokussierung Ritueller Gewalt auf satanistische Rituelle Gewalt ohne nähere Beschreibung. In Deutschland ist der Begriff „Mind Control" zudem nicht so gebräuchlich wie in Amerika. Im Alltagsgebrauch des Begriffes „Rituelle Gewalt" in Deutschland ist der Aspekt der Indoktrinierung und Konditionierung/Programmierung bereits enthalten.

Unklar bleibt, was die AutorInnen des Fragebogens und die 22% der Antwortenden unter „Andere Formen extremer Gewalt" verstehen. Die veröffentlichten Daten ermöglichen überwiegend keine Unterscheidung der Ergebnisse nach den verschiedenen Opfergruppen. Vielleicht ist sie angesichts der Unschärfe der Definitionen – welche ja nicht nur für die Befragung zutrifft, sondern allgemein in diesem Bereich vorhanden ist – aber auch gar nicht sinnvoll. In der Sekundärauswertung von Karriker (2007) werden die Gruppen für den Fragenblock „Hilfreiche Heilungsmethoden" gesondert ausgewertet, wobei lediglich die kleine Gruppe mit ausschließlich „Mind Control"(7%) ein deutlich anderes Muster aufwies.

Da es keine spezifische Auswertung für die deutschen TeilnehmerInnen gab, bleibt offen, inwieweit die Ergebnisse spezifisch für die USA sind (aus der die weit überwiegende Mehrzahl der Antworten kam). Zudem liegt nahe, dass durch die Öffentlichkeitsarbeit der amerikanischen Autorinnen zu Mind Control auch verstärkt Betroffene aus diesem Bereich geantwortet haben. 26% der TeilnehmerInnen (257 Personen) stimmten bei „Eigene Erfahrungen" dem Satz zu „Geheime staatlich geförderte Mind-Control-Experimente wurden mit mir als Kind durchgeführt." In einer Zusatzauswertung[5] wurde gefunden, dass von diesen 257 Personen 69% (177 Personen) angaben, zusätzlich auch in einem satanistischen Kult rituell misshandelt worden zu sein.

Wenn die Definition „Mind Control" in weiter Fassung verwendet wird als „ein System von Einflüssen, mit dem die Identität des Individuums (seine Überzeugung, sein Verhalten, Denken und Fühlen) zerbrochen und durch eine neue Identität ersetzt wird." (Hassan 1993, zitiert in Becker, Felsner 1996, Teil 4), so ist dies auch aus der „Forschung" in Konzentrationslagern und von Geheimdiensten verschiedener Länder, der Ausbildung von Kindersoldaten und bei politischer Folter bekannt. Kulte und andere Kreise organisierter Gewalt wenden solche Methoden an und entwickeln sie kontinuierlich weiter.

---

[5] MEDIA PACKET Torture-based, Government-sponsored Mind Control Experimentation on Children. S. 9 http://extreme-abuse-survey.net

1.4.3.2 Professional-Extreme Abuse Survey (P-EAS)

Durchführung

Im Anschluss an die EAS wurde vom gleichen Autorenteam vom 1. April bis 30. Juni 2007 eine anonyme Online-Umfrage (englisch/deutsch) für TherapeutInnen, FachärztInnen, BeraterInnen, Geistliche und andere Personen, die professionell mit zumindest einem/r Überlebende/n Extremer Gewalt gearbeitet haben, durchgeführt. 451 Personen haben zumindest eine der Fragen der Umfrage beantwortet. Die inhaltlichen Fragen wurden von ca. 230 bis 260 TeilnehmerInnen beantwortet.

Bei der Angabe des Herkunftslandes dominierten die USA (205), Deutschland (99), Großbritannien (59), Kanada (21) und Niederlande (9).

Die Mehrheit hat mit 2-10 erwachsenen Überlebenden gearbeitet, die Erinnerungen an extreme Gewalt mit Ritueller Gewalt/Mind Control haben.

Gefragt wurde nach der Einschätzung, wie viele von denjenigen, die Erinnerungen an rituelle Gewalterfahrungen/Mind Control berichtet haben, tatsächlich Rituelle Gewalt erlebt haben. 11% der TeilnehmerInnen gaben an, dass sie nur in 0-10% der Fälle die Erinnerungen als real einschätzen. Auf der anderen Seite gaben 64% der TeilnehmerInnen an, in 80-100% der Fälle die Erinnerungen als tatsächlich vorgekomme Rituelle Gewalt einzuschätzen.

Worauf gründen die Professionellen ihre Einschätzung, dass die PatientInnen/KlientInnen Rituelle Gewalt und/oder traumainduzierende Mind Control-Experimente erlebt haben?

Häufigste Nennungen waren:

Einschätzung tatsächlich vorgekommener Ritueller Gewalt/Mind Control-Experimente basiert auf ...	Ja-Antworten in %
Beobachtbare heftige Reaktionen (vor/während/nach) dem Berichten von Missbrauch/Misshandlungen (z.B. Suizidalität, Selbstverletzungen, physische Schmerzreaktionen, unangemessene Selbstzweifel, sozialer Rückzug usw.)	96%
Der Gegenstand von Ängsten/Phobien deutet auf Rituelle Gewalt/Mind Control hin.	93%
Die Qualität der posttraumatischen/dissoziativen Symptome deutet auf Rituelle Gewalt/Mind Control hin.	92%
Wichtige Erinnerungen an Rituelle Gewalt/Mind Control passen logisch zu anderen Aspekten im Lebenslauf der/des Betroffenen (z.B. indem sie zur Bildung einer kohärenten Sicht beitragen).	89%
Es gibt als Folge Ritueller Gewalt/Mind Control spezielle dissoziierte Persönlichkeitsanteile, die Sie selber beobachtet haben.	86%
Der Inhalt geschaffener Kunst (wie Malerei/Zeichnungen, Sandkastentherapie-Geschichten, Musik und verfassten Schriften) deutet auf Rituelle Gewalt/Mind Control hin.	79%
Bestimmte physische und medizinische Folgen können als eine Folge Ritueller Gewalterfahrung/Mind Control erklärt werden.	75%

1.4 Stand der Forschung in Deutschland

Persönliche Erfahrung als professionelle/r HelferIn

Gefragt wurde nach persönlichen Erfahrungen als TherapeutIn, BeraterIn, GeistlicheR oder anderer Person, die mit zumindest einem/r Überlebende/n Extremer Gewalt professionell gearbeitet hat. Nachfolgend eine kleine Auswahl interessanter Ergebnisse:

Persönliche Erfahrungen ...	Ja-Antworten in %
Ich habe mit zumindest einer Person gearbeitet, die "Erinnerungen" an Ereignisse in Zusammenhang mit Ritueller Gewalt/Mind Control berichtet hat, die so nicht vorgekommen sein können.	52%
Für die Mehrzahl der Überlebenden Ritueller Gewalt/Mind Control, mit denen ich gearbeitet habe, treffen die diagnostischen Kriterien einer Dissoziativen Identitätsstörung (DIS) zu.	85%
Zumindest ein/e erwachsene/r Überlebende/r extremer Gewalt, mit der/dem ich gearbeitet habe, hat im Verlauf der Therapie versucht, Selbstmord zu begehen.	56%
Ich habe bei zwei oder mehr Überlebenden Ritueller Gewalt/Mind Control erlebt, dass sie über dieselben Tatorte berichtet haben.	40%
Ich habe zumindest mit einer/m Überlebenden Ritueller Gewalt/Mind Control gearbeitet, die/der behauptet hat, fortlaufend durch Täter missbraucht/misshandelt zu werden.	64%
Ich habe zumindest mit einer/m Überlebenden Ritueller Gewalt/Mind Control gearbeitet, die/der sich von den Tätern gelöst hat, während sie/er mit mir gearbeitet hat.	45%
Ich bin durch einen in Zusammenhang mit Ritueller Gewalt und Mind Control beschuldigten Täter bedroht worden in anscheinender Vergeltung für die Arbeit mit einem oder mehreren seiner Opfer.	26%
Mir ist durch einen in Zusammenhang mit Ritueller Gewalt und Mind Control beschuldigten Täter Schaden zugefügt worden in anscheinender Vergeltung für die Arbeit mit einem oder mehreren seiner Opfer.	10%
Ich bin während einer laufenden Therapie durch eine/n erwachsene/n Überlebenden Ritueller Gewalt/Mind Control bedroht worden.	35%
Ich bin während einer laufenden Therapie durch eine/n erwachsene/n Überlebenden Ritueller Gewalt/Mind Control geschädigt worden.	7%
Zumindest mit ein/e erwachsene/r Überlebende/r Ritueller Gewalt/Mind Control, mit der/dem ich gearbeitet habe, hat Täter angezeigt, und es hat ein Ermittlungsverfahren gegeben.	39%
Ich habe zumindest mit einer/m Überlebenden Ritueller Gewalt/Mind Control gearbeitet, die/der glaubte, sie/er würde durch einen (äußeren) Täter missbraucht oder misshandelt, aber später erkannt hat, dass es sich um einen inneren Täter/Täter-Alter gehandelt hat.	44%

Arten und Folgen der Gewalt

Bei den beschriebenen Arten und Folgen der Gewalt finden sich ähnliche Schwerpunkte wie bei der Befragung der Betroffenen. Allerdings sind die Zahlen nicht direkt vergleichbar, da viele befragte Professionelle mit mehr als einer/m Überlebenden gearbeitet haben und die Fragen sich darauf bezogen, ob mindestens ein/e Überlebende/r von solchen Erinnerungen oder Auswirkungen berichtet hat. Eine Schätzung, auf wie viele der PatientInnen/KlientInnen insgesamt das zutrifft, lässt sich daraus nicht ableiten.

Hilfreiche Heilungsmethoden

Auch die hilfreichsten Heilungsmethoden werden ähnlich eingeschätzt. Neben den bereits bei der EAS genannten wichtigsten Methoden kommt bei der Einschätzung der Professionellen noch die Kategorie „Selbstversorgungs-/Selbstberuhigungstechniken" als besonders hilfreich hinzu. Allerdings sind die Daten ebenfalls nicht direkt vergleichbar mit der EAS, weil im P-EAS-Fragebogen nicht berücksichtigt werden konnte, dass manche Heilungsmethode für die eine Klientin äußerst hilfreich sein kann, während sie einer anderen nicht hilft. Die Befragten sollten die gleiche Skala benutzen wie in der EAS, allerdings mit dem Zusatz „wie hilfreich diese Methode Ihrer Meinung nach für die Heilung zumindest einer/s Überlebenden extremer Gewalt, mit der/dem Sie gearbeitet haben, gewesen ist." (S. 52 der Resultate)

1.4.3.3 Child-Extrem Abuse Survey (C-EAS)

Der dritte Teil der internationalen Online-Umfrage richtete sich an professionelle HelferInnen, die mit Kindern als Überlebende Ritueller Gewalt und/oder Mind Control gearbeitet haben. Die Daten sind abrufbar unter http://extreme-abuse-survey.net.

1.4.3.4 Fazit

Insgesamt zeigt sich, dass anonyme Online-Umfragen eine erfolgreiche Möglichkeit sind, um eine Vielzahl von Menschen aus der Zielgruppe niedrigschwellig zu erreichen. Allerdings ist die Komplexität des Themas nicht mit Fragebögen (mit überwiegend geschlossenen Fragen zum Ankreuzen) zu erfassen und die Definitionen (Rituelle Gewalt, Extreme Gewalt) müssten m. E. genauer gefasst werden. Dennoch liefert die Befragung erste wichtige Anhaltspunkte für das Ausmaß der individuell erlebten Gewalt, die Folgen und hilfreiche Heilungsmethoden sowie die Arbeitssituation professioneller HelferInnen. Außerdem zeigt sie methodische Probleme bei Befragungen in diesem Feld auf und gibt Hinweise für die Notwendigkeit weiterer, vertiefender Untersuchungen.

1.4.4 Organisierte sexualisierte und Rituelle Gewalt – Erfahrungen mit Ausstiegsbegleitung Ergebnisse einer Befragung professioneller BeraterInnen/TherapeutInnen

1.4.4.1 Durchführung

2005 wurde von VIELFALT e.V.[6] – in Kooperation mit dem Zentrum für Psychotraumatologie Kassel – an 36 BegleiterInnen aus 10 Bundesländern ein Fragebogen geschickt. Diese BegleiterInnen arbeiten überwiegend als niedergelassene PsychotherapeutInnen und/oder in Beratungsstellen gegen sexualisierte Gewalt. Es wurde bei der Auswahl vor allem auf bestehende gute Arbeitskontakte zurückgegriffen.

Die Rückmeldungen und die Auswertung erfolgten anonym, der Fragebogen enthielt keine Fragen nach Angaben zur Person der BegleiterIn oder zur Person der KlientIn.

Rückmeldungen kamen von neun Begleiterinnen, die insgesamt 34 einzelne Ausstiegsbegleitungen beschrieben. Die Anzahl der „Fälle" pro Begleiterin liegt zwischen eins und elf, für jeden Fall wurde ein eigener Fragebogen ausgefüllt. Der Fragebogen enthielt Fragen zum Ankreuzen, aber auch viele offene Fragen, in denen die eigene Einschätzung vertiefend beschrieben werden konnte.

Die Rückmeldungen lassen die Vermutung zu, dass die beschriebenen Ausstiegsbegleitungen überwiegend erwachsene multiple/dissoziative Klientinnen betreffen.

Im Folgenden werden einige ausgewählte Ergebnisse vorgestellt, die vollständige Auswertung mit detaillierten Zahlen und dem Fragebogen kann bei VIELFALT e.V. bezogen werden.

1.4.4.2 Täterkreise

Alle Klientinnen erlebten sexualisierte Gewalt im Bereich der Kinderpornographie und/oder Kinder-/Zwangsprostitution. Überwiegend ist beides miteinander verbunden. In einigen Fällen geht diese sexualisierte Gewalt bis zur Herstellung von „Snuffpornos", in denen Menschen real bis zum Tod gefoltert und dabei gefilmt werden. Aussteigerinnen berichten von Tötungen anderer Kinder und eigener erzwungener Mittäterschaft.

Die sexualisierte Gewalt findet mit unterschiedlichem Hintergrund statt. Es gibt organisierte Tätergruppen, die sich speziell zu diesem Zweck zusammengetan haben und sich aus dem Verwandten-/Familienkreis, beruflichen oder regionalen Umfeld rekrutieren.

In den meisten hier beschriebenen Fällen findet die Gewalt jedoch gemeinsam mit dem Eingebundensein in destruktive (v.a. satanische) Kulte und ideologische Gruppierungen statt.

---

[6] Die Autorin ist Mitarbeiterin des Vereins VIELFALT e.V. und war an der Auswertung der Befragung beteiligt.

Die Mehrfachantworten zeigen Überschneidungen zwischen den Gruppierungen, besonders häufig zwischen satanistischen und germano-faschistischen Gruppierungen.

In einigen Fällen ist das Ausmaß der Gewalt und des Eingebundenseins in verschiedene (bzw. sich überschneidende?) Tätergruppen sehr umfassend.

1.4.4.3 Dauer des Ausstiegs

Der Ausstieg ist i. d. R. ein langwieriger Prozess, der sich über mehrere Jahre erstreckt.

In fast einem Drittel der Fälle wird von einem erfolgreichen Ausstieg berichtet und bei einem weiteren Drittel dauert die Begleitung noch an.

Ca. in einem Drittel der Fälle erfolgte ein Abbruch der Begleitung durch die Therapeutin/Beraterin oder die Klientin (v.a. wegen Rückkehr zur Tätergruppe, Ortswechsel bzw. Wechsel der Begleiterin oder Selbsttötung). Manchmal erfolgte dieser Abbruch, obwohl die Klientin eine intensive, langjährige Unterstützung hatte.

Bei den – aus Sicht der Begleiterinnen – erfolgreich beendeten Ausstiegsbegleitungen dauerte die Zeit vom Beginn des Ausstiegs bis zum Ende der Gewalt zwischen 1,5 und 3,5 Jahren. Nur in einem Fall wird von 6 Monaten berichtet und in zwei anderen Fällen war die direkte Gewalt mit Beginn der Beratung/Therapie gerade beendet.

Die Außenbedrohung hielt noch länger an, hier liegt der Schwerpunkt zwischen 2,5 und 6 Jahren. Dies kann von Fall zu Fall aber sehr unterschiedlich sein (berichtet wurde von 1 Jahr bis 8 Jahre Außenbedrohung).

Bei den noch andauernden Begleitungen liegt die bisherige Dauer zwischen 9 Monaten und 4,5 Jahren und in einem Fall bei 8 Jahren.

1.4.4.4 Phasen des Ausstiegs

Im Fragebogen war als Modell die Abgrenzung von drei Phasen vorgeschlagen:

Phase 1: „unzuverlässiges" Verhalten der Aussteigerin.
Phase 2: gezieltes Verpassen von Treffen und Vermeiden von Triggern.
Phase 3: kompletter Kontaktabbruch zu den Tätern.

Dies entsprach überwiegend auch den Erfahrungen der Befragten, allerdings gibt es große individuelle Unterschiede zwischen den Klientinnen bzw. den verschiedenen Begleitungen.

In einigen Fällen fand zu Beginn ein kompletter Kontaktabbruch statt, der jedoch nicht durchgehalten wurde. Die erneute Kontaktaufnahme führte zur vollständigen Rückkehr in die Tätergruppe oder zu einem teilweisen Ausstieg, d.h. die Gewalt wird weniger, aber die Klientinnen sind noch gebunden an die Täter und funktionieren teilweise, wenn auch „unzuverlässig", noch im Sinne der Täter.

Möglich ist auch ein rasanter Wechsel der Phasen (vermutlich wenn unterschiedliche Persönlichkeiten im Alltag dominieren), d.h. die Motivation zum Ausstieg schwankt stark.

Ebenso kann es sein, dass trotz intensiver Unterstützung keine tragfähige Zukunftshoffnung mit der Klientin oder zumindest mit einigen Innenpersonen entwickelt werden kann.

Unklar ist in einigen Fällen die Einschätzung, ob noch Täterkontakt stattfindet. Die Klientinnen sprechen nicht offen über alles und haben Amnesien. Es ist oft auch schwierig herauszufinden, ob die Gewalt von außen durch die Täter geschieht oder in Flashbacks stattfindet, die sich wie eine reale Wiederholung der Gewalt anfühlen, und/oder ob es sich um Verletzungen des eigenen Körpers durch täterloyale Persönlichkeiten handelt.

Außerdem wird kritisch angemerkt, dass die obige Phaseneinteilung sich allein am Verhalten der Klientin orientiert. Das wirft die Frage auf, ab wann von einem gelungenen Ausstieg gesprochen werden kann. Was ist, wenn die Klientin den vollen Kontaktabbruch zu den Tätern geleistet hat, aber die Außenbedrohung, also Kontaktversuche von Seiten der Täter nicht aufhören?

1.4.4.5 Täterstrategien

Organisierte Täterkreise gehen z. T. mit großer Brutalität und Ausdauer gegen den Ausstieg vor, dies ist ein eindeutiges Ergebnis der Befragung. Ebenso eindeutig ist aber auch, dass sich diese Strategien fast ausschließlich gegen die Aussteigerinnen richten.

Direkte Bedrohungen und Gewalt gegen die professionellen Begleiterinnen sind selten, häufiger wird allerdings berichtet von einer Beobachtung der Praxis/Beratungsstelle und in einigen Fällen auch von Rufschädigung bei Instituten/Berufsverbänden.

Schwerpunkt der Strategien ist es, den Aussteigerinnen Triggerreize zukommen zulassen, die Rückkehr-/Suizidprogramme und/oder Flashbacks auslösen (per Post, Telefon, über Familienangehörige, Einbruch in die Wohnung und Hinterlegen von triggernden Dingen etc.). Ein zweiter Angriffspunkt sind die zwischenmenschlichen Beziehungen der Klientin.

Als typische Täterstrategien konnten sechs Schwerpunkte abgegrenzt werden. All das kann – muss aber nicht zwangsläufig in jedem Fall – vorkommen.

Einschüchterung der Klientin
Es geht den Tätern darum, ihre Allmacht zu demonstrieren durch Drohen, Angstmachen, Abfangen und erneute Gewalt (+ Reprogrammierung), Bestrafung jeder „Befehlsverweigerung", nie zur Ruhe kommen lassen, Kontrolle, Manipulation, Verwirrung der Wahrnehmung, Hilflosigkeit erzeugen bei allen Beteiligten, Erniedrigen, in den Wahnsinn treiben…

Täter suchen gezielt nach den individuellen Lücken im Schutz der Aussteigerin.

Erzeugen/Reaktivieren von Schuldgefühlen

Opfer organisierter Gewalt werden fast immer auch gezwungen, selbst Gewalt gegen andere auszuüben. Es ist eine Überlebensstrategie, den Befehlen zu folgen und es kann auch eine notwendige Überlebensstrategie sein, die Sichtweisen der Täter zu verinnerlichen. Dann ist die Gewaltausübung nicht selten auch mit Lust- und Machtgefühlen verbunden.

Aussteigerinnen werden „daran erinnert", dass sie selbst „mitgemacht" haben. Es wird mit Anzeige gedroht, mit Foto- und Video"beweisen" etc. Der Aussteigerin wird klargemacht: Wenn sie zur Polizei geht, belastet sie sich selbst oder es wird ihr nicht geglaubt.

Außerdem wird damit gedroht, dass in einem solchen Falle sie daran schuld sei, wenn ihren Kindern, Geschwistern, Freundinnen etc. „etwas passiert" (Unfall, Gewalt, Tod). Täter machen diese Drohungen z.T. auch wahr, so dass reale Gewalt gegen Bezugspersonen (v.a. leibliche Kinder, Geschwister) stattfindet. Auch von „begleitenden Unglücken" unter ungeklärten Umständen wird von den Begleiterinnen berichtet (Unfalltod und Vergewaltigung im familiären Bereich, Brandanschlag auf einen Schutzraum). Auch wenn Gewalt immer allein in der Verantwortung der Täter liegt, fühlen sich viele Aussteigerinnen in diesen Situationen schuldig und ohnmächtig.

Außerdem entwickeln Innenpersönlichkeiten, die selbst Gewalt angewendet haben, oft massive Schuldgefühle, wenn sie sich dieser Realität voll bewusst werden und sich trotzdem für den Ausstieg und die Zusammenarbeit mit anderen ausstiegssuchenden Innenpersönlichkeiten und äußeren UnterstützerInnen entschieden haben. Diese Entscheidung fällt vielen sehr schwer, denn sie haben sehr früh lernen müssen, dass ihr „Zuhause" die Welt der Täter ist. Nur hier werden sie gebraucht, sind sie „richtig", haben einen Platz und – nicht selten – auch Macht und Anerkennung.

Gezielte Einflussnahme über täterloyale Innenpersönlichkeiten und Programmierungen

Innenpersönlichkeiten, die unter massiver Folter und Zwang die Sichtweisen der Täter verinnerlicht haben, führen zunächst deren „Werk" fort. Sie wiederholen im Inneren die Sätze der Täter, führen innere Bestrafungsprogramme aus, boykottieren Ausstiegs- und Schutzbemühungen anderer Innenpersonen. Da letztere i. d. R. zumindest am Anfang dafür amnestisch sind bzw. die „inneren Stimmen" und zwanghaften Handlungen nicht einordnen können, entstehen Verwirrung und Zweifel an der eigenen Wahrnehmung und Kontrollfähigkeit.

Täter versuchen gezielt, durch Trigger diese täterloyalen Innenpersönlichkeiten zu erreichen und ihnen Befehle zu erteilen. Es geht auch darum, die Aussteigerin unglaubwürdig zu machen. Durch Verwirrung oder mit Hilfe von Triggern als gezielte Strategie werden Aussteigerinnen dazu gebracht, Dinge zu sagen, die so nicht geschehen sein können oder die sie an anderer Stelle bereits ganz anders dargestellt haben.

Alle befragten Begleiterinnen benennen darüber hinaus Programmierung als gezielte Täterstrategie und „angetriggerte" Programme als Problem in fast jeder Ausstiegsbegleitung.

So berichtet z.B. eine Begleiterin, dass sich die Klientin zwanghaft selbst verletzen muss (bis hin zu Tötungsversuchen), sobald sie sich in der Therapie dem Thema Organisierte Gewalt nähern.

Benutzen von Beziehungs-/Kontaktpersonen
Da ein kompletter Abbruch aller bisherigen sozialen Kontakte für die Aussteigerin sehr schwer ist, werden von den Tätern die noch bestehenden zwischenmenschlichen Bindungen benutzt.

(Zum Täterkreis gehörende) Eltern und Familienangehörige werden zum Kontakthalten bzw. Wiederherstellen benutzt. Insbesondere kindliche Persönlichkeiten mit emotionalem Nachholbedarf werden hier angesprochen.

Täter und täterloyale Innenpersönlichkeiten drohen damit, den Kindern, FreundInnen, UnterstützerInnen, Lieblingstieren etc. Gewalt anzutun. Mehrere Begleiterinnen berichten, dass der Ausstieg für Mütter besonders schwierig ist, insbesondere wenn für die Kinder keine ausreichenden Schutzmöglichkeiten zur Verfügung stehen. Es wird von den Tätern und täterloyalen Innenpersonen vermittelt (und real danach gehandelt), dass die Gewalt gegenüber der Aussteigerin zunimmt, wenn sie den Kontakt abbrechen und über die Gewalt reden will. In Bezug auf professionelle und private UnterstützerInnen scheint es dagegen fast immer bei der Drohung zu bleiben.

Täter „schicken" auch gezielt Kontaktpersonen, z.B. durch Beziehungsangebote übers Internet. Häufig werden von Kulten Kontakte über andere Betroffene erneuert bzw. aufrechterhalten. Auf diesem Wege werden von den Tätern Informationen gesammelt (in dem sie Opfer gezielt als Spitzel einsetzen oder eher zufällige Informationen „abgreifen") und Trigger gesetzt (z.B. das Schuldthema aktivieren, indem eine Frau als „Freundin" geschickt wird, die von der Aussteigerin früher im Kult unter Zwang misshandelt wurde).

Zerstörung der unterstützenden therapeutischen Beziehungen „in dieser Welt"
Es wird von mehreren Begleiterinnen berichtet oder vermutet, dass die Klientinnen von den Tätern darin gefördert wurden, sich Beratung/Unterstützung zu suchen, allerdings nur, um ihnen dann deutlich zu machen, dass diese UnterstützerInnen angeblich auch zur Tätergruppe/zum Kult gehören. Eine Begleiterin hat erlebt, dass Täter inzwischen auch mit Begriffen aus der Traumatherapie wie „sicherer Ort", „Imaginationen", „Tresor" etc. arbeiten, um die Klientin zu verwirren und zu verunsichern.

Manche Klientinnen werden immer wieder unter Androhung oder Umsetzung von Gewalt gezwungen, eine Unterstützungsbeziehung abzubrechen, und/oder die Beziehung wird durch Manipulation zermürbt. So werden z.B. Fotomontagen angefertigt und vorgelegt, die die Begleiterin angeblich als Teil der Gruppe zeigen.

Durch gezielte Manipulation werden Klientinnen dazu gebracht, falsche Informationen an die Begleiterin weiterzugeben und Informationen aus der Therapie/Beratung an die Täter weiterzuleiten. Außerdem dienen Manipulationen, insbesondere Programme dazu, Verwirrung auszulösen. Mitunter ist es weder für die Klientin noch für die Begleiterin feststellbar, ob die Bedrohung und Gewalt real noch stattfinden oder in Form von Flashbacks, installierten „Bestrafungsaufträgen" oder Selbstverletzungs-/Selbsttötungsprogrammen von innen kommt. Dies erschwert die Unterstützung und jede Form rechtlicher Hilfe (die auf klare Aussagen und Tatsachenbeweise angewiesen ist).

Berichtet wird auch von gezielter Traumatisierung der (weiblichen) Alltagspersönlichkeiten, so dass diese ganz nach innen gehen und alltagsunerfahrene männliche und/oder kindliche Persönlichkeiten den Alltag übernehmen (müssen).

Abhängigkeit
Neben der zwischenmenschlichen und emotionalen Abhängigkeit von den Tätern bzw. täterloyalen Bezugspersonen ist auch körperliche Sucht/Abhängigkeit ein häufiges Problem in der Ausstiegsbegleitung. Manche Opfer wurden gezielt drogenabhängig gemacht und erhalten die Drogen bei den Treffen als „Belohnung" für das Erscheinen und/oder die Prostitution der dafür zuständigen Innenpersonen. Dies erhöht den Druck und motiviert zwangsläufig, zu den Treffen zu gehen.

Beschrieben wird auch eine finanzielle Abhängigkeit – in Bezug auf die Drogenbeschaffung, aber auch in der Form, dass Täter die vollständige Kontrolle über die Finanzen der Opfer innehaben, so dass selbst bei Berufstätigen eine Abhängigkeit besteht.

1.4.4.6 Rechtliche und psychosoziale Hilfe

Die spezifisch für Gewaltopfer und organisierte Gewalt geschaffenen Schutzmöglichkeiten wie das Zeugenschutzprogramm oder das Gewaltschutzgesetz (Kontakt- und Näherungsverbote) wurden nicht oder kaum in Anspruch genommen.

Häufiger wird das Opferentschädigungsgesetz genutzt, allerdings sind die geschilderten Erfahrungen ambivalent. Viermal wurden die Anträge bewilligt, in 5 Fällen dauert die Bearbeitung noch an. Problematisch ist die z.T. lange Bearbeitungsdauer (in einem Fall seit 4 Jahren!), aber auch die Befragung von Angehörigen durch das Versorgungsamt oder angeordnete Diagnostik bei der Antragstellerin – meistens in der Psychiatrie, bestenfalls in einem Trauma-Institut.

Mehr als die Hälfte der Begleiterinnen hatte bereits mindestens einmal Kontakt zu RechtsanwältInnen und der Polizei. In 5 Fällen (angegeben durch 4 Begleiterinnen) kam es auch zur Strafanzeige und in einem weiteren Fall stand eine Strafanzeige kurz bevor.

Von vielen Begleiterinnen wird jedoch die Schwierigkeit benannt, dass die meisten Klientinnen zunächst (aber oft auch nach Jahren der Begleitung) nicht detailliert über die organisierte Gewalt und die Täter berichten können oder wollen und keine Strafanzeige erstatten.

Problematisch ist für die Begleiterinnen:
– Durch die Schweigepflicht ist kein (direkter, Einzelfall-bezogener) Austausch mit anderen Personen/Institutionen möglich.
– Dies erschwert, Unterstützung von staatlichen Stellen zu bekommen, weil keine klaren Angaben gemacht werden können, und es besteht die Gefahr, sich selbst unglaubwürdig zu machen. Widersprüchliche Angaben der Klientinnen können oft nicht abgeklärt

werden (z.B. um gezielte Sinnestäuschungen der Täter als solche zu identifizieren und für die Klientin verständlich zu machen, oder andererseits um herauszufinden, ob noch Täterkontakt besteht, für den die Klientin amnestisch ist).
- Die Polizei hat einen klaren staatlichen Auftrag zur Ermittlung und Aufklärung von Straftaten. Dies kann mit dem Schutz und der Selbstbestimmung des Opfers und ebenso dem Arbeitsauftrag der TherapeutInnen/BeraterInnen in Konflikt geraten.
- BeraterInnen/TherapeutInnen können in Situationen kommen, in denen sie selbst Anzeige erstatten wollen oder müss(t)en, um sich nicht selbst strafbar zu machen. Eine Anzeige ohne oder gegen den Willen der Betroffenen zerstört aber das Vertrauensverhältnis und beendet damit i. d. R. die beratende/therapeutische Arbeit.

Warum ist es für die Klientinnen so schwer?
- Innere Ambivalenz (z.B. durch täterloyale Innenpersönlichkeiten).
- Abhängigkeit von der Tätergruppe, z.B. finanziell, Wohnmöglichkeit, Drogen.
- Da in den Täterkreisen oft angesehene Personen der Region bzw. Menschen mit hohem beruflichen Status (z.T. auch in Polizei und Justiz, Psychiatrie/ Psychotherapie, Kirchengemeinden etc.) vertreten sind, besteht die (berechtigte) Angst, von staatlichen Stellen nicht ernst genommen oder gezielt abgewehrt zu werden.
- Ausmaß und Art der Gewaltschilderungen führen oft dazu, dass den Opfern nicht geglaubt und sie für verrückt/psychotisch gehalten werden.
- Negative Vorerfahrungen bei der Suche nach spezifischer Unterstützung.
- Strafanzeige bedeutet oft Selbstanzeige.

Von mehreren Begleiterinnen werden die Notwendigkeit und kreative Strategien benannt, wie eine Unterstützung der Polizei im konkreten Einzelfall möglich ist, ohne dass die Aussteigerin (oder die Begleiterin) eine Strafanzeige stellen bzw. genaue Angaben zu der Gewalt/Bedrohung geben muss.

Mehrere BegleiterInnen berichteten von gut in der Thematik informierten und kompetent handelnden RechtsanwältInnen und Kripo-BeamtInnen. Auch wenn dies vermutlich noch eher die Ausnahme ist, scheint sich eine positive Entwicklung abzuzeichnen, insbesondere im Vergleich zu Fällen aus früheren Jahren.

Die mit Abstand häufigste Angabe bei der Frage nach fehlenden Unterstützungsangeboten war der Wunsch nach sicheren Orten/Unterbringungsmöglichkeiten und adäquaten Alltags-Schutz-Begleitungen.

Die bestehenden Schutzeinrichtungen (z.B. Frauen- und Mädchenhäuser) und rechtlichen Schutzmöglichkeiten reichen nicht aus, um diese Gruppe von Gewaltopfern während des Ausstiegs zu schützen und ihnen genügend Sicherheit zu vermitteln (s.u.).

1.4.4.7 Was sind die wichtigsten Erfahrungen bei der Ausstiegsbegleitung und wo liegen die größten Schwierigkeiten?

Zusammengefasst ergeben sich auf diese offene Frage mehrere Themen[7]:

Durchhalten und Zeiten der Ohnmacht mit aushalten!
Ausstiegsbegleitung ist ein oft jahrelanger Prozess. Es bedeutet, ein „immenses Ausmaß an allen vorstellbaren Gefühlen und deren Wechseln auszuhalten und zu leben – auch die Kraft zehrenden Wechsel von Hoffnung und Aufgeben-Wollen durchzustehen – und das Entsetzen bei immer neu auftauchendem Grauen über das schier unvorstellbare Überlebte." (9)

Und dennoch: „Meine wichtigste Erfahrung bei dieser Klientin, die multipel ist, ist letztendlich, dass sie alles geschafft haben, ertragen haben, durchgestanden haben, wenn sie sich für etwas entschieden haben, und es fast alle wollten."(5)

Es ist ein Balanceakt!
Viele der Begleiterinnen sind sich darin einig, dass die Hauptverantwortung und Selbstbestimmung bei der Aussteigerin/Klientin belassen werden muss. Gleichzeitig gerät dies jedoch – vor allem bei Multiplen – sehr oft in Konflikt mit dem Bedürfnis, die Klientin zu schützen. Nur sehr selten entscheiden sich (fast) alle Persönlichkeiten gleichzeitig und konsequent für den Ausstieg. Viel öfter sind zunächst Ambivalenzen, Amnesien, mehr oder weniger große Lücken in der Eigenkontrolle und Absprachefähigkeit. Dies führt zwangsläufig zum Bedürfnis nach Orten und Möglichkeiten, um „Kontrolle der noch unkontrollierbaren täterloyalen Innenpersonen" (6) zu realisieren. Dies wird jedoch nur dann als gangbarer Weg beschrieben, wenn eine direkte und respektvolle Auseinandersetzung mit diesen Persönlichkeiten stattfinden kann. Ihr Einbezug in die Unterstützungsarbeit ist unbedingt notwendig. Ein reiner Machtkampf zwischen dem „Zug der Täterseite" (2) und den ausstiegssuchenden Persönlichkeiten mit ihren UnterstützerInnen ist wenig hilfreich.

Fehlt die Eigenkontrolle noch, haben die Täter durch Trigger immer wieder Zugriff und untergraben damit die Fortschritte in der Therapie/Beratung. Angst hindert Betroffene daran, dies in der Therapie/Beratung zu erzählen. Manchmal ist es nur mühsam und mit viel Zeit möglich, dies zu überwinden und mehr Mut zu finden. Es braucht von beiden Seiten Beharrlichkeit und Willen, an diesem Weg festzuhalten. Und es muss im Bedarfsfalle bzw. auf Wunsch der Aussteigerin schnelle Hilfe für den völligen Kontaktabbruch mit den Tätern verfügbar sein.

---

[7] Da es sich hier um individuelle, persönliche Erfahrungen handelt, werden die Zitate den jeweiligen (durch Nummern anonymisierten) Begleiterinnen zugeordnet.

Gesundes Misstrauen
„denn Ausstieg heißt noch lange nicht, keinen Kontakt zu Tätern zu haben." (1)
Es ist „lange unsicher, ob nicht doch noch Kontakt zu Tätern besteht." (7)

Was kann und will ich mittragen?
„Niemand kann sicher sagen, ob und ab wann die Täter die Klientin in Ruhe lassen werden." (7).

„Die Konfrontation mit den Methoden der Täter, die Klientin zu halten, ist schwer auszuhalten. Zu wissen, sie wird mehr und schlimmer gefährdet, weil sie aussteigen will, erfordert viel Zuversicht und Hoffnung, dass es gut ausgehen wird." (2). Es bedeutet „die massive Todesdrohung gegen die Aussteigerin mitzutragen und das Ausmaß der organisierten, heimlichen (?) Kriminalität in meinem Land wahrzunehmen." (4)

Auch erfahrene Begleiterinnen müssen loslassen können. Es gibt Klientinnen, die zurück zur Tätergruppe gehen, weil ihre Kraft und Motivation – und/oder die Unterstützung – nicht reicht. Und es gibt Klientinnen, die sich selbst töten oder unter ungeklärten Umständen zu Tode kommen. Und bei manchen Klientinnen ist das „innere System derart chaotisch, dass keine inneren und äußeren Absprachen funktionieren." (7).

Es gibt Fälle, in denen die Gewalt fortwährend andauert und auch die Kinder und/oder Geschwister fortgesetzter Gewalt ausgesetzt sind. Wie lange kann/will ich das mittragen? Wann muss ich Anzeige erstatten, obwohl ich weiß, dass es das Vertrauensverhältnis zerstört und höchstwahrscheinlich nicht hilft? Kann ich zumindest mit Kolleginnen darüber reden? „Es gibt wenig Zusammenarbeit zwischen therapeutischen Einzelpersonen/Institutionen und z.B. der Polizei, die Schutz geben oder ermitteln könnte, ohne dass die Betroffenen Anzeige erstatten müssten. Oder RechtsanwältInnen/Jugendamt....." (8). Mehrere Begleiterinnen berichten, dass das Schweigegebot erhebliche Konflikte mit sich bringen kann, sowohl in Bezug auf den Schutz der Klientin und anderer Opfer als auch in Bezug auf die Handlungsfähigkeit/den Schutz/die berufliche Integrität der Begleiterin und ihre ethischen Grundsätze.

Hier befinden sich die Begleiterinnen oft in einer sehr schwierigen Situation, in einer Art „Grauzone" – rechtlich, menschlich und emotional. Allerdings zeigen die Antworten auch, dass hier etwas in Bewegung ist und kreative Wege gesucht und z.T. gefunden werden, auch wenn das bei weitem noch nicht ausreicht.

Gut für sich sorgen!
Ausstiegsbegleitung erfordert eine gute Psychohygiene, „unendliche Geduld und Beharrlichkeit und Kraft tanken" (9), aber auch „meine Grenzen sehen und der Klientin zeigen, dass mir meine Sicherheit am wichtigsten ist" (1); „genau so viel an Unterstützung anbieten, wie für mich o.k. war und für die Klientin wünschenswert." (3). Es braucht „ein soziales Netz der Begleiterin und einen langen Atem bei Rückfällen" (4).

Alle Ressourcen nutzen!
Neben den Ressourcen der Begleiterinnen wird immer wieder darauf hingewiesen, wie wichtig die Ressourcen der Klientin und des weiteren sozialen Umfeldes sind.

„Die wichtigste Unterstützung ist das Zusammenleben mit ihrer Liebsten. Gegen die Liebe hat der Hass und die Gewalt, die im Kult gepredigt und gelebt wird, keine Chance." (5)

Häufig jedoch fehlen Ressourcen, z.B. Menschen, bei denen die Innenkinder ihren emotionalen Nachholbedarf stillen können, kompetente, spirituelle AnsprechpartnerInnen etc. Es fehlt zunächst aber oft auch das Vertrauen der Klientin in solche zwischenmenschlichen Beziehungen und/oder Fähigkeiten, befriedigende zwischenmenschliche Beziehungen aufrechtzuerhalten.

In Bezug auf die Chancen eines gelingenden Ausstiegs aus destruktiven Kulten fasst eine Begleiterin (8) zusammen (was von einigen anderen Befragten in ähnlicher Form bestätigt wird):

„In der therapeutischen Arbeit bzw. der Ausstiegsbegleitung haben meiner Erfahrung nach Alter der Klientin und Rolle im Kult eine herausragende Bedeutung, abgesehen natürlich von den Lebensbedingungen, die sie gerade haben. Je jünger sie sind, desto mehr Chancen haben sie, den Ausstieg zu schaffen. Und von der Rolle im Kult hängen häufig die Selbsteinschätzung und viele der Kompetenzen, die zur Verfügung stehen, ab. Wurden sie vorwiegend als „Opfer" benutzt und standen in der Kulthierarchie weit unten, so ist es ganz schwer für sie, ein Gefühl von eigenem Wert und Stärke zu entwickeln. Und sie sind vor allem von Angst bestimmt. Dementsprechend sehen sie oft keine Chance, ein eigenes selbst bestimmtes Leben zu leben.

Wurden sie als Priesterinnen ausgebildet, was häufig auch mit einer Schul- und Hochschulbildung korrespondiert, sehen sie in dem, was die Gesellschaft „hier" ihnen bieten kann, eher eine Degradierung, was es in gewisser Hinsicht auch ist. Wenn der spirituelle Bereich ausgeklammert wird in der Therapie, werden viele hilfreiche Ressourcen nicht genutzt, z.B. wie mit Dämonen umgegangen werden kann, wie Gebete und Rituale auch an liebevolle höhere Mächte gerichtet werden können.... Viele dieser Klientinnen haben auffallend viele männliche Innenpersonen, darunter viele Täter, die im Zusammenhang von Ritualen Tiere (und Menschen) gequält und getötet haben, und dies nicht selten mit Lust- und Machtgefühlen. Damit verbunden ist ein massives Schuldgefühl, das mit solchen Hinweisen, dass sie nicht anders hätten handeln können, nicht wirklich beantwortet werden kann. Hier fehlen religiöse/spirituelle Gegenüber, die in der Lage sind, einen wirklichen Dialog mit diesen Innenpersonen durchzustehen. Manchmal denke ich, dass sich doch viele TäterInnen aus dem Nationalsozialismus ähnlich gefühlt haben müssen. Vielleicht gibt es aus der Arbeit/Auseinandersetzung mit ihnen brauchbare Hinweise."

1.4.4.8 Zusammenfassung: Förderliche Rahmenbedingungen für einen Ausstieg

Folgende hilfreiche Punkte ergaben sich aus den Antworten. Diese sind wünschenswert, aber so gut wie nie gemeinsam vorhanden. Die geschilderten Ausstiegsbegleitungen zeigen, dass ein Ausstieg auch unter schwierigeren Bedingungen möglich ist.

Für die Klientin:
— sichere Wohnmöglichkeit für sich und Schutzbefohlene (z.B. leibliche Kinder), auch für Krisenzeiten und schwierige Daten (satanische „Feiertage", Geburtstag etc.).
— junges Lebensalter, selbst bestimmte stabile Lebensverhältnisse (Finanzen, Arbeit).
— hilfreiche und belastbare soziale Beziehungen, Beziehungsfähigkeit.
— bei Multiplen:
  - möglichst gute Kommunikation innerhalb des Systems bzw. eine wachsende Bereitschaft, diese zu entwickeln.
  - Erreichbarkeit von (ehemals) täterloyalen Persönlichkeiten, die über entsprechendes kultinternes Wissen verfügen und zur Auseinandersetzung bereit sind bzw. dazu respektvoll und langfristig interessiert werden können.
  - Möglichst gute Eigensteuerung und die Fähigkeit, Lücken benennen und Hilfe annehmen zu können.
  - Spezifische Unterstützung für Persönlichkeiten, die Träger von Programmen sind oder suchtmittelabhängig (Achtung: Nicht selten sind nur einzelne Persönlichkeiten und nicht das Gesamtsystem abhängig. Eine Abhängigkeit ist also nicht leicht zu erkennen und die Therapie muss direkt mit der betreffenden Persönlichkeit erfolgen.).
  - Persönlichkeiten mit Hoffnung und Zukunftsperspektiven.
  - Persönlichkeiten mit eigenen Ressourcen von Spiritualität und Glauben an Gegenwehr.

Für die professionelle Begleiterin:
— Geduld, Ausdauer, gute Psychohygiene und soziales Netz.
— klare, aber auch flexible eigene Grenzen.
— Bereitschaft/Fähigkeit zu vielfältigen Methoden- und Beziehungsangeboten (Innenkinder brauchen etwas anderes als täterloyale Persönlichkeiten …).
— Reflexion der eigenen Haltung zur Arbeit mit Frauen und Männern, evtl. Kompetenzen und Erfahrungen mit geschlechtsspezifischen Ansätzen.
— eigene Auseinandersetzung mit Themen wie „Schuld/Täter-Geworden-Sein", „Organisierte/Rituelle Gewalt".
— Reflexion der eigenen Haltung zur Arbeit mit Tätern (auch mit solchen, die Tötungen mit Lust und Macht erfüllt haben).
— Bereitschaft/Möglichkeit für eine mehrjährige Begleitung.
— spezifische Fachkompetenz bzw. Möglichkeiten, diese zu erwerben (Umgang mit Dissoziation, Triggern, Programmen, Täterstrategien, rechtliche Möglichkeiten).
— Möglichkeiten/Strategien, mit anderen staatlichen und nicht staatlichen Institutionen zusammenzuarbeiten, auch wenn eine Strafanzeige (noch) nicht möglich ist.

Für beide:
— Realitätssinn: Einschüchterungsversuche der Täter analysieren. Unrealistische Drohungen (z. B. Anzeige der Täter gegen die Klientin, direkte Gewalt gegen professionelle UnterstützerInnen) und reale Gefährdungen (Trigger, Programme etc.) erkennen.

- Gefährdungen ernst nehmen, Schutzmaßnahmen ergreifen, größtmögliche Sicherheit auf allen Ebenen schaffen, Einflusskanäle der Täter beseitigen (evtl. Anrufbeantworter der Klientin nachts ausschalten, Post von Freundin öffnen lassen, Begleitung auf notwendigen Alltagswegen etc.).
- Manipulationen/Sinnestäuschungen identifizieren.
- ergänzende Unterstützungsangebote für die Klientin (nicht alles ist im Rahmen einer einzigen therapeutischen/beratenden Beziehung leistbar!), z.B. spirituelle AnsprechpartnerInnen unterschiedlicher Glaubensrichtungen.

Gesellschaftliche Rahmenbedingungen:
- Finanzierung angemessener, vielfältiger Unterstützungsangebote auch über den Rahmen einer Richtlinientherapie hinaus. In 80 (Verhaltenstherapie) bis 100 (tiefenpsychologisch orientierte Therapie) Therapiesitzungen ist ein Ausstieg nicht bzw. nur sehr selten zu bewältigen!
- Verbesserung des Opferschutzes und der gesellschaftlichen Sensibilität.
- Fortbildung und Vernetzung staatlicher und nichtstaatlicher Institutionen/Einrichtungen, möglichst auf hoher hierarchischer Ebene.
- Informationen sammeln, Gegenstrategien entwickeln.
- Ein gesellschaftliches Klima, in dem Erfahrungen mit Organisierter/Ritueller Gewalt und Opferunterstützung/Ausstiegsbegleitung offen ausgesprochen und diskutiert werden können, ohne Gefahr der persönlichen/beruflichen Diskriminierung.

1.4.5 Rituelle Gewalt – (k)ein Thema für die Forschung?

Den bisherigen Befragungen zu Ritueller Gewalt wird oft die Wissenschaftlichkeit und Seriosität abgesprochen. Gegen die Online-Befragung wurde – neben grundsätzlichen Bedenken gegen diese Erhebungsmethode – eingewendet, dass Betroffene durch die Fragen getriggert werden und dies nicht zu verantworten sei.

Bei der VIELFALT-Befragung zur Ausstiegsbegleitung werden die geringe Fallzahl und die nicht repräsentative Auswahl der Befragten bemängelt.

Im Deutschen Ärzteblatt, Ausgabe PP, wird argumentiert, es sei „sicher nicht hilfreich, wenn aus einer Fragebogenaktion zur rituellen Gewalt, die keinerlei wissenschaftliche Beweiskraft hat, eine Studie wird." (Breitenbach 2009)[8].

Die Daten der KV-TherapeutInnen-Befragung aus NRW wurden auf der Fachtagung „Rituelle Gewalt – Spinnerei oder Realität" am 4. Juni 2008 öffentlich vorgestellt. In Einklang mit dem Tagungstitel merkte eine Teilnehmerin kritisch an, dass diese Zahlen ja gar

---

[8] Andererseits berichtet das Ärzteblatt Rheinland-Pfalz im Januar 2010 über die Tagung "Rituelle Gewalt – Vom Erkennen zum Handeln", auf der u.a. die Befragungsergebnisse aus RLP vorgestellt wurden, und titelt: "Das Vorkommen von ritueller Gewalt wird heute nicht mehr bestritten." (Mann, Spiekermann, Wagner 2010)

nichts beweisen, sondern lediglich aussagen, dass TherapeutInnen ihren KlientInnen so etwas glauben. Das stimmt natürlich – trifft aber auf alle Befragungen generell zu. Antworten in Fragebögen sind immer (auch) subjektiv.

All dem kann man zustimmen und ebenso erfolgreich dagegen argumentieren und gleichzeitig Forschungsinstitutionen und Geldgeber auffordern, umfangreichere (Folge-)Studien zu fördern und in den wissenschaftlichen Institutionen zu verankern.

Die Befragungsergebnisse aller drei Studien sind dem (ehrenamtlichen) Engagement der AutorInnen zu verdanken und haben bisher meines Wissens keinen Eingang in Fachzeitschriften gefunden. Die Ergebnisse stehen aber zur Verfügung und werden von PraktikerInnen durchaus genutzt. Es fällt bei der Lektüre der Fachliteratur auch auf, dass diese methodischen Probleme bei so mancher staatlich geförderten und veröffentlichten Studie zu anderen Themen ebenfalls zutreffen und keinen zwingenden Hinderungsgrund für eine Veröffentlichung darstellen.

Beim Thema Rituelle Gewalt treten allerdings noch einige andere Gründe auf, die den Eingang in die Forschung(sliteratur) erschweren.

Komplexität
Wer mit komplex traumatisierten Menschen und insbesondere mit multiplen Menschen, die Rituelle Gewalt erlebt haben, arbeitet, erlebt die große Komplexität des Themas.

Da gibt es eine Vielzahl an Symptomen und Diagnosen und oft schon eine lange Vorgeschichte im psychosozialen und medizinischen Versorgungssystem mit vielen verschiedenen Behandlungsversuchen und BehandlerInnen/BetreuerInnen. Und es gibt eine Vielzahl an verschiedenen Persönlichkeitsanteilen (bzw. getrennt agierenden Persönlichkeiten des inneren Systems eines multiplen Menschen), eine Vielzahl an dissoziierten „Erinnerungssplittern", dissoziierten Empfindungen, Erfahrungswelten, Sichtweisen. Eine kindliche Persönlichkeit hat von der Welt vielleicht bisher nichts anderes mitbekommen als eine Belohnung für einen Telefonanruf bei Onkel Wilhelm. Eine andere Persönlichkeit kennt dagegen nur schwerste Gewalt (u.a. durch Onkel Wilhelm). Je mehr Informationen zusammengetragen werden, je komplexer die Sichtweisen werden können, umso eher ist Hilfe möglich.

Die Komplexität kann verstanden und genutzt werden – als koordinierte gemeinsame Unterstützung im Helfernetzwerk außen ebenso wie als Zusammenarbeit der Persönlichkeiten im Inneren. Dafür muss die Dissoziation schrittweise überwunden werden.

Ein Ausstieg aus den Gewaltstrukturen eines Kultes ist nur möglich, wenn diese Komplexität berücksichtigt wird und sich letztendlich alle Persönlichkeiten für den Ausstieg entscheiden.

Dies braucht Zeit und eine vernetzte bzw. vernetzende und integrative Vorgehensweise.

Je mehr Faktoren beteiligt sind und je komplexer das Problem ist, umso individueller muss die Vorgehensweise dem jeweiligen Menschen angepasst sein.

Diese Komplexität und Individualität stellen aber eine schwere Herausforderung für die Forschung dar, z.B. für die notwendige Standardisierung von Einflussfaktoren in kontrollierten Studien.

... und Reduktion

Leitlinien, Manuale und andere Standardisierungen sind Versuche, die Komplexität zu reduzieren und damit handhabbar zu machen z.B. für die Ausbildung und Qualitätsbeurteilung von Angeboten.

Dennoch birgt Standardisierung immer die Gefahr, dass wichtige Faktoren nicht berücksichtigt werden, weil sich ihre Wirksamkeit z.B. nicht mit den Methoden der Evidenzbasierten Medizin beweisen lässt. Dies betrifft z.B. die Qualität der therapeutischen Beziehung, die über alle Therapieschulen hinweg einer der wichtigsten Faktoren ist.

Außerdem bedeutet Standardisierung immer auch Vereinfachung in dem Sinne, dass die Möglichkeiten einer individuell abgestimmten Behandlung geringer werden. Traumatisierte Menschen empfinden starre Behandlungsprogramme oft als Kontrollverlust und nicht selten deshalb als Retraumatisierung.

Standards, Leitlinien und Evidenzbasierte Medizin (EBM)

Die Arbeitsgemeinschaft der Wissenschaftlichen medizinischen Fachgesellschaften (AWMF) koordiniert in Deutschland seit 1995 auf Anregung des Sachverständigenrates für die Konzertierte Aktion im Gesundheitswesen die Entwicklung von "Standards", Richtlinien, Leitlinien und Empfehlungen der Wissenschaftlichen Medizinischen Fachgesellschaften.

„Die "Leitlinien" der Wissenschaftlichen Medizinischen Fachgesellschaften sind systematisch entwickelte Hilfen für Ärzte zur Entscheidungsfindung in spezifischen Situationen. Sie beruhen auf aktuellen wissenschaftlichen Erkenntnissen und in der Praxis bewährten Verfahren und sorgen für mehr Sicherheit in der Medizin, sollen aber auch ökonomische Aspekte berücksichtigen." (www.uni-düsseldorf.de/AWMF, 27.12.2009).

Seit 1999 liegt eine Leitlinie für die Behandlung der Posttraumatischen Belastungsstörung (PTBS) vor (Flatten et al. 2004), die kontinuierlich von den entsprechenden psychotherapeutischen und psychosomatischen Fachgesellschaften überarbeitet wird, u.a. von der Deutschsprachigen Gesellschaft für Psychotraumatologie (DeGPT). Grundlagen für die Erstellung von Leitlinien sind die Kriterien der Evidenzbasierten Medizin und die Forderung nach wissenschaftlicher Begründung therapeutischen Handelns.

Das Deutsche Netzwerk Evidenzbasierte Medizin legt die Definition von Sackett u.a. (1996) zugrunde: „EBM ist der gewissenhafte, ausdrückliche und vernünftige Gebrauch der gegenwärtig besten externen, wissenschaftlichen Evidenz für Entscheidungen in der medizinischen Versorgung individueller Patienten. Die Praxis der EBM bedeutet die Integration individueller klinischer Expertise mit der bestmöglichen externen Evidenz aus systematischer Forschung." (www.ebm-netzwerk.de/grundlagen/wasistebm/, 03.04.2010)

Für die Beurteilung der externen Evidenz, für die Bewertung von Studien und für die Erstellung von Leitlinien wird eine Evidenzhierarchie zugrunde gelegt.

Stufe	Evidenz-Typ
Ia	Wenigstens ein systematischer Review auf der Basis methodisch hochwertiger kontrollierter, randomisierter Studien (RCTs)
Ib	Wenigstens ein ausreichend großer, methodisch hochwertiger RCT
IIa	Wenigstens eine hochwertige Studie ohne Randomisierung
IIb	Wenigstens eine hochwertige Studie eines anderen Typs quasi-experimenteller Studien
III	Mehr als eine methodisch hochwertige nichtexperimentelle Studie
IV	Meinungen und Überzeugungen von angesehenen Autoritäten (aus klinischer Erfahrung); Expertenkommissionen; beschreibende Studien

Tabelle in Anlehnung an das Deutsche Cochrane Zentrum (www.cochrane.de, 03.04.2010)

Den höchsten Grad in dieser Skala der Qualitätsbeurteilung, den „Goldstandard" der Evidenzbasierten Medizin erreichen randomisiert kontrollierte Studien (RCT) bzw. deren Metaanalysen. Das bedeutet die Festlegung einer klar definierten Intervention (z.B. eine zeitlich und inhaltlich definierte Behandlung bzw. Behandlungsmethode) und zwei Gruppen – die Interventionsgruppe, die die Behandlung erhält, und die Vergleichsgruppe, die diese Behandlung nicht erhält. Alle anderen Einflussfaktoren sollen möglichst gleich sein bzw. statistisch kontrolliert werden. Die Untersuchungspersonen werden zufällig einer der beiden Gruppen zugeordnet. Im optimalen Fall kann als Ergebnis herausgefunden werden, wie effektiv die Behandlung war und ob und in welchem Ausmaß sie z.B. zur Verminderung der PTBS-Symptome geführt hat.

In der statistischen Forschung geht es um die Isolation einzelner Einflussfaktoren bzw. den Nachweis ihrer vom Zufall unabhängigen Wirksamkeit.

Man kann beweisen, dass EMDR eine effektive Behandlungsmethode nach Trauma ist. Dennoch weiß jede/r KlinikerIn, dass dies alleine nicht reicht bzw. sogar schädlich sein kann, weil es (insbesondere) bei komplex traumatisierten Menschen zu Überflutungen mit Trauma-Material kommen kann.

Es ist nachvollziehbar, dass solche Studien einfacher mit überfallenen Bankangestellten (Monotrauma) als mit komplex traumatisierten, mehrfach vorbehandelten PatientInnen durchgeführt werden können. Es ist deshalb auch einfacher, die Wirksamkeit einzelner Traumakonfrontationsverfahren zu beweisen als z.B. die Wirksamkeit langjähriger Stabilisierung und lebenspraktischer Begleitung (mit entsprechender Methodenvielfalt und Interdisziplinarität).

Wenn Menschen über lange Zeit Gewalt erlebt haben, braucht aber auch der Weg der Verarbeitung Zeit. Betroffene, die den Ausstieg aus Gewaltstrukturen geschafft haben und sich ein selbst bestimmtes Leben aufbauen konnten, blicken auf einen langjährigen Weg zurück. Ich bin immer wieder erstaunt, dass in der Forschung so selten versucht wird, diese Menschen (und ihre professionellen UnterstützerInnen, Angehörige etc.) in Fallstudien direkt und intensiv zu befragen. Was hat geholfen? Was waren die entscheidenden

Wendepunkte? Welche Kombination von Unterstützungsangeboten zu welchem Zeitpunkt war wichtig bzw. hättest Du gebraucht? Was hat geschadet/den Weg behindert? Ebenso wichtig wären auch Fallstudien zu Verläufen, bei denen der Ausstieg nicht gelungen ist. Und direkte Langzeitbeobachtungen wären wertvoll, also nicht nur eine rückblickende Einschätzung an bestimmten Punkten bzw. am Ende des Weges.

Natürlich sammeln alle professionellen HelferInnen solches Praxiswissen und lernen von ihren KlientInnen/PatientInnen. Auch WissenschaftlerInnen nutzen eigene und recherchierte Erfahrungen als Ausgangsbasis, denn rein „objektive" Forschung gibt es nicht. In der Hierarchie der Evidenzbewertung für die Qualitätsbeurteilung therapeutischer Verfahren stehen die Meinungen respektierter Experten, beschreibende Studien und klinische Erfahrung aber an unterster Stufe. Wer im Wissenschaftsbetrieb Karriere machen will, braucht große, kontrollierte Studien und viele Veröffentlichungen in renommierten Fachzeitschriften. Die Entscheidung über eine Veröffentlichung treffen Gutachtergremien, die i. d. R. ebenfalls die methodische Qualität der Texte anhand der Evidenzhierarchie beurteilen – also kontrollierte große Studien bevorzugen.

Diese sind aufwendig und teuer, insbesondere wenn es um die Wirksamkeit von Therapieverfahren geht und viele mögliche Wirkfaktoren einbezogen bzw. kontrolliert werden (müssen). Solche Forschung braucht Geldgeber. Dies bedeutet Anträge an z.B. Forschungsgesellschaften oder das Bundesforschungsministerium. Hier entscheiden wiederum externe Gutachtergremien über die Bewilligung. Auch diese Gutachter haben als anerkannte Experten bereits ihre Sozialisation in der Scientific Community erfolgreich durchlaufen. Wichtige Bewertungskriterien sind die methodische Qualität anhand der o.g. Kriterien und das wahrscheinliche Erreichen verwertbarer Ergebnisse im vorgegebenen Zeitrahmen der Projektlaufzeit (i. d. R. 1-3 Jahre, selten auch länger). Den Rahmen bilden oft auch Ausschreibungen für bestimmte Forschungsthemen, gerade aktuelle „Leuchttürme" der Forschung, für die der entsprechende Antrag passen muss bzw. passend gemacht werden muss. Kienle (2008, S. 1382) kommt in einem Übersichtsartikel im Deutschen Ärzteblatt zu dem Schluss: „Entsprechend führt dies in der RCT-basierten Gesundheitsversorgung zu Kommerzbias, Karrierebias, Indifferenzbias, Mediokritätsbias: RCTs werden vornehmlich durchgeführt zu teuer vermarktbaren Therapien mit akademischer Lobby, zu Therapien für Massenerkrankungen (Ziel: „drug für everyone"), zu Therapien mit nur geringem Therapievorteil und zu einfach durchführbaren Therapien. Benachteiligt sind hingegen: billige Therapien, nicht pharmakologische Therapien, Therapien für finanziell weniger attraktive Patienten, Therapien mit geringen akademischen Karrierevorteilen, hochkomplexe Therapien – und zwar unabhängig vom tatsächlichen therapeutischen Wert für den Patienten."

Randomisiert kontrollierte Studien mit Betroffenen Ritueller Gewalt wird es aus all diesen Gründen vermutlich auch zukünftig nicht geben. Allerdings sind auch andere Therapiewirksamkeitsstudien mit komplex traumatisierten Menschen schwierig zu realisieren.

Die empfehlenswerte Website www.infonetz-dissoziation.de der Medizinischen Hochschule Hannover fasst zusammen (Pfad: Fachinformationen TherapeutInnen/Behandlung/Behandlungseffektivität, 29.12.2009):

„Die Durchführung von Therapie-Effektivitätsstudien i.e.S. ist bei der Behandlung komplexer Dissoziativer Störungen aufgrund der langen Behandlungsdauer und aufgrund von Problemen bei der Standardisierung des therapeutischen Vorgehens mit besonderen methodischen Schwierigkeiten verbunden. Bei der für Studien mit hoher Evidenz gestellten Forderung nach Kontrollgruppen mit Zufallszuweisung stellen sich darüber hinaus erhebliche ethische Probleme. Daher wurden bislang zwar zahlreiche Fallbeschreibungen von DIS-Behandlungen veröffentlicht, es gibt jedoch nur wenige echte Therapie-Studien, in denen der Behandlungserfolg durch Prä-Post-Vergleiche nachgewiesen wurde."

Die auf der Seite beschriebenen Therapiestudien erfassten Zeiträume von 2-10 Jahren und „Leider fehlte jedoch in allen Studien eine Kontrollgruppe."

Es bleibt hier die Frage, wie dies realisiert werden könnte in ethisch vertretbarer Weise. Bei der Untersuchung, ob eine Behandlungsmethode effektiv ist, würde dies bedeuten, einer Kontrollgruppe von (am besten zufällig ausgewählten) PatientInnen diese Behandlungsmethode über einen langen Zeitraum vorenthalten zu müssen. Es ist sicher eine Möglichkeit, bei Kliniken mit Traumastationen und derzeit auf Grund der vielen Anfragen und knappen Plätze sowieso vorhandenen langen Wartezeiten die Wartenden als Kontrollgruppe zu nutzen, aber ethisch fragwürdig bliebe es meines Erachtens trotzdem.

Es liegen für Deutschland einige Ergebnisse zur Evaluation stationärer Traumatherapie vor (im Detail in Keller u.a. 2007), allerdings betreffen sie überwiegend den globalen Behandlungserfolg bei PTBS (und komplexer PTBS), erfasst durch Befragung der Patienten und TherapeutInnen (zu Beginn und Ende der Therapie und mehrere Monate bzw. ein Jahr nach der Therapie) und meistens ohne Kontrollgruppe.

Ähnliche Probleme der Beweisbarkeit werden bei naturheilkundlichen bzw. „ganzheitlichen" Behandlungsmethoden beschrieben, die oft neben einem Präparat auch Empfehlungen für den Lebensstil, zusätzliche Anwendungen, besondere Zuwendung der BehandlerInnen, spirituelle Rückbindung und/oder die Einbettung in ein Weltbild beinhalten. „Derartig komplexe Heilsysteme sind schon deshalb nicht mit herkömmlichen wissenschaftlichen Methoden wie randomisierten Doppelblindstudien[9] zu erfassen, weil die subjektiven Bedürfnisse, Einstellungen, Wünsche und Sehnsüchte auf der einen Seite sowie die Beschwerden, Beeinträchtigungen, Verträglichkeiten und Bewältigungsmöglichkeiten auf der anderen Seite ausschlaggebend sind für die Wahl der Methode. Für die Bewertung von Effektivität und Sicherheit dieser Behandlungen müssten spezielle wissenschaftliche Methoden entwickelt werden, die der Komplexität der verschiedenen Methoden gerecht werden können." (Beckermann 2009, S. 15)

Aus der Sicht der klinischen Sozialarbeit wird für ein offeneres Forschungsdesign (v.a. qualitative Forschung) eingetreten (z.B. Ortmann & Schaub 2004), um prozessorientierter und fallbezogener vorgehen zu können. Die Praxis der Sozialarbeit ist fallverstehende Hilfepraxis und verlangt fallverstehende Handlungskompetenz. „Hilfepraxis kann zwar

---

[9] Das bedeutet z.B. bei Medikamentenprüfungen, dass weder die ProbandInnen noch die StudienleiterInnen wissen, welche Person welches Medikament bzw. ein Placebo erhält. Dies soll möglichst große Objektivität sichern.

erfasst und reflektiert werden, indem Muster generiert werden, doch diese können nur dazu dienen, fallvergleichend und fallübergreifend Gemeinsamkeiten und Unterschiede zu erkennen. (…) Es gibt deshalb keine eindeutigen Handlungsanleitungen (Ortmann & Schaub 2004, S. 601, ähnlich für die Rehabilitationsforschung Dick und Kringler, 2007).

Allgemeine und spezifische Wirkfaktoren
Für die Psychotherapie konkretisiert das „Forschungsgutachten zur Ausbildung von Psychologischen PsychotherapeutInnen und Kinder- und JugendlichentherapeutInnen" (Strauß u.a. 2009, S. 374):

„In den letzten Jahrzehnten hat sich in der Psychotherapieforschung der Befund mehrfach bestätigt, dass die psychotherapeutischen Techniken bzw. die formalen Veränderungstheorien, die einem Verfahren zugrunde liegen, nur einen relativ geringen Anteil an Varianz des Therapieergebnisses erklären (z. B. Lambert & Barley, 2002). Dies hat u.a. Wampold (2001) veranlasst, für ein kontextuelles Modell der Psychotherapie – im Gegensatz zu einem medizinischen Modell – zu plädieren, demzufolge Psychotherapie in der flexiblen Anwendung unterschiedlicher Interventionsstrategien erfolgt und nicht eine eindeutige Behandlungsstrategie mit spezifischen Problemen/Störungen verkoppelt ist."

Allgemeine Wirkfaktoren wie Vertrauen und positive Erwartungen bzw. gebündelt als „therapeutische Beziehung" sind die entscheidenden Wirkfaktoren oder zumindest notwendige Bedingungen, ohne die eine Psychotherapie nicht gelingen kann (Grawe 1995, Orlinsky et al 1994, Dick & Kringler 2007).

Zwischenmenschliche Gewalt führt häufig zu einem Verlust des Vertrauens in die Welt und in andere Menschen, häufig auch zu klinisch relevanten Bindungsstörungen. Für die Behandlung traumatisierter Menschen ist deshalb der Einbezug der Erkenntnisse aus der Bindungsforschung hilfreich bzw. notwendig (Brisch 1999, Gahleitner 2005).

Frank Neuner, Professor für Klinische Psychologie und Psychotherapie an der Universität Bielefeld verweist andererseits darauf, dass es im Bereich der Posttraumatischen Belastungsstörung international über 30 randomisiert kontrollierte Therapiestudien gibt (Neuner 2008). Da diese Studien auch in der Kindheit missbrauchte Frauen, Kriegsflüchtlinge und Folteropfer einschließen, Komplextrauma kein Ausschlusskriterium gewesen sei und z.T. sogar getrennte Auswertungen der Untergruppen stattfanden, müssten diese Erkenntnisse der Studien sowohl für Monotraumatisierte als auch für Komplextraumatisierte mit PTBS gelten. Neuner schlussfolgert: „Die vorliegende Evidenz der Behandlung der PTBS liefert also keinen Hinweis darauf, dass vor der Konfrontation mit traumatischen Erinnerungen eine extensive Stabilisierungsphase, die über eine Sitzung Psychoedukation hinausgeht, erforderlich ist. Auch eine Dosierung der Exposition, wie in den Leitlinien gefordert, ist den Studien zufolge nicht erforderlich. So wird im Prolonged Exposure Verfahren, für das die meiste Evidenz vorliegt, unmittelbar mit der am meisten Angst auslösenden Situation gearbeitet, die mit maximaler emotionaler Beteiligung durchlebt werden soll." (Neuner 2008, S. 112) Die aufgelisteten traumafokussierten Therapieverfahren zur Behandlung der PTBS und die in den randomisiert kontrollierten Studien verwendeten Tauma-Expositionsverfahren haben eine Dauer von 8-16 Sitzungen (nur in einer Studie 25 Sitzungen), davon liegen 1-2 Sitzungen vor der Traumakonfrontation. Aufgelistet sind vier bei der Behandlung erwachsener Opfer von sexuellem Missbrauch in der Kindheit durchgeführte randomisiert kontrollierte Studien. Die vier Studien fanden bei einer Behandlung von 8 bis maximal 25 Sitzungen eine Reduktion der PTBS-Symptomatik um durchschnittlich 42,6 – 86,3%.

Offen bleibt, welchen Einfluss die hier nicht berücksichtigten allgemeinen Wirkfaktoren (z.B. die therapeutische Beziehung) haben. Offen bleibt auch, wie es den einzelnen PatientInnen später damit geht und wie nachhaltig dieser Erfolg ist (Nachbefragungen werden zumindest nicht erwähnt). Für die Studien wird eine Abbrecherrate zwischen 20 und 30% (eine Studie 41%) angegeben, was aber für Therapiestudien üblich sei (In einer Metaanalyse schwankte die generelle Abbruchrate um 20% und es fand sich kein Unterschied zwischen Therapieverfahren mit und ohne Exposition).

Auf der anderen Seite der Fachdiskussion stehen KlinikerInnen, die das Vorgehen nach dem Dreiphasenmodell der Traumatherapie – Stabilisierung, Traumakonfrontation, Neuorientierung vertreten (u.a. in Reddemann 2001, Frommberger u.a 2006). Stabilisierung ist aus Erfahrung dieser ExpertInnen v.a. bei Komplextrauma notwendig, um Retraumatisierung zu vermeiden. Diese Haltung wird in Deutschland von vielen PraktikerInnen und den Trauma-Fachgesellschaften vertreten und hat auch in die Leitlinie PTBS Eingang gefunden. Hier ist die Traumaspezifische Stabilisierung als Therapieabschnitt (Level E 3 bzw. IV: gemäß klinischer Erfahrung, Expertenmeinung) verankert, ebenso die dosierte Traumakonfrontation und der Hinweis: „Bei komplexer PTSD (z.B. nach chronisch kumulativen Traumatisierungen) und/oder hoher Komorbidität ist eine frühzeitige Re-Konfrontation kontraindiziert und kann erst nach ausreichender Stabilisierung durchgeführt werden." (Flatten et al 2004).

Beide Sichtweisen ergänzen sich und beide können andererseits bei dogmatischer Anwendung problematische Auswirkungen haben.

Der alleinige Blick auf randomisiert kontrollierte Studien lässt den einzelnen Menschen und seine individuelle Lebens- und Heilungsgeschichte und Bedürfnislage unberücksichtigt. Ebenso fällt all das unter den Tisch bzw. unter den geforderten Evidenzlevel, was sich mit diesen Methoden aus verschiedenen Gründen nicht nachweisen lässt. Auch in ökonomischer Hinsicht kann eine solche, z.B. von Neuner vertretene stringente Sichtweise Verlockungen erzeugen. Wozu sollen Kostenträger langjährige Traumatherapien bezahlen, wenn es doch (wissenschaftlich abgesichert!) auch in maximal 25 Stunden gut zu schaffen ist? Die Tendenz der immer schwierigeren Bewilligung von Therapiestunden oberhalb des Richtlinienkontingentes oder längeren stationären Aufenthalten lässt sich in der Praxis eindeutig beobachten.

Auf der anderen Seite steht die Frage: Was bedeutet die in der Leitlinie geforderte „ausreichende Stabilisierung"? Sind die in der Leitlinie angegebenen Voraussetzungen für Traumabearbeitung: „Ausreichende Stabilität, keine weitere Trauma-Einwirkung, kein Täterkontakt" für viele komplex traumatisierte Menschen überhaupt (in den vorgegebenen Begrenzungen) zu erreichen? Die auf vielen Traumastationen übliche Praxis, über die Gewalterfahrungen nicht bzw. nur in der Einzeltherapie sprechen zu dürfen, dient dem Schutz der PatientInnen (und BehandlerInnen) vor Überflutung und Retraumatisierung. Dies wird von traumatisierten Menschen aber oft auch als Fortführung des Schweigegebotes der Täter empfunden. Ziel der Traumatherapie ist die Realisation und Integration der traumatischen Erfahrungen. Dafür ist Stabilisierung allein i. d. R. nicht ausreichend. Und es sind m. E. eben oft nicht das Unvermögen/die Instabilität der PatientInnen, sondern die unzureichenden Rahmenbedingungen der Hilfsangebote (mangelnde Ausbildung der MitarbeiterInnen, fehlende menschliche und zeitliche Ressourcen), die eine Therapie in der Stabilisierungsphase „stecken bleiben" lassen.

Und was ist, wenn eine Traumabearbeitung notwendig ist, um sich überhaupt aus destruktiven Gewaltstrukturen lösen zu können? „Fortgesetzte missbrauchende Beziehung" ist auch in allen von Neuner genannten Expositionsverfahren (und Studien!) ein Ausschlusskriterium.

Mehr Vielfalt und Mut!
Dies ist kein Plädoyer gegen die evidenzbasierte Medizin. Wir brauchen Qualitätsstandards, z.B. für Traumastationen in Kliniken. Wirksamkeitsnachweise helfen bei der Orientierung im Dschungel der mehr oder weniger guten bis schlechten Hilfsangebote und Theorien. Auch in der Scientific Community werden die starren Vorgaben der evidenzbasierten Medizin diskutiert und Kriterienkataloge entwickelt, die mehr Spielraum lassen für andere Formen der Wissensgewinnung (z.B. American Psychological Association 2006, vgl. Otto 2007, S. 67).

Meiner Meinung nach brauchen wir aber in der Wissenschaft und im fachlichen Diskurs auch eine Aufwertung des Praxiswissens und mehr Freiräume, um dies miteinander wertschätzend zu diskutieren und weiterzuentwickeln. Auch Forschung lebt von neuen Suchbewegungen und der öffentlichen Diskussion.

Die einseitige Konzentration auf das allgemein „Anerkannte", also kontrollierte Studien, dominierende Expertenmeinungen oder Manuale in der Fachliteratur und der Ausbildung erschwert die Auseinandersetzung mit komplexen, ethisch und fachlich schwierigen Themen wie Rituelle Gewalt. Und wir brauchen auch Angebote und Forschung für Menschen, die in dieses Behandlungssystem nicht bruchlos hineinpassen!

Literatur

Becker, T. (2008). Organisierte und Rituelle Gewalt. In Fliß, C. & Igney, C (Hrsg.), Handbuch Trauma und Dissoziation. Interdisziplinäre Kooperation für komplex traumatisierte Menschen (S. 23-37). Lengerich: Pabst Science Publishers.

Becker, T. & Felsner, P. (o. J.). Ritueller Missbrauch. in: Arbeitsgemeinschaft Kinder- und Jugendschutz Hamburg e.V. Satanismus und Ritueller Missbrauch. Aktuelle Entwicklungen und Konsequenzen für die Jugendhilfe – Dokumentation einer Fachtagung –, zum Download auf www.dissoc.de (Zugriff 03.04.2010).

Becker, T., Karriker, W., Overkamp, B. & Rutz, C. (2007). Extreme Abuse Survey (EAS) – Resultate. Teil 1: Extreme Abuse Survey (EAS): Internationale Umfrage für Überlebende Extremer Gewalt. Teil 2: Professional - Extreme Abuse Survey (P-EAS): Internationale Online-Umfrage für TherapeutInnen, FachärztInnen, BeraterInnen, geistliche und andere Personen, die professionell mit zumindest einem/einer Überlebenden Extremer Gewalt gearbeitet haben. Teil 3: Child - Extreme Abuse Survey (C-EAS): Internationale Online-Umfrage für professionelle HelferInnen, die mit Kindern als

Überlebende von Ritueller Gewalt und/oder Mind Control gearbeitet haben. Ergebnisse zum Download: http://extreme-abuse-survey.net (Zugriff 27.12.09).

Beckermann, M.J. (2009). Nichthormonale Konzepte in der Behandlung von menopausalen Beschwerden. Pro familia (Hg.) (2009). Familienplanungs-Rundbrief, 4, 8-19.

Breitenbach, G. (2009). Gewalt. Bedrückende Wirklichkeit. Deutsches Ärzteblatt, 11, 514.

Brisch, K.H. (2003). Bindungsstörungen und Trauma. Grundlagen für eine gesunde Bindungsentwicklung. In Brisch, K.H. & Hellbrügge, Th. (Hrsg.), Bindung und Trauma. Stuttgart: Klett-Cotta.

Christiansen, I. (2000). Satanismus: Faszination des Bösen. Gütersloh: Gütersloher Verlagshaus.

Christiansen, I. (2001). Satanismus. In: Stadt Hamburg-Behörde für Inneres – Arbeitsgruppe Scientology (Hrsg.), Okkultismus und Satanismus (S. 54-108).

Dick, F. & Kringler, W. (2007). Evidenzbasierung, Methodik, therapeutische Freiheit und Kreativität. Zeitschrift für Neuropsychologie, 18 (1), 31-44.

Datenerhebung zur Situation Ritueller Gewalt: Arbeitsgruppe „Rituelle Gewalt – NRW", Eilhardt, S., Hahn, B., Kownatzki, A., Kownatzki, R. (2005). Datenerhebung zur Situation „ritueller Gewalt" in der Region Ruhrgebiet, NRW. Deubel, B. K. (2007). Datenerhebung zur Situation „ritueller Gewalt" im Saarland. Wagner, A. & Bosse, B. (2008). Datenerhebung zur Situation ritueller Gewalt in Rheinland-Pfalz. Erweiterte Replikation der Studie des Arbeitskreises "Rituelle Gewalt" in NRW 2005. Ergebnisse aller drei Studien zum Download (Zugriff 27.12.09): http://www.bistum-muenster.de/downloads/Seelsorge/2008/207_Datenerhebung_rituelle_Gewalt.pdf

Eckhardt-Henn, A. & Hoffmann, S. O. (Hrsg.) (2004). Dissoziative Bewusstseinsstörungen Theorie, Symptomatik, Therapie. Stuttgart: Schattauer-Verlag Stuttgart.

Flatten, G., Gast, U., Hofmann, A., Liebermann, P., Reddemann, L., Siol, T., Wöller, W. & Petzold, E.R. (2004). Posttraumatische Belastungsstörung – Leitlinie und Quellentext. 2. Auflage, Stuttgart, New York: Schattauer-Verlag, www.uni-düsseldorf.de/AWMF, Zugriff 20.12.09.

Fromm, R. (2003). Satanismus in Deutschland. München: Olzog.

Fromm, R. (2009). Satanismus heute. Ein Phänomen zwischen Faszination, Fetisch und Gewalt. In: Rode, T. & Wildwasser Marburg e.V. (Hrsg.), Bube, Dame, König – DIS. Dissoziation als Überlebensstrategie im Geschlechterkontext (S. 67-82). Köln: verlag mebes & noack.

Fügmann, D. (2008). Zeitgenössischer Satanismus in Deutschland: Eine religionswissenschaftliche Untersuchung bei Mitgliedern satanistischer Gruppierungen und gruppenunabhängigen Einzelnen: Hintergründe und Wertvorstellungen. Dissertation an der Philosophischen Fakultät der Julius-Maximilians-Universität Würzburg. Zum Download unter: http://www.opus-bayern.de/uni-wuerzburg/volltexte/2008/2690/ (Zugriff 10.1.10).

Gahleitner, S. B. (2005). Neue Bindungen wagen. Beziehungsorientierte Therapie bei sexueller Traumatisierung. München: Reinhardt.

Gast, U. (2003). Zusammenhang von Trauma und Dissoziation. In Seidler, G.H., Laszig, P., Micka, R. & Nolting, B.V. (Hrsg.), Aktuelle Entwicklungen in der Psychotraumatologie. Theorie, Krankheitsbilder, Therapie (S. 79-102). Gießen: psychosozial-Verlag.

Gast, U. Rodewald, F., Hofmann, A., Mattheß, H., Nijenhuis, E., Reddemann, L. & Emrich, H.M. (2006). Dissoziative Identitätsstörung – häufig fehldiagnostiziert. Deutsches Ärzteblatt, 103 (47), A 3193-3200.

Grandt, G. & Grandt, M. (1995). Schwarzbuch Satanismus. Augsburg: Pattloch.

Grawe, K. (1995). Grundriss der allgemeinen Psychotherapie. Psychotherapeut, 40, 130-145.

Hassan, St. (2003). Ausbruch aus dem Bann der Sekten – Psychologische Beratung für Betroffene und Angehörige. Hamburg: Rowohlt.

Karriker, W. (2007). Helpful healing methods: As rated by approximately 900 respondents to the "International Survey for Adult Survivors of Extreme Abuse (EAS)." Paper presented at the meeting of the International Society for the Study of Trauma and Dissociation, Philadelphia, PA., http://extreme-abuse-survey.net (Zugriff 27.12.09).

Kienle, G. S. (2008). Vom Durchschnitt zum Individuum. Deutsches Ärzteblatt, 105 (25), A 1381-A 1384.

Koch, E.R. & Wech, M. (2002). Deckname Artischocke. Die geheimen Menschenversuche der CIA. München: Bertelsmann.

Kownatzki, R. (2008). Empirische Untersuchung zum Thema Rituelle Gewalt. Konsequenzen für polizeiliches Handeln. In Diakonisches Werk Westfalen, Ev. Kirche von Westfalen, Bistum Münster, EXIT e.V. (Hrsg.), Dokumentation der Fachtagung „Rituelle Gewalt – Spinnerei oder Realität" vom 4. Juni 2008 (S. 14-18).

Mann, B., Spieckermann, C. & Wagner, A. (2010). Das Vorkommen von ritueller Gewalt wird heute nicht mehr bestritten. Ärzteblatt Rheinland-Pfalz, 1, 18.

Neuner, F. (2008). Stabilisierung vor Konfrontation in der Traumatherapie – Grundregel oder Mythos? Verhaltenstherapie, 18, 109-118 (DOI: 10.1159/000134006).

Noblitt, R. & Perskin Noblitt, P. (Hg.) (2008). Ritual Abuse in the Twenty-First Century: Psychological, Forensic, Social and Political Considerations. Bandon: Robert D. Reed Publishers.

Orlinsky, D.E., Grawe, K. & Parks, B. K. (1994). Process and outcome in psychotherapy – Noch einmal. In Bergin, A.E. & Garfield, S.L. (Eds.), Handbook of psychotherapy and behavior chance (4th ed., pp. 270-376). New York.

Rode, T. & Wildwasser Marburg e.V. (2009). Vorwort. In Rode, T., Wildwasser Marburg e.V. (Hrsg.), Bube, Dame, König – DIS. Dissoziation als Überlebensstrategie im Geschlechterkontext (S. 9-17). Köln: verlag mebes & noack.

Ortmann, K. & Schaub, H.-A (2004). Die Bedeutung des Zusammenwirkens von Praxis, Theorie und Forschung für eine praxeologisch begründete klinische Sozialarbeit. neue praxis, 6, 598-607.

Otto, H. et al. (2007). What Works – Welches Wissen braucht die Soziale Arbeit? Zum Konzept evidenzbasierter Praxis. Leverkusen: Budrich.

Reddemann, L. (2001). Imagination als heilsame Kraft. Zur Behandlung von Traumafolgen mit ressourcenorientierten Verfahren. Stuttgart: Klett-Cotta.

Sachs, A. & Galton, G. (Hrsg.) (2008). Forensic Aspects of Dissociative Identity Disorder. London: Karnac Books.

Strauß, B., Barnow, 2., Brähler, E., Fegert, J., Fliegel, S., Freyberger, H.J., Goldbeck, L., Leuzinger-Bohleber, M. & Willutzki, U. (2009). Forschungsgutachten zur Ausbildung von Psychologischen PsychotherapeutInnen und Kinder- und JugendlichentherapeutInnen. Verfügbar unter http://www.bmg.bund.de/SharedDocs/Downloads/DE/Standardartikel/P/Psychotherapie/Psychotherapeuten__Gutachten,templateId=raw,property=publicationFile.pdf/Psychotherapeuten_Gutachten.pdf (Zugriff 09.01.2010).

Svali (2000-2002). Texte über die Illuminaten und Rituelle Gewalt http://www.suite101.com/articles.cfm/ritual_abuse (Zugriff 03.04.2010).

VIELFALT e.V. (Hrsg.) (2006). Organisierte sexualisierte und rituelle Gewalt – Erfahrungen mit Ausstiegsbegleitung aus der Sicht professioneller BeraterInnen/ TherapeutInnen. Ergebnisse einer Befragung im Herbst 2005 (in Kooperation mit dem Zentrum für Psychotraumatologie Kassel). Bremen: Selbstverlag. Bestelladresse: www.vielfalt-info.de, VIELFALT e.V., Postfach 10 06 02, 28006 Bremen.

1.5 Rituelle Gewalt: Was wir über Gewalt ausübende, ideologische Kulte, Täter und Täterstrukturen wissen – eine Betrachtung

Thorsten Becker

Im Folgenden soll versucht werden, einige grobe Orientierungslinien zu geben, um die Sichtweisen, Blickwinkel und Standpunkte zu schärfen und für eine Arbeit in diesem Bereich zu sichern. Ich tue dies aus einer subjektiven Betrachtungsweise heraus. Diese entbindet in keinem Fall den Leser von einer kritischen Reflexion meiner hier dargelegten Schlussfolgerungen und Gedankengänge. Sie fordert – ganz im Gegenteil – zu einem kritischen Überdenken auf.

1.5.1 Vorbemerkungen

Der Versuch einer Betrachtung von Gewalt begehenden Akteuren Ritueller Gewalt[1] gestaltet sich schwierig. Der Versuch einer Sichtung vorhandener Fachliteratur fördert zu einem großen Teil Ausführungen über therapeutische Handlungsansätze zu Tage. Anthologien, die versuchen, das Problem in seiner Gesamtheit zu beschreiben, tun dies zumeist unter einem behandlerischen Aspekt (z.B. BAG 2001, Noblitt & Perskin 2000, Noblitt & Perskin Noblitt 2008, Sinason 1994), teilweise unter Einbeziehung einer Ermittler-Perspektive (z.B. Fraser 1997, Sachs & Galton 2008, Sakheim & Devine 1992).

In anderen Darstellungen gibt es umfangreiche Schilderungen über gut vernetzte Täterstrukturen, die als weltweit organisierte Netzwerke – teilweise unter Beteiligung von Regierungsorganisationen (z.B. Keith 1998, Springmeier o. J., Springmeier & Wheeler o. J.) – Rituelle Gewalt ausüben. Der ihnen zur Verfügung stehende Machtapparat dient sowohl zur Verschleierung der Taten als auch zu einer effizienten und effektiven Mehrfach-„Nutzung" der von ihnen produzierten Opfer im Sinne einer systematischen und systematisierten Ausbeutung.

Gestützt werden derartige Schilderungen auch durch Berichte Überlebender (z.B. Svali 2008/2009), sowohl in biografischer (z.B. Jäckel 2003) als auch autobiografischer

---

[1] Der Verfasser schreibt den Begriff "Rituelle Gewalt" in der hier angewendeten Schreibweise, um zu verdeutlichen, dass er für ihn ein Synonym für eine spezifische Form der Gewalt ist und somit 'rituelle' nicht alleinig als Attribuierung verstanden werden sollte.

(z.B. Hersha & Hersha, Schwarz, Griffis 2001) Literatur als auch durch die in therapeutischer und beraterischerer Arbeit thematisierten Problemstellungen. Die immer wieder auftauchende „Monströsität" derartiger Darstellungen von Täternetzwerken erschwert häufig den genauen und kritischen Blick und verhindert eine Fokussierung.

Ein weiterer Bereich mit einem hohen Dunkelfeld ist die sogenannte „Täter-Opfer-Dualität", die häufig unter dem Aspekt „innere Täter" (vgl. Huber 2003) diskutiert wird. Strafrechtliche und vor allem ethische Bewertungen und Leitlinien stehen für diesen Komplex bis dato noch aus.

Andererseits hingegen gibt es Stimmen, die das Vorkommen Ritueller Gewalt per se kritisch hinterfragen oder gar negieren (z.B. Best, Bromley & Richardson 1991, Möller 2007, Nathan & Snedeker 1995, Schetsche 2002).

Populärwissenschaftliche Darstellungen teilweise fragwürdiger Grundlage über weltbeherrschende Verschwörernetzwerke und Berichte von Überlebenden – deren häufige Bruchstückhaftigkeit[2] ein umfassendes Verstehen erschwert – auf der einen Seite, fehlende Fachliteratur und Forschungsergebnisse über Täter auf der anderen Seite verschärfen die Schwierigkeiten einer Positionsfindung und behindern einen wissenschaftlich geführten Diskurs. Das vermeintliche Fehlen von rechtskräftigen Beweisen und Verurteilungen wirft weitere Probleme auf. Eine Reduzierung der Argumentation auf „es gibt keine verurteilten Fälle" ist häufig zu beobachten.

Als ein **erstes Fazit** an dieser Stelle ist festzuhalten: Die Faktenlage ist dürftig.

1.5.2 Fälle

Eine Diskussion über das Vorkommen Ritueller Gewalt überhaupt erscheint angesichts vieler vorhandener Fälle nicht nur auf den ersten Blick fragwürdig. Eine Auflistung über Verurteilungen in Verbindung mit Ritueller Gewalt findet sich in der von *„Believe the Children"* erstellten Übersicht (RA-Info 1997; Tate 1991). Zahlreiche weitere Gerichtsverfahren, die auch die Kontroverse um dieses Thema widerspiegeln, sind zudem in einer Übersicht im Internet zu finden (The Memory Debate-Archives o. J.).

In der Literatur sind zudem häufig historische Schilderungen zu finden. Sind einerseits z.B. im „Malleus Maleficarum", dem Hexenhammer (Sprenger & Institoris, 1486 (Erstdruck), 1997), Besessenheitszustände beschrieben worden (vgl. Mischo 1987), werden dort andererseits auch Szenarien beschrieben, die denen Ritueller Gewalt sehr ähneln (Goodwin & Hill 1989). Des Weiteren gibt es Schilderungen von Kindestötungen während schwarzer Messen durch Catherine Deshayes (bekannt unter dem Namen „LaVoisin"), als magische Rituale für Madame deMontespan, Mätresse Ludwigs XIV. Auch finden sich hier weitere Elemente wieder, die sehr häufig bei gegenwärtigen Schilderungen Ritueller Gewalt vorkommen: die Beteiligung hochrangiger Persönlichkeiten (hier die

---

[2] Um an dieser Stelle nicht missverstanden zu werden: Diese häufig anzutreffende "Bruchstückhaftigkeit" erklärt sich als immanent zu einer dissoziativen Überlebensstrategie dazugehörig.

Mätresse des Königs und Personen des Hofes), Behinderung der Ermittlungen (hier: Auflösung der am 8. März 1679 eingerichteten Ermittlungskommission „Commission de L'Arsenal" im August 1680), Vernichtung eines großen Teils der Akten auf königliche Weisung im Jahr 1709 (Tate 1991, Zacharias 1982).

Häufig wird der Beginn der Diskussion um Rituelle Gewalt mit dem Erscheinen des Buches „Michelle Remembers" (Pazder & Smith 1981) im Jahr 1981 gleichgesetzt, welches anzunehmenderweise die Diskussion um Rituelle Gewalt ausgelöst hat (Fraser 1997a). Dies mag unter einem Fokus auf therapeutische Hilfen durchaus zutreffen.

Bereits Jahre zuvor – 1971 – hat der Journalist Ed Sanders Teile aus zehn bis fünfzehn von ihm geführten Interviews veröffentlicht. Inhalt ist die Beteiligung von Charles Mansons Family gemeinsam sowohl mit Angehörigen eines satanistischen Kultes und anderen als auch mit Mitgliedern eines „obskuren Biker Clubs" an filmerischen Außenaufnahmen von Zeremonien am Strand, darunter Opferungen. Es gab vorgeblich drei Arten von Filmen: „*(1) family dancing and loving, (2) animal sacrifices, (3) human sacrifices.*" (Sanders 1971, S. 230). Detailliert beschreibt Sanders Tieropferungen in Verbindung mit sexuellen rituellen Handlungen und die Herstellung eines Snuff-Videos (Sanders 1971, S. 230 ff.). Diese Passagen wurden auf Grund eines gerichtlichen Beschlusses ebenso wie weite Teile der Ausführungen über die Process Church aus den späteren Neuauflagen entfernt. Die Process Church (of the Final Judgement) wird in der Literatur (Sanders 1971, Tate 1991, Terry 1981) mit Misshandlungen und sowohl Tier- als auch Menschenopferungen in Verbindung gebracht.

Häufig wird in diesem Zusammenhang auch der Ordo Templi Orientis (O.T.O.) erwähnt. In einem Memorandum des Los Angeles Büros an den Direktor des F.B.I. vom 15. August 1969 wird vom Auffinden eines in einer 6 Quadratfuß (180x180cm) großen Box angeketteten Jungen durch das Riverside County Sheriff's Department berichtet, der den dort zu diesem Zeitpunkt herrschenden Temperaturen zwischen 43° und 47° C ausgesetzt worden war (FBI 1969). Ein Artikel der Washington-Post vom 31. Oktober 1969[3] (in König 1994) über die subsequente Gerichtsverhandlung berichtet davon, dass das Kind 56 Tage in diesem Käfig („sweltering box") zugebracht hat. Die späteren Verurteilungen führten zu Geldstrafen und Bewährung[4]. Andere strafbare Handlungen in Verbindung mit dem O.T.O. sind nicht belegbar. Es handelt sich zwar um eine Gruppierung, die nicht nur dem Verfasser gegenüber immer wieder von Opfern Ritueller Gewalt als Täterorganisation beschrieben wird, jedoch sind diese Schilderungen mit Vorsicht zu genießen. Es könnte angenommen werden, das die von Tätern behauptete Verbindung mit einer weltweit vernetzten „*religiösen Organisation und magischen Bruderschaft, die in dem größeren Kontext der spirituellen Philosophie Namens 'Thelema' arbeitet*"[5], den zentralen Zielen Ritueller Gewalt in Form von Desinformation und Verwirrung dienen könnte.

---

[3] Washington Post, 31 October 1969, "Boy Tells Of Chaining By Cultists"
[4] http://en.wikipedia.org/wiki/The_Boy_in_the_Box_%28Vidal,_California%29
[5] http://www.oto.de/faq.html

In einem Verfahren vor der Human Rights Division des Victorian Civil and Administrative Tribunal (VCAT) in Australien hatte der O.T.O. im Jahr 2005 gegen im Internet aufgestellte Behauptungen geklagt, die der Gruppierung vorwarfen:

a) „Der O.T.O. sei keine Religion, sondern eher ein in Australien tätiger Kinderpornographie- und Pädophilen-Ring;
b) Mitglieder des O.T.O. seien Pädophile und Produzenten von Kinderpornographie;
c) Mitglieder des O.T.O. üben trauma-basierte Mind Control, sexuelle Gewalt, und satanistische Rituale aus, um Kinder davon abzuhalten oder zu entmutigen, Kindesmisshandlungen durch Mitglieder des O.T.O. den zuständigen Stellen zu melden;
d) Der O.T.O ist ein satanistischer Kult, der Blutrituale praktiziert, in denen Tiere und kleine Kinder getötet werden und ihr Blut und ihre Organe verspeist werden;
e) Der O.T.O. billigt stillschweigend die Entführung von Straßenkindern, Babies und Kindern aus Waisenhäusern zur Verwendung und Opferung in seinen satanistischen Ritualen;
f) Der O.T.O. gibt Parties, bei denen nackte Kinder als Bedienung arbeiten und bei denen O.T.O.-Mitglieder Sex mit ihnen haben und Kinder töten;
g) Der O.T.O. billigt stillschweigend die Entführung und Ermordung von Kindern, und
h) Mitglieder des O.T.O. zwingen Kinder dazu, an der Produktion von Kinderpornographie teilzunehmen und zu Sex mit anderen Kindern und Erwachsenen."[6]
(VCAT 2007)

Der Klage des O.T.O. wurde am 27.07.2007 stattgegeben (VCAT 2007). Der inkriminierte Teil sollte von der beanstandeten Webseite entfernt werden. Das Betreiberpaar weigerte sich und wurde zu neun Monaten Haft verurteilt[7]. Bezüglich eines zweiten Internet-Angebotes einigte sich am 27. November 2007 der O.T.O. mit der Therapeutin Dr. Reina Michaelson und dem „Child Sexual Abuse Prevention Program (CSAPP)" über die Schließung deren Webseite www.csapp.org[8]. Das entsprechende Dokument findet sich auf der [mit dem Trojaner HTML/Infected.WebPage.Gen infizierten] Webseite des australischen O.T.O.[9]

Weit dokumentiert und diskutiert ist der Fall von Paul Ingram, Chief Civil Deputy im Sheriff's Department von Thurston County, WA, der auf Grund wiedererlangter Erinnerungen seiner erwachsenen Tochter an satanistische Rituale und Kindestötungen als Täter vor Gericht gestellt wurde (Wright 1994). Zuvor hatte er – Mitglied einer fundamental-protestantischen Gemeinde – unter Einfluss seines Pastors und Anwendung eines Exorzismus Flashbacks an die vermeintliche Tat gehabt und diese den ermittelnden Beamten mitgeteilt, was als Geständnis gewertet wurde. Über das Entstehen dieses Geständnisses, die Beschuldigungen von Kollegen als Mittäter und die angewendeten Verhör-Metho-

---

[6] Übersetzung durch den Verfasser
[7] http://www.theage.com.au/news/national/apology-frees-jailed-couple/2008/02/28/1203788539310.html
[8] http://web.archive.org/web/*/csapp.net
[9] http://www.otoaustralia.org.au/dec07press.htm. Besucht am 29.03.2010.

den (u.a. Reid-Methode) gab es seinerzeit eine öffentlich und vermeintlich wissenschaftlich geführte Kontroverse[10]. Paul Ingram wurde letztendlich wegen Vergewaltigung rechtskräftig verurteilt und ist nach Verbüßung einer vierzehnjährigen Haftstrafe wieder auf freiem Fuß – unter staatlicher Aufsicht als „Level-3-Offender" (Täter mit dem höchsten Rückfallrisiko)[11].

Eine vermeintliche Übersicht über Fälle in Deutschland sollte man von der Antwort der Bundesregierung auf die Kleine Anfrage zu *„Rituelle Gewalt in Kinderhändlerringen und destruktiven Kulten"* im Jahr 1998 erwarten können (BT-Drs. 13/11216). Die damals oppositionelle SPD-Bundestagsfraktion fragte unter anderem: *„Welche Erkenntnisse liegen der Bundesregierung über rituelle Gewalt vor, und wie bewertet sie diese?"*. Die Antwort der Bundesregierung über das seinerzeit federführende Bundesfamilienministerium lautete:

„Ihr liegen vereinzelte Informationen aus dem Bereich der psychosozialen Betreuung vor, denen zufolge einzelne Aussteiger verschiedener satanistischer Gruppierungen betreut werden, die nach eigenen Angaben Opfer von ritueller Gewalt geworden sind.
In der Rechtsprechung ist auf das Urteil des Landgerichts Lüneburg vom 3.7.1992 - 22 KLs/31 JS 20445787 (4/89) zu verweisen. Das Landgericht Lüneburg hatte den Vereinsgründer des satanistischen "Thelema-Ordens des Agentum Nostrum" wegen Vergewaltigung, versuchter Vergewaltigung sowie sexueller Nötigung in Tateinheit mit gefährlicher Körperverletzung zu einer Freiheitsstrafe von 6 Jahren verurteilt. Aus der Urteilsbegründung geht hervor, dass die Mitglieder des Ordens den verschiedensten Formen ritueller Gewalt ausgesetzt waren (z.B. durch Meditationen mit schmerzhaften Körperhaltungen oder Bestrafungen durch Daumenbisse, Schnitte von Rasierklingen, brennenden Zigaretten etc.)
In einem weiteren Fall hat das Amtsgericht Starnberg mit Urteilen vom 29.11.1994 - 3/Ds 21 Js 3205/93 und vom 7.3.1995 - 3/Ds Js 29675/94 mehrmonatige Freiheitsstrafen wegen Misshandlung von Schutzbefohlenen im Rahmen von Meditationen ausgesprochen.
[...]
Darüber hinaus liegen der Bundesregierung keine gesicherte Erkenntnisse vor."
(BT-Drs. 13/11275)

Übersehen wurde hierbei, dass die verurteilte Vergewaltigung in Tateinheit mit gefährlicher Körperverletzung nach einem sogenannten „Ausbildungsabend" stattfand und somit wenig mit ideologisch-religiösen Komponenten im Sinne Rituellen Gewalt gemeinsam hat. Angemerkt sei an dieser Stelle, dass das knapp fünfhundertseitige Urteil nicht

---

[10] Vgl. Ofshe RJ (July 1992). "Inadvertent hypnosis during interrogation: false confession due to dissociative state; mis-identified multiple personality and the Satanic cult hypothesis". Int J Clin Exp Hypn 40 (3): 125-56. PMID 1399152. und Olio, K., Cornell, W. (1998). "The Facade of Scientific Documentation: A Case Study of Richard Ofshe's Analysis of the Paul Ingram Case". Psychology, Public Policy, and Law 4 (4): 1182-1197

[11] http://www.rickross.com/reference/false_memories/fsm65.html

öffentlich zugänglich ist. Das genannte Urteil des Amtsgerichts Starnberg u.a. gegen Gerda Achternbusch, Ex-Ehefrau des Regisseurs Herbert Achternbusch, bezieht sich auf die Meditationspraktiken der Gruppierung Sant Thakar Singh, bei denen Kleinkinder mit Hilfe von Augenbinden und Ohrenstöpseln „meditieren" mussten.[12]

Nicht genannt in der Beantwortung ist die Verurteilung des von der 'Boulevard-Presse' als „Vampir von Zirndorf" bezeichneten Marcel S., der seine damals 11 und 13 Jahre Jahre alten Kinder im Rahmen von – so den Berichten zufolge – selbst-stilisierten Ritualen missbraucht hat und u.a. die Kinder und ihre Mutter mit einem Pentagramm tätowiert hat. Zu Ritualen gehörte die Tötung und erzwungene Einnahmen von Blut und der Verzehr des getöteten, gehäuteten und gekochten Hamsters der Kinder – ein Straftatbestand, der die Justizpressestelle des Oberlandesgerichts Nürnberg zur Herausgabe einer Presseerklärung veranlasste[13].

Weitere Verfahren in der Bundesrepublik Deutschland sind meines Wissens bis dato nicht zur Anklage gebracht worden. Mehrere Ermittlungsverfahren werden im Endbericht der „Enquete-Kommission sogenannte Sekten und Psychogruppen des Deutschen Bundestages" genannt. Ich habe bereits an anderer Stelle darauf hingewiesen, dass durch beteiligte Landeskriminalämter einige der versandten Fragebögen der Enquete-Kommission fehlerhaft beantwortet worden sind, die Zahl der Ermittlungsverfahren liegt somit höher (Becker 2008a). Darüber hinaus gab und gibt es zahlreiche Ermittlungsverfahren, die bis dato noch nicht zur Anklage gebracht wurden.

Die sogenannte Marc Dutroux-Affäre in Belgien setze ich als hinreichend bekannt voraus. Hierüber liegen auch Berichte aus erster Hand (Benaissa 1999, Dardenne 2004) vor. Weniger bekannt hingegen sind die Verwicklungen der satanistischen Gruppe „Abrasax"/„L'Institut Abrasax" in Forchies-La-Marche nahe Charleroi. In seiner umfangreichen Dokumentation über den Dutroux-Fall fasst Jörg Stolzenberger von der Aufklärungsgruppe Krokodil die vorhandenen Informationen zusammen[14]. Er führt u. A. aus „*Schon am 08. Januar 1997, also noch relativ am Anfang der Ermittlungen im Fall Dutroux, teilte die Nachrichtenagentur AFP der Öffentlichkeit mit, dass im Haus des Komplizen von Marc Dutroux, Bernhard Weinstein, die belgische Polizei bei Durchsuchungsmaßnahmen auch Dokumente beschlagnahmt hat. Eines der Schreiben, so der Bericht, erinnerte den Adressaten daran, das „Geschenk für die Hohepriesterin" nicht zu vergessen. In einem weiteren beschlagnahmten Dokument war von der Notwendigkeit von „acht Opfern im Alter von 1-33 Jahren" für eine „satanische Zeremonie" die Rede.*" (Stolzenberger 2004 (3), S. 3). Weinstein konnte sich zu den Vorwürfen nicht mehr äußern, er wurde im November/Dezember 1995 von Marc Dutroux lebendig begraben.

---

[12] Vgl. Der Spiegel 25/1993 vom 21.6.1993: Die Polizei ermittelt gegen den Guru Sant Thakar Singh wegen Kindesmisshandlung, Vergewaltigung und Mordverdachts.

[13] Das genaue Datum ist nicht nachvollziehbar, der zuständige Richter datiert dieses in einem dem Verfasser vorliegenden Fax auf ca. April 1994.

[14] http://www.aufklaerungsgruppe-krokodil.de

Im Laufe der Ermittlungen berichtet die Zeugin X3 über rituelle Gewalthandlungen im Zeitraum zwischen 1950 und 1962. Stolzenberger führt weiterhin aus: *„Halten wir also fest, dass angeblich die Zeugin X1, Regina Louf, nie[15] Angaben gemacht haben soll, die sich mit satanischen Riten oder gar solchen Hintergrund beschäftigen, wohl aber die Zeugin X3."* (Stolzenberger 2004 (3), S. 1). An dieser Stelle irrt Stolzenberger. Regina Louf (Jahrgang 1969), die Zeugin X1, berichtete in ihrem Vortrag „Sex Rings in Belgium: From A Survivor's Perspective" am 28. Oktober 1999 in Utrecht: *„Ich bin nie rituell mißhandelt worden, aber ich weiß, das meine Misshandler Rituelle Gewalt verwendeten, weil sie wußten, wenn kleine Kinder dies berichten, wird ihnen niemand glauben... Meine Misshandler waren nicht wirkliche satanistische Misshandler, sie waren Geschäftsleute, die mit Kindern handelten, weil sie damit sehr viel Geld machen konnten."* (Louf 1999, S. 25). Regina Louf bestätigte dies auch auf Nachfrage des Verfassers[16], so dass sich aus ihrer Aussage ergibt, dass Elemente Ritueller Gewalt hier zur Verschleierung implementiert wurden. Folgt man den Aussagen beider Zeuginnen, so ergibt sich ein breit gefächertes Bild von einer oder mehreren interagierenden Tätergruppen. Dies steht im scharfen und eklatanten Widerspruch zur Urteilsfindung des belgischen Gerichtsverfahrens und unterstützt die Forderungen der Dutroux-Anwälte Xavier Magnee und Ronny Baudewyn nach weiteren Ermittlungen (vgl. Stolzenberger 2004 (2), S.2 und (6) S. 1 ff.). So bleiben auch in diesem Verfahren etliche Fragen einer Polarisierung zwischen Einzeltäter und Täternetzwerk offen.

Ein weiterer, viel diskutierter Fall betrifft die Vorgänge um die Gruppierung „The Finders". Die Washington Post berichtet am 7. Februar 1987[17], dass im Rahmen von Ermittlungen wegen Kindesmisshandlung gegen einen 'Kult', der „Brainwashing" verübt und Kinder in Ritualen „benutzt", ein Gebäude durchsucht wurde. Zahlreiches Beweismaterial, darunter Aufnahmen von Kindern während anscheinender „Kult-Rituale", wurde gefunden. Die Ermittlungen erstreckten sich über mehrere US-Bundesstaaten (Florida, Virginia und Washington D.C.). Im Internet wiedergegebene Aufzeichnungen[18] der ermittelnden Beamten aus Tallahasse, Florida, vom 7. Februar 1987 berichten von Blut-Ritualen (Tötung von zwei Ziegen), kinderpornographischen Aufnahmen, Sex-Orgien unter Beteiligung von Kindern und einem ungeklärten Mordfall, die Gegenstand der Ermittlungen waren. In den sichergestellten Unterlagen fanden sich Anweisungen für die Schwängerung von weiblichen Mitgliedern der Finders-Community, Kauf von und Handel mit Kindern sowie Kidnapping. Ein sichergestelltes Telex befasste sich mit dem „Ankauf" von zwei Kindern in Hongkong mit Hilfe der dortigen chinesischen Botschaft. Aktivitäten der Gruppierung erstreckten sich laut den gefundenen Dokumenten auf London, Deutschland, die Bahamas, Japan, Hongkong, Malaysia, Afrika, Costa Rica und „Europa". Sichergestellte Reisepässe belegten Reisen nach Moskau, Nordkorea und Nord-

---

[15] Unterstreichung im Originaltext; Anm. Th.B.
[16] Persönliches Gespräch Regina Louf und Thorsten Becker am 28.10.1999 in Utrecht.
[17] Joseph E. Bouchard, Ed Bruske, Mary Thorton, John Harris and Linda Wheeler "Officials Describe 'Cult Rituals' in Child Abuse Case," Washington Post, February 7, 1987
[18] http://naffoundation.org/Finders%20II.htm

vietnam zwischen Ende der fünfziger und Mitte der siebziger Jahre. Der zweite Report vom Special Agent in Charge vom 13. April 1987 über ein Gespräch im Metropolitan Police Department (MPD) in Washington, DC endet damit: *„Die Person wies mich auf Umstände hin, dass die Ermittlungen in die Aktivitäten der Finders eine interne Angelegenheit des CIA sind. Der Bericht des MPD ist als „geheim" eingestuft worden und kann nicht eingesehen werden. Ich wurde darauf aufmerksam gemacht, dass das FBI einige Wochen zuvor von der Ermittlung abgezogen worden sei und dass die FBI Foreign Counter Intelligence Division das MPD angewiesen hat, nichts über das, was durchgesickert ist, an das Büro des FBI in Washington weiterzugeben. Keine weiteren Informationen sind verfügbar. Es werden keine weiteren Handlungen erfolgen."*[19]

An dieser Stelle werden die Verbindungen zu geheimdienstlichen Aktivitäten deutlich. Derartige Vorgänge werden mit Umwegen auch mit der Dutroux-Affäre in Verbindung gebracht. Die investigativen Journalisten Dirk Banse und Michael Behrend von der Berliner Morgenpost berichten im Rahmen ihrer Recherchen zum Verschwinden von Manuel Schadwald in Berlin, dass Marc Dutroux zeitweilig im Auftrag der Stasi gearbeitet haben soll. Der von 1991 bis 1998 tätige Geheimdienstkoordinator im Bundeskanzleramt Bernd Schmidbauer (CDU) wird zitiert: *„Es gab in der Tat Hinweise, wonach sich solche Informationen in dem Stasi-Material wiederfinden, das dem amerikanischen Geheimdienst CIA zugespielt wurde. Der belgische Geheimdienst wäre gut beraten, diese Unterlagen gründlich auszuwerten."* (in Stolzenberger 2004 (1), S. 33).

Immer wieder wird die Verwicklung von Geheimdiensten – hier besonders der Central Intelligence Agency – C.I.A. – in Vorgänge Ritueller Gewalt, insbesondere unter dem Aspekt von Menschen-Experimenten und Forschungen zu Programmierungen dissoziativer Persönlichkeitsanteile benannt. Experimente der Mind-Control-Forschungsprogramme sind in der Fachliteratur (Marks 1981, Rauh & Turner 1990, Ross 2000, Weinstein 1990) dokumentiert, Verbindungen zu Ritueller Gewalt finden sich hier jedoch nicht.

Anekdotenhafte Merkwürdigkeiten finden sich jedoch häufiger, zwei seien hier zitiert: Das Louisiana Statute #107.1. Ritualistic Acts, die ritualistische Verstümmelung, Zerstückelung und Folter von Tieren und Menschen sowie ritualistische psychologische und sexuelle Misshandlungen unter Strafe stellt, beinhaltet in Absatz F eine Ausschlussklausel: *„Die Vorschriften dieses Abschnittes sollen nicht dahingehend ausgelegt werden, um sie auf jedwedes bundes- oder regierungsbehördlich genehmigtes, zugelassenes oder gefördertes Forschungsprojekt anzuwenden."*[20,21] Forschungsprojekte zu rituellen Handlungen unter Verwendung selbiger mit bundes- oder regierungsbehördlicher Genehmigung?

Etwas makaber mutet eine Begebenheit zum Tode von Frank Olson an. Olson stürzte am 28. November 1953 aus seinem Hotelzimmer im „Hotel Pennsylvania" in New York in den Tod. Der bei der US-Army beschäftigte Biochemiker Olson war allem Anschein nach Opfer von Drogenexperimenten der CIA. Am 21. Juli 1975 entschuldigte sich der

---

[19] Übersetzung durch den Verfasser.
[20] http://law.justia.com/louisiana/codes/146/78261.html, auch www.dissoc.de
[21] Übersetzung durch den Verfasser.

US-Präsident Gerald Ford bei der Familie des Opfers. Nach dem Bericht der Tageszeitung aus Frederick (dem Wohnort von Olsons Familie) über den Tod Olsons „Army Bacteriologist Dies In Plunge vom N.Y. Hotel / Army-Bakteriologe stirbt nach Sturz aus New Yorker Hotel" vom 30. November 1953 malt der zu diesem Zeitpunkt fünfjährige Sohn Nils ein Pentagramm (Foto in Koch & Wech 2004, S. 188).

Ein zweites Fazit: Auch eine Betrachtung der bekannt gewordenen Fälle und der dokumentierten Verurteilungen zeigt eine dürftige Faktenlage. Nicht zugängliche Gerichtsdokumente, von der Presse – der vorgeblich vierten Macht im Staate – schlecht dokumentierte Fall- und Prozessverläufe, Widersprüchlichkeiten in Urteilsfindungen und unterschiedlicher Expertenauffassungen lassen nur wenig sachdienliche Erkenntnisse ableiten. Festzuhalten bleibt, dass bislang weder die Beteiligung organisierter satanistischer oder magisch arbeitender Gruppierungen noch die von Geheimdiensten in Vorgänge Ritueller Gewalt einwandfrei nachgewiesen wurde. Aussagen über Täter ließen sich auf Grund dieser vorhandenen Datenlage nur sehr verallgemeinert und mit hoher Unsicherheit behaftet treffen.

1.5.3 Unklare Begrifflichkeiten

Als weitere Schwierigkeit einer Betrachtung kommt eine häufig anzutreffende definitorische Unschärfe des Begriffes der „Rituellen Gewalt" in Formulierungen wie „Ritueller Missbrauch" (BAG 2001), „Satanisch Ritueller Missbrauch" (Schmied-Knittel 2008), „Sadistisch-Ritueller Missbrauch" (Sakheim 1996), „ritualisierte Gewalt" (Enders 1995) etc. hinzu (Becker in Vorbereitung). Zudem ist eine 'Verwässerung' der ohnehin schon unscharfen Begrifflichkeit durch die unkritische Verwendung des Terminus der „organisierten Gewalt/organisierten Kriminaliät" teilweise unter Auslassung religiöser oder ideologischer Konnotationen zu beobachten. Beide Faktoren erschweren einen dringend notwendigen interdisziplinären Diskurs.

Begriffsdefinitionen
Für die folgenden Ausführungen ist es notwendig, zwei Begriffsdefinitionen vorzunehmen:

„Rituelle Gewalt ist eine schwere Form der Misshandlung von Erwachsenen, Jugendlichen und Kindern. Intention ist die Traumatisierung der Opfer. Rituelle Gewalt umfasst physische, sexuelle und psychische Formen von Gewalt, die planmäßig und zielgerichtet im Rahmen von Zeremonien ausgeübt werden.
Diese Zeremonien können einen ideologischen Hintergrund haben oder auch zum Zwecke der Täuschung und Einschüchterung inszeniert sein. Dabei werden Symbole, Tätigkeiten oder Rituale eingesetzt, die den Anschein von Religiosität, Magie oder übernatürlichen Bedeutungen haben. Ziel ist es, die Opfer zu verwirren, in Angst zu versetzen, gewaltsam einzuschüchtern und mit religiösen, spirituellen oder weltanschaulich-reli-

giösen Glaubensvorstellungen zu indoktrinieren. Meist handelt es sich bei rituellen Gewalterfahrungen nicht um singuläre Ereignisse, sondern um Geschehnisse, die über einen längeren Zeitraum wiederholt werden." (Becker & Fröhling 1998)

Die offizielle Definition des Begriffes der Organisierten Kriminalität durch die gemeinsame Arbeitsgruppe Justiz/Polizei lautet:

„Organisierte Kriminalität ist die von Gewinn- oder Machtstreben bestimmte planmäßige Begehung von Straftaten, die einzeln oder in ihrer Gesamtheit von erheblicher Bedeutung sind, wenn mehr als zwei Beteiligte auf längere oder unbestimmte Dauer arbeitsteilig
a) unter Verwendung gewerblicher oder geschäftsähnlicher Strukturen,
b) unter Anwendung von Gewalt oder anderer zur Einschüchterung geeigneter Mittel oder
c) unter Einflussnahme auf Politik, Medien, öffentliche Verwaltung, Justiz oder Wirtschaft
zusammenwirken.
Der Begriff umfasst nicht Straftaten des Terrorismus.
Die Erscheinungsformen der Organisierten Kriminalität sind vielgestaltig. Neben strukturierten hierarchisch aufgebauten Organisationsformen (häufig abgestützt durch ethnische Solidarität, Sprache, Sitten, sozialen und familiären Hintergrund) finden sich – auf Basis eines Systems persönlicher und geschäftlicher kriminell nutzbarer Verbindungen – Straftäterverflechtungen mit unterschiedlichem Bindungsgrad der Personen untereinander, deren konkrete Ausformung durch die jeweiligen kriminellen Interessen bestimmt wird."
(Anlage E, Richtlinien für das Strafverfahren und das Bußgeldverfahren (RiStBV) in der ab 01.10.1991 bundeseinheitlich geltenden Fassung)

1.5.4 Versuch einer Klassifizierung

Die häufig anzutreffende vorrangige Betrachtung des Vielfach-Opfer-Vielfach-Verdächtigen/Täter-Aspekts (Ministerie van Justitie, Directie Staats- en Strafrecht (1994), Perlmutter 2004) erschwert in ihrer Komplexität eine Vorgehensweise im Rahmen von Ermittlungen und wird dadurch auch einer Täter-Opfer-Spaltung wenig gerecht. Häufig ergibt eine derartige Betrachtung eine Dualisierung in ein Entweder-Oder und es entstehen ermittlerische Probleme und Schwierigkeiten in der Beweisführung vor Gericht. Dies hat die bereits erwähnte Polarisierung im Verfahren um Marc Dutroux deutlich aufgezeigt. Auch werden Einzeltäter in einem derartig aufgelegten Raster nicht hinreichend erfasst, so dass die Gefahr besteht, wichtige Aspekte wie z.B. den der Psychopathologie in einer eingeengten Betrachtungsperspektive zu übersehen oder über- resp. unterzubewerten.

Die amerikanische Therapeutin Ellen Lacter versucht, Täter Ritueller Gewalt in Bezug auf ihre Beteiligung am Organisierten Verbrechen und der Einbeziehung spiritueller Elemente zu unterscheiden.

Sie führt hierfür drei Gruppen an:
1. Phantasievolle Möchtegern-, dilettantische und antisoziale Persönlichkeiten, die sich Magie und/oder satanistischen Symbolen/Gottheiten bedienen (Gangs, Vergewaltiger und Serienmörder, z.B. Jeffrey Dahmer).
2. Sex-Ringe (Kindes-Missbrauch, -Misshandlung, -Prostitution, -Pornographie), die Symbole des Bösen verwenden, um Kinder einzuschüchtern, zu kontrollieren und auf sadistische Weise sexuell auszubeuten.
3. „Wahre" Anhänger von Satan oder „schwarzer" Magie (nicht zu verwechseln mit heidnischen Wicca-Anhängern), in denen die Misshandlung von Kindern der Erreichung von spirituellen Zielen dient[22].

Eine derartige Untergliederung entspricht weitestgehend der von Becker & Felsner vorgenommenen, die sich auf Ausführungen in der Fachzeitschrift *The Police Chief* (Oktober 1989) bezieht (Becker & Felsner 1996).

Betrachtungen zu Tätern und teilweise deren Psychopathologie finden sich in der Literatur zumindest ansatzweise zu allen Bereichen (zu. 1. z.B. bei Els & Jonker, 2000, Ressler 1992, zu 2. z.B. bei Finkelhor 1989, Fürniss 1993, zu 3. z. B. bei Tate 1991, Zacharias 1982).

Fachwissen über Täter
Dezidiertes Fachwissen über Täter ritueller Gewalttaten gibt es sehr wenig. In einer Studie über sexuelle Gewalt in Tagesbetreuung widmen David Finkelhor und Linda Meyer Williams einen Abschnitt ihres Kapitels über Täter dem Thema des „Ritualistic Abuse" (Finkelhor et al. 1989, S. 57-63), Aspekte von Dissoziation oder Multiple Personality Disorder finden hier jedoch keinerlei Erwähnung. Der Bericht der Ritual Abuse Task Force der Los Angeles County Commission for Women aus dem Jahr 1989 führt – auch in Zusammenfassung der Ergebnisse von Finkelhor et al. – aus:

> *„Täter Ritueller Gewalt agieren normalerweise in einem Gruppen-Setting. Die meisten Opfer berichten, von unterschiedlichen Tätern misshandelt worden zu sein, häufig in Verbindung mit anderen Opfern. Frauen werden als Täter Ritueller Gewalt ebenso häufig berichtet wie Männer.*
> *Wenig ist mit Sicherheit über die Täter Ritueller Gewalt bekannt, aber es ist wichtig, zu betonen, dass sie nicht in die üblicherweise vorherrschenden Konzepte über Motivation und Profil von pädophilen Tätern passen. Täter, die rituelle Gewalthandlungen begehen, sind generell weitaus sadistischer und grausamer bei sexuellen Misshandlungen als pädophile Straftäter. Opfer berichten schmerzhafte und Furcht erregende sexuelle Handlungen und erniedrigende Praktiken, die beispielsweise den Gebrauch von Urin und Kot beinhalteten. Die Täter scheinen durch ein Verlangen motiviert zu sein, zu be-*

---

[22] Ellen Lacter, Posting auf einer nicht öffentlichen Internet-Mailing Liste im Februar 2010; Wiedergabe mit Genehmigung; Übersetzung durch den Verfasser.

obachten, wie ihr Opfer das Gefühl für den eigenen freien Willen verliert, sich mit dem Bösen identifiziert und sich dem Willen der Gruppierung unterwirft. Auf Grund der offensichtlichen Festlegung eines Großteils der rituellen Gewalttäter, so viele kleine Kinder wie möglich zu Opfern zu machen und zu indoktrinieren, agieren sie häufig gemeinsam in Gruppen im Betrieb von Vorschulen, Tagesbetreuung und Babysitter-Services, die ihnen den Zugang zu Kindern außerhalb der Herkunftsfamilien ermöglichen. Es gibt Belege dafür, dass viele dieser Täter in Gruppierungen mit einem festen Glaubenssystem oder Kult (häufig mit satanistischer Ausrichtung) und hoch systematisierten Praktiken des Missbrauchs und der Misshandlung aufgewachsen sind, die innerhalb der Familien von einer Generation auf die folgenden weitergegeben wurden. Daher sind viele Täter dieser Form von Gewalt tatsächlich sowohl Opfer als auch Täter innerhalb eines misshandelnden Familiensystems. Diejenigen, die Opfer Ritueller Gewalt in einem Familienzusammenhang geworden sind, erleben unterschiedliche Grade von Dissoziation, darunter – in einigen Fällen – Multiple Persönlichkeitsstörungen. Dies kann möglicherweise erklären, wie es für einige Täter möglich ist, unentdeckt in der Kinderbetreuung tätig zu sein, recht glaubwürdig bei der Verleugnung von Anschuldigung der Misshandlung durch Kinder auch gegenüber erfahrenen Ermittlungsbeamten zu sein, und warum sie so gut bei Vernehmungen mit dem Polygraphen (Lügendetektor) abschneiden."[23]
(Los Angeles County Commission for Women 1989)

Eine nähere Betrachtung der Täter Ritueller Gewalt erscheint sich auch in Anbetracht der obigen Darstellungen und der damit verbundenen Gewaltschilderungen vorrangig auf Forschungsergebnisse zweier Untersuchungsgegenstände zu reduzieren: 1. Sadistische/psychopathische Sexualstraftäter und 2. Kulte, und hierbei insbesondere – bedingt durch die hierarchischen Strukturen – deren Führer.

Sadistische/psychopathische Sexualstraftäter

Die amerikanische Psychologin Anna Salter hat mit ihrem Buch „Dunkle Triebe" (Salter 2006) über Sexualstraftäter eines der grundlegenden Werke in diesem Bereich vorgelegt.

Sie definiert hier sexuellen Sadismus als *„das sexuelle Hingezogensein zu Schmerz, Leiden, Terror und Demütigung: Sadisten fügen Menschen Schmerz zu, weil es ihnen einen sexuellen Kick verschafft. Sie vergewaltigen ihre Opfer nicht: Sie quälen sie."* (Salter 2006, S. 148). Salter beschreibt, dass die meisten Sexualstraftäter ihre Taten rechtfertigen und begründen; sie beschreibt, dass die Sadisten, mit denen sie gesprochen hat, sich einreden, dass ihre Opfer im Grunde gar nicht leiden und dass diese immer wollen, was mit ihnen geschieht. *„Andere Sadisten hingegen machen sich nicht die Mühe so feinsinniger Ausreden. Eine häufige Rechtfertigung lautet schlicht, das Kind sei Ekel erregend, böse, krank, pervers, es verdiene, was es bekommt."* (Salter 2006, S. 165). Salter schreibt weiter: *„Diese Art von Rechtfertigung – das Opfer sei irgendwie böse oder niedrig, kein richtiger Mensch, ein Mensch*

---

[23] Übersetzung durch den Verfasser.

zweiter Klasse – ist reine Projektion." (Salter 2006, S. 166) – eine Projektion der inneren Welt des Täters auf das Opfer.

Angemerkt muss hierzu werden, dass eine derartige Dualisierung von Weltsichten und Wertesystemen auch als ein zentrales Merkmal von Mind Control in Kulten beschrieben wird; Lifton (Lifton 1994) beschreibt dies als eine Forderung nach Reinheit, die nur von der – inneren – Gruppe erfüllt wird, die – äußere – Umwelt wird als böse dargestellt.

Salter beschreibt weiter, dass Sadisten trotz ihrer ungeheuerlichen Perversität und Skrupellosigkeit oftmals bestens in die Gesellschaft integriert sind. Dieses entspricht auch in Teilen dem obigen Zitat der Los Angeles County Commission for Women.

Salter führt weiter aus: *„Die sexuelle Folter ist subtil geplant und in der Regel ritualisiert, das heißt, dass dieselben Dinge in immer genau der gleichen Reihenfolge stattfinden. Das Ritual ist »dramaturgisch ausgearbeitet«, bis ins Detail geplant, und der Ehemann verbringt oft Stunden damit, seiner Frau die genaue Abfolge vor Augen zu führen und ihr zu sagen, was sie zu tun hat. […] Jeder Sadist geht anders vor, nur die Elemente Zwang, Folter und Kontrolle sind bei allen dieselben."* (Salter 2006, S. 171). Salter beschreibt Psychopathen als *„… Menschen mit einer antisozialen Persönlichkeitsstörung – Täter ohne Gewissen –, halten Menschen aus reinem Selbstzweck zum Narren, einzig und allein, weil ihnen das Erregung verschafft. Die Kunst der Verstellung ist für den Psychopathen kein simples Nebenprodukt abartiger Handlungen, sondern in vielen Fällen sein Hauptreiz."* (Salter 2006, S. 181). Salter differenziert: *„Wäre es nur Gewalt, wären Psychopathen nichts weiter als Gangster. Doch was Psychopathen von anderen Tätern unterscheidet, ist nicht nur das Ausmaß ihrer Gewalttätigkeit oder ihre Vorliebe für kriminelle Handlungen, sondern die Tatsache, dass sie über Charakterzüge verfügen, die es ihnen möglich machen, Menschen zu manipulieren. Schlüsselmerkmale eines Psychopathen sind Redegewandtheit, ein oberflächlicher Charme und eine außerordentliche Begabung im Fädenziehen."* (Salter 2006, S. 184).

Abschließend muss angemerkt werden, dass sich die betrachteten Ausführungen von Anna Salter ausschließlich auf Einzeltäter und nicht auf Gruppenkontexte beziehen, und ihre Übertragbarkeit auf diese auch in Gutachterkreisen mehr als fraglich ist. Im Verfahren um Marc Dutroux wird dieser von dem Gutachter Denys *„…als einen Menschen ohne jede Gefühle beschrieben. Dutroux zeige keinerlei Schuldgefühle und sei unfähig, Gefühlsbeziehungen aufzubauen, sagte der Psychiater Walter Denys am Mittwoch als Zeuge vor dem Schwurgericht in Arlon. (..) Die psychiatrischen Sachverständigen bescheinigten Dutroux, dem Hauptangeklagten, Zurechnungsfähigkeit. Der bereits als Kinderschänder vorbestrafte Dutroux sei ein Psychopath, und ein solcher wisse, was er tue, sagte Experte Denys. Sein Verhalten könne nicht beeinflusst werden. Ein Psychopath sehe immer nur sich im Mittelpunkt. „Alles um ihn herum dient nur seinem Nutzen", sagte der Psychologe Francis Lavenne."* (Stolzenberger 2004 (5), S. 4). Diese Einschätzung verhindert nach gutachterlicher Ansicht, dass Dutroux Teil eines größeren Täternetzwerkes sein könnte: *„Am Morgen waren verschiedene Psychiater und Psychologen gehört worden, die Dutroux als „Psychopathen" beschrieben. Die Psychopathie sei keine Krankheit, die man heilen könne, sondern ein Charakterzug, sagte Dr. Walter Denys. Dass Dutroux für ein Netzwerk von Pädophilen gearbeitet haben soll, erachtete er als unwahrscheinlich. Jedenfalls sei es typisch für einen Psychopathen, dass er nicht fähig sei, Befehle unterwürfig auszuführen. Wohl aber könne sich der Psychopath für eine kur-*

ze Dauer und ein ganz bestimmtes Ziel mit einem anderen Psychopathen verbünden, so Denys." (Stolzenberger 2004 (5), S. 4).

Einen Versuch, das Fachwissen über sadistische Sexualstraftäter und politische Folterer mit den Erkenntnissen über Rituelle Gewalt zusammenzubringen und zu vergleichen, hat die amerikanische Therapeutin Joan Golston (Golston 1992) unternommen. Sie fasst einleitend ihr Verständnis von Ritueller Gewalt wie folgt zusammen: *„Normalerweise beziehen wir uns auf Schilderungen einer multigenerationalen Verstrickung in eine religiöse Sekte, deren Ritualpraxis Berichten zufolge systematische religiöse Indoktrination unter Verwendung von Drogen, Deprivation, Terror und Schmerz, wie auch der sadistischen sexuellen Misshandlung von Kindern und der Verstümmelung und Tötung von Tieren und Menschen beinhaltet. Die Misshandlung von Kindern meint das Lebendig-begraben-Werden und die „Wiederauferstehung", erzwungenen Kannibalismus, Gruppenvergewaltigung und Elektroschocks. Psychologische Kontrolle wird angestrengt durch hypnotische Programmierungen, Training zu dissoziieren, Todesdrohung und erzwungener Kollaboration mit dem Täter. Einige dieser Gruppen gestalten ihre Aktivitäten als eine Anbetung von Satan und praktizieren konsequenterweise eine Umkehrung der traditionellen jüdisch-christlichen Werte. KlientInnen, die ihre Vergangenheit beschreiben, zeigen sehr häufig Symptome von Multipler Persönlichkeitsstörung, häufig in Verbindung mit komplexen Alter-Systemen und schwerwiegenden Problemen auf Grund ihrer Versuche, mit Symptomen Posttraumatischer Belastungsstörung – darunter Flashbacks – umzugehen."*[24] (Golston 1992, S. 5).

Folter hingegen definiert sie: *„Verstanden in der möglichst präzisen Bedeutung ist Folter eine besondere Form der Misshandlung, manchmal unter Verwendung moderner Technologie, ausgebildeten Folterern und vorsätzlicher Forschung, die Wirkung zu verfeinern. Folter versucht, die frühere Identität des Opfers und sein Verständnis seiner Verbindung zur Welt zu zerstören, daher kann Folter auch als „Gegentherapie" verstanden werden. Amnesty International definiert Folter als „Die systematische und aufgezwungene Zufügung von heftigem Schmerz jedweder Art und Weise von einer Person auf eine andere, oder auf eine dritte Person, um die Ziele der vorgenannten gegen den Willen des anderen durchzusetzen."* (Amnesty International 1975, in Golston 1992, S. 7).

Golston merkt an, dass die Verwendung von „systematisch" als Beschreibung eines formalen Folterprozesses ein wichtiges Unterscheidungskriterium zu Formen lang anhaltender sexueller Gewalt sei, denn hierbei beziehe sich „systematisch" lediglich auf die Wiederholungstaten oder die Projektion innerer Vorstellungen des/der Tatbegehenden auf das Opfer.

---

[24] Übersetzung dieser und aller folgenden Passagen von Joan Golston durch den Verfasser.

Formen sexueller Folter

Politisch	Ideosynkratisch (nicht-ideologisch, individuell)	Rituelle Gewalt bezogen [d]
Rasmussen (1990) (international) (n=200 Folteropfer) Verbale Übergriffe 56% weiblich / 12% männlich (sexuelle) Belästigung 56% w / 43% m Gewalt gegen Sexualorgane: Schlagen 20% Elektroschock 5% w / 23 % m Andere 3% Sexuelle Gewalt[a] 2,5 % w / 1% m Gewalt durch Instrumente [a] 4 % w / 6 % m Nackt während der Befragung 11% w / 35 % m **CDHES** (1986) Menschenrechtsorganisation El Salvador (n=434) Sexuelle Folter: 63 % **Allodi** (1982) (Latein Amerika) N=41 [b] Sexuelle Belästigung 34% Sexuelle Gewalt 15% **Lunde & Ortmann** (1990) (international) (n=283) [c] Sexuelle Folter 80% w / 56 % m	**Dietz et al.** (1990) (USA) (n=30) Sadistische Sexualstraftäter Sexualisierte Fesselung: 77% Sexuelle Gewalt: anal 73% oral 70% Penetration mit Objekten 40% Vielzahl (3+) von Handlungen 67% Sexuelle Dysfunktion während der Übergriffe 43% Dem Opfer vorschreiben, was es während des Übergriffs zu sagen hat 23% Aufzeichnungen (Film, Schreiben) 53% Tötung des Opfers 73% Erzwungene Tathandlungen unter Opfer 7%	**Young et al.** (1991) Berichte multigenerationaler Ritueller Gewalt (n=37) Sexuelle Gewalt 100% Erzwungene Schwangerschaft und Geburt (n=33) 60% **Driscoll & Wright** (1991) Berichte multigenerationaler Ritueller Gewalt (n=37) Sexuelle Gewalt 93% Erzwungene Nacktheit 91% Aufzeichnungen: Nacktfotos 57% Aktivitäten i.V.m. "Kinderpornographie" 39% Sexuelle Gewalt: oral 89% vaginal 84% Penetration mit Objekten 81% Anal 78% Sex mit Tieren 62% Mit anderen Kindern 54% Mit Leichen 38% Erzwungene Schwangerschaft und Geburt (n=19) 74% **Waterman et al.** (1990) Sexuelle Gewalt in Einrichtungen der Tagespflege (SA) n=15, mit Ritueller Gewalt (RSA) n=15 "weniger intrusive" Misshandlung SA 91% / RSA 93% "intrusive" SA 86 % / RSA 100% Sexuelle Gewalt: SA 82 / RSA 71 %

[a] vermutlich unterberichtet, zudem substantielle regionale Unterschiede in der Prävalenz von Vergewaltigung.
[b] Befragte wurden während eines laufenden Asylverfahrens auf Grund politischer Verfolgung interviewt.
[c] möglicherweise Überlappungen mit der durch Rasmussen befragten Gruppe.
[d] Keine statistischen Daten bezüglich häufiger Schilderungen physischer Misshandlung der Genitalien, darunter typischerweise nicht-verstümmeltes Schneiden, Verwendung von Reizstoffen und Misshandlung mit Nadeln. Gewalt an Genitalien wird häufig nachrangig zu sadistischen sexuellen Übergriffen berichtet.

Erzwungene Beobachtung sexueller Übergriffe auf andere Personen – darunter Ehepartner, Eltern und Kinder – spielt bei politischer Folter häufig eine Rolle. In den drei Studien über Rituelle Gewalt fehlen derartige Angaben völlig. Die vorliegenden Berichte über Rituelle Gewalt zeigen jedoch deutlich, dass dies häufig eine zentrale [sic.[25]] Rolle spielt (vgl. Driscoll & Wrights' Angaben zu Sex mit anderen Kindern) und somit ein deutliches Unterscheidungsmerkmal zu den Vergleichsgruppen darstellt. Als wesentliche Differenzierung wird hier der Aspekt der Mittäterschaft deutlich, verstärkt durch die Bedrohung, das vermeintlich nächste Opfer zu sein. Golston warnt ausdrücklich vor der Falle, sich hier in eine Betrachtung der Gewalttaten zu verstricken und die subtileren Formen der gleichzeitig stattfindenden Folter durch erzwungene Nacktheit oder erzwungene Zeugenschaft außer Acht zu lassen. Fragen von Schuld und Überlebenden-Schuld – ähnlich berichtet von Überlebenden aus Konzentrationslagern – sind die Folge. Häufig werden in diesem Kontext auch – teilweise von den Tätern – intendierte Schutzbemühungen und Versuche der Übernahme von Verantwortung für andere berichtet, ebenso häufig von deren Erfolglosigkeit und der gezielten Nutzung dieser Versuche durch Täter [vgl. u.a. Fröhling 2008[26]].

Golston verweist darauf, dass Dietz et al. die Vorliebe der von ihnen betrachteten Täter für **non-vaginale sexuelle Übergriffe** als eine Betonung von Dominanz und Erniedrigung ansehen. Lediglich bei Ritueller Gewalt und in der von Dietz untersuchten Gruppe gibt es eine Betonung auf die Erregung der Täter, und nur die Berichte über Rituelle Gewalt verdeutlichen eine systematische Kombination von Sexualität und Schmerz.

Bezüglich einer **Verwendung von Sprache** scheinen Folterer diese zur Verstärkung der Herabsetzung der Opfer zu verwenden, sie ist daher übergriffig und erniedrigend. Dietz et al. gehen davon aus, dass die Sprache sadistischer Sexualstraftäter maßgeblich zur Entwürdigung des Opfers beiträgt und vollmundig formuliert vorgedachten Erregungsszenarien in dem Wissen, dass die Übergriffe gefilmt werden, folgt. Hierzu merkt Golston an, dass, obwohl beispielsweise brasilianische Folterer ausführlich pseudo-medizinische Dokumentationen erstellt haben, nur Dietz et al. und die Gruppe der Rituellen Gewalt von Filmaufnahmen für pornografische Zwecke berichten. Bei den rituellen Gewalthandlungen kommt es häufig zu einer sprachlichen Umkehrung von Bedeutungen, so die Bezeichnung eines sexuellen Übergriffs als „Reinigung", „Feier" oder „eine Ehre". Hierzu muss an dieser Stelle angemerkt werden, dass dies mit den Mind Control Kriterien von Lifton (Lifton 1994) – hier „Manipulation der Sprache" – (in Becker & Felsner 2006) einhergeht.

Eine weitere erhebliche Unterscheidung liegt in der Bedeutung von **Schwangerschaft**. Spielt diese bei der von Dietz et al. untersuchten Gruppe überhaupt keine Rolle, so gibt es hingegen vereinzelte Berichte über die Einbeziehung von Schwangerschaft in die Folter unter dem Aspekt der Terrorisierung des Opfers und dessen Familie. Fehlgeburten können eine Folge von Folterung sein, es gibt jedoch keine Berichte über die Verwendung des Fetusses für Folterzwecke. Dies steht im deutlichen Kontrast zu Berichten über Ritu-

---

[25] Anm. Th.B.
[26] Anm. Th.B.

elle Gewalt, in denen Schwängerung, Austragen des Kindes, resp. vorzeitige Einleitung der Geburt zu häufigen Schilderungen gehören und in Übereinstimmung mit den berichteten Ritualen stehen, für die die Verwendung eines Neugeborenen die Voraussetzung darstellt.

Ähnlich stellt sich die Betrachtung **erzwungener sexueller Übergriffe unter Opfern** dar: Kommen diese bei politischer Folter kaum vor und erscheinen – mit 7% – bei Dietz et al. eher unbedeutend zu sein, so spielen sie eine signifikante Rolle bei Ritueller Gewalt – in der von Driscoll & Wright untersuchten Gruppe war dies bei mehr als der Hälfte der Unter-Fünfjährigen der Fall.

Formen psychologischer Folter
Es kann diskutiert werden, dass alle Ereignisse im Foltervorgang psychologische Gewalt darstellen und dass alle Formen psychologischer Folter körperliche Folgen haben können – zumindest in Bezug auf kumulative Traumatisierungen. Psychologische Folter spielt auf Grund einer höheren Effizienz gegenüber körperlicher Folter eine zunehmend wichtigere Rolle und wird vor den Augen der Weltöffentlichkeit in Guantanamo-Bay und an anderen Orten weiterentwickelt. Joan Golston hat die Formen psychologischer Folter bei Ritueller Gewalt mit denen politischer Folter unter den Gesichtspunkten von Methodik und Systematik verglichen.

Bedrohungen mit dem Tode (siehe Tabelle nächste Seite) spielen hier eine explizit wichtige Rolle – insbesondere um das Risiko einer Strafverfolgung zu minimieren. Bei Ritueller Gewalt ist die implizite Bedeutung einer konstanten Bedrohung durch Entzug von Nahrungsmitteln und Schutz – die somit eine dauerhafte Quelle von Gefahr und Schädigung darstellen – zu beachten. Diese intendierte Lebensdrohung leistet einen wesentlichen Beitrag zum Gefügigmachen der Opfer.

Einen weiteren Vergleich unternimmt Golston in Bezug auf die erzwungene Einnahme von Exkrementen (siehe Tabelle nächste Seite), in Deutschland unter dem Stichwort „Ekeltraining" (Christiansen 1996) bekannt geworden. Golston fügt hier außerdem an, dass hoch dissoziative Kinder häufig „Dreck" als ein Element ihres Selbstkonzeptes internalisiert haben: Wie „Dreck" behandelt worden zu sein, führt zu einer Selbstwahrnehmung als „Dreck".

Bei Schilderungen Ritueller Gewalt sind häufig die während Ritualen (erzwungene) Einnahme von Blut oder die Verwendung von Blut für andere, den Ritualen dienliche Zwecke (Körpermalereien, Ziehen von magischen Blutkreisen etc.) anzutreffen.

Als Unterschiede zwischen ihren Vergleichsgruppen benennt Golston die Dauer des Folter-/Misshandlungsszenarios und vor allem die Ziele, bei denen nur Rituelle Gewalt eine langfristige auf Nachhaltigkeit ausgelegte Wirkung auf die Opfer hat – im krassen Gegensatz zu sadistischen Sexualstraftätern, die sich häufig ihrer Opfer entledigen. Rituelle Gewalt wird zudem häufig durch Eltern – in Verbindung mit anderen Personen – ausgeübt und nimmt in Bezug auf die systematischen Formen sadistischer Misshandlung und der Indoktrination eine Sonderstellung ein, für die beispielsweise bei wissenschaftlichen Untersuchungen kaum eine Kontrollgruppe zu finden sein wird. Ebenso werden Daten nur über die Gruppe derer, die stabil genug sind, sich in Therapie zu begeben, erhoben

Drohungen mit dem Tode [a]	
Politisch	auf Rituelle Gewalt bezogen
Rasmussen (1990) (international) (n=200 Folteropfer) Scheinhinrichtungen 31% (Argentinien 60%, Spanien 43%, Uruguay 33%, Chile 33%, Irak 25%) Mit der Hinrichtung bedroht worden sein Selbst 60% von Familie oder Freunden 43% In einen Sarg gelegt und ins Grab gesenkt worden sein 1% **Allodi** (1982) (Latein Amerika) N=41 Scheinhinrichtungen 29% Mit der Hinrichtung bedroht worden sein Selbst 56% von Familie oder Freunden 32%	**Young et al.** (1991) Berichte multigenerationaler Ritueller Gewalt (n=37) Bedroht mit Tode 100% Lebendig begraben in Särgen oder Gräbern 72% **Driscoll & Wright** (1991) Berichte multigenerationaler Ritueller Gewalt (n=37) Mit dem Tode oder Verstümmelung bedroht: Selbst 73% Eltern oder Verwandter 57% Lebendig begraben 54% In ein Grab gelegt 39% In einen Sarg gelegt 50% **Waterman et al.** (1990) Sexuelle Gewalt in Einrichtungen der Tagespflege (SA) n=15, mit Ritueller Gewalt (RSA) n=15 "Terrorisierende Handlungen" (darunter Todesdrohungen gegen das Kind oder Andere; Misshandlung von Tieren, sadistische Handlungen SA: 0% / RSA 98,5 %)

[a] Es gibt keinerlei Daten aus der Untersuchung von Dietz et al. über sadistische Sexualstraftäter, auch wenn einige Opfer überlebt haben und in einigen Fälle die versuchte Wiederbelebung eines sterbenden Opfers berichtet wurde, so dass sich diese ihrer Situation bewusst gewesen sind. Diese Opfer wurden dann weiter bis zum Tode gefoltert.

Misshandlung mit Exkrementen		
Politisch	Idiosynkratisch (nicht-ideologisch, individuell)	auf Rituelle Gewalt bezogen
Rasmussen (1990)(international) (n=200 Folteropfer) Erzwungene Einnahme 3% (alle Latein-Amerika) **Allodi** (1982) Latein Amerika (n=41) "Kopfüber hineingesteckt worden, beschmiert worden sein" oder erzwungene Einnahme der Exkremente oder andere psychologische Misshandlung 29%	**Dietz et al.** (1990) (USA) (n=30) Sadistische Sexualstraftäter Erzwungene Einnahme 7% Uriniert werden: 3%	**Driscoll & Wright** (1991) Berichte multigenerationaler Ritueller Gewalt (n=37) Erzwungene Einnahme 57% Uriniert werden 58% Bekotet werden 39% Rituelle Verwendung des Urins 60%

werden können[27]. Dies entspricht auch – im Gegensatz zu politischer Folter oder sadistischen Sexualstraftaten – den Versuchen der Täter, Vorkommen und Ausmaß Ritueller Gewalt zu verschleiern. Der Aspekt von Dissoziation, die Aufspaltung und die Schaffung von Dämonen oder Dämon-identifizierten Persönlichkeitsanteilen sind hier eng mit der Form der ausgeübten Gewalt verknüpft. Hierin unterscheidet sich – laut Golston – Rituelle Gewalt von den Fällen Ritueller Gewalt in Kindergärten, die meist zu einer weniger schwerwiegenden und weniger strukturierten Aufspaltung führt.

Ein drittes Fazit: Die Ausführungen von Anna Salter und die Vergleichsdaten von Joan Golston zeigen sowohl die Gemeinsamkeiten, aber auch die Unterschiede zwischen sadistischen Sexualstraftaten und Ritueller Gewalt auf. Deutlich wird hierbei, dass eine Konnotation sadistischer Gewalthandlungen mit Ritueller Gewalt das Problem nur in Ansätzen erfassen kann und daher zu einer Reduktion der Sichtweisen beitragen könnte. Ideologische Aspekte bleiben hierbei zudem weitestgehend unberücksichtigt. Ebenso machen die obigen Daten zu Folter deutlich, dass sich diese – trotz elaborierter und systematischer Anwendung – in vielen Aspekten von berichteten Formen Ritueller Gewalt unterscheidet. Betont werden muss, dass sowohl der für Rituelle Gewalt typische Aspekt kumulativer langfristig angelegter Traumatisierung als auch das hierbei zentrale Element der Dissoziation bei den Vergleichsgruppen keine Entsprechung haben. Es muss noch angemerkt werden, dass Aspekte der Bindung[28] von Golston nicht berücksichtigt werden; Salters Sichtweise betont die Isolation des Opfers durch den Täter.

1.5.5 Kulte und Kultführer

Literatur über Kulte hat sich als hilfreich für das Verstehen von Beeinflussungsprozessen im Sinne von Mind Control (Hassan 1992, Lifton 1994) und für eine kritische Reflektion dieser (Introvigne 1998, 2000, Malony 1988, Melton & Introvigne 2000, Richardson 1996) gezeigt. Versuche, die Psychodynamik innerhalb von Kulten zu beschreiben (z.B. Conway & Siegelman 1979), liefern wichtige Erkenntnisse für das Zusammenspiel von (auch unbewusst) Suchenden, verlockenden Angeboten der (wie auch immer gearteten) 'Erlösung' und gruppendynamischen Bindungs- sowie Führer-/Guru-bezogenen Projektionsprozessen (vgl. Enquete-Kommission 1998).

Zudem gibt es Beschreibungen des Problems von Aufwachsen und Sozialisation innerhalb von „Sekten" (Eimuth 1996) – jedoch finden extreme Formen von Gewalt hierin keine Berücksichtigung. Auch vorliegende Untersuchungen über Kultführer verbleiben in

---

[27] Zur Verdeutlichung: Bei der Beantwortung der Extrem Abuse Survey gaben 20% der Antwortenden an, noch nie in Psychotherapie oder Beratung gewesen sein. Quelle: Extreme Abuse Survey for Survivors (EAS) - Results (Jan 1, 2007 - March 31, 2007, S. 5. Weitere Einzelergebnisse der (ersten) Survey bestärken diesen Prozentsatz.
[28] Vgl. z.B. Sachs 2008.

deskriptiven Mustern – und im Falle von Stevens & Price (Stevens & Price 2000) in einer polarisierten Betrachtung der von ihnen selbst vorgenommenen Einengung: Ihre Betrachtung von Kultführern als schizophrene Persönlichkeiten öffnet zwar einen neuen Zugang zum Verständnis des Wechselspiels zwischen Führerpersönlichkeit und Gruppierung, verliert hierbei unter dem Fokus „Leaders and Led (Führer und Geführte")" die weit reichenden Auswirkungen der wechselseitigen Dynamik aus den Augen.

Aspekte von Dissoziation finden erst jüngst breiteren Zugang in die Diskussion um Kulte[29]. Bisherige Betrachtungen erschöpften sich in vermeintlichen Antworten auf eine in diesen Gruppierungen häufig anzutreffende Weltsicht und die Aspekte des „Floatings" bei dem Ausstieg (vgl. Markowitz 1993). Gascard führt dazu aus: *„Mit 'Floating' gemeint ist ein schmerzhaftes schizoides 'zwischen zwei Welten Hin- und Hergerissenwerden', das analog den 'Flashbacks' von Drogensüchtigen durch unvermittelte Rückfälle in den im jeweiligen Kult gepflegten veränderten Bewusstseinszustand gekennzeichnet ist sowie durch einander abwechselnde Phasen von Hoffnung und Verzweiflung, Aggressivität und Autoaggressivität, was bis zu einem nervlichen Zusammenbruch mit Psychiatrisierung und Selbstmord-Handlungen führen kann"* (Gascard, 1984, S. 130 f.). Weitere Aspekte liefert eine religionswissenschaftliche Betrachtung, der es aber nicht vollständig gelingt, den Brückenschlag zwischen dem Forschungsgegenstand der „altered states of consciousness" und Modellen pathologischer Dissoziation zu schlagen (Ward 1989).

Einen wesentlichen Beitrag liefert Lifton mit seiner Untersuchung über Gruppierungen, die eher dem terroristischen Spektrum zuzuordnen sind (Lifton 1999, dt. 2000). Seine Untersuchung für Aum-Shin-Rikyo und die Reflektion seiner Ergebnisse auf andere Gruppierungen bzw. Kultführer (Charles Manson, Jim Jones' People's Temple, David Koreshs Branch Davidians und amerikanischen Randgruppen der rassistischen Rechten mit apokalyptischen Zielen – u. A. am Beispiel Timothy McVeigh und des Oklahoma-Attentats und weißen rassistischen Militaristen) verdeutlichen erstmals die nach außen gerichtet kriminelle Energie derartiger sich zunehmend neuartiger Netzwerkstrukturen bedienender Gruppierungen. Lifton's Ausführungen ermöglichen auch einen Zugang zu einem Verständnis der psychodynamischen Komponenten um die Vorbereitungen der Terrorflüge des 11. September.

Ein weiteres Zwischenfazit: Es bleibt festzuhalten, dass auch die bisherige Literatur über Kulte und Kultführer wenig zu einem Verständnis über Rituelle Gewalt und Täter beitragen kann. Die Aspekte des Hineingeborenwerdens in eine auf Begehung extremer Gewalt ausgerichtete Gruppierung, deren Ziel eine gezielte Aufspaltung von Mitgliedern zu ihrer Funktionalisierung ist, sind bislang allenfalls in Teilaspekten beleuchtet worden. Das Verständnis eines Zusammenspiels dieser Komponenten fehlt jedoch. Fragen, wie eine weit reichende und tief gehende Bindung an eine Gruppierung trotz erheblicher Gewalterfahrungen entsteht und bestehen bleibt, sind in diesem Zusammenhang wenig untersucht worden.

---

[29] http://www.icsahome.com/infoserv_conferences/2007brussels/2007_handbook.htm

1.5.6 Zur Motivation von Tätern Ritueller Gewalt

Wenig ist bislang über die Motivation der Täter geschrieben worden. Gail Woodsum ist beispielsweise der Auffassung: *„Das Ziel ritualistischer und kult-bezogener Misshandlungen ist Macht[30]"* (Woodsum, 1998, S. 37). Sie versucht damit ihre Einschätzung, dass *„ritualistische und kult-bezogene Misshandlungen nicht Folge irgendeines Glaubenssystems sind"* (Woodsum, 1998, S. 35) zu unterfüttern. Kritisch muss dieser Ansatz ob Beobachtungen anderer KollegInnen zum Problem der ideologischen Überzeugungen gesehen werden. Die Koordinatorin des RAINS-Netzwerks in England, Joan Coleman, führt beispielsweise aus: *„Kinder, die in den Rituellen Missbrauch hineingezogen werden, sind sich normalerweise anfangs nicht der religiösen Bedeutung bewusst, aber die meisten Überlebenden, die davon berichten, dass sie in mehrgenerationalen Satanismus hineingeboren und in diesem Zusammenhang missbraucht und misshandelt worden seien, schildern uns, dass ihnen bereits sehr frühzeitig beigebracht worden sei, dass Satan ihr Gott sei. All diejenigen, mit denen ich gearbeitet habe, hatten keinerlei illusionäre Vorstellungen darüber, was dies sei. Sie sprachen über "den Kult", wie andere Menschen möglicherweise über die Kirche oder eine politische Partei sprechen. Obwohl einzelne Erinnerungen unterdrückt oder dissoziiert sind, handelt es sich bei dem bewussten Wissen über Satanismus um keine wiedererlangte Erinnerung. Diese Klienten haben immer gewusst, dass dies der Hintergrund ihres eigenen Traumas ist, was sie zudem fühlen lässt, dass sie sich von anderen Menschen unterscheiden. Dies stimmt auch mit den Erkenntnissen von Valerie Sinason und ihrer Arbeit in der Clinic for dissociative Studies überein."* (Coleman 2001, S. 114). Ich habe meine – Gail Woodsum widersprechende – Auffassung, dass ideologische Komponenten eine zentrale Rolle auch in einer Motivation für Täter darstellen, bereits an anderer Stelle dargelegt (Becker 2008a, Becker, Karriker, Overkamp & Rutz 2008a, 2008b).

In der bereits erwähnten Studie von David Finkelhor und Linda Meyer Williams führen diese zwei Konzepte als Motivation für ritualisierte Gewalt an: 1) die Abtötung[31] der Sexualität eines Kindes als Folge eigener sexueller Gewalterfahrungen des Täters, die durch ein (selbst geschaffenes) ideologisches System gerechtfertigt wird, in welchem die Unschuld von Kindern als verwerflich angesehen wird; und 2) die Identifikation mit dem Bösen als Gegenentwurf zu einem bestehenden (gesellschaftlichen) Wertesystem (Finkelhor, 1989, S. 63 f.). Finkelhor und Meyer Williams betonen, dass hiermit deutlich wird, dass es wichtige nicht-sexuelle Motive für Tathandlungen gibt und dass sich derartige Konzepte von dem bisherigen Verständnis über Sexualstraftäter unterscheiden (Finkelhor, 1989, S. 64).

---

[30] Übersetzung durch den Verfasser; "Power" im Original. Th.B.
[31] "Mortification" im Original, Anm. Th. B.

1.5.7 Resümee

Die bisherigen Ausführungen belegen schlaglichtartig, wie wenig Wissen über Täter und die damit verbundenen Tatumstände Ritueller Gewalt tatsächlich als gesichertes Wissen angesehen werden kann. Vorhandene Fälle zeigen eine Bandbreite auf, die – unterstützt von dürftiger Faktenlage – eine Systematisierung erschweren.

Festzuhalten bleibt, dass die Erkenntnisse über sadistische und psychopathische Sexualstraftäter wenig geeignet sind, auf Täter Ritueller Gewalt übertragen zu werden. Auch Formen systematischer Folter im politischen Kontext unterscheiden sich von Gewalthandlungen, die in Zusammenhang mit Ritueller Gewalt berichtet werden. Literatur über Kulte bietet bis dato wenig Erklärungsmuster über Gruppenzusammenhänge in Gewalt begehenden Gruppierungen, bei denen die Gewalt nicht nur nach außen, sondern auch nach innen gerichtet ist.

Als wesentliche Unterscheidungsmerkmale lassen sich in den Augen des Verfassers drei Teilbereiche benennen:
1. Dissoziation
2. Bindung
3. Ideologie

Dissoziation
Dissoziation in Form schwerer dissoziativer Störungen – meist als Dissoziative Identitätsstörung – ist ein häufiges Erscheinungsmerkmal von Opfern Ritueller Gewalt. Sie spiegelt sowohl den Überlebensprozess wider als auch das Ausmaß struktureller Gewalt bis hin zu Programmierungen und der gezielten Schaffung von Persönlichkeitszuständen mit hoher Funktionalität. Betrachtet man die Berichte Überlebender Ritueller Gewalt, so ist davon auszugehen, dass eine Vielzahl der Täter und Täterinnen in einem Doppelleben „ganz normal" unter uns lebt. Diese Aspekte einer Dualität hat Lifton (Lifton 1998) untersucht und hierfür den Begriff des „Doubling" geprägt. Für weiter reichende Konzepte ermöglicht das Modell der „strukturellen Dissoziation" (Van der Hart, Nijenhuis & Steele 2008) und hier insbesondere das Verständnis der 'tertiären strukturellen Dissoziation' einen Zugang zum Verständnis derartiger Berichte. Unter diesem Aspekt wird eine Täter-Opfer-Dualität begreifbar, wobei anzumerken ist, dass sich der Täter-Aspekt sowohl auf täterloyale als auch auf Tat begehende dissoziierte Anteile beziehen kann. Folgt man der Einordnung Ritueller Gewalt in den Bereich der Organisierten Kriminalität, so muss man sich darüber im Klaren sein, dass der Mittäteraspekt der Opfer hier eine neue Bedeutung bekommt: Die Opfer werden unter dem Täteraspekt betrachtet. Diese Betrachtung kriminalisiert Opfer ob ihrer Täter- oder Mittäterschaft. Schweigende TherapeutInnen, HelferInnen und UnterstützerInnen machen sich unter dieser Sichtweise zu MittäterInnen, indem sie das Schweigen über die Taten perpetuieren und somit dazu beitragen, eine Aufklärung der Straftaten effektiv zu verhindern. Dies mag eine unliebsame Wahrheit sein und heftige Widersprüche hervorrufen. Die zitierte Definition von Organisierter Kriminalität ist eindeutig: „*arbeitsteiliges Zusammenwirken*". Sie lässt vorerst wenig Platz für eine Diskussion ob „Schuld mindernd" oder gar „schuldunfähig". Angehörige der helfen-

den Berufe sollten sich schlichtweg über diese Implikationen bewusst sein, wenn sie eine Zuordnung von Ritueller Gewalt in diesen Bereich vornehmen. Verstärkt wird dieser Aspekt noch durch die Bindung an die jeweilige Tätergruppe bzw. die jeweiligen Tätergruppen.

Bindung
In der Arbeit mit Menschen mit ritueller Gewalterfahrung stellt der Aspekt der Bindung an die Tätergruppe eine zentrale Herausforderung dar. Der sogenannte „Täterkontakt", häufig aufgenommen von „täterloyalen" Persönlichkeitsanteilen, gestützt durch „innere Täter" ist ein zentraler Aspekt von Sinn oder Unsinn, Effektivität und Effizienz von Trauma-Therapie überhaupt. Diese Art der Täterbindung geht weit über die im Bereich Organisierter Kriminalität bekannten Angst- und Loyalitätsmuster hinaus. Jüngere Entwicklungen in der Bindungsforschung zum Thema „Infantizidale Bindung/Infanticidal Attachment" (Sachs 2008) ermöglichen erste Ansätze zu einem Verständnis dieser auch über die bisherigen Erkenntnisse der Bindung an Kulte oder Täter im Sinne des Stockholm Syndroms hinausgehenden Bindungsmuster. Hierin mag ein wesentlicher Schlüssel zum Verständnis Ritueller Gewalt und zur Unterscheidung von Organisierter Kriminalität im traditionellen Verständnis im Sinne einer Profit- oder Machtorientierung liegen – zumal diese Aspekte auch über *„ethnische Solidarität, Sprache, Sitten, sozialen und familiären Hintergrund"* hinausgehen.

Ideologie
Die Ideologie einer Rituelle Gewalt begehenden Gruppierung dient – im Gegensatz zu den von Lifton (Lifton 2000) betrachteten Gewalt begehenden Kulten – nicht nur einer Rechtfertigung der Taten nach außen. Sie ist wesentlicher Bestandteil einer Sinngebung und Rechtfertigung der erlittenen Qualen, Misshandlungen und vielfältiger – gegen das Selbst, das eigene Bewusstsein und die eigenen Persönlichkeit – gerichteter Gewalt. Diese ideologischen Aspekte sind – wie bereits erwähnt – so zentral, dass sie in der Regel nicht dissoziiert werden, obwohl sie im Kern häufig von Persönlichkeitsanteilen/Persönlichkeitszuständen getragen werden, die nicht unbedingt die sogenannten „Alltagspersönlichkeiten" im Sinne einer vorherrschenden „ANP – Anscheinend Normalen Persönlichkeit" nach dem Modell der strukturellen Dissoziation sind. Sie bedürfen besonderer Berücksichtigung bei der Behandlung und im Umgang mit den damit verbundenen Problemlagen, beispielsweise des Ausstiegs aus einer solchen Gruppierung, da dies gleichzeitig die Lösung vom erlernten Werte- und Normensystem der Gruppierung bedeutet. Hiermit verbundene Aspekte – wie die des bereits beschriebenen 'Floatings' – sind hinreichend beschriebene Problemstellungen, die Diagnose des „Religiösen und Spirituellen Problems" im DSM-IV[32] trägt dieser Tatsache Rechnung. Verstärkt werden diese Problemstellungen durch die Schwere der Dissoziationsproblematik und die damit einhergehenden Schwie-

---

[32] V62.89 (Z71.8) Religiöses und Spirituelles Problem. In: Diagnostisches und Statistisches Manual Psychischer Störungen DSM-IV; Göttingen: Hogrefe, 1996, S. 772

rigkeiten innerer Kommunikation und verbindlicher Absprachen. Spezielle Angebote wie beispielsweise das „Spiritual Emergence Network"[33] sehen sich zunehmend mit Problemstellungen Ritueller Gewalt konfrontiert[34]. Auch liegt in diesen Aspekten ein weiteres wesentliches Unterscheidungsmerkmal zu einer auf *Gewinn- und Machtstreben* ausgerichteten organisierten Kriminalität.

1.5.8 Ausblick: Eine neue Sichtweise – Ideologisch motivierte Straftaten?

Die bisher dargelegte Bandbreite religiös-ideologisch motivierter Gewalt macht deutlich, dass sich derartige Formen keinesfalls nur auf den Bereich des Satanismus oder der schwarzen Magie – häufig verstanden als eine dunkle Form des westlichen Okkultismus – beziehen. Fälle wie der sogenannte „Adam-Themse-Torso-Fall", Kinder-Prostitution bei den Kindern Gottes, das genannte Gerichtsverfahren um 'Meditationen' bei Sant Thakar Singh, bei denen der Gehörgang mit Silikon verschlossen wird (s.o.), sind nur einige Beispiele der Gewaltausübung und religiösen Gruppierungen. Inwieweit sexuelle Übergriffe durch katholische Geistliche ebenfalls – zumindest teilweise – derartige Tatbestände erfüllen, entzieht sich auf Grund bislang geringer Kenntnisse über Modi Operandi derartiger Straftäter noch entsprechenden Bewertungen.

Radikal unterschiedliche Wertsysteme, Mechanismen der Legitimierung und der Rechtfertigung, Moralbegriffe und Weltsichten, die Verbreitung arischen und neo-nationalsozialistischen Gedankengutes, ebenso wie die kriminellen Handlungen der Aum-Shin-Rikyo-Gruppierung kennzeichnen als wichtige Eigenschaften den Terrorismus in der Form des religiösen Terrorismus (Hofman 2002). Das Training von Selbstmordattentätern basiert unter anderem auf der transgenerationalen Weitergabe von dissoziierten und traumatischen, angstbasierenden Erfahrungen in einem kult-ähnlichen Lebensumfeld (vgl. Prattos & Yoeli 2008, hier S. 280) und verleitet die Autorinnen zu der gut begründeten und nachdenkenswerten These, dass Terrorismus die Rituelle Gewalt des 21. Jahrhunderts ist (Prattos & Yoeli 2008). Unabhängig von derartigen Überlegungen wird bereits deutlich, dass es sinnvoll wäre, einen Diskurs über Rituelle Gewalt und Verbindung mit Elementen des religiösen Terrorismus zu führen.

Ich habe an anderer Stelle dargelegt, dass ich bei einer sich auf die Gewalttaten bezogenen Betrachtungsweise für die Anwendung des Begriffs „Ideologisch motivierte Straftaten" plädiere (Becker 2008a). Die begriffliche Einbeziehung von Ritualen oder/und ritualisierten – im Sinne von wiederkehrenden – Handlungen führt zu Einengungen in der Betrachtung der in Rede stehenden Taten: „*Die Konnotation 'rituell' versperrt den Blick auf die vielfältigen Arten der Folter, Bedrohungen, Freiheitsberaubungen, Praktiken der Mind Control, Gewalt und anderer Arten von strafbarer und ethisch-unverantwortlicher Ausbeutung, den Opfer ausgesetzt worden sind.*" (Becker, Karriker, Overkamp & Rutz 2008a, S. 48)

---

[33] www.senev.de
[34] Persönliche Kommunikation Peter Findeisen und Thorsten Becker 2008-2010.

1.5 Rituelle Gewalt: Was wir über Gewalt ausübende, ideologische Kulte, Täter und Täterstrukturen ...

Wesentliches Tatbestandsmerkmal Ideologisch Motivierter Straftaten ist die Einbeziehung von religiös-weltanschaulichen Elementen, die die Verwendung von Symboliken, Ritualen und vermeintlich immanent oder transzendent wirkenden Kräften beinhaltet. Derartige Gewalthandlungen können auch zentrale und Sinn stiftende Aspekte eines Glaubenssystems darstellen und somit auch das oder ein leitendes Tatmotiv für oben genannte Gewalthandlungen darstellen:

> *„Es handelt sich um Straftaten, die im Namen eines transzendenten religiösen Glaubenssystems (z.B. bei Aum-Shin-Rikyo) oder einer immanenten Weltanschauung (z.B. bei Gruppierungen mit nationalsozialistischer Ideologie) begangen und gerechtfertigt werden. Im ersten Fall wird die physische Präsenz der Führer und Täter durch Götter oder Gottheiten unterstützt und/oder verstärkt, die nicht-irdische Wesenheiten sind und daher – insbesondere durch kleine Kinder – als omnipräsent wahrgenommen werden können. Dies ist eine ernsthafte Bedrohung und kann sich als Stressor bis ins Erwachsenenalter fortsetzen. Im zweiten Fall existiert die Führerschaft der Gruppierung in der gegenwärtigen Welt und Belohnungen für Leiden oder das Begehen strafbarer Handlungen erfolgen während des irdischen Lebens."* (Becker, Karriker, Overkamp & Rutz 2008a, S. 32 f.)

Eine derartige Unterscheidung zwischen Religion und Weltanschauung nimmt Bezug auf den Artikel 4 des Grundgesetzes und der Rechtsprechung des Bundesverwaltungsgerichts zu Neuen Religiösen Bewegungen (BVerwG 1992a, BVerwG 1992b).

Zudem wird das Phänomen der „Rituellen Gewalt" von seinen vorgeblichen Alleinstellungsmerkmalen enthoben und in den bereits wissenschaftlich untersuchten und weiter zu untersuchenden Kontext religiöser/ideologisch motivierter Gewalt eingeordnet (u.a. Burkert 1997, Gerard 1987, Lifton 2000, Perlmutter 2004).

Dass derartige Gedankengänge zu religiös motivierter Terrorisierung und Ritueller Gewalt auch aus polizeilicher Sicht nicht zu weit hergeholt sind, verdeutlicht Assistant Chief Constable Richard Monk, Commissioner der UN International Police Task Force in Bosnien:

> *„Ich empfinde es als deprimierend, dass mit all den Beweisen von fürchterlichen und unaussprechlichen Handlungen, die gegen Opfer aus dem Bosnien und dem Kosovo begangen wurden, wir uns so widerstrebend, beinahe feindlich verhalten, Opfern von ritueller und sexueller Gewalt Gehör zu schenken. Warum sind Schwerverbrechen, besonders schwere Vermögensstraftaten, immer einhergehend mit weitreichenden Ermittlungsmöglichkeiten, während Berichte über sexuelle und physische Misshandlungen für rituelle Zwecke zum überwiegenden Teil als phantastisch abgetan werden und nicht einmal hinreichend überprüft werden? Bevor die Polizei nicht spezielle Einheiten gegen Pädophile und häusliche Gewalt eingesetzt hat, gab es sehr wenig Kindesmissbrauch/-misshandlung. Nun*

zweifelt niemand mehr an diesem Phänomen und dessen Ausmaß." (zit. nach Sinason, Galton, Leevers 2008, S. 363)

Somit bleibt abschließend für weitere und genauere Betrachtungen der Täter Ritueller Gewalt und deren Organisationsstrukturen als Leitlinie nur festzuhalten:

„Wenn du das Unmögliche ausgeschlossen hast, dann ist das, was übrig bleibt, die Wahrheit, wie unwahrscheinlich sie auch ist."
Sherlock Holmes – The Adventure of the Beryl Coronet

Literatur

BAG Prävention und Prophylaxe e.V. (Hrsg.) (2001). Rituelle Gewalt. Schriftenreihe gegen sexualisierte Gewalt – Band 3, Berlin: Verlag die Jonglerie.
Becker, T. (2008a). Re-Searching for New Perspectives: Ritual Abuse/Ritual Abuse as Ideologically Motivated Crimes. In Noblitt, J. R. & Perskin, P. S. (Eds.), Ritual Abuse in the 21st Century: Pychological, Forensic, Social and Political Implications. Bandon, OR: Robert D. Reed.
Becker, T. (2008b). Organisierte und rituelle Gewalt. In Fließ, C. & Igney, C. (Hrsg.), Handbuch Trauma und Dissoziation. Interdisziplinäre Kooperation für komplex traumatisierte Menschen. Lengerich: Pabst Science Publishers.
Becker, T. & Felsner, P. (1996). Ritueller Missbrauch. In Arbeitsgemeinschaft Kinder- und Jugendschutz Hamburg e.V. (Hrsg.), Satanismus und Ritueller Missbrauch – Aktuelle Entwicklungen und Konsequenzen für die Jugendhilfe. Dokumentation einer Fachtagung. Hamburg: Eigenverlag.
Becker, T. & Fröhling, U. (1998). Definition Rituelle Gewalt – Handout. Lüneburg.
Becker, T., Karriker, W., Overkamp, B. & Rutz, C. (2008a). The Extreme Abuse Survey: preliminary findings regarding Dissociative Identity Disorder. In Sachs, A. & Galton, G. (Eds.), Forensic Aspects of Dissociative Identity Disorder. London: Karnac.
Becker, T., Karriker, W., Overkamp, B. & Rutz, C. (2008b). Exploring Commonalities Reported By Adult Survivors Of Extreme Abuse: Preliminary Empirical Findings. In Noblitt, J. R. & Perskin, P. S. (Eds.), Ritual Abuse in the 21st Century: Pychological, Forensic, Social and Political Implications. Bandon, OR: Robert D. Reed.
Benaissa, N. (1999). Im Namen meiner Schwester. Bremen: Atlantik-Verlag.
Best, J., Bromley, D.G. & Richardson, J. T. (1991). The Satanism Scare. Hawthorne, NY: Aldine deGruyter.
Bundesverwaltungsgericht (1992a). BVerwG / C 21.90 vom 27.3.1992.
Bundesverwaltungsgericht (1992b). BVerwG / C 28.90 vom 27.3.1992.
Burkert, W. (1997). Homo Necans. Interpretationen altgriechischer Opferriten und Mythen. (2. bearbeite Neuauflage). Berlin: Gruyter.
Coleman, J.(2001). Ritueller Missbrauch im United Kingdom. In BAG Prävention und Prophylaxe e.V. (Hrsg.), Rituelle Gewalt. Schriftenreihe gegen sexualisierte Gewalt – Band 3. Berlin: Verlag die Jonglerie.
Conway, F. & Siegelman, J. (1979). Snapping. America's Epidemic of Sudden Personality Change. New York: Dell Publishing.
Dardenne, S. (2004). Ihm in die Augen sehen. Meine verlorene Kindheit – 80 Tage in der Gewalt von Marc Dutorux. München: Droemer.

Deutscher Bundestag (1998). BT-Drs. 13/11216: Kleine Anfrage der Abgeordneten Renate Rennebach, Dr. Monika Ganseforth, Dr. Jürgen Meyer (Ulm), Ulla Schmidt (Aachen), Gisela Schröter, Cornelie Sonntag-Wolgast u.a.: „Rituelle Gewalt in Kinderhändlerringen und destruktiven Kulten".

Deutscher Bundestag (1998). BT-Drs. 13/11275: Antwort der Bundesregierung auf BT-Drs. 13/11216: Kleine Anfrage der Abgeordneten Renate Rennebach, Dr. Monika Ganseforth, Dr. Jürgen Meyer (Ulm), Ulla Schmidt (Aachen), Gisela Schröter, Cornelie Sonntag-Wolgast u.a.: „Rituelle Gewalt in Kinderhändlerringen und destruktiven Kulten".

Deutscher Bundestag (1998). Drucksache 13/10950: Endbericht der Enquete-Kommission „Sogenannte Sekten und Psychogruppen". Bonn: Bundesdruckerei.

Christiansen, I. (1996). Satanismus. In Arbeitsgemeinschaft Kinder- und Jugendschutz Hamburg e.V. (Hrsg.), Satanismus und Ritueller Missbrauch – Aktuelle Entwicklungen und Konsequenzen für die Jugendhilfe. Dokumentation einer Fachtagung. Hamburg: Eigenverlag.

Eels, L. & Jonker, K. (2000). Satanism in South Africa. Lynnwood Ridge: Amabhuku Publications.

Eimuth, K.-H. (1996). Die Sektenkinder – Missbraucht und betrogen – Erfahrungen und Ratschläge. Freiburg im Breisgau: Herder.

Enders, U. (1995). Zart war ich, bitter war's. Handbuch gegen sexuelle Gewalt an Mädchen und Jungen. Köln: Kiepenheuer und Witsch.

FBI-Federal Bureau of Investigation – Special Agent in Charge-Bureau Los Angeles (1969). Air Mail to Director, FBI, LA 88-16511 – 8/15/1969; Subject: Georgina R. Brayton et al.

Finkelhor, D., Meyer Williams, L. & Burns, N. (1989). Nursery Crimes – Sexual Abuse in Day Care. Newbury Park, CA: Sage Publications.

Fraser, G. A. (Ed.) (1997). The Dilemma of Ritual Abuse. Cautions and Guides for Therapists. Washington: American Psychiatric Press.

Fraser, G. A.. (1997a). Introduction. In Fraser, G. A. (Ed.), The Dilemma of Ritual Abuse. Cautions and Guides for Therapists. Washington: American Psychiatric Press.

Fröhling, U. (2008). Vater unser in der Hölle. Bergisch Gladbach: Bastei Lübbe.

Fromm, R. (2003). Satanismus in Deutschland. Zwischen Kult und Gewalt. München: Olzog.

Fürniss, T. (1993). Kinder und Familien im trauma-organisierten System von Sexringen. Familiendynamik, 18, 266 ff.

Gascard, J. (1984). Neue Jugendreligionen. Zwischen Sehnsucht und Sucht. Freiburg im Breisgau: Herder.

Gerard, R. (1987). Das Heilige und die Gewalt. Zürich: Benziger.

Golston, J. (1992). Ritual abuse: Raising Hell in Psychotherapy: Part-Two – Comparative Abuse: Shedding Light on Ritual Abuse Through The Study Of Torture Methods in Political Repression, Sexual Sadism and Genocide. Treating Abuse Today, Vol. 2, No. 6.

Goodwin, J. M. & Hill, S. (1989). Satanism: Similarities Between Patients Accounts And Pre-Inquistion Historical Sources. Dissociation, 2 (1), 39-44.

Hassan, St. (1992). Ausbruch aus dem Bann der Sekten – Psychologische Beratung für Betroffene und Angehörige. Reinbek: rororo.

Hersha, Ch., Hersha L., Schwarz, T. & Griffis, D. W. (2001). Secret Weapons. Two Sisters' Terryfying True Story of Sex, Spies and Sabotage. Far Hills, NJ: New Horizon Press.

Hofman, B. (2002). Terrorismus – der unerklärte Krieg. Bonn: Bundeszentrale für politische Aufklärung.

Huber, M. (1995). Multiple Persönlichkeiten – Überlebende extremer Gewalt. Ein Handbuch. Frankfurt am Main: Fischer.

Huber, M. (2003). Wege der Traumabehandlung. Trauma und Traumabehandlung, Teil 2. Paderborn: Junfermann.

Introvigne, M. (1998). „Brainwashing". Career of a Myth in the United States and Europe. Vortrag am 28.03.1998 in Marburg an der Lahn.

Introvigne, M. (2000). Gehirnwäsche und Sekten: Interdisziplinäre Annäherungen. Marburg an der Lahn: Diagonal-Verlag.
Jäckel, K. (2003). Isis, die Fürstin der Nacht. Bergisch Gladbach: Bastei Lübbe.
Keith, J. (1998). Bewußtseinskontrolle. Peiting: Edition Jonathan May.
Koch, E. R. & Wech, M. (2004). Deckname Artischocke. Die geheimen Menschenversuche der CIA. München: Goldmann.
König, P.-R. (1994). Materialien zum O.T.O. München: Arbeitsgemeinschaft für Religions- und Weltanschauungsfragen.
Lifton, R. J. (1987, deutsch 1994). Sekten: Totalitäre Religion und Bürgerrechte. In: Lifton, Robert Jay: Das Ende der Welt. Über das Selbst, den Tod und die Unsterblichkeit. Stuttgart: Klett-Cotta.
Lifton, R. J. (1998). Ärzte im Dritten Reich. Berlin: Ullstein.
Lifton, R. J. (2000). Terror für die Unsterblichkeit – Erlösungssekten proben den Weltuntergang. München: Hanser.
Los Angeles County Commission for Women (1988). Report of the Ritual Abuse Task Force. Los Angeles: Los Angeles County Commission for Women, self published.
Louf, R. (1999). Sex Rings in Belgium: From a Survivor's Perspective. In Empty Memories (Ed.), Proceedings of the Symposium on Psychic Trauma and Dissociation – Utrecht, The Netherlands, 28 October 1999 (pp. 24-28). Amsterdam: Empty Memories.
Malony, H. N. (1988). Brainwashing, Coercive Persuasion, Undue Influence and Mind Control. Pasadena, CA: Integration Press.
Markowitz, A. (1993). Guidelines for Families. In Langone, M. D. (Ed.), Recovery From Cults. Help For Victims Of Psychological And Spiritual Abuse. New York, London: W.W. Norton.
Marks, J. (1981). The Search for the „Manchurian Candidate". The CIA and Mind Control. New York, London: W.W. Norton.
Melton, J. G. & Introvigne, M. (Hrsg.) (2000). Gehirnwäsche und Sekten: Interdisziplinäre Annäherungen. Marburg an der Lahn: Diagonal-Verlag.
Ministerie van Justitie & Directie Staats- en Strafrecht (1994). Rapport van de Werkgroep Ritueel Misbruik. Den Haag: Ministerie van Justitie, Directie Staats- en Strafrecht.
Mischo, J. (1987). Ein interdisziplinärer Zugang zum Thema „Dämonische Besessenheit". Materialdienst der Evangelischen Zentralstelle für Weltanschauungsfragen, 6, 153-173.
Möller, M. (2007). Satanismus als Religion der Überschreitung. Transgression und stereotype Darstellung in Erfahrungs- und Aussteigerberichten. Marburg an der Lahn: Diagonal-Verlag.
Nathan, D., Snedeker, M. (1995). Satan's Silence. New York: Basic Books.
Noblitt, J. R. & Perskin, P. S. (2000). Cult and Ritual Abuse – Its History, Anthropology And Recent Discovery In Contemporary America. Westport, CT: Praeger.
Noblitt, J. R. & Perskin Noblitt, P. S. (Eds.) (2008). Ritual Abuse In The 21st Century – Psychological, Forensic, Social, and Political Considerations. Bandon, OR: Robert D. Reed Publishers.
O.T.O. – Ordo Templi Orientis (2006). Settlement between the Ordo Templi Orientis on behalf of David Bottrill & Brent Gray and The Child Sexual Abuse Prevention Program Inc. & Dr. Reina Michaelson, dated 27 November 2006.
Pazder, L. & Smith, M. (1981). Michelle Remembers. New York: Pocket Books.
Perlmutter, D. (2004). Investigating Religious Terrorism and Ritualistic Crimes. Boca Raton, FL: CRC Press.
Prattos, T. & Yoeli, F. R. (2008). Terrorism is the Ritual Abuse of the Twenty-First Century. In Noblitt, J. R. & Perskin, P. S. (Eds.), Ritual Abuse in the 21st Century: Psychological, Forensic, Social and Political Implications. Bandon, OR: Robert D. Reed.
RA-Info: Believe The Children: Conviction List Ritual Abuse. Online unter http://www.ra-info.org/resources/ra_cases.html [Besucht am 04.04.2010].

Rauh, J. L. & Turner, J. C. (1990). Anatomy of a Public Interest Case Against The CIA. Hamline Journal of Public Law and Policy; Volume II Fall 1990, Number 2.

Ressler, R. (1992). Whoever Fights Monsters: My Twenty Years Tracking Serial Killers for the FBI. New York: Macmillan/St. Martin's.

Richardson, J. T. (1996). „Brainwashing" Claims and Minority Religions Outside the United States: Cultural Diffusion of a Questionable Concept in the Legal Arena. Brigham Young University Law Review. Nr 4, 1996.

Ross, C. A. (2000). Bluebird. Deliberate Creation of Multiple Personality by Psychiatrists. Richardson, TX: Manitou Publications.

Sachs, A. (2008). Infanticidal Attachment: The Link Between Dissociative Identity Disorder And Crime. In Sachs, A. & Galton, G. (Ed.), Forensic Aspects of Dissociative Identity Disorder. London: Karnac.

Sachs, A. & Galton, G. (Ed.) (2008). Forensic Aspects of Dissociative Identity Disorder. London: Karnac Books.

Sakheim, D. K. (1996). Clincial Aspects of Sadistic Ritual Abuse. In Michelson, L. K. & Ray, W. J. (Eds.), Handbook of Dissociation. Theoretical, Empirical and Clinical Perspectives. New York: Plenum Press.

Sakheim, D. K. & Devine, S. E. (1992). Out of Darkness. Exploring Satanism and Ritual Abuse. New York: Lexington Books.

Salter, A. (2006). Dunkle Triebe. Wie Sexualstraftäter denken und ihre Taten planen. München: Goldmann.

Sanders, E. (1971). The Family – The Story of Charles Manson's Dune Buggy Attack Battalion. New York: E. P. Dutton & Company.

Schetsche, M. (2002). Trauma im gesellschaftlichen Diskurs. Eröffnungsvortrag des 4. Kinderschutzforums (25. bis 27.9.2002 in Düsseldorf). Erstveröffentlichung in: Trauma und Traumafolgen – ein Thema für die Jugendhilfe, Hg. Bundesarbeitsgemeinschaft der Kinderschutz-Zentren e.V. Köln. Kinderschutz-Zentren.

Schmied-Knittel, I. (2008). Satanisch-Ritueller Missbrauch. In Schetsche, M. (Hrsg.), Empirische Analyse sozialer Probleme (S. 209-232). Wiesbaden: VS.

Sinason, V. (Ed.) (1994). Treating Survivors Of Satanist Abuse. London, New York: Routledge.

Sinason, V., Galton, G. & Leevers, D. (2008). Where Are We Now? Ritual Abuse, Dissociation, Police and the Media. In Noblitt, J. R. & Perskin, P. S. (Eds.), Ritual Abuse in the 21st Century: Pychological, Forensic, Social and Political Implications. Bandon, OR: Robert D. Reed.

Smith, M. & Pazder, L. (1981). Michelle Remembers. New York: Pocket Books.

Sprenger & Institoris, 1486 (Erstdruck) (1997). Der Hexenhammer. Malleus Malieficarum. Müchen: dtv.

Springmeier, F. (o. J.). The 13 Illuminati Bloodlines. Online unter http://fritz-springmeier.dbs2000ad.com/index.php [Besucht am 04.04.2010].

Springmeier, F. & Wheeler, C. (o. J.). The Illuminati Formula Used To Create a Total Mind Controlled Slave. Online unter http://fritz-springmeier.dbs2000ad.com/index.php [Besucht am 04.04.2010].

Springmeier, F. & Wheeler, C. (o. J.). Deeper Insights into the Illuminati Formula. Online unter http://fritz-springmeier.dbs2000ad.com/index.php [Besucht am 04.04.2010].

Stevens, A. & Price, J. (2000). Prophets, Cults and Madness. London: Duckworth.

Stolzenberger, J. (2004). Der Fall Marc Dutroux: Der Mittäter Bernhard Weinstein, gewisse Zeugenaussagen und die angeblich satanischen Hintergründe (7 pdf-Dateien). Online unter http://www.aufklaerungsgruppe-krokodil.de [Besucht am 04.04.2010].

Svali (2008/2009). Svali Speaks! Online unter http://svalispeaks.wordpress.com [Besucht am 04.04.2010].

Tate, T. (1991). Children For The Devil. Ritual Abuse And Satanic Crime. London: Methuen.

Terry, M. (1989). The Ultimate Evil. New York, Toronto: Bantam Books.

The Memory Debate Archives: Online unter http://www.tmdarchives.org [Besucht am 04.04.2010].

Van der Hart, O., Nijenhuis, E. & Steele, K. (2008). Das verfolgte Selbst. Strukturelle Dissoziation und die Behandlung chronischer Traumatisierung. Paderborn: Junfermann.

VCAT – Victorian Civil and Administrative Tribunal, Human Rights Division (2007). Order. 27 July 2007: Ordo Templi Orientis on behalf of Brent Gray & David Bottrill vs. Vivienne Legg & Dyson Devine.

Ward, C. A. (1989). Altered States of Consciousness And Mental Health. A Cross-Cultural Perspective. Newbury Park, CA: Sage Publications.

Washington Post, 31. Oktober 1969, „Boy Tells Of Chaining By Cultists".

Weinstein, H. M. (1990). Psychiatry and the CIA: Victims of Mind Control. Washington, DC: American Psychiatric Press.

Woodsum, G. M. (1998). The Ultimate Challenge – A Revolutionary, Sane and Sensible Response to Ritualistic and Cult-Related Abuse. Laramie, WY: Action Resources International.

Wright, L. (1994). Erinnerungen an Satan. Berlin: Byblos.

Zacharias, G. (1982). Der dunkle Gott. Die Überwindung der Spaltung von Gut und Böse. Satanskult und Schwarze Messe. Wiesbaden/München: Limes.

1.6 „Durch meine Schuld" – eine Innensicht. Rituelle Gewalt durch Mitglieder der christlichen Kirche

Anna Hafer

Durch meine Schuld

Durch meine Schuld
Durch meine große Schuld

Geboren im Juni 1970   einsam als Zwilling
Geboren und für schuldig erklärt
Geboren mit der Schuld am Tod des Zwillings
Geboren mit der Schuld, die Schwangerschaft,
die Abtreibungsversuche überlebt zu haben

Durch meine Schuld
Durch meine große, große Schuld

Zu klein, um zu wissen, was Schuldigsein bedeutet
aber trotzdem Schuldig

Durch die Schwangerschaft, durch meine Geburt wurde
meine – unsere Mutter krank
Ich war schuld   an ihren Erkrankungen,   an ihrem Rheuma,
                 an ihren Schmerzen,   an ihren Depressionen,
                 an ihrer Tablettensucht,   an ihren Selbstmordversuchen,
                 an ihren Kuren,   an ihren Krankenhausaufenthalten.
                 an ihren Klappsenaufenthalten
Ich war schuld, dass sie ihren Alltag und unseren Alltag nicht bewältigen konnte

Durch meine Schuld
Durch meine große, große Schuld

Ich war schuld, dass Mutti Papa nicht mehr an sich ranließ
Ich war schuld, dass Mutti ihren ehelichen Pflichten nicht mehr nachkommen konnte – wollte
Ich war selbst schuld, dass Papa mich dafür nutzen – benutzen durfte
Ich war selbst schuld, dass ich überlebt hatte,
so musste ich zwischen ihnen im Ehebett – unter dem Kreuz – mit dem gekreuzigten Jesu –
in der Mitte liegen
Mutti schob mich zu Papa, wenn Papa wollte
Papa zog mich zu sich, wenn Mutti nicht wollte, oder wenn Mutti nicht da war
Ich musste brav und lieb sein, denn der liebe Gott und Jesus sehen alles
Ich war selbst schuld

Durch meine Schuld
Durch meine große, große Schuld

Im katholischen Kindergarten lernte ich singen, beten und beichten
Zuhause musste ich viel beten und zu Gott beichten, denn ich war schuld

Als Kommunionkind lernte ich noch mehr Gebete, Kirchenlieder, Marienlieder
und den Rosenkranz
Ich lernte die richtige Beichte kennen und musste beichten
Beichten hilft, wenn man schuld ist

Ich wurde Messdienerin,
so konnte ich Gott dienen und Buße tun
Ich musste, so oft wie möglich dienen – sonntags – feiertags – werktags –
Beerdigungen – Hochzeiten – Taufen

Messdienen = Dienen = Buße tun

Unser Pastor ließ mich dienen – Gott dienen –
Und er bediente sich und ich musste dienen
Der Pastor wurde zum Freund der Familie
Der Pastor war Gottes Vertreter auf Erden
Der Pastor hatte die Macht, mich von allem Bösen zu befreien
Der Pastor hatte die Macht, mich von meiner Schuld,
von meiner großen, großen Schuld zu befreien und sie mir auszutreiben
Und das vor Gott, durch Ihn und mit Ihm

Ich glaubte an Gott, an den Gott aus dem Kinderlied:
„Gottesliebe ist so wunderbar, so wunderbar groß"
Mein Gott gab mir Kraft zum Leben – Weiterleben – Überleben

In einer Maserung des Altars erkannte nur ich das Antlitz „meines" Gottes
Das war mein Gott, zu dem ich flüchtete
Ich flüchtete zu ihm, wenn ich dem Pastor dienen musste,
wenn er mich erniedrigte vor Gott,
wenn er mir meine große, große Schuld austreiben wollte,
wenn er mich befreien wollte von meiner Schuld, von meiner großen, großen Schuld
Der Pastor durfte das
Der Pastor hatte die Erlaubnis meiner Eltern
Der Pastor sollte mir meine Schuld austreiben und
Mich befreien von meiner Schuld, von meiner großen, großen Schuld

Durch meine Schuld
Durch meine große, große Schuld

Der Pastor in mir – Gott in mir – das Gute in mir
Das Gute, das die Schuld und das Böse in mir austreibt
Ich auf dem Altar, geweihte Kerzen in mir, Gott in mir – das Gute in mir
Das Gute, das mich befreit von meiner Schuld, von meiner großen, großen Schuld

Mit 18 machte mich der Pastor vor Gott zu seiner Frau – mit Ring

Gemeindemitglieder redeten über uns, tuschelten, riefen meine Eltern an:
„Ihre Tochter verführt unseren Pastor"
„Man hat Ihre Tochter mit dem Pastor gesehen"
„Passen Sie besser auf Ihre Tochter auf, die geht im Pfarrhaus ein und aus"

Ich habe den Pastor verführt
Ich habe mich mit dem Pastor sehen lassen
Ich habe nicht aufgepasst

Durch meine Schuld
Durch meine große, große Schuld

Ich wurde als Hexe beschimpft
Ich war eine Hexe, die den Pastor verführt
Hinter meinem Rücken redeten die Menschen über mich
Freunde wollten nichts mehr mit mir zu tun haben

Meine Eltern prügelten mich dafür, dass man mich mit dem Pastor gesehen hat
Sie hatten mich zu ihm geschickt und ich hatte nicht aufgepasst
Ich habe mich sehen lassen

Durch meine Schuld
Durch meine große, große Schuld

Ich war eine Hexe
Eine Hexe, die den Pastor verführt hat
Hexen müssen bestraft
Hexen müssen gereinigt werden
Hexen müssen geopfert werden

Ich wurde bestraft
Ich wurde gereinigt
Ich wurde geopfert
Und immer sah ich das Antlitz „meines" Gottes im Altar und „flüchtete"

Meine Schwager, evangelischer Theologe, promovierter Biologe und Oberstudienrat
Und der katholische Pastor praktizierten Ökumene – gelebte Ökumene
Mein Schwager hatte eine depressive Frau, seine Söhne hatten eine depressive Mutter

Durch meine Schuld
Durch meine große, große Schuld

Mein Schwager durfte mich für meine Schuld bestrafen
Mein Schwager durfte mir meine Schuld austreiben
Er durfte den Heiligen Geist in mich hineinführen
Meine Schwester wusste das
Ich war selbst Schuld,
denn durch mich – mit meiner Geburt hatte sie ein schweres Leben
denn durch mich – mit meiner Geburt musste sie auf vieles verzichten
Mein Schwager und der Pastor zelebrierten gemeinsam die Austreibung meiner Schuld
Gemeinsam waren sie noch mächtiger
Und immer sah ich das Antlitz „meines" Gottes im Altar und „flüchtete"

Meine Schwester besorgte mir als Arzthelferin immer Tabletten, die meine Schmerzen wegmachten
Schmerzen beim Pipimachen, Schmerzen im – am – um den Mund herum

Mein Vater starb, da war ich 20
Meine Mutter schrie: „du bist schuld, du hast ihn ins Grab gebracht,
Du hast den Pastor verführt, wegen dir reden alle über uns…"
Mein Vater starb
Durch meine Schuld
Durch meine große, große Schuld

Ca. 30 Jahre war ich gefangen in meiner Schuld, in meiner großen, großen Schuld
Ca. 30 Jahre hielten mich meine Familie und der Pastor gefangen
Ich versuchte, mich zu wehren
Ich wollte nicht mehr bestraft, geopfert, von Schuld befreit werden
Als Antwort darauf missbrauchten sie vor Gott und vor meinen Augen meinen Neffen, den ältesten Sohn meiner Schwester

Und ich war schuld
Durch meine Schuld
Durch meine große, große Schuld mussten sie DAS meinem Neffen antun
Ich war schuld an seinem Leid
Fünf weitere Jahre brauchte ich, um meinen endgültigen Ausstieg anzugehen
Fünf furchtbare Jahre, denn ich war schuld an dem,
was der Missbrauch bei meinem Neffen ausgelöst hat
Ich war schuld an den Spuren, die der Missbrauch hinterlassen hat
Diese Schuld werde ich vielleicht immer spüren, da ich meinen Neffen liebe
Ich dachte, wenn ich bleibe, wenn ich für ihn da bin,
wenn ich alles ertrage – aushalte – mitmache – diene – Buße tu …,
dann helfe ich wenigstens ihm und sie lassen meine anderen vier Neffen „unberührt"

Jedoch ging es mir physisch und psychisch immer schlechter
Schlafstörungen, Essstörungen, selbstverletzendes Verhalten, aggressive Ausbrüche
und Suizidgedanken verstärkten sich
Meine Fassade bröckelte
Bis dahin lebte ich nach außen, als eine sehr gut funktionierende Diplom-Sozialarbeiterin
Ich hatte eine Traumstelle in einem Gemeindepsychiatrischen ambulanten Zentrum und arbeitete dort mit psychisch Kranken und deren Angehörigen
Ich hatte ein gutes soziales Umfeld, war aktiv und sehr sportlich

All das = Fassade und Halt zugleich = Überlebensstrategie

Niemand in meinem sozialen und beruflichen Umfeld wusste von meinem Leben
mit meiner Schuld, mit meiner großen, großen Schuld
Lange Zeit versuchte ich meiner Therapeutin etwas vorzuspielen
Versuchte lange Zeit, wie gewohnt zu funktionieren, die Kontrolle zu behalten
Doch dann wurden die Suizidgedanken immer stärker und
mein Leben wurde zur Gratwanderung
Es musste etwas passieren
Ich ging auf die Traumastation einer psychiatrischen Klinik
Auch dort versuchte ich zu funktionieren, meine Fassade zu wahren,
kompetent und sicher aufzutreten
Irgendwann ging auch das nicht mehr

Ich spürte, dass ich mich einlassen und die Chance nutzen,
oder den nächsten Bahnübergang aufsuchen muss
Ich entschied mich für die Chance und fing an für mich zu kämpfen

Durch den Aufenthalt auf der Traumastation,
durch einen sofortigen Wohnortwechsel, eine Namensänderung, die Kündigung meines Arbeitsplatzes, durch Abbrüche zahlreicher Bekanntschaften, einige Auskunftssperren,
durch den kompletten Kontaktabbruch zu meiner Familie (auch zu meinen Neffen, die ich liebe und vermisse),
durch den kompletten Kontaktabbruch zu dem Pastor,
durch die bis heute laufende sehr kompetente therapeutische Behandlung und Begleitung,
durch das Weiterbestehen stabiler Freundschaften
und dank einer festen Partnerschaft, die häufig überfordert und geprüft wurde,
bin ich auf einem guten Weg, mein Leben ohne meine Schuld,
ohne meine große, große Schuld zu leben.
Für mich zu kämpfen, lohnt sich

1.7 Systematische Kinder-Abrichtung in Deutschland

Sylvia Schramm

1.7.1 Einleitende Worte

Seit Jahren hält sich in mir ein Erstaunen und Entsetzen über die nüchterne, routinierte Systematik der Manipulation und Abrichtung von Kindern in unserem Land. Betroffene, die in den 50er-, 60er-, 70er- und 80er-Jahren geboren wurden, berichten ähnliche Erfahrungen mit großer Scheu und tiefer Scham. Die Eltern dieser mittlerweile erwachsenen Kinder scheinen an der Abrichtung fast immer beteiligt, aber vieles passierte zusätzlich im professionellen Rahmen. In unserer Gesellschaft wird diese Form der Gewalt bisher kaum wahrgenommen, so dass Tätergruppen ohne Behinderung ihren perversen Neigungen nachgehen können und einige dadurch zusätzlich enorm viel Geld verdienen.

Mein Ziel ist die Verbesserung der Nachvollziehbarkeit und damit auch der Glaubhaftigkeit solcher Berichte, damit betroffene Menschen zukünftig leichter und schneller angemessene Unterstützung auf allen Ebenen der Gesellschaft erhalten können. Dieses Kapitel stellt einen Versuch dar, die zugrunde liegende Struktur im Vorgehen der Tätergruppen zu beschreiben. Ich habe mich im Vorfeld mit der Frage auseinandergesetzt, ob die Schilderung der Mechanismen potentiell pädocrime TäterInnen anregen könnte, ihr Ziel nachhaltiger zu verfolgen. Aber mir erscheint es erstens nicht wahrscheinlich, dass dieser Personenkreis dieses Buch liest, und zweitens gibt es andere Wege, solche Informationen zu erhalten, die mir nicht zugänglich sind. Die Tätergruppen sind bisher leider besser vernetzt als die Helfer- und Ermittlungssysteme.

Als Quellen dienen mir
1. die berichteten Erfahrungen von Betroffenen aus meiner traumatherapeutischen Praxis sowie aus persönlichen und telefonischen Ausstiegsbegleitungen
2. immer wieder anonymisierte Schilderungen von Sozialpädagoginnen, Erziehern, Krankenschwestern, Pfarrern und Lehrerinnen aus ganz Deutschland, die in den letzten 7 Jahren unsere Jahresfortbildungsgruppen zur FachberaterIn für Psychotraumatologie in Kassel und Hamburg absolviert haben
3. der kontinuierliche Austausch mit psychotraumatologisch versierten KollegInnen
4. der kleine, feine Fachaustausch zu Ritueller Gewalt in Kassel

Nachvollziehbarerweise dienen mir Äußerungen von Tätergruppen nicht als Quelle. Persönlich halte ich die meisten Schilderungen der Betroffenen für glaubhaft, wobei mich die Beweisbarkeit als Psychologische Psychotherapeutin nachrangig interessiert. Genaue

Zahlen oder wissenschaftliche Studien fehlen zu diesem Gebiet noch vollständig. Beispiele sind zum Schutz der Betroffenen verfremdet und nur mit deren Erlaubnis beschrieben. Berichte von Betroffenen sind als solche zu erkennen.

Schon vor Jahrzehnten, lange bevor das World Wide Web die Informationsvermittlung extrem vereinfacht hat, wurde Expertenwissen über Lerntheorie, kognitive Manipulation und Abrichtung scheinbar problemlos in alle Regionen unseres Landes transportiert und dort in der Stadt und auf dem Land, in Nord-/Süd-/West- und Ostdeutschland benutzt, um Kinder gefügig und funktionstüchtig zu machen. Kinder und Jugendliche aller gesellschaftlichen Schichten sind betroffen. Wissen und Erfahrungen werden auch transgenerational weitergegeben. Erfahrungen aus Diktaturen über Folter und Gehirnwäsche dienen ebenso zur Orientierung wie die so genannte „schwarze Pädagogik", mit der Kinder in manchen Kinderheimen gedrillt und gedemütigt wurden. Verhaltenstherapeutisches und hypnotherapeutisches Know How wird hierfür ebenso eingesetzt wie bewusstseinsverändernde Medikamente oder Drogen. Immer wieder berichten Betroffene die Anwesenheit von psychologisch und medizinisch ausgebildeten Personen, die die Taten begleiten, durchführen oder körperliche Folgeschäden in Grenzen halten sollen.

1.7.2 Wozu das alles ?

Die Ziele der Tätergruppen sind nachvollziehbar, wenn wir uns für einen Moment die unangenehme, aber sinnvolle Mühe machen, die Perspektive zu wechseln. Was wollen diese Menschen also?

Es gibt eine gewaltige Menge erwachsener Männer und Frauen, die sich nach dem Quälen und Vergewaltigen von Kleinkindern, Kindern und Jugendlichen sehnen und die beschließen, dass sie diese Gelüste mit Gleichgesinnten auch ausleben möchten. Diese Männer und Frauen wollen kleine Mädchen und Jungen prügeln und an Haken aufhängen, gemeinsam in Gruppen sexualisierte Gewalt gegen Kinder ausüben, die Kinder qualvoll leiden sehen, die Kinder mit Blut beschmieren und zur Sodomie zwingen. Die große Nachfrage nach und Produktion von Hardcore-Kinderpornos spricht hier eine deutliche Sprache.

Diese Erwachsenen wollen ihre Neigungen häufig aktiv, anonym und ungestört zur eigenen Lust- und Machtmaximierung ausüben. Manche zahlen dafür viel Geld und verlangen einen reibungslosen Ablauf sowie absolute Diskretion bei ihren Treffen. Viele scheinen der Mittelschicht und Oberschicht anzugehören, das heißt, sie haben einen guten Ruf in ihrem beruflichen und sozialen Umfeld zu verlieren. Viele definieren sich zusätzlich über die Zugehörigkeit zu geheimen Runden, zu deren Doktrin das ideologisch verbrämte Überschreiten aller ethischen Grenzen gehört.

Dafür ist es eine notwendige Voraussetzung, Kinder möglichst robotergleich nutzen zu können. Sie sollen nicht weinen, schreien, jammern, es sei denn in den Rollenspielen ist das erwünscht. Sie sollen nicht erbrechen, einnässen, einkoten, es sei denn, es ist von den Erwachsenen erwünscht. Sie sollen gegebenenfalls lächeln, damit manche der Erwachsenen in ihrer Illusion bleiben können, für die Kinder sei der Sex ebenfalls schön. Sie sollen auch nicht zu schnell vor Schmerzen ohnmächtig werden. Und sie sollen möglichst wenig erinnern an Orten, Räumen, Gesichtern und Namen. Es sind Kinder erforderlich, die sofort tun, was Erwachsene ihnen signalisieren, die sich nicht reflexhaft wehren, die soviel Schmerzen und Leiden wie möglich bei Bewusstsein aushalten und sich nach solchen Foltererfahrungen am nächsten Tag wieder so unauffällig wie möglich in Kindergarten und Schule verhalten. Allerhöchstens gelten sie als verträumt, abwesend und unaufmerksam, etwas blass und scheu.

In manchen Täterringen wird bei der grundlegenden Abrichtung genau registriert, wobei sich einzelne Kinder besonders talentiert anstellen. Diese Talente werden dann im späteren Kindes- und Jugendalter gezielt weiter „gefördert" bzw. ausgebeutet. Kann ein Kind besonders schnell laufen und ist wenig ablenkbar, eignet es sich zusätzlich als Drogenkurier. Kann ein Kind konsequent alle Empathie abspalten und gut logisch denken, kann es andere Kinder programmieren lernen. Hat ein Kind ein sicheres Repertoire an sexuellen Techniken, eignet es sich langfristig als SexarbeiterIn.

Wer diese Erfahrungen glücklicherweise nicht über sich ergehen lassen musste, hat häufig Mühe, sich die Belastbarkeit und Funktionstüchtigkeit von Kindern in dieser Weise vorzustellen. Viele der Betroffenen aber sind stark dissoziativ und später als Erwachsene unauffällig im Außen, denn dazu wurden sie von klein auf abgerichtet. Viele Betroffene leben vermutlich unauffällig ihren Alltag und wissen vom Geschehen nur Bruchstücke, die sie unter „perverse Fantasie" abspeichern. Andere zerbrechen psychisch und berichten als LangzeitpatientInnen in Psychiatrien von skurrilen Erinnerungen, die kaum glaubhaft scheinen. Es sterben auch einige. Manche ungeklärte Suizide könnten hier eingeordnet werden. Immer mehr holen sich in den letzten Jahren professionelle Unterstützung für ihren mühsamen Weg ins Leben. Diese Menschen haben bisher häufig keine Kraft übrig oder kein Vertrauen in die Strafverfolgung dieser organisierten Gewalttaten. Alle bedienen aber ein Ziel der Tätergruppierungen: Die fehlende Sichtbarkeit in der Gesellschaft, denn die ist nach wie vor der wirksamste Täterschutz.

1.7.3 Methoden systematischer Manipulation und Abrichtung von Kindern

Meist beginnt diese Arbeit im Kleinkindalter, in dem kleine Menschen besonders lernwillig und lernbegierig sind. Sie können in diesem Lebensstadium weder hirnphysiologisch noch entwicklungspsychologisch gesehen Distanz zu den vermittelten Verhaltensregeln und Verhaltensweisen einnehmen. Eltern und andere Bezugspersonen sind noch allmächtig und die Abhängigkeit ist existenziell. Ihre Botschaften werden leicht und tief verinnerlicht.

1.7.3.1 Bestrafungslernen

Kinder aus solchen Familien und Gruppen lernen früh, dass die Meinung der Eltern und anderer Erwachsener in allen Fällen richtig ist, dass Widerstand oder Verweigerung zwecklos ist und dass geringste Abweichungen vom gewünschten Verhalten sofort oder verzögert, aber immer konsequent schwere Sanktionen nach sich ziehen. Die Folgen des eigenen Verhaltens sind für die Kinder nicht vorhersehbar, nicht steuerbar und nicht vermeidbar. Auch die Härte der Strafen für ein und dasselbe Fehlverhalten variiert oft. Sie lernen außerdem, dass Strafen zu Hause und nie in der Öffentlichkeit stattfinden. Lernen erfolgt hier durch Konditionierung mit negativen Konsequenzen. Auslöser für Bestrafungen sind oft ganz normale, alterstypische Verhaltensweisen wie den Kopf schütteln, ungefragt reden, vor dem abendlichen Einschlafen noch einmal Mutti rufen, das kleine Schwesterchen unerlaubt streicheln, ein Glas Milch umwerfen, die Schuhe stehen lassen, der Kindergärtnerin den blauen Fleck zeigen, morgens verschlafen oder nachts noch mal aus den Bett aufstehen. Als Strafen dienen einzelne Schläge gegen Kopf und Körper mit Faust oder Gegenständen, Prügel, Einsperren an kalten, dunklen Orten, Nadeln in die Haut stecken, Würgen, den Kopf unter Wasser drücken und Vergewaltigungen. Ein Teil dieser Erwachsenen scheint enorme sadistische Fantasien bezüglich der Strafmöglichkeiten zu entwickeln. Wichtig ist dabei auch, dass die Folgen der Bestrafungen am nächsten Tag nicht mehr zu sehen sind oder über Ausreden erklärt werden können. Zur Not bleibt das Kind für ein, zwei Tage wegen einer Erkältung zu Hause.

Was hier für Außenstehende ganz deutlich wird, ist die vollständige Unverhältnismäßigkeit der drakonischen Strafen zu den „Fehlern" der Kinder. Ziel ist hierbei die Vermittlung der grundlegenden Botschaften: Du bist fehlerhaft. Jeder eigene Impuls könnte falsch sein. Alles was du eigenständig tun willst, kann schmerzhaft und bedrohlich enden. Wir sehen und strafen alle deine Fehler. Wir sehen immer, was du tust. So wird ein Erleben von kompletter Kontrolle gebahnt.

1.7.3.2 Anti-Ekeltraining

Was den Kindern in den nächsten Jahren passieren wird, überschreitet alle Ekel- und Hemmschwellen. Hierauf werden diese Kinder gezielt vorbereitet, indem ihnen das Ekelempfinden abtrainiert wird. Ekelempfinden erzeugt normalerweise schnelle, reflexhaft starke Vermeindungsimpulse und ein ablehnendes Verhalten. Ein solches Verhalten würde aber spätere Täter stören, S-M-Kinderpornodrehs blockieren, den Ablauf von Kinderprostitutionstreffen oder nächtlichen Ritualen beeinträchtigen. Ein Anti-Ekeltraining im Kleinkindalter soll helfen, dies zu verhindern. Die Schilderungen der Betroffenen ähneln sich. Das kleine Kind wird in regelmäßigen Abständen gestuft immer stärker Ekel erzeugenden Reizen über Minuten oder Stunden ausgesetzt, denen es nicht entkommen kann. Wenn die ersten Übungseinheiten absolviert wurden, wird der Schwierigkeitsgrad jedes Mal systematisch stufenweise erhöht. Typischerweise wird geschildert: das Eingesperrt-Sein in einer engen Kiste oder einem engen Käfig mit Spinnen, Ratten, Würmern, Maden, Schlangen, Knochen; das erzwungene Essen von Würmern, Käfern, Maden; liegen in oder eingerieben werden mit Kot, Urin, Blut, Sperma, Dreck; das erzwungene Essen/Trinken von Kot, Urin, Blut, Sperma und Erbrochenem.

Was mittlerweile in TV-Shows von Privatsendern als Unterhaltung von Erwachsenen für Erwachsene angeboten wird, dient hier bei der erzwungenen Ausübung an Kindern ganz anderen Zwecken. Das Kind zeigt nach und nach keine körperlichen Abwehrreaktionen mehr und ist somit gefügig und leichter zu benutzen. Auch das Austauschen der Kinder untereinander ist weniger kompliziert. Die Erwachsenen können problemlos per Gesten oder kurze Stichworte kommunizieren, was ein Kind kann bzw. aushält.

1.7.3.3 Milieukontrolle

Den Kindern wird häufig ein einfaches, polarisiertes Weltbild vermittelt. Was in unserer Familie passiert, geht keinen außerhalb etwas an. Wir haben eigene Regeln in unserer kleinen Welt, die dadurch sicher ist. Die Welt außerhalb ist bedrohlich, fremd und zu vermeiden. In der Außenwelt kann man kein Verständnis erwarten. Kontakte nach außen sollen oberflächlich bleiben. Kinderfreundschaften mit gegenseitigen Besuchen in den anderen Familien sind nicht gern gesehen. Sie finden nur insoweit statt, als sie für ein unauffälliges Alltagsleben im gesellschaftlich vorgesehenen Rahmen notwendig sind.

Als Ziel geht es um Kontrolle des Milieus, in dem sich ein Kind bewegt. Andere Umfelder mit anderen Erziehungsstilen, anderen Kommunikationsformen, einem anderen innerfamiliären Umgang sollen so lange wie möglich nicht ins Bewusstsein dieser Kinder vordringen. Alle alternativen Lebensformen, die zum Vergleichen anregen, erhöhen das Risiko, die vollständige Kontrolle über das Denken der Kinder zu verlieren. Fragen, Zweifel und kritische Auseinandersetzung werden so lange es geht, verhindert. Manche der erwachsenen Betroffenen, die solchen Strukturen entkommen sind, werfen sich im Nachhinein vor, das Lügengebäude nicht schneller durchschaut zu haben. Hier hilft der Blick auf die gängigen Sekten, um dieselben und dort ebenfalls wirkungsvollen Mechanismen zu entdecken. Geschlossene Systeme verhindern das Einnehmen von Distanz und machen so eine vergleichende Beurteilung unmöglich.

1.7.3.4 Diskriminierungslernen

hell – dunkel
Die erste Unterscheidung ist oft eine bewusste Zweiteilung der Wirklichkeit: alles, was tags vs. alles, was nachts passiert; was im Hellen vs. was im Dunklen geschieht; was über der Erde (Wohnung, Kindergarten, Schule, Büro, Kirche) vs. unter der Erde (Keller, Bunker, Katakomben, Höhle) geschieht. Die zwei Welten existieren aus dem Erleben der Betroffenen jahrelang, oft jahrzehntelang völlig getrennt voneinander. Und in beiden Welten gelten unterschiedliche Regeln und Gesetze, die eingebläut werden, bis sie 100%ig sitzen. Hier wird Schwarz-Weiß-Denken in Perfektion umgesetzt. Beispiele sind: Tags lä-

chelt man Fremde freundlich an, nachts hält man den Blick vor Fremden gesenkt oder tags darf man draußen im Garten mit den Geschwistern tollen, nachts steht man still abwartend nebeneinander in der Reihe, bis ein Befehl kommt. Nachts und im Dunklen wird ein Verhalten gefordert, dass von Kindern schweigendes Warten, dann auf ein Signal sofort wie gelernt reagieren, dann wieder schweigendes Warten verlangt. Kindliche Bedürfnisse und Impulse werden so auch aus der Sicht der Kinder immer unwichtiger.

stark – schwach
Manche Betroffene berichten später schamerfüllt, dass sie stolz waren, wenn sie alle Regeln voll erfüllt haben, besonders wenn sie besser als andere Kinder waren. Der Wunsch nach Anerkennung ist ein grundmenschliches Bedürfnis und Vergleiche auf der Leistungsebene gehören in den Entwicklungsprozess von Kindern und Jugendlichen. Der Wettbewerb und die Entwertung der „fehlerhaften" Kinder wird dort aber gezielt genutzt, um Keile zu treiben und auch zwischen den Kindern zu spalten. Dabei wird schon vermittelt, dass nur die Besten gut und die Schwachen wertlos sind. Faschistisches Denken prägt diese Tätergruppen stark und wird als Grundhaltung an die Kinder vermittelt. Stärke ist wertvoll, Schwäche ist wertlos. Überlegenheit ist anzustreben, Unterlegenheit zu vermeiden. Oben sein zählt alles, unten ist der Dreck. Perfektion ist das Ziel für die Besten und ein Scheitern an Aufgaben kennzeichnet die Versager und auf die wird herabgeschaut. Diese Grundhaltungen prägen auch heute noch den Alltag in unserer Leistungsgesellschaft. Es existiert für viele eine heimliche oder offene Gleichsetzung von Erwerbslosigkeit mit Wertlosigkeit. Auch Robert Enkes Suizid in 2009, der wohl aus Angst vor der Offenlegung seiner psychischen Krankheit auf stationäre Behandlung verzichtete, ist hierfür ein Beispiel. Was das Vorgehen in diesen Gruppen von unserer restlichen Gesellschaft deutlich unterscheidet, ist das direkte und offene Abstrafen und Quälen der Versagerkinder durch Erwachsene und andere Kinder. Es wird schnell körperlich spürbar, was es bedeutet, „unten" zu sein. Prügeln, peitschen, spucken etc. sind dann gängige Strafen.

1.7.3.5 Aktiv Dissoziationen erzeugen

Ein weiterer Schritt im Abrichtungsprozess ist das gezielte Hervorrufen von Dissoziationen bei den Kindern. Die natürliche menschliche Fähigkeit zur innerpsychischen Aufspaltung, zur Abspaltung von Gefühlen und Erinnerungen wird verstärkt. Derealisation (Entfremdung von der Realität) und Depersonalisation (Entfremdung vom eigenen Körper) können durch existenzbedrohliche, die Informationsverarbeitungssysteme überflutende Erfahrungen sozusagen als Nebenprodukt auftreten.

Die Aufspaltung der kindlichen Persönlichkeit in mehrere Teilpersönlichkeiten, die jeweils für bestimmte Erfahrungen, Erinnerungen und Arbeitsaufträge amnestisch sind, wird nach der Schilderung Betroffener allerdings häufig unter Folterbedingungen ganz aktiv erzeugt. Zumindest scheint dies viel häufiger zu geschehen, als in psychotraumatologischen Fachkreisen bisher benannt wird. Menschen, die eine Dissoziative Identitätsstörung oder eine stark dissoziative Persönlichkeit (Dissoziative Störung nnb) entwickelt haben, sind in den ersten Jahren ihres Lebens oft gezielt zu einem Teil der Dissoziationen genötigt worden. Der Sinn dieses Vorgehens ist aus Sicht der Täter klar: Kinder, die alle Wochenend-Erfahrungen von Kinderprostitution im Inneren der Persönlichkeit unter einem Anteil namens „Lili" gespeichert haben, von denen die restliche Person im Alltag nichts weiß, verhalten sich leichter unauffällig. Kinder, die alle Erfahrungen von nächtlichen S-M-Blutritualen unter einem anderen Anteil namens „Zorro" gespeichert haben, würden im Alltag alle Verbindungen zu solchen Taten voller Überzeugung glaubhaft abstreiten. Als mäßig computerversierter Mensch erscheint mir die Analogie zu Dateien und Ordnern auf der Festplatte zwar gruselig, aber nützlich zum Verständnis. Denn die Tätergruppen, die ihre Kinder austauschen, geben sich problemlos die Codes zur Bedienung weiter wie Passwörter, die auch Fremden erlauben, die gewünschte Datei zu öffnen, um das dort gespeicherte, angelernte Wissen und Verhalten zu nutzen und danach wieder zu schließen. Wenn die Kinder nach einem Wochenende wieder zu den Eltern zurückgebracht werden, wissen sie nichts mehr, außer dass ihnen der Körper wehtut und sie völlig erschöpft sind. Auf dieser Grundlage werden auch die im Weiteren geschilderten Programmierungen durchgeführt und bleibend in das Gedächtnis des Kindes eingebrannt.

1.7.3.6 Grundüberzeugungen im Gehirn fixieren

Die Tätergruppen haben zur Eigensicherung ein großes Interesse daran, den Kindern die für sie sinnvollen Glaubenssätze so stark und tief einzuprägen, dass diese möglichst ein Leben lang halten. Hierfür werden wieder Folterbedingungen genutzt. Die kleinen Kinder müssen zum Teil in Trance, unter Schlafentzug oder unter Drogen auf Abruf sofort die vorgegeben Aussagen als Ich-Botschaft korrekt wiederholen. Fehler werden mit Stromstößen, Unter-Wasser-Drücken des Kopfes, die dunkle Kiste wieder schließen etc. geahndet. Oft werden diese abgenötigten Autosuggestionen an einzelne Persönlichkeitsteile gekoppelt und sind so für das Alltagsbewusstsein verborgen.

Schweigegebot
Eine zentrale Grundüberzeugung, die im Gehirn der Kinder fixiert wird, ist das unumgängliche Schweigegebot. Es stellt sozusagen die goldene Regel der Kinderfoltergruppen dar. Kinder lernen zu verinnerlichen, dass sie nie und unter keinen Umständen etwas erzählen dürfen von dem, was ihnen passiert ist, falls Erinnerungen auftauchen an Taten und Täter. Es wird zusätzlich eingepflanzt, dass kein Mensch heute und später diese Erinnerungen je glauben wird, dass man selbst ins Gefängnis kommt für diese Berichte und auch häufiger, dass die wichtigsten Menschen direkt danach sterben werden. Es ist nicht schwierig, Kinder so zum Schweigen zu motivieren. Aber die natürliche Angst wird nicht als ausreichend sicher eingestuft. Das macht deutlich, dass die Tätergruppen sehr wohl wissen, dass ihre Abrichtungen oft nicht dauerhaft funktionieren.

Lebenslange Zugehörigkeit

Sehr bedeutsam ist auch die Suggestion der lebenslangen, unverbrüchlichen Zugehörigkeit zur Gruppierung XYZ. Von alleine gibt es keinen Weg, sich herauszulösen, sich zu trennen und zu verabschieden, speichern die Kinder früh und unter den üblichen brutalen Bedingungen. Ohne uns bist du nichts und kannst nicht überleben, heißt es. Andere werden dich eklig finden und ablehnen, denn kein anderer Mensch ist so widerlich wie du. So böse wie du bist, hast du nur bei uns deinen Platz. In der anderen Welt wirst du nur verachtet. Solche Botschaften vermitteln die vermeintliche Unmöglichkeit, auch im Erwachsenenalter ein komplett eigenständiges Leben anzustreben oder zu führen. Unabhängigkeit ist nicht nur nicht vorgesehen, sondern sogar strengstens untersagt. Selbst Autonomieimpulse sollen möglichst nicht gespürt oder ersehnt werden. Manche Gruppen haben gezielte Rauswurfrituale für unzuverlässiger werdende oder anderweitig nutzlos gewordene Mitglieder im Erwachsenenalter. Danach wird ein Bann verhängt, so dass keiner mehr mit diesen Menschen in Kontakt gehen darf. Der Ausstieg aus solchen Strukturen bedeutet fast immer einen Verlust an haltgebenden Strukturen und Bindungen.

1.7.3.7 Training zu absolutem Gehorsam und kompletter Unterwerfung

Zu diesem Aspekt der Abrichtung möchte ich einzelne berichtete Vorgehensweisen beschreiben, die selbsterklärend sind.
- Im örtlichen Schlachthaus gehen kleine Kinder nachts schweigend im Dämmerlicht, möglichst ohne auszurutschen, auf dem glitschigen Boden im Kreis, ohne den herunterhängenden Tierhälften ausweichen zu dürfen. Beim Zurückzucken oder Stolpern werden einzelne Kinder zu Boden geworfen, mit dem Gesicht in den Matsch gedrückt, müssen dann wieder aufstehen und weitergehen.
- Auf dem regionalen Hundeübungsplatz treffen sich nachts Väter mit ihren Grundschulkindern und lassen diese als Wettkampf Runden laufen, über Hindernisse klettern, schweigend auf Balken balancieren. Fehler werden mit Strafrunden geahndet, Erschöpfungspausen mit Schlägen. Alle Kinder schauen einander dabei zu.
- Ein besonders grausamer, häufig berichteter Weg der Tätergruppen ist die erzwungene Täterschaft. Kinder und Jugendliche werden teils unter Todesandrohung genötigt, andere Kinder zu quälen. Jugendliche Mädchen werden durch Vergewaltigungen geschwängert und nach eingeleiteten Frühgeburten gezwungen, ihre eigenen Säuglinge zu töten. Diese Taten werden gefilmt und als Warnung und Drohung benutzt, um den befürchteten späteren Ausstieg aus solchen Systemen zu erschweren. Ein Teil der Snuff-Video-Produktionen erfüllt so leider mehrere Zwecke gleichzeitig. Solche Filme sollen nach Aussage von Kinderpornoermittlern bis 30.000,- Euro pro Abzug wert sein.
- Der Bericht einer Frau über den typischen Hinweg zu überregionalen Kinderprostitutions-Treffen macht die große Routine der Kinder, der Helfer und der Kunden deutlich: „Meine Mutter brachte uns zwei (Mädchen 7; Junge 5) samstagmittags mit dem Bus zu einer großen Villa. Dort wurden wir einzeln schweigend von einem alten Arzt untersucht und es wurde ein Abstrich gemacht, vielleicht wegen möglicher Geschlechts-

krankheiten. Wenn alles in Ordnung war, ging die Mutter und ließ uns allein. Wir warteten nackt und schweigend in einem Raum, bis uns zwei Männer abholten. Sie brachten uns auf den Parkplatz und in einen Transporter mit verhängten Fenstern. Dort wurden wir zu den anderen Kindern auf den Boden gesetzt. Alle waren still, nackt, etwa zwischen 5 und 10 Jahre alt. Wir wurden lange gefahren. Manche Kinder wimmerten, anderen wurde übel und sie erbrachen, andere mussten pinkeln. Wenn der Wagen anhielt, mussten wir alle aussteigen. Es war schon dunkel und kalt, wir wurden auf dem Hof mit Wasserschläuchen abgespritzt, bekamen dann Handtücher um und gingen in eine Art Schloss. Dort im Erdgeschoß wurde uns die ganze Zeit ein Kinderlied vorgespielt und wir mussten mehrfach eine Zahlenreihe aufsagen, von der mir immer schwindelig wurde. Dann bekamen wir von ein paar Frauen mit Mundschutz alle einen Saft zu trinken, der komisch schmeckte, mussten dann stark erbrechen und den Darm entleeren. Danach wuschen sie uns die Haare, cremten uns ganz ein, kleideten die Mädchen in schicke Dirndl und die Jungs in kurze Lederhosen mit weißen Hemdchen. Dann wurden wir Hand in Hand in Zweierreihen die Treppe hinaufgeführt in einen ganz langen Flur mit vielen Türen. Am Ende des Flures war eine trübe Glasscheibe, hinter der viele Männer standen, deren Umrisse man grob erkennen konnte. Wir warteten schweigend und nach und nach wurde je ein Kind in ein Zimmer geführt. Ich wusste genau, was jetzt kommt."

Diese Erfahrungen sind für die betroffenen Kinder einerseits übliche Realität, für die sie aber andererseits im restlichen Alltag amnestisch sind. Im Jugendalter beginnt für einige und für viele erst im Erwachsenenalter die vorsichtige Auseinandersetzung mit der Frage, ob sie überhaupt in ihren Familien geliebt oder ob sie nur als Objekte gesehen wurden. Denn nach und nach wird im Abgleich mit dem sozialen Umfeld deutlicher, dass eine Kindheit auch anders aussehen kann.

1.7.3.8 Ausbildung für Spezialaufgaben

Manche Kinder, die im Sinne der Täterringe durch besonders nützliche Talente auffallen, werden im späteren Kindes- und Jugendalter gezielt und professionell weiter ausgebildet. Die kriminellen Verbindungen der Täterseite bestimmen das anvisierte spätere Einsatzgebiet der Kinder und Jugendlichen. Diese Ausbildungen haben einen deutlichen militärischen Charakter.

Drogen- und Waffenkurier
Kinder und jüngere Jugendliche werden von Täterringen gern zur Übergabe von heißer Ware genutzt, denn sie senken das Risiko, aufzufliegen. Unsere Gesellschaft will sich ungern vorstellen, dass hier in unserem Land diese Art der Kinderarbeit existiert. Eine erwachsene Aussteigerin schildert ihre strukturierte Ausbildung zum Drogen- und Waffenkurier:

„Bei einem Kinder- und Sportwettbewerb mit 9 Jahren bemerkte mein Vater, dass ich schnell laufen konnte. Nachts zeigte er einem Freund, wie schnell ich war. Sie stoppten meine Zeiten, spornten mich an und lobten mich. Dann ließen sie mich gegen andere Kinder rennen. Die nächste Stufe war dann nachts unter Schussgeräuschen mit einem Päckchen durch ein Waldstück zu laufen. Mein Auftrag war, das Päckchen auf jeden Fall zu einer Zielperson zu bringen, ohne mich aufhalten oder ablenken zu lassen. Das wurde so lange trainiert, bis ich sicher und schnell genug war. In der nächsten Stufe versuchten mir nachts im Wald bei meinen Übungsläufen versteckte Männer, das Päckchen zu entreißen. Doch ich tat alles, um es nicht zu verlieren und der Person am Ziel zu übergeben. Ich musste viele Durchgänge mit kleinen Päckchen, schweren Waffen und Koffern üben, die ich teils hin und teils zurück zu einem Auto bringen sollte. In der letzten Stufe wurde dabei mit einer Pistole mit Platzpatronen direkt auf mich geschossen. Ich sollte mich durch nichts ablenken lassen. Mein Verdacht bestätigte sich, dass ich in Zukunft den Laufburschen für ihre Geschäfte spielen sollte. Dann wurde es ernst und sie setzten mich als Laufbote ein. Manchmal übergab ich Waffen und erhielt einen Geldkoffer oder ein Päckchen mit Drogen oder umgekehrt. Manchmal kam es zu einer Schießerei. Die Schusswechsel erinnerten mich an Krimifilme im Fernsehen, nur war ich nicht Zuschauer, sondern Mitwirkende. Ich trug eine Schussweste, fragte mich aber, was die Männer tun würden, wenn ich angeschossen oder getötet würde, wie sie das vertuschen wollten. Ich hatte Glück, denn mir geschah nichts. Nur die Schuldgefühle blieben. Weil ich ihnen bei ihren kriminellen Machenschaften half, fühlte ich mich schmutzig und böse, eben als Komplizin. Ich hasste mich selbst, weil ich nicht verhindern konnte, dass sie mich und meine Fähigkeiten für ihre Gaunereien gebrauchten. Eigentlich war ich gegen Gewalt und wollte nicht so werden wie diese Leute."

Kindersoldat
Die Kategorie der Kindersoldaten wird in letzter Zeit in den Medien vor allem mit afrikanischen Diktaturen in Verbindung gebracht. Doch auch in unserem Land scheint es eine Variante davon zu geben. Hierzu die Schilderung einer jungen Frau, die vom Kleinkindalter an abgerichtet wurde und bereits als Jugendliche diesen Strukturen zu entkommen versuchte. Im Alter von 12 bis 14 Jahren sei sie getestet worden, ob sie Menschen gezielt observieren oder auf Befehl liquidieren könne. Das Observationstraining habe in deutschen Großstädten und im europäischen Ausland stattgefunden, so dass vertraute Orte sowie die Muttersprache nicht bei der Orientierung halfen.

„Sie zeigten mir eine Zielperson, die ich verfolgen sollte, ohne mich entdecken zu lassen. Dazu bekam ich genaueste Anweisungen, wie ich mich zu verhalten hatte. Währenddessen wurde ich strengstens überwacht. Ich folgte der Person, durfte sie nicht verlieren, mich aber auch nicht entdecken lassen. Die Regeln waren streng: Beim kleinsten Anzeichen dafür, dass die Zielperson die Beschattung bemerkt haben könnte, wurde die Übung abgebrochen und ich hart bestraft.

Das Schießtraining fand in einer Gruppe von etwa 15 bis 20 Kindern und Jugendlichen statt. Es wurde mit scharfer Munition auf Zielscheiben und bewegliche Ziele geschossen; später auch mit Waffen mit Farbpatronen im Wald aufeinander. Parallel wurden wir in körperlicher Fitness, Schnelligkeit und guten Reflexen geschult. Die Ausbilder sprachen englisch und ließen sich mit Leutnant, Colonel und Major ansprechen. Uns wurden statt Namen achtstellige Nummern zugeteilt. In Tarnklamotten und teils mit Helmen mussten wir wie Soldaten reagieren, in Reih und Glied stehen, unsere Nummer auf Befehl nennen, auf Übungsplätzen durch Schlamm robben, Hindernisse überwinden, uns irgendwo entlang hangeln und gegeneinander kämpfen. Wer diese Übungen souverän beherrschte, wurde gezielter trainiert für spezielle Bereiche. Wir wurden auch psychisch gequält, um alle Skrupel zu verlieren und absolut gehorsam zu bleiben. Sie schufen gezielt Persönlichkeitsanteile, gaben ihnen Namen und arbeiteten mit ihnen weiter. Mir wurde zum Beispiel ein Foto mit einem Gesicht gezeigt, dem ich die Augen ausstechen sollte. Danach brachten sie mir eine kleine Katze, der ich die Augen ausstechen sollte. Der nächste Auftrag wäre ein größeres Tier gewesen bzw. ein Säugling. Auf diese Weise wurden wir Schritt für Schritt trainiert, Hemmungen abzubauen, alle Befehle sofort auszuführen, um wie eine Maschine zu funktionieren bis dahin, Menschen auf Befehl zu töten. Ich dachte, ich sei genauso schlimm wie alle anderen, weil ich ja bei allen Übungen mitmachte. Durch diese Gemeinsamkeit gehörte ich dazu und hatte Angst, ebenfalls auf Dauer in die Kriminalität abzurutschen."

1.7.4 Fazit

Das Nicht-glauben-Können und das Nicht-glauben-Wollen von solch systematischen Gewalttaten gegen Kinder in unserem Umfeld durch solch organisierte Tätergruppen sind aus Gründen unseres urmenschlichen Selbstschutzes nachvollziehbar. Leider ist diese Abwehr aber auch der beste kollektive Täterschutz.

Deshalb wünsche ich mir für alle Menschen in beruflichen Instanzen, die mit Betroffenen systematischer Abrichtung zu tun haben könnten, dass sie den Mut haben, diese grausame Möglichkeit ernsthaft in Erwägung zu ziehen. Dies ist kein Aufruf zu paranoidem Misstrauen, sondern eher eine Ermutigung, auf die eigene Intuition oder Innere Weisheit gut zu hören. Sicher stimmt nicht jede berichtete Erinnerung haargenau mit der früheren Realität überein, denn das menschliche Gedächtnis hat so seine Tücken. Dennoch ist das Risiko der massiven Unterschätzung solcher Erfahrungen aktuell in unserem Land noch weitaus höher als das Risiko der Überschätzung. Weites Denken führt oft zu den richtigen Ideen und Fragen, die wir sonst übersehen und nicht benennen. Erst dann wird ein angemessener Umgang möglich.

Zum Vergleich möchte ich zwei Beispiele aus der jüngeren Vergangenheit und Gegenwart unseres Landes anfügen: Wie lange hat es gedauert, bis Vergewaltigung in der Ehe benannt, gesehen und zu einer Straftat wurde? Und wie viel Zeit brauchten wir als Gesellschaft, die vielen Opfer von Übergriffen und Misshandlungen im Rahmen der christlichen Kirchen anzuerkennen? Hier sind wichtige Prozesse in Gang gekommen, die für den Bereich der systematischen Kinderabrichtung noch kaum begonnen haben. Aber auch „eine Reise von 1.000 Meilen beginnt mit dem ersten Schritt", wie die renommierte Traumatherapeutin Luise Reddemann eines ihrer Bücher genannt hat.

Die Möglichkeit, dass ihnen geglaubt wird, bedeutet Menschen mit einer Biografie voller systematischer, verheimlichter Gewalt meiner Erfahrung nach enorm viel. Gezielte Hilfe und Unterstützung sind hier gut investiert. Wenn diese Menschen ihr inneres System mit qualifizierter Hilfe selbst verstehen und steuern lernen, können sie ihr Leben nach einigen Jahren mühsamer Arbeit oft gut in die eigenen Hände nehmen. Die Last der erlebten Grausamkeiten und die Schuldgefühle behalten dabei ihren Platz in der eigenen Biografie. Trotzdem haben viele dann eine echte Chance auf ein selbst bestimmtes und würdevolles Leben – so wie es sein sollte.

1.8 Konditionierung und Programmierung
Baphomet

1.8.1 Einleitung

Der Umstand, dass in Kreisen der Organisierten und vor allem Rituellen Gewalt Menschen konditioniert und programmiert werden, stellt Angehörige unterschiedlichster Professionen immer wieder vor große Probleme im Umgang mit und in der Hilfestellung für Betroffene.

Dies liegt zum einen daran, dass es in der derzeitigen Fachliteratur kaum Informationen zu diesem Thema gibt und zum anderen, dass allein die Vorstellung, einen Menschen in dieser Art und Weise zu manipulieren mit allen dazugehörigen Konsequenzen (das Erleben extremster Gewalt in der frühesten Kindheit, die fehlende Kontrolle über die eigenen Handlungen für Betroffene, das Gefühl des Ausgeliefertseins und der Hilflosigkeit zum Teil auch für Helfende), schier unerträglich erscheinen.

Menschen, die diesem Phänomen zum ersten Mal begegnen, reagieren dementsprechend häufig entweder resigniert oder aber mit äußerster Skepsis bis hin zum Nicht-glauben-Können oder -Wollen. In der Folge gibt es derzeit für Betroffene kaum Hilfsmöglichkeiten, um ihre Situation zu verbessern und ein eigenständiges und freies Leben führen zu können.

1.8.2 Definitionen

Konditionierung
Das Ausbilden bedingter Reaktionen bei Mensch oder Tier, wobei eine Reaktion auch dann eintritt, wenn anstelle des ursprünglichen Auslösereizes ein zunächst neutraler Reiz tritt

Programmierung
Nach einem Programm anlegen, im Ablauf festlegen

Da es sich bei dem überwiegenden Teil derjenigen, die versuchen, aus rituellen Gruppierungen auszusteigen, um Frauen handelt, wird im Folgenden von der Betroffenen in der weiblichen Form gesprochen.

Um diesen Umstand allerdings zu erklären, ist es im Vorfeld wichtig, die Strukturen eines Kults genauer zu beleuchten.

1.8.3 Strukturen der Gruppe

Insbesondere Satanische Gruppierungen sind streng hierarchisch aufgebaut und orientieren sich an einem patriarchalischen Weltbild.

Die Gruppe an sich lässt sich in mehrere Schichten mit unterschiedlichen Wertigkeiten aufteilen. Zum einen gibt es die Rotte, die die niederrangigen Mitglieder zusammenfasst. Deren Aufgabe ist es, häufig Botendienste zu erledigen, andere zu beobachten oder aber an unwichtigeren Ritualen teilzunehmen.

Dann gibt es die Inneren Zirkel, in denen Menschen mit höherem Rang vertreten sind. Nur sie sind dazu berechtigt, an wichtigen Ritualen teilzunehmen. Gegenüber der Rotte befinden sie sich in einer Machtposition mit Weisungsbefugnis. So muss Jede und Jeder einem Höherrangigen Respekt und Gehorsam gegenüber bringen und ist dazu verpflichtet, seinen Befehlen Folge zu leisten. Die höchsten Positionen in einem Satanischen Kult werden durch den Siebenerrat und die jeweiligen Herrscher bekleidet, wobei es eine gegenseitige Kontrolle gibt. Falls ein Mitglied Schwäche zeigt, die Gruppe in Gefahr bringt oder aber unbefugterweise über gruppeninterne Angelegenheiten spricht, so muss es mit einer Degradierung rechnen, in jedem Fall aber mit einer Bestrafung durch die Gruppe, die im schlimmsten Fall sogar den eigenen Tod bedeuten kann.

Stand und Aufstiegsmöglichkeiten einzelner Mitglieder richten sich nach Geschlecht, Loyalität und Geburtsstatus. Hierbei wird darin unterschieden, ob jemand über Rekrutierung oder durch Geburt Mitglied der Gruppe geworden ist.

Später Hinzugekommene haben über verschiedenste Rituale sowie Loyalitätsbeweise die Möglichkeit, ihren Stand zu verbessern, wobei ein höherer Stand automatisch auch das Ausführen von strafrechtlich relevanten Handlungen (angefangen bei Tierquälerei, unterlassener Hilfeleistung und Beihilfe bis hin zu sexuellem Missbrauch Minderjähriger und Mord) beinhaltet.

Bei intern Geborenen kommt es zum einen auf den Stand der Familie und zum anderen auf das jeweilige Potenzial des Kindes an. Erweist es sich als intelligent und belastbar, hat es gute Chancen, schon früh eine bedeutende Rolle innerhalb der Gruppe zu bekleiden (wobei Frauen aufgrund ihres Geschlechts nie die höchste Position erreichen können).

Diese Kinder sind es, die von Geburt an den dort herrschenden Grausamkeiten ausgesetzt sind, die gezielt gespalten, konditioniert und programmiert werden, um der Gruppe den höchsten Nutzen zu bringen, Stärke zu haben und dennoch kontrollierbar zu ein.

Durch die im Kult geltende Minderwertigkeit von Frauen lässt sich erklären, dass diese häufig eher in der Opfer- als in der Täterposition verbleiben, was ihren Leidensdruck erhöht und die Bereitschaft, den Kult zu verlassen, steigert.

1.8.4 Voraussetzungen

Voraussetzung für das Programmieren und das dazu notwendige Konditionieren eines Menschen im Sinne von Gruppen der organisierten Gewalt, Psychokulten, satanischen

Sekten usw. (im Folgenden insgesamt Gruppen genannt) ist das Vorliegen einer Dissoziativen Identitätsstörung, was ebenfalls bedeutet, dass der besagte Mensch seit seiner frühesten Kindheit den Machenschaften einer derartigen Gruppe ausgesetzt sein muss.

Diese beinhalten alle Formen der physischen, psychischen sowie sexuellen Gewalt in extremstem Ausmaß bis hin zu Nahtoderlebnissen sowie das Mitansehen des Todes Dritter.

Ebenfalls erforderlich ist demnach das Einbinden eines solchen Kindes in ein soziales Gefüge, das eventuelle Auffälligkeiten wie zum Beispiel vorhandene Verletzungen ignoriert bzw. toleriert. Aber auch ein fundiertes Wissen um die Entwicklungsphasen eines Kindes, dessen jeweiliges Auffassungsvermögen in einem bestimmten Alter sowie die emotionale Belastbarkeit ist für ein erfolgreiches Programmieren unabdingbar.

1.8.5 Was bedeutet Konditionierung?

Schon Pawlow hat das Prinzip mit Hilfe eines Experimentes belegt. Im Laufe dieses Versuches hat er, immer wenn er einem Hund etwas zu fressen gab, gleichzeitig eine Glocke geläutet, wobei das Fressen beim Hund einen vermehrten Speichelfluss auslöste. Nach mehrmaligem Wiederholen dieses Vorganges genügte schon das Erklingen der Glocke, um diese Reaktion hervorzurufen. Der Hund hatte dieses Signal mit dem Fressen fest verbunden.

Doch nicht nur beim Tier, sondern auch beim Menschen funktioniert dieses Prinzip. So beschreibt Eric Kandel in seinem Film „Auf der Suche nach dem Gedächtnis" einen Versuch, bei dem er einer Testperson während eines MRTs immer dann Angst auslösende Schreie zu hören gab, sobald sie auf einen bestimmten Punkt blickte. Auch hier genügten nur einige Wiederholungen dazu, um bei der Testperson durch das MRT nachweisbare Angst zu erzeugen, sobald sie diesen Punkt erblickte. Die Schreie waren nun nicht mehr von Nöten.

1.8.6 Was bedeutet Programmierung?

Wie gerade ausgeführt, ist es also auch bei einem Menschen möglich, ihn zu konditionieren. Unterbewusst und in einem für uns "normalen" Rahmen geschieht dies regelmäßig.

So ist ein einer Erziehung entsprechendes soziales und kulturelles Verhalten das Resultat von Konditionierungen. Auch hierbei werden erwünschte Verhaltensweisen wie zum Beispiel das Essen mit Besteck, sich an aufgestellte Regeln halten, usw. positiv verstärkt und unerwünschte Verhaltensweisen wie der Ungehorsam gegenüber Autoritätspersonen negiert.

Jeder Mensch hat allerdings die Möglichkeit, sich selbst eine Meinung über das von ihm verlangte Verhalten zu bilden, indem er es hinterfragen und vergleichen kann. So hat er neben seinen Eltern Kontakt zu Nachbarn, Freunden, Lehrern, Ärzten, Erziehern usw. Ebenso kann er Vergleiche über Medien wie das Internet oder den Fernseher anstellen. Er ist demnach nicht auf das angewiesen, was eine einzelne Person oder Gruppe ihm vermittelt und kann das Erlernte modifizieren, den Gegebenheiten und Umständen anpassen. Somit verändert sich mit der Zeit fortwährend die Norm, das Verhalten, die Kultur. Wäre dies nicht der Fall, würden wir immer noch wie im Mittelalter leben.

Genau diese Möglichkeiten werden den Menschen in Psychokulten gezielt genommen.

Dort soll sich nichts ändern, es soll nicht überprüft und verbessert werden, was sich bereits über Generationen hinweg durchgesetzt hat.

Durch die bei den Opfern vorliegende und für die Programmierung unabdingbare Dissoziative Identitätsstörung ist es Tätern möglich, nur einzelnen Persönlichkeiten soziale Kontakte zu gewähren, während andere Persönlichkeiten ausschließlich das Leben innerhalb der Gruppe und somit auch nur die dort geltenden Werte und Normen kennen lernen.

Im Endeffekt heißt das, dass es sogenannte Alltagspersönlichkeiten gibt, die die alltäglichen Aufgaben wie Schule, Sport, Arbeit, soziale Kontakte etc. bewältigen und zu einem relativ unauffälligen angepassten Verhalten in unserer Gesellschaft in der Lage sind, während Kultpersönlichkeiten die Rituale und die damit verbundenen Gewalttaten aushalten und zum Teil sogar ausführen. Beide Gruppen von Persönlichkeiten sind in der Regel voneinander getrennt, was wiederum von Wächterpersönlichkeiten kontrolliert und gesteuert wird. So ist es möglich, dass ein Kind in einer Nacht schwer misshandelt und vergewaltigt wird, am nächsten Tag aber ganz unbefangen zur Schule geht und nicht einmal weiß, dass etwas vorgefallen ist, da in beiden Situationen unterschiedliche Persönlichkeiten anwesend waren. Somit wird sichergestellt, dass weder das Kind etwas von dem Erlebten berichten noch dass einem Lehrer anhand des Verhalten des Kindes etwas auffallen kann.

Gleichzeitig hat die Kultpersönlichkeit nicht die Möglichkeit, zu erfahren, dass das soeben Erlebte nicht normal, kein Alltag ist, wie es ihr immer vermittelt wird, und weiter noch, dass es auch nicht zu einer Strafverfolgung kommen kann, denn wo kein Kläger, da auch kein Richter (siehe Tabelle nächste Seite).

Auf dem gleichen Prinzip funktioniert nun das Programmieren.

Bei den einzelnen Persönlichkeiten werden einhergehend mit traumatischen Situationen immer wieder bestimmte Signale wie Handzeichen, Geräusche etc verbunden. Jeder Persönlichkeit wird hierbei ein individuelles Signal zugeordnet. Im Laufe der Zeit lernt die entsprechende Persönlichkeit in weiteren für sie nicht aushaltbaren Situationen, dass sie diese durch das Ausführen einer von den Tätern zuvor definierten Handlung beenden kann. Die Persönlichkeit wird mit Hilfe dieses Signals demnach auf eine bestimmte Handlung konditioniert.

Erfolgt nun dieses Signal, löst es bei der angesprochenen Persönlichkeit umgehend unangenehme Gefühle, Erinnerungen, Eindrücke aus. Einige Persönlichkeiten geraten sogar in einen Flashback, so dass sie nicht mehr zwischen dem Hier und Jetzt und der Vergangenheit unterscheiden können. In all ihren Empfindungen und in dem, was sie sehen, haben sie den Eindruck, sich wieder in der traumatischen Situation zu befinden. Folglich

Alltagspersönlichkeiten	Wächter	Kultpersönlichkeiten
Verfügen nicht über Kultwissen	Kennen beide Welten bedingt	Leben im Kult
Gehen zur Schule/Arbeit	Trennen sie voneinander	Kennen den Alltag nicht
Treiben Sport	Übernehmen schwierige Alltagssituationen wie die Fragen Außenstehender nach Verletzungen oder verbrachter Zeit zum Beispiel am Vorabend, um das Alltagssystem vor dem Kultwissen zu schützen.	Haben häufig die Denkstrukturen und die Rollenverteilung des Kults verinnerlicht.
Leiden unter Zeitlücken und teilweise unter für sie unerklärlichen Verletzungen.	Ihre wichtigste Aufgabe ist es, die Existenz des Kultes im Alltag zu verbergen.	Ertragen die Rituale des Kultes und die damit verbundenen Gewalttaten, führen diese jedoch häufig unter Zwang auch selbst aus.

handeln sie automatisiert in der für sie erlernten Art und Weise, um diese meistern zu können.

Denkt die Persönlichkeit beispielsweise, sie befände sich in einem brennenden Raum, so wird sie diesen fluchtartig verlassen wollen, ohne zu merken, dass sie sich möglicherweise durch das Verlassen eines geschützten Raumes wie der eigenen Wohnung in eine gefährliche Situation auf die Straße begibt, wo dann auch schon die Täter auf sie warten, die im Anschluss eine weitere Persönlichkeit auslösen, die gelernt, hat mitzugehen.

Somit ist es den Tätern möglich, einen Menschen mit Hilfe dieser Auslösereize zu kontrollieren. Versucht ein Mensch nun, sich gegen das Erlebte zur Wehr zu setzen, so wird er wenig Möglichkeiten haben, dieses Vorgehen zu beweisen, denn für die außen stehenden Menschen ist es nicht ersichtlich, dass die Betroffene nicht freiwillig handelt.

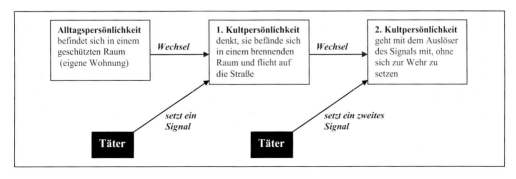

Dieses Vorgehen würde allerdings implizieren, dass es immer eines außen stehenden Auslösers, eines Täters bedarf, der die oder den Betroffenen permanent überwacht und gegebenenfalls auslöst, um eine für den Kult erforderliche Handlung zu erzwingen (zum Beispiel das Erscheinen bei einem wichtigen Treffen). Dies wiederum würde eine enorme zeitliche und finanzielle Anforderung an den Kult darstellen, der er nicht gewachsen ist. Hierfür allerdings gibt es eine Vielzahl von einprogrammierten Abläufen, die ein für die Gruppe erwünschtes Verhalten garantieren.

1.8.7 Bindungsstrategien

Hierzu zählen vor allem Selbstkontrollmechanismen, die die Betroffene dazu bringen, in Eigenregie den Tätern gegenüber zum einen gehorsam zu sein und zum anderen ständig über den Alltag und das Verhalten der einzelnen Persönlichkeiten zu informieren.

Dabei sind die Wächterpersönlichkeiten, also diejenigen, die sowohl im Kult als auch im Alltag eine Rolle spielen, von besonderer Bedeutung. Ihre Aufgabe ist es, darauf zu achten, dass alle Persönlichkeiten im System sich an die bestehenden Regeln halten. Missachten sie diesen Auftrag, so wurden ihnen bereits in frühester Kindheit die Konsequenzen dieses Vorgehens vor Augen geführt. So sind Strafen angefangen bei einem eventuellen Verlust des eigenen Ansehens innerhalb des Kults und die damit verbundenen Privilegien (Verschonung des eigenen Körpers bei rituellen Handlungen, Autorität gegenüber Niederrangigen etc.) bis hin zu schweren körperlichen Strafen wie Verbrennungen, Knochenbrüchen, Vergewaltigungen sowie der Möglichkeit des eigenen Todes als schwerste Bestrafung für solche Fälle vorgesehen und durchaus an der Tagesordnung.

Darüber hinaus werden die Wächterpersönlichkeiten sowie das innere Kultsystem durch Bindungen, Angst, Schuld oder Loyalität an die Gruppe gebunden.

Dies geschieht, indem einem Kind beispielsweise vermittelt wird, dass die eigene Mutter nur dann überleben kann, wenn sie regelmäßig Kontakt zu ihrem Kind hat und dieses brav sei. Zum Beweis wird das Kind anschließend für vier Wochen in den Urlaub geschickt. Bei dessen Rückkehr wird ihm eine schwerkranke Mutter vor Augen geführt (sie kann zum Beispiel sediert worden sein, um den Kind einen todesähnlichen Zustand zu suggerieren), so dass dieses Kind aus Angst vor dieser drohenden Konsequenz und aus Liebe zur Mutter alles tun wird, um sie vor diesem Schicksal zu bewahren.

Grundlegend kann man sagen, dass es in jedem System
- kindliche Persönlichkeiten gibt, die über Liebe und gefühlte Abhängigkeit ihrer Familie und insbesondere den eigenen Eltern gegenüber gebunden und darauf angewiesen sind, dem zu glauben, was ihnen vermittelt wird.
- bei Frauen weibliche Persönlichkeiten vorhanden sind, die bereits im Jugendalter Kinder auf die Welt bringen mussten, die versteckt im Kult leben und bei den hiesigen Behörden nicht gemeldet sind.
- Persönlichkeiten gibt, die schon in der frühesten Kindheit zu rituellen Handlungen gezwungen und somit selbst zu Tätern gemacht wurden.

- Persönlichkeiten existieren, die zwar Einblick in den Alltag haben, aber nicht daran teilnehmen und ein falsches, Angst auslösendes Vokabular (Umarmung bedeutet Vergewaltigung, Schokolade ist Kot und Süßigkeiten stehen für Drogen etc.) gelernt haben, so dass sie sich nie trauen würden, eigenständig am Alltag teilhaben zu wollen.
- Konflikte gibt, da einzelne Persönlichkeiten dazu gezwungen wurden, nahe stehenden Menschen (Mutter, Vater, Schwester, Bruder bis hin zu den eigenen Kindern) Gewalt anzutun und/oder sie zu töten, wofür ihnen im inneren System wiederum die Schuld gegeben wird.
- einzelnen Persönlichkeiten nicht möglich ist, ein freies Leben für sich als Alternative zu sehen, da ihnen schon früh suggeriert wurde, dass andere Menschen für ihre Fehler haben leiden müssen und vielleicht sogar gestorben sind, so dass sie denken, sie hätten es verdient, leiden zu müssen.

Basierend auf diesen Bindungen fordern die Täter absoluten Gehorsam, dem das innere System der Persönlichkeiten – motiviert durch die für sie geltenden Bedingungen – nachkommt. Die Mutter versucht also, ihr Kind zu schützen, das Kind, die Eltern nicht zu enttäuschen, der gefühlt Schuldige, sich selbst zu bestrafen, der Ängstliche versucht zu überleben etc.

Natürlich versucht die Gruppe aber auch, täterloyale Persönlichkeiten zu produzieren, die meist in ihrer Entstehung und häufig auch etliche weitere Male einer Situation gegenüberstanden, die emotional nicht zu bewältigen war, so dass sie förmlich dazu gezwungen wurden, sämtliche Emotionen wie Mitleid und Zuneigung anderen Menschen gegenüber abzuspalten, um nicht verrückt zu werden. Diesen Personen wird, ebenfalls wie den anderen im Kult lebenden Persönlichkeiten, ein der Gruppe entsprechendes Gedankengut vermittelt, auf welches sie sich in der Regel beziehen. Folglich heißt das, dass sie zum Beispiel das Fehlen von Mitleid mit Macht assoziieren, das Ausführen von strafbaren Handlungen als notwendig und die Gruppe sowie deren Regeln insgesamt als den einzig richtigen Weg erachten, um im Leben zu bestehen. Mitleid, Liebe und die Sehnsucht nach Geborgenheit werden hierbei als Schwäche, ein Regelverstoß als Verrat gewertet.

Darüber hinaus gibt es die sogenannte Zwillingsprogrammierung, mit der einzelne Gruppen gern arbeiten. Hierbei werden potenziellen Müttern Hormone verabreicht, die die Eiproduktion anregen. Im Anschluss an diese Behandlung werden sie künstlich befruchtet, um die Wahrscheinlichkeit einer Zwillingsschwangerschaft zu erhöhen.

Diese Zwillingsgeburten werden in der Regel irgendwo im Verborgenen während einer Zeremonie durchgeführt, wobei später nur eins der Kinder offiziell gemeldet und dessen Geburt als Hausgeburt deklariert wird. Das andere Kind wächst zumindest eine Zeit lang versteckt im Kult auf. Sobald die Kinder nach Meinung des Kults alt genug dazu sind, wird ihnen gestattet, eine Bindung zueinander aufzubauen, indem sie sich häufiger sehen und miteinander spielen dürfen. Sobald diese Bindung allerdings fest genug ist, werden beide einem Ritual ausgeliefert, zu dessen Ablauf es gehört, dass das inoffizielle Kind durch die Hand seines Bruders/seiner Schwester stirbt. Hierzu zwingt die Gruppe das Kind, indem es ihm zum Beispiel deutlich macht, dass es die Möglichkeit hat, das Geschwisterkind schnell und schmerzlos zu töten, während, sollte es sich weigern, dieses Kind auf erbärmliche und extrem grausame Weise zu Tode gefoltert werden würde.

Um seinem Bruder/seiner Schwester zu helfen, wird das Kind nun aller Voraussicht nach den Anforderungen des Kultes nachkommen, sich aber, verstärkt durch nachfolgende Schuldzuweisungen und Beschimpfungen durch die Gruppe als Mörder immer schuldig fühlen und denken, dass es somit Strafe verdient und das Recht auf ein schönes Leben verloren hat.

Es wird sich nun wahrscheinlicher in seine Rolle innerhalb der Gruppe fügen.

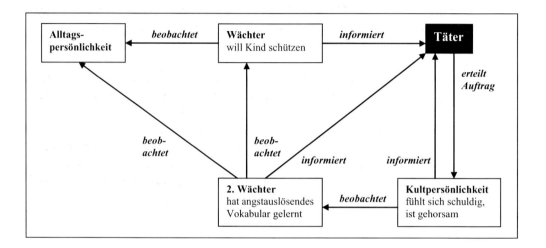

Diese Kontroll- und Informationsmechanismen werden – wie schon erwähnt – von den Tätern von frühester Kindheit an programmiert und vielfach abgesichert. Letztlich wissen die einzelnen Persönlichkeiten eines Systems weder, wer informiert, wer welche Befehle ausführt, welche Aufgabe eine Persönlichkeit hat noch wie viele Persönlichkeiten es insgesamt im System gibt, da einzelne innere Gruppen voneinander getrennt sind.

Dies wird von den Tätern mit voller Absicht so gesteuert, um die Persönlichkeiten zum einen daran zu hindern, sich durch eine Zusammenarbeit des ganzen Systems gegen die Täter zu wehren, und zum anderen, um ihnen das Gefühl der ständigen Kontrolle durch die Täter und der Wehrlosigkeit gegen dieses Vorgehen zu vermitteln.

1.8.8 Standardprogramme

Das Programm eines Systems umfasst in der Regel diverse kleinere Programme, die es der Gruppe ermöglichen, die Betroffene in allen Lebenslagen zu kontrollieren und zu steuern. Hierzu gehören vor allem bestimmte Grundprogramme, die sich bei nahezu jedem gezielt programmierten Menschen wiederfinden.

Grundsätzlich vorhanden sind in der Regel:

Essprogramme
Durch die Kontrolle der Täter über das Essverhalten der Betroffenen ist es ihnen möglich, die Betroffene gezielt ab- und zunehmen zu lassen.

Machbar ist dies dadurch, dass Persönlichkeiten auf der einen Seite zum Essen gezwungen, während andere aversiv darauf konditioniert werden. Dies dient zum einen dazu, Schwangerschaften durch Übergewicht zu verbergen, so dass illegitime Kinder im Kult geboren und dort zu Opferzwecken verwendet werden können, zum anderen aber auch dazu, durch eine Verhinderung des Essens und Trinkens einem Menschen bei Gegenwehr die Lebensgrundlage zu entziehen und ihn somit zu Gehorsamkeit zu zwingen.

Anti-Schlaf-Programme
Durch die Kontrolle des Schlafes ist die Betroffene ebenfalls auf die Gruppe angewiesen, da jegliche Gegenwehr einen Schlafentzug zur Folge hat, was dem inneren System letztlich die Kraft raubt und am Durchhaltevermögen nagt.

Auch dies wird wieder über Strafen wie zum Beispiel gewaltsamen Übergriffen während des unerlaubten Schlafes konditioniert und einprogrammiert, welche eine Betroffene vielleicht in einer vergleichbaren vorhergehenden Situation hat abwehren können, so dass sie ständig das Gefühl hat, die Kontrolle während des Schlafes abzugeben und sich selbst in Gefahr zu begeben.

Anti-Hilfe-Programme
Den einzelnen Persönlichkeiten wird von Grund auf vermittelt, dass Vertrauen gefährlich ist, dass sie praktisch ständig unter Beobachtung stehen, nie wissen, wer alles mit der Gruppe zusammenarbeitet noch wen sie eventuell mit der Annahme von Hilfe in Gefahr bringen könnten. So werden sie zum Beispiel als Kind gezielt in Situationen gebracht, in denen sie die Hilfe Außenstehender annehmen mussten und im Nachhinein entweder selbst bestraft wurden oder mit ansehen mussten, wie die helfende Person bestraft wurde. In beiden Fällen ist die Person des Helfenden natürlich ebenfalls Mitglied der Gruppe gewesen und die Situation wurde gezielt von den Tätern konstruiert, was dem Kind allerdings aufgrund der noch fehlenden Fähigkeit, solche Zusammenhänge zu durchschauen, verborgen bleibt. Als einzig mögliche Lösung und Vermeidung solcher Probleme hat das Kind nur die Chance, sich künftig von Hilfe zu distanzieren, sie also weder zu suchen noch diese zuzulassen.

Weiter werden helfende Institutionen wie die Polizei oder aber auch Ärzte negativ besetzt, indem zum Beispiel ein uniformiertes Mitglied des Kults dem Kind schadet oder ihm in einer Praxis eines sektenintenen Arztes etwas angetan wird.

Dies dient dazu, die Betroffene davon abzuhalten, weder mit eventuell entstandenen Verletzungen zu einem unabhängigen Arzt zu gehen, noch die Polizei über die erlebten Geschehnisse zu informieren, was wiederum sowohl eine Strafverfolgung als auch den möglichen späteren Ausstiegsversuch des Kindes erschwert oder sogar unmöglich macht.

Autoagressionsprogramme
Einzelne Persönlichkeiten lernen im Laufe ihres Lebens, den eigenen Körper massiv abzulehnen und ihn zu verletzen. Ihnen wird suggeriert, dass der Körper schlecht und zum Beispiel ein weiblicher Körper minderwertig sei.

Mit Hilfe dieses Prinzips ist es den Tätern wiederum möglich, einem eventuellen Aufstand des inneren Systems durch selbst herbeigeführte Bestrafungen entgegenzuwirken.

Rückholprogramme
Sollte es einer Betroffenen jedoch tatsächlich gelingen, vor der Gruppe zu fliehen, so hat das ohne entsprechende Hilfe wenige Erfolgsaussichten, da einzelne Persönlichkeiten darauf programmiert sind, zur Gruppe zurückzukehren. Dies geschieht auf vielfältige Art und Weise und ist häufig wieder durch emotionale Bindungen zu einzelnen Gruppenmitgliedern, das Gefühl, es nicht verdient zu haben und ständig unter Beobachtung zu stehen, oder aber der Angst vor der Übermacht der Gruppe zu erklären.

Suizidprogramme
Für den Fall, dass eine Betroffene es wirklich schaffen sollte, sich von der Gruppe zu distanzieren, und somit eine Gefahr für den Kult darstellen würde, da sie zum einen über sekteninternes Wissen verfügt, was bei polizeilichen Ermittlungen relevant sein könnte, und zum anderen ein Vorbild für weitere Mitglieder darstellen könnte, die ebenfalls planen, aus dem Kult auszusteigen, werden von den Tätern Suizidprogramme installiert. Somit wird sichergestellt, dass, sollte sich ein Mitglied von der Gruppe distanzieren, der obersten Regel (Tod dem Verräter) entsprochen wird und sich "das Problem von selbst erledigt".

Dieses Programm kann zum einen sowohl von den Tätern gestartet werden als auch an zeitliche Abläufe gebunden sein. So ist es zum Beispiel üblich, einzelnen Persönlichkeiten den Auftrag zu geben, dass sie den Körper zu töten haben, sollte es länger als ein Jahr keinen Kontakt zur Gruppe geben.

Mit Ausnahme des Suizidprogramms, welches schließlich den Tod der Betroffenen zur Folge haben soll, dienen diese Programme zusätzlich dazu, ein abtrünniges Mitglied in eine Klinik zu bringen, da es in unserer Gesellschaft in der Verantwortung von Professionellen liegt, Menschen, die autoaggressiv sind, nicht schlafen können und die Nahrungsaufnahme sowie Hilfsangebote verweigern, aus Selbstschutzgründen in eine Psychiatrie einzuweisen.

Damit verbunden haben die Täter dann wieder die Möglichkeit, als Besuch getarnt oder aber in Form von angestellten Mitgliedern innerhalb der Klinik (das kann die Krankenschwester, der Arzt, aber auch die Raumpflegerin sein) wieder Zugriff auf die Betroffene zu bekommen.

Hinzu kommt, dass diese Programme allesamt nicht nur an jeweils eine einzelne Persönlichkeit gebunden sind, sondern sich aus vielen, bei verschiedenen Persönlichkeiten platzierten Puzzleteilen zusammensetzen und mehrfach abgesichert sind, was eine Beendigung des laufenden Programms ohne das Zutun der Täter unmöglich machen soll und es zumindest deutlich erschwert. Außerdem haben einige der an einem Programm beteiligten Persönlichkeiten häufig keine Kenntnis über ihre jeweilige Rolle darin, da sie bei Auslösung entweder in einen Flashback geraten und automatisiert handeln, ihnen also das Bewusstsein darüber fehlt, oder aber sie ihre Aufgabe missverstehen und sie denken, dass sie zum Beispiel gerade jemandem helfen, ohne die tatsächlichen Folgen ihres Handelns überblicken zu können.

Exemplarische Programmdarstellung

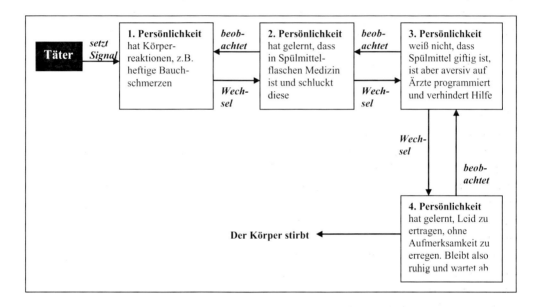

Weiter abgesichert und für Betroffene weitaus schwieriger zu bewältigen wird die Programmierung dadurch, dass die einzelnen Programme nicht nur an unterschiedliche Persönlichkeiten gebunden, sondern auch untereinander vernetzt sind.

Sollte eines der Programme (z.B. Rückholprogramm) nicht zu einem für die Täter erwünschten Ziel führen, so wird automatisch ein nächstes Programm (z.B. Essprogramm) ausgelöst.

Dies geschieht, indem einzelne Persönlichkeiten wieder dazu angehalten sind, das Verhalten bestimmter anderer Persönlichkeiten zu beobachten (passive Rolle) und im Falle eines Versagens derer selbst eine bestimmte vorher definierte Handlung auszuüben (aktive Rolle), die dann wieder das Handeln anderer Persönlichkeiten nach sich zieht.

Installiert wird dies durch perfekt konstruierte traumatische Situationen in der Kindheit oder Jugend einer Betroffenen.

So lernt eine Persönlichkeit beispielsweise auf ein Signal hin, eigenständig die Täter aufzusuchen und wird bei Nicht-Befolgen dieses Befehls schwer bestraft. Nun kommt es aber zu einer Situation, in der eine für das Kind nicht zu bewältigende Hürde das Erfüllen dieser Aufgabe unmöglich macht (es verbringt das Wochenende bei einer Freundin und die Mutter derer will das Kind nicht gehen lassen, beobachtet es aber auch permanent, so dass es sich nicht unbemerkt wegschleichen kann), wofür im Nachhinein allerdings nicht nur die Persönlichkeit selbst bestraft, sondern auch eine weitere Persönlichkeit verantwortlich gemacht wird. Dieser wird erzählt, dass sie hätte bemerken müssen, dass die erste Persönlichkeit in ihrer Aufgabe versagt und sie nun selbst hätte aktiv werden müssen, indem sie zum Beispiel das Essen verweigert, um die Gasteltern dazu zu bewegen, das Kind wieder nach Hause zu schicken. Verbunden wird dies mit einer schweren Bestrafung, die ein ihnen nahe stehender Mensch in ihrem Beisein ertragen muss.

In der Folge wird sich nun die zweite Persönlichkeit darauf konzentrieren, darauf zu achten, dass die erste ihre Aufgaben erfüllt und, falls nötig, selbst das Handeln zu übernehmen, um andere Menschen künftig zu schützen.

Dieses Prinzip dient letztlich wieder der Selbstkontrolle durch die einzelnen Persönlichkeiten und findet sich in vielfältiger Variation überall in programmierten Systemen.

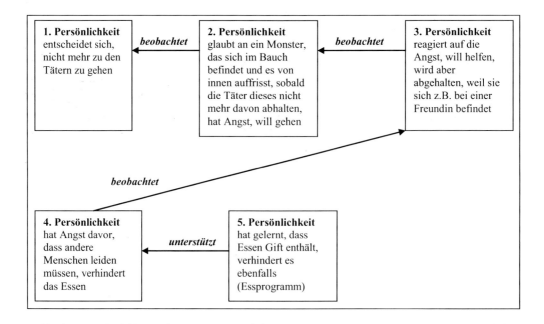

Besonders komplex wird das Programm einer Betroffenen dadurch, dass alle Vorgänge gleichzeitig auf verschiedenen Ebenen (in verschiedenen Gruppen/Ketten) im inneren System stattfinden.

Alle Programmteile sind prinzipiell vorhanden und ständig auslösbar. Die beobachtenden und die informierenden Persönlichkeiten kommen ihrer Aufgabe ebenfalls permanent nach, während die Wächter weiterhin die Welten voneinander getrennt halten.

1.8 Konditionierung und Programmierung

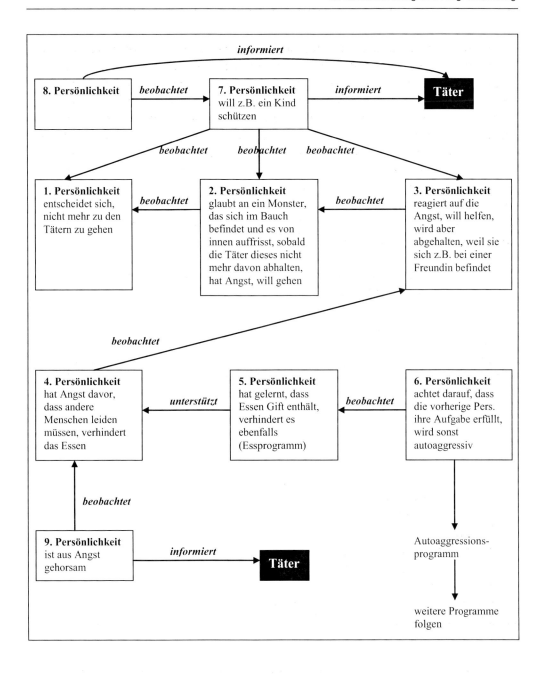

Verstärkend kommt an dieser Stelle noch hinzu, dass in einigen Systemen zu jedem Programmtyp (Essen, Schlafen, Autoaggression etc.) mehrere Ketten existieren.

Das bedeutet, dass nicht nur eine Gruppe von Persönlichkeiten zum Beispiel das Essen verhindert, sondern dass es noch weitere Gruppen geben kann, die beim Nicht-Erfüllen dieser Aufgabe den gleichen Auftrag der Täter erhalten haben und ihn nun befolgen.

165

Diese dienen als eine Art eingebaute Sicherheitsleine für die Täter, um die höchste Wahrscheinlichkeit dafür herzustellen, dass das besagte System keine Möglichkeit hat, sich je aus der Gruppe lösen zu können, oder dass – sollte es ihm gelingen, sich zu distanzieren – die oberste Regel (Tod dem Verräter) in jedem Fall greift.

Mit Ausnahme der Rückhol- und Anti-Hilfe-Programme beinhalten alle Programme die Zerstörung des Körpers.

Natürlich wird bei einem derart komplexen Programm nichts dem Zufall überlassen. Daher finden zum einen sämtliche dem Kult zur Verfügung stehenden Kenntnisse bezüglich der Entwicklung von Kindern (ein ca. 3-jähriges Kind ist zum Beispiel besonders empfänglich für die Welt der Magie, Märchen und Zauber, glaubt also eher an Monstergeschichten als eine 6-Jährige) Anwendung, zum anderen gibt es speziell ausgebildete Programmierer, die gegen Bezahlung Programme für einzelne Gruppen schreiben.

Doch auch in so genannten Schulungen informieren einzelne Mitglieder einer Gruppe andere über neue Forschungsergebnisse, über die Entwicklung eines perfekten, nicht mehr zu unterlaufenden Programms sowie dessen Installierung beim Menschen. (hierbei werden diese Fortschritte häufig am Menschen direkt demonstriert, so dass auch diese Veranstaltungen widerrechtlich sind.)

Wie sonst auch ist es bei Betroffenen Ritueller Gewalt üblich, dass der Übergang ins Erwachsenenalter eine kritische Zeit darstellt. Zumindest ein Teil der im System vorhandenen Persönlichkeiten ist zu diesem Zeitpunkt der Kindheit entwachsen und macht sich eigene Vorstellungen vom Leben. Sie sind nicht mehr auf das angewiesen, was ihre Eltern ihnen vermitteln, haben Ziele und Wünsche. Gerade Persönlichkeiten, die Einblick in beide Welten haben, lehnen sich zu dieser Zeit häufiger gegen die Gruppe auf und versuchen, diese zu verlassen. Aus diesem Grund ist es für den Kult erforderlich, die Programme möglichst früh zu installieren und die Frauen schon mit Erreichen der Geschlechtsreife Kinder austragen zu lassen, um eine möglichst gute Bindung zum Kult und damit eine geringere Gefahr zur Flucht zu gewährleisten.

1.8.9 Geheimhaltungsmethoden und Zusammensetzung der einzelnen Mitglieder

Auf den ersten Blick erscheint es als sehr unwahrscheinlich und, bedenkt man das oberste Ziel des Unentdeckt-Bleibens solcher Gruppen, riskant, vor allem in Bezug auf Vorsorgeuntersuchungen, Einschulungstests, Fehlzeiten usw., ein Kind in unserer Gesellschaft massivster Folter auszusetzen, ohne dass die Gesellschaft davon Notiz nimmt und es zu Ermittlungsverfahren seitens der Polizei käme. Doch wo kein Kläger, da kein Richter und selbst wenn eine Betroffene es wagen sollte, über die strafrechtlich relevanten Handlungen, die in solchen Gruppen verübt werden, zu sprechen, so setzt sie damit nicht nur das eigene Leben aufs Spiel (Die oberste Regel vor allem in Satanischen Sekten lautet "Tod dem Verräter"), sondern riskiert auch auf Grund der oft unglaublich und fantastisch klingenden Detailschilderungen, von Behörden nicht ernst genommen, vielleicht sogar als psychotisch abgestempelt zu werden.

Dies liegt zum einen an den lückenhaften Erinnerungen der Betroffenen, die auf die Dissoziative Identitätsstörung zurückzuführen sind, zum anderen aber auch daran, dass die Details dessen, was die Betroffenen berichten, ungeheuerlich erscheinen und es ein natürlicher Reflex vieler zu sein scheint, derartige Abscheulichkeiten der Phantasie eines Menschen zuzuschreiben, anstatt sich mit der möglichen Realität dessen auseinanderzusetzen.

Auch die Vorstellung, dass viele Angehörige unterschiedlichster Professionen nach Aussagen vieler Opfer zu den Täterkreisen zählen, fördert nicht gerade die Glaubwürdigkeit der Aussagen. Doch genau an dieser Stelle funktionieren die Strukturen und Vorgehensweisen dieser Gruppen bisher fehlerfrei.

Bedenkt man den Umstand, dass derartige Gruppierungen über mehrere Generationen hinweg existieren, ist es nicht verwunderlich, dass es auch Ärzte, Anwälte, Polizisten, Lehrer usw. gibt, die selbst in diese Strukturen involviert sind und demnach natürlich dazu beitragen, dass kriminelle Handlungen verborgen bleiben. Dies tun sie wissentlich oder unwissentlich, denn wenn ein Mensch in diesen Kreisen aufgewachsen ist, so hat und hatte er auch niemals eine freie Entscheidung, was mit dem eigenen Leben anzufangen sei. Natürlich werden da auch intelligente Kinder, Jugendliche und junge Erwachsene in Berufslaufbahnen hineingezwungen, die dem Kult als nützlich erscheinen, wobei spätere Generationen dann natürlich gezielt in Schulen eingeschult, zu Ärzten gebracht und in Kindergärten geschickt werden, in denen gruppeninterne Lehrer, Erzieher usw. tätig sind.

Mit Hilfe dieser Vorgehensweisen ist es den Gruppen möglich, dafür zu sorgen, dass weder der Arzt bei auffälligen Verletzungen, noch der Lehrer bei massiven Fehlzeiten des Kindes eine offizielle Untersuchung dieser Umstände in die Wege leiten wird. Die Gruppe hat praktisch durch die Einbindung des Kindes in ein soziales Gefüge, welches der Gruppe entspricht, Narrenfreiheit in dem, was sie diesem Kind antut, ohne Gefahr zu laufen, entdeckt zu werden.

Ebenso ist es in unserer Gesellschaft sehr einfach, ein illegitimes Kind zumindest bis zum Grundschulalter aufwachsen zu lassen. Zieht zum Beispiel eine Familie mit einem Neugeborenen in eine neue Stadt, so werden weder der Vermieter noch die Nachbarn die Geburtsurkunde dieses Kindes sehen wollen. Sobald dieses Kind dann zu rituellen Zwecken geopfert werden soll, zieht diese Familie erneut, jedoch ohne das besagte Kind um.

Hier haben dann die Nachbarn keine Möglichkeit, zu wissen, dass in dieser Familie einmal dieses Kind gelebt hat, was wiederum bedeutet, dass auch dessen Verschwinden nicht auffallen kann.

Unabhängig davon, wie ausgeprägt eine Programmierung ist, bleibt ein Mensch immer noch ein Mensch und ist kein Computer. Dies beinhaltet auch, dass sämtliche Persönlichkeiten eines Systems nach wie vor über eine gewisse Individualität, also auch über eigene Gedanken und Gefühle verfügen.

Bei einem Bewusstsein über die Programmierung und einer adäquaten Hilfe ist es ihnen demnach möglich, neue Erfahrungen zu machen, erlernte Verhaltensmuster zu überdenken und diese gegebenenfalls durch neue zu ersetzen.

Die Löschung einer Programmierung ist somit im Verlauf einer Therapie durchaus als realistisch anzusehen.

Teil 2: Einsteigen? Aussteigen?

2.1 In ein lebendiges Leben hineinwachsen, das geht ohne Selbstbestimmung nicht ...

Interview mit der Pionierin Monika Veith

Die erfahrene psychotherapeutische Beraterin Monika Veith war eine der ersten Fachfrauen in Deutschland, die sich im Rahmen ihrer Arbeit intensiv mit Ritueller Gewalt beschäftigten, die multiplen bzw. dissoziativen Menschen entschieden und unbedingt zuhörten und glaubten und Überlebende organisierter Verbrechen umfassend achtungsvoll begleiteten.

Als Mitbegründerin des Vereins „Vielfalt e.V. – Information zu Trauma und Dissoziation" trug sie – in den Jahren seines Entstehens bis heute – in vielfacher Hinsicht zur Information und weiterführender Unterstützung Betroffener sowie zur Fortbildung, Fachberatung und Vernetzung, zum kollegialen Austausch und zur regionalen und überregionalen Supervision für professionelle Fachkräfte bei.

Vielfalt e.V. hat seine Wurzeln in der feministischen Therapie und Beratung und der Selbsthilfebewegung und setzt einen gleichberechtigten Dialog aller Beteiligten um: Fachfrauen und Überlebende mit jeweils unterschiedlichen Kompetenzprofilen und beruflichen Hintergründen handeln gemeinsam mit dem Ziel, über die Ursachen von Dissoziation aufzuklären, die individuelle Situation von dissoziativen/multiplen Menschen zu verbessern und zur gesellschaftliche Wahrnehmung, Ächtung und Verhinderung ritueller Gewalt beizutragen.

Monika Veith verfügt über umfassende Erfahrungen, die sie in den letzten Jahrzehnten in der Begleitung von Kultüberlebenden sammelte. Sie arbeitet u.a. auch als Supervisorin, um ihr Wissen jüngeren Kolleginnen und Kollegen zur Verfügung zu stellen.

Im nachfolgend aufgezeichneten Gespräch ist es für sie ein besonders zentrales Anliegen, die „Notwendigkeiten für den therapeutischen Prozess" aufzuzeigen. Das erscheint ihr in der aktuellen Fachdiskussion und auch zur Information von betroffenen Überlebenden sehr viel wesentlicher, als detailliert über ihre Methoden zu berichten – nicht zuletzt, da heute ein breites Angebot an methodisch augerichteten Aus- und Fortbildungen zur Traumatherapie existiert.

Durchgeführt hat das Interview Barbara Knorz. Ihr Ziel ist in der Befragung feine und komplexe, wenig plakative Inhalte zur Verbesserung der Unterstützung und Information von Überlebenden ritueller Gewalt sichtbar zu machen und die besonderen Erfahrungen der Anfangszeit, das Engagement der Fachfrau und nicht zuletzt auch die feministischen Wurzeln der Entwicklungen zu würdigen.

Vielleicht kann die Rückschau einer kompetenten Zeitzeugin auch mit dazu beitragen, eine Analyse und Diskussion anzuregen, die den gegenwärtigen Mainstream der Auseinandersetzung mit organisiertem Verbrechen und Dissoziation wieder mehr zu öffnen und von Neuem zu bereichern vermag...

Wenn Sie sich zurückerinnern, ganz an den Anfang Ihrer Auseinandersetzung mit dem Thema Rituelle Gewalt, wie war das damals genau?
Die erste Klientin lernte ich 1986 kennen. Damals arbeitete ich als feministische Therapeutin im Frauentherapiezentrum Bremen. Die junge Frau suchte einen Therapieplatz. Sie deutete an, dass sie schon sehr früh sexualisierte Gewalt erlebt hatte. Für die Wartezeit machte ich ihr für ihre aktuellen privaten und beruflichen Probleme ein Übergangs-Beratungsangebot.

Letztendlich verabredeten wir dann aufgrund des Verlaufs der Gespräche doch eine therapeutische Beratung mit längerfristigem Organisieren oder Vornehmen. Dies ging von 1986 bis 1989 und blieb inhaltlich, orientiert an ihren Bedürfnissen, überwiegend im Alltags- und Berufsbereich.

Ich weiß es nicht mehr ganz genau, ich meine, dass ich aufmerksam geworden bin – anders als in anderen Prozessen – weil es Merkwürdigkeiten gab. Anders kann ich das im Moment gar nicht benennen. Merkwürdigkeiten im Kontakt, Merkwürdigkeiten im mir ungewohnten „Nicht-mehr-Erinnern" der Klientin. Zum Teil betraf das inhaltliche Themen, zum Teil aber auch verabredete Möglichkeiten, wie sie versuchen könnte, etwas zu ändern, um es für sie angenehmer zu machen. Das war im Einzelnen gar nicht so besonders, aber in der Fülle dessen, was da auftauchte, irritierte es mich zunehmend.

Ich springe jetzt ein wenig, denn darüber haben wir uns dann Jahre später köstlich amüsiert: Irgendwann hatte ich eine Idee. Ich schlug ihr vor, in den letzten zehn Minuten der Sitzung das für sie Wichtigste aufzuschreiben, so dass wir daran eine Woche oder zwei Wochen später wieder anschließen konnten. Das tat sie dann auch immer. Wir haben auch beide immer wieder nachgelesen. Was wir so köstlich fanden, ist, dass uns beiden nicht – ihr nicht und mir auch nicht – auffiel, dass dieses ganze Buch schon mit den unterschiedlichsten Handschriften vollgeschrieben war. Das Gehirn weigert sich irgendwie, Dinge, die man nicht kennt – so etwas Sonderbares – zur Kenntnis zu nehmen. Wir haben uns immer nur auf den Inhalt konzentriert (lachend).

In den drei ersten Jahren hatte ich zunehmend den Eindruck, dass sie in sehr unterschiedliche, wie ich meinte, so etwas wie Gefühlszustände oder Wahrnehmungszustände geriet, und wurde immer unsicherer. Ich hatte noch nie etwas von Multiplen gehört – geschweige denn von Überlebenden aus Kulten.

Und dann ist sozusagen der Himmel eingesprungen. Vor einer Reise fiel mir ein, dass mir eine Leselektüre fehlte. In der Bahnhofsbuchhandlung fand ich bei den Neuerscheinungen ein Buch, das mir sozusagen ins Auge sprang. Es war „Aufschrei" von Trudi Chase... es klang spannend, ich überflog es und kaufte es. Seite, um Seite, um Seite fiel es mir von den Augen... dachte ich beim Lesen: „Um Gottes Willen, das kommt mir ja alles furchtbar bekannt vor." Zwar in weitaus übersteigertem Ausmaß dessen, was ich bisher erlebt hatte – aber ich konnte endlich so etwas wie eine Ahnung davon bekommen, wie diese junge Frau sich „organisiert" hatte.

Ich war ein bisschen naiv damals und hatte nichts Besseres zu tun, als das Buch in unsere nächste Sitzung mitzunehmen, es hinzulegen und zu sagen: „Schau mal, das habe ich gefunden und gelesen und da kommt mir ganz Vieles ganz ähnlich vor wie bei Dir."

Sie nahm es dann mit nach Hause und brachte es mir beim nächsten Mal wieder. Noch in dieser Sitzung zeigte sich gleich die erste Kinderpersönlichkeit. Sie hatte offensichtlich mitgelesen oder sich von der Großen erklären lassen, was da stand, und hatte sich wiedererkannt.

Thematisch ging es aber in den folgenden Sitzungen noch nicht um die organisierte Gewalt, die sie überlebt hatten, sondern um ihre Kinderzeit. Das war mir nun nicht so fremd durch meine Arbeit im Frauentherapiezentrum. Sie erzählte Unsägliches an Quälereien, die sie erdulden musste. Wir fühlten und „arbeiteten" dazu zusammen. In meinem Beisein malten dann Unterschiedliche auch sehr viel, damit sie es nicht aussprechen mussten.

So war mein Zugang zu diesen Überlebenden.

Dann dauerte es auch nicht lange, bis neue Klientinnen mich und auch Kolleginnen von mir aufsuchten. Mit dem Wissen im Hintergrund, dass wir auf Kulterfahrungen achteten, konnten sie sich viel schneller erklären oder „outen", wie sie uns damals sagten. Und es waren dann nicht Wenige, die wir begleiteten.

Das war auch eine lange Zeit, die Sie Ihre erste Klientin schon begleitet hatten, über Jahre...

Ja. Ungewöhnlich lange. Letztendlich waren das so viele Jahre, dass man sich an bestimmten Orten schon scheuen konnte, das überhaupt auszusprechen, wie lange die gemeinsame Arbeit gedauert hat.

Wir beide sind heute noch froh und glücklich darüber, das so gemacht zu haben, weil es ihnen ermöglicht hat, völlig selbstbestimmt – und das jede Woche neu – zu entscheiden, wieviel sie sich zutrauen, an Erinnerungen zu erzählen oder zu malen, und wann es eher um Alltagsprobleme gehen sollte. Und für mich war das auch erleichternd, weil es für mich und für Kolleginnen, die damit neu anfingen, ein solches Miterleben von unfassbarer Gewalt gegen Kinder bedeutete, dass es natürlich auch unsere Seelen brauchten, es langsam und auch mit Pausen tun zu können.

Irgendwann, noch einmal zwei Jahre später etwa, erhielt ich dann Briefe von ihnen. Das war auch in Ordnung oder sogar hilfreich. Und in diesem Zusammenhang tauchten natürlich dann die „Bösen" – wie sie von den „Guten" innen genannt wurden – auf. In der ersten Zeit schockierte mich das. Sie schrieben nur, aber mit unglaublich abwertenden, hämischen, mich "wegstoßen-wollenden" Bemerkungen, Bewertungen und Warnungen. Sie waren sehr, sehr stark bemüht, zu erreichen, dass ich die Beratungsbeziehung abbreche.

Dies beeindruckte mich aber nicht so sehr: Sicher war meine Chance damals gewesen, dass ich in meinem Beruf davor als Sozialarbeiterin viel mit sogenannten „schwer verhaltensauffälligen" Jugendlichen gearbeitet hatte. Das war ein Jargon, mit dem ich mich bereits auskannte. Angst machte mir das nicht. Manchmal Ärger. Ach, ganz stimmt das nicht: In den ersten paar Monaten, als die konkreten Warnungen bei mir ankamen, hatte ich doch so einen leichten Anflug von „Verfolgungswahn" (lachend): Ich weiß, dass ich z.B. einige Male um mein Auto herumgegangen bin und nachgesehen habe, ob die Autoreifen wirklich zerstochen waren. Aber das war auch nur bei diesen ersten Begegnungen mit kultloyalen Persönlichkeiten so und da auch nur für relativ kurze Zeit.

Ich weiß zumindest im Moment abrufbereit nicht mehr genau, wie ich damit inhaltlich umgegangen bin. Irgendwann und das ist wahrscheinlich nicht so weit später gewesen, fing ich damit an, kurze Zettel zurückzuschreiben und ihnen diese in den Sitzungen zu geben. Das muss ein Jargon oder eine Formulierung gewesen sein, die vielen – so sagten sie mir Jahre später – so etwas von artfremd war, so „straight", aber dennoch respektvoll, also diese Mischung aus „straight" zurechtweisen und respektvoll bleiben, dass sie manchmal Stunden gebraucht hätten, um sich zu fragen und miteinander zu diskutieren, was ich für ein merkwürdiges Wesen sei.

Das war für diese im guten Sinne irritierend?
Ja. (lacht)

Und dann begann die Zeit, in der die inhaltlichen Szenen gemalt, erzählt, geschrieben wurden. Das war eine Zeit, in der ich einen großen Teil meines Lebens fassungslos war. Und ich hatte auch keine Probleme damit, das in den Sitzungen zu zeigen. Das war die erste Überlebende von ritueller Gewalt, der ich bewusst begegnet bin – und bis zu diesem Zeitpunkt hätte ich geschworen, dass es völlig unmöglich ist, dass ein Kind das überleben kann.

(Hier entstand eine längere Pause.)

Sie haben nun schon Einiges darüber erzählt, was im therapeutischen Kontakt geschehen ist. Und Sie erwähnten auch die erste Veröffentlichung zum Thema, die Ihnen eher zufällig in die Hände fiel. Wahrscheinlich hatten Sie darüber hinaus noch weiteren Bedarf an Information und kollegialer Unterstützung?
Ja. Als erstes bot ich im Jahr darauf, sowohl auf dem Lesbentherapiekongress als auch auf dem Frauentherapiekongress, Veranstaltungen hierzu an. Das beinhaltete, nicht nur zu erzählen, was ich beruflich neu kennengelernt habe: Ich hatte natürlich auch, „mit so einem gewissen Ringen", die Hoffnung, wenn ich damit in meine Vernetzung mit den Kolleginnen gehe, dass mir wenigstens irgendeine erzählen könnte, dass sie auch schon einmal etwas davon gehört hat.

Ich fühlte mich in der Arbeit selbst absolut sicher und authentisch. Aber zu Hause oder auf den Fahrten zur Arbeit und zurück hatte ich natürlich mehr Fragen, als mir lieb war. Nicht nur Fragen zum jeweils aktuellen Stand, sondern auch immer: „Wie soll es weitergehen?" „Das wird ja immer noch nicht das Ende gewesen sein!" – so schätzte ich das ein. Es war auch energetisch zu merken, nachdem Persönlichkeiten sich entschieden und auch getraut hatten, direkt mit mir in Kontakt zu gehen, dass noch sehr, sehr Vieles hinterherkommen wird. Ich hatte keine Ahnung was, aber es war unglaublich in der Energie zu spüren, dass mir noch viel mehr unvorstellbare Erlebnisse mitgeteilt werden würden. Und es war natürlich anders, so etwas zu lesen, als es im direkten Kontakt zu hören.

Die ersten zwei Jahre, oder ich glaube sogar die ersten drei, fand ich keine, die das in der Praxis erlebt hatte. Alle haben sich dafür interessiert und zu den Veranstaltungen sind auch sehr viele Teilnehmerinnen gekommen. Es war sofort ein großes Interesse, ein großes Engagement da. Aber es brauchte wohl diese Zeit, bis sich sozusagen innerlich auch eine Bereitschaft entwickelte, die betroffenen Überlebenden wahrzunehmen: Ich weiß von vielen Kultüberlebenden, dass sie außerordentliche Antennen entwickelt haben, die sie im Heuteleben, selbst wenn sie noch angebunden sind, nutzen können, um ihr Gegenüber zu testen: Ob darüber gesprochen werden kann. Ob da überhaupt ein Minimum an Ansatz ist, dass erst einmal überhaupt zugehört wird. Und ob die Überlebenden mit ihren Erfahrungen wahrgenommen werden, statt dass gleich ein Halteverbotsschild aufgestellt wird oder sogar noch Äußerungen wie: „Das kann ja kein Kind überleben!" gemacht werden.

Also, es gab zunächst einmal sehr viel Interesse, aber Sie hatten noch keine Unterstützung, keinen kollegialen Austausch für sich gefunden?
Ja. Und trotzdem tat das Interesse sehr gut, weil es ein ehrliches und engagiertes war. Also, es gab schon einmal die Möglichkeit, sich in kleineren Gruppen wirklich auch auszutauschen. Auch wenn die von mir informierten Kolleginnen es noch nicht erlebt hatten.

Dann bat ich auch eine gute Freundin und eine meiner Töchter, die fließend Englisch spricht (weil es im deutschsprachigen Raum außer „Aufschrei" nichts zu diesem Thema gab bzw. für mich nicht bekanntermaßen gab), sich nach englischsprachiger Literatur umzusehen. Sie entdeckte „Putnam", mit einem Anleitungsbuch, sage ich mal ein bisschen humorvoll. Das war unterteilt in die unterschiedlichsten Kapitel, die davon handelten, was wir in der professionellen Rolle beachten sollten. Ein typisches – das meine ich aber positiv – Handbuch. Meine Tochter übersetzte es mir, da mein Englisch hierfür nicht ausreichte. Das waren Handlungsanweisungen, richtige Handlungsanweisungen für Therapieprozesse. Ich erlebte sie als unglaublich hilfreich. Es kam mir wie ein Geschenk vor. Damit bin ich für die damalige Situation dann auch versöhnt, weil mir das aus meiner Verunsicherung heraushalf.

Aus heutiger Sicht war das alles sehr, sehr strukturiert und vorgegeben. So arbeitete ich dann überhaupt nicht mehr. Doch gab es mir zu dieser Zeit Orientierung.

Gearbeitet habe ich schon immer im Miteinander, im gemeinsamen Entscheiden, wo jetzt der nächste Schritt sein könnte und immer mit dem inneren Wissen und Fühlen, dass ich für diese Klientinnen oder später auch Klienten, den Weg in keiner Weise vorzugeben habe. Das wäre anmaßend gewesen. Die meisten schienen Wissen und innere Weisheit darum zu haben, was sie sich oder einer Innenpersönlichkeit zutrauen können. Und dem ging ich nebenher. Das tue ich bis heute.

Ich bin unglaublich froh und glücklich über mich und meine Arbeit und das, was ich von ihnen gelernt habe. Die beiden ersten, die ich begleitete, rührten mich zu Tränen, als sie beim Abschied sagten, mit mir hätten sie gelernt, was würdevolles Umgehen miteinander heißt. Dass sie dieses Wort benutzten, hat mich unglaublich angerührt. Und dass sie das noch lernen konnten – auch bei dem, was sie überlebt hatten.

Dann ging es relativ schnell, dass andere Kolleginnen auch multiple Frauen und Männer (am Anfang waren es ja überwiegend Frauen) kennenlernten und mit ihnen arbeiteten – und sich das auch zunehmend zutrauten. Nicht viel später fand ich hier im norddeutschen Raum Fachfrauen, mit denen ich eine gemeinsame Supervisionsrunde zu diesem Thema ins Leben rufen konnte. Unsere regelmäßigen Treffen waren für mich sehr, sehr hilfreich. Wesentlich war auch, sich gegenseitig die Kraft zu geben, im Glauben daran, dass das, was uns erzählt wurde, offensichtlich zu überleben ist. Und wir bestärkten uns in der Behutsamkeit der Begleitung. Auch wurde es immer wichtiger, sich gegenseitig zu unterstützen, eigene Ressourcen aufzufüllen, um gegen dieses Grauen immer wieder etwas danebenstellen zu können.

Ich glaube, dass mir das wirklich sehr gut gelungen ist. Wenn ich an die vielen Sitzungen denke – jetzt muss ich schon selbst wieder lachen – die mit Frohsein und auch mit Lachenkönnen begleitet waren, dann finde ich, ist das schon ein Geschenk, das ich gemacht, aber auch bekommen habe. Dass das nebeneinander gelebt werden konnte, durfte... Es wurde immer fülliger. Fülliger von dem, was in meinem Leben das Leben da draußen bietet.

Die Multiplen, die ich begleitet habe, waren sehr, sehr unterschiedlich strukturiert. Also sowohl bezüglich des fließenden Mitwissens als auch inwieweit sie sich schon selbst geübt hatten, bei Persönlichkeitswechseln zumindest Mitteilungen oder Vorwarnungen zu hinterlassen. Bei manchen war auch überhaupt keine Kommunikation vorhanden, so dass es für die Frauen (und manchmal natürlich auch für mich in der Anfangszeit) keine Hoffnung gab, das chaotische Leben in den Griff zu bekommen.

Viele der Vorschläge, die ich dann in der Literatur fand, konnten auch nicht von allen angenommen werden, weil das alles zu mechanisch war. Ich denke, dass wirklich kreativste, entwicklungsmöglichste, heilsamste – da ringe ich auch immer um Worte – Vorgehensweisen nötig sind im Begleiten. Es ist wichtig, in der Anfangszeit meistens im gleichen Schritt zu gehen, Neues miteinander herauszufinden und das eigene Wertegerüst komplett zu überdenken und neu zu gestalten.

Das klingt ein bisschen wie eine gemeinsame Reise, die irgendwo hingeht und man weiß nicht wohin...
Ja, man weiß lange, lange nicht wohin.

Dazwischen waren Zeiten, in denen die körperlichen Verletzungen immer schlimmer wurden, die zugefügt wurden. Die kultinternen überlebenden Persönlichkeiten versuchten natürlich in den Überlebenden, die ich kennengelernt habe, massiv, d.h. mit allen ihnen zur Verfügung stehenden Mitteln, die Anderen dazu zu zwingen, den Kontakt zu mir abzubrechen. Ich hatte vorher in meinem ganzen Berufsleben, also zumindest als Therapeutin, mit solchen Schwierigkeiten ja auch nichts zu tun. Da gab es verabredete Therapiepausen, Beratungspausen,... aber nicht diese massiven Drohungen von Persönlichkeiten, die mit mir persönlich noch nicht einmal in Kontakt getreten sind. Je mehr ich am Ball blieb und trotz aller Einbrüche von Furchtbarkeiten, die im Heuteleben passierten, nicht locker ließ, desto massiver wurden die Angriffe. Das ist ja im Grunde genommen auch logisch.

Was mir in Bezug auf mein Mitgefühl oder mein Mitdasein und Halten sehr schwer war, erinnere ich gerade, waren die extrem traumatisierten, gepeinigten Kinderinnenpersönlichkeiten. Und meine eigenen Kinder waren noch sehr klein zu dieser Zeit. Das war eine richtige Gratwanderung, von der Energie nicht zu viel mit nach Hause zu nehmen und ganz viele Möglichkeiten, auch mit Kolleginnen zu entwickeln, beides trennen zu können. Hinsichtlich des Fühlens und Denkens hatten wir das sowieso trainiert, weil wir mit so vielen Frauen gearbeitet hatten, die sexualisierte Gewalt überlebt hatten. Aber hinsichtlich der starken Energie ist es ja noch mal ein ganz anderes Miteinander, in diesen Sitzungen zu sein. Und das spürte ich immer, wenn ich mich verabschiedet hatte oder in meinem Feierabend, dass da noch ganz viel an mir ist. Wobei ich nie meine ursprüngliche Entscheidung in Zweifel gezogen habe, dass ich menschlich, mit meinem Fühlen dabei bin und nicht nur mit meinem professionellen Vorgehen und Denken. Und darüber bin ich froh, weil ich von Vielen die Rückmeldung bekommen habe, dass ihnen das den Mut gab, dass sie das spürten. Dass ich auch mit meinen Emotionen dazu immer ehrlich war. Egal, ob es Erschrecken war oder Wut. Ich zeigte alles ein Stück abgemilderter, als es in mir war. Aber ich habe nie mit Distanz gearbeitet. Das tue ich immer noch nicht.

Das scheint auch das Entscheidende gewesen zu sein, was Manches erst möglich machte… Und dennoch ist es doch schwierig, sich darin zu schützen?
Ja. Ich kann nur allen Kolleginnen und Kollegen, die sich dieser Arbeit annähern wollen, empfehlen, das Geben und Nehmen gut auszubalancieren, damit es möglich wird, eine gute Grenze zu ziehen und für sich selbst zu sorgen.

Das brauchte bei mir eine Weile. Schließlich war es das erste Mal, dass ich mich einer solchen Herausforderung stellen musste. Und ich hatte das zum Teil auch unterschätzt.

Eigentlich brachte ich ja eine besondere Stärke mit: Ich wusste, dass ich eine auch emotional sehr starke Frau bin. Auch hatte ich mit unglaublich vielen schwer traumatisierten – damals sagte man schwer geschädigten – Kindern und Jugendlichen gearbeitet. Beides half mir: Für mich und uns war das gut, weil es mich auf Vieles vorbereitet hat, womit ich dann konfrontiert wurde. Aber das ist nicht der normale oder übliche Weg, einen solchen Beruf vorher gehabt zu haben, wenn man therapeutisch arbeitet…

Das klingt so, als würde man dauernd an die eigenen Grenzen stoßen, wenn es entscheidend ist, sich berühren zu lassen? Wie gehen Sie damit um im therapeutischen Prozess, wenn es für Sie selbst zu viel wird?
Ich gewöhnte mir das sehr schnell an, im direkten Kontakt in den Sitzungen darüber zu sprechen. Als ich bemerkte, dass ich mich überfordert hatte, sagte ich das ohne Schrecksekunde in der nächsten Sitzung. Dabei übernahm ich sofort die Verantwortung für mich und mein Fühlen. Denn die Gegenreaktion war natürlich auch gleich Schreck, weil sie meine Grenze übergangen waren. Das sind Prozesse, die habe ich in meiner ganzen Arbeit als Therapeutin immer mit den Frauen vollkommen normal und direkt abgesprochen. Ich

habe verhandelt und nach Lösungen gesucht. Und das mache ich bis heute so. Das ist für mich die einzige, ehrlich gesagt, normal menschliche Art, mit Menschen umzugehen.

Ja, das ist wohl auch eine Chance und Möglichkeit, zu erkennen, dass das Erfahrene überfordern kann?
Ja, das stimmt. Und es bietet hinterher Anlass, zu lachen: In der Abschiedszeit dieser ersten Klientin erzählten wir uns abschließend noch einmal gegenseitig, wie es uns miteinander ergangen ist. Mir sagte damals ein jugendlicher Kultüberlebender unter Lachen, dass er so eine Memme wie mich wohl im ganzen Leben noch nicht gesehen hätte. „Aber", hatte er gedacht, „naja, sie ist eine Memme, aber ich gehe da mal trotzdem wieder hin." Das mit der Memme bezog sich auf meine erschrockenen Augen. Manchmal hätte ich angefangen zu sagen, dass es sein kann, dass ich jetzt öfter einmal stoppen werde: „Jetzt kann ich von den Details nicht mehr viel hören, oder am besten gar keine mehr, aber beim nächsten Mal bin ich wieder bereit." Das hätte er überhaupt nicht verstanden und auch nicht begreifen wollen. Er hätte das doch ausgehalten, wieso ich das denn noch nicht einmal erzählt bekommen könnte, ... das wäre gar nicht zu begreifen gewesen.

Jetzt, wo ich das gerade erzähle, denke ich, dass ich das alles, bis auf wenige Ausnahmen, gut begleiten konnte und auch gut zwischen Privatleben und diesen Sitzungen zu trennen gelernt habe. Das hat mit Sicherheit etwas mit meiner Ehrlichkeit im Kontakt zu tun – aber auch mit meinem Humor. Mir ist gerade noch einmal aufgefallen, wie viel wir auch in Sitzungen gelacht haben. Und nicht nur über witzige Sachen. Auch, weil nur noch Lachen hilft, um sich zu entspannen.

Im guten Sinne erbaten die Größeren auch oft von mir, eine Weile, ich sage mal, „Hilfe zur Erziehung" der Kleineren zu leisten. Entweder, um gemeinsam mit ihnen überhaupt Ideen zu entwickeln, wie sie sich eine sinnvollere Zusammenarbeit erarbeiten können. Oder, zum Teil bemerkte ich dann, dass es auch gut ist, wenn ich das im direkten Kontakt selbst übernehme und nicht nur über die Größeren im System wirke. Da gab es natürlich auch sehr witzige Situationen, z.B. mit einer Kleinen, die über genügend Kraft verfügte, alle anderen auszuschalten, wenn sie etwa Lust hatte, nachts Fernsehen zu gucken oder das Versteck der Süßigkeiten zu finden. Mein Einwirken hatte da natürlich viel mehr Nachdruck als das der großen Persönlichkeiten. Sie mochte mich aber auch sehr. Bereits früh war auch ein guter Kontakt als Basis vorhanden, wenn ich dann wirklich ernst gesagt habe: „Also, du hörst damit jetzt auf.". Das konnten die Großen zweidutzendmal sagen. Das nützte überhaupt nichts.

Und auch das Drangsalieren der Kleineren zu stoppen (da hatten sie in mir die Richtige gefunden: Das kann ich schon bei Außenkindern nicht aushalten, geschweige denn innerhalb der Gruppe) war eigentlich eher Erziehungsarbeit – im guten Sinne.

In der Begleitung der Gequälten, die noch in der traumatischen Situation steckten, ist aber auch (bevor ich mich noch besser dann auch selbst einschätzen und schützen konnte) viel Kraft geblieben, die nicht wieder zu erneuern war. Das denke ich jetzt manchmal, seitdem ich über sechzig Jahre alt bin. Bis dahin habe ich das nicht so bemerkt, denn ich hatte ja auch viel dafür gesorgt, mir Plätze und Menschen zu suchen, wo ich mich wieder mit Energie beschenken lassen konnte. Aber jetzt in den letzten Jahren denke ich manchmal: Das hat nicht wirklich hundertprozentig geklappt. Und das ist ja auch gar nicht verwunderlich: Wenn ich mich bereit mache, in solche Szenen und Überlebensszenen mit hineinzugehen, dann zieht das Energie. Das geht überhaupt nicht anders zwischen Menschen, zumindest nicht, wenn man dafür offen bleibt, dass Energie sich berühren darf. Ich rate Kolleginnen, die jünger sind oder noch nicht so lange damit arbeiten, das anders zu machen, das ist ganz klar. Oder zumindest nach Wegen zu suchen, noch besser auf sich aufzupassen...

Da bleibt die Frage, wie weit das überhaupt geht?
Ja, das ist besser ausgedrückt. Das muss man auch üben. Wenn man vorher hierzu nicht gearbeitet hat, und das nicht selbst überlebt hat, ist dafür nichts abrufbar. Und ich vermute, dass das – aber es ist nur eine persönliche Vermutung – dass das vielleicht bei vielen Kolleginnen und Kollegen der Grund gewesen ist, sich aus dem emotionalen Begleitungsprozess zurückzuziehen.

Das muss auch jede und jeder selbst entscheiden. Ich selbst bereue meine Entscheidung nicht. Das ist mir wichtig.

Wenn Sie jetzt heute auf Ihr bisheriges Lebenswerk zu diesem Thema zurückblicken... was hat dieser Weg der Auseinandersetzung für Ihr Leben gebracht?
Es war einfach notwendig, dieses Ausmaß an Gewalt an Babys und Kleinkindern zur Kenntnis zu nehmen, irgendwie zu verarbeiten und damit sogar im Kontakt zu lernen, irgendwie umzugehen (zum ersten Mal war es eben „irgendwie"). Und, obwohl ich die Arbeit bis heute gerne mache, gibt es Momente, in denen ich mir wünsche, dass ich die Ursachen, die Kinder zwingen, zu dissoziieren, nicht hätte realisieren müssen... – nicht in diesem Ausmaß der Gewalt und auch nicht, dass sie überall „praktiziert" wird. Das ist das Traurige, das es in mein Leben gebracht hat.

Was mein Leben bereichert hat, ist die Lebendigkeit und Vielfältigkeit, die dadurch auch in meine Arbeit noch mal in einer ganz anderen Form neu gekommen ist – durch viele anrührende, humorvolle und spannende Situationen mit den unterschiedlichen Persönlichkeiten. Das Ringen um Sätze und Worte, die der Unterschiedlichkeit der Persönlichkeiten gerecht wurden, gab es ja vorher auch nicht. Das fand ich spannend. Und machte vielen Klientinnen und mir auch Spaß. Überhaupt zu irgendeiner Form von Verständlichkeit zu kommen, war oft nicht einfach...

Was würden Sie wieder so machen?
Alles. (lachend)

Und was vielleicht nicht nach Ihren jetzigen Erfahrungen?
Das Ausmaß an, ich sage mal als Erstes profan, „Zeit" zu investieren. Das würde ich nicht nur, sondern das habe ich relativ bald auch nicht mehr geleistet – auf dem Erfahrungshintergrund, zu bemerken, dass eine solche Erreichbarkeit bei der ersten Begleitung meiner Furcht entsprungen ist. Das ist nicht zwangsläufig nötig. Auch nicht bei Klientinnen, die im Kult aussteigen wollen.

Sie dachten, Sie müssten so viel anbieten?
Ja. Davon ging ich aus. Aber das habe ich schnell, oder, besser: das haben wir miteinander relativ schnell verstanden, dass das nicht notwendigerweise so sein muss. Damals – als kleines Beispiel, um es überhaupt verständlich zu machen – hatten wir verabredet, dass Persönlichkeiten, die auf der Fahrt zu Treffen noch mitbekommen, dass es dort wieder hingeht, mich jederzeit anrufen können. Außer nachts, das ist bei mir immer tabu gewesen. Ansonsten konnten sie aber anrufen, damit ich durch verabredete Sätze mithelfen konnte, dass sie nicht weiterfahren und stattdessen „außen bleiben", Körperkontrolle behalten und zurückfahren.

Das ist nichts, was ich bereue, getan zu haben. Es ist mir versichert worden, dass es eine riesengroße Hilfe war und es dadurch sicher schneller ging, Selbstschutz zu erlernen. Aber es wäre nicht zwangsläufig bei allen notwendig gewesen.

Haben Sie Wünsche, die Sie an dieser Stelle noch äußern möchten?
Tja, Wünsche an die Welt da draußen: Dass viel mehr Menschen, viel, viel, viel mehr, in allen möglichen Bereichen, glauben und unterstützen würden. Manchmal bin ich traurig, dass heute immer noch so viele, auch Ärzte und Ärztinnen (die ja fast alle dissoziierten Menschen brauchen, für ihre körperlichen Beschädigungen), immer wieder so skeptisch sind. Wobei mir klar ist: Das ist fast nicht zu glauben. Aber ich würde mir mehr Bemühen darum wünschen. Und dass Menschen nicht gleich, weil man sich das nicht vorstellen kann, davon ausgehen, dass es nicht geschehen ist.

Das ist ja die Besonderheit am „Glauben", dass man trotz fehlender Vorstellungskraft und Mangel an Beweisen glaubt...
Ja. Oder beginnt zu glauben. Denn man kann nicht viel Schaden anrichten. Selbst wenn sich herausstellen würde, dass eine bestimmte Schilderung nicht ganz dem entspricht, wie es damals gewesen ist, muss man ja nicht unterstellen, dass es gelogen ist.

Wenn Sie die Situation für Überlebende Ritueller Gewalt und auch für Unterstützende heute betrachten... Wie nehmen Sie die aktuelle gesellschaftliche Stimmung wahr?
Na, was ich erfreulich finde, ist, dass es, wie ich glaube, in weiten Kreisen doch kein Tabuthema mehr ist: Kult und Überleben und die Möglichkeiten und Fähigkeiten von Kultkindern. Wobei ich aber auch sagen muss, dass ich das gesamtgesellschaftlich nicht beurteilen kann, weil ich mich schon mehrere Jahre darüber nur noch mit Menschen austausche, die davon ausgehen, dass das so ist. Ich habe überhaupt keine Lust mehr, meine Kraft in das Überzeugenwollen zu stecken. Darum können sich Kolleginnen kümmern. Das ist nicht mehr meine Aufgabe (lachend).

Was würde denn eine Verbesserung der Situation für Betroffene und auch für Unterstützende gesellschaftlich bedeuten?
Eine Revolte. (lachend) Das fällt mir als Erstes ein.

Wie würde diese aussehen?
Mit großen Aufmärschen... (lachend) Das ist, glaube ich, ein bisschen zu viel Nostalgie, aber das ist mir nunmal als Erstes eingefallen... Mit großen Aufmärschen, Plakaten und witzigen und ernsten Transparenten mit der Frage, ob es denn noch irgendwelche Menschen hier draußen gibt, die wenigstens versuchen, in allen Bereichen Unterstützung zu leisten, solange das wichtig und notwendig ist.

Wobei sich viel getan hat, das ist mir schon auch klar. Aber ich bin nicht so schnell zufrieden zu stellen.

Das ist ja auch nicht verwunderlich angesichts der vielen schrecklichen Erfahrungen, von denen Sie im Laufe Ihrer langjährigen Arbeit mit Betroffenen hörten... Haben Sie eine Ahnung oder Vorstellung, was für alle Beteiligten ein Gegengewicht sein könnte zum Wissen um das unglaubliche Ausmaß der Gewalt?
Ich glaube, das Beste wäre aus meiner Erfahrung heraus, ein ganz tiefes inneres Wissen und der Glaube daran, dass es eben doch eine selbst und viele, viele andere Menschen gibt, die das Gegengewicht bilden. Und nicht nur in meinem Beruf. Wenn ich allein an die vielen Vielfalt-Mitarbeiterinnen und -Unterstützerinnen denke: Sie haben nicht alle im direkten Kontakt damit etwas zu tun. Aber alle glauben daran, sonst würden sie Vielfalt nicht unterstützen oder nicht für Vielfalt arbeiten. Und da gibt es noch sehr, sehr viel mehr... Beratungsstellen und andere große Gruppen von Menschen, die nicht beschlossen haben, sich das Thema „vom Hals zu halten". Wobei ich das gar nicht von allen erwarte. Diesen Anspruch hatte ich nie. Aber ich freue mich über die Zahlreichen, die in den vielen Jahren dazugekommen sind.

Denn, als ich mit dieser Arbeit anfing, da kannte ich keinen weiteren Menschen, die oder der um dieses Thema wusste. Meine nähere soziale Umgebung, die dachten damals, glaube ich, immer, dass da etwas ganz Gefährliches mit meinem Gehirn passiert. Sie haben mich zwar freundschaftlich-liebevoll beäugt, aber ich glaube auch, dass sie ziemlich lange auch ein bisschen besorgt waren.

Wenn Sie sich gerade zurückerinnern, an den Beginn Ihrer Auseinandersetzung mit organisierter Gewalt, woran erinnern Sie sich noch besonders? Gab es anfangs Schlüsselerlebnisse oder einschneidende Ereignisse?
Ein Schlüsselerlebnis gab es, als ich das erste Mal davon erfuhr. Und ein noch durchdringenderes, als ich das erste Mal mit kultinternen Persönlichkeiten in direktem Kontakt war. Ich glaube, das hat mich ganz schön gebeutelt. Das glaube ich nicht nur, das war so. Ich meine sogar, dass ich wochenlang ziemlich fassungslos war und gedacht habe, „Ja was soll ich jetzt tun?", weil ich keine inneren Möglichkeiten hatte, damit umzugehen.

Aber mein großer Vorteil war, dass die Kultüberlebenden, mit denen ich gearbeitet habe oder die ich begleitet habe... ja, das war irgendwie gleichwertig genug, dass ich dann auch sagen konnte: „Es tut mir leid, ihr müsst jetzt noch mal wechseln. Bitte, lasst nun einen Anderen zu mir kommen, weil jetzt muss ich erst einmal wieder „durchatmen".

Und das ging?
Ja. Von Anfang an. Aber ich glaube, dass ich auch schon lange vorher einen guten Zugang hatte zu dem, wie weit ich mich belasten kann und wie weit nicht. Und dass ich immer überzeugt war, dass das mein Recht ist, da selbst darauf zu bestehen. In manchen Situationen ging es natürlich nicht, wenn Persönlichkeiten z.B. im Flashback waren. Aber es gab auch Momente, in denen ich darum bitten konnte, dass wir uns das nächste Mal wiedersehen. Oder zumindest jetzt im Kontakt nicht noch irgendeinen „Wahnsinns-Streit" klären. Ich meine, das ist natürlich auch mein Vorteil gewesen, vorher mit sogenannten „schwer erziehbaren" Jugendlichen gearbeitet zu haben.

Das klingt auch nach pädagogischer Grenzsetzung?
Ja. Ich habe auch keinen Skrupel, diese in therapeutischen Prozessen anzubringen, das sind Notwendigkeiten!

Was waren denn allgemein Ihre Erfahrungen im Umgang mit den eigenen Gefühlen, die aus dem Beratungsprozess entstanden?
Das ist auch eine spannende Frage. Das war schwer. Das war total schwer. Und ich meine, es hätte auch relativ lange gedauert, bis ich da so etwas wie eine Balance hinbekommen habe. Zuerst fiel mir dazu überhaupt nichts ein. Das ist normal für jede Kollegin und jeden Kollegen, die das erste Mal mit Kultüberlebenden arbeiten: So lange man diese Gewalt nicht kennt (oder höchstens im Fernsehen einmal hinsieht und schnell abschaltet), also so lange das überhaupt nicht zur normalen Lebenserfahrung gehört, ist es ja auch nicht notwendig, dagegen irgendetwas zu entwickeln. Und da fühlten auch alle der Kolleginnen, die ich dann kennenlernte, die später mit diesen Überlebenden angefangen hatten zu arbeiten, das Gleiche: Es gibt abrufbereit keine innere Ressourcenkraft. Dafür aber die Notwendigkeit, sich möglichst schnell etwas zu überlegen.

Daraus resultiert zwangsläufig die Erfahrung, mich zu Beginn überlastet zu haben. Das ist so. Ich weiß bis heute nicht, wie mir eigentlich die Balance gelang, nicht alles mit in meine Familie zu nehmen. Aber irgendwie bekam ich das hin. Meine Kinder sind inzwischen erwachsen. Ich frage sie nach dieser Zeit. Sie fanden es „doof", dass ich so oft auch auf das Telefon prompt reagierte. Das ist ihr gutes Recht, das „doof" zu finden. Als ich das realisiert hatte, fand ich es auch nicht in Ordnung. Ab diesem Zeitpunkt trennte ich viel mehr zwischen Arbeit und meinem Privattelefon.

Ich suchte mir auch sehr viel Literatur bzw. Angebote, Kurse, Gespräche zu dem Thema, was frau landläufig tun kann, um sich zu entlasten. Ich versuchte auch, wie schon erwähnt, sehr bald im norddeutschen Kreis Kolleginnen und Kollegen zu finden, um eine Supervisionsgruppe, auch mit dem Schwerpunktthema: „Wie können wir uns entlasten?", zu gründen. Also wenn ich erst einmal etwas begriffen habe, dann handle ich auch schnell.

Da war ein starker Handlungsdruck, weil Sie bemerkt hatten, dass Sie sich überlasteten?
Ja. Und ich realisierte dies sehr schnell – auch zum Teil durch das Mahnen von Freundinnen, die die Auswirkungen natürlich mitbekamen.

Gab es etwas, was Ihnen damals in besonderer Weise Sorgen oder Angst machte oder womit Sie sich sehr alleine fühlten?
Sehr alleine habe ich mich komplett gefühlt. Mit der ganzen Art, wie ich in der Begleitung arbeitete und mit dem Thema umging. Es gab dann später schon welche, die etwas Ähnliches für sich entwickelt hatten, wie auf den Kongressen deutlich wurde. Aber in der ersten Zeit fühlte ich mich richtig einsam damit. Auch viele Kolleginnen erzählten später, dass das so unaussprechbar ist, was wir innerhalb der Sitzungen erlebten und erleben, dass es schwer war damals, und bis heute manchmal auch noch ist, sich überhaupt zu trauen, im Privatleben darüber zu sprechen. Ich weiß noch, dass ich mir einmal auf dem Heimweg gedacht habe: „Wenn ich das erzähle, und sei es auch meinen nahsten Freundinnen, die erklären mich für verrückt." Frau rutscht also als Begleiterin sozusagen mit in das Schweigegebot – und z.T. mit diesem Bereich auch in die Isolation – mit demselben Satz, der den Kindern gesagt wurde, mit dem Satz, mit dem diejenigen, die Gewalt innerhalb von Kulten oder auch die sogenannten „Familiengeheimnisse" überlebt haben, aufwuchsen: „Wenn du das jemals irgendwo erzählst, das glaubt dir sowieso niemand."

Das hat nicht so lange angehalten, dafür hatte ich dann doch tatsächlich sehr viele, sehr tragfähige und langjährige Freundschaften. Da habe ich mich dann doch getraut, zu sprechen, Gott sei Dank. Aber sie haben auch merkwürdig gekuckt zuerst. Weil ich wahrscheinlich auch merkwürdig aussah. Das weiß ich nicht mehr, aber es muss ja so gewesen sein. Man kann ja, wenn man innerlich so aufgewühlt ist wie ich, in der Anfangszeit nicht unbeteiligt oder neutral kucken. Also ich kann das jedenfalls nicht.

Wenn Sie an Ihre Arbeit denken... Was war für Sie eine ungewohnliche oder verblüffende Erfahrung mit einer Klientin?
Das Verblüffendste war mit Sicherheit, als ich das erste Mal Kontakt mit einer loyalen inneren Persönlichkeit hatte. Also direkten Kontakt. So etwas war mir im Leben noch nicht begegnet. Es kam auch völlig unvermittelt, für mich, aber auch für die Persönlichkeit, mit der ich im Gespräch war. Das war sehr, sehr unvermittelt. Und ich hatte auch schon seit vielen Jahren nicht mehr, also seit meiner Arbeit mit sogenannten „schwer erziehbaren" Jugendlichen nicht mehr, eine solche Unflätigkeit im Umgang mit mir erlebt. Ich glaube, ich saß einen Sekundenbruchteil wie erstarrt da und reagierte dann sehr pädagogisch.

Wie haben Sie denn reagiert?
Ich sagte sehr bestimmt, dass ich so nicht mehr angesprochen werde. Und dass ich es auch nicht in Ordnung finde. Mein Gegenüber erzählte mir später, dass sie gedacht hätte: „Was ist das denn für eine komische Frau? Wie redet sie überhaupt mit mir? Das ist nicht in Ordnung."

Das, was Sie erwidert hatten, war für sie nicht in Ordnung?
Nein, meine Grenzsetzung war wohl so..., so wenig „respektvoll" (lachend).

Sie waren zu wenig beeindruckt von ihren Äußerungen? War sie gewohnt, dass ihr Verhalten Angst auslöste?
Ja. Das konnte ich auch nachvollziehen, aber zu der Art von Menschen gehörte ich eben nicht. Angst war mir ja auch nicht unbekannt. Aber das hieß nicht, dass ich mir das gefallen lassen musste.

Ich konnte eigentlich immer verstehen, warum Innenpersonen (oder auch Nicht-Multiple... Jugendliche zumindest), die anders überlebt hatten als mit Respekt, so geworden sind, wie sie sind. Das ist wirklich gar kein Problem. Aber das heißt noch lange nicht, dass ich in ihr System mit hineingehe. Sie müssen sich etwas einfallen lassen, wie sie das anders ausdrücken können. Und wenn es nötig ist, mache ich auch Vorschläge. Aber gefallen lasse ich es mir nicht.

Wie ist es dann weitergegangen?
In der ersten Zeit sind diejenigen Persönlichkeiten natürlich sofort „geswitcht". „Sowas lasse ich mir nicht gefallen" klappt ja nicht... – dann gehen sie aus dem Kontakt. Was mich nicht daran hinderte, ab und zu nach ihnen zu fragen. In den Wochen, Monaten danach, und auch, wenn sie nicht wieder persönlich in die Sitzungen kamen, hatte ich ja den großen Vorteil, zu wissen, dass sie mich hören können. Ich fragte die Persönlichkeit, die da war, ob es in Ordnung ist, wenn ich einmal eine Information für jemand Anderes gebe. Das war gewöhnungsbedürftig – für mich und auch für die anderen. Aber ich habe es dann gemacht, wenn es o.k. war... und bin immer davon ausgegangen, dass es gehört worden ist. Auch bei Ausreden im Rahmen der folgenden Sitzung, wie z.B.: „Die Anderen haben mir gesagt, dass du etwas zu mir gesagt hast. Und die haben auch gesagt, was du gesagt hast. Aber was glaubst du eigentlich, dass ich da bin und das höre?" meinte ich einfach nur: „Das glaube ich nicht nur, davon gehe ich aus." (lachend).

Das waren auch wirklich bewegte oder bewegende Sitzungen. Natürlich auch im traurigen oder schweren Bereich. Es war ja nicht immer nur humorvoll, aber eben auch sehr oft mit viel Lachen und „Sich-Freuen" an Kontaktmöglichkeiten und dem, was außen umgesetzt worden und gelungen ist.

Ich will es nicht werten, aber sehr häufig ist es durch das Wechselhafte, was die multiplen Menschen an Entwicklung machen möchten und erreichen, natürlich auch ganz klar lebendiger. Das meine ich nicht abwertend gegenüber anderen Prozessen. Aber allein durch die unterschiedlichen Kontakte innerhalb der Sitzungszeit werden sehr viele unterschiedliche Aspekte berührt. Das kenne ich in der Arbeit sonst nicht in diesem Maße: Da bemühen sich ja verständlicherweise meistens beide innerhalb einer Sitzung an einem Thema oder an einem Entwicklungsstrang zu bleiben. Das geht nicht mit multiplen Menschen, die beginnen, sich in dem Sinne anzunähern, dass welche mich kennenlernen wollen. Später wird es dann oft geordneter – oder zumindest in innerer Absprache (lachend). Wenn ich an meine erste Begleitung denke, wurden die sogenannten Außen- oder Alltagspersonen schon sehr oft übergangen durch Neugier oder Ärger von innen. Das kam nicht gefiltert über sie, sondern sie erlebten dann ziemlich viel Stress.

Das zeigt auch, wie bewegt das ist, was in solchen Momenten geschieht?
Ja. Das kann man wohl sagen. Wobei..., das ist mir noch ganz wichtig zu sagen: Ich beziehe mich jetzt so häufig auf meine erste Begleitung. Tatsächlich lernte ich ja in den Jahren viele unterschiedliche multiple Menschen kennen. Sie waren äußerst verschieden darin, wie sie sich organisiert hatten, wie die Gesamtgruppe sich strukturierte, wie viel oder wie wenig sie voneinander bereits wussten. Da gab es eine ganz, ganz große Bandbreite von einem Pol zum anderen. Und es waren schon auch Begleitungsprozesse dabei, wo das Miteinander-Teilen von Lebendigkeit und Humor in den Sitzungen nicht so ausgeprägt war.

Möchten Sie abschließend noch einmal Ihr persönliches Konzept der Unterstützung charakterisieren? Auf welchen Vorstellungen, Erfahrungen, Zielen basiert Ihre Arbeit?
Das klingt nicht sehr nach Konzept, aber ich habe nichts anderes anzubieten (lachend):

Als Erstes fällt mir ein (was leider in unserem Bereich der Arbeit häufig nicht mehr genannt wird), sich großen Respekt und Mitmenschlichkeit zu bewahren und das auch zu zeigen. Nicht permanent und immer, das wäre ja idiotisch, aber dann, wenn es notwendig ist, dass mein Gegenüber hört und spürt, dass ich das in mir trage. Das ist die einzige Möglichkeit, um Mut und Kraft in ganz schwarzen, trostlosen Zeiten zu vermitteln. Da helfen andere Sätze nicht und auch keine Vorschläge, was man denn noch machen könnte. Und da bin ich so sicher, wie ich hier sitze. Davon gehe ich keinen Millimeter ab.

Sie verkörpern diese Überzeugung und dieses Gefühl dann sozusagen?
Ja. Es ist wesentlich, dass ich mich traue, das zu zeigen, ja. Und nicht in der Beratungspersönlichkeit bleibe, sondern dass ich als die Frau dasitze, die ich bin. Dass ich auch ganz klar zeige: Bei so einer Leere und Hoffnungslosigkeit geht es nicht darum, Vorschläge zu hören und ausprobieren zu sollen. Da geht es darum, dass ein lebendiger Mensch neben oder vor einem sitzt und vermittelt: „Ich bin da. Und ich lasse dich nicht alleine. Ich glaube an die Kraft, die ihr habt. Und wenn ihr wollt, helfe ich euch, mutiger zu werden." Das ist eine tiefgehende Lebenserfahrung. Ich meine, dass alle, die sie haben, sie weitergeben müssen. (In einem solchen Ausmaß brauche ich das nicht in anderen Begleitungsprozessen, da nicht so eine Zerstörung der Grund war, um therapeutische Unterstützung zu bitten.)

Ja. Das ist der Kern, der Hauptkern meiner Arbeit. Dann sind natürlich auch gute Methoden, respektvolle Methoden wichtig.

Und was genauso wesentlich ist: Ich wünschte mir, dass mehr in die therapeutische Arbeit von Kolleginnen und Kollegen einfließt, dass die Selbstbestimmung meines Gegenübers mit an erster Stelle steht. Viel, viel mehr als in anderen Begleitungen, ist es zwingend notwendig, das zu leben und zu üben. Denn die, die diese Gewalt überlebten, hatten es in der Regel in ihrem ganzen Leben nicht.

Das heißt in den Sitzungen – das fällt mir aber auch leicht, ich glaube das ist auch eine Grundhaltung von mir – antworte ich höchstens, wenn ich gebeten werde, zu sagen, was ich davon halte oder ob ich einen Vorschlag habe. Dann mache ich das natürlich. Ich würde so eine Bitte nicht unerfüllt lassen. Aber ich würde nie von mir aus einen Vorschlag machen, mit dem Hintergrund, dass ich glaube, dass das hilft. Denn ich weiß nicht, was der Überlebenden mir gegenüber hilft. Sie weiß es auch nicht. Wenn ich es aber weiß, dann hat sie keine Chance zu lernen, dass Menschen herausfinden können, was sie wollen, wenn sie sich nur Zeit genug lassen. Und Zeit genug bekommen. Das sind manchmal öde Minuten für alle Beteiligten. Wo ist das Problem? Das muss man draußen im Leben auch aushalten – öde Minuten – ohne gleich in Aktion zu geraten. Ja, ich meine das so eindeutig, wie ich das eben gesagt habe. Ich habe noch nie Menschen, egal wie alt, kennengelernt, die nicht herausfinden, wofür sie sich entscheiden oder was sie ausprobieren möchten. Und anders geht auch Wachstum nicht. Da geht „nur" Überleben. In ein lebendiges Leben hineinwachsen, das geht ohne Selbstbestimmung nicht.

2.2 Aussteigen – eine Innensicht
Melina

2.2.1 Einleitung

Da wir selbst betroffen, dadurch auch ein System sind, und uns vor zwei Jahren zu einem Ausstieg aus einem satanischen Kult entschlossen haben, beziehen wir uns in diesem Text auf unsere eigenen Erfahrungen.

Während dieses Weges hinaus aus einem für uns unerträglichen Leben haben wir viele positive, aber auch negative Erfahrungen sowohl in dieser als auch in unserer alten Welt gemacht. Wir sind immer wieder an Punkte gestoßen, an denen es uns sehr schwer war, außen stehenden Menschen zu erklären, warum es für viele von uns so schwer ist, nicht wieder „nach Hause" zu gehen, sich für ein Leben fern ab vom Kult zu entscheiden, und haben uns in der Folge häufig nicht verstanden, teilweise sogar abgelehnt gefühlt.

Um diese Schwierigkeiten einmal zu erklären und außen stehenden Menschen zu vermitteln, was ein Ausstieg eigentlich für eine Betroffene bedeutet, welchen Problemen sie sich stellen muss und womit sie auch im Alltag konfrontiert wird, haben wir uns entschlossen, unsere Erfahrungen zu dokumentieren.

Wir sind in einen Kult hineingeboren worden und hatten folglich auch nie eine Entscheidung darüber, ob wir dies wollten oder nicht. Die Regel, dass Mitglieder allerdings auf Lebenszeit dazu verpflichtet sind, dem Kult absolute Loyalität entgegenzubringen, gab uns keine Möglichkeit, an unserer Situation etwas zu verändern, zumal wir – wie es uns immer vermittelt wurde und was auch häufig zutreffend ist – davon ausgegangen sind, dass es für Menschen wie uns keine Hilfe gibt, dass uns niemand schützen und Glauben schenken würde, sollten wir je versuchen, über unsere Probleme zu sprechen.

Darüber hinaus wussten wir aber sehr wohl um die Konsequenzen, die es nach sich ziehen würde, sollten wir das Schweigegebot brechen. Dabei stellte die Gefahr unseres eigenen Todes uns weniger vor einen Konflikt als die Möglichkeit, dass andere Menschen für unser Verhalten hätten die Rechnung tragen müssen. Unser eigenes Ableben hatten wir schließlich schon sehr früh als Fluchtmöglichkeit in Erwägung gezogen und dies auch mehrfach umzusetzen versucht, was uns allerdings auf Grund der bei uns bestehenden Programmierung nie möglich gewesen war. Einzelne Personen hatten damals von den Tätern den Auftrag erhalten, mögliche Suizidversuche zu sabotieren, so dass wir selbst darüber keine eigene Entscheidung hatten und gezwungen waren, so lange dieses Leben zu ertragen, wie die Täter es wollten.

Vor zwei Jahren ergab sich jedoch im Rahmen einer ambulanten Therapie und der gleichzeitigen Unterbringung in einer betreuten Wohneinrichtung die Möglichkeit, an diesem Zustand etwas zu ändern. Der Ausstieg gestaltete sich wie erwartet sehr schwierig, doch nicht nur im Kult, sondern ebenfalls im Alltag hatten wir mit enormen Schwierigkeiten zu kämpfen, mit denen wir vermutlich keinen Einzelfall darstellen. Viele Betroffene haben ähnliche Probleme, fühlen sich nicht verstanden, haben Angst, sich helfenden Personen gegenüber mitzuteilen, und Mühe, sich zu erklären. Sie sind dazu gezwungen, sich in einer Zeit, in der sie enormen Belastungen ausgesetzt sind, gleichzeitig an verschiedenen Fronten zu beweisen, neue Verhaltensweisen zu lernen und sich mit ihrem Leben auseinanderzusetzen.

2.2.2 Therapie

Um bei einem Ausstieg überhaupt eine Chance auf Erfolg zu haben, ist für das betroffene System eine begleitende Psychotherapie unbedingt nötig, um zum einen die extrem belastende Lebensgeschichte zu verarbeiten und noch unbekannte Personen im System ausfindig zu machen und orientieren zu können, aber auch um die Folgen der aller Wahrscheinlichkeit zu Beginn des Ausstiegs stattfindenden Täterkontakte abzufangen. Diese lassen sich gerade zu Beginn des Versuchs häufig nicht ganz unterbinden, da noch zu viele Personen im Verborgenen existieren, die keinen anderen Weg kennen als den Befehlen des Kults Folge zu leisten. Diese Kontakte beinhalten zu dieser Zeit extreme Bestrafungen, bei denen zum Teil auch Personen mit Details der eigenen Lebensgeschichte konfrontiert und in Situationen gezwungen werden, die sie bisher nicht aushalten mussten, da diese Dinge zuvor von anderen Personen des Systems getragen wurden, die dies besser können. Ziel ist hierbei natürlich, die Betroffene zu demotivieren.

Aber auch zur Auflösung der im System verankerten Programme ist eine Therapie unerlässlich. So ist davon auszugehen, dass, so lange diese noch vorhanden sind, einzelne Personen die Täter weiterhin über die eigene Entwicklung auf dem Laufenden halten, versuchen, zu ihnen zu gelangen und auf Befehl – wenn nötig – autoaggressiv zu werden, das Schlafen und die Nahrungsaufnahme zu unterbinden und gleichzeitig ärztliche Hilfe zu verweigern.

In einem therapeutischen Rahmen müssen die einzelnen Personen des Systems zudem lernen, überhaupt Vertrauen aufzubauen, eine Lebensperspektive für sich zu sehen und Strategien entwickeln, mit dem Erlebten umgehen zu können.

Leider gibt es im Verhältnis relativ wenig Therapeuten, die zum einen mit Menschen mit einer Dissoziativen Identitätsstörung arbeiten (oft, weil sie keine Erfahrungen auf diesem Gebiet haben) und zum anderen, dass, falls sie damit arbeiten, sie häufig die Bedingung aufstellen, dass aktuell keine Täterkontakte mehr stattfinden. Damit befindet sich die Betroffene in einem Teufelskreis, denn ohne Therapie hat sie kaum Chancen, sich von der Gruppe zu lösen. So lange dies aber nicht erfolgt ist, wird ihr in vielen Fällen die notwendige Hilfe verweigert.

2.2.3 Umfeld

Eine Therapie allein hat jedoch keinen Erfolg, wenn nicht weitere außen stehende Personen ihren Ausstieg unterstützen. Die Betroffene ist darauf angewiesen, dass andere Menschen ihr helfen, ihren Alltag abzusichern, sie auf Wegen begleiten, mit ihr einkaufen gehen und Zeit mit ihr verbringen. Gerade in den Nächten oder aber bei nicht begleiteten Wegen ist sonst das Risiko extrem hoch, den Tätern wieder in die Hände zu fallen. Durch die Programme, die die Gruppe bei dem besagten Menschen schon früh installiert hat, ist es den Tätern ein Leichtes, bei nicht begleiteten Wegen beispielsweise ein Innenkind auszulösen, das nicht weiß, wo es sich befindet und bereitwillig mit der ihr bekannten Person mitgehen wird. Auch aus der eigenen Wohnung kann das System über akustische Signale und damit verbundene automatisierte Verhaltensweisen gelockt werden, wenn niemand da ist, der dies verhindern könnte.

Diese Vorgehensweise stellt jedoch – gerade wenn sich der Ausstieg über einen langen Zeitraum hinwegzieht – das Umfeld vor eine enorme Belastung. In der Folge kann es dazu kommen, dass Helfende entweder selbst an den Rand der Erschöpfung geraten oder sich irgendwann distanzieren. Beides löst natürlich im System heftige Reaktionen aus. Zum einen können sich Personen schuldig fühlen oder sich als Last erleben, zum anderen als abgelehnt und im Stich gelassen.

Gerade im sozialen Umfeld begegnen der Betroffenen unterschiedlichste Haltungen und Einstellungen ihren Problemen gegenüber. Manche Menschen erachten den Kult auf Anhieb als real und bemühen sich, der Freundin, der Klientin, der Bekannten zu helfen. Dabei begegnen ihnen aber auch Details und Machenschaften einer Welt, die verschiedenste Reaktionen und Emotionen bei den Beteiligten auslösen. Diese reichen von Betroffenheit über Wut bis hin zu einem Gefühl der Machtlosigkeit einem derartigen Netzwerk gegenüber. Weiterhin kann es dazu kommen, dass sie während dieses Prozesses auch anderen Personen des Systems begegnen, die zum Teil sehr unterschiedlich sind. So kann es sein, dass in einem Moment eine erwachsene Person vor einem sitzt und dazu in der Lage ist, die im Kult herrschenden Strukturen rational zu erfassen und sich klar gegen diese zu positionieren. Im nächsten Moment kann ein kleines Innenkind mit Heimweh dessen Stelle einnehmen, das unbedingt zu Mama und Papa will. Dass dieses Innenkind dann zum Teil wissentlich Bestrafungen durch die Täter in Kauf nimmt, nur um aus für es unbekannten Situationen fliehen zu können, können viele Menschen nicht nachvollziehen. Selbst Hinweise und Gesprächsversuche, in denen das Gegenüber versucht, dem Innenkind zu vermitteln, dass es sich in Sicherheit befindet, führen nicht unbedingt zu einer Auflösung und Entspannung der Situation. Häufig werden dann Aussagen wie „Du kannst mir ruhig vertrauen", „Ich lüge dich nicht an" und „Hier ist es doch viel schöner als zu Hause" getroffen. Doch woher soll das Innenkind das Vertrauen nehmen, dem Glauben zu schenken, wo ihm doch ein Leben lang kein Grund gegeben, es ihm sogar abtrainiert wurde? Dieses Verhalten wiederum löst oft bei der helfenden Person Unverständnis aus, da sie das Innenkind doch noch nie angelogen hat und es rein logisch gesehen ja wirklich besser wäre, nicht in den Kult zurückzukehren.

Andere Personen des Umfelds begegnen diesen Umständen eher mit Skepsis. Sie können oder wollen den Schilderungen der Betroffenen keinen Glauben schenken. Teilweise kann es sogar dazu kommen, dass einer Betroffenen neurotische oder paranoide Störungen oder gar psychotische Schübe unterstellt werden. Andere helfende Personen können angefeindet und deren Vorgehensweise in Frage gestellt werden.

Einige Beteiligte sind der Meinung, dass Betroffene in eine Klinik eingewiesen werden müssen und dass es unverantwortlich sei, dies nicht zu tun. In einer Klinik sind die Betroffenen aber eventuell wieder den Tätern ausgesetzt, die sie „besuchen" kommen können. Außerdem gibt es in Kliniken keine adäquaten Therapiemöglichkeiten, um Betroffene bei einem Ausstieg zu unterstützen. Aber auch Menschen, die zwar helfen wollen, sich aber mit der Situation überfordert fühlen, versuchen oft eine Institution zu finden, die diese Aufgabe übernehmen könnte.

Diese Reaktionen sind zwar aus einigem Abstand gesehen verständlich, führen aber bei Betroffenen Ritueller Gewalt zu einer Verunsicherung, zu einem Gefühl des Nicht-verstanden-Werdens, der Ablehnung. Ihre Befürchtungen, dass man ihnen nicht glauben könnte, die Angst davor, nicht ernst genommen oder abgelehnt zu werden, bestätigen sich in solchen Zusammenhängen immer wieder an verschiedenen Punkten.

2.2.4 Ärztliche Versorgung

Unabdingbar während eines Ausstiegs ist es, für eine adäquate ärztliche Versorgung für den Körper zu sorgen. Dies ist allerdings leichter gesagt als getan. Auf Grund der bei Betroffenen vorhandenen Programmierung ist es häufig nicht ohne weiteres möglich, einen Arzt zu konsultieren, da es immer eine der wichtigsten Regeln im Kult war, nie etwas von den Vorgängen dort zu offenbaren, was auch beinhaltet, dass Verletzungen versteckt werden müssen. Um dies sicherzustellen, ist es üblich, dass diverse Personen eines Systems bereits in der frühen Kindheit aversiv auf Ärzte konditioniert werden und es ihnen ohne Hilfe nicht möglich ist, sich einer derartigen für sie unerträglichen Situation zu stellen.

Darüber hinaus sind bestimmte Körperbereiche wie zum Beispiel der Intimbereich besonders von diesem Verbot betroffen und lösen, falls es zu einer Verletzung dort kommen und eine medizinische Behandlung notwendig werden sollte, neben der zur Programmierung gehörenden Angst auch Schamgefühle und Gegenwehr aus, die in der Lebensgeschichte und den darin ständig stattfindenden Grenzüberschreitungen begründet sind.

Doch gerade während eines Ausstiegs kann es zu schwerwiegenden Verletzungen sowie einem generell durch Essens-, Autoaggressions-, Anti-Schlaf- und Suizid-Programmen ausgelösten bedenklichen körperlichen Zustand kommen, bei dem der Mensch ohne medizinische Versorgung sterben würde (Der Mensch kann beispielsweise nur drei Tage ohne Flüssigkeitszufuhr überleben).

Wird in dieser Situation allerdings mit Zwang gehandelt, verlieren manche Personen eines Systems endgültig das Vertrauen in helfende Menschen, da sie nicht in der Lage sind, die Notwendigkeit eines solchen Vorgehens nachzuvollziehen. Aus diesen Gründen ist es unerlässlich, dass spätestens zu Beginn des Ausstiegs die Betroffene mit Hilfe von ihr vertrauten Menschen lernt, einen Arzt aufzusuchen und wahrnimmt, dass dies nicht mehr dieselben Konsequenzen wie gewohnt nach sich zieht (Um diese Programmierung zu installieren, werden Kinder häufig von sekteninternen Ärzten in deren Praxen gequält).

Aber auch an den Arzt stellt diese Zusammenarbeit ungewohnte Herausforderungen. So braucht die Betroffene häufig Zeit, um Vertrauen aufzubauen sowie Verletzungen in schwierigen Körperbereichen versorgen zu lassen. Weiterhin kann es, wie erwähnt, zu einem schlechten körperlichen Zustand der Betroffenen kommen, wobei dieser aber aus den weiter oben genannten Gründen möglichst ambulant behandelt und stabilisiert werden sollte. Diese Probleme fordern dem Arzt einiges an Geduld und Verständnis für die Betroffene und Kreativität im Umgang mit ihr ab. Folglich muss manchmal im Vorfeld lange nach einem geeigneten Arzt gesucht werden, der bereit ist, unter derartigen Umständen mit einer Patientin zusammenzuarbeiten und der sich dies auch zutraut.

2.2.5 Einschränkungen und Herausforderungen für das betroffene System

Auch wenn diese strukturellen Voraussetzungen für einen Ausstieg gegeben sind und das betroffene System somit die bestmöglichen Chancen hat, diesen zu schaffen, stellen sich enorme Herausforderungen sowohl im inneren System und dem damit verbundenen Auseinandersetzen mit der eigenen Biographie als auch im alltäglichen Leben und im Kampf gegen den Kult in den Weg.

Sobald sich ein System für einen Ausstieg entscheidet, ändert sich sein Leben von Grund auf. Zum einen ist es auf Hilfe angewiesen, die zu verwehren es immer gelernt hat, muss sich dazu überwinden, über das Erlebte zu sprechen, was immer unter Todesstrafe stand, und Menschen vertrauen lernen.

Die Betroffene befindet sich schlagartig in einer Situation, in der sie sich nicht mehr allein außerhalb des Hauses bewegen kann, ohne Gefahr zu laufen, den Tätern wieder in die Hände zu fallen. Dieser Umstand zwingt sie weiter dazu, ihren kompletten Alltag aufzugeben. Freunde treffen, studieren, arbeiten oder zur Schule gehen und Sport treiben werden auf Grund der ständigen Unsicherheit, in der sie sich befindet, unmöglich. Zudem ist sie darauf angewiesen, dass ständig jemand bei ihr ist, mit ihr einkaufen geht (nicht mal einen Liter Milch kann sie sich gefahrlos allein kaufen gehen) und Zeit absichert, da noch lange damit zu rechnen ist, dass bisher unentdeckte Personen des Systems versuchen, wieder zu den Tätern zu gelangen.

Im Endeffekt heißt das, dass sich eine Betroffene in der Hoffnung auf ein freies Leben nicht nur einer extremen Gefahr aussetzt, sondern sie begibt sich auch von einer Abhängigkeit in eine andere, die sich in diesem Falle nun auch offensichtlich auf alle Lebensbereiche auswirkt. Ohne wirklich wissen zu können, wohin dies nun tatsächlich führt (so wurden in der Vergangenheit Hilflosigkeit, Schwäche und Abhängigkeit schließlich immer gnadenlos ausgenutzt und bestraft), ist sie dazu gezwungen, diesen Umstand zu akzeptieren und gegen den Impuls ankämpfen, sich dieser einengenden und zum Teil unerträglichen Situation zu entziehen.

In dieser Zeit kommen die Belastungen durch eventuelle Täterkontakte und die damit verbundenen Verletzungen, laufende Programme, Konflikte im Umfeld, die Auseinandersetzung mit der eigenen Lebensgeschichte sowie die ständige Bedrohung durch die Täter hinzu.

Zusammengefasst kann man sagen, dass die Betroffene
- weitere traumatische Situationen durch die Täter ertragen muss, wobei dort auf Grund der Gegenwehr zu immer heftiger werdenden Strafen gegriffen wird, um das System zu demotivieren. Weiter müssen sich alle Personen des Systems während dieser Handlungen häufig Situationen stellen, die zuvor von anderen Personen getragen worden waren. So muss eine Person, die zum Beispiel nie vergewaltigt wurde, diese Prozedur plötzlich über sich ergehen lassen, da die Täter mit Hilfe der Auslösereize, auf die die einzelnen Personen programmiert sind, verhindern, dass hilfreiche Personen des Systems unterstützen können. Folglich wird diese Person heftig traumatisiert und benötigt eigentlich viel Hilfe und Ruhe, um sich davon erholen zu können. In der Realität muss sie aber weiter funktionieren, um den Ausstieg nicht zu gefährden. Aber nicht nur bei Kontakten sind die Täter in der Lage, der Betroffenen zuzusetzen. So ist es zum Beispiel üblich, dass sie ständig durch Mitglieder des Kults beobachtet wird, wobei diese dann auch phasenweise mit Hilfe der Signale versuchen, einzelne Personen des Systems auszulösen und damit zur Rückkehr zu bewegen, Diese ständige Anwesenheit und Bedrohung durch die Täter stellt ebenfalls eine enorme Belastung dar.
- durch laufende Programme unter permanentem Schlafmangel, Mangelernährung und Autoaggressionen einzelner Personen leidet, wobei über Monate hinweg gesehen dies allein schon ein unerträglicher Zustand ist. Hierzu kommt die Gefahr eines durch die Täter ausgelösten Suizidversuchs, was alle Personen eines Systems ständig unter Alarmbereitschaft setzt.
- die Konflikte im Umfeld ertragen muss, bei denen manche Menschen wie schon erwähnt die Existenz des Kults und teilweise das Vorhandensein einer Dissoziativen Identitätsstörung anzweifeln. Dies kann generell zu Spaltungen innerhalb des Helfernetzwerks führen, auf das die Betroffene jedoch angewiesen ist. Sie macht sich für die dort entstandenen Probleme verantwortlich. Außerdem fühlen sich viele Personen im System abgelehnt, schaffen es kaum oder gar nicht, Vertrauen in die hiesige Welt aufzubauen und sind verunsichert. Aber auch im direkten Kontakt mit helfenden Menschen kann es zu Problemen kommen, da diese häufig mit der Situation überfordert sind und in der Folge selbst häufig an den Rand der Erschöpfung gelangen oder sich distanzieren. Auch dafür fühlt das System sich wieder verantwortlich und empfindet sich als Last für andere Menschen.
- lernen muss, in der Therapie Vertrauen aufzubauen, um sich mit den traumatischen Ereignissen des eigenen Lebens auseinandersetzen zu können. Die Erinnerungen an diese waren bisher auf die einzelnen Personen im System verteilt und müssen nun allerdings zusammengetragen werden, um die Programme und die Abhängigkeit von den Tätern aufzulösen. Hierbei ist die Betroffene dazu gezwungen, diese Erlebnisse nicht nur ko-

gnitiv zu erfassen, sondern sie auch emotional zu verarbeiten, was bei der Menge und Schwere der Erlebnisse kaum vorstellbar erscheint.

Dieser extreme Ausnahmezustand beinhaltet, dass die Betroffene extrem übermüdet und unterernährt, ihr Körper aller Wahrscheinlichkeit nach häufig verletzt ist, sie sich seelisch in der Therapie mit grauenhaften Details der eigenen Lebensgeschichte auseinandersetzen muss und im Umfeld mit vielen Konflikten zurechtkommen muss. All das verlangt vielen Personen eines Systems vieles ab. Sie sind dazu gezwungen, sich in eine für sie zum Teil unbekannte Welt zu begeben, vor der ihnen im Laufe ihres Lebens immer wieder Angst gemacht wurde. Gleichzeitig müssen sie alles Bekannte und Vertraute – egal, wie schrecklich es auch sein mochte – für immer hinter sich lassen. Das bedeutet auch, dass die eigene Familie wie Eltern und Geschwister verlassen werden müssen, denn auch sie gehören in der Regel zu den Tätern.

Und genau dieser Punkt macht das Ganze besonders schwierig. Diejenigen, die ihnen unvorstellbares Leid angetan haben, sind nicht irgendwo im Dunkeln und unbekannterweise über sie hergefallen. Es handelt sich dabei nicht um einen Menschen, der einem ansonsten gleichgültig ist, sondern um Menschen, die man liebt, mit denen man aufgewachsen ist, die einem vertraut sind. Und selbst wenn man dazu in der Lage ist, seinen Eltern die Verantwortung für diese Dinge zuzuschreiben und sich auf Grund der Quälereien von ihnen zu distanzieren, so stellt doch die Trennung von den Geschwistern eine ganz andere Hürde dar. Ihnen wurde doch ebenfalls Unrecht angetan, man weiß, was sie erlebt haben und dass auch sie keine Schuld trifft.

Ein gemeinsamer Ausstieg mit Geschwistern ist jedoch auf Grund der Programmierungen und der Gefahr, in die sich ein System begibt, unmöglich, sobald man es versucht. Gerade für die kindlichen Personen im System, die sich schuldig fühlen und glauben, die geliebten Menschen verraten zu haben, ist dieser Prozess besonders schwierig. Sie sind auch häufig diejenigen, die trotz der Gewalt an den Eltern hängen, die zu ihnen wollen und die die Vorstellung in große Angst versetzt, ein Leben weit weg von allem zu führen, allein zu sein und die Familie nie wieder zu sehen.

Doch nicht nur die Eltern und Geschwister gilt es zu verlassen, sondern auch eigene Kinder. Wenn es sich bei der Aussteigerin um eine Frau handelt, ist die Wahrscheinlichkeit hoch, dass einige der Personen ihres Systems im Kult lebende Kinder zur Welt gebracht haben. Somit ist eine Mutter an dieser Stelle dazu gezwungen, ihre Kinder allein in einer grausamen und dunklen Welt zurückzulassen und sie sich selbst zu überlassen, denn für eine Rettung gibt es keine Chance. Wenn sie versteckt im Kult aufwachsen, sind sie illegitim geboren und existieren offiziell nicht, was ein Auffinden durch die Polizei nahezu unmöglich macht (falls ein System es trotz der bestehenden Programmierung schaffen sollte, die Polizei zu informieren und diese ihren Schilderungen tatsächlich Glauben schenken sollte). Die Mutter muss realisieren, dass, selbst wenn sie bis an ihr Lebensende im Kult bleiben sollte, sie ihren Kindern keine Hilfe zukommen lassen und ihnen kein Leid ersparen könnte, dass sie noch weitere Kinder in den Kult gebären müsste, die dann ebenfalls wieder gequält würden. Der Schrecken hätte somit nie ein Ende und würde weiter durch viele Generationen hinweg transportiert werden. Durch einen Ausstieg hätte sie zumindest die Möglichkeit, ihren eventuell zukünftig geborenen Kindern (für oder gegen die sie sich nun bewusst entscheiden könnte) Sicherheit und ein schönes Leben in Freiheit zu bieten. Das bedeutet aber, dass sie sich zwischen ihren bereits geborenen und den zukünftigen Kindern entscheiden und die bereits geborenen Kinder aufgeben muss. Kognitiv mag sie dies alles wohl nachvollziehen und bewältigen können, emotional hingegen zerreißt es diese Mädchen und Frauen. Sie haben das Gefühl, ihre Kinder zu verraten, selbstsüchtig und kalt zu sein und somit auch kein Recht auf ein freies und gewaltloses Leben mehr zu haben.

All diesen Herausforderungen und Widrigkeiten muss sich eine Betroffene gleichzeitig stellen, um auch nur eine Chance auf ein freies und eigenständiges Leben – frei von Gewalt und Fremdkontrolle – führen zu können. Eine Garantie für das Gelingen hat sie aber nicht und geht ein erhebliches Risiko ein, ihre derzeitige Lage noch zu verschlechtern. Denn bei einem Scheitern des Versuchs drohen ihr sowohl der Verlust ihres Ansehens innerhalb der Gruppe als auch massive Bestrafungen, unter denen entweder sie selbst oder aber ihr nahe stehende Menschen zu leiden haben.

Bedenkt man alle diese Voraussetzungen, Herausforderungen und Widrigkeiten, ist es nicht verwunderlich, dass viele Betroffene den Ausstieg entweder erst gar nicht versuchen oder ihn nicht schaffen, zumal es für Betroffene derzeit keine geeigneten Hilfsmöglichkeiten gibt. Schon die Chancen sind sehr gering, dass die strukturellen Voraussetzungen erfüllt sind. Sollte es nun doch gelingen, grenzt dies eher an ein Wunder.

2.3 Ausstiegsbegleitung
Claudia Fliß

2.3.1 Einleitung

Mit Ausstiegsbegleitung ist im Folgenden gemeint, einen Menschen, der in eine Gruppe im Rahmen Organisierter Ritueller Gewalt eingebunden ist, beim Verlassen dieser Gruppe zu unterstützen. Ausstiegsbegleitung als Begriff wird ansonsten für die Unterstützung von Menschen verwendet, die sich aus rechtsradikalen Gruppierungen lösen wollen. Ausstiegsbegleitung hat sich in der Praxis inzwischen aber auch als Bezeichnung für die Unterstützung beim Verlassen Organisierter Ritueller Gewalt etabliert.

Die Gruppen, von denen im Folgenden die Rede ist, fallen unter Sekten, Psychokulte und sektenähnliche Gruppierungen. Nicht alle Sekten und Psychokulte sind kriminell organisiert oder setzen Rituelle Gewalt ein. Organisierte Gewalt im Zusammenhang mit Kinderpornographie, Prostitution und Drogenhandel umfasst auch Gruppen, die keine Rituelle Gewalt anwenden. Rituelle Gewalt ist mir in meiner Praxis aus verschiedenen satanistisch orientierten Gruppierungen und aus Kreisen fundamental orientierter „Christen" berichtet worden. In einigen satanistischen Gruppierungen ist die Rituelle Gewalt Bestandteil religiös begründeter Handlungen, in anderen dienen die Handlungen ausschließlich der Befriedigung sadistischer Interessen (Grandt & Grandt 1995, 2000, Behörde für Inneres, 2006)

Die im Folgenden beschriebene Ausstiegsbegleitung bezieht sich vorwiegend auf Mitglieder satanistischer Gruppen, die sektenähnlich strukturiert, kriminell organisiert und rituell gewalttätig sind (im Folgenden zur Vereinfachung Gruppen genannt). Diese Gruppen kooperieren nach Aussagen von Mitgliedern mit anderen Gruppen Organisierter Gewalt. Die mit Ritueller Gewalt verbundenen sexuellen Übergriffe und rituellen Morde werden gefilmt und die Filme werden verkauft. Frauen und Kinder werden außerhalb der Gruppe an Freier verkauft.

Die Mitglieder solcher Gruppen sind durch Drohungen, Strafen, Erpressungen und Einschüchterungen gezwungen, den Gruppenregeln zu gehorchen, und können kein selbst bestimmtes Leben führen. Manche Menschen sind im Verlauf ihres Lebens in eine solche Gruppe geraten, andere sind hineingeboren und ihnen von klein auf ausgesetzt. Manchmal sind Familien über Generationen hinweg in eine Sekte, Psychogruppe oder einen Kult eingebunden. In vielen Gruppen werden unter Einsatz von Gewalt andere Menschen ausgebeutet, verkauft, für pornographische Zwecke benutzt, zur Prostitution gezwungen, gefoltert und getötet. Da es sich hierbei um Straftaten handelt, dürfen diese Gewalthandlungen nicht bekannt werden. Um dies zu verhindern, werden die Mitglieder der Gruppen zum Schweigen verpflichtet. Sie werden in der Regel auch zu eigenen strafbaren Handlungen verleitet oder gezwungen und damit erpresst, so dass Mitglieder eher selten versuchen, die Gruppen zu verlassen. Bemühungen, aus diesen Gruppen auszusteigen, sind gefährlich für Mitglieder und teilweise auch für professionelle oder private HelferInnen, wenn sie die Gefahren nicht realistisch einschätzen und sich nicht entsprechend schützen können.

Menschen aus solchen Gruppen leiden unter den häufigen Gewaltsituationen, die sie mit ansehen und an denen sie sich als Opfer und/oder als Täter beteiligen müssen. Die dabei stattfindende Gewalt wird als „Rituelle Gewalt" bezeichnet, die Becker (2008) gemeinsam mit Fröhling so definiert: „Rituelle Gewalt ist eine schwere Form der Misshandlung von Erwachsenen, Jugendlichen und Kindern. Intention ist eine Traumatisierung der Opfer. Rituelle Gewalt umfasst physische, sexuelle und psychische Formen von Gewalt, die planmäßig und zielgerichtet im Rahmen von Zeremonien ausgeübt werden. Diese Zeremonien können einen ideologischen Hintergrund haben oder auch zum Zwecke der Täuschung und Einschüchterung inszeniert sein. Dabei werden Symbole, Tätigkeiten oder Rituale eingesetzt, die den Anschein von Religiosität, Magie oder übernatürlichen Bedeutungen haben. Ziel ist es, die Opfer zu verwirren, in Angst zu versetzen, gewaltsam einzuschüchtern und mit religiösen, spirituellen oder weltanschaulich-religiösen Glaubensvorstellungen zu indoktrinieren. Meist handelt es sich bei rituellen Gewalterfahrungen nicht um singuläre Ereignisse, sondern um Geschehnisse, die über einen längeren Zeitraum wiederholt werden." (S. 25/26).[1]

Solche Erlebnisse und dadurch geprägte Lebenssituationen führen zwangsläufig zu körperlichen und psychischen Problemen, mit denen Menschen sich gelegentlich an ÄrztInnen und PsychotherapeutInnen wenden. Manchmal wagen Menschen, sich den Professionellen aus dem Gesundheitssystem inhaltlich teilweise anzuvertrauen oder zumindest die erlebte Gewalt anzudeuten. Manchmal wenden sich betroffene Kinder an LehrerInnen oder KindergärtnerInnen oder andere Personen, denen sie zumindest ansatzweise vertrauen und von denen sie sich Hilfe erhoffen.

Die Auffälligkeiten dieser Menschen sind vielfältig, meistens sind sie komplex gestört und in der Regel finden sich Traumafolgestörungen mit Komorbiditäten wie Depressionen, Essstörungen, Suchtverhalten, Psychosomatischen Störungen, Somatisierungen, selbst verletzendem Verhalten, Ängsten, Panikstörungen, zwanghaftem Verhalten, dissozialem Verhalten, Psychosen, Persönlichkeitsstörungen, Schlafstörungen und Verhaltensauffälligkeiten im Kontakt- und Sozialverhalten. In jedem professionellen Zusammenhang kann man Mitgliedern solcher Gruppen begegnen. Nicht immer ist Organisierte Gewalt als Hintergrund gleich zu erkennen. Aus meiner Sicht ist es sinnvoll, über Hintergrundwissen zu verfügen, um dies eher zu bemerken und angemessene Hilfestellungen überlegen zu können. Außerdem kann dann schneller und realistischer eingeschätzt werden, wieweit ein betroffener Mensch Chancen hat, aus den Gewaltzusammenhängen herauszukommen. Der Wille dazu genügt nach meiner Erfahrung nicht, denn der Weg des Ausstiegs ist hart, schmerzhaft und gefährlich. Der Mensch muss die Konsequenzen seiner Entscheidung wirklich tragen können und ein ausreichendes HelferInnennetzwerk

---

[1] Zur Diskussion um die Definition siehe Vorwort "Zur Definition Ritueller Gewalt" in diesem Buch

zur Verfügung haben. Voreilige Schritte ohne ausreichende Hintergrundkenntnisse können die Situation des Mitglieds in der Gruppe wesentlich verschlimmern, wenn der Ausstieg nicht geleistet werden kann.

Ich habe oft überlegt, warum es im deutschsprachigen Raum trotz ausreichender professioneller Kenntnisse um diese Organisierte Gewalt und ihre Opfer und trotz vieler tatkräftig helfender Professioneller nur wenige Veröffentlichung zu Ausstiegsbegleitung gibt. Der Stand der Veröffentlichungen entspricht nicht dem Wissensstand der helfenden Professionen. In der Literatur zu Trauma nimmt die Rituelle Gewalt wenig Raum ein oder wird vollständig weggelassen. In der täglichen Praxis von helfenden Professionen stellen die Rituelle Gewalt und ihre Folgen nach Aussagen vieler Professioneller aber ein brennendes Problem dar. Es werden zu diesem Thema kaum Fortbildungen angeboten. Es gibt einige Erfahrungsberichte von und über Betroffene/n (Rosch 1995, Spencer 1995, Fröhling 1996/2008, KIGA 2008, Huber & Frei 2009), einiges Grundsätzliches findet sich bei Smith (1994), Huber (1995, 2003), May u.a. (2001), Fromm (2003), Grandt (2000), Becker (2008), Becker & Overkamp (2008). Bei der Internetrecherche lassen sich noch weitere mehr oder weniger gute und schlechte Texte finden.

Es gibt inzwischen einige Befragungsergebnisse (Datenerhebungen zur Situation „ritueller Gewalt" in NRW 2005, Saarland 2007 und Rheinland-Pfalz 2007, die Extreme Abuse Survey 2007 und eine Befragung von VIELFALT e.V. 2006[2]). Diese Befragungen sind überwiegend dem ehrenamtlichen Engagement der engagierten AutorInnen zu verdanken und waren nicht in anerkannten Forschungsinstitutionen mit entsprechenden Ressourcen verankert. Dadurch sind die Befragungen in Umfang und Tiefe begrenzt, so dass unbedingt weitere Studien den mangelhaften Forschungsstand in Deutschland beheben sollten.

Es wird eingewendet, dass durch solche Veröffentlichungen Täter Organisierter Gewalt Kenntnisse über den Wissensstand der HelferInnen erhalten. Selbst wenn dies der Fall ist, steht dem der Nutzen für viele professionelle HelferInnen entgegen, die durch informative Veröffentlichungen ihre eigenen Kenntnisse erweitern und vertiefen können. Nur mit ausreichendem Wissen ist eine effektive Unterstützung für AussteigerInnen möglich. Im Gespräch mit KollegInnen zeigt sich immer wieder, dass es unter Professionellen noch keine ausreichende Vernetzung zum Vorgehen bei Ausstiegsbegleitungen gibt, die aus meiner Sicht dringend notwendig wäre. Die Gruppen Organisierter Gewalt sind nach Aussagen ihrer Opfer gut vernetzt und arbeiten so weit zusammen, wie alle in ihren eigenen destruktiven und finanziellen Interessen davon profitieren. Ich habe mich entschlossen, meine Kenntnisse und Erfahrungen zu veröffentlichen in der Hoffnung, dass weitere Professionelle sich anschließen werden, damit verschiedene Wege der Unterstützung bekannt werden und eine gute Zusammenarbeit entstehen kann. Meine Kenntnisse basieren ausschließlich auf selbst gemachten Erfahrungen mit Ausstiegsbegleitungen. Die Informationen über die Gruppen Organisierter Gewalt, ihre Strukturen und Methoden habe ich selbst neben einigen Veröffentlichungen (Grandt & Grandt 1995, 2000) und in-

---

[2] siehe Kap. 1.4 in diesem Band

formativ hilfreichen persönlichen Gesprächen mit Guido Grandt vor allem von den Mitgliedern solcher Gruppen im Laufe vieler Jahre angesammelt. Aussteigerinnen haben mir im Zusammenhang ihres versuchten oder gelungenen Ausstiegs vieles mitgeteilt und anvertraut. Die Kenntnisse von Aussteigerinnen entstammen wiederum nur einem ausgewählten Anteil möglicher Mitglieder von Gruppen Organisierter Gewalt, nämlich dem, der entweder zu dysfunktional für den Alltag in der Gesellschaft geworden ist oder der sich selbst bewusst für einen Ausstieg entschieden hat.

2.3.2 Funktion in der Gruppe

Mitglieder solcher Gruppen haben unterschiedliche Funktionen und Aufgaben. Es würde an dieser Stelle den Rahmen sprengen, ausführliche Informationen über die Struktur verschiedener Gruppen zu geben, aber allen Gruppen ist gemeinsam das Interesse an Macht, Geldgewinn und Einfluss auf möglichst wichtige Bereiche der Gesellschaft bis hin zur Politik. Diese Gruppen sind hierarchisch strukturiert und je höher die Position, desto größer die Macht innerhalb der Gruppe. Die Macht muss erarbeitet, erobert und verteidigt werden. Und sie muss verteilt werden, denn wenn alle dasselbe Interesse an Macht haben, kann sie insgesamt für die Gruppe nur mit dem Motto Divide et Impera (teile und herrsche) erhalten werden. Dasselbe Motto gilt für die interessengebundene Zusammenarbeit verschiedener Gruppen miteinander.

Mitglieder, die sich um Hilfe an Professionelle wenden, haben innerhalb der Gruppe immer eine Position und Funktion, die in der Regel vom Nutzen für hoch gestellte Gruppenmitglieder abhängig ist. Wenn es sich um unwichtige Mitglieder handelt, die sich mit vielen anderen in einer niedrigen Position befinden, ist der individuelle Verlust für die Gruppe nicht bedeutsam. Aber er beinhaltet sehr wohl die Gefahr, dass die strafbaren Handlungen der Gruppe bekannt werden. Also werden auch unwichtige Mitglieder bei Ausstiegsversuchen massiv unter Druck gesetzt, bedroht und, wenn möglich, getötet. Alle AussteigerInnen werden über lange Zeit kontrolliert oder zumindest weiterhin beobachtet, sofern sie nicht unerkannt untertauchen können.

Menschen, die eine solche Gruppe verlassen und den Ausstieg wagen wollen, werden im Weiteren als Aussteigerinnen bezeichnet. Die weibliche Form wird der Einfachheit halber gewählt, denn nach meiner Erfahrung handelt es sich im Geschlechterverhältnis eher um Frauen. Dies mag daran liegen, dass viele dieser Gruppen eher patriarchalisch organisiert sind und Frauen per Geschlechtszugehörigkeit keine hohen Positionen erlangen können. In der Folge leben sie eher in Opfersituationen als in Täter- und Machtpositionen, was einen höheren Leidensdruck verursachen mag als für männliche Mitglieder. Weiterhin wenden sich generell eher Frauen als Männer mit Beschwerden und Symptomen an helfende Berufe.

Unter Tätern werden im Folgenden die Mitglieder solcher Gruppen verstanden, die aktiv und überzeugt die Ideologie der Gruppe selbst umsetzen und andere zu deren Übernahme zwingen. Als Opfer bezeichne ich die Mitglieder, die dies nicht frei wählen können, sondern der Gruppe in der Folge fehlender eigener Einflussmöglichkeiten ausgesetzt sind. Bei vielen Gruppenmitgliedern gibt es eine Kombination aus beiden Positionen in einem individuell unterschiedlichen Verhältnis.

Je wichtiger die Position einer Aussteigerin für die Gruppe ist, desto massiver wird mit Gewalt darauf reagiert, wenn sie sich abwendet. Hinzu kommt, dass Menschen in hohen Positionen über wesentlich mehr Informationen zu den Mitgliedern und ihren Funktionen in der Gruppe und in der Gesellschaft verfügen. Sie werden den Tätern sehr gefährlich, wenn sie ihr Wissen mitteilen. Je höher die Position eines Mitglieds ist, desto mehr Zeit und Mühe verwendet die Gruppe auf eine Kontrolle und eine intensive Einbindung, so dass das Mitglied keine Möglichkeit erkennt, ohne eigene Gefährdung die Gruppe zu verlassen.

Wenn Menschen in einem späteren Lebensalter in eine solche Gruppe hineingeraten, haben sie sehr wahrscheinlich eine eigene Vorgeschichte mit Gewalterfahrungen, die sie entweder zu geeigneten Opfern oder zu Tätern für die Gruppe machen. So sind versierte Gruppen bei der Neugewinnung von Mitgliedern aufmerksam auf derartige Vorschädigungen und wählen gern traumatisierte Menschen, deren psychische Probleme sie in allen Aspekten und Dynamiken erkennen und die sie gezielt manipulieren und für ihre Interessen nutzen können. Diese Gruppen erkennen auch Schwächen und illegale Interessen von einflussreichen Personen in der Gesellschaft und machen ihnen gern entsprechende Angebote, z.B. illegale Prostitution, Kinderprostitution, Snuff-Videos, Life-Morde usw. Lassen sich einflussreiche Menschen auf illegale Angebote ein, sind sie erpressbar und die Gruppen können sich den Einfluss dieser Personen zu Nutze machen.

Werden Menschen in solche Gruppen hineingeboren, werden sie in der Regel schon frühzeitig geprüft, wie sich ihre Begabungen und ihr Temperament am besten für die Gruppe nutzen lassen. Die Gruppen verfügen über Mitglieder aus allen erdenklichen Berufen der Gesellschaft, so dass ihnen umfangreiches Fachwissen über den Menschen vorliegt, über seine körperlichen Funktionen, seine Kognitionen und Emotionen, seine Entwicklung in verschiedenen Lebensphasen, seine Reaktionen und Handlungsmuster. In manchen Gruppen, beispielsweise in einigen satanistischen Orden, gibt es einen rituellen Kontext für die Handlungen der Gruppe, auf dem die Position der Mitglieder ebenfalls basieren kann. Machtpositionen und weniger wichtige Positionen werden in einem solchen Kontext in Familien von Generation zu Generation weitergegeben. So hat ein Kind aus der „Herrscherfamilie" eine andere Position und andere Aufgaben als ein Kind aus einer Familie, die seit Generationen eine niedrige Position innehat.

Für eine erfolgreiche Ausstiegsbegleitung ist nach meiner Erfahrung wertvoll zu wissen, in welchem Lebensalter eine Aussteigerin in eine solche Gruppe geraten ist und welche Position sie dort hat. Ist ein Mensch in eine Gruppe hineingeboren, kann davon ausgegangen werden, dass er vom Babyalter an gezielt traumatisiert und manipuliert wurde. Das Ausmaß und die detaillierte Form dieser Manipulation hängen wiederum von der Position des Menschen in der Gruppe ab sowie von seiner Intelligenz, seinem Denken, Fühlen und Handeln, das die Gruppe bereits früh erkannt und zur Manipulation gezielt genutzt hat.

2.3.3 Konditionierung und Programmierung

Die Manipulation der eigenen Kinder wird von der Gruppe zielstrebig und mit allem verfügbaren Wissen über körperliche, kognitive und emotionale Reaktionen des Menschen durchgeführt und der jeweilige Entwicklungsstand eines Kindes mit seinen speziellen Möglichkeiten und Grenzen dazu genutzt. Diese langjährigen Manipulationen werden durch Lernprozesse in der Ideologie der Gruppe, verschiedene Schritte im Aufstieg in der Hierarchie – teilweise mit Initiationsritualen –, gezielte soziale Isolation zum Schutz vor dem Einfluss der Gesellschaft und ihren helfenden und schützenden Möglichkeiten, gezielte Fehlinformationen zur Gesellschaft und gezielte Konditionierungsprozesse umgesetzt.

Die Lernprozesse zur Ideologie der Gruppe finden gruppenintern mit gegenseitiger Kontrolle der Mitglieder – auch bereits der Kinder untereinander – statt. Die Schritte eines Aufstiegs in der Hierarchie beinhalten neue Möglichkeiten und Errungenschaften im Sinne der Gruppenideologie wie mehr Macht und Anerkennung und weniger Opfersituationen. Aufstiege sind mit Stärke als Wert im Gegensatz zu Schwäche verbunden. Schwäche ist insbesondere in satanistischen Kulten völlig verpönt. Brutalität, Sadismus und völlige Mitleidlosigkeit im Quälen und Töten von Menschen werden von Satanisten gemäß der Ideologie von Aleister Crowley und anderen Ordensgründern als Stärke und Handeln nach eigenem Willen definiert.

Wenn Kinder in der Gesellschaft kaum oder keine positiven Erfahrungen machen können, nehmen sie das für die kindliche Entwicklung erforderliche Mindestmaß an Zuwendung und Bestätigung aus dieser Gruppenideologie an. Gelegenheiten für positive Erfahrungen in der Gesellschaft werden durch die gezielte soziale Isolation dieser Kinder weitgehend verhindert. Aufstiege werden im Sinne der Gruppeninteressen gewertet und den Möglichkeiten und Grenzen der Mitglieder angepasst. So kann ein hoch begabtes Kind eine besondere Wertschätzung der Gruppe dadurch erlangen, dass es studiert und eine einflussreiche Position der Gesellschaft erlangt, die wiederum für die Interessen der Gruppe genutzt wird. Ein weniger begabtes Kind wird dafür aufgewertet, dass es sich beispielsweise in sozialen Institutionen Informationen über Professionelle verschafft und diese an die Gruppe weitergibt. Diese Kinder können sich in Folge der sozialen Isolation in der Regel lange nicht oder nie bewusst werden, dass diese Form der Aufwertung und Anerkennung nur Teil der gezielten Manipulation der Gruppe ist.

Konditionierungen erfolgen auf erwünschte Verhaltensweisen und auf Verhinderung der Offenlegung des gruppeninternen Wissens und von strafbaren Handlungen. Sie sind ein besonders effektives Mittel solcher Gruppen, ihre Mitglieder langfristig zu kontrollieren und zu manipulieren. Die Konditionierungen werden bei eigenen Kindern der Gruppen bereits im Babyalter begonnen und über die gesamte Kindheit und Jugend hin konstant fortgesetzt.

Pawlow (1849–1936) erforschte zu Beginn des letzten Jahrhunderts Konditionierungsprozesse an Tieren. Bekannt ist sein Hundeversuch: Bei der Fütterung eines Hundes wurde parallel ein Klingelton vermittelt. Dieser akustische Reiz wurde zeitlich mit dem Anblick und Geruch des Futters verbunden. Anblick und Geruch des Futters lösen beim

Hund die Produktion von Speichel aus. Nach mehrfacher Wiederholung dieser Reizkombination wurde die Speichelproduktion allein vom akustischen Signal ausgelöst, ohne dass Futter gereicht wurde. So wurde ein vom Interesse des Hundes eigentlich völlig unabhängiger, also ein unspezifischer Reiz in Form des Klingeltons, mit einer Reaktion des Hundes, dem Speichelfluss, verknüpft. Diese Konditionierung des Hundes konnte weiter ausgeformt werden, indem zusätzlich zum Klingelton ein Lichtsignal eingesetzt wurde. Bei ausreichend häufiger Verknüpfung mit dem Klingelton und dem damit bereits verbundenen Speichelfluss reagierte der Hund auch ausschließlich auf das Licht, ohne dass dieses Signal gesondert mit der Speichelreaktion hätte verbunden werden müssen. So können Konditionierungen dritter und vierter Ordnung hergestellt werden (Bommert 2000, Grandt & Grandt 2000).

In einem weiteren Experiment von Pawlow erhielt ein Hund nach dem Erklingen der Glocke einen Elektroschock. Der Hund reagierte noch 13 Monate später ohne weitere Konditionierung bei demselben Glockenton mit einem erhöhten Herzschlag (ebenda).

In Gruppen organisierter Gewalt werden solche Konditionierungen mit Kindern durchgeführt. Kinder werden zur Verknüpfung von unspezifischen Reizen mit erwünschtem Verhalten in extrem emotional belastende Situationen gebracht. Reize, die ein Kind mit Todesangst und Schmerz erlebt, werden mit Signalen und einem erwünschten Verhalten des Kindes verknüpft. Diese Signale können jederzeit später wieder ausgesendet werden und das Kind oder später der Erwachsene erleben spontan wieder die damit verknüpfte Todesangst, den Schmerz und reagieren mit dem gelernten erwünschten Verhalten. Durch Umsetzung des erwünschten Verhaltens sind Todesangst und Schmerz vorübergehend wieder beseitigt. Die Kinder erleben wegen der völligen Kontrolle durch die Gruppe nie, dass Todesangst und Schmerz aufhören können, ohne dass sie das erwünschte Verhalten zeigen, so dass sie auch im späteren Leben spontan gehorchen. Sie halten keine andere Reaktion für möglich. Da Kinder mit Todesangst und extremem Schmerz entwicklungsbedingt tatsächlich nicht umgehen können, wird diese Bewertung zusätzlich kognitiv gespeichert und führt zu einem Vermeidungsverhalten den Auslösereizen gegenüber. Das erlernte Denken, nur das erwünschte Verhalten sei möglich, wird immer wieder verstärkt.

Da die Gruppen die absolute Kontrolle über ihre eigenen Kinder haben, sind ihren Methoden keine Grenzen gesetzt. Sie setzen dazu wirklich alles ein, was Menschen anderen Menschen antun können.

Ein noch harmloses Beispiel für eine Konditionierung besteht darin, dass ein Kind zusammen mit einem Auslösereiz (Handysignal) stundenlang in eine dunkle Kiste gesperrt wird, bis es kaum noch Luft bekommt. Kurz vor dem Ersticken wird es herausgeholt und muss ein Tier töten. Bei einer Weigerung wird das Kind zurück in die Kiste gesperrt, hat wegen Atemnot erneut Todesangst und wird wieder herausgeholt. Dieser Ablauf wird so oft wiederholt, bis das Kind gehorcht. Das Kind macht immer wieder ähnliche Erfahrungen und lernt bewusst hinzu, dass Gehorsam besser ist als Widerstand.

Bei Konditionierungen höherer Ordnung werden verschiedene Signale mit bereits gelerntem Verhalten verknüpft. Das Kind wird nicht mehr kurz vor dem Ersticken aus der Kiste geholt, sondern dissoziiert direkt vor dem Ersticken in Todesangst. Die Kiste wird geöffnet und der dissoziierte Persönlichkeitszustand des Kindes erinnert sich nicht an das Einsperren, sondern nur daran, aus dem Dunklen befreit worden zu sein. Dieser dissoziierte Persönlichkeitszustand nimmt den Täter als Retter wahr und geht auf ihn zu. Nach dieser Konditionierung genügt die Gabe des Auslösereizes (Handysignal), um das Verhalten (das Zugehen auf den Täter) auszulösen.

Ein einziger Auslösereiz kann bei Konditionierungen höherer Ordnung eine Kette von erwünschtem Verhalten in Gang setzen, die als „Programm" bezeichnet wird. Durch minimale Auslösereize wird ein breit gefächertes erwünschtes Verhalten abgerufen. Vergleichbar mit den Experimenten von Pawlow zu Konditionierungen zweiter, dritter oder noch weiter gehender Ordnung werden verschiedene Signale mit bereits erfolgten Konditionierungen verknüpft. Ein neu verbundenes Signal einer Konditionierung zweiter Ordnung kann mit einem weiteren erwünschten Verhalten verbunden werden, so dass ein einziger Auslösereiz eine Kette von erwünschtem Verhalten in Gang setzen kann, dem sich der manipulierte Mensch hilflos ausgesetzt fühlt. Die mit den Auslösereizen verbundenen extrem belastenden Emotionen und Körperreaktionen bringen ihn dazu, irgendwann doch das erwünschte Verhalten zu zeigen. Abgesehen von den wenig durch das Bewusstsein beeinflussbaren Überlebensreaktionen des Menschen, die bei solchen Konditionierungen aktiviert sind, denkt der Mensch nach einer solchen Lebensgeschichte bewusst, dass er keine Chance gegen die Machenschaften der Gruppe hat.

Kinder und Erwachsene, die solchen brutalen Erfahrungen und Manipulationen ausgesetzt sind, reagieren in der Regel mit Traumafolgestörungen. Bewusstsein und Traumagedächtnis (Boos 2005) werden von diesen Gruppen gezielt getrennt – bei Kindern schon frühzeitig –, um massive dissoziative Reaktionen zu erzeugen.

Auslösereize können generalisiert werden, das heißt, bei ausreichend massiver Konditionierung reagiert ein Mensch auch auf ähnliche Reize. So konditionierte Watson (1878-1958) den kleinen Albert aversiv auf eine Ratte, indem er dem Kind beim zunächst angenehmen Spiel mit einer zahmen Ratte ein extrem lautes Geräusch direkt neben seinem Ohr zumutete. Albert reagierte mit Erschrecken und Angst. Danach wurde dem Kind nur noch die Ratte gezeigt, dazu der laute Ton gegeben und bereits der Anblick der Ratte löste bei Albert die emotionalen Reaktionen aus. Bei einer Generalisierung kann schon der Anblick eines Fells diese Reaktion auslösen (Bommert 2000, Grandt & Grandt 2000).

Der Mechanismus der Generalisierung wird von Gruppen ebenfalls angewendet, so dass die Mitglieder bei einer Konditionierung auf einen bestimmten Reiz generalisiert mit Gehorsam reagieren. Dies wird beispielsweise bei Konditionierungen gegen potentiell hilfreiche Professionelle verwendet. Die Kinder dieser Gruppen werden meistens gegen Ärzte konditioniert. Sie werden in eine Situation gebracht, in der sie Hilfe von einem Arzt benötigen und von der Gruppe zu einem gruppeninternen Arzt gebracht, der über die übliche Ausstattung einer Arztpraxis verfügt. Dieser Gruppenarzt bestraft das Kind dafür, dass es sich Hilfe suchend an ihn wendet. Diese Konditionierung führt dazu, dass Mitglieder einer solchen Gruppe bereits in einer Arztpraxis emotional belastet reagieren und das erwünschte Verhalten umsetzen: die Praxis wieder verlassen oder sie gar nicht erst aufsuchen.

Es gibt unter anderem Anti-Hilfe-Programme, siehe das Beispiel der Arztpraxis, Rückkehrprogramme, Anti-Polizei-Programme, im Ablauf vergleichbar mit der Arztpraxis, Essprogramme, Selbstverletzungsprogramme und Suizidprogramme. Die Anti-Hilfe-Programme sind für die Gruppen leicht umzusetzen, da sie über Mitglieder aus allen Professionen verfügen, die diese Konditionierungen unter alltäglichen Bedingungen innerhalb der Gesellschaft ermöglichen. Mit Anti-Hilfe-Programmen werden Kinder bereits gegen die Geschwister und kindliche Freunde innerhalb der Gruppe konditioniert, so dass keine Solidarität und gegenseitige Hilfe entstehen können. Selbstverletzungsprogramme werden so konditioniert, dass das Kind schon früh in derart unerträgliche Situationen gebracht wird, dass es eigenständig über selbst verletzendes Verhalten die körperlichen und emotionalen Anspannungen zu reduzieren versucht. Das selbst verletzende Verhalten wird von den Tätern durch Beendigung der unerträglichen Situation belohnt. Wenn diese Situation mit einem Auslösereiz verknüpft wird, kann dieser allein das selbst verletzende Verhalten verursachen. Die Täter verwenden alltägliche Geräusche und andere kleine Signale als Auslösereize, die in der Gesellschaft nicht auffallen. Die Mitglieder der Gruppe reagieren auf sie wegen der damit konditionierten Belastungen aber sofort und zeigen in der Regel die konditionierte Reaktion. Entsprechend kann ein Suizidversuch belohnt und mit einem Signal verbunden worden sein. Wenn ein Kind schon früh mit völliger Dissoziation reagiert, kann das suizidale Verhalten an nur einen Persönlichkeitszustand gekoppelt werden, der wiederum durch einen bestimmten Auslösereiz zu einem von den Tätern definierten Zeitpunkt einen Suizid verübt. Mit Signalen ausgelöste Suizidversuche einer Aussteigerin sind für die Gruppe ein probates Mittel, um diese aus einer ambulanten Behandlung in eine stationäre Maßnahme zu bringen, bei der sie als freundliche Besucher oder Familienmitglieder auftreten und die nächsten Signale setzen. Gezielte Suizide ihrer Mitglieder lösen Gruppen dann aus, wenn ein Mitglied die Gruppe endgültig verlassen will.

In vielen dieser Gruppen wird auch der Umgang mit Nahrung und Essen konditioniert, so dass die Gruppe das Essverhalten, ob zu viel, zu wenig oder gar nicht, mit entsprechenden Auslösereizen kontrollieren kann. Wenn der ausstiegswillige Mensch nicht essen kann, gerät der Körper schnell an Grenzen.

2.3.4 Phasen des Ausstiegs

Die folgenden Phasen des Ausstiegs stellen einen Versuch dar, die damit verbundenen Prozesse und Erfahrungen einzuteilen. Eine Einteilung kann nur künstlich sein und eine reale Ausstiegsbegleitung nicht ausreichend erfassen. Sie soll nur einen ungefähren Überblick liefern, die Phasen können sich jederzeit überschneiden oder eine Phase kann viel früher eintreten als hier beschrieben.

2.3.4.1 Erste Entscheidung, den Kontakt bewusst zu beenden.

Wenn Gruppenmitglieder Kontakt zu Professionellen in helfenden Berufen aufnehmen, wissen sie manchmal, dass sie sich in einer solchen Gruppe befinden, manchmal ist es ihrem bewussten Denken aber nicht verfügbar. Sie kommen vorwiegend wegen der mit der Manipulation und Gewalt entstandenen Störungen und Symptome. Im Rahmen einer Dissoziativen Identitätsstörung muss es den Hilfe suchenden Persönlichkeitszuständen (bzw. eigenständig agierenden Persönlichkeiten als Teile der Gesamtpersönlichkeit) nicht bewusst sein, dass die Gewalterfahrungen in der Gruppe zu den Störungen mit ihren Symptomen geführt haben.

Die Gruppen konditionieren gezielt eine Anzahl von Persönlichkeitszuständen (im Folgenden Persönlichkeiten genannt wegen ihrer unabhängig voneinander existierenden Komplexität), die nur für Situationen und Handlungen des Alltags zuständig ist. Solche „Alltagspersönlichkeiten" sind für eine ausreichende gesellschaftliche Funktionalität im Alltag erforderlich. Ein durchgängiges Bewusstsein für die grausamen Situationen würde den Menschen für den Alltag und seine Bewältigung untauglich machen. Es ist beabsichtigt, dieses Wissen durch entsprechende Dissoziationen getrennt zu halten. Zwischen den Alltagspersönlichkeiten und den „hinteren Persönlichkeiten", die für Aufgaben der Gruppe zuständig sind, sind durch Programmierung „Zwischenpersönlichkeiten" im inneren System der Gesamtpersönlichkeit installiert. Diese können zwar den Alltag wahrnehmen, haben aber gelernt, die Alltagssituationen im Sinne des Gruppendenkens umzubewerten und den Alltag in der Gesellschaft als ablehnenswert oder gefährlich zu beurteilen. Durch diese Persönlichkeiten bleiben Alltag und Gruppenleben voneinander getrennt.

Wenn ein Hilfe suchender Mensch sich dieser inneren Situation im Alltag nicht einmal bewusst ist, kann er sich nicht für ein Verlassen der Gruppe entscheiden. HelferInnen können manchmal anhand bestimmter Auffälligkeiten vermuten, dass Menschen einer solchen Gruppe angehören. Eine Dissoziative Identitätsstörung kann darauf hinweisen, diese Diagnose ist aber kein verlässlicher Hinweis, denn auch Menschen aus anderen belastenden Lebenszusammenhängen reagieren in der frühen Kindheit mit Dissoziationen. Ein weiterer Hinweis kann darin bestehen, dass solche Menschen mit helfenden professionellen Situationen nicht gut umgehen können und auf kleine Elemente bereits abwehrend und ängstlich reagieren. Möglicherweise sind sie mit diesen kleinen Elementen der helfenden Situation gegen potenzielle Unterstützung konditioniert worden. Wenn Menschen Zeitlücken in der bewussten Wahrnehmung und Erinnerung haben, können zu solchen Zeiten Aktivitäten in der Gruppe stattgefunden haben, an die sich die Alltagspersönlichkeiten nicht erinnern können. Unerklärliche Verletzungen am Körper und/oder ein Sich-wieder-Finden an unbekannten Orten sind weitere mögliche Hinweise. Diese Orte können kilometerweit vom Wohnort entfernt sein, je nachdem, wo die Gruppe den Menschen morgens abgesetzt und sich selbst überlassen hat. Seltsame Kleidungsstücke oder sonstige unbekannte Gegenstände in der eigenen Wohnung können auf einen Kultzusammenhang hinweisen. Die dargestellten Hinweise sind jedoch nicht spezifisch und können auch andere Hintergründe haben.

Erst wenn ein Mensch im Verlauf einer therapeutischen Behandlung oder anderer Unterstützung realisiert, dass er in Zeitlücken und mit anderen Persönlichkeiten des inneren Systems zu einer solchen Gruppe gehört, kann er sich für einen Ausstieg entscheiden. Eine bewusste Entscheidung ist aus meiner Sicht unabdingbar, weil der Mensch selbst die gefährlichen Konsequenzen tragen muss. Falsch verstanden ist Hilfe meiner Meinung nach, wenn Professionelle aus eigenen Impulsen eine solche Entscheidung vorantreiben wollen, weil sie nicht ertragen können, dass ein Mensch derart Brutales aushalten und/oder tun muss. Professionelle können bei klarer Entscheidung und guter Kooperation mit der Aussteigerin wirksam helfen, sie sollten aber die schädlichen Auswirkungen eines misslungenen Ausstiegs nicht unterschätzen.

Wenn bei einer Aussteigerin eine Dissoziative Identitätsstörung vorliegt, können eine oder mehrere Alltagspersönlichkeiten im inneren System nicht allein entscheiden, ob sie die Gruppe verlassen wollen oder nicht. Wesentlich zu einem Gelingen ist nach meiner Erfahrung die bejahende Entscheidung der Persönlichkeiten im System, die um die Gruppe, die Handlungen und die vielfältigen belastenden Erlebnisse wissen. Zu Beginn eines Ausstiegs ist dieses Wissen fragmentiert und durch Programmierung auf verschiedene Persönlichkeiten verteilt und kann in der Regel nicht in allen Details erfragt werden. Somit bleibt auch trotz einer Entscheidung einiger Persönlichkeiten, die um die Gruppe wissen, ein Restrisiko bestehen. In der Regel sind die durch Konditionierungen über die gesamte Kindheit und Jugend entstandenen Programmierungen sehr komplex und die dadurch entstandenen inneren Persönlichkeitensysteme groß und verzweigt. Über lange Phasen eines versuchten Ausstiegs werden immer wieder dem Bewusstsein der Aussteigerin bisher unbekannte innere Persönlichkeiten erkennbar, die noch zur Gruppe zurückkehren, Informationen über die Hilfe der Professionellen geben und effektive Hilfestellung verhindern oder wieder zunichte machen.

Es sollte also vor dem Versuch eines Ausstiegs mit möglichst vielen Persönlichkeiten eines inneren Systems darüber gesprochen werden. Dazu sollte die professionelle Helferin (gemeint sind im Folgenden beide Geschlechter von HelferInnen) einen direkten Kontakt zu diesen Persönlichkeiten aufbauen und mit ihnen selbst sprechen.

Parallel zu den Gesprächen, die eine Entscheidung ermöglichen sollen, halten die Gruppen der Organisierten Gewalt natürlich nicht still, sondern nehmen Zugriff auf den Menschen, drohen und bestrafen die Illoyalität ihnen gegenüber. Illoyal ist aus der Sicht der Gruppe bereits, über einen Ausstieg nachzudenken. Die Gruppe droht der Aussteigerin manchmal auch mit Bedrohungen der professionellen Helferin. Wie weit diese Drohungen realistisch sind, soll später betrachtet werden. Die Aussteigerinnen sind sich in der Regel sicher, dass die Gruppe alle Drohungen wahr macht, weil sie dies konsequent im eigenen Leben immer wieder erfahren haben. Dabei können sie in Ermangelung alternativer Erfahrungen nicht ermessen, dass der Einfluss der Gruppe nur so weit reicht, wie sie unentdeckt in einer Nische der Gesellschaft aktiv sein kann.

Die Gruppe setzt die Aussteigerin über die gesamte Zeit des Ausstiegs massiv unter Druck, die hilfreiche Situation aufzugeben, eine Therapie beispielsweise abzubrechen und eine neue Lebenssituation wie eine betreute Wohnsituation oder eine Partnerschaft wieder zu verlassen. Sie setzt brutale Gewalt gegen die Aussteigerin ein und gegen andere

Gruppenmitglieder, die die Aussteigerin lieber durch eigenen Gehorsam vor Verletzungen oder dem Tod schützen möchte. Die Gruppe benutzt dazu alles Wissen um die abrufbaren Reaktionen der Aussteigerin. Dieses Wissen steht der Austeigerin hingegen leider nicht oder nur fragmentiert zur Verfügung.

2.3.4.2 Entscheidung der hinteren Persönlichkeiten im System, den Kontakt zu beenden.

Parallel zur Kommunikation der professionellen Helferin mit vielen Persönlichkeiten des inneren Systems entstehen auch unter ihnen in der Regel neue Kontakte und Kommunikationen. Dabei werden die neuen Erfahrungen innerlich eigenständig betrachtet und überprüft. Vertrauen kann dadurch entstehen, dass professionelle HelferInnen nicht, wie früher erlebt zur Gruppe gehören, und den Menschen nicht ausliefern. Neue Erfahrungen müssen zuverlässig sein. Zusagen müssen eingehalten werden, die professionelle Helferin muss authentisch und glaubhaft sein. Ansonsten können von den Gruppen falsch vermittelte Denk- und Wahrnehmungsmuster zu Situationen in der Gesellschaft nicht korrigiert werden.

Wenn Alltagspersönlichkeiten nicht ausreichend belastbar für das brutale Wissen der hinteren Persönlichkeiten sind, können diese selbst mehr vom geplanten Ausstieg übernehmen. Die hinteren Persönlichkeiten sind im Konditionierungsprozess in Situationen entstanden, in denen sie extreme Belastungen aushalten gelernt haben. Manchmal werden die Alltagspersönlichkeiten vom Ausstieg so weit ferngehalten, wie dies nur möglich ist. Die Gruppen schonen beim Behindern des Ausstiegs die Alltagspersönlichkeiten eines programmierten Mitglieds noch für eine kurze Zeit und verbinden damit die Hoffnung, die Alltagspersönlichkeiten später weiter funktional für die vorgesehenen Handlungen im Alltag verwenden zu können. Sie werden nicht mehr geschont, wenn die Gruppe den Ausstieg nicht mehr verhindern kann und nur noch vermeiden will, dass die Aussteigerin der Gruppe mit ihrem Wissen gefährlich werden kann. Wenn die Gruppe die Alltagspersönlichkeiten über das Ausmaß der Gewalt in Kenntnis setzt, kann dies bei diesen weniger belastbaren Persönlichkeiten einen Suizidversuch auslösen.

Wenn die hinteren Persönlichkeiten den Ausstieg aktiv unterstützen, kann die Gruppe trotzdem durch das Wissen um die Konditionierungen noch lange Zeit durch Signale konditionierte Reaktionen bei der Aussteigerin auslösen. Die Persönlichkeiten des inneren Systems müssen schnell lernen, sich gegenseitig zu unterstützen und selbstverletzende und suizidale Handlungen anderer Persönlichkeiten zu erkennen und möglichst zu verhindern.

Spätestens in dieser Phase sollte nach Persönlichkeiten im inneren System gesucht werden, die vieles beobachtet und einiges Wissen über die Konditionierungen haben und erinnern können, ohne selbst emotional überlastet zu sein. Dazu gehören Persönlichkeiten, die ich die „Weisen" nenne. Sie haben durch Beobachtung aus emotionaler Distanz ein umfassendes Wissen über die Reaktionen vieler Persönlichkeiten und über deren Möglichkeiten und Grenzen erworben, das zum Ausstieg genutzt werden kann. Die Weisen verfügen manchmal außerdem über Informationen zur Ideologie und zu Vorgehensweisen der Gruppe. Oft kennen sie einen Großteil des autobiographischen Gedächtnisses der Aussteigerin und können vieles im Zusammenhang wahrnehmen und einschätzen. Die Weisen sprechen meistens nicht selbst mit professionellen Helfern, eine andere Persönlichkeit des inneren Systems kann aber die innerlich abrufbaren Informationen der Weisen an die professionelle Helferin weitergeben.

Die zunehmende Kooperation der Persönlichkeiten des inneren Systems und die dadurch zugänglichen Erinnerungen können in dieser Phase zu einer emotional unerträglichen Situation führen. Bei vielen Persönlichkeiten kann ein eigener Wunsch nach Suizid entstehen. Das Bewusstsein über das Ausmaß der Grausamkeiten in der Lebensgeschichte lässt oft eine Perspektive für ein gutes Leben nach einem gelungenen Ausstieg unmöglich erscheinen. Daher ist es nach meiner Erfahrung sehr wichtig, parallel zu der intensiven therapeutischen Arbeit an der inneren Kooperation positive Erlebnisse in der Gesellschaft und in einem unbedrohten sozialen Umfeld zu ermöglichen. Kindliche Persönlichkeiten des inneren Systems auf den verschiedensten kindlichen Entwicklungsständen müssen nicht nur lernen, dass Auslösereize in einer vor der Gruppe sicheren Situation keine negative Konsequenz nach sich ziehen, sondern benötigen außerdem dringend alternative positive Erfahrungen und Lernprozesse. Eine intelligente kindliche Persönlichkeit, die der Gruppe Informationen aus sozialen Situationen zuliefern musste, kann lernen, diese Intelligenz für eigene Interessen zu nutzen. Dazu sind manchmal gemeinsame Erfahrungen mit HelferInnen notwendig. Persönlichkeiten, die gegen Essen konditioniert wurden, können durch gemeinsame positive Mahlzeiten selbstbestimmt essen lernen. Kindliche Persönlichkeiten, die grausame Aufgaben in der Gruppe ausführen mussten, kennen in der Regel kein kindliches Spiel und können sich im gemeinsamen Spiel weiterentwickeln (zum Einsatz von Spieltherapie bei Menschen mit Dissoziativen Störungen siehe Fliß 2006).

Bei gelegentlich noch möglichen Kontakten verstärkt die Gruppe bei der Aussteigerin destruktive und suizidale Impulse. Bei Täterkontakten können durch entsprechende Gewalthandlungen neue Persönlichkeiten im inneren System geschaffen werden, die wieder gruppenloyal sind. Sie müssen gefunden und ebenfalls vom Ausstieg überzeugt werden. Zur Schwächung der Aussteigerin und zur Verstärkung suizidaler Impulse setzt die Gruppe Persönlichkeiten des inneren Systems Gewalthandlungen aus, die sie in ihrer bisherigen Aufgabe für die Gruppe nie ertragen mussten. Andere Persönlichkeiten waren bisher für diese Gewalthandlungen konditioniert worden und hatten gelernt, sie zu bewältigen. Eine Persönlichkeit, die beispielsweise durch langes Tauchen in eiskaltes Wasser gegen jede Schmerzempfindung konditioniert wurde, kann mit extremem Schmerz konfrontiert werden, den sie durch die bisherige Taubheit hinweg spüren muss.

Wenn die Aussteigerin diese Phase übersteht, gelingt es ihr, sich mit weitgehend allen Persönlichkeiten des inneren Systems gegen einen Kontakt mit der Gruppe zu entscheiden. Im Rahmen einer Psychotherapie wird daran gearbeitet, viele Auslösereize zu neutralisieren und zu löschen. Die Persönlichkeiten arbeiten daran, sich gegenseitig zu unterstützen und andere von einem Kontakt mit der Gruppe abzuhalten. Die Kontakte werden weniger, der direkte Druck der Gruppe wird dagegen höher, weil sie die Aussteigerin nicht mehr ausreichend manipulieren und kontrollieren kann.

2.3.4.3 Weitere Aktionen der Gruppe, um die Kontrolle zurückzugewinnen

Wenn die Aussteigerin nicht mehr auf die Auslösereize für die Rückholprogramme reagiert, greifen die Täter zu anderen Mitteln. Alle Zugangsmöglichkeiten zur aktuellen Situation der Aussteigerin werden rücksichtslos genutzt. Die Gruppe achtet aber immer darauf, nicht aufzufallen. Beispielsweise kann sie der behandelnden Therapeutin eine neue DIS-Klientin verschaffen. Diese neue Klientin kann gruppenloyale Persönlichkeiten im inneren System haben und den Ablauf der Praxis stören. Sie kann bei zufälligen Begegnungen mit der Aussteigerin Auslösereize setzen und allein ihre Anwesenheit in der Praxis macht der Aussteigerin Angst und lässt die bisher hilfreiche Situation gefährlich erscheinen. Oder es wird jemand Neues in ein Betreutes Wohnen aufgenommen oder ein neuer Mitarbeiter nimmt die Arbeit auf. Bei MitbewohnerInnen in einer gemeinsamen Wohnsituation kann neuer Besuch erscheinen, der zur Gruppe gehört und Auslösereize setzen und das Gefühl von Sicherheit in der Wohnsituation zerstören kann. Die Aussteigerinnen benötigen Mut und Vertrauen, um solche Methoden der Gruppe mit den HelferInnen anzusprechen. Das bisherige Leben hat ihnen immer wieder gezeigt, dass ihnen nicht geglaubt und letztlich trotz aller Bemühungen nicht geholfen wurde. Verunsicherungen der Aussteigerin können zu einer „freiwilligen" Rückkehr zur Gruppe führen. Das innere System ist zu diesem Zeitpunkt für die Gruppe nicht mehr für die bisherigen Aufgaben nutzbar und die Aussteigerin wird nicht nur massiv bestraft, sondern auch degradiert.

Die Gruppe kann der Aussteigerin beispielsweise auf der Straße im Vorbeigehen in kurzen und verschlüsselten Worten vermitteln, dass ein anderer Mensch, an dem der Aussteigerin etwas liegt, bestraft wird, wenn sie nicht zur Gruppe zurückkehrt. Dieses Druckmittel wird auch direkt verwendet, indem ein von der Aussteigerin geliebter Mensch draußen in der Nähe verletzt wird und schreit. Einige Persönlichkeiten des Systems werden dazu neigen, sofort dorthin zu laufen, um zu helfen. Wenn Mitglieder der Gruppe auch nur kurzzeitig mit der Aussteigerin allein sind, können Persönlichkeiten des Systems mit Auslösereizen zu konditionierten Reaktionen gebracht werden. Beispielsweise kann eine kleine kindliche Persönlichkeit mit Auslösereizen aus dem Inneren „herausgeholt" werden, die widerstandslos von den Mitgliedern der Gruppe mitgenommen werden kann. Wenn eine Aussteigerin erst wieder in den Händen der Gruppe ist, kann diese sie dazu zwingen, mündlich oder schriftlich mitzuteilen, dass es ihr freier Wille sei, zur Familie oder zu dem Zusammenhang zurückzukehren, in dem sie bisher legal gelebt hat. Dann haben professionelle HelferInnen oder auch FreundInnen keine Möglichkeit mehr, einzugreifen.

Ein besonderes Druckmittel solcher Gruppen besteht darin, mit der Tötung eines eigenen Kindes zu drohen. Von Aussteigerinnen aus satanistischen Gruppen wird immer wieder und unabhängig voneinander berichtet, dass sie innerhalb der Gruppe bereits als Jugendliche geschwängert wurden und unbemerkt Kinder gebären mussten. Schwangerschaften werden unter Übergewicht verborgen und Geburten zu Zeiten eingeleitet, in denen die Jugendlichen Ferien haben oder aus anderen Gründen nicht der gesellschaftlichen und sozialen Kontrolle unterliegen. Diese heimlich geborenen Kinder werden nicht angemeldet und sind somit illegitim und offiziell nicht existent. Illegitime Kinder wachsen zusammen mit anderen illegitim geborenen und erwachsen gewordenen Menschen in versteckten Lagern auf, die nur den führenden Personen der Gruppe bekannt sind. Diese Lager befinden sich nach Aussagen verschiedener Aussteigerinnen irgendwo in Osteuropa in großen Waldgebieten. Illegitime Kinder werden einer Aussteigerin beispielsweise bei Begegnungen auf der Straße gezeigt. Kehrt sie nicht zur Gruppe zurück, kann ihr ein Hinweis zugespielt werden, aus dem sie entnehmen kann, dass dieses Kind getötet wurde, weil sie nicht gehorchte. Manchmal wird der Aussteigerin bei einem weiteren Täterkontakt ein Video mit der Tötung dieses Kindes gezeigt. Ob Drohungen der Gruppe gegen ein illegitimes Kind oder andere Familienmitglieder umgesetzt wurden, kann eine Aussteigerin an Hand der Hinweise manchmal einschätzen, manchmal auch nicht. Dieses Druckmittel wirkt immer stark, weil die Aussteigerin zu oft in ihrem Leben die Erfahrung gemacht hat, dass die Gruppe jedes Druckmittel skrupellos einsetzt und Drohungen konsequent wahrmacht.

Die lange Dauer des Ausstiegs schwächt die Aussteigerin und überfordert und ermüdet sie sowie die helfenden Personen. Die Schwächung macht zeitweise mutlos und die Hoffnung auf eine positive Lebensperspektive sinkt weiter.

2.3.4.4 Direkter Zugriff der Gruppe mit eigenen Risiken

Als letzte Möglichkeit kann die Gruppe auf illegale Mittel zurückgreifen. Der Tod einer Aussteigerin kann dadurch verursacht werden, dass ein Mitglied der Gruppe sie mit dem Auto überfährt und Fahrerflucht begeht. Wird dieses Mitglied ermittelt und bestraft, kümmert sich die Gruppe um seine Situation und das Mitglied wird nach dem Ende seiner Strafe mit Privilegien in der Gruppe belohnt. Außerdem wird ein beauftragtes Mitglied allein aus Angst vor den Strafen der Gruppe nicht wagen, den Unfalltod einer Aussteigerin als Auftragsmord zu benennen. Drogen können der Aussteigerin bei einem weiteren Täterkontakt verabreicht werden und zum Tod führen oder eine Aussteigerin kann in einem unbeobachteten Moment aus dem Fenster geworfen werden. Diese Tode können in Unkenntnis des Hintergrunds der Aussteigerin von Polizei und Justiz als unerklärliche Suizide gewertet und gehandhabt werden.

Suizidales Verhalten wird in dieser letzten Phase auch durch Auslösereize aus direkter Nähe ausgelöst mit dem Risiko, dass die auslösende Person aus der Gruppe bei merkwürdigem Verhalten beobachtet wird. Letztlich besteht für die Gruppe so lange kein großes Risiko, wie die Öffentlichkeit nicht an solche Zusammenhänge glaubt, und das Zielgerichtete in diesem aus üblicher Sicht seltsamen Verhalten nicht erkennen kann und will.

Wichtig in allen Phasen des Ausstiegs ist nach der Aussage hochrangiger Aussteigerinnen immer eine Kosten-Nutzen-Rechnung der Gruppe: Ist der Nutzen hoch, geht sie ein hohes Risiko ein. Grundlegend wichtig ist für die Gruppen vor allem, unerkannt weiterhin ihren kriminellen Aktivitäten nachgehen zu können. Darin besteht das vorrangige Ziel jeder Gruppe der Organisierten Gewalt bei jeder Kosten-Nutzen-Rechnung.

2.3.4.5 Probleme in allen Phasen

In den Phasen des Ausstiegs ist der Stressspiegel der Aussteigerin und aller HelferInnen extrem hoch. Erhöhte Wachsamkeit ist real notwendig, um zeitnah alle Risiken für die Aussteigerin erfassen und Gegenmaßnahmen ergreifen zu können. Die Aussteigerin kann in der Regel über lange Zeit kaum oder gar nicht schlafen und essen. Dies schwächt die gesamte körperliche und psychische Verfassung.

Das innere System der Persönlichkeiten funktioniert nicht mehr wie zuvor und es können schwierige Situationen im sozialen Umfeld entstehen. Die Alltagspersönlichkeiten können das gewohnte angepasste Verhalten nicht mehr wie zuvor perfekt einsetzen, weil sie zu belastet sind. Andere innere Persönlichkeiten sind mit dem Alltag und sozialen Kontakten in der Gesellschaft noch nicht ausreichend vertraut. Ungewohnte Schwierigkeiten im eigentlich helfenden sozialen Umfeld können bei der Aussteigerin Hoffnungslosigkeit und Fluchttendenzen verursachen. Wenn sie sich aus dem schützenden Umfeld wegbewegt, kann sie der Gruppe sofort wieder in die Hände fallen, da diese die Aussteigerin unter hohem personellem Einsatz beobachten lässt.

Die Gruppe versucht außerdem, HelferInnen zu verunsichern, und es können schwierige Situationen entstehen, die geklärt und besprochen werden müssen. Durch ungeklärte Konfliktsituationen im helfenden Umfeld können Fluchttendenzen bei der Aussteigerin verursacht werden.

Oft bleibt durchgängig eine Unsicherheit, wie weit der Schutz ausreichend gewährleistet werden kann, ob alles ausreichend berücksichtigt ist und wann eine Überforderung für die Aussteigerin und die helfenden Personen droht.

2.3.5 HelferInnennetzwerk

Betrachtet man die schweren Phasen eines Ausstiegs, wird nachvollziehbar, dass dies am ehesten in einer Kooperation vieler motivierter HelferInnen möglich ist. Verschiedene Professionen sind dazu wichtig: ÄrztInnen, PsychotherapeutInnen, PädagogInnen einer betreuten Wohnsituation, FreundInnen und viele mehr. In einem guten Netzwerk kann eine gute medizinische Versorgung gewährleistet werden, Wunden können versorgt und gegebenenfalls Medikamente lindernd eingesetzt werden. PädagogInnen können Lernprozesse der Persönlichkeiten eines inneren Systems fördern, eine sichere Wohnsituation herstellen und viele neue und positive Erfahrungen im Alltag für viele Persönlichkeiten ermöglichen. PsychotherapeutInnen sind hilfreich für das Erkennen und Löschen von Konditionierungen, für die Beseitigung von Gruppen-geprägtem Denken und für die erforderliche Traumatherapie zur Reduktion der vielfältigen Symptome. FreundInnen können eine sichere Wohnsituation und Begleitungen bei allen Wegen außerhalb anbieten. Auch sie können durch vielfältige gemeinsame Aktivitäten unter sicheren Bedingungen neue positive Erfahrungen und Entwicklung für Persönlichkeiten des inneren Systems ermöglichen.

Unter Umständen ist eine Kooperation mit einer erfahrenen Mitarbeiterin der Polizei hilfreich, damit die Aussteigerin sich über polizeiliche Möglichkeiten und Grenzen informieren kann. Vor allem kann sie im realen Kontakt erleben, dass eine Polizistin zugewandt und unterstützend sein kann. Eine erfahrene Rechtsanwältin kann beraten, was auf dem Rechtsweg möglich und was unmöglich ist. Bei ihr können wichtige Dokumente der Aussteigerin mit Namen von Mitgliedern der Gruppe, Tatorten u.Ä. sicher aufbewahrt werden. Zu verschiedenen Möglichkeiten und Notwendigkeiten einer interdisziplinären Kooperation bei Menschen mit Trauma und Dissoziation siehe auch das Handbuch Trauma und Dissoziation, in dem viele verschiedene Professionen ihren jeweiligen Beitrag detailliert darstellten (Fliß & Igney 2008).

Zu allen HelferInnen sollte vorrangig eine gute und weitgehend vertrauensvolle Beziehung der Aussteigerin bestehen. Ohne diese Grundlage ist aus meiner Sicht ein Ausstieg nicht möglich. Die HelferInnen sollten aber auch untereinander eine vertrauensvolle Kooperation und gegenseitige Unterstützung erarbeiten. Schnell spiegeln sich in einem HelferInnennetzwerk die Probleme der Aussteigerin im inneren System wider: gegeneinander statt miteinander arbeiten, sich misstrauen statt zu vertrauen, sich in die Rollen von Opfern, Tätern und Rettern zu spalten und sich letztlich mehr zu schaden als zu nützen[3]. Manchmal ist es sinnvoll, in Absprache mit der Aussteigerin zu vereinbaren, welche Persönlichkeit des inneren Systems mit welcher Professionellen am besten zurechtkommt. Statt dass sich eine Persönlichkeit des inneren Systems mit einer für sie schwiergen Helferin abmüht, kann sie möglicherweise mit einer anderen Helferin besser kooperieren. Die Informationen einzelner Kooperationen müssen zur Vermeidung von Spaltungen im HelferInnennetzwerk weitergetragen werden. Wichtig ist die gemeinsame Wertschätzung der am HelferInnennetzwerk beteiligten unterschiedlichen Menschen mit ihren besonderen Möglichkeiten und ihren individuellen Grenzen. Dies kann bewusst ausgesprochen und sinnvoll gemeinsam eingesetzt werden.

Diese anstrengende und intensive Arbeit wird in den jeweilgen Arbeitszusammenhängen in der Regel nur teilweise entlohnt. Insbesondere die Kooperationsarbeit muss derzeit leider weitgehend in der eigenen Freizeit durchgeführt werden. Es wäre wichtig, dass die Gesellschaft neben einer offeneren Haltung zur Realität der Rituellen Gewalt finanzielle Ressourcen zur Verfügung stellt, mit denen diese Arbeit finanziell angemessen entlohnt wird. In der jetzigen Situation führen die schwierigen Bedingungen bei den beteiligten Professionellen schnell zu einem Burn-out. Es fehlen Angebote, die auf Ausstiegsbegleitung spezialisiert und mit den erforderlichen Notwendigkeiten bezüglich Finanzen und Fachpersonen ausgestattet sind.

Hilfreich und wohltuend ist in einem HelferInnennetzwerk eine hohe Achtsamkeit sich selbst und den anderen gegenüber. Überforderung und Erschöpfung und ein hoher

---

[3] Siehe Kap. 5.4

eigener Stressspiegel sind normale Effekte bei Ausstiegsbegleitungen. Angst tritt immer wieder auf und muss auf reale Hintergründe beleuchtet werden. Dies gelingt am besten miteinander. Informationen müssen mit dem Einverständnis der Aussteigerin untereinander weitergegeben werden. In einer guten Kooperation kann einvernehmlich geklärt werden, wer am besten welche Aufgabe wann übernimmt. Pausen für alle beteiligten Professionellen sind unabdingbar, damit man nicht nur noch an die Aussteigerin und an die Grausamkeiten der Gruppe denken muss (Rüppell 2008). Dazu gehört sorgsame eigene Psychohygiene mit stabilisierenden und erholsamen eigenen Aktivitäten (Gapp-Bauß 2008). Gemeinsame schöne Aktivitäten neben der beruflichen Kooperation können lindernd auf Konfliktpotenziale und insgesamt überaus wohltuend und verbindend wirken.

2.3.6 Gefahren für die AussteigerInnen

Gefahren für die Aussteigerin liegen vor allem in ihr selbst und in den Programmierungen. Die Gruppe kann jederzeit Selbstverletzungs- und Suizidprogramme abrufen, die zur teilweisen oder vollständigen Selbstzerstörung führen können. Bei der Auflösung von Programmen ist eine sorgsame traumatherapeutische Aufarbeitung der mit den Programmierungen verbundenen Extremerlebnisse erforderlich. Die Persönlichkeiten des inneren Systems können die brutalen und lang andauernden Belastungen der Lebensgeschichte nicht mehr ausreichend durch Dissoziation voneinander trennen und müssen sie zunehmend gemeinsam emotional und kognitiv wahrnehmen und aushalten. Die Deprogrammierung muss parallel zum Abbruch des Kontaktes mit der Gruppe erfolgen, die wie oben beschrieben in dieser Zeit nicht ruht. Die traumatherapeutische Arbeit ist sehr belastend und erschöpfend. Die gesamte Belastung kann zu Resignation bei der Aussteigerin führen. Dies wird von der Gruppe genutzt und Aussteigerinnen kehren manchmal von sich aus zur Gruppe zurück. Resignative Phasen müssen von den HelferInnen wahrgenommen und möglichst gut abgefangen werden.

Direkte Gefahren liegen in verschiedenen Programmierungen. In der Regel gibt es im inneren System Persönlichkeiten, die auf Auslösereize hin einfach geradeaus laufen und auf die Straße geraten, die einfach weglaufen, auf Hausdächer klettern, von einer Höhe hinunterspringen u.Ä. Diese Persönlichkeiten haben reduzierte kleine Handlungsabläufe durch Konditionierung gelernt, die ohne Wissen und Kontrolle der Aussteigerin ablaufen und zu einem „Unfalltod" führen können. Wenn eine ausgeprägte Programmierung vorliegt, kann die Aussteigerin sich so lange nicht allein und frei außerhalb des geschützten Raums des HelferInnennetzwerks bewegen, bis alle Konditionierungen aufgelöst sind. Bei weniger ausgeprägten Programmierungen ist der Unterstützungsbedarf nicht so hoch und nicht so lange andauernd.

Eine weitere Gefahr liegt in den emotionalen Bindungen, die zumindest einige der Persönlichkeiten des inneren Systems zur Familie und zu anderen Gruppenmitgliedern aufgebaut haben. Diese Bindungen werden von der Gruppe ebenfalls genutzt, um eine Aussteigerin zur „freiwilligen" Rückkehr zu bewegen. Es können Anrufe von der Familie oder von bisherigen FreundInnen mit Berichten erfolgen, wer bestraft oder getötet wurde, wer die Aussteigerin sehr vermisst oder dass die Familie sie für ihre Illoyalität ächten wird. Es ist nicht leicht, bisherige Bindungen allesamt aufzugeben, wenn in der Gesellschaft noch kein passender Platz für die Aussteigerin (mit ihren verschiedenen Persönlichkeiten des inneren Systems) entstanden ist. Sie fühlt sich mit ihren Störungen und ihrer Dysfunktionalität im Verlauf des Ausstiegs zunehmend „schwach" und untauglich. Dies gilt aber nicht für alle Aussteigerinnen, manche bleiben trotz zunehmender Kooperation der inneren Persönlichkeiten noch anteilig funktional im Alltag.

Die im Sinne der Gruppenideologie erlebten Aufwertungen haben die Aussteigerin bei aller eigenen Kritik an den Machenschaften der Gruppe durchaus erreicht und einen Teil ihrer Selbstdefinition ausgemacht. Sie muss konsequent darauf verzichten und sich neue Perspektiven in der Gesellschaft erarbeiten.

2.3.7 Situation der HelferInnen

Die hohe Bedeutung der HelferInnen bei einer Ausstiegsbegleitung wurde bereits erkennbar. HelferInnen müssen ihre Aufgaben zuverlässig und konsequent erfüllen, sehr sorgsam auf die Aussteigerin, auf sich selbst und auf die anderen HelferInnen achten. Sie müssen anteilig die starken Belastungen der Aussteigerin mittragen, mindestens die Traumatherapeutin muss die Grausamkeiten mit aushalten können, die bei den Traumakonfrontationen geschildert und in den begleitenden emotionalen und körperlichen Reaktionen der Aussteigerin spürbar werden.

Die Gruppen verursachen in Kontakten bei der Aussteigerin starke körperliche und psychische Schädigungen und in der Folge praktische und emotionale Belastungen bei den HelferInnen. Die Belastungen sind mit Stress verbunden, den die HelferInnen bewältigen müssen. Die Gruppen setzen die HelferInnen teilweise direkt unter Stress, indem sie sie beobachten und ihnen mit Autos nachfahren. Die HelferInnen sollen dies bemerken und Angst bekommen. Bisherige Erfahrungen zeigen, dass die Gruppen nicht aktiv gegen die HelferInnen vorgehen, sondern Angst und Stress auslösen wollen. Manchmal resignieren HelferInnen deshalb, was der Gruppe sehr entgegenkommt. Die Gruppen können nach Aussagen von HelferInnen auch tote Tiere vor Türen legen, unangenehme Nachrichten auf dem Anrufbeantworter hinterlassen u.Ä. Weitere Strategien wie das Einschleusen anderer Mitglieder der Gruppe in das Klientel oder in das kollegiale Umfeld der HelferInnen wurden bereits erwähnt. Berichte beinhalten auch Gefährdungen durch das Lösen von Muttern der Autoreifen (Becker 2008). Gruppen können einbrechen, Material stehlen und mit diesen Strategien Unsicherheit, Angst und Stress verbreiten. In der Regel sind die aktiven Handlungen der Gruppe so geartet, dass sie auch durch andere Kriminelle verursacht worden sein können. Täter werden in der Regel bei diesen kleineren mehr oder weniger strafbaren Handlungen auch nicht gefasst. Die Ermittlungen der Polizei werden nach Erfahrungen nur mit dem Nachdruck geführt, der bei kleinen strafbaren Handlungen üblich ist. Beim derzeitigen gesamtgesellschaftlichen Kenntnisstand zur Thematik der Organisierten Gewalt erscheint es aus meiner Sicht auch nicht immer ratsam, die Polizei über solche möglichen Hintergründe detailliert zu informieren. Erhält die Polizei Kenntnis von schweren Straftaten, muss sie von Amts wegen eine Anzeige aufnehmen und ermitteln (Hobbie 2008). Das ist jedoch kaum Erfolg versprechend ohne eine Aussage der Aussteigerin, deren eigene Entscheidung aus meiner Sicht Vorrang haben muss. Inzwischen finden sich nach meiner Erfahrung informierte und engagierte PolizistInnen, mit denen eine gute Kooperation möglich ist. Man kann sich teilweise auf allgemeiner Ebene austauschen und beraten lassen, ohne konkrete Details wie Namen, Orte, Daten und konkrete Straftaten zu benennen. Es kann unter Beachtung dieser Voraussetzungen gemeinsam überlegt werden, wie im speziellen Fall einer Aussteigerin vorgegangen werden kann und ob und wann gegebenenfalls eine Anzeige sinnvoll ist.

Zum eigenen Schutz ist es aus meiner Sicht absolut wichtig, ein gutes HelferInnennetzwerk aufzubauen, sich gegenseitig über solche Erlebnisse zu informieren, sich zu unterstützen und zu beruhigen. Gefährlich ist es nach Aussagen von Aussteigerinnen wirklich, wenn eine Helferin allein arbeitet und ihr Wissen über die Gruppe und ihre Arbeitssituation nicht teilt. Eine allein agierende Helferin ist fast ungeschützt. Ein plötzlicher Unfalltod einer Professionellen wird niemanden dazu bewegen, darüber nachzudenken, ob Täter Organisierter Gewalt an dieser Stelle einen Mord verübt haben könnten.

Ich halte es bei allen genannten Einschränkungen für wichtig, bei solchen Vorkommnissen grundsätzlich mit der Polizei zu kooperieren, was die Gruppen sehr wohl beobachten. Damit steigt das Risiko für die Gruppe, dass auch bei kleinen Illegalitäten doch genauer ermittelt wird und der damit erreichte Nutzen sinkt. Die interdisziplinären Kooperationen, auch mit der Polizei, werden im Laufe der Jahre immer besser und ausgeformter. Entsprechend wenden Gruppen solche direkt übergriffigen Strategien weniger an. Gruppen Organisierter Gewalt profitieren vor allem vom Schweigen ihrer Opfer. Gefährlich wird es für sie, wenn die Opfer reden. Dasselbe gilt für die HelferInnen. Somit ist Austausch auch über minimale Übergriffe für die eigene Sicherheit wichtig. Wichtige Unterlagen sollten möglichst kopiert und an verschiedenen Orten gelagert werden, so dass die Gruppe nicht ohne weiteres an alles Material gleichzeitig kommen kann. Entsprechend sinkt wieder der Nutzen für die Gruppe bei steigendem Risiko. Solche Maßnahmen müssen selbstverständlich im Einverständnis mit der Aussteigerin erfolgen. Klug ist es weiterhin, belastendes Material für die Gruppe auch bei Personen zu lagern, die der Aussteigerin nicht bekannt sind. Bei einem weiteren Täterkontakt mit der Gruppe kann sie tatsächlich nicht darüber informieren, wo sich das Material befindet. Material kann zum Datenschutz der Aussteigerin in verschlossenen Briefumschlägen gelagert werden, für deren Öffnung bestimmte Vorgaben gemacht werden können. Im HelferInnennetzwerk sollte insgesamt abgesprochen sein, dass sofort die Polizei hinzugezogen wird, sollte der Aussteigerin oder einer Helferin etwas zustoßen. Diese Vereinbarungen sollten der Aussteigerin bekannt sein. Bei noch erfolgenden Täterkontakten mit der Gruppe in den ersten Phasen des Ausstiegs erfährt die Gruppe von diesen Maßnahmen durch die Aussteigerin selbst und hält sich in der Regel zurück.

Eine Gruppe Organisierter Gewalt hat keinerlei Hemmungen, Menschen zu schädigen und zu töten, dagegen steht nur das Risiko der Entdeckung und Offenlegung. Dies fürchten vor allem führende Mitglieder, die mit einer Entdeckung nicht nur ihre Position in der Gruppe verlieren, sondern die auch um ihre gesellschaftliche Situation fürchten müssen. So lange die Gruppe eher davon profitiert, die Aussteigerin und die HelferInnen letztlich in Ruhe zu lassen, um ihren eigenen strafrechtlich relevanten Aktivitäten weiter nachgehen zu können, wird sie dies voraussichtlich einer Schädigung der Aussteigerin und der HelferInnen vorziehen.

2.3.8 Ausblick

Die geschilderten Probleme bei einer Ausstiegsbegleitung lassen bei LeserInnen vielleicht die Frage entstehen, ob ein Ausstiegsversuch wirklich sinnvoll ist oder ob die Gruppen Organisierter Gewalt nicht ohnehin mit ihrem langjährig erarbeiteten Einfluss auf die Aussteigerin „siegen" werden. Diese Frage tritt oft auf und ist als solche zunächst genauer zu betrachten. Es geht aus meiner Sicht nicht um Sieg oder Niederlage bei einer Ausstiegsbegleitung. Es geht auch nicht darum, eine Aussteigerin dem Einfluss der Gruppe abzuringen. Denkt man so, ist man bereits unbemerkt Teil der Dynamik des Täterdenkens geworden. HelferInnen können und sollten nur unterstützen und ihre Arbeit ausüben wie immer, auch wenn das bei einer Ausstiegsbegleitung unter erschwerten Bedingungen erfolgen muss. HelferInnen sollten frühzeitig sorgsam überlegen, ob sie dies leisten können und wollen in dem klaren Bewusstsein, dass diese Begleitung ein offenes Ende hat. Es hängt neben einem gut ausgebauten HelferInnennetzwerk vor allem von der Aussteigerin selbst ab, ob ein Ausstieg gelingen kann. HelferInnen müssen sich bewusst sein, dass eine Aussteigerin zur Gruppe zurückkehren oder sich unbemerkt suizidieren kann und dass sie am Ende gebrochener sein kann als vor dem Ausstiegsversuch, wenn er nicht konsequent gelingt. Letztlich muss die Aussteigerin immer frei über sich entscheiden dürfen, wie ihr Leben weiter verlaufen soll. Diese Faktoren sind vorweg im gesamten Ausmaß nicht ausreichend einzuschätzen, weder von der Aussteigerin noch von den HelferInnen. Man kann es nur gemeinsam versuchen.

Wichtig finde ich bei allen Problemen, Grausamkeiten und bei aller konsequenten Destruktivität solcher Gruppen, zu wissen, dass die überzeugten Gruppenmitglieder über etwas sehr wenig oder gar nicht verfügen: über die Fähigkeit, zu lieben und zu vertrauen. Sie kennen meiner Meinung nach letztlich keine wirkliche innere Freiheit, weil alle Mitglieder für die Ideologie und die wechselseitige Kontrolle die eigene Freiheit zumindest teilweise aufgeben müssen. Sie setzen sich gegenseitig unter Druck, bekämpfen und erpressen sich. Die Gruppen wissen grundsätzlich kognitiv um die Bedeutung von Vertrauen, Liebe und Bindung bei Menschen und nutzen dies bei ihren Manipulationen skrupellos aus, sie kennen diese Gefühle in ihrem Inneren aber kaum oder gar nicht. Wenn sie diese Emotionen kennen, lassen sie sie nicht zu, denn sie könnten mit solchen Emotionen nicht mehr konsequent brutal und destruktiv sein. Dann wären sie bereits selbst bei der Frage eines Ausstiegs angekommen, weil sie damit die Gruppenideologie von Macht und Stärke in Frage stellen müssten. Gruppen Organisierter Gewalt unterschätzen nach meiner Erfahrung die Kraft von Liebe und Vertrauen. Diese Werte sind das Wichtigste, was ein HelferInnennetzwerk einer Aussteigerin anbieten kann. Sie kann Liebe und Vertrauen in sich selbst entdecken und weiterentwickeln und sich mit der Trennung von der

Gruppe allmählich ein freies, selbst bestimmtes und emotional und sozial reiches Leben erarbeiten, das sie zuvor nicht mehr oder nie hatte.

Unterstützung und Begleitung sollten nach einem erfolgreichen Ausstieg aus meiner Sicht noch nicht beendet werden, sondern sich auf andere Aufgaben konzentrieren: auf die konsequente Reduzierung und möglichst Beseitigung der Traumareaktionen mit Traumatherapie, die Entwicklung aller Persönlichkeiten des inneren Systems, eine gute innere Kooperation, auf Wunsch einer Aussteigerin auch eine Integration der Persönlichkeiten in eine Gesamtpersönlichkeit (Fliß 2007). Auf der Ebene von Leben und Wohnen sollte eine Perspektive entwickelt werden. Meistens erscheint es sinnvoll, dass die Aussteigerin nach ausreichender Selbständigkeit und Eigenbestimmtheit im inneren System unbekannt umzieht, so dass die Gruppe sie nicht mehr weiter beobachten und durch Stress belasten kann. Dabei ist eine Namensänderung in der Regel sinnvoll und notwendig. Eine berufliche Entwicklung und Perspektive sollten erarbeitet werden, die Wünsche nach sozialen Kontakten, vielleicht auch eigener Familie, sollten beleuchtet und deren Realisierung auf einen Weg gebracht werden. Eine Aussteigerin wurde mit brutaler Folter meistens von klein auf dazu gezwungen, besonders viel auszuhalten und zu lernen und Kompetenzen auszuformen, die Menschen unserer Gesellschaft ansonsten nicht in diesem Ausmaß entwickeln müssen. In der Regel sind Aussteigerinnen in den verschiedensten Bereichen ungewöhnlich kompetent und kreativ. Diese gezwungenermaßen entstandenen Fähigkeiten können sie nun für ein selbst bestimmtes Leben verwenden und sich an ihnen erfreuen lernen.

Literatur

Becker, T. (2008). Organisierte und Rituelle Gewalt. In Fliß, C. & Igney, C. (Hrsg.), (2008). Handbuch Trauma und Dissoziation (S. 23-37). Lengerich: Pabst Science Publishers.

Becker, T. & Overkamp, B. (2008). Spezifische Anforderungen an die Unterstützung von Opfern organisierter und Ritueller Gewalt. In Fliß, C. & Igney, C. (Hrsg.), Handbuch Trauma und Dissoziation (S. 223-236). Lengerich: Pabst Science Publishers.

Behörde für Inneres (Hrsg.) (2006). Brennpunkt Esoterik. Hamburg.

Boge-Erli, N. (1995). Satans rote Augen. Stuttgart, Wien: Thienemann Verlag.

Bommert (Fliß), C. (2000). Konditionierung. In Grandt, G. & Grandt, M. (Hrsg.), Satanismus, die unterschätzte Gefahr (S. 86-89). Düsseldorf: Patmos Verlag.

Boos, A. (2005). Kognitive Verhaltenstherapie nach chronischer Traumatisierung. Verlag Hogrefe.

Fliß, C. (2006). Puzzlearbeit mit Trauma. Forum Psychotherapeutische Praxis, 6 (2), 63-73.

Fliß, C. (2007). Gruppenbild mit Damen, Herren und Kindern. Forum Psychotherapeutische Praxis, 7 (3), 110-119.

Fliß, C. (2008). Ambulante Traumatherapie. In Fliß, C. & Igney, C. (Hrsg.), Handbuch Trauma und Dissoziation (S. 101-138). Lengerich: Pabst Science Publishers.

Fröhling, U. (2008). Vater unser in der Hölle. Überarbeitete und aktualisierte Neuausgabe. Bergisch Gladbach: Bastei Lübbe. (Erstauflage 1996, Seelze-Velber: Kallmeyersche Verlagsbuchhandlung)

Fromm, R. (2003). Satanismus in Deutschland. Zwischen Kult und Gewalt. München: Olzog Verlag.

Gapp-Bauß, S. (2008). Selbstfürsorge und Selbststeuerung. In Fliß, C. & Igney, C. (Hrsg.), Handbuch Trauma und Dissoziation (S. 286-296). Lengerich: Pabst Science Publishers.

Grandt, G. & Grandt, M. (1995). Schwarzbuch Satanismus. Pattloch Verlag.

Grandt, G. & Grandt, M. (2000). Satanismus, die unterschätzte Gefahr. Düsseldorf: Patmos Verlag.

Huber, M. (1995). Multiple Persönlichkeiten. Überlebende extremer Gewalt. Frankfurt: Fischer Tb.

Huber, M. (2003). Trauma und Traumabehandlung. Teil 1: Trauma und die Folgen. Teil 2: Wege der Traumabehandlung. Paderborn: Junfermann.

Huber, M. & Frei, P. C. (2009). Von der Dunkelheit zum Licht. Trauma, Krankheit und Todesnähe überwinden. Paderborn: Junfermann Verlag.

KIGA (2008). Die Hölle mitten im Garten Eden. Selbstverlag.

Lukas (1995). Vier Jahre Hölle und zurück. Bergisch Gladbach: Bastei Lübbe Verlag.

May, A., Remus, N. & Bundesarbeitsgemeinschaft Prävention & Prophylaxe e.V. (Hrsg.), Rituelle Gewalt. Berlin: Verlag die Jonglerie.

Ricarda S. (1989). Satanspriesterin. München: Heyne Verlag.

Rosch, M. (1995). Laura G. Im Namen des Teufels. Ein Tatsachenbericht. Düsseldorf: Patmos Verlag.

Rüppell, A. (2008). Soziale Unterstützung traumatisierter Menschen: Begleitung durch FreundInnen, PartnerInnen und andere Angehörige. In Fließ, C. & Igney, C. (Hrsg.), Handbuch Trauma und Dissoziation (S. 269-285). Lengerich: Pabst Science Publishers.

Smith, M. (1994). Gewalt und sexueller Missbrauch in Sekten. Zürich: Kreutz Verlag.

Spencer, J. (1995). Jenny. Das Martyrium eines Kindes. Frankfurt: Fischer Tb.

Teil 3: Psychosoziale und medizinische Hilfen für Betroffene

3.1 Medizinische Versorgung

Anne Kathrin Ludwig

Als ich gefragt wurde, ob ich ein Kapitel dieses Handbuches zu obigem Thema schreiben möchte, lag mein erster Kontakt mit dieser Patientengruppe circa zwei Jahre zurück.

In der Vorbereitung dieses Kapitels habe ich versucht, nachzuvollziehen, wie ich die ersten Kontakte erlebt und gestaltet habe. Dies erwies sich als unerwartet schwierig, auch die Sprechstundendokumentationen gaben keinen Aufschluss darüber, wann und wie sich die Patientenbindung so vertieft hat, dass mir Einblick in das komplexe Störungsbild und die zugrunde liegenden, zum Teil fast unfassbaren Traumatisierungen der Patientin gewährt wurden. Ich bin offensichtlich "hineingerutscht" und versuche für dieses Buch die Voraussetzungen/Gründe aufzuführen, die hierzu beigetragen haben können. Dies soll und kann keine "Anleitung" zur Gestaltung hausärztlicher Arbeit sein. Diese spezielle Arbeit ist von sehr vielen persönlichen Hintergründen und Interessen abhängig und lässt sich sicherlich niemals standardisieren, aber manchmal kann eine Ideen- und Erfahrungssammlung von Kollegen hilfreich und befruchtend für die eigene Arbeit sein und auch über die eine oder andere Schwierigkeit hinweghelfen. Daher habe ich versucht, im Rahmen einer Reflektion meiner Tätigkeit Anhaltspunkte dafür zu sammeln, welche Voraussetzungen für eine beiderseits erfolgreiche Arbeit vorhanden sein sollten.

Da zum einen meine persönlichen Erfahrungen mit Opfern Ritueller Gewalt zahlenmäßig begrenzt sind, sich zum anderen im Alltag die daraus entstehenden psychischen Störungsbilder Dissoziative Identitätsstörung und Posttraumatische Belastungsstörung häufig nur graduell von Opfern anders gearteter Gewalt unterscheiden, greife ich in den folgenden Ausführungen auf Erfahrungen mit allen massiv traumatisierten Patientinnen zurück.

Ich verwende im Folgenden durchgängig die weibliche Form "Patientin", da es sich meines Erachtens im überwiegenden Teil der Fälle um weibliche Opfer, insbesondere im Bereich der Rituellen Gewalt handelt.

3.1.1 Wie kam es zum Erstkontakt?

Alle Patientinnen kamen aufgrund von Empfehlungen Bekannter und/oder Therapeuten. Ich habe in den letzten 10 Jahren keine Patienten mit psychischen Erkrankungen erlebt, die sich auf technische Medien wie Telefonbuch/Internet/KV-Listen oder das Praxisschild in der Nachbarschaft verlassen haben auf der Suche nach Hausärztin/Hausarzt. Häufig erfahre ich die Verflechtungen innerhalb der Patientenklientel erst nach längerer Zeit, manches Mal sogar erst nach über einem Jahr. Ich verfüge zwar über eine Qualifikation im Bereich Psychosomatische Grundversorgung, dies steht aber weder auf dem Praxisschild noch im Telefonbuch.

Die Diagnosen Dissoziation und/oder PTBS sind nach meiner Erinnerung bei meinen ersten Patientinnen aus diesem Bereich immer erst nach einer unterschiedlich langen Zeit der Konsultationen wegen rein somatischer Krankheitsbilder wie Atemwegsinfektionen o.Ä. oder auch Vorsorgeuntersuchungen "aufgetaucht" (im wahrsten Sinne des Wortes), was ich im Nachhinein als Testphase interpretiere, wie viel man mir zumuten und anvertrauen kann.

Bei einigen Patientinnen mit Traumafolgestörungen oder dissoziativen Störungen bleibt es teilweise beispielsweise im Erstkontakt bei etwas unklaren Beschwerdeschilderungen, die nach dem Kontakt bei mir das Gefühl hinterlassen, "das war komisch, das war noch nicht alles". Mit etwas Glück kann ich dann im Folgekontakt einige Fragen nach der psychischen Situation anbringen, was dann teilweise mehr Informationen zutage fördert, als ich mit meinem internistischen Kenntnisstand verarbeiten kann. Hier lerne ich mit jeder Patientin, aber ebenso mit den Patientinnen, die mich unmittelbar an ihrer Erkrankung und ihrem therapeutischen Werdegang teilhaben lassen, aber auch durch Kontakte zu Psychotherapeutinnen und Psychiaterinnen.

Der Einblick in die Hintergründe Ritueller Gewalt kam noch deutlich später und unerwarteter.

Inzwischen kommen zunehmend auch Patientinnen, die mir bereits im Erstgespräch diese Diagnosen/Störungsbilder mitteilen, da es offensichtlich eine gut funktionierende Mundpropaganda unter Patientinnen, Therapeutinnen und Angehörigen/PartnerInnen gibt. Mit zunehmender Zeitdauer meiner Beschäftigung mit diesen komplexen Störungsbildern und häufigerer Arbeit mit Betroffenen überrascht mich die Mitteilung solcher Diagnosen immer seltener, es entwickelt sich offensichtlich zunehmend ein Blick und Gespür für die inneren Nöte, die doch meines Erachtens häufig nicht so vollständig verborgen sind, wenn man gelernt hat, die Anzeichen wahrzunehmen und zu deuten. Es fällt mir jedoch schwer, solche Anzeichen hier zu beschreiben, da sie häufig im nonverbalen Bereich liegen. Das können fragend/abtestende Blickwechsel sein, Pausen im Gespräch, bei denen ich den Eindruck gewinne, hier fehlt noch eine Information, oder auch eine relativ direkte Nachfrage im Gespräch über eine zunächst rein somatisch anmutende Erkrankung wie einen protrahiert verlaufenden grippalen Infekt: "Kann das denn auch seelische Ursachen haben, dass ich nur so langsam wieder gesund werde?" Ich erinnere mich an nur eine wirkliche Überraschung in diesem Zusammenhang in den letzten Jahren. Eine Patientin, die ich bezüglich ihrer eigenen Gesundheit bis dahin nur sporadisch wegen Bagatellerkrankungen behandelt hatte, ist mir im Zusammenhang mit einer länger dauernden Erkrankung ihrer unter anderem unter einer PTBS leidenden Partnerin als starke, sehr gut unterstützende und im Kontakt psychisch völlig unauffällige Persönlichkeit begegnet. Lange nach Abschluss der Behandlungsphase der Partnerin kam die Patientin dann in einer psychisch deutlich beeinträchtigten Verfassung alleine in meine Behandlung und berichtete ebenfalls über eigene schwere psychische Traumata, die auch psychotherapeutisch behandelt wurden. In diesem Fall konnte ich auch retrospektiv keine "Vorzeichen" sehen, hier war der Kokon der Patientin offensichtlich sehr gut abgedichtet.

3.1.2 Was brauchen diese Patientinnen, um zu bleiben?

Folgerichtig dazu erweisen sich gerade diese Patientinnen auch als besonders stark an meine Person als Hausärztin gebunden und benötigen besondere Sorgfalt im Hinblick auf Diskretion, Sicherheit und Schweigepflicht. Damit sind für mich eine notwendige besondere Sorgfalt in der Terminplanung und spezielle Maßnahmen der Vorbereitung verbunden, wenn Kontakte auf Grund persönlicher Verhinderung zu Kolleginnen/Kollegen verschoben werden müssen. Nicht alle Kolleginnen/Kollegen reagieren auf Patientinnen mit diesen Bedürfnissen so, dass die Patientin die Behandlung fortsetzen kann. Hier kann ich teilweise durch Vorabinformationen den Weg zwischen Patientin und Kollegin bahnen, greife aber in jedem Fall nur auf mir persönlich bekannte Kolleginnen zurück. Trotzdem kommt es vor, dass die Patientin das "Ausweichangebot" nicht annehmen kann/verstreichen lässt, ohne dass dafür spezielle Gründe genannt werden können. Das muss ich als Behandelnde aushalten können und auch in der Planung berücksichtigen. Ärger meinerseits führt lediglich zum Rückzug der Patientin, die diese Reaktion immer früher bereits mindestens einmal erfahren und deshalb auch erwartet hat. Ein gelassener Umgang führt manchmal zu plötzlichem unerwartetem Öffnen weiterer Türen in der Arzt-Patienten-Beziehung, was langfristig sehr viel zielführender wird als der ursprünglich geplante Behandlungsverlauf. Als Beispiel hierfür fällt mir eine dissoziative Patientin mit massiven äußeren Verletzungen aus dem Bereich der Rituellen Gewalt ein, bei der ich eine Fortführung der Wundversorgung/Verbandswechsel durch eine mir als sehr einfühlsam bekannte Kollegin organisiert habe, die an einem verlängerten Wochenende im Notdienst eingesetzt war. Die Patientin nahm dies nicht wahr, die Wundheilung hatte daher in der folgenden Woche keine Fortschritte gemacht. Der darauf in unserem nächsten Kontakt ausbleibende Vorwurf wurde von der Patientin mit offensichtlicher großer Erleichterung und mehrfacher Nachfrage "Sind Sie wirklich nicht böse/ärgerlich?" quittiert. In der folgenden längeren Behandlungszeit erschienen dann auch kleinere Innenkinder, die jetzt offensichtlich von der Harmlosigkeit und Notwendigkeit meiner Behandlung überzeugt waren, was den gesamten Therapieverlauf sehr erleichterte. Nahezu ein Jahr später erfuhr ich, dass das damalige Vertretungsangebot unter anderen dadurch torpediert wurde, dass ein Betreuer den Aufwand am Wochenende als unnötig klassifiziert hatte, dadurch einen inneren Konflikt zwischen die Behandlung generell ablehnende und in der Behandlung kooperativen Innenpersonen in Richtung Ablehnung beeinflusst hatte.

Sehr wichtig erscheint mir in diesem Zusammenhang, der Patientin einen genauen Eindruck von der Wichtigkeit/Dringlichkeit der fortlaufenden Behandlung zu verschaffen. Das heißt, ich muss für alle meine Maßnahmen eine fundierte Begründung vor mir, der Patientin und ggf. auch den Kollegen liefern können. Glücklicherweise kann ich persönlich hier auf mehrjährige Erfahrungen in einem kleineren Krankenhaus zurückgreifen, wo genau dies im Spannungsfeld zwischen medizinischer Notwendigkeit und wirtschaftlichen Gegebenheiten immer wieder gefragt war.

Wenn ich zu dem Schluss komme, dass eine Behandlung z.B. auch am Wochenende durchgeführt werden sollte (z.B. Infusionen bei Exsiccose oder Verbandswechsel), muss ich eine Abwägung zwischen meinem Privatleben und der Notwendigkeit der Behandlung durch mich am Wochenende vornehmen. Einen Druck von Seiten der Patientin erlebe ich hier nahezu nie, eher entsteht dieser in mir durch die zum Teil sehr begründete Befürchtung, dass die Patientin das angebotene Alternativangebot nicht annehmen wird. In dieser Spannung versuche ich häufig, nach erneutem Überdenken der medizinischen Gefahren mit der Patientin und ggf. auch mit mir bekannten Betreuungspersonen eine Art Risikoscore aufzustellen, welche Symptome bis zum nächsten möglichen Praxisbesuch toleriert werden dürfen und welche z.B. eine sofortige ärztliche Hilfe, sei es durch mich, den Notdienst oder Krankenhaus, erforderlich machen. Auch hier ist es sehr hilfreich, z.B. in der Notfallmedizin viele Krankheitsbilder bereits gesehen und erlebt zu haben, um nicht übertrieben besorgt, aber angemessen sorgfältig im Umgang mit Leben und körperlicher Unversehrtheit der Patientin raten zu können. Ein eher schematisches Aufzählen möglicher Komplikationen hilft ebenso wenig weiter wie der Satz "Aber ohne Sie zu sehen, kann ich da gar nichts raten". Auch der Gedanke an rechtliche Absicherung taucht in solchen Situationen sicherlich häufig auf, ich versuche hier nach Möglichkeit, nicht mein Absicherungsbedürfnis über das der Patientin zu stellen, soweit ich medizinisch verschiedene Behandlungsoptionen vertreten kann.

Dies betrifft auch Behandlungen von Verletzungen, die von der Patientin selbst versorgt werden müssen, da ein Vorzeigen mit undurchdringlichen inneren Verboten belegt ist. Ich greife in solchen Fällen auf Beschreibungen oder auch Zeichnungen der Patientin zurück und frage systematisch zahlreiche Komponenten ab (Größe, Form, Tiefe, Beschaffenheit des Wundgrundes, Farbe und Geruch des Wundsekretes). Dank eines ausgeprägten visuellen Gedächtnisses und etwas Phantasie kann ich mir dann im Kopf eine Darstellung der Verletzung erstellen und die Therapie mit der Patientin besprechen.

Auch das Praxisteam ist gefordert, den besonderen Bedürfnissen dieser Patientengruppe Rechnung zu tragen, ohne der Patientin das Gefühl zu geben, sie sei besonders anstrengend/lästig/zeitraubend u.Ä. Da in den meisten Fällen bei Vereinbarung des ersten Termins der Hintergrund der Konsultation nicht klar ist, habe ich in meiner Praxis generell ein doppeltes Zeitfenster für alle Erstkontakte festgelegt, um so auch für kompliziertere Sachverhalte, aber auch für Patienten mit "längerer Anwärmzeit" etwas mehr Zeitpuffer zur Verfügung zu haben. Erweist sich der Erstkontakt als unkompliziert und schnell, ernte ich eine willkommene Verschnaufpause, in zeitaufwändigeren Fällen bleibt die Sprechstundenplanung erfreulich wenig oder sogar ungestört.

Trotzdem haben alle meine Patientinnen einen deutlich höheren Zeitbedarf pro Konsultation als die bei uns üblichen 15 Minuten. Es hat sich für mich als absolut unbefriedigend erwiesen, dies innerlich zu negieren und eine "normale" Zeitplanung zu betreiben, da dies dank meiner Unfähigkeit, einen sich zart entwickelnden Kontakt mit einem Blick zur Uhr zu beenden, zu einem häufigen Terminchaos, persönlicher Unzufriedenheit und Unstimmigkeiten im Team führte. Die Ansage im Team "hier immer Doppeltermine" hat in dieser Hinsicht vieles verbessert. Neben einem ungestörteren Sprechstundenablauf ist es auch ein Signal an die Helferin, dass es sich um eine Patientin mit besonderen Bedürfnissen, eventuell auch einem speziellen Schutzbedürfnis, handelt. Im Alltag erlebe ich immer wieder dankbar, wie mein Team diese Signale aufgreift und umsetzt, ohne dass dafür in irgendeiner Weise die Preisgabe von Patientengeheimnissen erforderlich wäre.

Bezüglich der organisatorischen Sprechstundengegebenheiten war ich im Laufe der letzten Jahre durch diese Patientengruppe auch indirekt gezwungen, klare Direktiven über die räumlichen Gegebenheiten herauszugeben. Dass eine telefonische Störung innerhalb der Sprechstunde nur in absoluten Notfällen (Patient umgekippt/bewusstlos/vital gefährdet oder das Haus brennt!) statthaft ist, war bereits von Beginn meiner Praxistätigkeit an selbstverständlich. Dies wird zwar immer wieder vereinzelt von Patienten moniert ("Man kann Sie ja nie direkt erreichen!"), wird von mir aber regelmäßig mit dem Hinweis "Möchten Sie, dass jetzt in unserem Gespräch jemand telefonisch unterbricht?" und dem auch eingehaltenen Angebot von Rückrufen in unseren Telefonsprechstunden beantwortet.

Es muss aber auch gerade in der Arbeit mit Patientinnen, bei denen das Zeigen und die Berührung des eigenen Körpers durch andere Menschen mit massiven Schamgefühlen und inneren Verboten belegt sind, absolut sichergestellt sein, dass in der Behandlung niemals eine dritte Person dazukommt, ohne dass dies vorher besprochen wurde und die Patientin ihr Einverständnis gegeben hat. Dies wird von Patientinnen immer wieder verklausuliert oder auch direkt abgefragt.

Im Laufe der Zeit sehe ich dann häufig, dass die Zeit im Sprechzimmer, die benötigt wird, um Kontakt aufzubauen und zum Grunde der heutigen Konsultation vorzudringen, kürzer wird. Es stellt sich offensichtlich ein Gefühl der Sicherheit und Ungestörtheit ein, das dann zum Teil auch schwierige Therapien wie Wundversorgung an mit massiver Scham oder inneren Verboten belegten Körperteilen ermöglicht.

Leider haben alle diese Sonderregelungen aber auch eine persönliche und betriebswirtschaftliche "Obergrenze", d.h. einen prozentualen Anteil, bis zu dem eine solche hausärztliche Betreuung leistbar ist. Glücklicherweise erweist sich die betriebswirtschaftliche Grenze doch als deutlich weiter gesteckt als vermutet. Entweder ist die Anzahl der Patientinnen aus dieser Gruppe, die den Weg in eine Hausarztpraxis finden, geringer als vermutet, oder die Anzahl der betreuenden Kolleginnen/Kollegen ist doch erfreulich hoch. Denkbar ist aber auch, dass eine gewisse Zahl von Patientinnen z.B. aus dem Bereich der Organisierten Kriminalität nicht über die persönlichen Papiere (Krankenversicherungsnachweis) verfügen, die einen Weg in eine Hausarztpraxis möglich machen. Hierzu kann ich selbst keine Erfahrungen beisteuern, weiß aber von Patientinnen von der Existenz solcher Fälle.

Die Frage der persönlichen "Obergrenze" ist schon schwieriger zu beantworten und führt zwangsläufig zu:

3.1.3 Was brauche ich, um diese Patientinnen zu versorgen?

Bei dieser Frage fallen mir als erstes mehrere Patientengespräche mit Inhalten ein, die spontan ungläubiges Entsetzen hervorrufen. Es bedarf einer gewissen Gewöhnung, aber auch häufiger einer häuslichen Nachbereitung, um dies persönlich unbeschadet, aber auch für die Patientin in der Situation adäquat zu bewältigen. Es gibt in der herkömmlichen Ausbildung zur Internistin oder Allgemeinärztin, wie ich sie kennen gelernt habe, keine Fortbildungseinheit "Umgang mit schwer körperlich und psychisch traumatisierten Menschen", so dass jeder auf das Entwickeln persönlicher Möglichkeiten angewiesen ist. Hier erlebe ich am ehesten die persönliche Belastungsgrenze, die nur zum Teil durch Supervision, Kontakte zu der behandelnden Psychotherapeutin/Psychiaterin und ergänzende Literatur gemildert werden kann. Trotz aller externen Hilfestellungen hat die Konfrontation mit dem zum Teil unermesslichen Leid, das diesen Menschen von anderen Menschen zugefügt wurde, persönliche Grenzen der Erträglichkeit, die ich mir immer wieder auch persönlich erlauben muss. Einige etablierte Bewältigungsstrategien wie der kollegiale Austausch im Rahmen von Gesprächen oder innerhalb einer Balintgruppe entfallen aus Gründen der Schweigepflicht. Solange ich bei Kollegen nicht absolut sicher sein kann, dass diese nicht selbst in Netzwerke Organisierter Kriminalität verstrickt sind, kann ich auch anonymisiert kein Fallbeispiel aus diesem Bereich z.B. im Rahmen der Balintarbeit vorstellen, ohne eventuell die Patientin (und mich?) zu gefährden. Ich erlebe allerdings auch immer wieder, dass die Patientin sehr genau dosiert, wie viel Schreckliches sie mir in einer Behandlungsphase zumuten kann, da sie den aufgebauten Kontakt keinesfalls gefährden möchte.

Als essentiell erlebe ich die Notwendigkeit, mich auf die inneren Strukturen der Patientin einzulassen. Wenn die Patientin mir in der Person eines Kindes oder Teenagers gegenübersitzt, ist es sehr wenig zielführend, das gerade zu behandelnde Krankheitsbild der auf dem Papier 25-jährigen Frau in "erwachsener" Manier zu erläutern. Einer Patientin, deren Innenpersonen bei jedem Kontakt mit Nahrung im Mund massive Schmerzen entstehen, einen Vortrag über die Notwendigkeit einer Mindesternährung zu halten, ist nicht nur sinnlos, sondern auch kontraproduktiv, da es die Beschwerden der Patientin den Erfordernissen des Körpers unterordnet. Hier ist regelmäßig viel Phantasie auf der Suche nach Umwegen und Zwischenlösungen gefragt (Ist Sondenernährung tolerabel und vielleicht sogar gewünscht? Ist Infusionstherapie überbrückend ausreichend? Lässt sich gemeinsam eine Minimalnahrungsaufnahme/ein Minimalgewicht vereinbaren? Gibt es Nahrungsbestandteile, die besser als andere toleriert werden?). Woher diese Ideen stammen, kann ich nicht im Einzelnen sagen. Meines Erachtens ergibt sich vieles aus einer etwas unkonventionellen Grundhaltung (Muss das wirklich immer so gemacht werden? Geht`s nicht auch anders/einfacher/mit anderen Mitteln?), einiges entwickelt sich auch aus Vorlagen der Patientin ("Wenn die Nahrung doch nicht immer durch den Mund müsste, ...").

Die Kooperation gelingt erst, wenn ich dies auf eine dem gefühlten Alter adäquate Weise versuche, ggf. erwachsene Innenpersonen zu Hilfe holen lasse oder Umwege wie Zeichnungen/Beschreibungen von Verletzungen akzeptiere, weil die direkte Untersuchung auf zu große innere Widerstände stößt. Dies steht natürlich absolut im Widerspruch zu meiner sonstigen Arbeitsweise, alles was ich behandle, selbst in Augenschein zu nehmen, und wirft auch manches Mal haftungsrechtliche Fragen wie "Darf ich überhaupt Medikamente/Verbandstoffe verschreiben für eine Erkrankung/Verletzung, deren Existenz ich nicht beweisen kann?". Die Fragen "Worauf lasse ich mich da eigentlich ein? Schauspiel/Realität? Kann das eigentlich alles so wahr sein?" taucht ebenfalls zwischenzeitlich auf. Zusätzlich besteht eine dauernde Spannung darin, die Patientin aufgrund ihrer inneren Widerstände in vielen Bereichen nicht auf dem medizinischen Niveau behandeln zu können, auf dem ich arbeiten möchte. Hier sind teilweise die realen rechtlichen Einschränkungen nicht so groß wie ursprünglich vermutet. Es hilft mir immer wieder, mich nicht als Einzelkämpfer, sondern als Baustein eines multiprofessionellen Teams rund um die und innerhalb der Patientin zu sehen, auch wenn ich die übrigen Teammitglieder teilweise noch nie persönlich gesehen habe.

Alles in allem erlebe ich die Arbeit mit Patientinnen, die durch schwere Traumatisierungen in eine Dissoziative Identitätsstörung und/oder Posttraumatische Belastungsstörung gekommen sind, als gleichermaßen belastend und bereichernd, aber vor allem zunehmend als meinen persönlichen Horizont ungemein erweiternd.

3.2 Spezifische psychische Folgen
Claudia Fliß

3.2.1 Psychische Folgen als Überlebensstrategien bei Ritueller Gewalt

Die belastenden Erfahrungen von Menschen, die in Rituelle Gewalt praktizierenden Gruppen mit ihren spezifischen Strukturen und Vorgehensweisen geschädigt werden, wurden in vorhergehenden Kapiteln beschrieben. Die daraus resultierenden massiven körperlichen und psychischen Probleme führen dazu, dass sich Menschen aus solchen Gruppen gelegentlich an ÄrztInnen und PsychotherapeutInnen wenden. In der Regel liegen Traumafolgestörungen und mehrere komorbide Störungen vor. Leider werden Traumafolgestörungen derzeit oft noch übersehen und nur einige der komorbiden Störungen erkannt. Die Symptome der Traumafolgestörungen werden noch oft anderen Störungen zugeordnet. Häufig werden Borderline-Persönlichkeitsstörungen und gelegentlich Psychosen diagnostiziert. Zwischen diesen Störungen und Traumafolgestörungen gibt es in den Symptomen zahlreiche Überschneidungen, die manchmal schwer exakt zuzuordnen sind (Fliß 2005). Damit Traumafolgestörungen perspektivisch besser und schneller erkannt werden, sollte sorgsam diagnostiziert werden. Besonders schwierig wird eine Zuordnung der Symptome, wenn Persönlichkeitsstörungen und Psychosen komorbid vorliegen. Mit zunehmender Kenntnis über die Erlebnisse und Belastungen, die die Symptome ausgelöst haben, wird diese Differenzierung im Verlauf einer Psychotherapie in der Regel leichter.

Im Folgenden sollen häufig nach Ritueller Gewalt auftretende Störungen zunächst mit ihren Kriterien dargestellt und danach in direkten Zusammenhang zu den belastenden Erfahrungen gebracht werden. Dissoziative Störungen werden genauer beleuchtet, da sie meistens nach Ritueller Gewalt auftreten. Die Betrachtung der Ursachen der Störungen und Symptome nach Ritueller Gewalt soll ein besseres Verständnis für deren Auftreten und Ausformungen ermöglichen. Dabei werden die Kriterien der ICD-10 verwendet, weil sie als Grundlage für die Diagnosestellung in Deutschland dienen. Meiner Meinung nach erfassen die Kriterien der DSM-IV die Traumafolgestörungen und auch beispielsweise die Essstörungen angemessener. Die meisten Kriterien lassen sich aber in der Verbindung zu den Folgen Ritueller Gewalt ähnlich einordnen.

3.2.1.1 Traumafolgestörungen

Bei Betroffenen Ritueller Gewalt finden sich alle in den Diagnoseglossaren vorhandenen Traumafolgestörungen wie eine Posttraumatische Belastungsstörung F43.1 (PTBS), Derealisationserscheinungen, Depersonalisationserscheinungen, dissoziative Amnesien

F44.0, dissoziative Fugue F44.1, dissoziativer Stupor F44.2, Trance-Zustände F44.3, verschiedene dissoziative Störungen wie der Bewegung F44.4 und der Wahrnehmung, dissoziative Krampfanfälle F44.5, dissoziative Sensibilitäts- und Empfindungsstörungen F44.6 und die Dissoziative Identitätsstörung (abgekürzt DIS) F44.81. Diese Diagnosen finden sich in den für Deutschland üblichen ICD-10. Hinzu kommt die DESNOS (disorders of extreme stress, Komplexe Posttraumatische Belastungsstörung), die sich noch nicht in den Diagnoseglossaren befindet, die aber gleichwohl vieles erfasst, was bisher nicht gut definiert ist.

Posttraumatische Belastungsstörung (PTBS)
Eine Posttraumatische Belastungsstörung (abgekürzt PTBS) entsteht nach Ritueller Gewalt zwangsläufig, weil die Erfahrungen wegen der Massivität und anhaltenden Dauer nicht vom Bewusstsein verarbeitet werden können und im Traumagedächtnis verbleiben. Bei entsprechenden Auslösereizen, die von der Gruppe gezielt gesetzt werden oder die im Alltag zufällig auftreten, dringen Fragmente von belastenden Erlebnissen im Rahmen eines Flashbacks ins Bewusstsein. Inhalte der Gewaltsituationen finden sich auch in Alpträumen. Die anhaltenden Traumatisierungen beinhalten automatisch eine Chronifizierung. Flashbacks führen verständlicherweise zum Vermeidungsverhalten Situationen gegenüber, in denen sie bereits aufgetreten sind. Das Vermeidungsverhalten kann auf ähnliche Situationen generalisiert werden.

Posttraumatische Belastungsstörung F43.1 PTBS	Auftreten nach Ritueller Gewalt
A. Die Betroffenen waren einem kurz- oder lang anhaltenden Ereignis oder Geschehen von außergewöhnlicher Bedrohung oder mit katastrophalem Ausmaß ausgesetzt, das bei nahezu jedem tief greifende Verzweiflung auslösen würde.	Rituelle Gewalt ist prinzipiell mit diesen Belastungen verbunden.
B. Anhaltende Erinnerungen oder Wiedererleben der Belastung durch aufdringliche Nachhallerinnerungen, sich wiederholende Träume oder durch innere Bedrängnis in Situationen, die der Belastung ähneln oder mit ihr in Zusammenhang stehen.	Diese Symptome treten bei zufälligen Ähnlichkeiten mit der auslösenden Situation oder bei von Tätern absichtlich gesetzten Auslösereizen auf.

⇒

Posttraumatische Belastungsstörung F43.1 PTBS	Auftreten nach Ritueller Gewalt
C. Umstände, die der Belastung ähneln oder mit ihr im Zusammenhang stehen, werden tatsächlich oder möglichst vermieden. Dieses Verhalten bestand nicht vor dem belastenden Erlebnis.	Das Vermeidungsverhalten zeigt sich nach Erfahrungen Ritueller Gewalt sowohl ähnlichen Situationen als auch den Auslösereizen gegenüber. Durch umgehenden Gehorsam, d.h. Ausführung des von den Tätern verlangten Verhaltens als Reaktion auf den Auslösereiz werden die konditionierten Belastungen vermieden oder schnell beendet.
D. Entweder 1. oder 2.	
1. Teilweise oder vollständige Unfähigkeit, einige wichtige Aspekte der Belastung zu erinnern.	1. Tritt nach Erfahrungen Ritueller Gewalt wegen der meistens damit verbundenen DIS auf.
2. Anhaltende Symptome einer erhöhten psychischen Sensitivität und Erregung (nicht vorhanden vor der Belastung) mit zwei oder mehr der folgenden Merkmale:	2. Beides ist wegen der extremen körperlichen und psychischen Belastungen vorhanden. Wenn Betroffene in Familien aus Rituelle Gewalt praktizierenden Gruppen geboren werden, lässt sich ein Zustand vor der Belastung nicht mehr erinnern. Belastungen haben oft bereits vor der Geburt begonnen.
a. Ein- und Durchschlafstörungen	a. Sind bei Ritueller Gewalt grundsätzlich wegen des erhöhten Stressspiegels gegeben, weiterhin sind sie Bestandteil der Anti-Schlafprogramme.
b. Reizbarkeit und Wutausbrüche	b. Sind bei Ritueller Gewalt grundsätzlich wegen des erhöhten Stressspiegels gegeben. Besteht neben der PTBS auch eine DIS, so liegt das Symptom möglicherweise nur bei einigen Persönlichkeiten vor.
c. Konzentrationsschwierigkeiten	c. Sind bei Ritueller Gewalt grundsätzlich wegen des erhöhten Stressspiegels gegeben und können bei einer DIS nur bei einigen Persönlichkeiten vorliegen.

⇒

Posttraumatische Belastungsstörung F43.1 PTBS	Auftreten nach Ritueller Gewalt
d. Hypervigilanz	d. Ist bei Ritueller Gewalt grundsätzlich wegen des erhöhten Stressspiegels gegeben.
e. erhöhte Schreckhaftigkeit	e. Ist bei Ritueller Gewalt grundsätzlich wegen des erhöhten Stressspiegels und der ständig wiederkehrenden Bedrohungen gegeben. Bei einer DIS sind davon in der Regel die meisten Persönlichkeiten betroffen.
E. Die Kriterien B., C. und D. treten innerhalb von sechs Monaten nach dem Belastungsereignis oder nach Ende einer Belastungsperiode auf.	E. Die Zeiträume sind bei Betroffenen Ritueller Gewalt selten bekannt, weil sie nicht oder erst später über die Belastungen sprechen. Bei durchgehenden extremen Belastungen ist davon auszugehen, dass das Kriterium zutrifft.

Dissoziative Amnesie

Amnesien sind eine zwangsläufige Folge der Trennung von Bewusstsein und Traumagedächtnis. Bei lebenslanger Traumatisierung durch Rituelle Gewalt zeigen sich die Amnesien in der Regel zwischen voneinander getrennten Persönlichkeitszuständen. Wenn ein Mensch später in Rituelle Gewalt praktizierende Gruppen gerät und vorher noch keine dissoziative Störung hatte, können Amnesien vorübergehend auftreten.

Dissoziative Amnesie F44.0	Auftreten nach Ritueller Gewalt
A. Die allgemeinen Kriterien für eine dissoziative Störung müssen erfüllt sein.	Trifft zu, weil Erfahrungen Ritueller Gewalt in der Regel zu Dissoziationen führen.
B. Entweder eine teilweise oder vollständige Amnesie für vergangene Ereignisse oder Probleme, die traumatisch oder belastend waren oder noch sind.	Amnesien treten nach Ritueller Gewalt mindestens vorübergehend auf.
C. Die Amnesie ist zu ausgeprägt und zu lang anhaltend, um mit einer normalen Vergesslichkeit oder durch eine gewollte Situation erklärt werden zu können; die Schwere und das Ausmaß der Amnesie können allerdings von einer Untersuchung zur anderen wechseln.	Rituelle Gewalterfahrungen haben ausgeprägte und anhaltende Amnesien zur Folge, insbesondere wenn eine DIS vorliegt.

Derealisation
Betroffene leben in zwei Realitäten, in der, die auch wir kennen und in der Realität der Rituelle Gewalt praktizierenden Gruppe. Beide Realitäten haben nur eine gewisse Überschneidungsebene und können letztlich kognitiv und emotional nicht vereinbart werden. Entsprechend zeigen sich Derealisationsphänomene.

Depersonalisation
Depersonalisationserscheinungen beinhalten das Gefühl, neben sich zu stehen, das Betroffene allein schon wegen der Extreme der Erlebnisse oft haben. Dieses subjektive Gefühl tritt meistens direkt bei einer Dissoziation auf.

Dissoziative Identitätsstörung (DIS)
Dissoziative Identitätsstörungen entstehen durch die in Kapitel 1.7 dargestellten anhaltenden Konditionierungen und Programmierungen und beinhalten voneinander unabhängig agierende Persönlichkeitszustände (im Folgenden Persönlichkeiten genannt entsprechend dem Begriffsgebrauch der ICD-10). Neben der Möglichkeit für die Gruppe, ihre Mitglieder durch die Dissoziationen gezielt manipulieren und kontrollieren zu können, haben die Dissoziationen auch für die Betroffenen eine wichtige Bedeutung: Sie helfen ihnen, die Extremerfahrungen innerlich zu verteilen und damit insgesamt auszuhalten. Das gesamte Wissen und Wiedererleben ist unerträglich und kann zu Autoaggressivität bis hin zum spontanen Suizid führen. Wenn alle Extremerfahrungen sofort dem Bewusstsein zugänglich würden, könnten die Betroffenen den Alltag und damit zumindest teilweise ein Leben in dieser Gesellschaft nicht mehr umsetzen.

Dissoziative Identitätsstörung (DIS) F44.81	Auftreten nach Ritueller Gewalt
A. Zwei oder mehr unterschiedliche Persönlichkeiten innerhalb eines Individuums, von denen zu einem bestimmten Zeitpunkt jeweils nur eine in Erscheinung tritt.	Die Entstehung mehrerer Persönlichkeiten ist eine Überlebensstrategie, um die belastenden Erlebnisse innerlich getrennt voneinander zu ertragen. Die Täter setzen brutale Konditionierungen ein, um mehrere Persönlichkeiten gezielt entstehen zu lassen.
B. Jede Persönlichkeit hat ihr eigenes Gedächtnis, ihre eigenen Vorlieben und Verhaltensweisen und übernimmt zu einer bestimmten Zeit, auch wiederholt, die volle Kontrolle über das Verhalten der Person.	Die verschiedenen Persönlichkeiten werden im Zusammenhang mit Ritueller Gewalt gezielt durch Auslöser abgerufen und ihre Eigenschaften und Fähigkeiten für Rituale benutzt. Wenn Programme ausgelöst werden, sollen die Persönlichkeiten die Aufgaben ausführen, die ihnen bei der Programmierung zugeteilt wurden.

Dissoziative Identitätsstörung (DIS) F44.81	Auftreten nach Ritueller Gewalt
	Die Persönlichkeiten tragen im jeweilgen Gedächtnis die jeweils erlebten Belastungen und damit verknüpfte Erinnerungen. Dadurch sind Menschen in der Lage, belastende Lebensgeschichten fragmentiert zu ertragen, die ein Mensch mit dem gesamten Bewusstsein nicht verkraften würde. Bei DIS können auch im Alltag mehrere Persönlichkeiten auftreten, die die verschiedenen Anforderungen bewältigen.
C. Unfähigkeit, sich an wichtige persönliche Informationen zu erinnern, was für eine einfache Vergesslichkeit zu ausgeprägt ist.	Dies ist eine Folge der Fragmentierung des Gedächtnisses. Erinnerungsfragmente stehen einzelnen Persönlichkeiten durchgängig zur Verfügung, anderen Persönlichkeiten hingegen gar nicht.
D. Nicht bedingt durch eine organische psychische Störung (z.B. F06.5, F06.8, z.B. eine Epilepsie) oder durch psychotrope Substanzen (F1, z.B. Intoxikation oder Entzugssyndrom)	Trifft zu.

Dissoziative Fugue
Beispielsweise nach Gruppentreffen und damit verbundenen Dissoziationen finden sich Persönlichkeiten bei einer DIS irgendwo wieder und können sich nicht daran erinnern, wie sie an den jeweiligen Ort gekommen sind. In der Folge von Programmierungen gibt es meistens Persönlichkeiten, die für die Durchführung von Wegen zuständig sind. Sie mussten lernen, sich überall zurechtzufinden und Wege nach Hause zu finden. Diese Wege müssen oft kilometerlang zu Fuß zurückgelegt werden. Dies erscheint als Dissoziative Fugue, die auch in vielen anderen Situationen auftreten kann.

Dissoziative Fugue F44.1	Auftreten nach Ritueller Gewalt
A. Die allgemeinen Kriterien für eine dissoziative Störung (F44) müssen erfüllt sein.	Trifft zu.
B. Eine unerwartete, gleichwohl äußerlich normal organisierte Reise mit Entfernung von Zuhause oder vom gewohnten Arbeitsplatz und den sozialen Aktivitäten; während dieser Zeit bleibt die Selbstversorgung weitgehend erhalten.	Tritt auf bei Treffen mit der Gruppe. Bei DIS gibt es i. d. R. Persönlichkeiten, die für den Kontakt mit der Gruppe und das Zurücklegen der Wege zu Treffen zuständig sind. Sie erfüllen bei Anrufen oder Signalen der Gruppe diese Aufgabe. Diese Persönlichkeiten verfügen über die dazu erforderlichen Kompetenzen.
C. Entweder teilweise oder vollständige Amnesie für die Reise, die das Kriterium C für eine dissoziative Amnesie (F44.0) erfüllt.	Andere Persönlichkeiten erinnern sich nicht an die Abwesenheit und die stattgefundenen Handlungen, da das Gedächtnis dazu bei den Persönlichkeiten vorliegt, die unterwegs waren.

Dissoziativer Stupor
Bei der Konditionierung und Programmierung in Rituelle Gewalt praktizierenden Gruppen werden dissoziierte erstarrte Zustände gezielt hergestellt, damit eine Betroffene beispielsweise bei einem brutalen Ritual nicht schreit. Dies erscheint nach außen bei gezielten oder zufälligen Auslösereizen als vorübergehender Dissoziativer Stupor. Außerdem führen die mit Extremerfahrungen verbundenen körperlichen und emotionalen Anspannungen oft zu derartigen Erstarrungszuständen.

Dissoziativer Stupor F44.2	Auftreten nach Ritueller Gewalt
A. Die allgemeinen Kriterien für eine dissoziative Störung (F44) müssen erfüllt sein.	Trifft zu.
B. Beträchtliche Verringerung oder Fehlen willkürlicher Bewegungen und der Sprache sowie der normalen Reaktion auf Licht, Geräusche und Berührung.	Durch extreme körperliche Belastungen wie Fesselungen oder stundenlanges Einsperren in enge Räume kann der Körper in Erstarrungszustände geraten, die mit bestimmten Persönlichkeiten verbunden sind. Wird eine solche Persönlichkeit zufällig oder durch einen Auslösereiz aktiviert, tritt automatisch der Erstarrungszu-

	stand auf. Der Körper kann durch extreme Kälte in einen Zustand von Taubheit versetzt werden und Berührungen werden nicht mehr wahrgenommen. Die Sprache kann bei einer Persönlichkeit durch Würgen behindert worden sein oder ein schreckliches Erlebnis hat ihr "die Sprache verschlagen". Durch extrem laute Geräusche oder eine Verletzung der Ohren kann bei einer Persönlichkeit ein Taubheitszustand erzeugt worden sein.
C. Der normale Muskeltonus, die aufrechte Haltung und die Atmung sind erhalten (sowie – häufig eingeschränkte – Koordination der Augenbewegungen)	Diese Funktionen können erhalten sein, können aber je nach Belastungserfahrung auch verändert oder vorübergehend weg sein.

Dissoziative Wahrnehmungs- und Empfindungsstörungen.
Die Konditionierungen, Programmierungen und die anhaltenden Extremerfahrungen sind verbunden mit extremen Belastungen für alle Körperbereiche der Betroffenen und führen zu Dissoziativen Wahrnehmungs- und Empfindungsstörungen. Beispiele: Anhaltende Eiskälte macht den Körper gefühllos, Strom führt zu Kribbeln und Verkrampfungen u.Ä. Die veränderte Körperwahrnehmung tritt bei Flashbacks auf. Für die Betroffenen ist es sinnvoll, die Schmerzgrenze bei andauernden Extremerfahrungen zu erhöhen, der Körper empfindet Schmerz erst spät oder gar nicht mehr. Diese Wahrnehmungs- und Empfindungsstörungen können an einzelne Persönlichkeiten gekoppelt sein. Dissoziative Zustände werden teilweise durch Konditionierung und Programmierung mit gestörten Wahrnehmungen hergestellt. Die Wahrnehmung wird irritiert, damit eine Betroffene sich selbst ihrer Erinnerungen nicht sicher ist und Erinnerungen nur verzerrt berichten kann. Dazu werden Licht, Isolation, Drogen, Strom, falsche kognitive Informationen bei kindlichen Persönlichkeitszuständen u.Ä. verwendet. Störungen der Wahrnehmung entstehen außerdem durch körperliche und emotionale Anspannungen. Bei einer DIS sind manche kindliche Persönlichkeiten noch auf einem frühkindlichen Entwicklungsstand. Dies wirkt sich auch auf die gesamte Wahrnehmung und Bewertung aus.

Dissoziative Bewegungsstörungen
Kommt eine frühkindliche Persönlichkeit mit einer dazu gehörenden frühkindlichen Motorik durch einen gezielten oder zufälligen Auslösereiz „nach vorn", fällt eine Betroffene beispielsweise um und dies erscheint als Dissoziative Bewegungsstörung. Auffällige Bewegungsabläufe lassen sich manchmal durch den Entwicklungsstand der dazu gehörenden Persönlichkeiten erklären, manchmal durch die Aufgaben in den Ritualen, beispielsweise verdrehte und anderweitig seltsame Körperhaltungen.

Dissoziative Bewegungsstörungen F44.4	Auftreten nach Ritueller Gewalt
A. Die allgemeinen Kriterien für eine dissoziative Störung (F44) müssen erfüllt sein.	Trifft zu.
B. Entweder 1. oder 2.	
1. Kompletter oder teilweiser Verlust der Bewegungsfähigkeit. Dies betrifft Bewegungen, die normalerweise der willkürlichen Kontrolle unterliegen (einschließlich der Sprache);	1. Der Muskeltonus kann vorübergehend hyperton oder hypoton sein, die Haltung kann sich spontan verändern, Augenbewegungen können vorübergehend nicht mehr vorhanden sein. Diese Symptome treten aber nur in Verbindung mit der davon betroffenen Persönlichkeit auf. Die Sprache kann bei einer Persönlichkeit dadurch behindert worden sein, dass sie gewürgt wurde oder ein schreckliches Erlebnis hat ihr "die Sprache verschlagen".
2. verschiedene oder wechselnde Grade von Koordinationsstörungen, Ataxie oder einer Unfähigkeit, ohne Hilfe zu stehen.	2. Bei Erstarrungszuständen und verändertem Muskeltonus können Koordinationsstörungen die Folge sein. Bei Persönlichkeiten auf einem frühen Entwicklungsstand ist die Koordination nur diesem Entwicklungsstand entsprechend ausgebildet.

Dissoziative Krampfanfälle

Extremsituationen führen zu einer veränderten Atmung (Hyperventilation oder Hypoventilation) und zur Ohnmacht, dabei kann ein Dissoziativer Krampfanfall entstehen. Krampfanfälle können außerdem der Vermeidung von unerträglicher Angst und Panik dienen. Danach ist jede Erinnerung an das vorherige Geschehen, ob real oder Flashback, erst mal nicht verfügbar.

3.2 Spezifische psychische Folgen

Dissoziative Krampfanfälle F44.5	Auftreten nach Ritueller Gewalt
A. Die allgemeinen Kriterien für eine dissoziative Störung (F44) müssen erfüllt sein.	Trifft zu.
B. Plötzliche und unerwartete krampfartige Bewegungen, die sehr an verschiedene Formen epileptischer Anfälle erinnern, aber nicht mit einem Bewusstseinsverlust einhergehen.	Bei verändertem Sauerstoffzustand im Gehirn können Krampfanfälle die Folge sein. Luft anhalten oder Hyperventilieren treten bei Angst auf, die bei den Extrembelastungen Ritueller Gewalt immer auftritt. Beides kann auch Bestandteil eines Programms sein. Hyperventilieren mitten auf der Straße nach einem Auslösesignal der Täter kann gefährlich werden.
C. Kriterium B. geht nicht einher mit Zungenbiss, schweren Hämatomen oder Verletzungen aufgrund eines Sturzes oder mit Urininkontinenz.	Trifft zu, da die dargestellten Zusammenhänge nicht mit einer Ohnmacht verbunden sein müssen.

Trance- und Besessenheitszustände

Trance Zustände helfen generell beim Bewältigen extremer Erlebnisse und von belastenden Flashbacks.

Trance- und Besessenheitszustände F44.3	Auftreten nach Ritueller Gewalt
A. Die allgemeinen Kriterien für eine dissoziative Störung (F44) müssen erfüllt sein.	Trifft zu.
B. entweder 1. oder 2. 1. Trance: vorübergehende Bewusstseinsveränderung mit zwei der folgenden Merkmale: a. Verlust des Gefühls der persönlichen Identität	a. Das Identitätsgefühl bei einer DIS ist grundsätzlich verändert. Es gibt einige bis viele Identitäten in Form der Persönlichkeiten.

b. Einengung des Bewusstseins in Bezug auf die unmittelbare Umgebung oder eine ungewöhnlich eingeengte und selektive Fokussierung auf Stimuli aus der Umgebung.	b. Dieser Zustand kann Bestandteil eines Rituals sein. Auch bei vorliegender DIS bringen sich manche Persönlichkeiten jeweils in einen Trance-Zustand, um sich zumindest teilweise von den Belastungen zu distanzieren.
c. Einschränkung von Bewegungen, Haltungen und Gesprochenem auf die Wiederholung eines kleinen Repertoires.	c. Dies kann auf kindliche Persönlichkeiten zutreffen.
2. Besessenheitszustand: Die Betroffenen sind überzeugt, von einem Geist, einer Macht, einer Gottheit oder einer anderen Person beherrscht zu werden.	2. Andere Persönlichkeiten können im Inneren von einer Alltagspersönlichkeit wahrgenommen und als Besessenheit interpretiert werden, wenn noch keine Selbstwahrnehmung bezüglich der DIS entstanden ist. Teil von Ritualen ist oft, dass die Mitglieder sich als Gott oder Satan oder Geist/Dämon fühlen sollen. Das Gefühl, beherrscht zu werden, kann sich auf innere Persönlichkeiten beziehen, die von der Alltagspersönlichkeit als stärker und einflussreicher bei Entscheidungen und Handlungen wahrgenommen werden.
C. Die beiden Kriterien B.1. und B.2. müssen ungewollt und belastend sein, außerhalb von religiösen oder anderen kulturell akzeptierten Situationen auftreten, oder sie stellen eine Verlängerung solcher Zustände dar.	Das Erleben wird in der Regel belastend und ungewollt erlebt. Rituale im Zusammenhang mit Ritueller Gewalt stehen immer außerhalb religiöser oder anderer kulturell akzeptierter Situationen. Als Verlängerung akzeptierter Situationen können die Kriterien auftreten, wenn beispielsweise ein Kirchenbesuch als Trigger für Erinnerungen an brutale Rituale wirkt und ein Trance- oder Besessenheitszustand nach einem Kirchenbesuch auftritt.

D. Ausschlussvorbehalt: Kein gleichzeitiges Auftreten mit einer Schizophrenie oder einer verwandten Störung (F2) oder mit einer affektiven Störung mit Halluzinationen und Wahngedanken.	Dies trifft in der Regel zu, wenn eine DIS als Folge der Rituellen Gewalt vorliegt. Halluzinationen und Wahngedanken können allerdings durchaus parallel auftreten und nur bei einzelnen Persönlichkeiten vorliegen. Auch eine Schizophrenie kann gleichzeitig insgesamt oder nur bei einzelnen Persönlichkeiten gegeben sein.

Komplexe Traumafolgestörung DESNOS
Das Symptomcluster der Komplexen Traumafolgestörung DESNOS beinhaltet viele typische Symptome nach Extremerfahrungen. Darin enthalten sind auch bereits viele Symptome, die die Komorbiden Störungen kennzeichnen. Darauf wird im folgenden Abschnitt näher eingegangen.

Allen Traumafolgestörungen gemeinsam ist, dass sie mit einem erhöhten Stressspiegel und mit starken körperlichen und emotionalen Anspannungen, körperlichen Schmerzen und psychosomatischen Beschwerden verbunden sind.

3.2.1.2 Komorbide Störungen

Als komorbide Störungen können alle bekannten Störungen auftreten. Es gibt viele Bewältigungsstrategien für Stress und starke körperliche und emotionale Anspannungen, die sich zu komorbiden Störungen entwickeln können. Darunter fallen depressive Störungen, Essstörungen, Angststörungen, Panikstörungen, zwanghaftes Verhalten, psychosomatische Beschwerden bis hin zu Somatisierungen, Suchtverhalten, autoaggressives Verhalten, dissoziales Verhalten, Psychosen, Schlafstörungen und Persönlichkeitsstörungen wegen der bei Ritueller Gewalt zumeist entstandenen Bindungsstörungen von Betroffenen. Verhaltensauffälligkeiten im Kontakt- und Sozialverhalten sind ebenfalls meistens die Folge. Bei gleichzeitigem Vorliegen einer DIS wird dem Begriffsgebrauch der ICD-10 auch in diesem Abschnitt mit einzelnen „Persönlichkeiten" gefolgt.

Depression
Depressionen sind ein Verdrängungsmechanismus gegen unerträgliche Gefühle, Gedanken und Erinnerungen. Dieses Vermeidungsverhalten dient der Bewältigung der unerträglichen Situationen und der unerträglichen eigenen Reaktionen bei Ritueller Gewalt. Da Rituelle Gewalt selten nur vorübergehend stattfindet, finden sich eher die rezidivierenden depressiven Störungen, das heißt wiederkehrende Episoden von Depressivität. Als Symptome treten Niedergeschlagenheit, Grübeln, fehlender Antrieb und Schlafstörungen auf. Gefühle werden kaum oder nicht mehr wahrgenommen.

Essstörungen

Gestörtes Essverhalten im Rahmen von Essstörungen ermöglicht eine eigene Regulation von körperlichen und emotionalen Anspannungen. Essen dient der vorübergehenden Entspannung. Mit der Verdauung wird der Parasympathicus im Nervensystem aktiviert, der eine Entspannungsreaktion auslöst. Entspannung findet in den Muskeln, im vegetativen Nervensystem (Magen-Darm-Trakt, Atmungssystem, Organe) und im Gehirn statt. Rituelle Gewalt ist immer mit körperlichen und emotionalen Anspannungen und einem starken Druck verbunden. Manchmal verwenden nur einzelne Persönlichkeiten übermäßiges Essen zur Reduktion körperlicher und emotionaler Anspannungen. Vermehrtes Essen erzeugt Übergewicht und wird von Rituelle Gewalt praktizierenden Gruppen eingesetzt, um Schwangerschaften ihrer Mitglieder zu verbergen. Das Essverhalten vieler Mitglieder wird teilweise durch Programme kontrolliert. Bei DIS sind verschiedene Persönlichkeiten auf vermehrtes Essen programmiert, das nach Auslösereizen gehorsam ausgeführt wird. Übermäßiges Essen ohne Erbrechen führt zu Übergewicht und wird in den DSM-IV als Binge-Eating-Störung definiert. In den ICD-10 findet sich diese Definition bisher nicht. Die Forschungskriterien der Binge-Eating-Störung in den DSM-IV entsprechen denen der Bulimia Nervosa (siehe unten), ohne dass einem Übergewicht durch Erbrechen oder übermäßige körperliche Aktivität entgegengesteuert wird.

Bulimia Nervosa F50.2	Auftreten nach Ritueller Gewalt
A. Häufige Episoden von Fressattacken (in einem Zeitraum von drei Monaten mindestens zweimal pro Woche), bei denen große Mengen an Nahrung in sehr kurzer Zeit konsumiert werden.	Tritt auf im Zusammenhang mit der angestrebten Entspannungsreaktion durch die Verdauung des Essens. Übermäßige Mengen an Essen müssen gegessen werden, wenn die Täter eine Gewichtszunahme erzwingen.
B. Andauernde Beschäftigung mit dem Essen, eine unwiderstehliche Gier oder Zwang zu essen (craving).	Wenn eine Konzentration auf das Essen eine vorübergehende Spannungsreduktion ermöglicht, trifft dies zu.
C. Die Patienten versuchen, der Gewichtszunahme durch die Nahrung mit einer oder mehreren der folgenden Verhaltensweisen entgegenzusteuern: 1. Selbstinduziertes Erbrechen.	Trifft zu, wenn die Täter zwar eine Gewichtszunahme anstreben, die Frau selbst dies aber nicht will und gegensteuert. 1. Möglichkeit, das nur von den Tätern gewünschte übermäßige Essen wieder loszuwerden. Erbrechen erfolgt außerdem, wenn Ekelerregendes im Rahmen von Ritualen oder der Programmierung gegessen werden musste.

2. Missbrauch von Abführmitteln.	2. Ekelerregendes wird abgeführt oder es wird versucht, das von den Tätern gewünschte Übergewicht abzubauen.
3. zeitweilige Hungerperioden	3. Ekelerregendes löst extremen Ekel aus und macht Essen vorübergehend unmöglich. Es wird außerdem versucht, das von den Tätern gewünschte Übergewicht abzubauen.
4. Gebrauch von Appetitzüglern, Schilddrüsenpräparaten oder Diuretika. Wenn Bulimie bei Diabetikern auftritt, kann es zu einer Vernachlässigung der Insulinbehandlung kommen.	4. Beinhaltet den Versuch, das eigene Gewicht gegen den Wunsch der Täter zu steuern.
	1. - 4. Alle Symptome können außerdem durch die Täter mit Auslösereizen und damit verbundenen konditionierten Handlungen auftreten, wenn die Absicht der Täter darin besteht, dass das Übergewicht schnell wieder abgebaut wird.
D. Selbstwahrnehmung als "zu fett", mit einer sich aufdrängenden Furcht, zu dick zu werden (was meist zu Untergewicht führt).	Einzelne Persönlichkeiten können das vollständige Bild einer Bulimia Nervosa abgeben einschließlich der veränderten Selbst- und Körperwahrnehmung.

Nicht-Essen dient dem Aufrechterhalten von Anspannungen und der Erzeugung eines künstlichen Gefühls von Stärke, Kraft und Einfluss. Auch dieses Ziel kann bei einer DIS von einzelnen Persönlichkeiten verfolgt werden, die sich durchgängig magersüchtig verhalten. Auch die Vermeidung von Essen wird von Rituelle Gewalt praktizierenden Gruppen zielstrebig in die Programmierungen einbezogen. Durch entsprechende Auslösereize kann eine Betroffene keine Nahrung mehr aufnehmen, weil die Nahrungsaufnahme mit einer unerträglichen Erinnerung wie an den erzwungenen Verzehr von Exkrementen gekoppelt ist. Dies kann zu körperlichen Notlagen führen, die Krankenhausaufenthalte erforderlich machen. Mit den Auslösereizen kann eine Rituelle Gewalt praktizierende Gruppe im Rahmen der Programme das gesamte Essverhalten ihres Mitglieds steuern. Wenn Hungern als Programmaspekt nur vorübergehend von den Tätern initiiert wird, halten sich Gewichtsverlust und auch die weiteren körperlichen und psychischen Folgen in Grenzen und das Gesamtbild einer Anorexia Nervosa wird diagnostisch nicht erfüllt. Das vorübergehende anorektische Verhalten wird dann unter eine Atypische Anorexia Nervosa F50.1 gefasst.

Anorexia Nervosa F50.0	Auftreten nach Ritueller Gewalt
A. Gewichtsverlust oder bei Kindern fehlende Gewichtszunahme. Dies führt zu einem Körpergewicht von mindestens 15 % unter dem normalen oder dem für das Alter und die Körpergröße erwarteten Gewicht.	Gewichtsverlust entsteht durch selbst initiiertes oder durch Programme ausgelöstes Hungern.
B. Der Gewichtsverlust ist selbst herbeigeführt durch Vermeidung von "fettmachenden" Speisen.	Dies trifft zu, wenn das Hungern selbst bestimmt erfolgt, bei einer DIS durchaus nur von einzelnen Persönlichkeiten. Bei der Auslösung eines Programms können weder Essensmenge noch Gewichtsverlust selbst kontrolliert werden.
C. Selbstwahrnehmung als zu "fett" verbunden mit einer sich aufdrängenden Furcht, zu dick zu werden. Die Betroffenen legen für sich selbst eine sehr niedrige Gewichtsschwelle fest.	Dies trifft zu, wenn das Hungern selbst bestimmt erfolgt. Einzelne Persönlichkeiten können das vollständige Bild einer Anorexia Nervosa abgeben einschließlich der veränderten Selbst- und Körperwahrnehmung. Gewichtsschwellen können selbst oder durch Täter festgelegt werden.
D. Umfassende endokrine Störung der Achse Hypothalamus-Hypophysen-Gonaden; sie manifestiert sich bei Frauen als Amenorrhoe, bei Männern als Interessenverlust an Sexualität und Potenzverlust. Eine Ausnahme stellt das Persistieren vaginaler Blutungen bei anorektischen Frauen dar, die eine Hormonsubstitution erhalten (meist als kontrazeptive Medikation).	Dies erfolgt nur, wenn über lange Zeit gehungert wird. Wenn Verhungern das Ziel eines ausgelösten Programms darstellt, treten auch diese Symptome auf.
E. Die Kriterien A. und B. für eine Bulimia Nervosa (F50.2) werden nicht erfüllt.	Kein spezieller Zusammenhang zu Ritueller Gewalt erkennbar.

Wenn übermäßiges Essen oder Hungern Bestandteile eines Programms sind, können die Symptome oft nicht exakt einer klar definierten Essstörung zugeordnet werden. Essstörungen sind aber auch ohne rituellen Hintergrund manchmal schwer exakt zu diagnostizieren, da die Diagnosen sich mit ihren Symptomen teilweise überschneiden. Eine Anorexia Nervosa, bei der gelegentlich durchaus gegessen und dann wieder erbrochen wird, lässt sich manchmal schwer abgrenzen von einer Bulimia Nervosa, bei der in der Regel kontrolliert (restriktiv) gegessen und gelegentlich auch Erbrechen genutzt wird, um einer Gewichtszunahme entgegenzusteuern.

Angst- und Panikstörungen

Extremerfahrungen sind immer mit Angst und Panik verbunden. Damit gehen vegetative Begleitsymptome einher wie erhöhter Puls, Blutdruck, verstärkte Atmung und Durchblutung, körperliche und emotionale Anspannungen. Daraus entwickeln sich die Symptome Schwindel, Atembeklemmungen, Schweißausbrüche und Herzrasen, weil die körperlichen Reaktionen weder zur Abwehr noch zur Flucht eingesetzt werden können. Diese Symptome werden zu den Angst- und Panikstörungen gerechnet.

Die Generalisierte Angststörung F41.1 wird folgendermaßen beschrieben: „Das wesentliche Symptom ist eine generalisierte und anhaltende Angst. Sie ist nicht auf bestimmte Umgebungsbedingungen beschränkt, oder auch nur besonders betont in solchen Situationen, sie ist vielmehr „frei flottierend". Die wesentlichen Symptome sind variabel, Beschwerden wie ständige Nervosität, Zittern, Muskelspannung, Schwitzen, Benommenheit, Herzklopfen, Schwindelgefühle oder Oberbauchbeschwerden gehören zu diesem Bild. Häufig wird die Befürchtung oder Sorge geäußert, der Betreffende selbst oder ein Angehöriger könnten demnächst erkranken oder einen Unfall haben." (ICD-10 2006, S. 154-155) Diese Symptome finden sich bei Betroffenen von Ritueller Gewalt oft wegen der ständigen und extremen Bedrohungs- und Belastungssituationen. Da sie nicht unbedingt über ihre Erlebnisse berichten und die Erinnerungen nicht allen Persönlichkeiten bei einer DIS zur Verfügung stehen, können die Symptome nicht immer den direkten Erlebnissen einer grundlegend belasteten Lebenssituation zugeordnet werden. Unerklärliche Angst kann auch noch lange nach einer Beendigung der Rituellen Gewalt auftreten, wenn Erinnerungen zugänglich werden. Die Befürchtungen, selbst zu erkranken oder Angehörige könnten krank werden oder einen Unfall haben, sind in Zusammenhängen von Rituelle Gewalt praktizierenden Gruppen durchaus realistisch. Wenn Betroffene aber nicht von diesen Hintergründen berichten, können sie diagnostisch fälschlich unter neurotische Befürchtungen fallen.

Zwänge

Zwänge dienen in der Regel der Kontrolle von Ängsten. Zwanghaftes Verhalten stellt vorübergehend ein Gefühl von Sicherheit dar wie beim Kontrollieren von Türen und Fenstern, muss aber ständig wiederholt werden, weil der beruhigende Effekt schnell wieder nachlässt, besonders weil ein Betrachten der Ursache der Angst dabei vermieden wird. Zwanghaftes Aufräumen schafft äußerlich Ordnung, die innerlich bei Extremerfahrungen nicht hergestellt werden kann. Zwanghafte Reinigungen stellen einen Versuch dar, das Gefühl von Schmutz und Ekel wenigstens vorübergehend zu reduzieren. Ekelgefühle treten im Zusammenhang mit Ritualen und Programmierungen auf, weil Betroffene Ekelerregendes essen und trinken müssen. Sexuelle Gewalthandlungen, die körperliche und sexuelle Grenzen überschreiten, lösen ein Gefühl aus, beschmutzt zu sein.

Somatisierungen

Extremerfahrungen sind mit extremen körperlichen und emotionalen Anspannungen verbunden, die insbesondere die von der Gewalt betroffenen Körperregionen reagieren lassen. Bei chronischen Anspannungen entstehen psychosomatische Beschwerden mit einer reduzierten Durchblutung. Dies kann langfristig zu Somatisierungen führen.

Sucht
Die Anwendung von Suchtmitteln mit der Folge von Suchtverhalten dient der vorübergehenden Reduktion der körperlichen und emotionalen Anspannungen und versetzt die Betroffene vorübergehend in einen weniger bewussten Zustand oder in einen anderen Bewusstseinszustand. Alkohol und Drogen werden von den Gruppen gezielt eingesetzt, um Extremerfahrungen erträglicher zu machen, aber auch, um bei entstehender Drogenabhängigkeit das Mitglied durch die Vermittlung von Drogen unter Kontrolle zu halten. Drogen dienen in Extremsituationen der Verzerrung von Wahrnehmung und Erinnerung. Es kann eine regelrechte Abhängigkeit von Suchtmitteln entstehen, das Suchtverhalten kann aber auch nur vorübergehend auftreten. Insbesondere beim Vorliegen einer DIS kann das Suchtverhalten an nur eine oder mehrere Persönlichkeiten gekoppelt sein.

Autoaggression
Autoaggressives Verhalten reduziert vorübergehend die körperlichen und emotionalen Anspannungen. Es kann wieder in der Realität orientieren. Selbstverletzung kann zur Selbstbestrafung eingesetzt werden, wenn die Betroffene Schuldgefühle hat, beispielsweise weil sie selbst zu Gewalthandlungen gezwungen wurde. Selbstverletzung kann Ziel der Programmierung der Gruppe sein, damit eine Betroffene sich nach entsprechenden Auslösern selbst verletzt, ein therapeutisches oder sonst hilfreiches Setting verlassen muss oder sich durch den Ablauf eines Suizidprogramms zielstrebig suizidiert, bevor sie der Gruppe mit ihrem Wissen gefährlich wird.

Psychose
Extremerfahrungen können „verrückt" machen und zu einer Psychose führen. Eine psychische Flucht aus der Realität insgesamt dient der Vermeidung der unerträglichen Gefühle und Erinnerungen. Die in den Gruppen üblichen Irritationen von Wahrnehmung und Beziehungen können ebenfalls „verrückt" machen. Kann ein Kind nicht dissoziieren, kann es psychotisch werden. Die extremen Belastungen in Verbindung mit Ritueller Gewalt führen oft zu Symptomen, die zumindest teilweise den Diagnosekriterien einer Schizophrenie entsprechen. Leider kommt es in der Fachwelt immer noch oft vor, dass Symptome einer Schizophrenie zugeordnet werden, ohne dass sie sorgsam mit denen von Traumafolgestörungen abgeglichen werden. Da einige Symptome in beiden Störungsbereichen aufgeführt sind, kann es wegen der Überschneidungen zu unzureichenden Diagnosen oder Fehldiagnosen kommen (Fliß 2005). Wünschenswert wäre eine zunehmende Selbstverständlichkeit, sich fachlich zu Traumafolgestörungen fortzubilden, um eine sorgsame und exakte Diagnostik zu gewährleisten.

Schizophrenie F20	Auftreten nach Ritueller Gewalt
G1. Entweder mindestens eines der Symptome, Anzeichen oder Syndrome aufgelistet unter 1. oder mindestens zwei unter 2. sollten in der meisten Zeit während einer psychotischen Episode von mindestens einem Monat Dauer vorhanden sein (oder während einiger Zeit an den meisten Tagen).	
1. Mindestens eines der folgenden Merkmale:	
a. Gedankenlautwerden, Gedankeneingebung, Gedankenentzug oder Gedankenausbreitung.	a. Diese Symptome finden sich oft bei einer DIS und zeigen eine innere Kommunikation unter den verschiedenen Persönlichkeiten an, bei Gedankenentzug eine Manipulation der Alltagspersönlichkeit durch eine andere innere Persönlichkeit.
b. Kontrollwahn, Beeinflussungswahn, Gefühl des Gemachten, deutlich bezogen auf Körper- und Gliederbewegungen oder bestimmte Gedanken, Tätigkeiten oder Empfindungen; Wahnwahrnehmung.	b. Innere Persönlichkeiten bei einer DIS können die Körperreaktionen, Gedanken, Tätigkeiten oder Empfindungen der Alltagspersönlichkeit beeinflussen. Das Gefühl einer Fremdsteuerung liegt vor, wenn einem Menschen die vorliegende DIS nicht bewusst ist.
c. kommentierende oder dialogische Stimmen, die über das Verhalten des Patienten reden, oder andere Stimmen, die aus bestimmten Körperteilen kommen.	c. Kann durch die inneren Kommentare innerer Persönlichkeiten auftreten, die die Alltagspersönlichkeit nicht zuordnen kann, wenn ihr die DIS nicht bewusst ist. Die Stimmen sind innerlich wahrnehmbar, nicht von außen kommend.
d. anhaltender kulturell unangemessener, bizarrer und völlig unrealistischer Wahn wie der, das Wetter kontrollieren zu können oder mit Außerirdischen in Kontakt zu stehen.	d. Tritt nicht als Folge Ritueller Gewalt in Verwechslung mit einer DIS auf. Allerdings ist gezielte Sinnestäuschung und Manipulation Teil Ritueller Gewalt. Dazu können auch Inszenierungen wie eine angebliche Entführung durch Außerirdische gehören, die kindliche Persönlichkeiten evtl. für Realität halten.

2. Oder mindestens zwei der folgenden Merkmale:	
a. Anhaltende Halluzinationen jeder Sinnesmodalität, täglich während mindestens eines Monats, begleitet von flüchtigen oder undeutlich ausgebildeten Wahngedanken ohne deutlichen affektiven Inhalt oder begleitet von lang anhaltenden überwertigen Ideen.	a. Halluzinationen können als Bestandteil eines Flashbacks bei einer PTBS auftreten oder Erinnerungen einer anderen Persönlichkeit bei DIS enthalten. Das Ausmaß der Affektivität hängt bei DIS davon ab, wie sehr eine Persönlichkeit Emotionen wahrnehmen und ausdrücken kann, dies ist unterschiedlich.
b. Neologismen, Gedankenabreißen oder Einschiebungen in den Gedankenfluss, was zu Zerfahrenheit oder Danebenreden führt.	b. Gedanken können abreißen oder Einschiebungen in den Gedankenfluss erlebt werden, wenn im Inneren andere Persönlichkeiten bei einer DIS aktiv reden oder ein Persönlichkeitswechsel stattfindet.
c. katatone Symptome wie Erregung, Haltungsstereotypien oder wächserne Biegsamkeit (Flexibilitas cerea), Negativismus, Mutismus und Stupor.	c. Diese Verhaltensweisen können bei einzelnen Persönlichkeiten bei einer DIS als dissoziative Symptome vorübergehend auftreten.
d. "negative" Symptome wie auffällige Apathie, Sprachverarmung, verflachte oder inadäquate Affekte. (Es muss sichergestellt sein, dass diese Symptome nicht durch eine Depression oder eine neuroleptische Medikation verursacht werden.)	d. Die Symptome können bei einzelnen Persönlichkeiten auftreten, ohne dass dies durchgängig der Fall ist.

$\Rightarrow$

G2. Ausschlussvorbehalt: 1. Wenn die Patienten ebenfalls die Kriterien für eine manische Episode (F30) oder eine depressive Episode (F32) erfüllen, müssen die oben unter G1.2. aufgelisteten Kriterien vor der affektiven Störung aufgetreten sein. 2. Die Störung kann nicht in einer organischen Gehirnerkrankung (im Sinne von F00 - F09) oder einer Alkohol- oder Substanzintoxikation (F1x.0), einem Abhängigkeitssyndrom (F1x.2) oder einem Entzugssyndrom (F1x.3, F1x.4) zugeordnet werden.	Trifft beides zu.

Persönlichkeitsstörungen
Beziehungen werden von diesen Gruppen grundsätzlich nicht positiv gestaltet. Positive Bindungen können bei Kindern nicht entstehen, alle Bindungen sind unsicher. Bindungsprobleme führen anteilig zu Persönlichkeitsstörungen. Spezifische Persönlichkeitsstörungen F60 werden in den ICD-10 (2006) folgendermaßen definiert: „Persönlichkeitsstörungen sind schwere Störungen der Persönlichkeit und des Verhaltens der betroffenen Person, die nicht direkt auf eine Hirnschädigung oder -krankheit oder auf eine andere psychiatrische Störung zurückzuführen sind. Sie erfassen verschiedene Persönlichkeitsbereiche und gehen beinahe immer mit ausgeprägten persönlichen Leiden und sozialen Beeinträchtigungen einher. Persönlichkeitsstörungen treten meist in der Kindheit oder in der Adoleszenz in Erscheinung und bestehen während des Erwachsenenalters weiter." (S. 220) Die extremen Belastungen in Verbindung mit Ritueller Gewalt führen oft zu Symptomen, die den Diagnosekriterien von Persönlichkeitsstörungen entsprechen. Leider kommt es in der Fachwelt immer noch oft vor, dass die Symptome von Persönlichkeitsstörungen erkannt und zugeordnet werden, die gleichzeitig vorliegenden Traumafolgestörungen aber nicht erkannt und nicht diagnostiziert werden. Da einige Symptome in beiden Störungsbereichen aufgeführt sind, kann es wegen der Überschneidungen zu unzureichenden Diagnosen oder Fehldiagnosen kommen (Fliß 2005). Wünschenswert wäre auch hier eine zunehmende Selbstverständlichkeit, sich fachlich zu Traumafolgestörungen fortzubilden, um eine sorgsame und exakte Diagnostik zu gewährleisten. Wegen der Ähnlichkeiten und Überschneidungen sollen ebenso wie die Traumafolgestörungen auch die Persönlichkeitsstörungen in ihren möglichen Zusammenhängen zu Ritueller Gewalt genauer dargestellt werden.

Spezifische Persönlichkeitsstörungen F60	Auftreten nach Ritueller Gewalt
G1. Die charakteristischen und dauerhaften inneren Erfahrungs- und Verhaltensmuster der Betroffenen weichen deutlich von kulturell erwarteten oder akzeptierten Vorgaben ("Normen") ab. Diese Abweichung äußert sich in mehr als einem der folgenden Bereiche:	Rituelle Gewalt praktizierende Gruppen stellen ihre eigenen Gesetze und Regeln auf, die deutlich von kulturell erwarteten oder akzeptierten Vorgaben ("Normen") abweichen. Diese Abweichungen beinhalten oft strafbare Handlungen. Kinder, die in solchen Zusammenhängen aufwachsen, werden massiv manipuliert und konditioniert, sich an die Gesetze und Regeln der Gruppe zu halten.
1. Kognition (d. h. Wahrnehmung und Interpretation von Dingen, Menschen und Ereignissen; entscheidende Einstellungen und Vorstellungen von sich und anderen).	1. Rituelle Gewalt praktizierende Gruppen definieren in ihren abweichenden Gesetzen und Regeln die Kognitionen ihrer Mitglieder entsprechend ihrer eigenen Ideologie.
2. Affektivität (Variationsbreite, Intensität und Angemessenheit der emotionalen Ansprechbarkeit und Reaktion).	2. Emotionen werden in Konditionierungen und Programmierungen gezielt manipuliert. Fragmentierte Emotionalität bei DIS wirkt verändert. Emotionale Reaktionen in Flashbacks und programmierten Handlungen erscheinen nicht der gesellschaftlichen Realität angemessen.
3. Impulskontrolle und Bedürfnisbefriedigung.	3. Die Impulskontrolle wird durch Konditionierung und Programmierung seitens der Täter manipuliert.
4. Die Art des Umgangs mit anderen Menschen und die Handhabung zwischenmenschlicher Beziehungen.	4. Beides wird in der Gruppe gemäß den eigenen Gesetzen und Regeln definiert und unterscheidet sich deutlich von den gesellschaftlichen Maßstäben.

G2. Die Abweichung ist so ausgeprägt, dass das daraus resultierende Verhalten in vielen persönlichen und sozialen Situationen unflexibel, unangepasst oder auch auf andere Weise unzweckmäßig ist (nicht begrenzt auf einen speziellen auslösenden Stimulus oder eine bestimmte Situation).	Die extreme Prägung durch Rituelle Gewalt kann derartige Abweichungen zur Folge haben. Eigentlich ist dies von den Gruppen nicht so beabsichtigt, die Abweichungen sind nur im Kontext der Gruppe und nicht im gesellschaftlichen Alltag erwünscht. Dies lässt sich von den Betroffenen aber nicht immer durchgängig in zwei verschiedene "Welten" trennen.
G3. Persönlicher Leidensdruck, nachteiliger Einfluss auf die soziale Umwelt oder beides sind dem unter G2 beschriebenen Verhalten zuzuordnen.	Können die zwei "Welten" nicht ausreichend getrennt werden, entsteht in sozialen Situationen des Alltags dysfunktionales Verhalten, das zu Leidensdruck führen kann.
G4. Nachweis, dass die Abweichung stabil, von langer Dauer ist und im späten Kindesalter oder der Adoleszenz begonnen hat.	Je länger ein Mensch mit Ritueller Gewalt zu tun hat, desto stabiler und andauernder sind die Abweichungen. Wenn ein Kind in eine Gruppe hineingeboren wird, können die Abweichungen bereits im frühen Kindesalter auftreten. Dies ist jedoch nicht immer offensichtlich, da bei DIS im Alltag angepasste Alltagspersönlichkeiten über lange Zeiträume dominant sein können.
G5. Die Abweichung kann nicht durch das Vorliegen oder die Folge einer anderen psychischen Störung des Erwachsenenalters erklärt werden. Es können aber episodische oder chronische Zustandsbilder der Kapitel F0 - F5 und F7 neben dieser Störung existieren.	Hier soll noch einmal auf die erforderliche Sorgfalt bei der Abgrenzung von Traumafolgestörungen hingewiesen werden, die hier nicht erwähnt werden.
G6. Eine organische Erkrankung, Verletzung oder deutliche Funktionsstörung des Gehirns müssen als mögliche Ursache für die Abweichung ausgeschlossen werden (falls eine solche Verursachung nachweisbar ist, soll die Kategorie F07 verwendet werden).	Kann bei Ritueller Gewalt als Ursache der Symptome ausgeschlossen werden.

Paranoide Persönlichkeitsstörung F60.0	Auftreten nach Ritueller Gewalt
A. Die allgemeinen Kriterien einer Persönlichkeitsstörung müssen erfüllt sein.	
Mindestens vier der folgenden Eigenschaften oder Verhaltensweisen müssen vorliegen:	
1. übertriebene Empfindlichkeit auf Rückschläge und Zurücksetzungen.	1. Wenn die eigene Funktion in einer Rituelle Gewalt praktizierenden Gruppe relativ hoch ist, kann bei einer Vermischung der beiden "Welten" eine Überhöhung der eigenen Wertigkeit auftreten, die in der Gesellschaft unangemessen erscheint.
2. Neigung, dauerhaft Groll zu hegen, d. h. Beleidigungen, Verletzungen oder Missachtungen werden nicht vergeben.	2. Bei einer Vermischung der beiden "Welten" kann dieses für die Gruppe passende Verhalten fälschlicherweise auch in der Gesellschaft gezeigt werden.
3. Misstrauen und eine anhaltende Tendenz, Erlebtes zu verdrehen, indem neutrale oder freundliche Handlungen anderer als feindlich oder verächtlich missdeutet werden.	3. Falsche Bewertungen des Verhaltens anderer werden von Rituelle Gewalt praktizierenden Gruppen zielstrebig indoktriniert.
4. streitsüchtiges und beharrliches, situationsunangemessenes Bestehen auf eigenen Rechten.	4. kann ebenfalls eine Folge der Vermischung der beiden "Welten" sein.
5. häufiges ungerechtfertigtes Misstrauen gegenüber der sexuellen Treue des Ehe- oder Sexualpartners.	5. In rituell praktizierenden Gruppen wird sexuelles Verhalten untereinander durch eigene Gesetze und Regeln zugeordnet. Treue ist in der Regel kein Wert solcher Gruppen und das Misstrauen kann realistisch sein.
6. ständige Selbstbezogenheit, besonders in Verbindung mit starker Überheblichkeit.	6. Die andere Bewertung von Menschen und ihren Funktionen in einer Rituelle Gewalt praktizierenden Gruppe kann genau dies beabsichtigen.
7. häufige Beschäftigung mit unbegründeten Gedanken an "Verschwörungen" als Erklärungen für Ereignisse in der näheren Umgebung des Patienten oder der Welt im Allgemeinen.	7. Dies kann erschreckend real sein, insbesondere wenn ein Mensch programmiert wurde.

3.2 Spezifische psychische Folgen

Schizoide Persönlichkeitsstörung F60.1	Auftreten nach Ritueller Gewalt
A. Die allgemeinen Kriterien für eine Persönlichkeitsstörung müssen erfüllt sein.	
Mindestens vier der folgenden Eigenschaften oder Verhaltensweisen müssen vorliegen:	
1. wenn überhaupt, dann bereiten nur wenige Tätigkeiten Freude.	1. Die mit Ritueller Gewalt verbundenen Belastungen behindern oder verhindern freudige Tätigkeiten.
2. emotionale Kühle, Distanziertheit oder abgeflachter Effekt.	2. Die Belastungen können zum weitgehenden emotionalen Rückzug führen. Das Verhalten kann bei DIS auch nur zu einer einzelnen Persönlichkeit gehören.
3. reduzierte Fähigkeit, warme zärtliche Gefühle für andere oder Ärger auszudrücken.	3. Die mit Ritueller Gewalt verbundenen Belastungen behindern oder verhindern dies.
4. erscheint gleichgültig und indifferent gegenüber Lob und Kritik von anderen.	4. Die mit Ritueller Gewalt verbundenen Belastungen behindern oder verhindern dies. Die Werte und Normen der Gesellschaft sind möglicherweise nicht wichtig.
5. wenig Interesse an sexuellen Erfahrungen mit einem anderen Menschen (unter Berücksichtigung des Alters).	5. Rituelle sexuelle Gewalt kann zu einer völligen Abkehr von sexuellen Interessen und Aktivitäten führen.
6. fast immer Bevorzugung von Aktivitäten, die allein durchzuführen sind.	6. Eine weitgehende Selbstisolation verhindert soziale Kontakte und damit verbundene Probleme und Belastungen und ist von den Tätern teilweise erwünscht.
7. übermäßige Inanspruchnahme durch Phantasien und Introvertiertheit.	7. Innerer Rückzug und eine Konzentration auf Phantasien lenkt von Belastungen ab.
8. hat keine oder wünscht keine engen Freunde oder vertrauensvollen Beziehungen (oder höchstens eine).	8. Der Aufbau von Vertrauen wird von rituell praktizierenden Gruppen zielstrebig bestraft und ist für Betroffene generell kaum oder gar nicht mehr möglich. Der Aufbau von Vertrauen zu nur einer Person kann eher als Leistung gewertet werden.
9. deutlich mangelhaftes Gespür für geltende soziale Normen und Konventionen; wenn sie nicht befolgt werden, geschieht dies unabsichtlich.	9. In Rituelle Gewalt praktizierenden Gruppen sind Normen und Werte anders definiert und entsprechen in der Regel nicht den gesellschaftlichen Normen. Bei einer Vermischung der beiden "Welten" kann es zu Fehlverhalten bezüglich gesellschaftlicher Normen kommen. Einer einzelnen Persönlichkeit können die gesellschaftlichen Normen völlig unbekannt sein.

Dissoziales Verhalten dient dem Abbau unerträglicher körperlicher und emotionaler Anspannungen, die durch die Extremerfahrungen entstehen. Dissoziales Verhalten wird von der Gruppe vorgelebt, ist erklärtes Mittel zur Gewinnung von Macht über andere und entspricht der Gruppenideologie. Es wird hoch bewertet und durch Konditionierungen und durch direkte Gewalt von den Mitgliedern erzwungen. Dissoziales, also Täterverhalten wird positiv bewertet, positiv verstärkt und führt zum Aufstieg in der Gruppenhierarchie. Allerdings wird auch hier von den Tätern eine Trennung der beiden Welten angestrebt, damit die Aktivitäten der Gruppe nicht auffallen.

Dissoziale Persönlichkeitsstörung F60.2	Auftreten nach Ritueller Gewalt
A. Die allgemeinen Kriterien für eine Persönlichkeitsstörung müssen erfüllt sein.	
Mindestens drei der folgenden Eigenschaften oder Verhaltensweisen müssen vorliegen:	
1. herzloses Unbeteiligtsein gegenüber den Gefühlen anderer.	1. - 2. Dies entspricht in Rituelle Gewalt praktizierenden, insbesondere satanistischen Gruppen den Zielen.
2. deutliche und andauernde verantwortungslose Haltung und Missachtung sozialer Normen, Regeln und Verpflichtungen.	
3. Unfähigkeit zur Aufrechterhaltung dauerhafter Beziehungen, obwohl keine Schwierigkeit besteht, sie einzugehen.	3. In Rituelle Gewalt praktizierenden Gruppen wird intern definiert, zu wem welche Art von Beziehung aufgenommen werden darf und soll. Allerdings ist die Beziehungsfähigkeit wegen der Belastungen und der Bindungsprobleme oft generell beeinträchtigt.
4. sehr geringe Frustrationstoleranz und niedrige Schwelle für aggressives, einschließlich gewalttätiges Verhalten.	4. Dies entspricht insbesondere in satanistischen Gruppen den Zielen und kann bei einer DIS einzelne Persönlichkeiten betreffen.

5. fehlendes Schuldbewusstsein oder Unfähigkeit, aus negativer Erfahrung, insbesondere Bestrafung, zu lernen.	5. Dieses Verhalten ist von Rituelle Gewalt praktizierenden Gruppen bezüglich der gesellschaftlichen Normen beabsichtigt, den eigenen Regeln gegenüber wird absoluter Gehorsam gefordert. Dieses Verhalten kann bei einer DIS einzelne Persönlichkeiten betreffen.
6. deutliche Neigung, andere zu beschuldigen oder plausible Rationalisierungen anzubieten für das Verhalten, durch welches die Betreffenden in einen Konflikt mit der Gesellschaft geraten sind.	6. Dies entspricht insbesondere in satanistischen Gruppen den Zielen.

Emotional instabile Persönlichkeitsstörung vom Impulsiven Typ F60.30	Auftreten nach Ritueller Gewalt
A. Die allgemeinen Kriterien für eine Persönlichkeitsstörung müssen erfüllt sein.	
Mindestens drei der folgenden Eigenschaften oder Verhaltensweisen müssen vorliegen:	
1. deutliche Tendenz, unerwartet und ohne Berücksichtigung der Konsequenzen zu handeln. 2. deutliche Tendenz zu Streitereien und Konflikten mit anderen, vor allem dann, wenn impulsive Handlungen unterbunden und getadelt werden. 3. Neigung zu Ausbrüchen von Wut und Gewalt mit Unfähigkeit zur Kontrolle explosiven Verhaltens.	1. - 3. In Rituelle Gewalt praktizierenden Gruppen sind Konsequenzen von Handlungen in der Gesellschaft anders definiert und entsprechen in der Regel nicht den gesellschaftlichen Normen. Bei einer Vermischung der beiden "Welten" kann es zu Fehlverhalten bezüglich gesellschaftlicher Normen kommen. Einer einzelnen Persönlichkeit bei einer DIS können die gesellschaftlichen Normen völlig unbekannt sein. Solches Verhalten ist von täterloyalen Persönlichkeiten bei einer DIS erwünscht, soll aber eigentlich nicht in Alltagssituationen auftreten.
4. Schwierigkeiten in der Beibehaltung von Handlungen, die nicht unmittelbar belohnt werden.	4. Trifft eher nicht zu.
5. unbeständige und launische Stimmung.	5. Kann allein durch die Belastungen entstehen, aber auch auf Wechsel von Persönlichkeiten bei einer DIS zurückzuführen sein.

Emotional instabile Persönlichkeitsstörung vom Borderline Typ F60.31	Auftreten nach Ritueller Gewalt
A. Die allgemeinen Kriterien für eine Persönlichkeitsstörung müssen erfüllt sein.	
Mindestens drei der folgenden Eigenschaften oder Verhaltensweisen müssen vorliegen:	
1. Störungen und Unsicherheit bezüglich Selbstbild, Zielen und "inneren Präferenzen" (einschließlich sexueller).	1. Rituelle Gewalt zerstört grundsätzlich die Individualität und Selbstbestimmung beteiligter Menschen. Störungen und Unsicherheit bezüglich des Selbstbildes sind nachvollziehbar. Sexuelle Präferenzen sind durch die sexuellen Gewalthandlungen, die oft heterosexuell und homosexuell erzwungen werden, manchmal kaum eindeutig definierbar.
2. Neigung, sich in intensive, aber instabile Beziehungen einzulassen, oft mit der Folge von emotionalen Krisen.	2. Dieses Verhalten kann einen Versuch darstellen, in einer Beziehung außerhalb der Gruppe Sicherheit zu finden. Partner werden nicht unbedingt sorgsam ausgewählt, zumal Bindungs- und Beziehungsfähigkeit gestört sind.
3. übertriebene Bemühungen, das Verlassenwerden zu vermeiden.	3. Verlassenwerden kann Verlust von Sicherheit und Bedrohung durch die Gruppe bedeuten.
4. wiederholt Drohungen oder Handlungen mit Selbstbeschädigung.	4. Autoaggressives Verhalten tritt nach rituellen Gewalterfahrungen fast immer auf. Aus Angst vor Verlust einer Beziehung, die Sicherheit und Schutz bedeutet, kann auch mit Selbstbeschädigung gedroht werden. Das Verhalten kann auch einzelne Persönlichkeiten bei einer DIS betreffen.
5. anhaltende Gefühle von Leere.	5. Kann als Folge der extremen Erfahrungen und der ausgeprägten Selbstunsicherheit auftreten.

Für die **histrionische Persönlichkeitsstörung F60.4** lassen sich aus meiner Praxis keine direkten Zusammenhänge zu Ritueller Gewalt erkennen.

Zwänge dienen in der Regel der Kontrolle von Ängsten. Zwanghaftes Verhalten stellt vorübergehend ein Gefühl von Sicherheit dar.

Anankastische (zwanghafte) Persönlichkeitsstörung F 60.5	Auftreten nach Ritueller Gewalt
A. Die allgemeinen Kriterien für eine Persönlichkeitsstörung müssen erfüllt sein.	
Mindestens vier der folgenden Eigenschaften oder Verhaltensweisen müssen vorliegen:	
1. Gefühle von starkem Zweifel und übermäßiger Vorsicht.	1. - 7. Die Verhaltensweisen können durch das Bemühen um eine Funktionalität in der Gesellschaft entstehen, bei einer DIS auch durch nur einzelne Persönlichkeiten. Wenn eine Rituelle Gewalt praktizierende Gruppe von einer Betroffenen gute gesellschaftliche Funktionalität erwartet und Versagen hart bestraft, kann erhöhte Zwanghaftigkeit die Folge sein. Gibt es bei DIS mehrere Alltagspersönlichkeiten mit Amnesien, so können zwanghafte Ordnung, Listen und Pläne auch der Versuch sein, den lückenhaften Alltag gut zu bewältigen.
2. ständige Beschäftigung mit Details, Regeln, Listen, Ordnung, Organisation oder Plänen.	
3. Perfektionismus, der die Fertigstellung von Aufgaben behindert.	
4. übermäßige Gewissenhaftigkeit und Skrupelhaftigkeit.	
5. unverhältnismäßige Leistungsbezogenheit unter Vernachlässigung bis zum Verzicht auf Vergnügen und zwischenmenschliche Beziehungen.	5. Zwischenmenschliche Beziehungen sind nach Ritueller Gewalt insgesamt erschwert und werden oft weitgehend oder ganz gemieden.
6. übertriebene Pedanterie und Befolgung sozialer Konventionen.	
7. Rigidität und Eigensinn.	
8. unbegründetes Bestehen darauf, dass andere sich exakt den eigenen Gewohnheiten unterordnen, oder unbegründete Abneigung dagegen, andere etwas machen zu lassen.	8. Dieses Verhalten stellt einen extremen Versuch dar, das gesamte Umfeld aus Angst zu kontrollieren.

Ängstliche (vermeidende) Persönlichkeitsstörung F60.6	Auftreten nach Ritueller Gewalt
A. Die allgemeinen Kriterien für eine Persönlichkeitsstörung müssen erfüllt sein.	
Mindestens vier der folgenden Eigenschaften oder Verhaltensweisen müssen vorliegen:	
1. andauernde und umfassende Gefühle von Anspannung und Besorgnis. 2. Überzeugung, selbst sozial unbeholfen, unattraktiv oder minderwertig im Vergleich mit anderen zu sein. 3. übertriebene Sorge, in sozialen Situationen kritisiert oder abgelehnt zu werden.	1. - 6. Im Zusammenhang mit Ritueller Gewalt sind Anspannung, Besorgnis, Ängste und Unsicherheit in sich selbst und im Kontakt mit anderen nachvollziehbar. Kontakte innerhalb der Gesellschaft sollen nur den Interessen der Gruppe dienlich sein, aber keine positive Bedeutung für die Mitglieder selbst haben. Angst vor Ablehnung wird zielstrebig verursacht, um eine weitgehende soziale Isolation der Mitglieder zu erreichen.
4. persönliche Kontakte nur, wenn Sicherheit besteht, gemocht zu werden.	4. Persönliche Kontakte zu Mitgliedern der Gesellschaft erfordern zunächst Vertrauen, das mühsam aufgebaut werden muss. Gewalterfahrungen erschweren es grundsätzlich, sich selbst zu mögen und sich vorzustellen, dass andere einen mögen könnten.
5. eingeschränkter Lebensstil wegen des Bedürfnisses nach körperlicher Sicherheit. 6. Vermeidung beruflicher oder sozialer Aktivitäten, die intensiven zwischenmenschlichen Kontakt bedingen, aus Furcht vor Kritik, Missbilligung oder Ablehnung.	5. Körperliche Sicherheit ist nur möglich, wenn der Mensch der Rituelle Gewalt praktizierenden Gruppe nicht wieder in die Hände fällt.

Abhängige (asthenische) Persönlichkeitsstörung F60.7	Auftreten nach Ritueller Gewalt
A. Die allgemeinen Kriterien für eine Persönlichkeitsstörung müssen erfüllt sein.	
Mindestens vier der folgenden Eigenschaften oder Verhaltensweisen müssen vorliegen:	
1. Ermunterung oder Erlaubnis an andere, die meisten wichtigen Entscheidungen für das eigene Leben zu treffen.	1. Erfahrungen Ritueller Gewalt führen zu großer Selbstverunsicherung und zu einer grundlegenden Selbstwertproblematik (sofern keine vorwiegende Identifizierung mit den Gesetzen der Täter erfolgt ist). Beides kann den Umgang mit eigenen Entscheidungen erschweren. Wenn Vertrauen zu einer anderen Person entstanden ist, kann dies aus Unsicherheit an sie delegiert werden.
2. Unterordnung eigener Bedürfnisse unter die anderer Personen, zu denen eine Abhängigkeit besteht, und unverhältnismäßige Nachgiebigkeit gegenüber deren Wünschen.	2. - 3. Eigene Bedürfnisse werden nicht für wichtig gehalten, in Rituelle Gewalt praktizierenden Gruppen sind sie nicht erlaubt. Die Selbstunsicherheit kann ein ausgeprägtes Vermeidungsverhalten verursachen.
3. mangelnde Bereitschaft zur Äußerung selbst angemessener Ansprüche gegenüber Personen, von denen man abhängt.	
4. unbehagliches Gefühl oder Hilflosigkeit, wenn die Betroffenen allein sind, aus übertriebener Angst, nicht für sich alleine sorgen zu können.	4. Das Verhalten kann in der Folge einer Abhängigkeit von den Tätern entstehen und sich auf einzelne Persönlichkeiten bei einer DIS beziehen.
5. häufiges Beschäftigtsein mit der Furcht, verlassen zu werden und auf sich selbst angewiesen zu sein.	5. Alleinsein kann Schutz vor den Tätern wieder zunichte machen und wird möglichst vermieden.
6. eingeschränkte Fähigkeit, Alltagsentscheidungen zu treffen, ohne zahlreiche Ratschläge und Bestätigung von anderen.	6. siehe unter 1.

Verlassenheit ist eine grundlegende Erfahrung von Menschen in solchen Gruppen. Schwarz-Weiß-Denken wie bei der BPS ist Teil der Gruppenideologie. Narzisstische Verhaltensweisen werden von Gruppen in den höheren Rängen vorgelebt. Manipulation anderer ist wesentlicher Bestandteil des Gruppendenkens und -verhaltens.

Verhaltensauffälligkeiten im Kontakt- und Sozialverhalten
Verhaltensauffälligkeiten im Kontakt- und Sozialverhalten zeigen sich in vielen Bereichen. Beziehungen innerhalb der Gruppe sind durch die Gruppenideologie geprägt, anderes kann und darf sich nicht entwickeln. Die Mitglieder kontrollieren sich gegenseitig, Freundschaften dürfen nicht aufgebaut werden und eine Solidarisierung wird gezielt verhindert. Misstrauen ist real immer sinnvoll und notwendig. Angst, dass Zusagen nicht eingehalten werden, entsteht durch die jahrelangen realen Erfahrungen dazu in der Gruppe. Einige Zusammenhänge wurden bei der Darstellung der Persönlichkeitsstörungen näher beschrieben. Veränderungen in der Sexualität sind eine Konsequenz von sexuellen Gewalterfahrungen und sexuellen Ritualen, in denen Sexualität und Gewalt verknüpft werden. Diese Verknüpfung kann in Sado-Maso-Kontakten reproduziert werden, Sexualität kann völlig vermieden oder nur gleichgeschlechtlich gelebt werden.

Treten komorbide Störungen gleichzeitig mit einer DIS auf, können diese Störungen durchaus nur an einzelne oder mehrere Persönlichkeiten gekoppelt sein.

3.2.1.3 Fehlkognitionen und Ideologie-geprägte Denkmuster

Fehlkognitionen/Fehldenken entstehen durch gezielte Indoktrination und Gehirnwäsche der Gruppen. Eigene Reaktionen und die anderer werden dem Gruppendenken entsprechend bewertet und für unsere Realität fehlbewertet. Schuldgefühle entstehen durch eigene erzwungene Gewalthandlungen an anderen und auch, wenn es einer Betroffenen nicht gelingt, die Gruppe zu verlassen. Sie schreibt sich dies selbst zu, statt die erlebte Manipulation als Hintergrund zu sehen. Schamgefühle entstehen dadurch, dass die Betroffenen zu Opfern und Tätern gemacht werden.

Veränderungen in der Wahrnehmung der Täter und Fehlbewertungen ihrer Denkweisen und Handlungen gegenüber entstehen durch die absolute Kontrolle der Gruppen über ihre Mitglieder und durch deren Abhängigkeit untereinander. Beim Aufwachsen in einer solchen Gruppe gibt es wenige alternative Erfahrungen zum Vergleich, bei einer DIS werden solche Erfahrungen allenfalls von Alltagspersönlichkeiten gemacht. Die Gruppe hat die absolute Kontrolle über ein Kind und es macht immer wieder real die Erfahrung, dass es sich nicht auflehnen kann. In solchen Gruppen geht es um Macht und Ohnmacht und es gibt entweder die Opfer- oder die Täterrolle. Die Täterrolle schützt vor manchen eigenen Opfersituationen und führt zu Aufwertung. Ein Kind ist zur eigenen Entwicklung auf ein Mindestmaß an Anerkennung angewiesen und kann dazu nur die Ideologie der Täter übernehmen, wenn es kaum Alternativen gibt. Rachewünsche sind nach Extremerfahrungen verständlich, wenn auch nicht hilfreich.

Veränderungen persönlicher Wert- und Glaubensvorstellungen nach Extremerfahrungen sind verständlich. Das Bewusstsein wird durch Erfahrungen geprägt und verändert. Eine entsprechende Sicht der Welt baut sich auf, die zu dem Teil der Realität der Betroffenen passt, die in der Gruppe stattfindet. Hoffnungslosigkeit und Verzweiflung sind real wegen der Kontrolle der Gruppe über ihre Mitglieder. Ohne Hilfe von außen hat eine Betroffene kaum eine Chance, dem zu entkommen, insbesondere nicht, wenn eine programmierte DIS vorliegt. Die Täter verfügen über das Wissen zum inneren System der DIS, die Betroffene kennt sich im eigenen Inneren nicht ausreichend aus, weil sie zum Selbstschutz die Extremerlebnisse innerlich getrennt halten muss. Dies hat sie außerdem in den Programmierungssituationen exakt so gelernt – alles getrennt zu halten. Dies schützt die Täter davor, dass eine Betroffene das gesamte eigene Wissen zusammenbringen und für sich selbst nutzen kann.

3.2.1.4 Dysfunktionalität

Nach einer Darstellung der Vorgehensweisen solcher Gruppen und der in der Folge entstehenden Störungen bei Betroffenen lässt sich leicht schlussfolgern, dass eine Funktionalität Betroffener im Alltag selten vollständig gegeben ist, sondern meistens eingeschränkt oder gar nicht möglich ist. Die Gruppen sind bemüht, ihre Kinder möglichst perfekt zu programmieren, um eine gewisse Alltagstauglichkeit zu gewährleisten. Betroffene sollen im Alltag nicht allzu sehr auffallen und höherrangige Mitglieder sollen in der Lage bleiben, hohe Positionen in der Gesellschaft einzunehmen und in Berufen tätig zu sein, in denen sie den Interessen der Gruppe zuarbeiten können. Funktionalität bleibt bei einer DIS anteilig in den Alltagspersönlichkeiten erhalten, kann aber durch gezielt gesetzte Auslösereize durch die Gruppe oder spontane Flashbacks und Wechsel der Persönlichkeiten immer beeinträchtigt werden.

Es hängt auch immer vom Menschen selbst ab, von seiner letztlich doch eigenen Persönlichkeit und seiner Selbstkontrollfähigkeit, wie funktional er trotz Ritueller Gewalt bleiben kann. Der eigene Wille, der in satanistischen Kulten mit Macht über andere bis hin zur Entscheidung über Leben und Tod verwechselt wird, spielt eine größere Rolle, als dies von solchen Gruppen erwünscht ist. Menschen können trotz Erfahrungen Ritueller Gewalt versuchen, jemandem aus der Gesellschaft zu vertrauen, auch wenn dies nicht uneingeschränkt möglich sein kann. Menschen können bei allen negativen Erfahrungen nicht so komplett kontrolliert werden, dass sie nicht doch einen neuen Weg versuchen könnten.

Nach Aussagen von Aussteigerinnen aus solchen Gruppen ist es außerdem nicht möglich, ein perfektes Programm zu erstellen und somit gibt es immer „Fehlfunktionen" in den Programmierungen. Fehlfunktionen ermöglichen, dass Betroffene doch nicht ganz im Interesse der Gruppe funktionieren, dass ihre Störungen auffallen und das Gesundheitssystem reagiert. Auch wenn eine Gruppe ihre Mitglieder zielstrebig sozial so weit isoliert, dass sie kaum mit anderen Menschen näher in Kontakt kommen können, können die Gruppen doch nicht alles kontrollieren und es können Situationen entstehen, die der

Betroffenen ihre Problematik bewusster werden lassen. Manchmal verändert sich die innere Struktur einer Gruppe und damit die Bedeutung verschiedener Mitglieder und dadurch können Möglichkeiten auch für eine Betroffene entstehen, sich von der Gruppe zu entfernen und Hilfe zu bekommen. Symptome und massive Störungen können auch erst nach einer Zeitverzögerung durch eine Lebenskrise zum Ausbruch kommen, selbst wenn eine Betroffene schon lange nichts mehr mit der Gruppe zu tun hat.

Letztlich sind Funktionalität oder Dysfunktionalität nicht nur ein Ergebnis der Machenschaften einer solchen Gruppe, seien sie noch so ausgefeilt. Der Mensch selbst bleibt in der Lage, selbst bei einer DIS, in einem gewissen Rahmen etwas zu verändern, Gelerntes aus der Gruppe selbst zu überprüfen, sich Hilfe zu holen und an Veränderungen zu arbeiten, sei es, um die Gruppe verlassen zu können oder sei es, um nach Jahren die Folgen zu verarbeiten.

3.2.2 Schlusswort: Offenheit

Wer viel fragt, bekommt viel Antwort.
Fragen statt Ungläubigkeit.
Nur weil ich es nicht kenne, muss es nicht unwahr sein.
Hintergründe erschließen sich nur im Zusammenhang.

Literatur

Dilling, H., Mombour, W. & Schmidt, M. H. (Hrsg.) (1993). Internationale Klassifikation psychischer Störungen ICD-10. Weltgesundheitsorganisation. 2. Auflage. Bern: Verlag Hans Huber.
Dilling, H. & Freyberger, H. J. (Hrsg.) (2006). Taschenführer zur ICD-10-Klassifikation psychischer Störungen. 3. Auflage. Bern: Verlag Hans Huber.
Fliß, C. (2005). Borderline, Schizophrenie und DIS. http://www.claudia-fliss.de/Vortraege/bbw-abensberg.pdf

3.3 Ambulante Psychotherapie
Claudia Fliß

3.3.1 Einleitung

Da die meisten Betroffenen Ritueller Gewalt mit Traumafolgestörungen reagieren, ist in der Regel eine traumaspezifische Psychotherapie erforderlich. Oft liegt neben einer Posttraumatischen Belastungsstörung (PTBS) eine dissoziative Störung vor, wegen der meistens erfolgten Konditionierung und Programmierung in Rituelle Gewalt praktizierenden Gruppen zusätzlich eine Dissoziative Identitätsstörung (DIS). Ziel von Konditionierung und Programmierung ist eine Aufspaltung der Persönlichkeit und Trennung der dadurch entstehenden Persönlichkeiten in solche, die im gesellschaftlichen Alltag funktionieren, und solche, die im rituellen Zusammenhang ihre Aufgaben erfüllen. Bei einer DIS findet sich ein inneres System von Persönlichkeiten, die getrennt voneinander existieren und über Fähigkeiten und Eigenschaften verfügen, die diesen jeweiligen Funktionen zuarbeiten. Die von den Tätern beabsichtigte Zuordnung der Persönlichkeiten zu ihren Aufgaben ist den Betroffenen in der Regel nicht bewusst, wenn sie sich um eine Psychotherapie bemühen. Eine Alltagspersönlichkeit kommt mit Symptomen und Beschwerden in eine Praxis und wünscht Linderung. Ihr ist nicht unbedingt bewusst, dass es viele andere Persönlichkeiten gibt und welche Aufgaben sie haben. Vielleicht weiß oder ahnt die Betroffene, dass extreme Erlebnisse stattgefunden haben oder stattfinden.

Psychotherapie ist nach Beendigung der Gewalt immer leichter umzusetzen als bei aktuell noch stafftfindender Gewalt. Diese Erkenntnis gibt es schon lange zum Thema häuslicher Gewalt und Vergewaltigungen in Beziehungen. Leben Menschen bei Beginn einer Psychotherapie noch in Gewaltzusammenhängen, besteht ein Ziel der Therapie im Verlassen der Gewaltzusammenhänge. Dasselbe gilt aus meiner Sicht für Betroffene Ritueller Gewalt, auch wenn die Gewaltzusammenhänge in ihren Ausmaßen in der Regel häusliche und Beziehungs-Gewalt übersteigen. Manche TherapeutInnen erwarten vor Beginn einer Psychotherapie von ihren KlientInnen eine Beendigung der Gewalt. Dies ist für eine größere Aussicht auf Erfolg der Therapie sicherlich sinnvoll. Eine Therapeutin schließt damit auch für sich Risiken und Bedrohungen durch die Betroffene und/oder die Täter eher aus. Betroffene Ritueller Gewalt können diese Voraussetzung zu Beginn einer Psychotherapie jedoch oft nicht erfüllen. Hat eine Betroffene ein ausgeprägtes System von Innenpersönlichkeiten, die durch Konditionierung und Programmierung entstanden sind, ist sie anfänglich nicht in der Lage, die Gewalt zu beenden. In der Regel sind sich die Persönlichkeiten in ihrer Haltung zu den Gewalterlebnissen nicht einig. Uneinigkeit im inneren System ist von den Tätern beabsichtigt, um einen Menschen besser kontrollieren zu können. Erst mit der Entstehung von Einigkeit der Persönlichkeiten kann die Gewalt durch die Täter zielstrebig beendet werden. Diese Einigkeit muss im Verlauf einer Psychotherapie meistens erst erarbeitet werden. Dazu sind eine Bearbeitung der zahlreichen Traumatisierungen und der Aufbau einer Kommunikation und Kooperation im inneren System erforderlich. Dazu kommt, dass viele Betroffene zu Beginn einer Psychotherapie wegen der ausgeprägten Amnesien eine Frage der Therapeutin nach aktueller Gewalt subjektiv wahrheitsgemäß verneinen. In der Arbeit mit Menschen mit ausgeprägten Traumafolgestörungen sind Ursachen in rituellen Gewalterfahrungen nicht auszuschließen. Stellt sich dieser Zusammenhang erst bei laufender Therapie heraus, scheint es aus meiner Sicht schwierig, der Betroffenen zu erklären, damit wolle man nicht arbeiten oder das hätte sie zu Beginn der Therapie sagen müssen. In der Praxis haben meiner Meinung nach Betroffene eher eine Chance auf eine ambulante Psychotherapie, wenn sie mit gutem Gewissen sagen können, solche Zusammenhänge gebe es nicht. Bejahen sie eine Frage danach, können TherapeutInnen sich vor der Aufnahme einer Therapie dagegen entscheiden. Diese Situation ist schwer für Betroffene, die um die Hintergründe wissen und vor Aufnahme einer Therapie eine Frage danach bejahen müssen.

Dennoch haben TherapeutInnen immer das Recht, eine Therapie abzulehnen, wenn sie sich eine Bearbeitung des extrem belastenden Themas Ritueller Gewalt nicht zutrauen oder nicht zumuten wollen. Eine halbherzige Arbeit mit Betroffenen wird kaum Erfolg haben und die Enttäuschungserfahrungen Betroffener mit HelferInnen nur verstärken. Betrachtet man die Anforderungen an eine Ausstiegsbegleitung und die derzeit noch schlechten Bedingungen, ist dieses Recht auf Ablehnung für TherapeutInnen zusätzlich zu unterstreichen. Wegen der Amnesien Betroffener ist eine klare Entscheidung für oder gegen eine Therapie leider im Vorfeld oft nicht möglich. Mir scheinen zumindest grundlegende Informationen zu diesen KlientInnen wichtig und sinnvoll zu sein, um Rituelle Gewalterfahrungen als Hintergründe von Traumafolgestörungen eher erkennen zu können.

Im Weiteren wird der Begriff Therapeutin für beide Geschlechter verwendet, um den Sprachgebrauch zu vereinfachen. Diese Entscheidung wurde auf dem Hintergrund dessen getroffen, dass sich Betroffene – eher Frauen – eher an Therapeutinnen als an Therapeuten wenden.

3.3.2 Rückschlussmöglichkeiten von beobachteten Symptomen auf erlebte Gewalt

Die genannten Symptome und Auffälligkeiten sind mögliche Hinweise auf die erlebte Gewalt. Die Symptome sind weder spezifisch noch vollständig. Fragen nach den jeweiligen Ursachen sind wichtig, man sollte für die Möglichkeit Ritueller Gewalt als Hintergrund offen sein und dies nicht grundsätzlich ausschließen. Dazu gehören unter anderem:
– Unerklärliche Reaktionen auf Elemente des Alltags wie auf eine Arztpraxis, Glockenklang, Kreuze, generell christliche Symbole bei Mitgliedern satanistischer Gruppen, auf körperliche Berührungen wie Handgeben, Berufsbezeichnungen, Mitglieder von Berufen wie Polizei, die den Gruppen gefährlich werden können, weil sie ermitteln oder im

Bereich der Sozialen Berufe einem Mitglied der Gruppe helfen könnten, so dass die Gruppe das Mitglied verlieren könnte.
- Tragen schwarzer Kleidung, extrem schwarz gefärbte Haare, Tragen von Symbolen einer Gruppe, viele Verletzungen am Körper (Selbstverletzung oder Fremdverletzung können Ursache sein), Verbergen von möglichst viel Körper unter Kleidung, bei DIS schräg gestellte Augen bei manchen Persönlichkeiten.
- Ungewöhnliche Fehlkognitionen, Nachfragen ist wichtig, weil es im Sinne einer Gruppenideologie oder bestimmter Erlebnisse logisch sein kann.
- Besonders angepasstes und wenig „farbenfrohes" Verhalten kann ein Hinweis auf das Vorliegen einer DIS und einer wenig informierten Alltagspersönlichkeit sein.
- Auffällige Abwesenheit an bestimmten Kalendertagen, die für die Gruppe zu Treffen und Ritualen genutzt werden.
- Sich Wiederfinden an unbekannten Orten, früh morgens und eher weit weg von Ortschaften, sich Wiederfinden in anderen Städten, an Bahnhöfen.
- Unerklärlich viel Geld, teure Gegenstände wie Handys oder andere Kommunikationsmittel, die die Gruppe zur Kommunikation mit ihren Mitgliedern benötigt. Vorfinden von ungewöhnlichen Kleidungsstücken, Drogen, anderen unbekannten Gegenständen.
- Starker Druck, plötzlich wegzumüssen, und Suche nach Ausreden, um das umzusetzen.

3.3.3 Der therapeutische Ansatz

Wie generell bei komplexen Traumatisierungen hat sich in meiner Praxis bei Ausstiegsbegleitungen und in Therapien nach Ende des Täterkontakts ein integratives Therapiekonzept bewährt. Das Konzept beinhaltet Elemente aus anderweitig bekannten therapeutischen Methoden und Techniken, aber auch selbst entwickelte Methoden und Techniken aus anderen therapeutischen Zusammenhängen, die auf die Arbeit mit komplex traumatisierten Menschen übertragen wurden (Fliß 2008 in Fliß & Igney 2008).

Bei einer Übertragung dieses Konzepts auf die therapeutische Unterstützung von Menschen mit rituellen Gewalterfahrungen sind zusätzliche Anpassungen an deren spezifischen Bedarf erforderlich. Sind Menschen bereits aus Zusammenhängen Ritueller Gewalt entkommen und müssen „nur" die belastenden Erlebnisse traumatherapeutisch aufgearbeitet werden, kann dieses integrative Konzept weitgehend übernommen werden. Wegen der meistens vorhandenen Programmierungen der Menschen zeigt sich nach meiner Erfahrung der Einsatz des gruppentherapeutischen Modells für die meistens zahlreichen inneren Persönlichkeiten als besonders effektiv (Fliß 2007).

Das Bild einer Gruppe vieler Persönlichkeiten in einem inneren System hat sich in der Therapie oft als hilfreich erwiesen. Die inneren Welten von Menschen mit einer DIS gestalten sich sehr individuell, allen gemeinsam scheint zu sein, dass immer eine Persönlichkeit im Körper und damit im Hier und Heute anwesend sein muss. Diese Persönlichkeit spürt während der Anwesenheit im Körper eine durch ihre eigenen fragmentierten Erfahrungen geprägte Körperwahrnehmung, auch Gedanken und emotionales Erleben sind dadurch geprägt. Auch der jeweilige Entwicklungsstand verkörpert sich in seinen Möglichkeiten von Wahrnehmung, Bewegung und Handlung. Die Persönlichkeit im Körper ist von ihrem sonstigen Platz im inneren System vorübergehend weggegangen und kehrt nach der Anwesenheit im Körper dorthin zurück. In der Regel kann keine der Persönlichkeiten vor einer vollständigen Kooperation aller das innere System ganzheitlich wahrnehmen und überschauen.

Bildhafte Vorstellungen können von Menschen mit einer DIS meistens gut nachvollzogen werden: Die innerlich vorhandene kleine oder größere Gruppe von Persönlichkeiten lässt sich mit einer Gruppe von Menschen vergleichen, die sich zur Therapeutin zu einer Gruppentherapie begibt. Die Gruppe kennt sich untereinander nur teilweise, die Therapeutin kann immer nur ein Mitglied gleichzeitig sehen. Die Gruppe selbst befindet sich in einem Raum, der nur teilweise beleuchtet ist, die Mitglieder können sich untereinander nur teilweise oder gar nicht sehen. Alter und Entwicklungsstand der Gruppenmitglieder sind verschieden, ihre jeweilige körperliche und psychische Verfassung unterscheidet sich sehr. Die Therapeutin hat die Aufgabe, mit dieser Gruppe eine Gruppentherapie umzusetzen, ohne die Mitglieder sehen oder hören zu können. Sowohl sie als auch jedes Gruppenmitglied müssen alle anderen kennen lernen und sie in ihren Unterschieden verstehen. Die Gruppenmitglieder müssen sich gegenseitig unterstützen lernen. Am Ende dieser Gruppentherapie sollten sich alle Mitglieder kennen und es sollte allen weitgehend gut gehen. Eine untereinander und der Therapeutin unbekannte Gruppe muss bei einem Ausstieg aus Zusammenhängen Ritueller Gewalt unter den dargestellten schwierigen Bedingungen den Kontakt zu den Tätern beenden. Die Täter kennen die innere Gruppe in der Regel und können mittels der Auslösereize die programmierten Reaktionen auslösen. Die Alltagspersönlichkeit bringt die gesamte Gruppe in die nicht unbedingt von allen Persönlichkeiten gewünschte Gruppentherapie.

Wegen der oft ausgeprägten Fragmentierung der Grundpersönlichkeit in viele Persönlichkeiten stehen der im Alltag aktiven Alltagspersönlichkeit selten ausreichende Kompetenzen für eine erfolgreiche Verarbeitung der massiven Schädigungen zur Verfügung. Ein teamorientierter Ansatz hat sich dagegen gut bewährt. Aus der Alltagspersönlichkeit und einigen weiteren starken und einflussreichen Persönlichkeiten des inneren Systems kann ein kooperierendes Team gebildet werden, das gemeinsam die therapeutischen Anforderungen im Alltag und im Inneren umsetzt. Diese Kooperation muss zunächst aufgebaut werden. Dieser teamorientierte Ansatz hat sich auch bei der Ausstiegsbegleitung bewährt. Der Ausstieg aus Zusammenhängen Ritueller Gewalt ist nach meiner Erfahrung ebenso wenig allein von der Alltagspersönlichkeit zu bewältigen wie die therapeutische Arbeit. Die dazu erforderliche Kraft, Stärke und Konsequenz, das Durchhaltevermögen und die Leidensfähigkeit sind nicht allein durch die Alltagspersönlichkeit umsetzbar, sondern eher in einer Kooperation von verschiedenen Persönlichkeiten, die über diese Kompetenzen verfügen und sie abwechselnd oder gemeinsam einsetzen können. Wichtige Schlüsselpersönlichkeiten aus dem inneren System können um eine Teamarbeit gebeten werden.

Bei der Aufnahme einer Psychotherapie sind in der Regel ohnehin – für die Therapeutin oft unbemerkt – mehrere Persönlichkeiten im Hintergrund anwesend und beobachten, worüber die Alltagspersönlichkeit mit der Therapeutin spricht. Entstehen ein guter Kontakt und eine ausreichend vertrauensgeprägte therapeutische Beziehung, stellen sich weitere Persönlichkeiten nach meiner Erfahrung mit der Zeit von selbst vor. Sie stellen Fragen zur Orientierung und zur weiteren Vertrauensbildung und prüfen selbst den Kontakt und das therapeutische Angebot. In vielen Fällen übernehmen andere Persönlichkeiten des inneren Systems sowohl den Ausstieg als auch große Teile der therapeutischen Aufarbeitung, steuern das Geschehen, halten Belastungen aus und lassen die Alltagspersönlichkeit außen vor. Die Alltagspersönlichkeit weiß und erträgt emotional, kognitiv und körperlich in der Regel wenig von den belastenden Erlebnissen. Stärkere Persönlichkeiten entlasten und schonen sie, um einem Ausstieg und einer therapeutischen Bearbeitung eine realistische Chance zu geben. Wenn viele der direkt von der Rituellen Gewalt betroffenen Persönlichkeiten ihre Belastungen bereits bearbeitet und reduziert haben, treten sie der Alltagspersönlichkeit verändert gegenüber. Die Alltagspersönlichkeit muss bei einer Begegnung mit ihnen nicht mehr die ursprüngliche emotionale, kognitive und körperliche Belastung teilen, sondern ist mit einer schon reduzierten Belastung konfrontiert. Wenn kindliche Persönlichkeiten nicht mehr nur erstarrt, unterkühlt, zitternd, panisch oder in anderer Weise massiv traumatisiert, sondern schon entspannter, etwas weiter entwickelt und der hiesigen Welt zugewandter sind, ist die Alltagspersönlichkeit weniger schockiert.

Die im inneren System zum Überleben erforderlichen Spaltungen können nur sorgsam und langsam und in einer möglichst sinnvollen Reihenfolge überwunden werden. Dabei sind nach meiner Erfahrung bei einer programmierten DIS sowohl die starken Persönlichkeiten an „Knotenpunkten" im inneren System als auch die so genannten „Weisen" und innere Programmierer mit einem zumindest teilweisen Überblick über das innere System und seine Zusammenhänge hilfreich. Eine ausreichend gute Kooperation zwischen diesen Persönlichkeiten macht einen Ausstieg bei allen ohnehin vorhandenen Erschwernissen eher möglich und erleichtert die therapeutische Bearbeitung der Schädigungen.

Bei dem folgenden Schema handelt es sich um einen groben Überblick über Spaltungen. Links der Mittellinie befinden sich die Persönlichkeiten, die im Alltag orientiert und aktiv sind. Sie sind in der Regel ganz oder teilweise amnestisch für die Rituelle Gewalt. Zu den Alltagspersönlichkeiten gehören kindliche Persönlichkeiten, die wenig belastet sind und fröhlich und glücklich sein können. Sie gewährleisten für das innere System ein Mindestmaß an Freude und Glück, um die Belastungen überhaupt aushalten zu können. Aus der ganz oben links dargestellten zunächst geretteten kindlichen Persönlichkeit spalten sich weitere kindliche Persönlichkeiten ab, die zwar durch die Belastungen eines Alltags, aber nicht durch das Trauma der Rituellen Gewalt geprägt sind. Manche von ihnen entwickeln sich im Alltag weiter und werden vom Entwicklungsstand älter, manche verbleiben in der ursprünglichen Verfassung.

Aus den Schilderungen Betroffener wird erkennbar, dass Persönlichkeiten sich am ehesten „im Körper", also im direkten Kontakt mit der Außenwelt und Menschen, weiterentwickeln. Werden Persönlichkeiten immer wieder ausschließlich in ähnliche traumatische Situationen gebracht, können sie sich nicht weiterentwickeln. Sie geraten in den Körper oder werden im Rahmen einer Programmierung mit einem Auslösereiz gezielt abgerufen, halten die Belastung aus und verschwinden wieder in den inneren Welten des

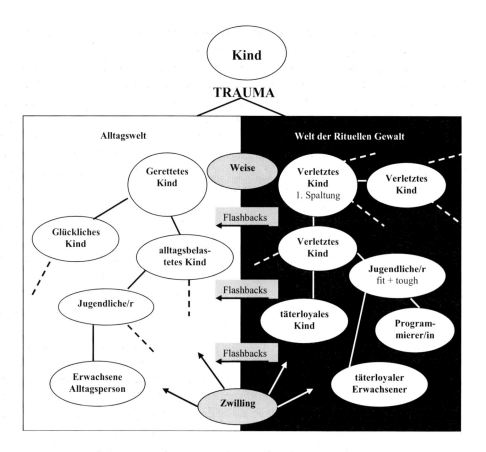

Systems, um in der nächsten vergleichbaren Situation unverändert aufzutreten. Wenn Persönlichkeiten stark und belastbar sind, können sie ähnliche und schwerere Belastungen als bei ihrer Entstehung aushalten und sich zur Bewältigung größerer Belastungen weiterentwickeln. Parallel dazu kann sich auch der Entwicklungsstand ändern und eine Alterung eintreten. Vergleichbar mit einem Menschen ohne Spaltungen findet für eine einzelne Persönlichkeit eine Entwicklung durch Belastung und Erfahrung statt. Sind neue Belastungen zu groß, als dass sie durch vorhandene Persönlichkeiten bewältigt werden könnten, entsteht eine neue Abspaltung, eine neue Persönlichkeit mit einem dieser Situation und dem realen Alter entsprechenden Entwicklungsstand. Jede einzelne Persönlichkeit eines Systems muss daraufhin betrachtet und ihr eigenes autobiographisches Gedächtnis zusammengetragen werden.

Jugendliche als Alltagspersönlichkeiten können also im Jugendlichenalter entstanden sein, das für alle Menschen eine Zeit der Rebellion und Selbstfindung darstellt. Jugendliche Alltagspersönlichkeiten können stark und wehrhaft geworden sein. Manche von ihnen können sich zu erwachsenen Persönlichkeiten weiterentwickeln, andere bleiben auf dem Entwicklungsstand ihrer Entstehung. Sieht man sich unten links die Position der Alltagspersönlichkeit (siehe Abb.) an, die in der Regel wegen der Symptome und Beschwerden eine Psychotherapie aufsucht, lässt sich unschwer erkennen, dass ihre Belastbarkeit und ihr Wissen um Traumatisierungen nur begrenzt sein können.

Im linken Alltagsbereich des obigen Schemas finden sich also bereits viele verschiedene Persönlichkeiten für den Alltag, der in Zusammenhängen Ritueller Gewalt meistens durch Vernachlässigung und körperliche und sexuelle Gewalt durch die Bezugspersonen geprägt ist. Diese Alltagspersönlichkeiten sind keineswegs über alle Ereignisse des belasteten Alltagslebens über die Jahre hinweg orientiert, sondern voneinander gespalten und für die Erfahrungen der anderen Alltagspersönlichkeiten ganz oder teilweise amnestisch. Sie werden bei weitgehender Amnesie für die Rituelle Gewalt durch zufällige oder von Tätern absichtlich gesetzte Auslösereize mit Inhalten der Rituellen Gewalt überflutet. Diese Inhalte zeigen sich in Flashbacks oder Alpträumen.

Im rechten Bereich des Schemas finden sich die Persönlichkeiten mit den rituellen Gewalterfahrungen. Sie sind ebenso wie die Alltagspersönlichkeiten auf verschiedenen Entwicklungsständen, tragen die extremen Erlebnisse der Rituellen Gewalt und sind in der Regel in einer katastrophalen Verfassung. Die Erlebnisse spiegeln sich in ihrer körperlichen, emotionalen und kognitiven Verfassung. Manche sind erstarrt, panisch oder wie tot, andere nehmen den Körper nicht mehr wahr oder reagieren wie unter extremen Schmerzen, wenn sie „in den Körper gehen" und für die Therapeutin sichtbar und erlebbar werden. Bei Programmierungen werden die Belastungen der Persönlichkeiten im rechten Bereich des Schemas so weit gesteigert, dass sich Persönlichkeiten abspalten müssen, die nichts mehr wahrnehmen und Schmerzen und Grauen gegenüber teilnahmslos werden. Manche von ihnen müssen aktiv brutale Handlungen gegen Tiere und Menschen oder gegen sich selbst vornehmen und lernen, dies möglichst ohne jegliche emotionale Wahrnehmung zu tun. Es entstehen täterorientierte oder täterloyale Persönlichkeiten, die gehorsam oder gern Aufgaben im Rahmen der Rituellen Gewalt ausführen. Manche sind von den Handlungen nicht überzeugt und damit nicht täterloyal, meistens finden sich aber auch Persönlichkeiten, die vom Denken und Handeln der Täter auch kognitiv überzeugt wurden.

Einige Persönlichkeiten können sich gezielt zwischen dem Alltagsbereich und dem Traumabereich bewegen und beides trennen oder verbinden. Eine therapeutische Kooperation mit diesen Persönlichkeiten zeigt sich in meiner Erfahrung als hilfreich, weil sie am ehesten einschätzen können, wie die verschiedenen Persönlichkeiten auf Schritte des Ausstiegs und auf therapeutisches Vorgehen reagieren. Die Weisen und die Programmierer können das innere System am ehesten überschauen und die Reaktionen der verschiedenen Persönlichkeiten einschätzen.

3.3.4 Die Bedeutung von Traumakonfrontationen

Traumakonfrontationen als Technik aus der Verhaltenstherapie sind schnell wirksam und effektiv (Boos 2005). Die Betroffene befindet sich ohnehin ständig in Flashbacks und in extremen dissoziativen Zuständen. Diese werden von den Tätern gezielt ausgelöst oder treten bei zufälligen Triggern auf. Die dissoziativen Zustände und Flashbacks sind an Persönlichkeiten gekoppelt, die auf allen Ebenen belastet sind: körperlich, kognitiv, emotional und durch Erinnerungsbilder. Diese Zustände können natürlich auch langsam und allmählich reduziert und aufgelöst werden. Bei einem parallel verlaufenden Ausstieg ist dazu in der Regel aber keine Zeit. Nach meiner Erfahrung ist es bei einer guten therapeutischen Beziehung nicht schwierig, Traumakonfrontation als Technik anzubieten, zu erklären und mit der Betroffenen auszuprobieren. Sie ist an harte Belastungen gewöhnt und befindet sich ohnehin ständig in belastenden Zuständen. Wenn sie Traumakonfrontation mit einer anschließenden Entlastung erlebt, ist sie in der Regel bereit, dies oft und nachhaltig zu nutzen.

Traumakonfrontationen sind nach meiner Erfahrung effektiver, wenn sie alle Belastungsebenen gleichzeitig beinhalten und beeinflussen können. Beim Auftreten eines hoch dissoziativen Zustands können alle Ebenen aufgegriffen, abgefragt und therapeutisch beantwortet werden. Eine hockende, extrem angespannte und panische kindliche Persönlichkeit in einem Flashback kann gut in der Realität orientiert werden, indem sie gebeten wird, die Therapeutin und den Raum anzusehen, eine warme Berührung zu spüren und bewusst wahrzunehmen, dass ihr gerade nichts Schlimmes zustößt. Sie kann ermutigt werden, zu berichten, was geschehen ist, als sie in diesen Zustand geriet. Der Bericht bei guter Orientierung in der Realität ermöglicht es der kindlichen Persönlichkeit, körperlich, emotional und kognitiv bewusst wahrzunehmen, dass die Belastung vorbei ist. Die kindliche Persönlichkeit entspannt sich, spricht und bewegt sich wieder. Sie nimmt Kontakt zur Therapeutin auf und kann anschließend von anderen Persönlichkeiten in innerer Kooperation umfassend in der heutigen Realität orientiert werden. Starke Persönlichkeiten können sich innerlich um kindliche Persönlichkeiten kümmern, ihnen beim Lernen helfen und sie im Alltag im Körper neue Erfahrungen machen lassen, indem sie „von hinten" zusehen und Ratschläge geben.

Retraumatisierungen während eines Ausstiegs bringen Persönlichkeiten zurück in die dissoziativen Zustände. Eine erneute Traumakonfrontation holt sie wieder heraus und wirkt schneller als die erste, weil die Therapeutin die Persönlichkeit daran erinnern kann, dass es ihnen gemeinsam schon einmal gelungen ist. Nach mehreren Erfahrungen mit Traumakonfrontationen kann ein inneres System das Vorgehen lernen und teilweise selbst im Inneren anwenden. Die Betroffene baut Selbsthilfestrategien und mehr Unabhängigkeit von der anfänglich ausschließlich äußeren Unterstützung auf.

Die Anti-Hilfe-Programme erschweren dieses Vorgehen bei Traumakonfrontationen anfänglich sehr. Besonders Berührungen sind schwierig oder gar nicht umzusetzen, weil Betroffene in der Welt der Täter ständig körperlich und sexuell verletzt wurden. Sie haben Angst vor Berührungen und Menschen überhaupt. Die helfende Wirkung von Berührungen muss sorgsam erklärt und vorsichtig ausprobiert werden. Berührungen und Interventionen dürfen generell nie gegen den Willen einer Betroffenen erfolgen. Gegen ihren Willen wurde ihr im gesamten Leben genug angetan. Manchmal sind Berührungen nicht umsetzbar und die körperlichen Belastungen schwer oder gar nicht beeinflussbar. Dies erschwert sowohl die Therapie als auch den Ausstieg. Betroffene wurden neben den üblichen Übergriffen in der Regel auch gegen helfende Berührungen programmiert, so dass die Berührungen selbst einen dissoziativen Zustand zusammen mit einer programmierten Persönlichkeit auslösen können. In dem Fall ist es günstig, zuerst das Programm aufzulösen, um helfende Berührungen effektiv einsetzen zu können. Die Notwendigkeit einer guten Vertrauensbeziehung zwischen der Betroffenen und der Therapeutin lässt sich nachvollziehen. Berührungen als hilfreiche Vorgehensweise finden zunehmend mehr Eingang in verschiedene Methoden der Psychotherapie (Fliß & Konstantin 2008). Moser (2006) benennt Berührungen als wichtigen „Beitrag zur Bildung positiver Introjekte", Langlotz-Weiß (2006) sieht eine Einsatzmöglichkeit im Rahmen der Schematherapie als Methode der Verhaltenstherapie, besonders bei der Arbeit mit Schemata aus der präverbalen Entwicklungsphase. Bei Betroffenen Ritueller Gewalt finden sich meistens kindliche Persönlichkeiten, die in frühen Entwicklungsphasen stehen geblieben sind. Sie reagieren oft zugewandt auf Berührungen und entspannen und orientieren sich bei Traumakonfrontationen in dissoziativen Flashbacks recht schnell.

Die Häufigkeit und Intensität von Traumakonfrontationen sollte sich möglichst am individuellen Bedarf einer Betroffenen ausrichten. Besteht kein Täterkontakt mehr, stehen mehr Zeit und Ruhe in einem langen therapeutischen Prozess zur Verfügung und die Belastung mit Traumakonfrontationen kann in Abwechslung zu stabilisierenden Maßnahmen individuell dosiert werden. Neben den zahlreichen vorhandenen Anregungen zur Stabilisierung bei Trauma (Gapp-Bauß 2008, Reddemann 2001, Huber 2006, Diegelmann 2007, Spangenberg 2008, Rost 2008) können individuell auf die Persönlichkeiten abgestimmte Techniken eingesetzt werden, die sie selbst als stabilisierend erleben. Dazu können gemeinsame Aktivitäten, Sport, Malen, Kochen, Musik und Ähnliches mehr eingesetzt werden. Persönlichkeiten haben individuelle Wünsche und Vorstellungen von dem, was ihnen gut tun könnte und was ihnen im Leben bei den Tätern meistens vorenthalten wurde.

Bei einem Ausstieg wird die Belastung in der Regel durch die Täter definiert und die Therapie muss dem vorgegebenen Tempo folgen und die Belastungen möglichst umgehend reduzieren bis abbauen. Während eines gelingenden Ausstiegs können durchaus manche Themen bearbeitet und Belastungen reduziert und beseitigt werden, bevor die Täter sie auslösen. Eine therapeutische Ausstiegsbegleitung sollte nach meiner Erfahrung hoch frequent erfolgen, um die genannten Ziele möglichst gut umsetzen zu können.

3.3.5 Die therapeutische Beziehung

Betroffenen ritueller Gewalterfahrungen fällt es ausgesprochen schwer, Vertrauen zu Menschen aufzubauen. Meistens sind ihre Bezugspersonen in die Zusammenhänge der Rituellen Gewalt eingebunden und sie haben keine ausreichenden Erfahrungen mit grundlegender Hilfe und Schutz machen können. Wenn Bezugspersonen ihren Kindern immer wieder schaden, können sich in der Regel auch keine sicheren Bindungen aufbauen. Sowohl als therapeutische Begleiterin eines Ausstiegs als auch bei der Bearbeitung extremer traumatischer Erlebnisse muss eine Therapeutin sich als vertrauenswürdig erweisen. Sie begegnet im Verlauf der Therapie immer wieder dem verständlichen Misstrauen der Betroffenen. Dass manche Persönlichkeiten Erfahrungen mit ihr gemacht und Vertrauen aufgebaut haben, bedeutet nicht, dass dies von anderen Persönlichkeiten sofort übernommen werden kann. Kann die Therapeutin Misstrauen immer wieder akzeptieren und es gemeinsam mit der jeweiligen Persönlichkeit auf seine Angemessenheit überprüfen, besteht eher eine Chance auf den allmählichen Aufbau einer vertrauensvollen therapeutischen Beziehung. Taucht eine Persönlichkeit erstmals in der heutigen Realität und in der Therapie auf, kann nicht erwartet werden, dass sie sich zurechtfinden und schnell aktuell orientieren kann. Sie benötigt die Unterstützung der Therapeutin bei der Orientierung im Hier und Heute und beim Aufbau eines Kontakts zu ihr. Manchmal kann ein Verweis auf bereits orientierte andere Persönlichkeiten hilfreich sein, die die Therapeutin inzwischen gut kennen und ihr vertrauen. Über bereits entwickelte Kontakte im inneren System einer Betroffenen kann Vertrauen zumindest ansatzweise weitergegeben werden. Auch Regeln und Grenzen müssen immer wieder überprüft und abgesprochen werden. Ehrlichkeit und Authentizität der Therapeutin sind unabdingbar.

3.3.6 Der therapeutische Prozess

3.3.6.1 Wer braucht was?

Nach meiner Erfahrung ist ein wesentlicher Aspekt einer erfolgreichen Therapie die sorgsame Wahrnehmung dessen, was welcher Mensch zu welchem Zeitpunkt benötigt. Diese Fragestellung wird bei einer „Gruppentherapie" bei DIS auf jedes Gruppenmitglied sowie auf die Gruppe als Ganzes übertragen. Benötigt eine kindliche Persönlichkeit gerade Hilfe zum Verlassen einer traumatischen Situation aus der Vergangenheit oder interessante Anregungen im Alltag zur Weiterentwicklung? Braucht eine täterloyale Persönlichkeit eine Diskussion zur Überprüfung der gelernten Denkmuster zur Rituellen Gewalt oder braucht sie den Boxsack, um die Wut gegen die Verursacher der Traumatisierung symbolisch abzureagieren? Benötigt eine Alltagspersönlichkeit eine Pause von der Traumabearbeitung, um den Alltag weiter bewältigen zu können? Braucht die Gruppe einen Überblick über die aktuelle Situation oder über den Stand der Traumabearbeitung oder eine ruhige Sitzung, um sich von Belastungen zu erholen? Benötigt eine Persönlichkeit Trost oder Distanz zum Wahren der Würde? Braucht eine Persönlichkeit empathischen Zuspruch und Ermutigung oder eine empathische Konfrontation mit Fehldenken? Hat ein neuer Übergriff der Täter stattgefunden und macht eine Krisenintervention erforderlich? Wichtig erscheint mir, den gerade aktuellen Bedarf in jeder Therapiesitzung und in jedem zusätzlichen Kontakt (Telefon, Mail usw.) sorgsam zu prüfen.

3.3.6.2 Täterkontakt ist beendet

Nach einem gelungenen Ausstieg aus Zusammenhängen Ritueller Gewalt ist die Bearbeitung der dadurch verursachten Traumafolgestörungen sowie komorbider Störungen wesentlich leichter, weil das Bewusstsein über das Ende der Gewalt hilft. „Es ist vorbei" macht jeder neu entdeckten Persönlichkeit deutlich, dass nun eine Chance auf ein anderes Leben besteht. Wird eine traumatisierte Persönlichkeit in einer Traumakonfrontation aus der traumatischen Situation der Vergangenheit geholt, erholt sie sich schneller und lässt sich eher ermutigen, wenn dieser Satz gesagt werden kann. Eine traumatisierte Persönlichkeit entspannt sich, schaut sich um, orientiert sich im Hier und Heute, nimmt Kontakt mit der Therapeutin auf, reagiert auf deren Angebote, realisiert den aktuellen Zustand des Körpers und nimmt Kontakt zu anderen Persönlichkeiten des inneren Systems auf. Die Persönlichkeit lässt sich motivieren, sich mit der aktuellen Situation auseinanderzusetzen, sich in die Gruppe der Persönlichkeiten zu integrieren, ihre Fähigkeiten und Eigenschaften im Interesse des gesamten Systems einzubringen und sich weiterzuentwickeln. Ihre Erlebnisse müssen bei einem Kontakt mit anderen Persönlichkeiten des inneren Systems gemeinsam geteilt und ausgehalten werden. Sie werden Bestandteil des autobiographischen Gedächtnisses des Systems.

Eine Bearbeitung aller durch die Rituelle Gewalt entstandenen Störungen benötigt viel Zeit, ist anstrengend und schmerzhaft und kann gefährlich sein, wenn der Mensch programmiert wurde. Durch die therapeutische Bearbeitung der traumatischen Situationen können bisher unberührte Programme aktiviert werden. Wenn Programme anlaufen, entsteht die Gefährdung durch die Ziele der Programme, nicht direkt durch die Täter. Ein aktiviertes Suizidprogramm kann auch nach Beenden des Täterkontakts zu einem Suizid führen, ein Rückholprogramm kann die Wiederaufnahme des Kontakts zu den Tätern auslösen. Anti-Hilfe-Programme werden in der Regel durch das Hilfsangebot einer Traumatherapie aktiviert und müssen aufgelöst werden. Selbstverletzungsprogramme können aktiviert werden, nachdem die Betroffene nach Ende des Täterkontakts und mit der Beruhigung der Lebenssituation selbstverletzendes Verhalten schon beendet hatte. Dasselbe gilt für Essvermeidungsprogramme und ein Wieder-Auftreten von gestörtem Essverhalten. Diese Reaktionen dürfen nicht als Rückschritte in einem Therapieverlauf gewertet werden, sondern müssen realistisch als programmiertes Verhalten identifiziert werden, das gelöscht werden muss und kann. Ein therapeutisches Vorgehen dazu findet sich im folgenden Abschnitt.

3.3.6.3 Ausstieg muss begleitet werden

Therapeutische Unterstützung und Begleitung bei einem Ausstieg aus Zusammenhängen Ritueller Gewalt erscheint aus meiner Sicht sinnvoll und notwendig. Die Persönlichkeiten benötigen spezifische therapeutische Angebote nach dem Konzept der Gruppentherapie. Wenn sich ausreichend starke Persönlichkeiten zusammenfinden möchten, um den Ausstieg zu bewältigen, werden die Dissoziationen aufgehoben, die ihnen bisher ein gegenseitiges Trennen der belastenden Erlebnisse voneinander gewährleistet hatten. Ausreichendes Wissen um die Voraussetzungen und die Vorgehensweise bei einem Ausstieg muss von verschiedenen Persönlichkeiten zusammen getragen werden, die sich bei einer inneren Begegnung mit bisher nicht bekannten Erlebnissen auseinandersetzen müssen. Eine direkte Bearbeitung des dabei aufbrechenden Traumas mit Flashbacks ist zur Bewältigung dieser Aufgabe hilfreich. Körperliche und emotionale Anspannungen können gleich bearbeitet und reduziert werden. Der Aufbau einer Kooperation der beteiligten Persönlichkeiten mit gegenseitiger Hilfe und Unterstützung stärkt sofort das gesamte innere System. Die bisher voneinander getrennten Fähigkeiten und Eigenschaften können gemeinsam zum Nutzen des Systems zusammengetragen und eingesetzt werden.

Die therapeutische Vorgehensweise bei einer Ausstiegsbegleitung soll anhand der in Kapitel 2.3 beschriebenen Phasen dargestellt werden. Diese Phasen finden nicht immer in der genannten Reihenfolge statt und können sich jederzeit überschneiden.

Erste Entscheidung, den Täterkontakt bewusst zu beenden
Das Bewusstsein über noch bestehenden Täterkontakt und fortgesetzte Übergriffe sowie der eigenen Beteiligung an Ritualen belastet eine Betroffene. Das bisherige Bild der eigenen Person, bisheriger Handlungen und der gesamten Lebenssituation gerät aus den Fugen. Erschrecken und Entsetzen darüber gehen meistens allmählich in eine Realisierung der Tatsachen über. Parallel dazu werden viele vorherige Wahrnehmungen verständlich und in einem Zusammenhang erkennbar. Die Inhalte von Flashbacks und Alpträumen lassen sich auf dem Hintergrund Ritueller Gewalt zuordnen, gemalte Bilder, geschriebene Texte, viele Gedanken und Gefühle werden verständlich. Trotz der damit verbundenen Belastungen lässt das Bewusstsein über fortbestehenden Täterkontakt Wege und Möglichkeiten deutlich werden, die bisher nicht bestanden. In der Therapie kann über das Vorgehen bei der Ausstiegsbegleitung gesprochen werden, ein HelferInnennetzwerk kann entwickelt und Risiken und Chancen können abgewogen werden. Eine Perspektive entsteht, die Hoffnung macht.

Damit der Ausstieg eine Chance hat und die bisherige Situation der Betroffenen nach einem misslungenen Ausstieg nicht noch schlimmer wird als bisher, muss das HelferInnennetzwerk sorgsam entwickelt und geprüft werden. Gemeinsame Gespräche mit potenziellen HelferInnen finden statt, mit der Betroffenen wird geregelt, wie die Kooperation gestaltet und wie mit der Schweigepflicht umgegangen werden soll. Die Alltagssituation muss für die Betroffene sorgsam geprüft werden. In der Regel gibt es Rückholprogramme, die von den Tätern bei einem Ausstiegsversuch sofort ausgelöst werden. Die darin verwickelten Persönlichkeiten gehorchen auf die entsprechenden Auslöserreize der Täter und müssen am Weglaufen gehindert werden. Wird die Betroffene von HelferInnen am Verlassen des Hauses gehindert, fällt dies rechtlich unter Freiheitsberaubung. Die Erlaubnis zum Festhalten und gegebenenfalls vorübergehenden Einschließen der Betroffenen muss mit den kooperierenden Persönlichkeiten besprochen und vertraglich festgehalten, die Bedingungen müssen genau definiert werden. Oft formulieren Persönlichkeiten aus den Rückholprogrammen ihre Rechte und müssen informiert werden, dass es mit anderen Persönlichkeiten dazu eine anders lautende Vereinbarung gibt. Vereinbarungen müssen genau definiert und verbindlich festgehalten werden. In der Regel funktionieren Vereinbarungen gut, weil die Betroffenen in der Tätergruppe ständig an Vereinbarungen gebunden sind und sich exakt daran halten müssen. Zuverlässigkeit ist fester Bestandteil einer Programmierung und funktioniert auch bei Vereinbarungen mit HelferInnen.

Laufen die Rückholprogramme, tauchen die dazu gehörenden Persönlichkeiten plötzlich auf, sind nicht orientiert und nur bemüht, ihre brutal gelernte Aufgabe auszuführen. Sie müssen in der Situation direkt orientiert und aus dem Flashback herausgeholt werden, in dem sie sich im subjektiven Erleben befinden. Eine direkt eingesetzte Traumakonfrontation ermöglicht parallel zum Verhindern der Rückkehr zu den Tätern eine Bearbeitung eines oder mehrerer traumatisierender Erlebnisse der Persönlichkeit aus dem Rückholprogramm. In der Regel bestehen solche Programme aus mehreren Ketten von nacheinander auftretenden Persönlichkeiten. Ein nicht gelungener Teil eines Rückholprogramms löst eigenständig den nächsten Programmteil aus. Je nach Bedeutung der Betroffenen für die Tätergruppe ist ein Rückholprogramm schnell zu beenden oder beinhaltet zahlreiche Ketten, die eine länger andauernde intensive Betreuung erfordern. Insgesamt wächst die Chance auf das Gelingen eines Ausstiegs mit der Zahl der Persönlichkeiten, die sich aktiv daran beteiligen.

Es kann sinnvoll sein, dass die Therapeutin einige der HelferInnen in einem traumatherapeutischen Umgang mit akut auftauchenden Persönlichkeiten fortbildet, damit sie beim Auflösen eines Programms nicht durchgängig anwesend sein muss. Meistens ist ein regelmäßiger Kontakt der Therapeutin mit den anderen HelferInnen notwendig, damit der laufende Prozess gemeinsam beleuchtet und eingeschätzt werden kann.

In der Regel beobachten die „Weisen" eines inneren Systems die Aktivitäten der ausstiegswilligen Persönlichkeiten im Kontakt mit den HelferInnen und unterstützen von innen, ohne sich zunächst zu erkennen zu geben. Ihnen ist oft das unerwartete Gelingen mancher Situation zu verdanken, das anfangs logisch nicht erklärbar scheint. Die stärkeren Persönlichkeiten weiter hinten im System beobachten teilweise ebenfalls, was die aktiven Persönlichkeiten tun. Manchmal unterstützen sie von innen oder tauchen unerwartet im direkten Kontakt auf, um zu helfen. Die täterloyal programmierten Persönlichkeiten sind stärker und belastbarer als die Alltagspersönlichkeiten und die schwächeren, hilflosen und weniger belastbaren Opferpersönlichkeiten des Systems. Für die Auflösung von Programmen sind die inneren „Programmierer" hilfreich. Sie haben zumindest anteilig einen Überblick über die bestehenden Programme.

Je eher sie sich am Ausstieg beteiligen, desto größer ist die Chance auf ein Gelingen. Die Therapeutin kann sich diese beschriebenen inneren Prozesse im Interesse der Betroffenen zu Nutze machen, indem sie diese Persönlichkeiten „ins System hinein" anspricht, sie um Unterstützung bittet, sie auf ihre Stärken und Einflussmöglichkeiten hinweist, auch wenn sie nicht antworten. Sie hören sicherlich zu und denken über die Worte nach. Die Weisen und die starken Persönlichkeiten fassen eher Vertrauen zu den HelferInnen, wenn sie erleben, dass diese zu Ritueller Gewalt informiert sind, einen guten Plan und ausreichende Fachkompetenz und Erfahrung zur Verfügung stellen. Aber auch HelferInnen ohne Erfahrung werden von einem inneren System ernst genommen, so lange sie die Realität der Gewalt akzeptieren und sich vorstellen können, dass die Aussagen der Betroffenen wahr sein können. In dieser Phase entscheidet letztlich das innere System, wie die Chancen für einen Ausstieg stehen und ob es gewagt werden soll, auch wenn die HelferInnen im direkten Kontakt nur einige Persönlichkeiten erleben.

Um eine grundsätzliche Entscheidung für den Ausstieg zu treffen, müssen die Persönlichkeiten sich nicht nur den HelferInnen zuwenden, sondern auch aufeinander blicken und sich untereinander wahrnehmen. Dies bedeutet gleichzeitig, die traumatischen Erlebnisse anderer Persönlichkeiten zu sehen, mitzufühlen und kognitiv zu realisieren, was den anderen widerfahren ist. Die zum Überleben erforderlichen Spaltungen im inneren System werden teilweise verwässert oder aufgelöst. Die körperlichen, emotionalen und kognitiven Belastungen der Lebensgeschichte müssen plötzlich von vielen Persönlichkeiten geteilt und ausgehalten werden. Diese Erfahrung kann zu Rückschlägen in der Entscheidung für den Ausstieg führen.

Das für den therapeutischen Verarbeitungsprozess erforderliche Auflösen der Spaltungen kann im gesamten Ausstiegsprozess in allen Phasen bei zu großer Geschwindigkeit oder einer ungünstigen Reihenfolge zu einer Überforderung des inneren Systems und Suizidgedanken führen. Es ist gut zu wissen, dass nur wenige Persönlichkeiten eigenständig und ohne Verhinderung durch andere Persönlichkeiten einen Suizid verüben können. Wenn man sie frühzeitig findet, können Vereinbarungen im Rahmen eines Anti-Suizid-Vertrags mit ihnen getroffen werden. Aber schon ein Suizidversuch arbeitet den Tätern zu und wirft im Ausstiegsprozess zurück. Im Verlauf einer therapeutischen Ausstiegsbegleitung muss mit solchen Reaktionen jederzeit und immer wieder gerechnet werden. Absprachen zu einem Umgang damit müssen gefunden und verbindlich eingehalten werden. Pausen und vorübergehende Stabilisierungsphasen können hilfreich sein. Leider lassen die Aktionen der Täter selten diese Möglichkeit offen, so dass die Belastungen in der Regel über die Zeit des Ausstiegs ausgehalten und aufgefangen werden müssen. Die Betroffene und die HelferInnen sollten sich dessen bewusst sein und möglichst konstruktiv damit umgehen. Allein die Realisierung dieses Zusammenhangs kann einer Entmutigung aller Beteiligten vorbeugen und die Hoffnung auf einen Erfolg aufrechterhalten.

Die Belastungen der zahlreichen Traumakonfrontationen vor allem im Zusammenhang mit der Bearbeitung der Programme sind nicht zu verhindern, ein positiver Blick ist hilfreich: Jede Traumakonfrontation beseitigt einen weiteren Stresspunkt, jedes von den Tätern ausgelöste Programm wird bei therapeutischer Bearbeitung erkennbar. Ein identifiziertes Programm kann mit Traumakonfrontationen mit allen beteiligten Persönlichkeiten zielstrebig aufgelöst werden. Die Persönlichkeiten sind danach nicht mehr in den früheren traumatischen Situationen gefangen, sondern stehen dem gesamten System mit ihren Fähigkeiten und Eigenschaften zur Verfügung. Jede befreite Persönlichkeit kann den Ausstieg mit unterstützen, Belastungen durch Traumakonfrontationen mit abfangen und ausgleichen helfen, kindliche Persönlichkeiten schützen und abschirmen, ihnen in ihrer Entwicklung helfen oder sich auch einfach am Alltag beteiligen, wenn die Alltagspersönlichkeiten zu belastet sind. Jede Persönlichkeit lernt durch Handlung dazu und entwickelt sich weiter. Der gesamte Veränderungsprozess hat wiederum Auswirkungen auf die noch bestehenden Programme, weil Programme immer mehrere Persönlichkeiten einbeziehen und verbinden. Sind einige Persönlichkeiten eines noch nicht aufgelösten Programms schon aus einem Trauma eines anderen Programms befreit, ist es für sie schon leichter, sich mit den Belastungen des noch nicht aufgelösten Programms auseinanderzusetzen. Die erfolgreichen Erfahrungen wirken sich ermutigend aus. Je mehr Persönlichkeiten aus den

Programmen befreit sind, desto mehr Kompetenzen werden insgesamt wieder frei und stehen der Betroffenen zur Verfügung. Sie erlebt diesen Veränderungsprozess bewusst und realisiert, dass sie mehr Einfluss auf sich selbst nehmen kann, als ihr zuvor jemals möglich war. Die anstehende anstrengende Trauma-Arbeit wird von immer mehr inneren HelferInnen unterstützt. Die Persönlichkeiten wenden sich einander zu, statt wie von den Tätern vorgesehen voneinander ab und realisieren zunehmend, dass die Abwendung voneinander Absicht der Täter war und nicht fortgesetzt werden muss. Sie realisieren außerdem, dass ihre Fähigkeiten und Eigenschaften von den Tätern nutzbar gemacht wurden und nicht an sich schlecht sind. Bisher täterloyale Persönlichkeiten wurden in ihrer Stärke, Durchhaltefähigkeit, Belastbarkeit und Handlungskonsequenz von den Tätern für ihre Zwecke benutzt und missbraucht. Wenn sie sich am Ausstieg beteiligen, erleben sie eine selbst bestimmte Zielrichtung für den Einsatz ihrer Kompetenzen und verändern sich hin zu Konstruktivität, Mitgefühl und Leidensfähigkeit. Opferpersönlichkeiten und Alltagspersönlichkeiten können den bisher täterloyalen Persönlichkeiten besser begegnen und mit ihnen kooperieren, wenn sie deren Fähigkeiten getrennt von den bisherigen Aufgaben der Täter erleben und erkennen können, dass alle Persönlichkeiten letztlich von den Tätern genutzt und ausgenutzt wurden. So nehmen die Kompetenzen immer weiter zu und das Trauma lässt nach.

Die bewusste Wahrnehmung von hart erarbeiteten Erfolgen ist besonders wichtig, wenn weitere Täterkontakte stattfinden, die zu den Phasen des Ausstiegs leider immer wieder dazugehören. Solange Programme noch abrufbar sind, haben die Täter mehr Einfluss auf das Befinden und Verhalten der Betroffenen als sie selbst oder gar die HelferInnen. In Täterkontakten werden bestehende Traumatisierungen wieder belebt, die ausstiegswilligen Persönlichkeiten werden bestraft oder in Bereichen neu traumatisiert, für die bisher andere Persönlichkeiten zuständig waren. So kann eine männliche Persönlichkeit erstmals vergewaltigt werden und ist schon deshalb dadurch extrem traumatisiert, dass sie das bisher nicht aushalten musste. Eine von den Tätern dafür vorgesehene Persönlichkeit erträgt eine neue Vergewaltigung mit den dazu ausgebildeten Kompetenzen besser. Die Täter erzwingen durch neue Traumatisierungen neue Persönlichkeiten, die noch keine eigenen Vorerfahrungen haben und sich durch die erlebte Gewalt der Täter zu Gehorsam bringen lassen. Erst wenn ein inneres System gelernt hat, sich neu entstandenen Persönlichkeiten sofort zuzuwenden und sie gezielt in die innere Gruppe aufzunehmen, haben die Täter mit dieser Strategie keinen Erfolg mehr. Jeder Täterkontakt entmutigt und vermittelt das Gefühl und das Denken, dass die Betroffene doch keine Chance auf ein selbst bestimmtes Leben hat. Diese Reaktionen sind dem realen Erleben absolut angemessen und müssen so gewertet werden. Rückschläge und depressive Reaktionen gehören zum Ausstieg und können nicht verhindert oder vermieden werden. Hilfreich ist immer wieder eine bewusste Reflektion mit der Betroffenen und allen beteiligten Persönlichkeiten. Der Ausstieg ist hart und dauert.

Entscheidung der hinteren Persönlichkeiten, den Kontakt zu beenden
Wie die hinteren Persönlichkeiten eines Systems den Ausstieg mit unterstützen können, wurde im vorhergehenden Abschnitt schon beschrieben. Hier wird direkt erkennbar, wie

schwierig eine Aufteilung in verschiedene Phasen eines Ausstiegs ist. Der Entscheidungsprozess der hinteren Persönlichkeiten erfolgt allmählich. Anfangs beobachten sie die Mühen der ausstiegswilligen Persönlichkeiten interessiert und dulden sie allenfalls. Dies ist nicht als generelle Zustimmung oder gar Unterstützung zu werten. Die Motive für eine Duldung können unterschiedlicher Art sein. Hintere Persönlichkeiten lassen die aktiven Persönlichkeiten vielleicht nur „ins offene Messer" der Täter laufen, damit sie lernen, dass sie aus den Täterzusammenhängen nie herauskommen können. Die ausstiegswilligen Persönlichkeiten wollen zwar den Täterkontakt nicht mehr, die hinteren Persönlichkeiten sind in diesem Fall aber bewusst täterloyal und werden einen Ausstieg nie unterstützen. Ohne die Zustimmung und tatkräftige Unterstützung der hinteren Persönlichkeiten ist nach meiner bisherigen Erfahrung kein Ausstieg möglich. Das gesamte System ist in einer solchen Konstellation eher täterloyal als an einem positiv ausgerichteten Leben in der Gesellschaft interessiert. Es wird eine Rückkehr zu den Täterkreisen bewirken. Manchmal werden derart orientierte Systeme als Betroffene zu HelferInnen geschickt, um sie zu beschäftigen, zu stressen, sie einen Misserfolg erleben und an dem Erfolg von Ausstiegsbegleitungen zweifeln zu lassen.

Ein anderes Motiv der hinteren Persönlichkeiten für die anfängliche Duldung des Ausstiegs kann in einem eigenen Machtwunsch den Tätern gegenüber bestehen. Durch die Unterstützung von HelferInnen sind einer Betroffenen plötzlich andere Handlungen und Wahrnehmungen offen, die von den Tätern bislang nicht zugestanden waren. Die Täter erscheinen den hinteren Persönlichkeiten weniger einflussreich und machtvoll. Diese Erfahrung kann von der Therapeutin benannt und die hinteren Persönlichkeiten können gebeten werden, sich für den Ausstieg insgesamt aktiv zu engagieren. Da die hinteren Persönlichkeiten in der Regel keine Bedeutung im Alltag hatten und für einen Lebensbereich in der Gesellschaft nicht vorgesehen waren, müssen sie neue Ziele entwickeln und einen anderen Sinn im Leben finden als den, den die Täter vorgeschrieben hatten.

Treten viele der hinteren Persönlichkeiten jedoch in den direkten Kontakt mit HelferInnen und nehmen gar traumatherapeutische Unterstützung in Anspruch, kann der Wunsch nach einem Ausstieg als grundsätzlich vom gesamten System unterstützt gewertet werden. Je eher die hinteren Persönlichkeiten aus eigenen Traumatisierungen und aus Programmen herauskommen können, desto nachhaltiger können sie den Ausstieg voranbringen. Bei weiteren Täterkontakten werden nun nicht mehr nur die Alltagspersönlichkeiten und die Opferpersönlichkeiten für ihren Ausstiegswunsch bestraft, sondern auch die hinteren Persönlichkeiten. Auch für sie gilt, dass sie mit bisher unbekannten Belastungen traumatisiert und von ihnen neue Persönlichkeiten abgespalten werden. Die hinteren Persönlichkeiten sind jedoch in der Regel stärker und belastbarer als die Alltagspersönlichkeiten und die Opferpersönlichkeiten, so dass sie die neuen Traumatisierungen bei ausreichendem Vertrauen in die Therapeutin berichten und sofort traumatherapeutisch bearbeiten können.

Ist diese Phase erfolgreich durchgestanden, wird keine hintere Persönlichkeit mehr von sich aus zu den Tätern zurückkehren oder aktiv Kontakt aufnehmen und über den Stand von Therapie und Hilfemaßnahmen berichten. Der Täterkontakt ist damit aber noch nicht beendet, weil in dieser Phase in der Regel die Programme noch nicht aufgelöst werden konnten und nach wie vor von den Tätern abrufbar sind. Meistens informieren darauf programmierte Persönlichkeiten telefonisch oder bei kurzen vereinbarten Kontakten die Täter weiterhin. Viele Persönlichkeiten gehorchen mit gelerntem Verhalten auf die Auslösereize und verursachen damit ungewollt Probleme. Ausgelöste Suizidprogramme können zu gefährlichen Situationen führen, Essvermeidungsprogramme machen die Nahrungsaufnahme schwer und führen zu Gewichtsverlusten und körperlicher Schwächung. Selbstverletzungsprogramme verursachen leichte bis schwere körperliche Verletzungen, die versorgt werden müssen. Anti-Hilfe-Programme machen gerade dies schwer. Die gesamte Symptomatik nimmt eher zu als ab. Dies wirkt entmutigend auf die Betroffene und alle aktiven Persönlichkeiten und nicht zuletzt auf die HelferInnen. Intensive Traumatherapie mit zahlreichen Traumakonfrontationen sowie eine ausgeprägte Unterstützung durch ein gesamtes HelferInnennetzwerk sind in hoher Frequenz und Dichte erforderlich.

Weitere Aktionen der Täter, um die Kontrolle zurückzugewinnen
In dieser Ausstiegsphase wird der direkte Druck durch die Täter stärker. Wenn die Rückholprogramme nicht mehr funktionieren und keine Persönlichkeit mehr zu den Tätern geht, wird die Betroffene zu einer wachsenden Gefahr. Die Täter haben die absolute Kontrolle verloren und versuchen, die Betroffene mit direkter Gewalt unter ihren Einfluss zurückzuholen oder sie dazu zu bringen, sich zu suizidieren. In dieser Phase sind viele Programme bereits gelöscht oder zumindest verändert. Selbst bei einer Rückkehr der Betroffenen zu den Tätern ist sie für deren Zwecke wahrscheinlich nicht mehr ausreichend tauglich, nicht mehr durch alle Auslösereize abrufbar und bereits zu erfahren mit dem Leben in der Alltagsrealität. Sie ist widerständiger und wehrhafter geworden. Auch ihre Einstellungen haben sich geändert, viele Persönlichkeiten haben dazugelernt und sind vom gefühlten Entwicklungsstand älter und klüger geworden als den Tätern Recht ist. Wenn eine Betroffene in dieser Phase doch zu den Tätern zurückkehrt, wird sie in der Regel degradiert. Sie wird massiv für den Ausstiegsversuch bestraft und getötet, sofern die Täter dies unbemerkt umsetzen können.

Die Betroffene muss vom HelferInnennetzwerk sorgsam gegen Übergriffe und direkte Einflussnahmen der Täter geschützt werden. Therapeutisch muss intensiv an der Angst durch die direkte Bedrohung gearbeitet werden, Vorsichtsmaßnahmen müssen in einer Kooperation starker Persönlichkeiten entwickelt werden. Vereinbarungen zum regelmäßigen Kontakt mit der Betroffenen zu deren Absicherung sind notwendig.

Die Betroffene wird in dieser Phase von den Tätern oft mit eigenen Kindern unter Druck gesetzt, die entweder legal bei einem Täter aufwachsen oder in einem der Lager illegitim leben müssen. Die gezielt von den Tätern aufgebauten emotionalen Bindungen der Betroffenen zu eigenen Kindern stellen ein großes Druckmittel dar. Die Täter versuchen, die Betroffene über Bedrohungen und Verletzungen eigener Kinder zu einer freiwilligen Rückkehr zu bewegen. Sie lassen die Kinder draußen schreien oder zeigen der Betroffenen die verletzten Kinder oder Fotos von Quälereien. Gegen eine freiwillige Rückkehr können die HelferInnen nichts unternehmen. In der Therapie können diese Vorgehensweisen der Täter aber bewusst gemacht und reflektiert werden. Die emotionale Belastung kann bearbeitet und abgefangen werden. In der Regel hat die Betroffene kaum eine Chance, ihre Kinder aus dem Täterumfeld herauszuholen, da sie nie unter ihrem Namen angemeldet wurden. Sie muss realisieren, dass sie ihren Kindern auch nicht helfen kann, wenn sie zu den Tätern zurückkehrt, sondern dass die Kinder weiter unter deren Kontrolle bleiben werden. Der einzige Effekt einer Rückkehr besteht darin, dass die Täter den Einfluss über die Betroffene zurückgewinnen. Trauerarbeit um den Verlust eigener Kinder kann hilfreich sein.

Innerlich steht die Betroffene nun spürbar zwischen zwei Welten: der Welt der Täter und unserer Realität. Sie ist erst gerade dem absoluten Einfluss der Täter entkommen, aber noch nicht in unserer Realität ausreichend angekommen. Ihre Gedanken und Wahrnehmungen sind stark durch das Täterdenken geprägt. Fast alle Reaktions- und Handlungsmuster sind noch auf die Welt der Täter abgestimmt und hart eintrainiert. Ein lang andauernder Lernprozess auf allen Ebenen ist für das Ankommen in unserer Realität notwendig. Die Betroffene hat ihre aufgewertete Bedeutung in der Täterwelt verloren und in unserer Realität ist sie zunächst oft vorwiegend gestört, dysfunktional und auf die Hilfe eines ganzen professionellen Netzwerks angewiesen. Sie kennt kein Leben ohne den Einfluss der Täter und kann keine Vergleiche anstellen. Sie ist für eine Veränderung ihres Denkens und Handelns völlig auf die HelferInnen angewiesen. Sie benötigt Zuspruch und Ermutigung, um den nächsten Schritt in eine ihr unbekannte Welt zu gehen. Wie in allen anderen Phasen des Ausstiegs ist eine Vertrauensbeziehung zu den HelferInnen nach meiner Erfahrung unabdingbar. Professionelle können nur hilfreich sein, wenn die Betroffene von den Bedrohungen berichtet und sich detailliert anvertraut. In der Therapie steht und fällt auch weiterhin alles mit der therapeutischen Beziehung.

Direkter Zugriff der Täter mit eigenen Risiken
Auch in dieser Phase muss die Betroffene nachhaltig geschützt werden. Die Täter versuchen, sich ihrer zu entledigen, ohne dass es zu einem strafrechtlichen Ermittlungsverfahren kommt. Die Betroffene muss sich dessen bewusst sein. Die mit diesen Bedrohungen verbundenen Ängste und Anspannungen müssen therapeutisch bearbeitet werden. Eine positive Veränderung für die Betroffene entsteht dadurch, dass die Bedrohungen real erlebbar werden und sie selbst realisieren muss, dass die Täter tatsächlich nur noch ihre Beseitigung anstreben. Sie muss realisieren, dass ihre Bedeutung in der Welt der Täter nur mit ihrer Funktionalität für deren Zwecke verbunden war. Die Betroffene kann mit ausreichender Unterstützung in ihrer Wahrnehmung und ihrem Denken einen weiteren bewussten Schritt in unsere Realität machen. Die körperlichen, emotionalen und kognitiven Belastungen haben in allen Phasen weiter zugenommen. Die Betroffene muss ihre wirkliche Lage immer mehr realisieren und das gesamte bisherige Denken, Fühlen und Handeln überprüfen. Sie ist körperlich geschwächt vom phasenweisen Hungern, von Suizidversuchen, Selbstverletzungen, Ängsten und zahlreichen psychosomatischen Beschwerden. Belastend sind weiterhin die deutlich spürbare Abhängigkeit von den HelferInnen sowie die Dysfunktionalität in unserer Welt. Durch die zunehmende Kooperation der Persönlichkeiten werden immer mehr Erinnerungen dem Bewusstsein zugänglich, die ins autobiographische Gedächtnis integriert werden müssen. Die gesamten Belastungen können zu einer Suizidalität führen, die nicht mehr von den Tätern ausgelöst werden muss.

Auch in dieser Phase sind vertrauensgeprägte Beziehungen zu den HelferInnen absolut wichtig.

In der Therapie finden durchgehend Traumakonfrontationen statt, um Programme aufzulösen, um belastende Erlebnisse zu verarbeiten und zu integrieren und um kognitive, emotionale und körperliche Belastungen zu reduzieren. Stabilisierende Maßnahmen sollten möglichst durchgehend im Alltag stattfinden.

In allen Phasen sollte immer wieder überlegt werden, ob die Betroffene untertaucht, in eine andere Stadt oder in ein anderes Land geht, um dem Zugriff der Täter nicht mehr ausgesetzt zu sein. Dieser Schritt kann eine vorübergehende Entlastung mit sich bringen, aber auch Gefahren beinhalten. Noch nicht gelöschte Rückholprogramme sorgen dafür, dass die Betroffene sich eigenständig vom neuen Wohnort bei den Tätern meldet und diese wieder Zugriff erhalten. Empfehlenswert ist eine Fortsetzung der professionellen Unterstützung am neuen Wohnort auch, wenn die Rückholprogramme zwar aufgelöst sind, weitere Programme aber noch virulent werden können. Die Betroffene ist erst frei für ein selbst bestimmtes Leben, wenn alle Programme gelöscht und die körperlichen, emotionalen und kognitiven Folgen der belastenden Lebensgeschichte zumindest weitgehend bearbeitet worden sind. Bei einem Umzug kann die Betroffene eine Pause beim Auflösen der Programme machen, um in unserer Realität anzukommen und neue Erfahrungen zu machen. Dies wirkt auf allen Ebenen stabilisierend, für die harten Zeiten des Ausstiegs belohnend und stärkend. Das innere System der Persönlichkeiten kann sich Zeit zum Aufbau einer guten Kooperation nehmen. Kindliche Persönlichkeiten können sich weiterentwickeln und alle Persönlichkeiten können viele vorhandene Fähigkeiten und Eigenschaften zur Bewältigung und Gestaltung der neuen Lebenssituation nutzen lernen.

3.3.7 Auflösen von Programmen

Die vollständige Auflösung bestehender Programme ist nach meiner Erfahrung die Voraussetzung für ein selbst bestimmtes Leben. Solange Programme ablaufen können, bestimmen sie bei einer Aktivierung das gesamte Denken, Fühlen und Handeln. Dabei spielt es keine Rolle, ob ein Programm durch die Täter, durch einen zufälligen Trigger oder durch die Betroffene selbst ausgelöst wird. Programme können am ehesten mit gezielten Traumakonfrontationen gelöscht werden. Die Betroffene erlebt bei einem damit reaktivierten Trauma und in einem dissoziativen Zustand bewusst die gesamte Programmierung im Denken, Fühlen und Handeln. Im Zustand der höchsten Aktivierung reagiert die Betroffene am schnellsten und intensivsten auf eine korrigierende Erfahrung mit einer Orientierung im Hier und Heute, die Denken, Fühlen und Handeln einbezieht. Die von der programmierten Reaktion betroffene Persönlichkeit befindet sich im Körper und nimmt beides intensiv wahr: die aktivierte Traumareaktion und gleichzeitig die korrigierende Erfahrung im direkten Kontakt mit der Therapeutin. Die neu orientierte Persönlichkeit lernt die heutige Realität direkt selbst kennen und kann sich gezielt mit ihr, unter anderem mit der Therapeutin als einem menschlichen Gegenüber auseinandersetzen. Die Therapeutin kann diese Persönlichkeit auf das Vorhandensein anderer ihr bereits bekannter Persönlichkeiten hinweisen, mit denen sie innerlich Kontakt aufnehmen und kooperieren lernen kann. Die neu orientierte Persönlichkeit ist nicht mehr in einer von den Tätern programmierten traumatischen Situation gefangen, sondern im aktuellen körperlichen, emotionalen und kognitiven Zustand sowie dem dazugehörenden Körpergefühl und Entwicklungsstand im Hier und Heute angekommen. Kindliche Persönlichkeiten können von dem Zeitpunkt an im Alltag aktiv werden, unsere Realität kennen lernen, generell Neues lernen und sich weiterentwickeln. Lernprozesse können zusätzlich im inneren Kontakt mit älteren und weiterentwickelten Persönlichkeiten stattfinden, ohne dass sie direkt körperlich umgesetzt werden müssen. Diese Fähigkeit ist ohne eigene Erfahrung mit dissoziativem Erleben vermutlich schwer nachvollziehbar, wird aber immer wieder von Betroffenen beschrieben. Also kann sie von der Therapeutin als Option erklärt und empfohlen werden. Lern- und Veränderungsprozesse können dadurch beschleunigt und intensiviert werden.

Programme enthalten Ketten von nacheinander auftretenden Persönlichkeiten in einer von den Tätern festgelegten Reihenfolge. Ist eine Persönlichkeit im Hier und Heute orientiert, kann die nächste Persönlichkeit direkt aktiviert worden sein und in derselben Therapiestunde unerwartet erscheinen. Eine weitere Traumakonfrontation kann erforderlich werden. Um einen Überblick über ein Programm, seinen Umfang und die Geschwindigkeit im Ablauf zu bekommen, empfiehlt sich eine gezielte Kooperation mit Programmierer-Persönlichkeiten. Innere Programmierer sind nach meiner Erfahrung immer von den Tätern mit programmiert worden, weil sie durch Auslösereize der Täter Programme starten und stoppen können. Wenn die Täter beispielsweise ein Suizidprogramm bei einer Betroffenen aktivieren, um sie zur Rückkehr zu bewegen oder um HelferInnen abzuschrecken, können sie ohne eine weitere Intervention den automatisierten Ablauf des gesamten Programms ebenso wenig beeinflussen wie die Betroffene selbst. Jede Persönlichkeit erfüllt entsprechend dem harten Lernprozess die erlernte Aufgabe und trägt ihren Teil zum Programmziel, dem Suizid bei. Ein innerer Programmierer kann von den Tätern im direkten Kontakt, telefonisch oder durch ein optisches Signal zum Stoppen des Programms aufgefordert werden, wenn die Täter ihr Ziel der Rückkehr oder Abschreckung erreicht haben. Der innere Programmierer hat in der Regel einen guten Überblick über sein Programm, ausgenommen seine eigene programmierte Erfahrung, durch die auch er von den Tätern kontrolliert werden kann. In der Kooperation mit dem Programmierer empfiehlt es sich nach meiner Erfahrung, zunächst dessen eigene Programmierung zu löschen, damit er seinen blinden Fleck beim Blick auf das Programm beseitigen kann. Die Programmierer können informieren, wie schnell Persönlichkeiten nacheinander auftreten. Manchmal wissen sie, welches Signal die nächste Persönlichkeit auslöst. Eine zweite Persönlichkeit kann nach einer Neuorientierung der ersten Persönlichkeit automatisch deren Aufgabe übernehmen, weil ihr Erscheinen mit dem „Versagen bei der Aufgabe" durch die erste Persönlichkeit gekoppelt ist. Es kann sein, dass die zweite Persönlichkeit Handlungen oder Abläufe im Alltag zählt, bis sie selbst aktiv wird. Zum Ende einer solchen Kette wird immer schneller gezählt und das Programm kann schwerer verlangsamt oder gestoppt werden. Um eine Auflösung eines Programms und die dazu erforderlichen Traumakonfrontationen gut planen zu können, ist ein ungefährer Überblick zum Umfang des

Programms hilfreich. Manche Programme bestehen aus wenigen, andere aus vielen aneinander gekoppelten Ketten von Persönlichkeiten. Wird eine der Ketten durch Neuorientierung aller beteiligten Persönlichkeiten gelöscht, wird die nächste Kette aktiviert. Eine Persönlichkeit der ersten Kette muss dazu mit einer Persönlichkeit der zweiten Kette verbunden sein. Die neu orientierte Persönlichkeit der ersten Kette kann bei der Identifizierung der nächsten Kette, ihrer Auslösereize und ihres Auslösemechanismus (z.B. Zählen) helfen und zusätzlich zum Programmierer unterstützen. Alle bereits orientierten Persönlichkeiten eines Programms kennen dessen Grundthema und haben ähnliche Traumatisierungen erfahren. Sie können ihre neuen Erfahrungen und ihr verbessertes Befinden direkt zur Unterstützung der noch nicht orientierten Persönlichkeiten des Programms einsetzen. Nach meiner Erfahrung ist der Beginn einer Programmauflösung anstrengender und mühsamer als der weitere Verlauf. Zum Ende hin wird es immer leichter und schneller durch die Mithilfe des Programmierers und der schon orientierten Persönlichkeiten.

3.3.8 Spezifische therapeutische Herangehensweisen für die verschiedenen Störungsbilder

Die zahlreichen Traumafolgestörungen sowie die häufig auftretenden komorbiden Störungen bei Betroffenen Ritueller Gewalt wurden im Kapitel 3.2 beschrieben. Im folgenden Abschnitt wird eine therapeutische Herangehensweise dargestellt, die die Besonderheiten Ritueller Gewalt als Hintergrund der Störungen berücksichtigt. Grundsätzlich können alle bekannten therapeutischen Methoden und Techniken eingesetzt werden, wichtig ist aus meiner Sicht die Identifizierung des Hintergrunds der Störungen. Methoden und Techniken müssen darauf abgestimmt und angemessen eingesetzt werden.

3.3.8.1 Traumafolgestörungen

Posttraumatische Belastungsstörung F43.1 (PTBS)
Die auftretenden Flashbacks beinhalten meistens real erfolgte Belastungen aus dem Alltag oder aus den rituellen Zusammenhängen. Eine Betroffene weiß nicht immer, dass diese Inhalte real begründet sein können und nicht nur durch Phantasie oder Erinnerungen an Horrorfilme entstanden sein müssen. Ein Flashback kann ein Eins-zu-eins-Wiedererleben einer traumatischen Situation darstellen, kann sich aber auch aus verschiedenen Elementen zusammensetzen. Diese wiederum können ein durch mehrere Traumatisierungen gezielt programmiertes Verhalten, aber auch bereits eine individuelle und/oder aktuelle Veränderung beinhalten. Wiederholt auftretende Flashbacks beeinflussen das Bewusstsein ebenso wie alle sonstigen Erlebnisse eines Menschen. So kann in einem wiederholt auftretenden erstarrten Zustand eine damit verknüpfte Persönlichkeit selbst gelernt haben, dass es besser ist, in diesem Zustand zu bleiben als Hilfe anzunehmen. Während einer Ausstiegsbegleitung kann eine Persönlichkeit in diesem Zustand von den Tätern gezielt abgerufen und erneut bedroht und bestraft werden. Strafen werden bei einer programmierten

DIS von dazu trainierten Persönlichkeiten aus dem inneren System heraus ebenfalls umgesetzt, indem den „ungehorsamen" Persönlichkeiten unangenehme Erinnerungsbilder vor Augen gebracht werden, die bei ihnen einen Flashback und die damit verbundenen körperlichen, emotionalen und kognitiven Belastungen auslösen. Wenn diese Strafe Bestandteil eines Anti-Hilfe-Programms ist, lernt diese Persönlichkeit während einer laufenden Therapie hinzu, dass sie den Kontakt zur Therapeutin besser meiden sollte. Dieses Vermeidungsverhalten muss mit seinen Hintergründen erkannt und wieder abgebaut werden.

Wie weiter oben beschrieben haben sich gezielte Traumakonfrontationen in meiner Praxis als effektivste Methode erwiesen. Parallel dazu kann versucht werden, den erhöhten Stressspiegel mit Entspannungs- und Stabilisierungsverfahren zu senken. Eine medikamentöse Behandlung kann dazu ebenfalls beitragen und den Schlaf fördern.

Dissoziative Amnesie F44.0
Amnesien sind üblicher und von den Tätern erwünschter Bestandteil von Traumafolgestörungen und müssen zunächst als gegeben akzeptiert werden. Erst bei erfolgter Verarbeitung der traumatischen Erfahrungen können sie durch die entstehenden Verbindungen zwischen Bewusstsein und Traumagedächtnis abgebaut werden. Diese Trennung ist nach Erfahrungen Ritueller Gewalt in der Regel über längere Zeiträume ein notwendiger Selbstschutzmechanismus, um nicht gleichzeitig von allen Erinnerungen überflutet zu werden. Dies wäre unerträglich und kann einen spontanen Suizidversuch auslösen. An einer Amnesie sind bei einer DIS zwei Persönlichkeiten beteiligt: diejenige, die ein Erlebnis nicht mehr ausgehalten hat, und diejenige, die danach entstanden ist und die Belastung stattdessen ertragen hat. Eine Verbindung zwischen beiden Persönlichkeiten beseitigt die Amnesie. Die Verbindung kann mit therapeutischer Unterstützung von beiden Persönlichkeiten aus hergestellt werden. Die erste Persönlichkeit kann lernen, sich dem bewusst zu stellen, was sie bisher durch Amnesie vermieden hat und sich der danach entstandenen Persönlichkeit zuwenden. Genauso gut kann die zweite Persönlichkeit zuerst ihre Belastung therapeutisch bearbeiten. Wenn es ihr besser geht, kann sich die erste Persönlichkeit ihr eher zuwenden. Zwischen beiden Persönlichkeiten entsteht Kontakt, Kooperation kann erarbeitet werden und die Amnesie ist beseitigt.

Derealisation
„Unsere" gesellschaftliche Realität ist durchaus auch durch Gewalt geprägt, die Situationen Ritueller Gewalt beinhalten aber Gewaltformen, die von unserem Strafrecht als kriminell geahndet werden: Quälen und Töten von Tieren, Vergewaltigungen von Erwachsenen und Kindern, rituelle Opferungen, Morde, Kannibalismus, Drogenmissbrauch, Folter. Dazu kommt das Leben in einer Familie, die in der Regel ebenfalls durch körperliche, emotionale und psychische Gewaltsituationen geprägt ist. Betroffene Ritueller Gewalt können diese Realitäten eigentlich nicht vereinbaren, müssen in ihnen aber zurechtkommen. Es kommt zu emotionalen und kognitiven Dissonanzen, die Orientierung in allen Realitäten kann durcheinandergeraten. Es erfordert einiges an Zeit und therapeutischer Arbeit, bis eine Betroffene diese Realitäten mit ihren Elementen jeweils identifizie-

ren und akzeptieren kann. Das Bewusstsein, viele Jahre oder ein Leben lang in derartigen Realitäten gelebt zu haben, ist extrem belastend.

Depersonalisation

Depersonalisationserleben tritt meistens während einer Dissoziation auf. Das Gefühl, neben oder außerhalb sich zu stehen, zeigt bei einer DIS die Anwesenheit zweier oder mehrerer Persönlichkeiten gleichzeitig an. Betroffene erleben dies als belastend und versuchen es zu vermeiden. Therapeutisch kann dieser Zustand zur Kontaktaufnahme der gleichzeitig anwesenden Persönlichkeiten miteinander genutzt werden. Kontakt der Persönlichkeiten ermöglicht Kooperation und mit der Zeit eine bessere Bewältigung des Alltags und der traumatischen Belastungen. Eine Betroffene kann lernen, Depersonalisationserleben positiv zu bewerten und konstruktiv zu nutzen. Längerfristig entsteht eine bessere Selbstkontrolle, um die Menschen mit DIS in der Regel sehr bemüht sind.

Dissoziative Identitätsstörung F44.81 (DIS)

Der therapeutische Umgang mit einer DIS sowie damit verbundenen Programmierungen wurde weiter oben bereits ausführlich beschrieben.

Dissoziative Fugue F44.0

Die Dissoziative Fugue ist eine typische Folge von Konditionierungen und Programmierungen. Eine entsprechend programmierte Persönlichkeit begibt sich auf ein Auslösesignal hin zu einem Treffen mit den Tätern, andere Persönlichkeiten üben die gelernten Aufgaben bei Ritualen aus und wieder andere Persönlichkeiten sind für den Heimweg in den Alltag zuständig. Das sich plötzliche Wiederfinden an einem Ort betrifft eine Persönlichkeit, die für die vorhergehenden Situationen amnestisch war. Kontakt und Kooperation der Persönlichkeiten miteinander beseitigen langfristig Dissoziative Fuguen.

Dissoziativer Stupor

Diese Störung der Bewegungs- und Reaktionsfähigkeit tritt in der Regel im Zusammenhang mit einem Flashback auf und beinhaltet bei einer programmierten DIS einen von den Tätern für ihre Zwecke gewünschten körperlichen Zustand. Mit einer Traumakonfrontation kann eine Orientierung in der heutigen Realität erarbeitet werden, Berührungen beeinflussen in der Regel diesen Zustand am ehesten. Auch wenn die Reaktion zunächst angstbesetzt ist, beinhaltet sie eine Veränderung der Erstarrung. Die Betroffene kann durch den Körperkontakt realisieren, dass akut keine Bedrohung oder Verletzung stattfindet. Die Erlaubnis zum Einsatz von Berührungen muss mit der Betroffenen vorweg in einem orientierten und bewussten Zustand abgesprochen sein. Es muss geklärt sein, wann und unter welchen Bedingungen Berührungen eingesetzt werden dürfen. An eine solche Vereinbarung kann während der Traumakonfrontation erinnert werden. Eine mit dem Dissoziativen Stupor verknüpfte Persönlichkeit kann ermutigt werden, Kontakt zu anderen Persönlichkeiten aufzunehmen, die ihr bei der Orientierung in der heutigen Realität helfen können. Ein Dissoziativer Stupor mit einem Fehlen der Sprache kann durch Würgen entstanden sein oder infolge eines Anblicks, „der verstummen lässt". Ist

Würgen der Hintergrund, können leichte Berührungen des Halses hilfreich sein verbunden mit orientierenden Worten, dass aktuell niemand würgt und die Situation sicher ist. Ein entsetzlicher Anblick kann zu einem erstarrten Blick oder einem Schließen der Augen geführt haben. Die Therapeutin kann der Betroffenen gezielt in die starren Augen blicken, mit den Händen leichte Bewegungen vor den Augen ausführen und beruhigend und orientierend mit ihr sprechen. Geschlossene Augen kann sie mit leichten Berührungen zu spontanen Reaktionen motivieren. Beruhigende Worte und die Ermutigung, die Augen zur Orientierung in der heutigen Realität zu öffnen, können den Zustand langsam beenden. Erstarrte Körperhaltungen mit starken körperlichen Anspannungen können durch vorsichtige aktive Bewegungen des Körpers der Betroffenen beeinflusst werden. Folter mit Strom oder langes Einsperren in einem engen Behälter können Erstarrung in den Extremitäten verursachen, die vorsichtig bewegt und gestreckt werden können. Die veränderte Körperbewegung kann den Dissoziativen Stupor langsam auflösen und die Betroffene wieder zu eigenen Körperreaktionen motivieren und sei es eine spontane Abwehrbewegung. Jede Körperreaktion beinhaltet einen Weg aus dem Dissoziativen Stupor hinaus und kann zur Orientierung in der heutigen Realität von der Therapeutin motiviert und unterstützt werden.

Dissoziative Wahrnehmungs- und Empfindungsstörungen
Rituelle Gewalt beinhaltet viele Verletzungen von Körper und Seele und beeinträchtigt den Körper nachhaltig. Wahrnehmungs- und Empfindungsstörungen beinhalten Körpererinnerungen an belastende Erlebnisse. Therapeutisch kann eine bewusste Körperwahrnehmung helfen, sich an die auslösenden Erlebnisse zu erinnern. Bei einer DIS löst dies in der Regel die davon betroffene Persönlichkeit aus, mit der eine Traumakonfrontation durchgeführt werden kann. Wahrnehmungs- und Empfindungsstörungen machen der Betroffenen Angst, sie befürchtet unter Umständen eine körperliche Erkrankung als Ursache. Die Identifizierung als dissoziative Störung kann beruhigend und orientierend wirken. Die Betroffene kann sich bewusst machen, dass sie sich nicht immer in diesem Zustand von Wahrnehmungs- und Empfindungsstörungen befindet, dass eine körperliche Erkrankung als Ursache aber durchgängig spürbar wäre. Die mit der Traumakonfrontation verbundene Orientierung in der heutigen Realität sollte Maßnahmen enthalten, die die Wahrnehmungs- und Empfindungsstörung beseitigt oder zumindest beeinflusst.

Dissoziative Bewegungsstörungen F44.4
Dissoziative Bewegungsstörungen sind ebenfalls die Folge massiver Beeinträchtigungen des Körpers und/oder treten im Zusammenhang mit kindlichen und/oder stark traumatisierten Persönlichkeiten bei einer DIS auf. Die damit verbundenen Anspannungen sollten therapeutisch reduziert werden. Entspannungsmethoden können hilfreich sein, können aber bei einer DIS nicht unbedingt von allen Persönlichkeiten umgesetzt werden. Meistens muss die Persönlichkeit vorweg mit einer Traumakonfrontation aus dem Flashback geholt werden, der mit der Dissoziativen Bewegungsstörung verknüpft ist. Berührungen zeigen sich auch bei diesen Störungen als wirksam. Nach erfolgter Orientierung in der heutigen Realität können entspannende Maßnahmen eher eingesetzt werden

und allmählich eine Reduktion der Anspannungen bewirken. Hängt eine Bewegungsstörung beispielsweise mit dem frühen Entwicklungsstand einer kindlichen Persönlichkeit zusammen, können ältere Persönlichkeiten eine Weiterentwicklung der kindlichen Persönlichkeit unterstützen. In einer Kooperation der Persönlichkeiten kann gemeinsam verhindert werden, dass die kindliche Persönlichkeit zu einem unangebrachten Moment aktiviert wird. Dazu muss die damit verbundene Konditionierung und/oder Programmierung auf den Auslösereiz aufgelöst werden. Wurde eine kindliche Persönlichkeit in einem gefühlten Entwicklungsalter von weniger als einem Jahr immer im Badezimmer in der Badewanne sexuell missbraucht, besteht dort ein Risiko, dass sie aktiviert wird und beispielsweise fällt. Sie kann im heutigen Bad orientiert werden und wahrnehmen, dass dort keine Gefahr besteht, die Badewanne positiv nutzen und genießen lernen oder andere Persönlichkeiten die täglichen Situationen im Bad übernehmen lassen.

Dissoziative Krampfanfälle F44.5
Dissoziative Krampfanfälle sind therapeutisch schwer zu beeinflussen, wenn sie bereits aufgetreten sind. Oft führen sie in der Psychotherapie dazu, dass der Notdienst hinzugezogen wird. Nach meiner Erfahrung ist es sinnvoll, selbst zu wissen, wie mit einem Krampfen umgegangen werden muss. Das körperliche Erscheinungsbild ist ähnlich wie bei einem epileptischen Anfall, bei dem ebenfalls darauf geachtet werden muss, dass die Betroffene sich im Krampfanfall nicht selbst verletzen kann. Der Krampfanfall geht von allein vorüber und die Betroffene ist danach eine Zeitlang nicht orientiert und braucht Zeit. Nach dem Wiedererlangen der Orientierung hat sie meistens vergessen, was vor dem Krampfanfall stattgefunden hat. Der Krampfanfall hat möglicherweise in der Folge der veränderten Atmung ein Vermeiden der Belastung bewirkt und die Betroffene muss allmählich lernen, die Belastung auszuhalten, ohne zu hyperventilieren oder die Luft anzuhalten. Dabei kann sie mit beruhigenden Worten und Berührungen unterstützt werden. Sie kann lernen, eine damit verbundene Traumakonfrontation durchzustehen, ohne die Atmung zu sehr zu verändern. Danach ist die Ursache für die veränderte Atmung in der Regel bearbeitet. Wurde eine Betroffene beispielsweise lange unter Wasser getaucht, musste die Atmung lange anhalten und wurde darauf programmiert, bei einem damit verbundenen Auslösereiz die Luft anzuhalten, kann sie während der Traumakonfrontation körperlich etwas angehoben werden. Dadurch entsteht mitten im aktivierten Flashback eine körperliche Neuorientierung verbunden mit dem Gefühl, aus dem Wasser herausgehoben worden zu sein. Danach wird eine Beruhigung und Normalisierung der Atmung leichter.

Trance- und Besessenheitszustände
Betroffene in Trance- oder Besessenheitszuständen müssen in der heutigen Realität orientiert werden. Dies kann mit Worten, Berührungen oder anderen hilfreichen Techniken erfolgen. Trance-Zustände werden von Betroffenen manchmal selbst induziert und können im Beginn unterbrochen werden, indem sie aktiv in der heutigen Realität festgehalten werden. Ansprechen, Ansehen, sich ansehen lassen, Hände ergreifen, einen Geruch anbieten, mit dem Igelball über die Haut massieren, die Muskeln fest kneten und verschiedene Interventionen können eingesetzt werden, um die Betroffene zurück in den direkten

Kontakt mit der Therapeutin zu bringen. Auch Abwehrreaktionen gegen diese Maßnahmen stellen eine Form der Rückkehr in die bewusste und aktuelle Wahrnehmung dar.

Halluzinationen sind in der Regel Bestandteil eines Flashbacks, die gesamte Wahrnehmung ist nicht aktuell orientiert, sondern findet für die Betroffene in der erlebten Vergangenheit statt. Auch hier sind Maßnahmen zur Orientierung in der heutigen Realität hilfreich beziehungsweise der Einsatz einer Traumakonfrontation zu den Inhalten des Flashbacks.

Besessenheitszustände können für die Rituale von den Tätern induziert worden sein. Sie beinhalten in der Regel einen Flashback, der direkt bearbeitet werden kann. Besessenheitserleben wird von Betroffenen manchmal geschildert, um eine Erklärung für die Stimmen der anderen Persönlichkeiten im Inneren oder für das eigene wechselnde Verhalten zu haben. Informationen zu den typischen Erscheinungsformen einer DIS sind hilfreich.

3.3.8.2 Komorbide Störungen

Depression
Depression als vorübergehende Folge einer resignativen Haltung zur körperlichen und psychischen Belastung durch Trauma kann so interpretiert besser akzeptiert werden. Eine Auseinandersetzung mit der erlebten Traumatisierung durch Rituelle Gewalt macht diesen Verdrängungsmechanismus als Schutzmechanismus mit der Zeit überflüssig. Die Symptome einer Depression können bei Bedarf medikamentös eingedämmt und die Schlaffähigkeit unterstützt werden. Der reduzierte Antrieb kann mit Maßnahmen zur Selbstaktivierung verbessert werden. Depression kann auch als verständlicher Mechanismus im Rahmen von Trauer um unwiederbringlich verlorene Menschen, Beziehungen und verlorene Lebensjahre auftreten. Trauerreaktionen erfolgen in der Regel zu einem späteren Zeitpunkt in der Therapie und müssen zur Verhinderung einer komplizierten Trauerreaktion gut begleitet werden. Depression kann weiterhin im Zusammenhang mit den Erschöpfungszuständen auftreten, die während der langen belastenden Zeit einer Traumatherapie und besonders während eines Ausstiegs immer wieder entstehen. Entlastende Maßnahmen, Erholungszeiten und Entspannung sowie positiv ausgleichende Tätigkeiten können hilfreich wirken.

Essstörungen
Essstörungen treten bei Ritueller Gewalt meistens als komorbide Störungen auf, oft sind mit ihnen die dringendsten Symptome zur Aufnahme einer ambulanten Psychotherapie verbunden. Hungern oder übermäßiges Essen helfen wirksam zur Reduktion auftretender körperlicher und emotionaler Anspannungen. Die Beschäftigung mit Essen lenkt von den Belastungen der Rituellen Gewalt ab. Maßnahmen zur Stabilisierung des Essverhaltens wie Essprotokolle, Selbstkontrollprogramme zur Steuerung des Essverhaltens, Verträge über Essensmengen und Entspannungsmethoden können versucht werden, man sollte sich aber keinen zu großen Erfolg versprechen, wenn gleichzeitig Traumafolgestörungen vorliegen. Das Essverhalten normalisiert sich allmählich, wenn die Ursachen in Form der

unverarbeiteten und/oder noch aktuell stattfindenden Gewalterfahrungen verarbeitet sind. Bei einer Anorexia Nervosa muss wegen der Lebensgefahr allerdings unbedingt das Essverhalten parallel zur Bearbeitung der Traumafolgestörungen im Auge behalten werden. Dasselbe gilt für die Bulimia Nervosa wegen der körperlichen Folgen bei Erbrechen. Eine Gewichtszunahme wegen der übermäßigen Nahrungsaufnahme bei einer Binge Eating Störung erscheint im Vergleich zu den sonstigen Belastungen nicht so wesentlich. Ein Übergewicht kann nach einer Reduktion oder Beseitigung der Traumafolgestörungen immer noch langsam abgebaut werden. Hält eine Betroffene bei einer Bulimia Nervosa das Gewicht durch übermäßige Aktivitäten (z.B. exzessive sportliche Betätigung), besteht ebenfalls keine akute Gefahr durch die Essstörung. Die Aktivitäten können vorübergehend sogar die Reduktion der emotionalen und körperlichen Anspannungen unterstützen. Eine Betroffene mit einer Bulimia Nervosa und Erbrechen kann möglicherweise leichter auf das Erbrechen zur Gewichtsregulierung verzichten, wenn ihr zu diesem Zweck vorübergehend aktive Maßnahmen erlaubt werden.

Wie in Kapitel 3.2. beschrieben, können Essstörungen bei einer programmierten DIS nur bei einzelnen Persönlichkeiten auftreten. Sind in einem inneren System genug andere Persönlichkeiten in der Lage, zu essen, müssen die essgestörten Persönlichkeiten zunächst nicht mit einer Bearbeitung ihrer Essstörung belastet werden. Das Essen kann von anderen Persönlichkeiten zur Versorgung des Körpers übernommen werden. Wenn Essvermeidungsprogramme vorliegen, kann es hilfreich sein, wenn wichtige Hauptpersönlichkeiten des inneren Systems das Essen lernen, weil sie am ehesten das Essverhalten umsetzen und gegen inneren Widerstand durchsetzen können. Hilfreich hat sich bei einer programmierten DIS außerdem erwiesen, wenn die zuerst entstandenen Persönlichkeiten das Essen erlernen. Diese Persönlichkeiten sind in der Regel noch klein und beim Erlernen von Essen muss ihrem frühkindlichen Entwicklungsstand Rechnung getragen werden. Ein gefühltes Baby kann motorisch nur saugen oder allenfalls Nahrung mit der Zunge zerdrücken. Übt eine kleine Persönlichkeit das Essen im Alltag, hat dies den angenehmen Nebeneffekt der Weiterentwicklung und des Wachstums dieser Persönlichkeit bezüglich ihres Entwicklungsstands.

Traumakonfrontationen zu den Belastungen, die bei einer Programmierung das gestörte Essverhalten verursacht haben, reduzieren die Essprobleme und sollten möglichst bald umgesetzt werden. Die Betroffene benötigt Kraft, um die Traumafolgestörungen und/oder einen Ausstieg zu bewältigen und eine gute Ernährung des Körpers ist dazu unabdingbar. Weil bei einer programmierten DIS nur wenige Persönlichkeiten über ein gutes Körpergefühl verfügen, ist dieses Argument von Betroffenen oft nicht leicht nachvollziehbar. Auch hier sind die kleinsten Persönlichkeiten hilfreich, weil sie am ehesten grundlegende Bedürfnisse des Körpers wahrnehmen können, so auch Hunger und Sättigung.

Während der Auflösung von Programmen kann immer wieder eine Störung im Essverhalten auftreten. Dies sollte nicht als Rückfall oder gar Misserfolg gewertet werden, sondern in ihren Ursachen erforscht und im Zusammenhang mit der Deprogrammierung in ihrer Logik verstanden werden. Nur dann können geeignete Maßnahmen zur erneuten Stabilisierung des Essverhaltens entwickelt werden.

Essstörungen müssen parallel zur ambulanten Psychotherapie unbedingt regelmäßig medizinisch beobachtet und behandelt werden (zur Kooperation mit ÄrztInnen siehe Kapitel 3.1). Wenn beispielsweise ein Essvermeidungsprogramm über viele Wochen aktiv ist, muss eine minimale Ernährung erfolgen. Eine Ärztin kann dies notfalls per Sonde vorübergehend umsetzen oder Infusionen verordnen, wenn Trinken nicht mehr möglich ist. Mit diesen unterstützenden Maßnahmen wird Zeit zur Auflösung aktivierter Essvermeidungsprogramme in häufig und konsequent stattfindenden Traumakonfrontationen gewonnen und manche stationäre Maßnahme kann vermieden werden. Im stationären Rahmen kann eher selten so intensiv und zielstrebig einzeltherapeutisch an der Auflösung solcher Programme gearbeitet werden. Eine ausschließliche Stabilisierung des Gewichts und des Essverhaltens ist manchmal nur stationär umsetzbar und muss sorgsam mit der behandelnden Ärztin abgesprochen sein. Dies unterbricht dann allerdings die zielstrebige Auflösung von Programmierungen, die nach der stationären Maßnahme irgendwann wieder aufgenommen werden muss, wenn ein Ausstieg gelingen und die Traumafolgestörungen beseitigt werden sollen.

Dient Hungern der künstlichen Erzeugung subjektiver Gefühle von Kontrolle, Macht und Einfluss, muss diese Fehlbewertung mit der Betroffenen korrigiert werden. Traumafolgestörungen beinhalten in der Regel einen Verlust der Selbstkontrolle, bei einer programmierten DIS generell. Die Betroffene muss dies realisieren, auch wenn das hart sein kann. Hungern erschwert wegen der körperlichen Folgen die Beseitigung der Traumafolgestörungen und einen Ausstiegsversuch. Hat eine Betroffene Angst vor dem Wiedereintritt der Periode und der Möglichkeit einer Schwangerschaft bei bestehendem Täterkontakt, können kontrazeptive Maßnahmen überlegt werden. Die Ärztin kann mit der Betroffenen überlegen, welche Maßnahme umsetzbar ist, beispielsweise eine Monatsspritze, wenn Medikamente wegen unzureichender Selbststeuerungsmöglichkeiten nicht regelmäßig eingenommen werden können. Auch wenn diese Maßnahmen für Betroffene belastend sind, lernen sie bei einer erfolgreichen Umsetzung, dass es in der heutigen Realität viele Alternativen zur Lösung ihrer Probleme gibt, die von den Tätern nicht gern gesehen sind. Die bei einer programmierten DIS vorliegenden Anti-Hilfe-Programme machen dieses Vorgehen in der Regel nicht leicht, können aber bei ausreichendem Vertrauen der Betroffenen in die Professionellen überwunden werden.

Angst- und Panikstörungen

Die Symptome der Angst- und Panikstörungen lassen sich in der Regel durch eine Psychoedukation zu den Zusammenhängen mit Angst auslösenden Situationen etwas reduzieren. Zumindest die Angst vor den Symptomen lässt sich dadurch beeinflussen. Angst als Folge extremer Belastungen erscheint angemessen und muss über lange Zeit akzeptiert werden. Besonders bei noch bestehendem Täterkontakt hat eine Betroffene mit Recht viel Angst. Entspannungsmethoden können zur Reduktion der Angst versucht werden, der Erfolg wird sich aber vermutlich in Grenzen halten. Die Angst lässt in der Regel erst bei ausreichender Sicherheit vor den Tätern und weitgehend erfolgter Verarbeitung der Traumafolgen nach. Dies muss realistisch gesehen werden.

Zwänge

Zwanghaftes Verhalten als verzweifelter Versuch, Angst zu kontrollieren und ein subjektives Gefühl von Kontrolle zu erzeugen, erscheint nicht sinnvoll. Eine Realitätsüberprüfung lässt die begründete Angst spürbarer werden und die Energie, die für das zwanghafte Verhalten sinnlos verschwendet wird, kann besser zur Bewältigung der real vorhandenen Belastungen eingesetzt werden. Zwanghafte Reinigungen sind ebenso wenig erfolgreich, beseitigen sie doch nicht das subjektive Körpergefühl von Beschmutzung und Ekel. Sinnvoller ist nach meiner Erfahrung eine Traumakonfrontation zu der Ursache des Ekels und der Beschmutzung verbunden mit einer symbolhaften Reinigung im Moment der Erinnerung an das Trauma. Dazu kann der Körper von der Betroffenen selbst oder teilweise auch von der Therapeutin sanft abgestrichen werden mit den Worten: „Es ist vorbei, das Sperma (das Blut, der Kot) ist nicht mehr auf dem Körper. Heute Morgen haben Sie geduscht und alles ist sauber!" Wenn in der Praxis entsprechende Möglichkeiten zur Verfügung stehen, kann die Betroffene nach der Traumakonfrontation mit einem Handtuch ausgestattet unter eine Dusche geschickt werden mit dem Auftrag, den Körper dieses Mal bewusst zu reinigen und sich gezielt selbst zu sagen, dass die Beschmutzung vorbei und der Körper nun sauber ist.

Somatisierungen

Wenn der Körper einer Betroffenen durch lang anhaltende körperliche und emotionale Anspannungen bereits krank geworden ist, muss dies ernst genommen und medizinisch konsequent behandelt werden. Manchmal ist es schwer zu unterscheiden, ob es sich um psychosomatische und vorübergehende organische Symptome oder um Somatisierungen handelt. Bei einer DIS kann beispielsweise eine Persönlichkeit aktiv sein, deren Haut bei einer Programmierung verletzt wurde. Im Moment ihrer Aktivierung und ihrer Gegenwart im Körper kann die Haut spontan rot werden und Schmerzen oder Jucken verursachen. Untersucht eine Ärztin diese Hautreaktion, erhält sie einen organischen Befund, der aber nur für diese Persönlichkeit gilt. Eine Behandlung macht nur dann Sinn, wenn diese Persönlichkeit sie umsetzt. Taucht eine andere Persönlichkeit im Körper auf, können diese Hautreaktionen so schnell wieder verschwunden sein, wie sie aufgetreten sind. Hier zeigt sich erneut die Wichtigkeit einer engen Kooperation zwischen Psychotherapeutin und Medizinerin. Eine Somatisierung betrifft bei DIS alle Persönlichkeiten und damit den Körper insgesamt, den sich alle Persönlichkeiten teilen.

Sucht

Suchtverhalten muss ebenso wie bei körperlichen Symptomen bei DIS daraufhin beleuchtet werden, ob alle, die meisten oder nur einzelne Persönlichkeiten davon betroffen sind. Ein körperlicher Entzug bei Alkoholmissbrauch macht nur Sinn, wenn die davon betroffenen Persönlichkeiten ihn durchführen. Er ist aus meiner Sicht meistens gar nicht erforderlich, wenn ein Suchtmittel nur von wenigen Persönlichkeiten eingesetzt wird. Im inneren System können Persönlichkeiten gesucht werden, die sich um die suchtgefährdeten Persönlichkeiten kümmern und sie bei einem alternativen Umgang mit ihren Belastungen unterstützen. Bei einer verbesserten inneren Kooperation können die suchtgefährdeten

Persönlichkeiten durch andere Persönlichkeiten kontrolliert und am Suchtverhalten gehindert werden. Umgekehrt darf aber nicht immer davon ausgegangen werden, dass bei einer DIS kein Suchtverhalten vorliegen könnte, die Notwendigkeit von Entzugsmaßnahmen muss immer sorgsam geprüft werden.

Autoaggression
Autoaggressives Verhalten tritt bei Traumafolgestörungen meistens auf und hat sich als schnell wirksames Mittel zur Reduktion körperlicher und emotionaler Anspannungen bewährt. Dieses Mittel geben Betroffene nicht leicht auf, besonders wenn Verletzungen wegen einer schlechten Körperwahrnehmung wenig spürbar sind. Die Ablehnung des eigenen Körpers als Ort der Gewalt unterstützt eher die kognitive und emotionale Akzeptanz von Selbstverletzungen. Diese Zusammenhänge können der Betroffenen bewusst gemacht werden. Methoden zur besseren Körperwahrnehmung können hilfreich sein und wirken bei einer DIS am besten bei Persönlichkeiten mit noch vorhandener Körperwahrnehmung. Mit zunehmender innerer Kooperation der Persönlichkeiten kann den verletzenden Persönlichkeiten verdeutlicht werden, dass sie kleinen Persönlichkeiten Schmerz zufügen. Dies ist ihnen nicht unbedingt bewusst, wenn sie den abgelehnten und angespannten Körper verletzen. Das Lernen eines besseren Umgangs mit dem Körper im Alltag in Körperpflegesituationen, mit positivem Körperkontakt, mit guter Ernährung, möglicherweise angenehme körperliche Aktivitäten im Wasser, Sport oder Entspannungsmethoden machen mit der Zeit Selbstverletzungen schwerer. Es ist aus meiner Sicht illusorisch, gleich zu Beginn einer Psychotherapie von der Betroffenen vertragsmäßig eine Festlegung auf ein Beenden der Autoaggressionen zu verlangen, sie wird es kaum umsetzen können.

Selbstverletzungen als Bestandteil eines Programms sind ohnehin so lange nicht steuerbar, bis das Programm aufgelöst ist. Läuft ein solches Programm, muss dringend und sorgsam versucht werden, größere und nachhaltige Verletzungen durch Hilfe von außen zu verhindern. Lösen Täter bei einer Aussteigerin ein Selbstverletzungsprogramm aus, ist es deren Ziel in späteren Ausstiegsphasen, dass die Betroffene den Körper und damit sich selbst zerstört. Das Programm sollte möglichst schnell mit konsequenten Traumakonfrontationen aufgelöst werden.

Psychose
Bei Symptomen einer Psychose muss zunächst einmal sorgsam geprüft werden, ob sie nicht eher zur DIS gehören. Sind aber ausreichend Hinweise auf eine Psychose vorhanden, muss diese sorgsam behandelt werden. Manchmal sind die Symptome der Psychose dringend behandlungsbedürftig und ohne Medikation können die Traumafolgestörungen nicht weiter behandelt werden. Psychotisches Erleben kann sich aber auch nur auf einzelne Persönlichkeiten beziehen. Mit ihnen muss realitätsorientierend gearbeitet werden, die Erlebnisse müssen verarbeitet werden, die sie haben „verrückt" werden lassen. Hier empfiehlt sich eine gute Kooperation mit orientierten und stabilen Persönlichkeiten des inneren Systems, die sich um die psychotische Persönlichkeit kümmern und bei der Realitätsorientierung helfen können. Sind zu viele Persönlichkeiten psychotisch, kann erst bei einer ausreichenden Stabilisierung vorsichtig traumatherapeutisch weitergearbeitet werden.

Persönlichkeitsstörungen F60

Bei Bindungsstörungen ist der Aufbau guter Vertrauensbeziehungen zu den HelferInnen wichtig. Von der gesellschaftlichen Norm abweichendes Verhalten muss im Zusammenhang mit den erlernten Normen und Regeln Ritueller Gewalt gesehen werden. Betroffene müssen lernen, dass bei Ritueller Gewalt erwünschtes Verhalten den Normen der Gesellschaft widerspricht und strafrechtliche Konsequenzen nach sich ziehen kann. Abweichendes Verhalten kann bei einer programmierten DIS spontan und zunächst nicht steuerbar auftreten. Entsprechende Persönlichkeiten denken und verhalten sich täterorientiert bis täterloyal, müssen in der heutigen Realität orientiert und über angemessenes Verhalten informiert werden, das sie in Kooperation mit gesellschaftlich orientierten Persönlichkeiten des inneren Systems lernen können. Die Therapeutin braucht Verständnis für die Hintergründe der Entstehung abweichenden Verhaltens, muss aber gleichzeitig eine klare Position dagegen beziehen. Gesellschaftlich angemessene Normen gelten auch in ihrer Praxis und auch desorientierte Persönlichkeiten müssen sich an die Regeln halten. Meistens ist dies durchaus möglich, weil die Persönlichkeiten mit abweichendem Verhalten von sich aus nicht im Alltag und in der Therapie auftreten wollen. Sie gehen allenfalls eher zum Ende eines Therapieprozesses – bei Programmierungen am Ende der Auflösung der Programmkette – selbst in einen Kontakt mit der Therapeutin. Für eine Erfolg versprechende Therapie und eine Ausstiegsbegleitung können solche Persönlichkeiten mit ihrer Kraft, Stärke und Durchsetzungsfähigkeit zwar sehr hilfreich sein, sie können aber einen Erfolg genauso gut blockieren und behindern.

Es empfiehlt sich nach meiner Erfahrung, gemeinsam mit der Betroffenen einzuschätzen, in welchem Verhältnis täterorientierte und täterloyale Persönlichkeiten vorhanden sind. Zu viele dieser Persönlichkeiten in einem inneren System können sich sowohl für die Betroffene als auch für die HelferInnen destruktiv auswirken, Schaden anrichten und im schlimmsten Fall tödliche Handlungen gegen sich oder andere begehen. Solche Persönlichkeiten sollten bald in einen therapeutischen Kontakt geholt und das weitere Vorgehen sollte sorgsam mit ihnen besprochen werden. Ein Abbruch der Therapie kann ebenso eine Option darstellen wie eine erfolgreiche Überzeugung dieser Persönlichkeiten von den gesellschaftlichen Normen.

Eine komorbid diagnostizierte **Paranoide Persönlichkeitsstörung F60.0**, eine **Schizoide Persönlichkeitsstörung F60.1**, eine **Dissoziale Persönlichkeitsstörung F60.2** oder eine **Emotional instabile Persönlichkeitsstörung vom Impulsiven Typ F60.30** können auf eine derartige schwierige Konstellation der Persönlichkeiten einer vorliegenden DIS hinweisen. Vertrauensbeziehungen sind besonders schwer aufzubauen und der Verlauf eines therapeutischen Prozesses muss sorgsam verfolgt werden. Der Selbstisolation bei einer schizoiden Persönlichkeitsstörung muss durch den Aufbau sozialer Kontakte gegengesteuert, Phantasien zur Vermeidung einer Auseinandersetzung mit den real erlebten Belastungen sollten nicht übermäßig geduldet werden.

Emotional instabile Persönlichkeitsstörung vom Borderline Typ F60.31

Bei dieser Persönlichkeitsstörung gibt es die größte Überschneidung der Symptome mit den Traumafolgestörungen (Fliß 2005). Dennoch kann auch diese Persönlichkeitsstörung komorbid vorliegen und muss entsprechend behandelt werden. Selbst wenn die Symptome, die den Kriterien der Borderline-Störung entsprechen, eher der DIS zugeordnet werden sollten, können Methoden und Techniken der Borderline-Therapie stabilisierend und verhaltenssteuernd wirken, beispielsweise die der DBT nach Linehan (1996). Ansonsten kann mit den am schwierigen Verhalten beteiligten Persönlichkeiten in Traumakonfrontationen an einer Verarbeitung ihrer belastenden Erlebnisse und an einer Orientierung in unserer gesellschaftlichen Realität gearbeitet werden. Die Beziehungsfähigkeit kann im Kontakt mit dem HelferInnennetzwerk und unter anderem auch in der therapeutischen Beziehung verbessert werden. Kontakte können zu Lern- und Veränderungsprozessen genutzt werden.

Anankastische (zwanghafte) Persönlichkeitsstörung F60.5
Der damit verbundene überhöhte Anspruch an Gewissenhaftigkeit und Perfektion ist auf dem Hintergrund der harten Lernprozesse in Zusammenhängen Ritueller Gewalt zu verstehen und muss auf Angemessenheit in der gesellschaftlichen Realität geprüft werden. Gelassenheit und die Erlaubnis zu Fehlern und Versagen müssen allmählich entwickelt werden, ob als gesamte Person oder bei DIS für die davon betroffenen Persönlichkeiten. Wenn die Alltagspersönlichkeit die Verhaltensmuster dieser Persönlichkeitsstörung zur besseren Kontrolle über den Alltag entwickelt hat, kann sie ihren Anspruch und den damit verbundenen Stress leichter reduzieren, wenn sie von anderen Persönlichkeiten im Alltag unterstützt wird. Auch hier zeigt sich eine Team-Arbeit mit innerer Kooperation als entlastend. Vergnügen und Entspannung sind in Zusammenhängen Ritueller Gewalt nur den Alltagspersönlichkeiten beschränkt zugestanden und müssen von den meisten Persönlichkeiten einer DIS allmählich gelernt werden. Wurden entsprechende Wünsche hart bestraft, ist dieser Lernprozess anfänglich angstbesetzt. Positive Erfahrungen wecken nach meiner Erfahrung aber den Wunsch nach positiven Erlebnissen bei den meisten Persönlichkeiten, insbesondere bei den kindlichen und jugendlichen Persönlichkeiten.

Ängstliche (vermeidende) Persönlichkeitsstörung F60.6
Soziale Ängste und Befürchtungen, in der Gesellschaft nicht gut zurechtzukommen, sind nach rituellen Gewalterfahrungen nachvollziehbar. Eine Integration Betroffener in die Gesellschaft ist von den Tätern nicht gewünscht und war allenfalls den Alltagspersönlichkeiten beschränkt zugestanden. Nach einem Ende des Täterkontakts muss sich eine Betroffene ihren eigenen Platz im Leben und in der Gesellschaft erst erobern. Sie muss selbst herausfinden, wo und wie sie leben möchte, mit welchen Menschen sie zusammen sein und was sie lernen und arbeiten möchte. Bisher waren alle Bereiche von den Tätern definiert worden. Zur Neuorientierung gehören auch ein angemessener Umgang mit dem eigenen Körper, der Aufbau von Freundschaften und/oder von Partnerschaften. Ob Sexualität gelebt werden soll oder kann und wenn, in welcher Form, ist individuell verschieden.

Abhängige (asthenische) Persönlichkeitsstörung F60.7
Die meisten Betroffenen Ritueller Gewalt haben Probleme mit Selbstbewusstsein und Selbstwertgefühl, die von den Tätern gezielt aufgebaut wurden. Minderwertigkeitsgefüh-

le machen die Opfer für die Täter besser verfügbar und erschweren ihnen den Kontakt zu möglichen HelferInnen. Die Hintergründe der Probleme müssen therapeutisch bearbeitet werden, bei Bedarf auch mit Traumakonfrontationen. Die damit verbundenen Fehlbewertungen der eigenen Person müssen mit realitätsorientierenden Verfahren reduziert und abgebaut werden. Abhängiges Verhalten ist von den Tätern ebenfalls gewünscht und wurde gefördert, um die Betroffene unter Kontrolle und verfügbar zu halten. Ein sozialer Rückzug arbeitet den Tätern entgegen und erschwert Schutzmaßnahmen. Betroffene müssen über diese Zusammenhänge informiert und in alternativem Verhalten unterstützt und bestärkt werden. Eigene Bedürfnisse waren von den Tätern nicht erlaubt und können nicht oder nur schwer wahrgenommen werden. Selbstwahrnehmungsübungen und eine Bestärkung im Recht auf eigene Bedürfnisse können in diesem Bereich allmähliche Besserungen erzielen. Die therapeutische Situation kann als Lernfeld genutzt werden. Ein soziales Training kann insgesamt die Defizite reduzieren, die nach Ritueller Gewalt in den Sozialen Kompetenzen vorhanden sind. Eine angemessene Durchsetzungsfähigkeit ist bei DIS allenfalls bei starken Persönlichkeiten vorhanden, die von den Tätern nicht für den Alltag vorgesehen waren.

Verhaltensauffälligkeiten und Fehlkognitionen

Dass Betroffene Ritueller Gewalt die Erlebnisse nicht ohne Verhaltensauffälligkeiten und Fehlkognitionen überleben können, zumindest bei einigen Persönlichkeiten eines inneren Systems, ist nach den vorherigen Darstellungen sicherlich deutlich geworden. Die Auffälligkeiten müssen gemeinsam mit der Betroffenen identifiziert, von ihr wahrgenommen und als unangemessen erkannt werden. Die Auffälligkeiten müssen in einen Zusammenhang mit den Ursachen gebracht und allmählich abgebaut werden. Traumakonfrontationen unterstützen das Verständnis für die Entstehung der Auffälligkeiten und helfen bei der realitätsangemessenen Auswertung der Erfahrungen. Lernprozesse benötigen Zeit und Mühe und je mehr Methoden und Techniken hilfreich eingesetzt werden können, desto besser sind die Chancen für einen erfolgreichen Lernprozess. Der kreativen Auswahl seitens der Therapeutin sollten keine Grenzen gesetzt werden, alles ist gut, was hilft.

Dysfunktionalität

Die meistens vorhandene Dysfunktionalität bei Traumafolgestörungen muss mit ihren Hintergründen von der Betroffenen verstanden und allmählich akzeptiert werden. Allein die Trennung von Bewusstsein und Traumagedächtnis behindert bis verhindert eine ausreichende Funktionalität im Alltag. Nur bei ausreichender Akzeptanz der Beeinträchtigungen der Funktionalität können mit der Betroffenen brauchbare Umgangsweisen entwickelt und gelernt werden. Stabilisierende Techniken können hilfreich sein, wirken aber nicht bei allen Betroffenen. Insbesondere bei einer DIS können allenfalls die Alltagspersönlichkeiten einigermaßen im Alltag funktional sein. Spätestens mit Beginn der Traumabearbeitung bricht oft die mühsame Kontrolle weitgehend zusammen und erst eine allmähliche Teamarbeit mehrerer Persönlichkeiten ermöglicht wieder einen besseren Umgang mit den Alltagsanforderungen. Diese Beeinträchtigungen sind von den meisten Betroffenen schwer zu akzeptieren und sie benötigen immer wieder Hinweise auf die Hintergründe der Probleme und Ermutigungen, weiterzuarbeiten.

Perspektiven

Die Eroberung eines eigenen und selbst bestimmten Lebens beinhaltet einen allmählichen Lernprozess, der therapeutisch unterstützt und begleitet werden kann. Nach einer weitgehenden Auflösung der Programme können sich die Persönlichkeiten mit ihren Wünschen und Bedürfnissen einbringen und in einem Diskussions- und Klärungsprozess einigen. Ein selbst bestimmtes Leben darf nicht mehr durch die Täter beeinträchtigt werden und nach einer gelungenen Ausstiegsbegleitung können ein heimlicher Umzug und eine Namensänderung erforderlich sein. Oft muss eine Betroffene dazu jeden bisherigen Zusammenhang, Familie, Freunde und das bisherige Alltagsumfeld aufgeben und einen Neubeginn wagen. Nach einer derart belasteten Lebensgeschichte, einem Ausstieg und einer harten Traumatherapie ist dies eine weitere Herausforderung. Damit verbunden muss um alles Verlorene, auch um unwiederbringlich verlorene Lebensjahre und Menschen, getrauert werden. Trotz aller Widrigkeiten und Erschwernisse: Es kann gelingen, es ist schon oft gelungen und es wird weiter gelingen.

Literatur

Boos, A. (2005). Kognitive Verhaltenstherapie nach chronischer Traumatisierung. Verlag Hogrefe.

Diegelmann, C. (2007). Trauma und Krise bewältigen. Hör-CD mit Übungen, Texten, Gedichten und Musik zur Ressourcenstärkung. Stuttgart: Klett-Cotta.

Fliß, C. (2007). Gruppenbild mit Damen, Herren und Kindern. Forum Psychotherapeutische Praxis, 7 (3), 110-119.

Fliß, C. (2008). Ambulante Traumatherapie. In Fliß, C. & Igney, C. (Hrsg.), Handbuch Trauma und Dissoziation (S. 101-138). Lengerich: Pabst Science Publishers.

Fliß, C. & Konstantin, K. (2008). Berührungen in der Psychotherapie. Trauma & Gewalt, 2 (2), 96-105.

Gapp-Bauß, S. (2008). Selbstfürsorge und Selbststeuerung. In Fliß, C. & Igney, C. (Hrsg.), Handbuch Trauma und Dissoziation (S. 286-296). Lengerich: Pabst Science Publishers.

Huber, M. (2006). Der innere Garten. Ein achtsamer Weg zur persönlichen Veränderung. Übungen mit CD. Paderborn: Junfermann.

Langlotz-Weis, M. (2006). Der Körper in der Verhaltenstherapie. Psychotherapie im Dialog, 7 (2), 127-132.

Linehan, M. (1996). Dialektisch-Behaviorale Therapie der Borderline-Persönlichkeitsstörung. CIP-Medien.

Moser, T. (2006). Körperpsychotherapie und die therapeutische Beziehung. Psychotherapie im Dialog, 7 (2), 140-143.

Reddemann, L. (2001). Imagination als heilsame Kraft. Zur Behandlung von Traumafolgen mit resourcenorientierten Verfahren. Stuttgart: Klett-Cotta.

Rost, C. (2008). Ressourcenarbeit mit EMDR. Bewährte Techniken im Überblick. Paderborn: Junfermann.

Spangenberg, E. (2008). Dem Leben wieder trauen. Traumaheilung nach sexueller Gewalt. Düsseldorf: Patmos.

3.4 Stationäre Therapie

Kornelia Sturz, Micaela Götze, Martina Rudolph,
Iris Alice Semsch

Die Benutzung der weiblichen und männlichen Form sowie die Schreibweise, die beide Geschlechter einschließt, sind im folgenden Kapitel rein zufällig. Gemeint sind immer beide Geschlechter.

3.4.1 Rahmenbedingungen und Strukturmerkmale des stationären Behandlungssettings

Das stationäre Behandlungsangebot für Betroffene Ritueller Gewalt ist multiprofessionell und multimodal. Das Team, bestehend aus Psychologinnen, Ärztinnen, Körpertherapeuten, Kunsttherapeuten, Ergotherapeuten, Dramatherapeuten, Sozialarbeitern sowie einem Pflegeteam muss offen und kollegial, team- und konfliktfähig zusammenarbeiten.

Die Arbeit mit Betroffenen Ritueller Gewalt ist nicht geeignet für Berufsanfänger, alle Mitarbeiterinnen im Team sollten über gute Traumaausbildungen und langjährige Erfahrungen in der Arbeit mit komplex Traumatisierten und PatientInnen mit Dissoziativen Identitätsstörungen verfügen. Sie sollten gut miteinander, aber auch mit ambulanten Therapeutinnen, Selbsthilfeorganisationen und Ausbildungsinstituten vernetzt sein. An die TherapeutInnen werden hohe Anforderungen gestellt. Da das multiple System entstanden ist, um die „Hölle" mit vielen Täuschungen zu überleben, sind die PatientInnen an Wahrhaftigkeit orientiert. Mangelnde Präsenz und fehlende menschliche Wärme wird von den PatientInnen schnell gespürt und abgelehnt. Eine Therapeutin für Betroffene Ritueller Gewalt sollte ein Herz für die PatientInnen haben, ebenso wie ein gutes Vorstellungsvermögen, Kreativität, Mut, Phantasie und sehr viel Toleranz (Sturz 2006).

Regelmäßige Teamsitzungen mit ausreichender Zeit für Intervision und externe Supervision sind Bedingung für die Arbeit mit Betroffenen Ritueller Gewalt. Exakte regelmäßige Übergaben und genaue Teamabsprachen sind absolute Notwendigkeit.

Das Milieu in einer Klinik und auf einer Station, die ein Behandlungsangebot für Betroffene Ritueller Gewalt anbietet, sollte akzeptierend und so stressarm wie möglich sein. Die Regeln sollten klar und transparent sein und von dem Team eingehalten werden. Das Vorgehen sollte so individuell wie möglich gestaltet werden unter Berücksichtigung der Organisationsbelange.

Für die PatientInnen sollten Einzelzimmer zur Verfügung stehen und eine Frauenstation mit Aufenthaltsräumen, die als männerfreie Schutzzone dienen können. Die Klinik sollte gut gesichert werden können, so dass insbesondere PatientInnen, die zur Ausstiegsbegleitung zur stationären Behandlung kommen, sich sicher fühlen können.

Insgesamt sollte die Atmosphäre von Achtung, Kenntnis der Störung und Respekt sowie Verständnis für die speziellen Belange bei gleichzeitiger Grenzsetzung geprägt sein.

Eine Klinik zur Behandlung von Traumafolgestörungen, insbesondere von Betroffenen Ritueller Gewalt, sollte in der Lage sein, evtl. auftretende Krisen ohne Verlegungen in eine Akutpsychiatrie auffangen zu können. Dazu sind ausreichende Einzelstunden (3-4 h/Woche), eine gute personelle Ausstattung mit psychiatrisch ausgebildeten Ärztinnen und erfahrenem Pflegepersonal, das stützende Kontakte zwischen den Therapiesitzungen anbietet, aber auch räumliche Voraussetzungen notwendig, wie ein Überwachungszimmer, in dem die PatientInnen vorübergehend vor sich selbst geschützt werden können.

Die Stationsgemeinschaft sollte für die PatientInnen überschaubar sein. Gruppenangebote sind eine optimale Ergänzung, sollten aber optional je nach Funktionsniveau der PatientInnen gemeinsam besprochen werden. Generell gilt, dass Gruppen nicht zu groß sein dürfen und das Angebot das Funktionsniveau der PatientInnen verbessern soll. Es bieten sich psychoedukative Gruppen an (Traumainformationsgruppen, Gruppen für PatientInnen mit dissoziativen Störungen, Skillsgruppen, spezielle Suchtgruppen, Vertragsgruppe etc.) sowie stützende und ressourcenorientierte Gruppenangebote (Imagination, Ergotherapie, Körpertherapie, Qi Gong, Entspannungsverfahren, Morgenrunden- oder Wochenabschlussgruppe etc.). Konfliktorientierte oder interaktionelle Gruppen stellen im Allgemeinen eine Überforderung für PatientInnen mit Ritueller Gewalterfahrung dar.

3.4.2 Indikation für die stationäre Therapie: Aufnahmebedingungen und Kontraindikationen

Indikation
Auf Grund des langjährigen und kleinschrittigen Therapieprozesses liegt der Schwerpunkt der Psychotherapie von Betroffenen Ritueller Gewalt mit dissoziativen Störungen auf der ambulanten Therapie. Um die Behandlung für die PatientInnen zu optimieren, ist ein Wechsel von ambulanter Therapie und stationären Intervallen zu bevorzugen. Die stationäre Therapie kann den Therapieprozess intensivieren, wenn die ambulante Therapie nicht ausreichend erfolgreich war oder zu wenige Behandlungsstunden vorhanden sind, aber auch wenn die Alltagsbedingungen, wie so oft, suboptimal sind. So kann ein fehlendes soziales Netz, zu starkes phobisch besetztes Vermeidungsverhalten oder eine ausgeprägte depressive Symptomatik als auch Überforderung durch verschiedene Konflikte oder Belastungssituationen im Alltag die Therapiefähigkeit deutlich einschränken. Finden noch Traumatisierungen im Alltag statt, reicht die mentale Energie der Patienten meist nicht einmal für eine adäquate Alltagsbewältigung aus. Eine stationäre Therapie kann also bessere Bedingungen für eine erfolgreiche ambulante Therapie ermöglichen (z. B. zum Schutz vor Täterkontakten bzw. zur Arbeit an einem langsamen Ausstieg beitragen, Süch-

te und selbstdestruktive Verhaltensweisen kontrollieren und reduzieren beziehungsweise einen Schutzraum für die Traumabearbeitung herstellen).

Um die stationäre Therapie sowohl für die Patientin als auch für das therapeutische Team erfolgreich und befriedigend zu gestalten, bedarf es genauer Absprachen vor Aufnahme der Therapie. Dies dient nicht nur der Transparenz der erwarteten Verantwortungsübernahme für die Patientin, sondern hilft auch, Behandlungsfehler und Symptomaktualisierungen während der stationären Therapie zu reduzieren und so einen reibungsgeminderten Ablauf zu gewährleisten. Eine zusätzliche Vernetzung mit den ambulanten Therapeuten kann die Behandlung deutlich erleichtern.

In einem **telefonischen oder vor Ort stattfindenden Vorgespräch** sind folgende Punkte zu klären:

- Ist eine ausreichend hohe Behandlungsmotivation bzw. ein konstruktives Therapieanliegen vorhanden?
- Akute Suizidalität eines Anteils? Dies impliziert die Frage nach dem letzten Suizidversuch vor Aufnahme der stationären Therapie und Abklären der Absprachefähigkeit der ANP (van der Hart et al. 2006[1]) auch bezüglich des Weglaufens, was manchmal in Suizidalität mündet. Es empfiehlt sich, einen ausreichend langen Zeitraum zwischen dem letzten Suizidversuch und der stationären Aufnahme einzuhalten (mindestens 6 Monate).
- Gibt es psychotische Entgleisungen der ANP und eine adäquate medikamentöse Einstellung?
- Finden noch lebensbedrohliche oder chirurgiepflichtige Selbstverletzungen statt? Hier müssen dringend Vorabsprachen getroffen werden (z.B. als therapeutische Konsequenz eine zeitlich begrenzte Therapiepause außerhalb der Klinik).
- Besteht eine Sucht oder ein schädlicher Substanzgebrauch? Muss vor der stationären Aufnahme eine Entgiftung oder eine Suchttherapie vorgeschaltet werden? Absprachen bei schädlichem Gebrauch von Substanzen, z.B. 14 Tage Abstinenz schon vor dem stationären Aufenthalt, sind sinnvoll.
- Es sollte eine Absprache möglich sein, dass kein direkter Täterkontakt während der stationären Therapie aufgenommen wird, damit keine weiteren Traumatisierungen stattfinden und dadurch die Patientin und die Therapie gefährdet werden.
- Eine stationäre Therapie mit gewaltbereiten ANPs und EPs[2] kann verständlicherweise nur bei Absprachefähigkeit oder erst zu einem späteren Zeitpunkt stattfinden.
- Um genügend mentale und physische Energie für die Therapie zur Verfügung zu haben, empfiehlt sich ein Mindestgewicht mit einem BMI 17,5.

Meist können das Funktionsniveau (Horewitz & Loewenstein 1994) und das Ausmaß der Fragmentierung jedoch erst während der stationären Therapie beurteilt werden. So kann der Täterkontakt auf Grund der hohen Dissoziation der Patientin dem ANP noch

---

[1] ANP: Anscheinend normaler Persönlichkeitsanteil, vgl. Kap. 1.2 in diesem Band
[2] EP: Emotionaler Persönlichkeitsanteil, vgl. Kap. 1.2 in diesem Band

gar nicht bewusst sein, da er von dissoziierten Anteilen wahrgenommen wird. Ein möglicherweise bestehender Verdacht auf Täterkontakt sollte auch während der Therapie nur behutsam angesprochen werden, da diese Information eine hohe Labilisierungsgefahr beinhaltet.

Schließlich müssen auch psychohygienische Aspekte des therapeutischen Teams bei der Aufnahmeregelung beachtet werden. Es empfiehlt sich, dass die Anzahl der Aufnahme von PatientInnen mit rituellen Gewalterfahrungen sowohl auf der Station als auch auf die jeweiligen TherapeutInnen begrenzt ist, um die Ressourcen der Patientengemeinschaft und des therapeutischen Teams nicht zu gefährden. Auch sollte der Aufenthalt auf eine Höchstdauer begrenzt sein (weniger ist oft mehr), damit das Funktionsniveau erhalten bleibt. So können bei PatientInnen mit Täterkontakt während der stationären Therapie Loyalitätskonflikte auftreten mit dem Druck, sich bei den Tätern zu melden, Informationen über die Therapie preiszugeben, die Therapie zu boykottieren oder selbstschädigende bzw. suizidale Handlungen vorzunehmen. Besondere Vorsicht ist dabei bei christlichen oder sogenannten rituellen Feiertagen geboten!

Indikation für eine stationäre Therapie

– wenn eine ambulante Therapie nicht ausreichend erfolgreich war bzw. zu wenige Behandlungsstunden möglich sind.
– bei einem fehlenden sozialen Netz.
– zu starkes phobisch besetztes Vermeidungsverhalten.
– stark ausgeprägte Depression.
– Überforderung durch verschiedene Konflikte oder Belastungssituationen im Alltag.
– zum Schutz vor Täterkontakten bzw. zur Arbeit an einem langsamen Ausstieg.
– zur Traumabearbeitung im Schutzraum der stationären Therapie.

3.4.3 Besonderheiten in der stationären Therapie Betroffener Ritueller Gewalt mit Dissoziativen Identitätsstörungen

Zunächst einmal gilt der Grundsatz, dass PatientInnen mit Dissoziativen Identitätsstörungen nach Ritueller Gewalt nach den gleichen Therapiegrundsätzen behandelt werden wie PatientInnen mit Dissoziativen Identitätsstörungen ohne den Hintergrund organisierter Gewalt. Die Betroffenen mit Ritueller Gewalterfahrung sollen nicht speziell herausgehoben werden und trotzdem gibt es einige zu beachtende Besonderheiten in der Therapie:

1.) Die therapeutische Beziehung
PatientInnen mit Rituellem Gewalthintergrund oder Opfer Organisierter Kriminalität haben größere Bindungsprobleme als andere PatientInnen mit Dissoziativen Identitätsstö-

rungen. Aus ihrer Biographie kennen sie keine Beziehungen und Bindungen außerhalb der Organisation. Sie sind stark ausgerichtet auf die Beziehungspersonen innerhalb der Organisation, da diese gesunde Beziehungen außerhalb stets unterbunden haben. Beziehungen ohne Manipulation und sadistische Gewalt sind für sie schlecht vorstellbar. Sie haben Beziehungen nur streng hierarchisch mit Gewaltausübung erfahren. Ihre Beziehungserfahrungen sind immer von Angst, Macht und Unterwerfung geprägt.

2.) Rigide Kognitionen und Hauptüberzeugungen
Die PatientInnen befinden sich zwischen zwei Welten und denken manchmal, die rituelle dunkle Welt sei besser als die normale helle Welt. Sie haben aber auch Angst, zu unserer Welt nicht dazuzugehören.

Häufig haben sie narzisstische Kollusionen mit den Täterkreisen. In diesen Täterkreisen sind sie Ideologien ausgesetzt, z. B. germanisch-heidnischen, satanistischen mit und ohne faschistischem Hintergrund, die stark narzisstisch geprägt sind. Hauptüberzeugungen sind z. B. „es ist dumm, schwach zu sein, Schwäche ist schlecht". Die Täter und täteridentifizierten Anteile überschätzen sich und halten sich für sehr stark. Die Denksysteme und Überzeugungen sind rigide. Die PatientInnen sind systematisch eingeschüchtert worden und schreiben den Tätern große Macht zu. Die Organisation benutzt Tricks, um den PatientInnen zu suggerieren, sie sei allmächtig. Die PatientInnen haben Angst vor der Macht der Organisation und glauben, von dieser immer gesehen zu werden. Die PatientInnen empfinden extreme Schuld- und Schamgefühle, aber auch starke Gefühle der Überlegenheit wie auch der Unterlegenheit.

3.) Selbstverletzendes Verhalten ist im Sinne der inneren Bestrafungen stärker ausgeprägt als bei anderen PatientInnen mit Dissoziativen Identitätsstörungen.

4.) Der beabsichtigte **Ausstieg aus dem Täterkreis** ist immer mit einer Destabilisierung verbunden. Die Therapeutin muss tief ins System sprechen, um die Kernüberzeugungen zu erreichen und zu verändern, die Ursache für anhaltenden Täterkontakt sind. Dies muss sie zu einem früheren Zeitpunkt tun als bei anderen PatientInnen mit Dissoziativen Identitätsstörungen und ist dadurch ständig in einem inneren therapeutischen Konflikt zwischen Destabilisierung und Stabilisierung, da dieses frühe Tief-ins-System-Sprechen zunächst eine Destabilisierung bewirken kann.

Bei andauerndem missbräuchlichem Täterkontakt muss früher als bei anderen DIS-PatientInnen mit den EP (van der Hart et al. 2006) Kontakt aufgenommen werden, die den Kontakt zu den Tätern herstellen. Auch dies wirft ein ethisches Problem auf, da dieses Vorgehen eine Destabilisierung bedeutet, aber in der Stabilisierungsphase trotzdem unumgänglich ist.

5.) Die Beziehung zu Täterintrojekten ist bei Betroffenen nach Ritueller Gewalt noch schwerer herstellbar als bei anderen DIS-PatientInnen, insbesondere wenn die PatientInnen selber Täter waren oder ihnen dies von der Organisation eingeimpft wurde.

6.) Hoch funktionale DIS-PatientInnen nach Ritueller Gewalt oder Organisierter Kriminalität, die nach außen gut funktionieren, tun dies auch in der Sekte oder Organisation. Dies bedeutet, dass sie aufgrund ihres sehr guten Funktionierens in der Organisation eine hohe Position innehaben, somit durch den Ausstieg aus der Organisation auch viel zu verlieren haben. Zudem haben sie häufig selber an Gewalttaten auf Grund ihrer hohen Position in der Organisation mitgewirkt und müssen sich bei Distanzierung mit extremen Schuld- und Schamgefühlen auseinandersetzen.

7.) Bei Betroffenen Ritueller Gewalt mit Dissoziativen Identitätsstörungen gibt es nicht nur spontan entstandene EPs, sondern **von den Tätern gemachte EPs**, meistens Kind-Anteile, manchmal aber auch innere Führer. Dies verkompliziert die Behandlung.

8.) Im Sinne von **Mind-Control-Mechanismen** haben die Täter Programme in die Betroffenen installiert, die in der Therapie durch Triggeridentifikationen aufzulösen sind. Diese Programme stellen die Therapie häufig in Frage und münden in Suizidalität.

9.) Bei DIS-PatientInnen mit rituellem Hintergrund gibt es erheblich mehr **Trigger** als bei anderen DIS-PatientInnen, so z. B. werden spezifische Ängste durch christliche Symbole, Weihnachtsschmuck oder Friedhöfe und Kerzen ausgelöst, und spezielle Feste satanischer Kreise wie am 20. und 21.06., am 31.10. und am 01.11. lösen schwere Krisen aus. Die christlichen Feste, insbesondere das Weihnachtsfest, sind ebenfalls häufig ein Trigger.

3.4.4 Stationäre Behandlungsansätze für PatientInnen mit rituellem Hintergrund

„Schwierige PatientInnen zeichnen sich dadurch aus, dass sie viele Probleme haben" (Linehan 1996).
F. Olthuis (2004) benannte folgende potentielle Gefahren im stationären Setting:
– Ausgeprägtes Misstrauen, das immer wieder seine Bestätigung sucht, gepaart mit dem Verlangen nach einem Retter.
– Der auf die Station projizierte Wunsch, alle Angstauslöser zu entfernen.
– Interpretation von Stationsregeln als Zeichen von Beherrschung und fehlendem Respekt.
– Druck auf die Ärzte, trotz minimaler Wirksamkeit hohe Dosen von Psychopharmaka zu verschreiben.

Die beschriebenen Probleme können insbesondere zu starken Spaltungsprozessen innerhalb des Teams und der therapeutischen Gemeinschaft führen, langfristig verstärken sie Abhängigkeitstendenzen und wiederholtes Erleben von fehlender Selbstwirksamkeit und mangelnder sozialer Integration.

Inhaltlich orientiert sich die Behandlung grundsätzlich an dem Drei-Phasen-Modell der Traumatherapie nach Onno van der Hart, Ellert R. S. Nijenhuis und Kathy Steele (2006):
– Symptomverringerung und Stabilisierung.
– Behandlung der traumatischen Erinnerung.
– Integration und Rehabilitation der Persönlichkeit.

Therapieziele
In der Behandlung besteht ein Unterschied zwischen PatientInnen mit aktuellem Täterkontakt und jenen, die bereits einen Täterkontaktabbruch vollzogen haben.

1. Bei bestehendem Täterkontakt
Für PatientInnen, die noch Ritueller Gewalt und psychischer Kontrolle ausgesetzt sind, bietet der stationäre Aufenthalt die Möglichkeit, über die zeitweilige Sicherheit und den Abstand Strategien zur Distanzierung von den Tätern zu erarbeiten und somit eine Verbesserung ihrer inneren und äußeren Sicherheit zu erreichen.
a) **Rahmenbedingungen:** Gezielte Absprachen bezüglich möglicher Kontaktaufnahmen werden getroffen, z. B. bezüglich Mobilfunk, Telefon, Post, Internet, Verlassen des Klinikgeländes. Dabei gilt: Die Verantwortungsübernahme durch das Team findet so lange wie nötig und so kurz wie möglich statt. Bei selbstschädigenden Verhaltensweisen (selbstverletzendem Verhalten, Süchte, Suizidalität) werden im Vorfeld Vereinbarungen getroffen und Verträge geschlossen.
b) **Äußere Sicherheit:** Triggeridentifikation und Sammeln von Informationen wissender Innenpersonen, um mehr Wissen über mögliche Gefahrenquellen zu Hause zu erhalten. Informationsvermittlung zur Verbesserung des Helfersystems zu Hause und Unterstützung bei ersten entsprechenden Schritten. Ausbau der Tagesstruktur zur Verbesserung des Kontrollempfindens und Förderung einer inneren Struktur.
c) **Innere Sicherheit:** Stabilisierung kompetenter Innenpersonen und des Gesamtsystems, um mehr mentale Energie für einen möglichen Ausstieg zu mobilisieren. Arbeit an destruktiven inneren Regeln und Gesetzen, die einem Ausstieg entgegenstehen. Kontaktaufnahme mit ambivalenten täterloyalen Innenpersonen, um sie für eine Kooperation zu gewinnen. Ggf. Auseinandersetzung mit destruktiven Innenpersonen (klare Grenzen setzen). Psychoedukation (z. B. Erfahrungsberichte).
d) Bei PatientInnen mit laufendem Täterkontakt ist eine klassische Traumabearbeitung nicht möglich. Dahingegen ist eine **Arbeit an den Programmen** unbedingt notwendig, aber nur kleinschrittig zu erreichen. In ersten Schritten müssen diese bewusst gemacht werden und die PatientInnen in die Lage versetzt werden, den enthaltenen Befehlen nicht automatisiert nachzugeben.

2. Ohne bestehenden Täterkontakt
Ziele der Behandlung können neben der weiteren Stabilisierung Traumabearbeitung, Arbeit an Programmen und zunehmende Integration der verschiedenen Persönlichkeiten sein.

- Traumaspezifische Arbeit mit ANPs (Erlernen von Kontroll- und Distanzierungstechniken, ggf. Vertragsarbeit).
- Arbeit auf der Inneren Bühne (Reddemann 2004) und mit dem inneren Team (Peichl 2007) zur verbesserten internen Kommunikation, Akzeptanz und Kooperation.
- Arbeit mit internen Vereinbarungen zur verbesserten Fürsorge untereinander und fürs Gesamtsystem.
- Arbeit mit traumatisierten EPs (Selbstfürsorge, Traumabearbeitung).
- Beginnende Rekonstruktion biographischer Ereignisse.
- Erarbeitung eines kognitiven Bezugsrahmens, in den das Gewesene langsam eingeordnet werden kann und der den dysfunktionalen ideologisch geprägten und Opfer-Überzeugungen entgegengesetzt werden kann.

Das **Behandlungsangebot** für PatientInnen mit rituellem Hintergrund und DIS, das in unserer Klinik entwickelt wurde und sich bewährt hat, besteht aus folgenden Modulen:

In den 50-minütigen **Einzelgesprächen** (mindestens dreimal wöchentlich – bei sehr labilen PatientInnen empfehlen sich ggf. häufigere, aber kürzere Kontakte) geht es darum, die verschiedenen Probleme der PatientInnen zu sichten und ein Modell aufzubauen, in welcher Weise Kommunikationsschwierigkeiten und Spannungen im Innensystem verantwortlich sind für Symptome und Problemverhaltensweisen. Grundlage für diese Arbeit ist eine sorgfältige Diagnostik und eine erste vorsichtige Sichtung des Innensystems, später das Erstellen einer Inneren Landkarte, und die Vermittlung von Skills und Notfallstrategien im Umgang mit dissoziativen und posttraumatischen Symptomen. Bei Süchten und selbstschädigenden Verhaltensweisen werden transparente Verträge erstellt, um stabile Rahmenbedingungen herzustellen.

Im weiteren Verlauf wird gezielt mit den verschiedenen Anteilen gearbeitet. Die ANP oder das Alltagsteam gestalten gemeinsam mit der Therapeutin das therapeutische Bündnis, verfügen häufig jedoch nicht über das emotionale oder kognitive Wissen, das die Arbeit an einzelnen Themen erfordert. Häufig besteht eine phobische Vermeidung der ANPs bezüglich eines Kontakts zu traumatisierten EPs oder auch Zweifel oder fehlende Akzeptanz bezüglich deren Erleben. Ebenso häufig ist die Einnahme einer selbstfürsorglichen Haltung gestört durch Täterintrojekte oder täterloyale Anteile. Programme erschweren die Arbeit durch Redehemmungen, Anti-Hilfe-Verhaltensweisen, autodestruktive Impulse und Amnesien. Hier ist über die gleichbleibend akzeptierend-zugewandte und gleichzeitig begrenzende Haltung der Therapeutin allen Anteilen und Innenpersonen gegenüber eine integrative Beziehungserfahrung möglich, um eine Verbesserung der inneren Kommunikation und Kooperation zu erreichen.

In den **Gruppengesprächen für DIS-PatientInnen** mit und ohne rituellen Gewalthintergrund geht es insbesondere um das Erleben, in der eigenen Andersartigkeit Menschen mit ähnlichen Problemen zu begegnen und gemeinsame Erfahrungen zu machen. Die Gruppengröße legten wir auf maximal 6 Teilnehmerinnen fest. Es hat sich erwiesen, dass die Arbeit an den problematischen Themen häufig vor- und nachbereitet werden muss, daher besteht eine Begrenzung auf eine Wochenstunde für themenzentrierte Gespräche.

Es sollten zwei Therapeutinnen anwesend sein, um steigende Anspannung in der Gruppe rechtzeitig wahrzunehmen und entsprechend stützend zu intervenieren. Gleichzeitig beugt die Doppelbesetzung Spaltungstendenzen vor. Aus diesem Grund hat es sich auch bewährt, dass das Pflegepersonal bei den Wochenanfangs- und den Wochenabschlussgruppen teilnimmt. Dies bietet den Vorteil, die Pflege bezüglich möglicher Probleme vom Wochenende unmittelbar mit einzubeziehen.

Die **Körpertherapie-** und die **Ergotherapiegruppe für DIS-PatientInnen** bieten einen Raum, in dem gezielt spielerisch und konstruktiv auf Ressourcen der PatientInnen zugegriffen wird und diese aktiviert werden. Hier können auch gezielt Kinder-Anteile eingeladen werden und einen angstfreien Raum erhalten, sich weiterzuentwickeln und nachzureifen. **Einzelbehandlungen in nonverbalen Verfahren wie Körper-, Kunst-, Ergo- oder Dramatherapie** dienen der Vertiefung von relevanten therapeutischen Themen bzw. deren Gewahrwerden und kreativer Weiterentwicklung durch gestaltendes Herangehen.

Flankierende Maßnahmen wie **Imaginationsübungen, Tai Chi, Qi Gong, Fertigkeitentraining** geben Anleitungen und Unterstützung zur Förderung der Spannungsregulierung und Distanzierungsfähigkeit.

Indikative Gruppen wie **Vertragsgruppe, Essgruppe, Esstagebuch, Traumainformationsgruppe, Depressionsgruppe, Schmerzgruppe** werden verordnet bei entsprechender Symptomatik und Bedarf an Psychoedukation.

Spezielle Methoden zur Ressourcenaktivierung und Traumabearbeitung

– Geführte Synthese (van der Hart et al. 2006)
– Deprogrammierung (Fliß 2010) (Kremer 2004)
– Psychoanalytisch-imaginativ orientierter Ansatz (Hochauf 2007)
– PITT (Reddemann 2004)
– EMDR (Shapiro 1998) (Rost 2008)
– IRRT (Smucker 2007)
– Screen (Reddemann 2004)(Besser 2006)
– Kognitive Arbeit
– Körpertherapie
– Kunsttherapie
– Dramatherapie

> **Allgemeine Techniken zur Spannungsregulierung und Distanzierungsfähigkeit**
>
> – Imaginationsübungen
> – Tai Chi
> – Qi Gong
> – Fertigkeitentraining (Linehan 1996)
> – Traumainformationsgruppe
> – Vertragsgruppe
> – Frauensport
> – Therapeutisches Boxen
> – Morgenbewegung
> – Sozialarbeit

Umgang mit Krisen

Bereits zu Beginn der Behandlung sollte mit den PatientInnen geklärt werden, welche Problemsituationen aufgetreten sind und auftreten können. Wenn nötig, werden Verträge abgeschlossen mit klar besprochenen Konsequenzen.

Bezüglich dissoziativer Symptome wird geprüft, ob die Patientin über Notfallstrategien verfügt, ggf. werden diese in Form eines ersten Notfallkoffers erarbeitet. Frühwarnzeichen bezüglich suizidaler Zustände, dissoziativer Symptome und Selbstverletzungsdruck werden identifiziert und ebenfalls im Vertrag beschrieben.

Die PatientInnen werden befragt nach Reorientierungsmaßnahmen, die in der Vergangenheit geholfen haben für den Fall, dass die o. g. Strategien nicht greifen sollten und die Patientin schwer reorientierbar ist (z. B. hilft Kälte oder Wärme, Anfassen oder Nicht-Anfassen, welche Innenpersonen sollten namentlich gerufen werden, etc.). Diese Informationen werden für das gesamte Team verfügbar schriftlich hinterlegt.

Krisen werden durch verschiedene Faktoren ausgelöst. Entsteht in der therapeutischen Beziehung ein guter Kontakt und einzelne EPs bauen eine positive Bindung zur Therapeutin auf oder können positive Gefühle erleben, kann dies über tätergebundene Anteile zu Strafsanktionen führen, die mit vermehrten Flashbacks oder Körpererinnerungen oder auch destruktiven Impulsen einhergehen. Gezieltes Arbeiten an Schweigegeboten oder inneren Regeln kann auf ähnliche Weise labilisierend wirken. Ebenso können erlebte Erfahrungen des Im-Stich-Gelassenwerdens z. B. bei Krankheit der Therapeutin alte Schemata bestätigen und Grundüberzeugungen aktivieren wie „ich werde nie die Hilfe bekommen, die ich benötige" und zu krisenhaften Situationen mit Selbstverletzungsdruck oder Suizidalität führen. Selbstverständlich können solche Muster auch bei der Konfrontation mit Grenzen aktiviert werden.

Auch Beziehungssituationen im Stationsalltag bergen zahlreiches Krisenpotential. Beziehungen der PatientInnen untereinander können entsprechend des Täter-Retter-Opfer-Dreiecks konstituiert sein und zu dysfunktionalen Interaktionsmustern führen, die in krisenhaften Konflikten eskalieren können.

Schließlich können äußere Ereignisse Krisen auslösen, wie rituelle Feiertage, Jahrestage besonders traumatisierender Ereignisse, Daten, die mit der Aufforderung zur Kontaktaufnahme mit den Tätern verknüpft sind, oder auch Probleme aus der sozialen Situation der Patientin.

In der **Behandlung krisenhafter Zuspitzungen** lassen sich verschiedene **Stufen** beschreiben:
- Ist die therapeutische Beziehung stabil, bestehen Strategien im Umgang mit Belastungen und übernimmt die Patientin Verantwortung für sich selbst, werden regelmäßige engmaschige Kontakte mit der Bezugstherapeutin und der Pflege vereinbart. Wenn nötig, erfolgt die Verordnung von Bedarfsmedikation. Durch die übersichtliche Zeitstrukturierung und das Erleben von kontinuierlicher Unterstützung kann die Patientin die Situation selbst bewältigen.
- Ist die therapeutische Beziehung Auslöser für die Krise, sind Strategien (noch) nicht ausreichend vorhanden oder erlebt sich die Patientin der krisenhaften Situation gegenüber ausgeliefert, wird vorübergehend Verantwortung durch die Station übernommen. Dies kann stattfinden in Form von Vereinbarungen, das Haus nicht zu verlassen oder das Mobiltelefon oder auch potentielles Werkzeug zur Selbstschädigung abzugeben.

Sind diese Maßnahmen nicht ausreichend, erfolgt die vorübergehende Unterbringung der Patientin im **Schutzraum**:
- Freiwillige Unterbringung: Die Patientin kämpft gegen dysfunktionale Impulse wie Selbstschädigung oder Kontaktaufnahme mit den Tätern, kann dem Drang aber nicht kontinuierlich widerstehen und braucht eine time-out-Situation.
- Verordnete Unterbringung: Der Wille der Patientin, gegen dysfunktionale Impulse zu kämpfen, ist nicht mehr ausreichend vorhanden, die Patientin kann keine Verantwortung für ihre Handlungen mehr übernehmen (z. B. wenn ein suizidaler Anteil „vorne" ist).
- Überschreitet dieser Zustand einen Zeitraum von 48 Stunden, ist eine Verlegung in die Akutpsychiatrie unumgänglich. Die Patientin wurde bei der Aufnahme bereits über die Möglichkeit einer solchen Maßnahme aufgeklärt.

3.4.5 Spezifische Interventionen

Das Vorgehen bei der Traumabearbeitung, der Umgang mit Täterintrojekten und Programmierungen bei Betroffenen Ritueller Gewalt mit Dissoziativen Identitätsstörungen ist äußerst schwierig und in ständiger Weiterentwicklung. Einige erfahrene Therapeutinnen und Forscher entwickelten verschiedene Vorgehensweisen, von denen wir im Folgenden eine kleine Auswahl darstellen möchten.

Der Einfachheit halber haben wir die Anrede in direkten Ansprachen in der Du-Form gewählt, natürlich sollten gleichzeitig auch die Erwachsenen mit Sie angesprochen werden.

3.4.5.1 Täterintrojekte

Suzette Boon, Ph. D., eine erfahrene Behandlerin von PatientInnen und Patienten mit Dissoziativen Identitätsstörungen aus den Niederlanden, die lange mit Ellert Nijenhuis zusammengearbeitet hat, berichtet in ihren Seminaren folgende Vorgehensweise zum Umgang mit Täterintrojekten und täterloyalen Anteilen.

Zu Beginn der Behandlung und im Verlauf immer wieder ist es wesentlich, die Täterintrojekte anzusprechen, eine Haltung ihnen gegenüber zu entwickeln und zu vermitteln.

Annahmen über und Haltung gegenüber den Täterintrojekten und den täterloyalen Anteilen

– Jedes System (Gruppe von EP) hat einen Führer (gleich Täterintrojekt). Das System ist hierarchisch aufgebaut wie die Täterorganisation.
– Immer guten Kontakt zum Täterintrojekt aufbauen.
– Von Anfang an „durchsprechen" (durch ANP zum Täterintrojekt)
– Täterintrojekt muss zur Allianz mit Therapeutin gebracht werden.
– Täterloyaler Anteil hat Angst, nicht gemocht zu werden oder vernichtet zu werden.
– Täterintrojekte sind einsam.
– In Beziehung bringen, aber Macht und Kontrolle lassen, i. d. S. „Sag mir, wenn ich (Therapeutin) etwas falsch mache".
– Ärger und Isolation des Täterintrojekts anerkennen.
– Mitgefühl haben mit Täterintrojekt.
– Am Täterintrojekt dranbleiben, oft monatelang, keine Angst haben.
– Täterintrojekt hat wichtige Funktion.
– Täterintrojekte haben manchmal Angst vor ihrer Wut (z. B. Therapeut umbringen).
– Botschaft: „Du bist okay und willkommen, wirst verstanden, du kannst über Wut reden, aber sie nicht ausagieren."
– Destruktive Anteile, die Selbstverletzung zufügen oder sich prostituieren, werden manchmal von Täteranteilen instruiert, so zu handeln.
– Täterintrojekte wollen das aggressive Verhalten nicht wirklich wiederholen.
– Innere Räume für Täterintrojekte anregen, in denen sie auch toben können, ohne zu schaden.
– Opfer und Täteranteile trennen, aber alle haben gleiches Recht auf innere Orte.
– Täterintrojekte denken, Therapie ist für Angsthasen und Schwächlinge, lehnen sie ab.
– Aufklärung: Therapie ist für alle.
– Täterintrojekte sind angstmotiviert (Machtverlust, Ablehnung der Therapeuten, Vernichtung, heftige Gefühle).
– Täterintrojekte haben schlechte Gefühle über sich selbst, wollen beschützen, sind allein und isoliert.

> **Täterintrojektansprache**
>
> – „Du musst dir isoliert vorkommen.
> – Du hast Gründe für dein Verhalten, das möchte ich gern verstehen.
> – Du trägst viele Gefühle für das ganze System.
> – Du kannst mit mir sprechen oder mir schreiben.
> – Ich brauche deine Hilfe.
> – Ich will nicht schaden.
> – Du bist allein mit einem Rucksack voll schrecklicher Gefühle.
> – Du wirst nicht verschwinden.
> – Du bist stark und kannst hilfreich sein.
> – Du behältst die Kontrolle."

> **Täterintrojektansprache bei destruktivem Verhalten**
>
> – „Es gibt einen Anteil, der mehr weiß über dieses Verhalten.
> – ich will das hier nicht.
> – ich weiß, dass es viele innere Konflikte gibt, …
> – es hat genug Schmerz gegeben."

3.4.5.2 Traumabearbeitung

Vorbedingungen

Die PatientInnen sollen zur Therapeutin eine stabile Beziehung haben, die Zeit des Testens muss vorbei sein. Es sollte ein Alltagsleben existieren, eine Tagesstruktur und ein soziales Netz. Die PatientInnen müssen Versorgung, Sorge, Mitgefühl und Trost aushalten können, auch die EPs und die Täterintrojekte. Die Lebensbedingungen sollten stabil und ohne große Belastung sein.

Ohne die Scham der Patientin bearbeitet zu haben, ist eine Traumaarbeit nicht möglich. Die ANP sollte ihre Angst vor traumatischen Erinnerungen überwunden haben und alle Anteile müssen die Diagnose einer Dissoziativen Identitätsstörung akzeptieren und die Angst vor einer Traumabearbeitung minimiert haben. Insbesondere der innere Konflikt zwischen den EPs, die eine Bindung und Behandlung wollen und denen, die das nicht wollen und die Bindung an Täteranteile haben, muss im Vorfeld gelöst sein.

Bei fehlender Verantwortung für die Arbeit in der Behandlung, bei vollständiger Amnesie für das Trauma und bei anhaltendem Missbrauch ist eine Behandlung traumatischer Erinnerungen noch nicht angezeigt.

Bei Täterkontakt und somit anhaltendem Missbrauch bei Betroffenen Ritueller Gewalt muss eine andere Traumaarbeit gewählt werden. Dekonditionierungen und Deprogrammierungen sind eine wichtige Arbeit an den Traumata, ohne im eigentlichen Sinne Traumabearbeitungen zu sein.

Die Beziehung zur Therapeutin in der Gegenwart ist wichtiger als alle Technik oder der Impuls, lösungsorientiert zu arbeiten (Boon 2010). Supervision und intensiver kollegialer Austausch sind unbedingt notwendig.

In **der Vorbereitungsphase** zur Traumabearbeitung sollte von der Therapeutin zuerst über die Loyalität der Patientin oder verschiedener EPs zu den Tätern gesprochen werden.

Bei der **Exposition mit der geführten Synthesetechnik** (van der Hart et al. 2006, Boon 2010) bleiben die PatientInnen in der Gegenwart verankert und erleben die Vergangenheit wieder im Sinne einer **Parallelisierung** (Hochauf 2007).

1. Die PatientInnen schreiben zunächst die Geschichte des Traumas auf, beginnend mit einem small-t, unter Beachtung des **BASK**-Modells (Behavior, Affect, Sensation, Cognition), in dem es um die Aspekte des Tuns, des Fühlens, des Körpergefühls, des Denkens und Glaubens geht. Die **Geschichte** kann von der ANP geschrieben werden oder von dem Innenteil, der der Geschichtenaufbewahrer oder -schreiber ist, dies hat den Vorteil, dass dieser Anteil ohne emotionale Beteiligung berichten kann. Wichtig beim Aufschreiben der traumatischen Geschichte ist es, das Vorher und das Nachher zu benennen, um ein Gefühl für die Endlichkeit des traumatischen Ereignisses deutlich zu machen im Gegensatz zu dem zeitlosen traumatischen Erleben. Während des Aufschreibens der Geschichte sollen die emotionalen Anteile (EPs) in Sicherheit sein, z. B. an einem inneren sicheren Ort.
2. Im zweiten Schritt muss geklärt werden, **wer** an der geführten Exposition **teilnimmt**. Dies sollten die ANP, die EP, die die Gefühle zu diesem traumatischen Ereignis bewahrt und das dazugehörige Introjekt sein. Die ANP entscheidet, wer für die Traumabearbeitung nötig ist. Der betreffende emotionale Anteil muss vorbereitet werden im Sinne einer Psychoedukation, z. B. indem ihm gesagt wird, „Du hast der Erwachsenen geholfen und die Gefühle aufbewahrt, jetzt kannst du sie an die Erwachsene zurückgeben."
3. Die Technik der **geführten Synthese** ist eine kontrollierte therapeutische Aktion, die dazu ausgelegt ist, PatientInnen dabei zu unterstützen, verschiedene Bilder, Affekte, Körperempfindungen und Kognitionen von traumatischen Erinnerungen wieder aufzurufen und zu akzeptieren, während sie in der Gegenwart und im Kontakt mit der Therapeutin bleiben (Parallelisierung). Die Patientin sollte sich nicht im Wiedererleben traumatischer Erfahrungen verlieren, Therapeutin und Patientin müssen einem unkontrollierten Wiedererleben vorbeugen. In der **geführten Realisation** (van der Hart et al. 2006) ist es wichtig, eine **Personifikation** (van der Hart et al. 2006) zu erlangen, in dem Sinne „das ist *mir* passiert und *mir* ist bewusst, wie dies mein Gefühl für mich selbst und meine Grundannahmen beeinflusst". Ebenso wichtig ist die **Präsentifikation** (Van der Hart et al. 2006) in dem Sinne „mir ist die Gegenwart bewusst und wie meine Vergangenheit mich in der Gegenwart beeinflusst. Der gegenwärtige Moment ist eine Synthese von allen meinen Erfahrungen über die Zeit: Vergangenheit, Gegenwart und projizierte Zukunft". Die Exposition allein ist nicht hilfreich, ohne eine ausreichende Realisationsphase ist eine Integration nicht möglich.

4. Nachdem die Traumageschichte aufgeschrieben und der Therapeutin übergeben wurde und geklärt wurde, wer teilnimmt, kann die **Traumaarbeit** beginnen. Alle, die nicht zu diesem Trauma gehören, sollten an einen inneren sicheren Ort gehen, der gut geschützt von dem traumatischen Material ist. Mit **Fingersignalen** für Ja, Nein und Stopp kann dies überprüft werden. Nach ausreichender Psychoedukation nennt die Therapeutin nun die Anteile, die für diese Arbeit kommen sollen - die ANP, EP und das Täterintrojekt. Die Therapeutin erklärt an dieser Stelle noch einmal explizit, dass jetzt die Gegenwart ist, dass die Täterintrojekte nicht die richtigen realen Personen sind und klärt die Sitzposition und die Möglichkeit, die Patientin anzufassen, die Frage, ob die Augen geschlossen oder geöffnet sein sollen, und andere **Rahmenbedingungen**.
5. Die Therapeutin teilt die Geschichte in die schwierigsten **Etappen** ein, die sie durchnummeriert. Diese schwierigen Etappen werden dann nacheinander aufgesucht. Die Therapeutin übernimmt die Arbeit, die **Geschichte noch einmal zu erzählen**, auszuschmücken, alle Aspekte und alle Qualitäten wie Bild, Gefühl, Gedanken und Körpererleben anzusprechen. Die Therapeutin spricht auch **schwierige Affekte** wie Wut oder Ärger an, um an die häufig dahinterliegenden Gefühle von Trauer, Einsamkeit und Sehnsucht zu kommen. Die Therapeutin **zählt** die schwierigen Etappen auf und geht sie nacheinander durch. Sie fordert die Patientin auf, zu dem Tag zurückzugehen, an dem die Geschichte sich ereignet hat, und die Gefühle, wie z. B. die Angst mit den anderen zu teilen. Dies geht der Reihe nach und die EPs werden immer wieder angesprochen und gebeten, die **schwierigen Aspekte des Traumas mit der ANP zu teilen**. Über Fingersignale wird überprüft, wann dies in ausreichendem Maße erfolgt ist. Dieses Aushalten und Teilen der schwierigen BASK-Aspekte dauert nur Sekunden, dann wird die EP aufgefordert, diese, wenn sie genug davon mit der ANP geteilt hat, loszulassen. Es wird dann immer wieder gelobt und verbal unterstützt. Die Therapeutin fragt die betroffene EP, **wie viel Prozent** der Gefühle geteilt wurden, oder nutzt eine Metapher, z. B. wie viele Steine im Rucksack geleert wurden. Es sollten mindestens 70 % geteilt sein. Wenn die angegebene Prozentzahl geringer ist, regt die Therapeutin den internen Beobachter an, zu prüfen und alle anderen zu fragen, was nicht genug geteilt wurde. Die Therapeutin unterstützt auch hier, indem sie schwierige Gefühle benennt. Als Beispiel könnten diese Gefühle Traurigkeit oder Einsamkeit sein, dies können aber auch Gefühle des Täterintrojekts sein. Die EP wird aufgefordert, mehr von diesen Gefühlen mit der ANP zu teilen.
6. Sind 70 % oder mehr erreicht, wird dies positiv konnotiert, und die EP und das Täterintrojekt können an einen sicheren inneren Ort gehen.

Nachbereitung:
Es sollten in jedem Fall am selben Tag **pflegerische Kontakte** und am nächsten Tag ein **therapeutischer Kontakt** stattfinden. In der Zwischenzeit können sich Gefühle wie Traurigkeit im Rahmen des Ausschmerzens verstärken, das Trauma sollte aber nicht wiedererlebt werden. Sollten einzelne Momente des Traumas wieder hochkommen, müssen diese in der nächsten Stunde noch einmal zusammen angesehen werden. Die Patientin sollte

dies auf keinen Fall alleine machen. **Sind 70 bis 80 % dieser pathologischen Kerne mit der ANP geteilt worden, können sie nicht mehr angetriggert werden.**

Für eine Traumabearbeitung sollte ausreichend Zeit zur Verfügung stehen, im Allgemeinen reichen 1,5 Zeitstunden aus. Während dieser Zeit sollte die Dreierregel eingehalten werden, d. h. die Stunde wird gedrittelt in Vorbereitungszeit, Traumabearbeitungszeit und Nachbereitung und Stabilisierung. Falls nicht alles durchgearbeitet werden kann und noch Material übrig ist, sollten Imaginationen benutzt werden, um es für die nächste Stunde „aufzubewahren".

Die Technik der geführten Synthese kann von den PatientInnen gut gelernt werden, und sie verbessern sich darin, die schlimmsten Gefühle und Körperempfindungen während der Arbeit **nicht zu vermeiden,** und erfahren, dass das, was hinreichend abgearbeitet wurde, nicht mehr zurückkommt. Dies wirkt als Motivation für die weitere Bearbeitung unterstützend.

Die geführte Synthese kann mit vorsichtigem Tapping (**EMDR**) unterstützt werden.

Wenn alle Aspekte eines Traumas nicht ausgehalten werden können, empfiehlt es sich, eine **fraktionierte geführte Synthese** durchzuführen, in der die Technik in kleinere Schritte geteilt wird, z. B. Fokus auf ein Gefühl und nicht auf das dazugehörige Körpererleben.

3.4.5.3 Dekonditionierung und Deprogrammierung

Ohne die Arbeit an den Programmen ist ein Ausstieg aus Täterkreisen nicht möglich. Günstig sind dafür eine stationäre Behandlung und nach Entlassung ein gutes soziales Netz mit einer möglichst lückenlosen Betreuung, um Täterkontakte zu verhindern. Ob die Programme gelöst oder modifiziert werden, wird diskutiert und muss hier offen bleiben (Rüegg 2009). Zu Beginn einige theoretische Voraussetzungen für die Deprogrammierungsarbeit:

Im Binnensystem multipler Betroffener gibt es unterschiedliche bewertende Haltungen zu der erlebten Gewalt und den stattgefundenen Konditionierungen. Die Bandbreite der Bewertung der EPs reicht von der Bejahung der Gewaltexzesse bis hin zur Bekämpfung und Entfernung aus dem Gedächtnis. Dieser **Dissens im inneren System** wird durch die Täter gezielt installiert.

Ziele der Programmierungen (Schwartz 2000)
– Gedächtnisverlust/Amnesien.
– Deckerinnerungen (sie sollen die tatsächlichen Ereignisse überlagern).
– Programmierung spezieller Aufgaben (Kurierdienste, Prostitution etc.).
– Antizipierende Programme des Tätersystems zur Ausstiegsverhinderung (z. B. Kontakt-, Berichterstattungs-, Selbstverletzungs-, Suizid- und Therapieunterbrechungsprogramme).
– Absolute Loyalität gegenüber den Tätern und bedingungsloser Gehorsam.

Das traumatische Ereignis bewirkt einen überwältigenden Angstreiz, der als Folge eine schwer löschbare Konditionierung in der Amygdala für akustische, visuelle, sensorische und andere Sinnesreize verursacht. Es werden neuronale Netzwerke getriggert, z. B. Bilder und die gebahnten Gedächtnisspuren dann fixiert. Ebenso wie traumatische Erfahrungen benutzt werden, um Persönlichkeitsanteile (EPs) zu kreieren, können diese auch eingesetzt werden, um innerhalb eines Persönlichkeitsanteils ein dissoziatives Subsystem zu installieren, sozusagen ein **System zweiter Ordnung**.

Dieses hat die Aufgabe, das übergeordnete System zu stabilisieren und zu kontrollieren. Auf diese Weise wird ein inneres Machtsystem erzeugt. Manche Informationen sind für die EPs so bedrängend und überflutend, dass sie im EP selbst nochmals dissoziieren und im System zweiter Ordnung, von B. Kremer (2004) „Schatten" genannt, abgelegt werden. Der EP im System zweiter Ordnung trägt den gleichen Namen wie der EP erster Ordnung. Zwischen beiden baut sich eine dissoziative Barriere auf. Der EP zweiter Ordnung trägt Kenntnisse über die traumatischen Ereignisse in sich, die die EP, die in der Außenwelt agiert, nicht hat. Diese EPs zweiter Ordnung scheinen essentielle Bedeutung zu haben für Veränderungen und spielen eine Schlüsselfunktion bei der Modifizierung des Programms.

Bei bestehendem **Täterkontakt** muss von einer fortbestehenden aktivierten Programmierung ausgegangen werden.

Mögliche Anzeichen für anhaltenden Täterkontakt

– Gedankenabbrüche
– Starkes Verwirrtsein
– Flucht aus dem Therapieraum
– Der Patient wird überflutet von Erinnerungen und hat den Kontakt mit der Gegenwart und der TherapeutIn verloren.
– Switchen in einen jüngeren EP
– Redehemmung
– Dissoziative Bewegungsstörungen
– Suizidalität und schwere Selbstverletzungen

Wenn der Täterkontakt fortbesteht, muss klar und deutlich nach innen gefragt werden, um Kenntnisse über die Trigger für die Programme, insbesondere die verwandten Texte, zu erhalten. Wichtig ist es, eine direkte, deutliche und spezifische Ansprache zu wählen.

> **Ansprache nach innen bei Täterkontakt (Kremer 2004, S. 19)**
>
> – Ich habe eine wichtige Frage für jeden, der Informationen hat, über die Programme.
> – Jeder von euch, der Infos über die Programme hat, soll gut zuhören.
> – Ich weiß, dass ihr programmiert seid, dass Texte und Aufträge gelernt sind, auch dass es jederzeit bei euch jemanden gibt, der aus einem Abstand als BeobachterIn über diese Infos Bescheid weiß und sie in sich trägt.
> – Ich möchte gern Kontakt haben mit der- oder denjenigen, um zu sehen, wie wir euch damit am besten helfen können.
> – Ihr habt diese Kenntnisse nicht sinnlos aufbewahrt, sie sollen ans Licht kommen und nun ist es an der Zeit, sie herauszugeben.

Im Rahmen von Mind-Control-Techniken werden Texte, Reime und Kinderlieder verwandt, die genau aufgeschrieben werden müssen, um sie dann konstruktiv umschreiben zu können. Häufig werden sie bereits in der frühen Kindheit installiert. Bei der Programmierung werden diese Texte dann in Kombination mit einem Symbol oder einer Geste verwandt (Cue oder Trigger).

> **Programmierungscodes in Kombination mit anderen Triggerreizen (s.u.)**
>
> – Umgeschriebene Kinderreime und -lieder
> – Perseveration von neu geschriebenen Texten
> – Rekursion geläufiger Worte oder Namen (Leben à Nebel)
> – Neologismen

> **Kombinierte Triggerreize**
>
> – Gesten
> – Akustische Reize
> – Optische Reize
> – Postkarten, Briefe

Es ist es wichtig, danach zu fragen, ob der EP Erinnerungen an das Programm hat und wie er selbst entstanden ist. Wenn der EP sich nicht an seine Entstehung erinnern kann, muss von EPs zweiter Ordnung ausgegangen werden. Wenn man den Eintrittscode wörtlich kennt, erhält man direkten Zugang zu diesen EPs zweiter Ordnung und kann sie in den Zustand bringen, der innerhalb des Kults für die Programmierung notwendig war.

EPs können in traumatischen Situationen entstanden sein und Träger der Geschichte und der Gefühle sein. Sie können aber auch programmiert worden sein, um spezielle Aufträge zu erfüllen („dafür bin ich da"). Wir kennen das gut aus unserer klinischen Erfahrung, z. B. bei Suizid- oder Kontaktprogrammen. Nicht selten haben mehrere EPs dasselbe Programm sozusagen als eiserne Reserve, falls ein EP deaktiviert wird.

Deprogrammierung

Bei der Deprogrammierung darf der Programmtext nicht laut wörtlich ausgesprochen werden, weil dadurch das Programm aktiviert wird. Falls sich dies doch ungewollt ereignet, muss sofort darauf hingewiesen werden, dass dieses Programm nicht gilt. Das Programm muss gestoppt werden, bis Ruhe eintritt. Dies wird erreicht durch hartnäckiges Wiederholen des Satzes "Dieses Programm gilt nicht." oder durch Verwirren mit unsinnigen verbalen Einwürfen.

Der destruktive Text muss zur Deprogrammierung konstruktiv umgeschrieben werden. Es ist wichtig, langjährig den positiven umgeschriebenen Text regelmäßig zu wiederholen und damit zu verankern.

Beispiel, wie ein Text umgeschrieben werden kann (leider war es uns aus Datenschutzgründen nicht möglich, eigene Texte zu zeigen) nach Kremer 2004, S. 21

Ursprünglicher Text mit dem Auftrag, nicht über die Sekte schreiben oder sprechen zu können:
Weiße Schwerter, schwarze Schwerter,
wer fährt mit ins Ausland,
unser Land, das wird geschlossen
die Sprache wird gebrochen sein
gibt es dann kein Kind im Land
das die Worte machen kann
lasse weitergehen
lasse weitergehen
wer zurückbleibt, wird sterben.

Umgeschriebener Text:
Weiße Schwäne, schwarze Schwäne,
wer fährt mit ins Ausland
unser Land, das wird *geöffnet*
die Sprache, die *darf wieder fließen*
gibt es dann kein Kind im Land
das diese Worte *singen* kann
lasse weitergehen
lasse weitergehen
wer mitsingt, der will leben.

Die Therapeutin formuliert den Text positiv um und die Patientin schreibt ihn im Einklang mit allen EPs nieder, um ihn in sich aufzunehmen und für Wiederholungen verfügbar zu haben.

Die Täter können in Form antizipierender Programme auch **Wiederherstellungsprogramme** installieren, die nach einigen Monaten der Ruhe die alten Programme verstärkt aufleben lassen, deshalb ist fortdauernder Kontakt mit der Therapeutin unerlässlich, um frühzeitig gegensteuern zu können. Dieses Gegensteuern kann etwa mit folgendem Text geschehen:

Ansprache nach innen bei Wiederherstellungsprogrammen

Ein jeder, der Infos über die Programme hat, soll jetzt gut zuhören. Egal, ob ihr mehr im Licht oder im Schatten seid. Einige von euch haben vielleicht direkte Erinnerungen, andere haben vielleicht aus einem deutlichen Abstand heraus zugesehen. Ich weiß, dass einige von euch sehr gezielte Informationen über die Programmierer haben. Ich weiß, dass man sagen kann, dass alle Programme miteinander ein Netz formen, das wenig Bewegungsraum lässt und nur eine Richtung zugesteht. Dieses Netz greift, wenn eins der Programme nicht mehr gut funktioniert, sei es durch einen Einfluss von innen oder von außen, also wenn eine Lücke im Netz entsteht. Ich weiß, dass einige von euch den Auftrag haben, diese Lücken im Netz zu reparieren, den alten Auftrag wieder aus dem Müll zu holen, ihn wieder zu säubern und zurückzugeben und dadurch die Lücken im Netz zu schließen.
Wer von euch hat diesen Auftrag und Kenntnisse als Zuschauer oder als derjenige, der den Auftrag ausführt?
Will einer von euch nach vorn kommen, um Informationen zu geben, damit ihr diese nicht umsonst in euch bewahrt habt. Jetzt ist es Zeit, nach vorn zu kommen und diese ans Licht zu bringen.

Auch Wiederherstellungsaufträge sind an Triggerreize (Cues) gekoppelt, die umgeschrieben werden sollten. Bei B. Kremer fanden wir dieses Beispiel:

> **Text eines Wiederherstellungsauftrages (Kremer 2004, S. 30)**
>
> Ich schwöre Satan, dass ich als Sein Anhänger nach Seinen Regeln leben will.
> Denn ich bin durch Ihn, Er ist in mir.
> Wenn der Kreis durch Worte oder Handlungen des Verrats an Ihm abgebrochen werden wird, wodurch Vergiftung meines Geistes eine logische Folge sein wird,
> verpflichte ich mich, 6 mal 6 rechtsum zu gehen, damit der Kreis wieder geschlossen sein wird.
> Ich schwöre diesen Auftrag zu erledigen aus Respekt vor ihm und zum Schutz von mir selbst, damit ich keine andere Wahrheit als Seine Wahrheit leben werde.
>
> **umgeschriebener Text**
> Ich schwöre mir selbst. Dass ich nicht länger sein Anhänger bin, ich werde nach meinen Regeln leben.
> Denn ich bin von mir
> Jetzt, wo der Kreis durch Worte oder Handlungen abgebrochen ist, wird ein warmes Leben eine logische Folge sein, ich verpflichte mich, all das Er mich gelehrt hat, loszulassen durch 6 mal 6 rechtsum zu gehen, damit der Kreis völlig abgebrochen sein wird.
> Ich schwöre, diesen Auftrag zu erledigen aus Respekt vor mir selber und zum Schutz von mir selber, damit ich meine Wahrheit leben darf.

Einen anderen Ansatz zur Auflösung von Programmen beschreibt Claudia Fliß in diesem Band, auf den wir ausdrücklich verweisen möchten.

3.4.6 Behandlungsdauer

Die Behandlungsdauer der **stationären Therapie** richtet sich nach der individuellen Symptomatik, dem Funktionsniveau nach Horewitz und Löwenstein (1994) und den Therapiezielen. Finden weiterhin Bedrohungen durch Täter statt, kann ein Aufenthalt über 4-6 Wochen hinaus zu einer erhöhten Belastung der Patientin beitragen. Es kann dann zu einer Symptomaktualisierung im Sinne einer Beeinträchtigung der Funktionalität der Gesamtpersönlichkeit durch vermehrt stattfindende Persönlichkeitswechsel, Selbstverletzungen und Suizidalität kommen.

Auf Grund der inneren Anspannung täterloyaler Anteile und entsprechender Ambivalenzen und Ambitendenzen kommt es häufig zu einer Labilisierung der PatientInnen, wenn das Ziel der ANP Täterkontaktabbruch ist. Andererseits benötigen gerade PatientInnen mit Täterkontakt ausreichend Zeit, um den konkreten Täterausstieg vorzubereiten.

Nach unserer Erfahrung machen die PatientInnen häufig enorme Fortschritte durch die hochfrequente, multimodale und geschützte Therapie im stationären Setting. Sie arbeiten oft hart, und für die gelingende Arbeit sollte ausreichend Zeit zur Verfügung stehen, auch um den ambulanten Therapieprozess zu befördern.

Manchmal erfordert die Behandlung von Betroffenen Ritueller Gewalt mehrmalige Wechsel zwischen ambulanter und stationärer Behandlung mit guten Absprachen und Vorbereitungen der jeweiligen BehandlerInnen bei Therapeutinnenkontinuität.

Literatur

Besser, L. (2006). Screentechnik – Traumasynthese und Integration nach dem KReST-Modell. Seminarmappe.
Boon, S. (2010). Mitschriften aus Seminaren zur Diagnostik und Behandlung Dissoziativer Identitätsstörungen.
Fliß, C. & Igney, C. (Hrsg.) (2008). Handbuch Trauma und Dissoziation. Lengerich: Pabst Science Publishers.
Gast, U., Rodewald, F., Hofmann, A., Mattheß, H. Nijenhuis, E., Reddemann, L. & Emrich, H. M. (2006). Die dissoziative Identitätsstörung – häufig fehldiagnostiziert. Deutsches Ärzteblatt, 103 (47), A 3193-3200.
Gresch, H. K. (2010). Hypnose, Bewusstseinskontrolle, Manipulation: Bewusstseinskontrolle durch Persönlichkeitsspaltung. Elitär Verlag.
Henderson, J. (2001). Embodying Well-Being. Bielefeld: AJZ Druck und Verlag.
Hochauf, R. (2007). Frühes Trauma und Strukturdefizit. Kröning: Asanger Verlag.
Hofmann, A. (1999). EMDR in der Behandlung posttraumatischer Belastungsstörungen. Stuttgart: Thieme.
Hofmann, A. (2004). EMDR bei schweren dissoziativen Störungen. In Reddemann, L., Hofmann, A. & Gast, U. Psychotherapie der dissoziativen Störungen (S. 131-139). Stuttgart: Thieme Verlag.
Horewitz, R. & Loewenstein, RJ (1994). The rational treatment of multiple personality disorder. In Lynn, S. J. & Rhue, J. W. (Eds). Dissociation: Clinical and theoretical perspectives (pp. 289-316). New York: Guilford.
Huber, M. (1995). Multiple Persönlichkeiten – Überlebende extremer Gewalt. Ein Handbuch. Frankfurt a. M.: Fischer Taschenbuch Verlag
Huber, M. (2003). Wege der Traumabehandlung. Trauma und Traumabehandlung Bd. 2. Paderborn: Junfermann
Kremer, B. (2004). Konzeptprotokoll für das Deprogrammieren bei „rituellem sadistischem Missbrauch". http://lichtstrahlen.opfernetz.de/dateien/konzeptprotokoll.pdf
Levine, P. (1998). Traumaheilung. Essen: Synthesis Verlag.
Linehan, M. (1996). Dialektisch-behaviorale Therapie der Borderline-Persönlichkeitsstörung. München: CIP-Medien.
Nijenhuis, E., Van der Hart, O. & Steele, K. (2004). Strukturelle Dissoziation der Persönlichkeitsstruktur, traumatischer Ursprung, phobische Residuen. In Reddemann, L., Hofmann, A. & Gast, U. (Hrsg.), Psychotherapie der dissoziativen Störungen (S. 47-69). Stuttgart: Thieme.
Olthuis, F. (2004). Wechselwirkungen zwischen stationärer und ambulanter Behandlung der dissoziativen Identitätsstörung DIS. In Reddemann, L., Hofmann, A. & Gast, U. (Hrsg.), Psychotherapie der dissoziativen Störungen (S. 140-150). Stuttgart: Georg Thieme Verlag.
Peichl, J. (2007). Innere Kinder, Täter, Helfer und Co. Bonn: Klett, Cotta.
Peichl, J. (2007). Die inneren Trauma-Landschaften. Stuttgart: Schattauer.
Putnam, F. W. (2003). Diagnostik und Behandlung der dissoziativen Identitätsstörung. Paderborn: Junfermann.

Reddemann, L. & Sachsse, U. (1997). Stabilisierung. Persönlichkeitsstörungen (PTT), 3, 113-147.
Reddemann, L. (2000). Zur Behandlung komplexer posttraumatischer Störungen im (teil-)stationären Setting. www.traumhaus-bielefeld.de
Reddemann, L. (2001). Imagination als heilsame Kraft. Stuttgart: Klett-Cotta.
Reddemann, L. (2004). Psychodynamisch imaginative Traumatherapie bei dissoziativer Idenitätsstörung und DDNOS. In Reddemann, L., Hofmann, A. & Gast, U. (Hrsg.), Psychotherapie der dissoziativen Störungen. Stuttgart: Georg Thieme Verlag.
Reddemann, L. (2004). Psychodynamisch-imaginative Trauma-Therapie (PITT). Manual. Stuttgart: Klett-Cotta.
Rost, C. (2008). Ressourcenarbeit mit EMDR. Paderborn: Junfermann.
Rothschild, B. (2002). Der Körper erinnert sich. Essen: Synthesis Verlag.
Rüegg, J. C. (2009). Traumagedächtnis und Neurobiologie. Trauma & Gewalt, 3 (1), 6-17.
Schwartz, H. (2000). Dialogues with forgotten voices. Relational perspectives on child abuse trauma and treatment of dissociative disorders. New York: Basic Books.
Shapiro, F. (1998). Eye Movement Desensitization and Reprocessing (EMDR). Paderborn: Junfermann.
Smucker, M. (2007). Imagery Rescripting. Thun, Schweiz: Vetter Druck.
Steele, K., van der Hart, O. & Nijenhues, E. R. S. (2004). Phasenorientierte Behandlung komplexer dissoziativer Störungen: die Bewältigung traumabezogener Phobien. In A. Eckhardt-Henn & S. O. Hoffmann (Hrsg.), Dissoziative Bewusstseinsstörungen – Theorie, Symptomatik, Therapie (S. 343-354). Stuttgart: Schattauer.
Sturz, K. (2006). Integratives psychodynamisches stationäres Therapiekonzept zur Behandlung von Traumafolgestörungen. In Maercker, A. & Rosner, R. (Hrsg.), Psychotherapie der posttraumatischen Belastungsstörungen. Stuttgart: Georg Thieme Verlag.
Sturz, K. (2007). Imagery Rescripting and Reprocessing Therapy (IRRT). In Fromberger, U. & Keller, R. (Hrsg.), Empfehlungen für Qualitätsstandards für stationäre Traumatherapie. Indikation, Methoden und Evaluation stationärer Traumatherapie in Rehabilitation, Akutpsychosomatik und Psychiatrie (S. 92-96). Lengerich: Pabst Science Publishers.
Van der Hart, O., Steele, K., Boon, S. & Brown, P. (1995). Die Behandlung traumatischer Erinnerungen: Synthese, Bewusstwerdung und Integration. Hypnose und Kognition, 12, 34-67.
Van der Hart, O. & Boon, S. (1997). Treatment Strategies for complex dissociative disorders: Two dutch case examples. In: Dissociation, Vol. X. No. 3, September 1997.
Van der Hart, O., Nijenhuis, E. R. S. & Steele, K. (2006). Das verfolgte Selbst. Paderborn: Junfermann.

3.5 Gratwanderungen. Beratungsarbeit mit Betroffenen Ritueller Gewalt

Tanja Rode

Ob ich einen Artikel zu „Beratungsarbeit mit Betroffenen Ritueller Gewalt" schreiben würde, haben mich die Herausgeberinnen Claudia Igney und Claudia Fliß gefragt. Und natürlich sagte ich schneller zu, als ich darüber nachdenken konnte, welche Ansprüche es an einen solchen Artikel geben und ob ich denen überhaupt gerecht werden kann.

Ein paar Fragen taten sich mir dazu auf:
– Es geht um Beratungsarbeit – in Abhebung zu Psychotherapie? Nach welchen Unterscheidungskriterien?
– Es geht um Betroffene Ritueller Gewalt – welcher Begriff von Ritueller Gewalt ist dem zu Grunde gelegt?[1]
– Geht es um jene, die Rituelle Gewalt in der Vergangenheit erlebt und überlebt haben oder um jene, denen noch Rituelle Gewalt angetan wird?
– Welche Strategien entwickeln Menschen[2], die Rituelle Gewalt erleben mussten oder müssen? Welche Überlebensstrategien – im unmittelbaren Sinne des Wortes – kennen wir? Und welchen – professionellen – Umgang gibt es mit diesen Überlebensstrategien, und für welchen Umgang möchte ich werben?

---

[1] "Rituelle Gewalt umfasst physische, sexuelle und psychische Formen von Gewalt, die planmäßig und zielgerichtet im Rahmen von Zeremonien ausgeübt werden. Diese Zeremonien können einen ideologischen Hintergrund haben oder auch zum Zwecke der Täuschung und Einschüchterung inszeniert sein." Becker/Fröhling (2008), S. 25/26. Häufig werden Opfer Rituellen Missbrauchs dazu gezwungen, selber zu missbrauchen oder zu misshandeln oder strafbare Handlungen innerhalb und außerhalb des Kultes zu begehen. Diese Mittäterschaft erfüllt zwei Funktionen: Zum einen werden diese Taten in der Regel beobachtet oder gar gefilmt und dienen dem Kult dazu, über den Weg der direkten Erpressung Druck auf den Handelnden auszuüben. Zum anderen werden diese Taten im Rahmen von Mind-Control-Techniken benutzt, um Schuldgefühle zu implantieren, das Gefühl von Zugehörigkeit einerseits und von Auswegslosigkeit andererseits zu verstärken. Die *Intention* zur Traumatisierung, die zur Vollständigkeit der zitierten Definition dazugehört, ist für mich kein notwendiger Bestandteil des Begriffs. Vorsichtig bin ich auch mit der Auseinandersetzung um reelle oder Schein-Religiosität oder -Magie. Dies deshalb, weil dahinter auch die Frage steckt, ob es, wenn nicht in diesem Kontext, überhaupt so etwas wie Magie gibt (wenn eine Schein-Magie postuliert wird, ist damit nahegelegt, dass es eine reelle Magie gebe) und wenn, worin diese dann bestünden.

[2] Ich selbst habe bisher nur mit *Frauen* gearbeitet, die Rituelle Gewalt erlebt haben. Deshalb spreche ich in diesem Text meist von Frauen. Ich gehe dabei durchaus davon aus, dass vieles ebenso auf Männer zutrifft. Wenn es mir um geschlechtsspezifische Aspekte geht, erwähne ich dies explizit.

– Was hat sich in der Beratungspraxis bewährt?, war eine Frage der Herausgeberinnen an meinen Artikel. Und meine erste Übersetzung dieser Frage: Wie funktioniert ES? Wie ist ES richtig? Aber wenn ich nur mit zwei verschiedenen Kolleginnen spreche, hab ich mit meiner zusammen schon fünf verschiedene Positionen und Perspektiven. Es gibt einiges an verallgemeinerbarem Wissen, hilfreichen Settings, Prozessen, Fragen, Methoden, für die ich außerordentlich dankbar bin und auf die ich gern verweisen möchte. Aber es gibt auch Grenzfragen und unterschiedliche Herangehensweisen, die letztlich individuell entschieden, begründet und verantwortet sein müssen. Darum will ich v.a. von **einzelnen Aspekten meiner Beratungspraxis** berichten und deren (strukturelle und persönliche) Bedingungen und Begründungen benennen, sodass die LeserInnen nach Abwägung der eigenen Kriterien ihre Schlüsse ziehen mögen. Eine umfassende Arbeit zur Beratung mit Betroffenen Ritueller Gewalt könnte ohne weiteres ein eigenes Buch füllen.

Mit der zuletzt aufgeworfenen Frage möchte ich beginnen:

Was waren und sind konkret meine Arbeits- und Beratungsbedingungen, und inwiefern halte ich sie für meine Erfahrungen mit Betroffenen Ritueller Gewalt für strukturierend?

Mit „Erfahrungen" meine ich hier zum einen: Wen, mit welchen Hintergründen, Erlebnissen, Seinsweisen und Überlebensstrategien habe ich kennen gelernt?, und zum anderen: Wie bin ich dem Thema begegnet, wie habe ich mich in die Arbeit und Auseinandersetzung hineinbewegt, welche Bedingungen, welche Begleitung durfte ich genießen?

Von 1994 bis 1999 war ich im „Notruf und Beratung für vergewaltigte und belästigte Frauen Lesben Mädchen e.V." Marburg aktiv. Die Arbeit war von hohem persönlichem und politischem Engagement getragen und unbezahlt. Es ging nicht nur um die individuelle Unterstützung der Ratsuchenden, sondern auch um gesellschaftliche Zusammenhänge, feministische Perspektiven und Öffentlichkeitsarbeit, um politische Veränderung. Maßgabe der Mitarbeit war die eigene Auseinandersetzung mit sexueller und struktureller Gewalt. Beratungskompetenz wurde von erfahrenen Mitarbeiterinnen weitergegeben und sich kollektiv angeeignet. Für die Ratsuchenden war das Beratungsangebot kostenfrei, ohne jegliche Bürokratie und damit außerordentlich niedrigschwellig.

Damit einher ging die stetige Selbstentwicklung und Selbstorganisation der Einrichtung, „Learning by Doing", ein hohes Maß an Gestaltungsfreiheit und Verantwortung für die Institution und für sich selbst zugleich, kaum vorgängige Strukturen, die nicht hinterfragbar und veränderbar gewesen wären. Eine solche Struktur fordert ein hohes Maß an Beweglichkeit, Konfliktfähigkeit, Verantwortung.[3] Das heißt auch, dass die Gestaltung

---

[3] Dass diese Anforderungen an die "natürlichen" Grenzen anspruchsvoller, teils selbst verletzter, gesellschaftskritischer, junger Frauen stoßen, ist naheliegend, und soll hier nicht weiter besprochen werden.

des Beratungssettings nicht in Beton gegossen war. Nahe liegend ist, dass hier in der Begegnung mit Frauen, die Rituelle Gewalt erlebten, so manche Regel über Bord geworfen wurde.[4]

Von 1999 bis 2009 arbeitete ich bei „Wildwasser Marburg e.V.". Hier war die Arbeit bezahlt und professionalisiert[5]. Auch hier ist der gesellschaftliche Kontext der Ratsuchenden und ihrer Erfahrungen Bestandteil der Beratungs- und Öffentlichkeitsarbeit. Und ich hatte das Glück, dass der institutionelle wie kollegiale Rahmen weit genug gespannt werden konnte und wollte, um auch lange währende Beratungsprozesse zu gestatten.[6]

Beide Kontexte ermöglichen durch ihr niedrigschwelliges Angebot den Zugang für Frauen, die an anderer Stelle (noch nicht, nicht mehr, nicht hinreichend oder grundsätzlich) nicht die für sie notwendige Unterstützung und Hilfe finden können, sei es aus finanziellen, bürokratischen, persönlichen Gründen oder weil das Hilfesystem insgesamt nicht hinreichend qualifiziert, informiert, finanziert und vernetzt ist, um dem Maß an „Qualifiziertheit" und „Professionalität", Informiertheit, Finanzstärke und Vernetzung auf der Seite der TäterInnen entgegenzutreten – politisch, juristisch, organisatorisch, therapeutisch, beraterisch und menschlich.

Alle Frauen, die ich im Rahmen meiner Arbeit kennen gelernt habe, die (soweit ich es weiß) Rituelle Gewalt erleben oder erlebt haben, haben eine DIS[7] entwickelt. Alle Frauen, die ich im Rahmen meiner Arbeit kennen gelernt habe,[8] die (soweit ich es weiß) mit

---

Auch die eruptive Konflikthaftigkeit im Spannungsfeld höchster politischer und persönlicher Ansprüche ist zum einen Mit-Bedingung der (Beratungs-)Arbeit gewesen. Sie kann zum anderen aber auch als Ausdruck und Spiegel dessen betrachtet werden, was Gegenstand dieser Arbeit war und ist. Ich komme darauf zurück.

[4] Ich habe bisher noch von keiner Kollegin/keinem Kollegen gehört, der/die im Anfang der eigenen Auseinandersetzung, Beratung oder Therapie mit Ritueller Gewalt, Menschen mit DIS nicht die üblichen Grenzen überschritten hätte. Ich weiß nicht, ob es durch mehr Information und Ausbildung und kompetenter Supervision vermeidbar ist. Umgekehrt lehrt es uns auch, genau zu schauen, was Menschen (Ratsuchende wie Beratende) über die bestehenden Strukturen hinaus brauchen.

[5] im unmittelbaren Sinne: als Profession, als Beruf angelegt und damit verknüpft: mit zunehmend formaler Qualifikation einhergehend.

[6] Darüber hinaus war es sehr wichtig für mich, neben der Offenheit und Unterstützung innerhalb der Beratungsstelle gut in einem überregionalen Arbeitskreis organisiert zu sein, der sowohl Fallbesprechungen ermöglichte als auch weitergehende inhaltliche Fragen und prinzipielle Gespräche. In diesem Rahmen entstand 2006 die Broschüre "Beratung von Frauen mit Multipler Persönlichkeitsstruktur Ein Konzept aus der feministischen Praxis".

[7] Siehe Kap. 1.2 in diesem Band

[8] Im Rahmen meiner Arbeit bei Wildwasser Marburg e.V. sind mir auch Klientinnen mit DIS oder anderen starken Dissoziationsformen begegnet, die nur vorübergehend gezielte beraterische Unterstützung gesucht haben. Über deren genaue Hintergründe und Überlebensstrategien spreche ich nicht. Gerade bei einer kurzen Beratung sind v.a. die Ausmaße der erlebten Gewalt kaum explizit Thema. Da wir als Beratungsstelle oder auch ich als Beraterin nach einiger Zeit bekannt waren für unsere Offenheit und die Art unserer Arbeit für Frauen mit DIS, haben uns einige auch gezielt aufgesucht, um nicht so viel erklären zu müssen, um verstanden zu werden, weil sie wussten, dass ihnen hier geglaubt wird, und mit ihnen, *so wie sie in ihrem Inneren organisiert sind*, an dem gearbeitet wird, weswegen sie gekommen waren.

einer DIS leben, haben Rituelle Gewalt erlebt, und zwar im Kontext familiärer, organisierter, kommerzieller **und** ideologisch/religiöser Strukturen.

An dieser Stelle wird deutlich, warum ich die explizite Benennung meiner Arbeitskontextbedingungen für so wichtig halte. Für die Frage der Verallgemeinerbarkeit meiner Erfahrungen fehlen mir quantitative Daten und Kriterien. Ich persönlich habe die Beobachtung gemacht – bzw. selbsttätig den Zusammenhang konstruiert –, dass auch massivste, wiederkehrende, lebensbedrohliche Gewalt (ohne einen spezifisch rituellen, ideologischen, religiösen Hintergrund – so mein Eindruck) nicht unweigerlich die DIS als einzige Überlebensstrategie erzwingt. Das ist weder in Hinblick auf das Ausmaß der Gewalt noch in Hinblick auf die Schrecken des Erlebens und Überlebens hierarchisierend zu verstehen.

Eine DIS...

... haben? entwickeln? realisieren? leben?

DIS ist nach der ICD-10[9] die Abkürzung für Dissoziative Identitätsstörung (früher bzw. nach DSMIV: MPS, Abkürzung für Multiple Persönlichkeitsstörung). Zusammen mit Vielfalt e.V. und vielen anderen Betroffenen, Beraterinnen und Therapeutinnen[10] benutze ich DIS für Dissoziative Identitäts-Struktur. Damit soll ausgedrückt sein, dass die DIS eine sinnvolle und überlebensnotwendige „Strategie" ist, nicht im Sinne einer bewussten Überlegung und Planung, sondern im Sinne einer Reaktion und Organisation des gesamten Organismus auf viele, wiederkehrende, unaushaltbare, schmerzhafte Angriffe, Eingriffe, Übergriffe.[11]

Die DIS hat also auch etwas zu tun mit (innerer) Bewegung, mit Interaktion, mit Prozess. In diesem Sinne würde ich nicht davon sprechen, dass ein Mensch eine DIS *sei* (weder im Sinne einer Identität noch im Sinne einer Eigenschaft: also dissoziativ gestört sein), noch davon, dass eine Frau, ein Mann eine DIS *habe* (im Sinne von besitzen). Vielmehr verstehe ich die DIS als Aus-guten-nämlich-überlebensnotwendigen-Gründen-so-strukturiert-sein, oder noch besser: als Aus-guten-nämlich-überlebensnotwendigen-Gründen-diese-Struktur-entwickelt-haben bzw. Aus-guten-nämlich-überlebensnotwendigen-Gründen-diese-Struktur-realisieren. Auch das Verb „entwickeln" erhält eine ganz unterschiedliche Konnotation, ob ich davon spreche, eine *Störung* zu entwickeln oder davon, eine *Struktur* zu entwickeln!

Damit sind weder der Hintergrund noch das Ausmaß des Leidens verharmlost. Es macht vielmehr deutlich, dass es sich nicht um ein innerpsychisches Geschehen handelt,

---

[9] Classification of Mental and Behavioural Disorders, deutsch: Internationale Klassifikation psychischer und Verhaltenskrankheiten.
[10] Hierzu auch: Rode/Raupp/Benzel/Trunczik 2006
[11] Über die Entstehungsbedingungen einer DIS im selben Band in den Kapiteln 1.2 und 2.3

sondern um eine sinnvolle Reaktion auf von Menschen gemachte, äußere, gewaltvoll eindringende Erlebnisse.[12]

Wofür halte ich diesen Blick auf die DIS in der Beratung wichtig?

Diese Perspektive beinhaltet aus meiner Sicht grundlegende Angebote: Es beinhaltet eine Grundannahme über mein Gegenüber, eine Grundannahme über mich und damit ein spezifisches und prinzipielles **Beziehungsangebot**. Es lautet: „Ich gehe davon aus, dass die Art und Weise, wie Sie denken, fühlen, handeln, organisiert sind, verstehbar ist;[13] auch wenn ich es nicht ad hoc verstehe; auch wenn Sie sich selbst nicht verstehen; auch wenn wir die Gründe (noch) nicht kennen, auch wenn Sie nicht mit sich einverstanden sind. So, wie ich davon ausgehe, dass auch mein und jedes Menschen Denken, Fühlen, Handeln, Organisiert-sein verstehbar ist, wenn ich um den Kontext und die Entstehungsbedingungen weiß.[14] Es bedeutet auch, dass ich als Beraterin nicht eine prinzipiell Andere bin. Ich bin es in Hinblick auf bestimmte Erfahrungen, die ich nicht habe machen müssen. Ich bin es im Hinblick darauf, dass ich die Beraterin bin und andere Erfahrungen habe. Aber ich bin es nicht als Mensch/Frau/gesellschaftliches Wesen. Ich bin nicht eine andere Sorte Mensch – die eine krank und bedürftig, die andere gesund. Und: Ich sehe mein Gegenüber keinesfalls nur als Opfer oder Überlebende Ritueller Gewalt.

Es ist darüber hinaus ein **Interpretationsangebot**. Ich diagnostiziere nicht. Zwar stelle ich im Bedarfsfall auch die ICD-10 mit ihren Beschreibungen als Information zur Verfügung, dann aber auch im Kontext ihrer Entstehung und Bedeutung als gesellschaftliche, vereinheitlichende und einem bestimmten Zweck dienende Sprache und Medium, nicht als allgemeine „Wahrheit".

Ich erlebe so die Freiheit, mit einer Klientin gemeinsam, prozesshaft und mit ihr als Maßstab und Expertin ihres äußeren wie inneren Erlebens, ihrer Notwendigkeiten, ihrer Fragen zu entwickeln und zu benennen, was ist, worunter sie leidet, was werden soll.

So hat auch Raum, dass jede Frau ihre Struktur, ihr So-Sein, ihre DIS verschieden erleben kann – als Leiden, als Behinderung, als Organisationsform, als Reichtum oder vieles mehr oder vieles anderes. Auch innerhalb einer Klientin selbst kann das Erleben verschieden sein. Und es kann zu verschiedenen Zeiten verschieden sein. In diesem Sinne ist es auch ein **Arbeits- und Prozessangebot**. Es beinhaltet, dass nicht ich weiß, wohin sich eine Frau bewegen und entwickeln will, was „richtig", „gesund" sei, dass ich aber alles mir bekannte Wissen sowie Gefühle, Eindrücke und Bewertungen meinerseits zur Verfügung

---

[12] Und dies nicht im Unterschied zu anderen "psychischen Erkrankungen", sondern als grundsätzliches Verständnis von dem, was als pathologisch diagnostiziert wird.

[13] An anderer Stelle wird das als "Normalitätsprinzip" bezeichnet.

[14] Das ist eine grundsätzliche beraterische Haltung, die bei der DIS und anderen Überlebensstrategien Ritueller Gewalt lediglich keine Ausnahme macht. Diese Haltung bedeutet nicht, mit allem einverstanden zu sein.

stelle, damit sie ihre Entscheidungen treffen kann.[15] Im Fachjargon wird dieses Zur-Verfügung-Stellen meines Wissens, meiner Erfahrungen auch als Psychoedukation bezeichnet.

Wie komme ich auf die Annahme, dass eine Klientin Rituelle Gewalt erlebt oder erlebt hat?

Aufgrund meiner Erfahrungen[16] betrachte ich alles, was auf eine DIS hinweist, auch als Hinweis auf das Erleben Ritueller Gewalt. Hinweise sind für mich auf Seiten der Ratsuchenden
– starke Amnesien, „Zeitverlust",
– sich nicht an die Kindheit erinnern können, keine durchgehende Biographie erinnern, oder andere große Zeitlücken,
– Beziehungen, Verabredungen, Termine nicht erinnern, sich darin inkonsistent und unsicher verhalten, Menschen nicht wiedererkennen,
– Stimmen im Kopf hören,
– Einkäufe von Kleidung, Lebensmitteln und Gegenständen, von denen ich das Gefühl habe: „das gehört mir nicht, das hab ich nicht gekauft, das passt nicht zu mir", – ein ständiger Kampf mit Entscheidungen, Widersprüchen und Ambivalenzen,
– sich plötzlich an einem anderen Ort wiederfinden, nicht wissen, wann und wie man dort hingekommen ist,
– das Gefühl haben, nicht allein im Körper zu sein,
– von sich in der Wir-Form sprechen,
– die Angst und Annahme, verrückt zu sein,
– kein Selbstbild, kein Kohärenzgefühl, kein einheitliches Selbst in sich fühlen,
– unterschiedliche Seins-Zustände, Persönlichkeitswechsel, „Switche", d.h. Wechselhaftigkeit von Emotionalität bis Physiognomie, Aussehen, Größe, „Energie", Augenfarbe, Schmerzen, Diabetes, Reaktion auf Medikamente, Sucht, Beeinträchtigungen bis hin zu EEG: Unterschiedliche „Persönlichkeiten" mit unterschiedlichen ausgeprägten Fähigkeiten und Charakteren, extreme Unterschiede bis Feindschaften, z.B. plötzlicher Wechsel zu sehr kindlichem Verhalten, plötzlicher Wechsel zu sehr zornigem Verhalten, innere gegenseitige Beschimpfung,
– das Gefühl haben, sich dauernd zu verstellen. Das Gefühl haben, eine Lügnerin zu sein, weil alle diese inneren Gefühle, Wahrnehmungen, Seinsweisen nach außen versteckt werden müssen. Wie z.B. das Verdecken und Verheimlichen von Switchen,

---

[15] Ich habe erlebt, dass Klientinnen von professionellen HelferInnen, PsychotherapeutInnen nicht verstanden wurden, dass ihnen nicht geglaubt wurde, die DIS nicht, ihre grauenhaften Erfahrungen nicht, dass sie in eine pathologische Ecke gedrängt wurden, dass ihr unermessliches Leiden an realen menschlichen Gewalttaten als Wahn, Psychose, Neurose, Persönlichkeitsstörung usw. in ihre als krankhaft diagnostizierte Psyche hineinverlegt und ihnen auch zum Vorwurf gemacht wurde.
[16] bzw. Zusammenhangsherstellung, s.o.

– Andeutungen von Gewalthandlungen,[17]
– starker innerer Druck, Eindruck von Unausgesprochenem, Unaussprechlichem,
– Abläufe, Gefühle, Verhaltenweisen, Sätze, die wie „automatisch" wirken,
– häufiges Wiederholen genau gleicher Sätze oder Fragen, z.B. mit dem Inhalt, böse zu sein oder sterben zu müssen,
– das Grundgefühl: ich darf nicht sein/wir dürfen nicht sein. Ich bin/wir sind nicht richtig, böse u.Ä. [18]

Dabei kann es sein, dass die Klientin selbst ihre Struktur nicht kennt bzw. eine Einzelne nur den Zeitverlust erlebt, Irritationen und vielleicht das Gefühl hat, verrückt zu sein, aber nicht um ihre Wechsel weiß. Dieses Nicht-Wissen ist genau der Schutzzweck der Dissoziation, um ein Alltagsleben führen zu können. Erst recht weiß diese Persönlichkeit nichts von Ritueller Gewalt.

Für mich steht eine Diagnose im Sinne der ICD-10 nicht im Vordergrund, sondern das Nachvollziehen des Erlebens der Klientin. Ich gehe mit dem in Kontakt, was sie mir zeigt, anbietet. Ich konfrontiere sie nicht mit meinen Mutmaßungen.

Wenn ich Annahmen habe, frage ich vorsichtig nach, und zwar anhand ihres Erlebens, ihrer Erfahrungen, mit ihrer Sprache. Meine Annahmen stelle ich in Form von Möglichkeiten zur Verfügung. Dabei geht es mir auch darum, das Normalitätsprinzip, den Grundsatz der Verstehbarkeit zu realisieren. Ich sehe sie nicht als krank oder verrückt, weil es eine allgemein menschliche Möglichkeit und Notwendigkeit darstellt, auf das, was sie erlebt hat, so zu reagieren, wie sie reagiert, es so zu überleben, wie sie überlebt.

Realität – Sicherheit – Ausstieg

Zugleich geht es aber auch darum, äußere und innere Wirklichkeit sowie Vergangenes und Gegenwärtiges zu unterscheiden.[19] Auch wenn die Abläufe und das Erleben für Gehirn und Organismus gleich sind, ob es sich um einen Flashback[20] handelt, um Überlagerungen oder um ein reelles, äußeres, aktuelles Geschehen, so unterscheidet sich doch

---

[17] Eine solche Andeutung kann in einem bestimmten Kontext in einer Handbewegung bestehen. Es ist dabei nicht die Handbewegung allein. Der Kontext kann z.B. ein Zustands- oder Persönlichkeitswechsel sein, das Sprechen über Sicherheit und Schutz, das Bevorstehen oder kürzliche Vergangensein eines Termins Ritueller Gewalt.

[18] Weitere Hinweise, die auf andauernde Gewalt hindeuten: Huber 2003b, S. 171 ff

[19] Es gibt auch Verwirrungen, die auf Täterseite bewusst hergestellt werden: Neben massiver Gewalt, Masken und Umhängen wird auch Berufskleidung von ÄrztInnen oder Polizei getragen, sodass die Betroffene erlebt, dass ÄrztInnen oder Polizei nicht sicher sind, zu den TäterInnen gehören. Und es gehören auch reale ÄrztInnen und PolizistInnen zu den Tätern.

[20] Erinnerungen und Gedanken an das traumatische Geschehen drängen sich ungewollt auf. Kennzeichen dieser Erinnerungen sind, dass sie so unmittelbar und direkt erlebt werden, als geschähen sie im Hier und Jetzt, es gibt keine Distanz und kein Bewusstsein von Vergangenheit.

der Umgang damit: Im Falle eines Flashbacks geht es darum, die Trigger[21] ausfindig zu machen, zu entschärfen oder zu vermeiden.[22] Im Falle der akuten äußeren Gewalt geht es darum, die Klientin dabei zu unterstützen, sich in Sicherheit zu bringen.[23]

Da aber genau diese Unterscheidung zuweilen sehr schwierig ist, lässt sich meines Erachtens nicht ohne weiteres die Beendigung der Gewalt durch Beendigung des Täterkontakts fokussieren. Vielmehr würde ich sagen: Wenn ich den Eindruck habe, dass noch Gewalt stattfindet, bin ich aufgefordert, das immer wieder zu thematisieren und mit der Klientin am Ausstieg zu arbeiten.[24]

Dazu gehört für mich aber auch die Arbeit und Auseinandersetzung mit jenen inneren Persönlichkeiten, Anteilen, Zuständen, Instanzen, die nicht aussteigen wollen, sei es, weil sie indoktriniert, mit den Tätern identifiziert sind, sei es, weil sie nur die liebevolle, gefahrlose Seite der Eltern kennen. So wie ich davon ausgehe, dass die Persönlichkeitsstruktur als Ganzes dem Überleben dient, so gehe ich davon aus, dass jeder – dissoziierte – Zustand Wissen, Fähigkeit, Beziehungsmöglichkeit, Emotion usw. in sich trägt, die überlebensrelevant sind, dass alle Instanzen gehört, gesehen, verstanden, eingeladen und gewürdigt sein wollen. So können m.E. auch sie mit ihren Kräften, Erfahrungen, Kompetenzen dazu beitragen, Bilder, Vorstellungen und schließlich Realisierung eines Lebens zu entwickeln, das jenseits von Kult und Gewalt stattfindet.

Das heißt auch, dass ich mit verschiedenen Zuständen/Persönlichkeiten in Kontakt gehe; nicht programmatisch mit allen und nicht programmatisch nur mit einer. Maßgabe ist: So viel Verantwortung und Autonomie und innere Bezogenheit und Selbstfürsorge bei der Klientin wie möglich. Vorübergehend realisiere ich hier die Funktion eines Briefkastens oder der Post, einer Vermittlerin, Übersetzerin, Konferenzeinladerin.

Hier geht es um die Unterstützung innerer Kooperation und Kommunikation, als Basis für einen Ausstieg, für die Gewährleistung von Sicherheit, aber auch für Alltagsgestaltung, Selbständigkeit, Lebensqualität.[25]

Berichte von Gewalterfahrungen in der Beratung

Das Berichten von Gewalterfahrungen in der Beratung kann für eine Klientin eine wichtige Bedeutung haben: Das innere Geschehen, Wissen und Fühlen erhält damit eine äußere Realität. Es wird „ver-äußert", ist nicht mehr rein inner-psychisch. Ich als Beraterin

---

[21] Auslöser, die äußerlich einen "harmlosen" Eindruck machen können, die aber unwillkürlich Erinnerungen, Flashbacks wachrufen können.
[22] Hierfür und darüber hinaus erlebe ich das Angebot von Imaginationstechniken als außerordentlich hilfreich (dazu Reddemann 2001) – und zwar je näher an den eigenen Bildern der Klientin, desto hilfreicher.
[23] Dazu gehört z.B. das Erarbeiten eines Schutzbriefes, siehe Kap. 2.3, 3.6, 4.1, 4.4.
[24] Dazu mehr in diesem Buch, Kapitel 2.3
[25] Hierzu auch Huber, Lüderitz, Rode u.a.

werde zur Zeugin und glaube der Klientin.[26] Wenn möglich, unterscheide ich zwischen jenen Gewaltberichten, die flutgleich, zwanghaft, wiederkehrend, retraumatisierend wirken, die das Erleben v.a. schmerzhaft im Hier und Jetzt reproduzieren, und jenen Berichten, die der Klarheit, Entlastung und Realitätsüberprüfung dienen. Ich versuche, mit der Ratsuchenden gemeinsam herauszufinden, um welchen Charakter von Bericht es gerade geht, den retraumatisierenden Bericht zu vermeiden und auch sonst zu schauen, ob Funktionen des Berichtens auch schonender realisiert werden können.

Aus meiner Erfahrung und meinem Erleben heraus scheint es mir wenig hilfreich zu sein, jeden Bericht von Traumatisierungen zu „verbieten" wie es in manchen therapeutischen Konzepten der Fall zu sein scheint und/oder auf irgendwann später in die „Traumadurcharbeitung" zu schieben. Die Betroffenen der Gewalt haben dadurch zuweilen das Gefühl, nicht „da" sein zu sollen mit dem, was ist, keinen Raum zu erhalten mit dem, was sie quält, mal wieder: nicht richtig zu sein.

Und ich schütze mich selbst, denn nur wenn ich mich selbst in der Lage fühle, Gewalterlebnisse zu hören, ist dies auch wirklich möglich. Wenn ich hier nicht auf mich achte, tut es unweigerlich die Klientin. Sie hat bitter gelernt, auf die Bedürfnisse anderer zu achten, und wird, wenn ich es nicht tue, die Verantwortung für mein Seelenwohl übernehmen. Zugleich geht es m.E. nicht darum, mich um jeden Preis vor jedem Schmerz zu schützen.[27] In meinem Verständnis von Professionalität hat es durchaus Platz, dass ich auch mal über das, was Menschen Menschen antun, und darüber, was Menschen erleiden müssen, weine. Mir erschiene es merkwürdig, wenn ich das nicht täte. Für mich ist entscheidend, dass ich als Anlass für mein Weinen die Gewalt sehe und in der Verantwortung dafür mich – und nicht die Klientin.

Ambivalenzen

In der Arbeit mit Menschen, die Rituelle Gewalt erlebt haben oder erleben, entstehen zuweilen besonders heftige Ambivalenzen. Die Gewaltberichte, von denen wir hier erfahren, sind so grauenhaft und unvorstellbar, dass viele sie sich auch nicht vorstellen wollen, also nicht glauben. So wird aus der Grenze des eigenen Fassungsvermögens ein Baustein der Einsamkeit für die Betroffenen.

Die Erfahrung Ritueller Gewalt erzwingt eine tief greifende Verwirrung bzgl. „falsch" und „richtig", „gut" und „böse", teilweise deren Umkehrung, und führt zuweilen zu einer

---

[26] Das muss nicht bedeuten, jede Einzelheit als genau so stattgefunden zu nehmen. Zuweilen werden auch nicht die richtigen TäterInnen genannt: Ergebnisse von qualvollen Verwirrungen, Irritation, Setzen unter Drogen.

[27] Der Komplex der Indirekten Traumatisierung, im Sinne der vermittelten Verletzung, des empathischen Mitgenommenseins durch die Begleitung von Menschen, die traumatisiert wurden oder werden, auch die Frage nach deren Vermeidbarkeit oder Nicht-Vermeidbarkeit beschäftigt mich vielfältig. Dazu der Kongress "Indirekte Traumatisierung im Kontext professionellen Handelns – Anforderungen an Ausbildung, Berufspraxis und Supervision", Berlin 2011

besonderen Sensibilität, teils Genauigkeit, teils Rigidität bzgl. dieser Fragen – und das alles oft gleichzeitig und widersprüchlich, parallel und aufgeteilt auf verschiedene innere Persönlichkeiten oder Persönlichkeitsanteile.

Die Konfrontation damit kann zuweilen für uns als BeraterInnen außerordentlich verwirrend sein und/oder (je nach unserer Verfassung, unserem Hintergrund usw.) den Impuls besonderer Klarheit, Parteinahme, Polarisierung auslösen.

Damit aber können wir zum einen Gefahr laufen, TäterInnen, die vielleicht auch versorgende Eltern waren, zu verteufeln. Wir können Gefahr laufen, empfundene Liebe und Loyalität von vornherein aus unserem Beratungsraum, unserer Praxis zu verbannen, und damit nicht wirklich „weg", sondern unbesprechbar zu machen. Wir können Gefahr laufen, die inneren Anteile, Persönlichkeiten auszugrenzen, die sich mit den TäterInnen identifizierten und die zu unserer Klientin dazugehören und die andere Ziele und Wünsche haben als jene, die Schutz und Sicherheit, Frieden und Liebe anstreben.

Zum anderen besteht hier die „Einladung" und Gefahr, selbst in Schwarz-Weiß-Denken zu verharren oder zu fallen: ganz oder gar nicht, gut oder böse. Damit aber trügen wir selbst dazu bei, dass ein Opfer nur ein Opfer sein und sich auch nur so verhalten darf – unschuldig, demütig, freundlich, dankbar, auf keinen Fall fordernd, nie verletzend –, um Unterstützung und Hilfe zu erhalten. Und ich habe leider erlebt, dass Klientinnen, die nicht mehr nur „das Opfer" repräsentierten, zuweilen Hilfe und Empathie entzogen bekamen.

Wir trügen zu der Angst der Betroffenen bei, auf keinen Fall „böse" sein zu dürfen, um z.B. nicht das Recht auf Leben, körperliche Unversehrtheit zu verwirken. Auch kann „böse" hier ganz unterschiedliche Bedeutung haben, nämlich auch im Sinne von: ungehorsam gegenüber dem Kult. Wir trügen zu Selbstablehnung und Spaltung bei: die Guten/Hellen auf der einen, die Bösen/Dunklen auf der anderen Seite. Und wir würden damit kaum ermöglichen, dass zur Sprache kommen kann, was zum Allerquälendsten gehört: wenn die Betroffenen selbst zu Gewaltausübung gezwungen wurden.

Darüber hinaus trügen wir zu einer Spaltung unserer selbst bei. Auch ich bin nicht nur „gut". Erlaubte ich mir nur, gut, lieb, freundlich, hilfreich zu sein, um mich als Mensch betrachten zu können, dann wäre ich in der Beratung kein vollständiges Gegenüber.

Das Entsetzen über das Ausmaß an Gewalt, das mir begegnet, bringt nachvollziehbar den Affekt und Gedanken mit sich: wie un-menschlich, das hat mit mir nichts zu tun. Das Schreckliche aber ist: Es ist menschlich. Die TäterInnen aus der Kategorie „Mensch" in die Kategorie „Monster" (oder Ähnliches) zu verbannen, kommt m.E. lediglich der Verweigerung der Auseinandersetzung damit gleich, dass es eben Menschen sind und bleiben, die solche Taten begehen, und damit, wie sie dazu kommen.

Dieser Grundgedanke des Mensch-Seins und -Bleibens kann dabei gerade das Entsetzen ebenso beinhalten wie Wut oder Trauer sowie eindeutige Stellungnahme und Parteilichkeit gegen die Gewalthandlungen.

Sexuelle Traumatisierung, Rituelle Gewalt – eine gesellschaftliche Bezugnahme und ihre praktische Relevanz

Wenn es um den Begriff und das Verständnis von Traumatisierungen geht, gehört zur Definition oft dazu, dass das eigene Weltbild durch ein Trauma zerstört werde, dass Ordnung, Gerechtigkeit, Sicherheit und der eigene Platz in der Welt plötzlich in Frage gestellt würden.

Wir wissen von Betroffenen Ritueller Gewalt, dass ihre Gewalterfahrungen meist in frühester Kindheit beginnen, d.h. ihre Gewalterfahrungen Bestandteil ihrer Persönlichkeitsstrukturierung[28] und damit auch ihres Weltbezugs und ihrer Weltwahrnehmung sind.

Dies – also nur dieser Aspekt, dass ein frühes Trauma zu erleben zum Bestandteil von Normalität und von Persönlichkeitsentwicklung wird – gilt auch für Frauen, die in ihrer Kindheit sexuelle Gewalt erlebt haben. Auch sie erleben nicht als Erwachsene die plötzliche Erkenntnis, dass die Welt entgegen aller bisherigen Erfahrungen und Annahmen doch nicht sicher sei, sondern sie wachsen damit auf, dass die Welt bzw. nahe Menschen, sie selbst, ihr Körper, ihre Wahrnehmung usw. nicht sicher sind.

Das bedeutet auch, dass dieses Trauma weder statistisch (die Zahlen besagen, dass jede dritte bis fünfte Frau betroffen sei) und strukturell noch hinsichtlich der Selbst- und Weltwahrnehmung als Ausnahme erlebt wird, sondern als zu dieser Welt, zum – hier: „weiblichen" – Sein in dieser Welt dazugehörig. Neben relativer Armut, Benachteiligung bei Macht-, Entscheidungs-, Berufsfragen sowie bei gesellschaftlichen Positionen liegt in der sexuellen Gewalt und Ausbeutung sowie deren gleichzeitiger Tabuisierung ein Kernstück struktureller gesellschaftlicher wie konkreter Gewalt gegenüber Mädchen und Frauen.

In diesem Sinne stellt Rituelle Gewalt eine Zuspitzung der bestehenden gesellschaftlichen Verhältnisse dar. Sie stellt zwar auch, gemessen an alltäglicher Wahrnehmung, Demokratie und Gesetzen, „das ganz Andere" dar, aber eben nicht nur.

„Als Beraterinnen versuchen wir, der Destruktivität der erfahrenen Gewalt, der Logik Menschen verachtender Kulte etwas entgegenzusetzen. Wir stehen als Beraterinnen auf der einen Seite für das Recht auf Sicherheit, Respekt und ein würdevolles Leben. Wir wollen gewaltfreie Lebensmöglichkeiten und Realitäten in der Welt aufzeigen und vermitteln. Auf der anderen Seite leben wir doch – wie unsere Klientinnen – in einer Welt, einer Gesellschaft, in der diese Rechte nicht ungebrochen gelten."[29] Dazu gehört auch die systematische Schwierigkeit, TäterInnen juristisch zur Rechenschaft zu ziehen. Viele bleiben ungestraft. Dazu gehört auch die ebenso systematische Schwierigkeit, Ansprüche nach dem Opferentschädigungsgesetz geltend zu machen. Dieses Politikum in meine Haltung einzubeziehen, macht auch einen Unterschied in der Beratung. Und dennoch gehören Menschenrechte, Rechtsstaatlichkeit, Vorstellungen von Gewaltfreiheit zugleich zu den

---

[28] Hierein gehört der Begriff der Strukturellen Dissoziation: Hart/Nijenhuis/Steele 2008
[29] Rode/Raupp/Benzel/Trunczik 2006, S. 13

Grundlagen dieser Gesellschaft, auf die wir uns beziehen und die daher auch einen Teil des Entsetzens über „das ganz Andere" begründen.

So wie es auf der Seite der Gewaltpräsenz, -entstehung und Gewaltausübung eine Entsprechung von struktureller und konkreter Gewalt und ein Kontinuum von Gewalt gibt, so gibt es auch ein Kontinuum auf der Seite von Gewalterleben, Traumatisierung und Bewältigungsstrategien. Dies bietet *auch einen* Zugang zur Frage der Verstehbarkeit. Nicht alles, was Menschen, die Rituelle Gewalt erleben mussten, kennen, erleben, fühlen, denken, wie sie organisiert sind, kennen nur sie. Aus meiner Sicht kann es sehr hilfreich sein, die Erfahrungen, Strukturiertheiten, Nöte, Ambivalenzen, Irritationen, Fragen anderer Menschen in die Beratungsarbeit mit einzubeziehen. Auch andere Menschen dissoziieren, fühlen sich klein, haben nicht immer zu all ihren Ressourcen und Kompetenzen Zugang, können sich nicht entscheiden usw. Es geht mir dabei nicht um Nivellierung, sondern darum, Sprache, Verständigung und gangbare Wege zu finden. Es geht auch hier um ein Kontinuum, nicht um ganz oder gar nicht.

Phasen der Heilung – Integration – Ziele
Beratung im Unterschied zu Psychotherapie

Für die Heilung[30] werden immer wieder Phasen formuliert: Stabilisierung – Traumadurcharbeitung – Trauern und Neuorientierung; und z.T. noch vor der Stabilisierung der Abbruch des Täterkontaktes. Ich sehe Veränderung eher und versuche sie zu denken in Parallelitäten, Spiralen, Unvorhergesehenem, auf neuer Ebene Wiederkehrendem.[31] Ich selbst biete in meiner Beratungsarbeit keine Traumadurcharbeitung an.[32] Ansonsten sehe ich den *prinzipiellen* Unterschied zu Psychotherapie eher klein. Sowohl vom Begriff der Heilung als auch von Diagnostik nach ICD-10 haben viele – v.a. systemisch arbeitende – PsychotherapeutInnen ein ähnliches Verständnis.

Die großen Ziele von Beratung und Psychotherapie sehe ich in der größtmöglichen Selbstbestimmung, Autonomie, Lebensqualität, Entscheidungs- und Handlungsfähigkeit. Sie beginnen mit dem Prozess der gemeinsamen Arbeit. Integration im Sinne der Aufhebung der DIS sehe ich nicht als eigenes Ziel, sondern im dem Sinne, erlebte Traumatisierungen als der eigenen Geschichte zugehörig zu empfinden, ihnen einen Platz zuzuweisen, sich (vielleicht diffus) als Ganzes zu fühlen. Formen von Integration in diesem Verständnis können, so nehme ich es wahr, zu unterschiedlichen Zeiten in unterschiedlichen Dimensionen stattfinden.

---

[30] Eine Auseinandersetzung mit dem Begriff der Heilung selbst wäre einen eigenen Artikel wert.
[31] Auch im Sinne von nicht-linearer Kausalität, eine spezifische Sichtweise systemischen Denkens.
[32] Einfach, weil ich es nicht gelernt habe.

Strukturelle und persönliche Bedingungen

Für die Arbeit mit Menschen, die Rituelle Gewalt erlebt haben oder erleben, ist ein institutioneller Rahmen, der diese Arbeit ermöglicht und aktiv unterstützt, außerordentlich wichtig. Weil in der Regel keine einzelne Unterstützung hinreichend ist, helfen Vernetzungen verschiedener Hilfesysteme bzw. HelferInnen wie Beratung, Psychotherapie, psychosomatische Kliniken, Psychiatrie, ÄrztInnen, ambulante Betreuung, betreutes Wohnen, Jugendamt usw.

Entscheidender als die formale Vernetzung ist **Menschlichkeit, Informiertheit und Professionalität** der einzelnen AkteurInnen. Die Reihenfolge ist nicht zufällig gewählt: Unter **Menschlichkeit** verstehe ich das empathische Begleiten und Wahrnehmen, das aufrichtige Interesse an meinem Gegenüber, das sich nicht in erster Linie am bisher Gelernten orientiert, sondern offen ist für Erfahrungen, Wahrnehmungen, Erkenntnisse, die nicht in die Struktur des bestehenden Wissens und Berufes passen wollen.[33]

Mit **Informiertheit** meine ich das Zur-Kenntnis-Nehmen all dessen, was heute zu DIS und zu Ritueller Gewalt bekannt ist. Denn es ist hilfreich für uns selbst und für die KlientInnen, wenn wir verallgemeinerbare Erfahrungen studiert, gelesen, gehört haben; wenn wir damit Kategorien von Einordnung zur Verfügung haben und zur Verfügung stellen können, die Erlebensweisen und Überlebensstrategien verstehbar machen.

Mit **Professionalität** meine ich, z.B. „Ausraster", Verzweiflung, Aggressionen usw. nicht persönlich zu nehmen. Hier drückt sich zum einen aus, ob wir aufrichtig verstehen und fühlen, dass ein Opfer tatsächlich nicht nur dankbar, freundlich, demütig sein muss, um Hilfe zu erhalten. Und zum anderen bedeutet es, ob wir in der Lage sind, unsere eigenen Bedürftigkeiten, Überlastungen und Überforderungen dort hinzubringen, wo sie hingehören: in kollegiale Beratung, Supervision und eigene Therapie – und sie nicht ungefiltert an eine ohnehin verletzte, beschämte, überforderte KlientIn weiterzureichen.

In der **persönlichen Dimension** geht es aus meiner Sicht zum einen um die ehrliche Wahrnehmung eigener Möglichkeiten und Grenzen. Niemand sollte eine Arbeit tun, unter der man/frau zerbricht.[34] Als wichtig erachte ich darin, diese eigenen Grenzen selbst zu verantworten und der KlientIn gegenüber als genau solche zu kommunizieren und sie nicht als im vermeintlichen – pädagogischen, beraterischen, therapeutischen – Interesse der KlientIn zu verkaufen. Zum anderen geht es aber auch um den Mut und manchmal nur um die Alternativlosigkeit, eigene Grenzen zu überschreiten und zu erweitern.

Hätte mir jemand zu Beginn meiner Beratungsarbeit gesagt, was ich 2006 selbst mit geschrieben habe, was diese Arbeit an persönlichen Anforderungen mit sich bringt: ein „hohes Maß an persönlicher und professioneller Kompetenz und Belastbarkeit... Offenheit und Reflexionsfähigkeit... hohe Flexibilität im Denken, Selbstreflexion"[35] – ich hätte

---

[33] Und ich bin eine Verfechterin wissenschaftlicher Forschungen, Methoden und Herangehensweisen. Das schließt sich nicht nur nicht aus, das verstehe ich als eine zutiefst wissenschaftliche, weltoffene und neugierige Haltung.
[34] Hilfreich hierzu Huber 2003b, S. 179f.
[35] Rode/Raupp/Benzel/Trunczik 2006, S. 15

solche Anforderungen nicht akzeptiert – eben ganz nach der Devise einer anspruchsvollen, gesellschaftskritischen, jungen Frau.

Heute bin ich weitaus vorsichtiger mit der Formulierung von Bedingungen oder anders ausgedrückt: weitaus mutiger im Umgang mit Angst, Versagen, Unvermögen, Fehlern, Nichtwissen. Ich bemühe mich, v.a. ganz präsent zu sein, nicht in erster Linie eine Schublade zu suchen und nicht dringend eine bestimmte Methode zu verfolgen.[36] Im Rahmen möglichst klarer Strukturen und Vereinbarungen, in meiner Rolle als Beraterin bin ich persönlich da und anfragbar, positioniere mich auch und teile mich auch mit. Ich entscheide im Einzelnen auch mal, Fragen nicht zu beantworten und/oder v.a. deren Funktion zu erörtern.

Zum Schutz vor bzw. für den Umgang mit der Belastung oder Indirekten Traumatisierung durch Rituelle Gewalt gibt es viele wichtige unterstützende Maßnahmen, die mit Grenzen, Abstand und Balance zu tun haben.[37] Darüber hinaus nehme ich eine Form von Schutz wahr, die ich mehr als Transformation bezeichnen würde: Es ist die Wahrnehmung dieser Arbeit in ihrer Befassung mit dem, was der Mensch ist und tut, was Gesellschaft ist, was Leben ist, was Sinn sein mag – und in all dem erlebe ich Wachstum, Reichtum, Demut, Respekt und Liebe.[38]

---

[36] Und ich finde beides hilfreich und sinnvoll.

[37] Hierzu auch: Huber 2003b, Rode/Raupp/Benzel/Trunczik 2006, Stamm 2002

[38] Heute, am 23.02.2010, während ich diesen Artikel schreibe, spreche ich mit einer Frau, die Rituelle Gewalt überlebt hat, die aus diesen Strukturen draußen ist, die mit allem, was ist – ihr Leben lebt, und sagt: "Ich weiß nicht, ob ich tauschen wollen würde." Und als ich sie frage, ob ich sie zitieren darf, erhalte ich neben einem "Ja" und "ich beziehe dies ausdrücklich auf mich" folgenden Text zurück: "Die Traumatisierungen haben einen Menschen aus mir gemacht, der hellwach ist, andere mit anderen Sinnen wahrnimmt als "normale" Menschen. Ich habe ein (über?) stark ausgeprägtes Unrechtsbewusstsein und Gerechtigkeitsempfinden. Mein Überlebenskampf war jahrelang eine einzige Elendszeit. Aber jetzt staunend dazustehen und ins Leben durchgedrungen zu sein, erfüllt mich mit so einer Freude... und da weiß ich nicht, ob Menschen, die nicht so durchgerüttelt wurden, je so dankbar sein können. Für Schlaf in der Nacht, einen schmerzfreien Tag, einen flashbackfreien Tag, einen halluzinationsfreien Tag, einen Tag Normalleben, einen angstfreien Einkaufsbummel, dass ich in der Küche Gemüse schnipseln kann, ohne dass ich mich verletzen will... solche Geschenke sind das... Ich weiß, oh ja, ich WEIß, wie Dunkelheit sich anfühlt. Aber ich habe so viel Wunder erlebt auf diesem Weg der Heilung und so viele wunderbare Menschen kennen gelernt, und v.a. Menschen, die durch eigene Therapie einigermaßen selbstreflektiert sind, dass ein Gespräch einfach Hand und Fuß hat... und kein oberflächliches Blabla ist.... Letzten Endes weiß ich nicht, ob ich tauschen wollen würde, es gehört alles zu mir, ich lebe irgendwie versöhnt mit meiner Geschichte, ich bin froh, dass ich etwas für mich daraus machen konnte, dass ich dadurch zu dem Menschen geworden bin, der ich heute bin, sensibel, klug, aufmerksam, bedacht, mutig, kämpferisch, energisch und festhaltend an der Hoffnung, dass Veränderung möglich ist."

Literatur

Fliß, C. & Igney, C. (2008). Handbuch Trauma und Dissoziation. Lengerich: Pabst Science Publishers.

van der Hart, O., Nijenhuis, E. R.S. & Steele, K. (2008). Das Verfolgte Selbst. Strukturelle Dissoziation und die Behandlung chronischer Traumatisierung. Paderborn: Junfermann.

Hilsenbeck, P. (1997). Feministische Alternativen zur Psychiatrie. In Wildwasser Bielefeld e.V. (Hrsg.), Der aufgestörte Blick. Multiple Persönlichkeiten, Frauenbewegung und Gewalt (S. 80-95). Bielefeld: Kleine-Verlag,

Huber, M. (1995). Multiple Persönlichkeiten. Überlebende extremer Gewalt. Ein Handbuch. Frankfurt a. M.: Fischer Verlag.

Huber, M. (2003a). Trauma und die Folgen. Teil 1. Paderborn: Junfermann.

Huber, M. (2003b). Wege der Traumabehandlung. Teil 2. Paderborn: Junfermann.

Lüderitz, S. (2005). Wenn die Seele im Grenzbereich von Vernichtung und Überleben zersplittert. Paderborn: Junfermann.

Pross, Ch. (2009). Verletzte Helfer. Umgang mit dem Trauma: Risiken und Möglichkeiten sich zu schützen. Stuttgart: Klett-Cotta.

Putnam, F. (2003). DIS. Diagnose und Behandlung der DIS. Paderborn: Junfermann.

Reddemann, L. (2001). Imagination als heilsame Kraft. Stuttgart: Klett-Cotta.

Rode, T., Raupp, Ch., Benzel, B. & Trunczik, J. (2006). Beratung von Frauen mit Multipler Persönlichkeitsstruktur. Ein Konzept aus der feministischen Praxis.

Rode, T. & Wildwasser Marburg e.V. (Hrsg.) (2009). Bube, Dame, König – DIS. Dissoziation als Überlebensstrategie im Geschlechterkontext. Köln: mebes & noack.

Schmidt, G. (2007). Liebesaffären zwischen Problem und Lösung. Hypnosystemisches Arbeiten in schwierigen Kontexten. Heidelberg: Carl Auer.

de Shazer, St. & Dolan, Y. (2008). Mehr als ein Wunder. Lösungsfokussierte Kurzzeittherapie heute. Heidelberg: Carl Auer.

Spangenberg, E. (2008). Dem Leben wieder trauen. Traumaheilung nach sexueller Gewalt. Düsseldorf: Patmos.

Stamm, B. H. (Hrsg.) (2002). Sekundäre Traumastörungen. Wie Kliniker, Forscher & Erzieher sich vor traumatischen Auswirkungen ihrer Arbeit schützen können. Paderborn: Junfermann.

Varga von Kibéd, M. & Sparrer, I. (2005). Ganz im Gegenteil. Heidelberg: Carl Auer.

Wirtz, U. (1989). Seelenmord: Inzest und Therapie. Zürich: Kreuz.

3.6 Pädagogische Begleitung. Wohngruppen für Frauen mit Psychotraumatisierungen

Gisela Krille, Astrid Jürgensen, Angelika Vogler, Silke Neumann

3.6.1 Unsere Geschichte

Im Jahr 1983 gründete sich in Kiel der Verein Lotta e.V., Verein zur Förderung feministischer Mädchen- und Frauenarbeit mit dem Ziel, spezifische Angebote für Mädchen und Frauen zu schaffen. Ausgangspunkt war der Kieler Pädagoginnentreff, ein Kreis engagierter Pädagoginnen, die über innovative und gezielte Konzepte diskutierten, mit denen Mädchen und Frauen besser als bisher unterstützt werden konnten.

Schon ein Jahr später startete das Modellprojekt „Wohngruppe für Mädchen und junge Frauen mit besonderen sozialen Schwierigkeiten". Bald kristallisierte sich heraus, dass es eine Gemeinsamkeit in der Lebensgeschichte gab, egal wie unterschiedlich die Mädchen und Frauen waren und wie vielfältig sich ihre sogenannten Verhaltensauffälligkeiten und Symptome auch zeigten. Dieses gemeinsame Merkmal war das Erleben von Gewalt in den unterschiedlichsten Ausprägungen, am häufigsten jedoch sexualisierte Gewalt. Eine weitere Erfahrung war, dass die herkömmlichen Konzepte und Zielformulierungen der Sozialpädagogik für diese Zielgruppe nicht stimmig waren. Es setzte ein ständiger Diskurs im Team der Wohngruppen ein, der durch therapeutische Zusatzausbildungen sowie intensive fachbezogene Fort- und Weiterbildung von uns Mitarbeiterinnen unterstützt wurde. 1995 gab es in Kiel endlich die erste Fortbildung, die explizit die Folgen von Gewalterfahrungen zum Inhalt hatte, sie behandelte das Thema Dissoziative Identitätsstörung. Von diesem Zeitpunkt an sensibilisierte sich unsere Wahrnehmung für dissoziative Strukturen und rituelle Gewalterfahrungen.

Durch den Prozess der kontinuierlichen Professionalisierung konnte das Betreuungskonzept immer wieder neu den Erfordernissen und Bedürfnissen der zu betreuenden Mädchen und Frauen angepasst werden. Nach einigen Zwischenschritten entstand die heutige Form der Einrichtung: Therapeutische Wohngruppen für Frauen mit Psychotraumatisierungen.

3.6.2 Unser Angebot

Die Wohngruppen sind Bestandteil der Eingliederungshilfe nach dem 12. Sozialgesetzbuch (SGB XII). Menschen, die von seelischer Behinderung bedroht oder betroffen sind, haben einen Anspruch auf diese Hilfe, um ihnen die Teilhabe am Leben in der Gemeinschaft zu ermöglichen.

Das Angebot der Wohngruppen richtet sich an volljährige Frauen, die unter den Folgen von körperlicher, seelischer und/oder sexualisierter Gewalt leiden, dazu gehört auch die frühkindliche Vernachlässigung. Die Frauen haben in der Regel folgende Diagnosen:
– Posttraumatische Belastungsstörung
– Komplexe Posttraumatische Belastungsstörung
– Dissoziative Störungen
– Dissoziative Identitätsstörung
– Persönlichkeitsstörungen, insbesondere Borderline Persönlichkeitsstörung

Ausschlusskriterien sind Frauen mit einer akuten Suchtproblematik, einer psychotischen Erkrankung und Frauen, die mit ihren Kindern zusammenleben wollen.

Die Wohngruppen sind teilstationär, die Betreuung findet überwiegend tagsüber von montags bis freitags statt. Am Wochenende gibt es eine begrenzte und strukturierte Rufbereitschaft. Das bedeutet für die Frauen, dass sie grundsätzlich nachts und am Wochenende in der Lage sein müssen, ihre Krisen selber zu bewältigen bzw. sich anderweitig Hilfe zu organisieren. Das Wie wird selbstverständlich in der Betreuung individuell erarbeitet.

Die Einrichtung verfügt über 12 Plätze, die sich in vier Wohngruppen befinden. Das Wohnen in der Wohngruppe ist an die Betreuung gebunden.

Die Wohngruppen befinden sich in normalen Wohnhäusern im Kieler Innenstadtbereich, in denen jede Frau ein Einzelzimmer zur Verfügung gestellt bekommt. Die Betreuung ist aus den Wohngruppen ausgelagert, so dass die Wohnungen ein größtmögliches Maß an Privatsphäre bieten. Sie sind dennoch gleichzeitig Schutzraum, da Lotta e.V. das Hausrecht hat. Menschen, die den Bewohnerinnen gegenüber Gewalt ausüben, ausgeübt haben oder Gewalt androhen, dürfen die Wohnungen nicht betreten, dies gilt auch für ZuhälterInnen oder andere Personen, die die Frauen den TäterInnen zuführen.

Die Betreuung findet in den zentral gelegenen Büro- und Beratungsräumen statt, die von den Frauen aufgesucht werden. Jede Frau, die in eine unserer Wohngruppen zieht, hat eigene individuelle Ziele, über allem steht jedoch das für alle geltende Ziel, sich psychisch zu stabilisieren. Dazu gehört natürlich in allererster Linie die Schaffung von äußerer Sicherheit, ein besonders schwieriges Unterfangen für Frauen, die in organisierten Täterkreisen rituelle Misshandlungen erfahren mussten und zusätzlich häufig mind control und Programmierung ausgesetzt waren. Das hat zur Folge, dass der schwierigste Part die Innenarbeit ist. Doch auch auf der Einrichtungsebene gibt es Unterstützungsmöglichkeiten.

Da ist als erstes der gewaltfreie Raum zu nennen, der nicht nur dadurch entsteht, dass TäterInnen keinen Zugang zu unseren Räumen haben, sondern auch durch die Regel, in den Lotta-Räumen nicht über Gewalt zu sprechen, weder über Gewalterfahrungen aus der eigenen Biografie noch aus aktuellen Erlebnissen. Solche Inhalte dürfen ausschließlich mit den Betreuerinnen besprochen werden. Dies hat sich als sehr entlastend für die Frauen herausgestellt und sie achten aus eigenem Interesse untereinander sehr darauf, dass diese Regel eingehalten wird.

Des Weiteren bieten wir an, dass die Frauen sich ihre Post an unsere Büroadresse schicken lassen können. Wir können dann in Absprache mit ihnen eine Filterfunktion wahrnehmen, so dass sie bestimmte Post gar nicht erst erhalten. Das verhindert das Risiko, durch Symbole, Zeichen oder anderes, was sich schon auf dem Briefumschlag befinden könnte, getriggert zu werden. Außerdem erleichtert es den Kontaktabbruch zu unsicheren Personen und im Regelfall zur Familie, wenn eine Frau sich dazu entschlossen hat. Wir verabreden genau, wie wir mit der einbehaltenen Post umgehen sollen.

Wir begleiten alle Arten von rechtlichen Angelegenheiten wie Auskunftssperre, Namensänderung, Hinterlegung eines Sicherheitszeugnisses bei einer Anwältin, bei der Vernehmung als Zeugin. Bei der Inanspruchnahme von Sozialleistungen klären wir über die Möglichkeit der Härtefallregelung auf, damit die Eltern nicht zu Zahlungen herangezogen werden und somit ein Abhängigkeitsverhältnis weiter besteht bleibt.

Jede Bewohnerin hat eine feste Bezugsbetreuerin. Jede Bewohnerin hat regelmäßige Einzelgespräche, die das Kernstück der Betreuung sind. Wohngruppengespräche dienen der Verbesserung des Zusammenlebens. Tagesstrukturierend wird für alle Frauen, die nicht in einem Beschäftigungsverhältnis stehen oder eine Ausbildung machen, täglich eine Morgenrunde mit einem gemeinsamen Frühstück angeboten. Tagsüber gibt es eine Hintergrundbetreuung, das heißt, die Frauen können sich alternativ zu ihrem Wohnraum im Gruppenraum oder in den Beratungsräumen aufhalten. Krisenintervention ist selbstverständlicher Teil der Betreuungsarbeit. Regelmäßig finden Wohngruppen übergreifende Aktivitäten statt, dazu gehören auch Freizeitunternehmungen.

Eine teilstationäre Betreuung hat Grenzen. So können wir keine ständige Begleitung gewährleisten. Soweit es uns möglich ist, helfen wir jedoch dabei, notwendige Begleitung zu organisieren.

Wir haben eine große Nachfrage nach Betreuungsplätzen von Frauen mit ritueller Gewalterfahrung, die im Ausstieg sind. Diese Plätze sind begrenzt.

Frauen, die nach einem Betreuungsplatz anfragen, erhalten einen Gesprächstermin. Bei diesem Gespräch stellen wir unser Betreuungskonzept vor und erfragen die für uns notwendigen Informationen, um entscheiden zu können, ob unsere Einrichtung genau die Unterstützung geben kann, die im Einzelfall benötigt wird. Wesentliche Fragen gehören zum Themenkreis Täterkontakt, Bedrohung und Verfolgung. Wenn eine Frau angibt, dass sie Täterkontakt hat, wird die Motivation geklärt, ob sie diesen beenden will. Ist die Aussage eindeutig ein Ja, kann sie einen der Ausstiegsplätze bekommen bzw. auf die entsprechende Warteliste aufgenommen werden. Einige Frauen wissen nicht genau, ob sie noch Täterkontakt haben, der Wunsch nach Klärung ist dann ein Kriterium für die Aufnahme.

Anders sicht es aus, wenn eine Frau nicht aussteigen will und auch nicht in einen Entscheidungsprozess eintreten will, dann ist sie bei uns nicht richtig.

3.6.3 Unser Arbeitsansatz im Betreuten Wohnen

Wenn Klientinnen, die rituelle Gewalterfahrungen haben, in eine Wohngruppe von Lotta e.V. eingezogen sind, ist das übergeordnete Ziel die Erlangung eines selbst bestimmten Lebens, in dem sie nicht mehr gequält und gefoltert werden sowie den TäterInnen nicht mehr unterworfen und von diesen abhängig sind.

Die Schaffung einer täterunabhängigen Existenz hat oberste Priorität und damit die Schaffung von äußerer Sicherheit, um so die Basis für die innere und Beziehungssicherheit herzustellen.

Wir gehen davon aus, dass ohne die Schaffung einer äußeren Sicherheit die Schaffung einer inneren und einer Beziehungssicherheit nicht möglich ist.

Die aus der massiven Gewalt, die diese Frauen erlebt haben, resultierenden Überlebensstrategien bestimmen die Art ihrer Kontaktaufnahme zu uns als Team und ihre Beziehungsgestaltung.

Alle sind von Menschenhand traumatisiert, so dass sie uns als Bezugsbetreuerinnen gegenüber im Kontakt sehr ambivalent sind, oft ängstlich und hoch misstrauisch.

Ein wesentliches Anliegen ist es hier, die Beziehung selbst möglichst nicht zum Stressor werden zu lassen, sondern die Intention der Klientin zu verstehen. Ein unterstützender Grundsatz für diese Arbeit ist: Verstehen – aber nicht unbedingt gutheißen.

Als Team versuchen wir einen Betreuungsrahmen zu schaffen, der weitestgehend überschaubar, einschätzbar und kalkulierbar ist für die Bewohnerinnen. Gleiches gilt für das Beziehungsangebot an die Klientin. Unser Ziel ist es, so transparent und konstant in der Arbeit mit ihnen zu sein, wie es uns möglich ist, um so dem hohen Sicherheitsbedürfnis dieser Klientinnen gerecht zu werden.

Unsere Haltung als Bezugsbetreuerinnen in dieser Arbeit ist vor allen Dingen die eines Coaches. Wir arbeiten ressourcenorientiert, wir unterstützen, beraten, klären auf, fragen wertschätzend kritisch nach, regen an, wachsam zu sein und benennen aus einer respektvollen, annehmenden Haltung heraus auch unsere Zweifel, und wir helfen zu strukturieren.

Wir sind nicht insistierend, moralisierend, appellierend oder abwertend und „wir wissen es auch nicht besser" – dies wäre eine Wiederholung der Täter-Opfer-Beziehung. Darüber hinaus würden wir so von uns aus zu einer Elternübertragung einladen, mit der wir früher oder später von Seiten der Klientin sowieso rechnen müssen.

Die Klientinnen haben in der Regel vielfältige Symptome: Sie verletzen sich selbst, sind mehr oder weniger latent suizidal, depressiv, haben Ängste, Phobien, Schlafstörungen etc.

Wir werden im Weiteren nicht darauf eingehen, wie wir in der Betreuung zusammen mit ihnen nach Wegen für einen konstruktiven Umgang mit diesen Überlebensstrategien suchen. Stattdessen vertiefen wir die Ausstiegsbegleitung, die das zentrale Thema ist, wenn wir Klientinnen mit rituellen Gewalterfahrungen begleiten. Hierbei werden wir insbesondere die damit verbundenen Fragen und Diskussionen mit den Klientinnen und im Team vorstellen.

Beim Einzug von Klientinnen in eine therapeutische Wohngruppe von Lotta e.V. sehen wir als Team uns in der Regel mit drei möglichen Ausgangssituationen konfrontiert.
1. Die Klientin hat keinen Kontakt mehr zu den Tätergruppen – ein wesentliches Ziel in der Arbeit ist dann, sie darin zu stärken, ihren Weg in ein selbst bestimmtes Leben ohne Täterkontakt konsequent weiterzugehen, und sie in ihrer individuellen Weiterentwicklung zu begleiten.
2. Es ist unklar, ob es noch Täterkontakt gibt oder nicht – hier ist eine Klärung darüber das vorrangige Ziel.
3. Es ist klar, dass die Klientin noch Täterkontakt hat. Wie oben beschrieben, ist dann die Grundvoraussetzung für einen Einzug, dass sie diesen abbrechen will. Dies ist dann auch das Ziel in der Arbeit.

So klar wie diese Übersicht ist die Praxis allerdings häufig nicht. Auf Grund der starken Dissoziationsfähigkeit aller Klientinnen mit ritueller Gewalterfahrung, die sich für das Betreute Wohnen bewerben, stellt sich oft erst im Verlauf der Betreuung heraus, ob sie wirklich keinen Täterkontakt mehr haben oder auch, ob sie wirklich aus den Täterkreisen aussteigen wollen. Auch ist die Entscheidung, den Täterkontakt abzubrechen, in der Regel hoch ambivalent bzw. „multivalent": Sprich: Klientinnen mit einer DIS-Diagnose haben viele unterschiedliche innersystemische Meinungen dazu. Somit ist diese Entscheidung oft über einen längeren Zeitraum instabil.

In Laufe all der Jahre, die wir als Team Ausstiegsbegleitung machen, ist uns sehr deutlich geworden, dass diese Arbeit mehr Fragen aufwirft als es konkrete Antworten gibt – aber auch, dass wir umso hilfreicher sind, je offener wir dafür sind, anscheinende Gegebenheiten und Selbstverständlichkeiten in Frage zu stellen und je gezielter und individueller wir die Fragen auf unsere Klientinnen abstimmen und formulieren. Hierfür ist es nötig, mit der Klientin in einen vielschichtigen Auseinandersetzungsprozess zu gehen.

Zu Punkt 1:
Eine wesentliche Frage, die uns an diesem Punkt immer wieder beschäftigt, ist, wie sich „Täter" eigentlich definiert – d. h. in der Arbeit mit den Klientinnen zu klären, wer für sie Täter ist und wer nicht und zu wem sie den Kontakt abbrechen sollten und welche Kontakte in Ordnung sind.

Eindeutig ist es bei den Menschen, die der Klientin noch bis in die Gegenwart hinein Gewalt angetan haben.

Was ist aber mit den Menschen, die zwar aktuell, vielleicht schon über einen Zeitraum keine Gewalt mehr ausgeübt haben oder vielleicht auch nie gewalttätig der Klientin gegenüber waren, aber in die Täterkreise involviert sind? Dies sind häufig Geschwister, Verwandte oder auch Freunde.

Unsere Erfahrung ist, dass es für die Klientinnen ein sehr leidvoller und langwieriger Prozess ist, zu realisieren, sich auch von diesen Menschen trennen müssen.

Der Kontakt mit ihnen aktiviert immer wieder die traumatisierten Anteile der Klientin und sie bleibt darüber hinaus so für die TäterInnen immer noch erreichbar.

An dieser Stelle stellt sich mit den Klientinnen auch die Frage, was eigentlich „in Kontakt sein" bedeutet. Geht die Klientin in Kontakt, wenn sie Post oder Geld, das die TäterInnen ihr schicken, zurückschickt? Geht sie in Kontakt, wenn sie im Internet recherchiert, ob die Familie noch dort lebt, wo sie gelebt hat?

Hier bedarf es von Seiten der Betreuerinnen einerseits viel Aufklärungsarbeit z.B. über direkten und indirekten Kontakt bzw. Kontaktaufnahme. Andererseits ist es nötig, ein innersystemisches Verständnis dafür zu wecken, was es für die Klientin z.B. bedeutet, das Geld zu behalten oder es zurückzuschicken oder im Internet zu recherchieren. Unsere Aufgabe ist es, sie anzuregen, innersystemische Antworten zu finden. Das entlastet uns als Professionelle von der Erwartung und manchmal auch von dem eigenen Anspruch, alles wissen zu müssen, besonders das, was wir gar nicht wissen können, und fördert gleichzeitig die Selbstwirksamkeit der Klientin.

Eine weitere Frage, die sich immer wieder auftut, ist, woran die Klientin und auch wir erkennen können, dass sie wirklich ausgestiegen ist, oder woran es sich erkennen lässt, ob es sich nicht nur um eine Misshandlungspause handelt. Wir wissen von den Erzählungen unserer Klientinnen, dass „Misshandlungspausen" erlaubt sind, dass sie manchmal von den TäterInnen in Einrichtungen und Kliniken geschickt werden, um wieder in deren Sinne „funktionsfähig" zu werden, oder auch, um ihnen deutlich zu machen, dass sie „die Familie" nie verlassen können.

Sicherheit gibt es hier nur durch eine innersystemische Transparenz, also durch eine möglichst umfassende Binnenkommunikation der Klientin.

Ein Anzeichen dafür, dass es sich nur um eine Pause handeln könnte, ist, wenn die Binnenkommunikation immer wieder bei der Klärung der Sicherheit stagniert oder verunmöglicht wird. Z.B. wenn sie den Halsschmuck mit dem umgedrehten Kreuz weiter trägt, obwohl bekannt ist, dass dies Innenpersonen triggert, oder sie darauf beharrt, sich die Fingernägel weiter rot anzumalen, obwohl diese Farbe innersystemisch als ein Aufruf, sich bei den TäterInnen zu melden, verstanden wird.

Auch wenn wir mehr für die Sicherheit der Klientin tun als sie selber, wir mehr Verantwortung dafür übernehmen als sie, kann dies als ein mögliches Anzeichen gewertet werden, dass es sich nur um eine Misshandlungspause handelt. Z.B. wenn sie immer wieder "vergisst", Krisentage so vorzubereiten, dass sie ausreichend gesichert ist, und die Betreuerin regelmäßig den Part übernimmt, sie zu erinnern.

Ein weiteres Anzeichen kann in der Gegenübertragung das Gefühl sein, irgendwie falsch zu sein. Dieses Gefühl ist oft ein wichtiger Hinweis darauf, dass die Klientin etwas anderes will als die Betreuerin, dass es innersystemisch noch andere Bestrebungen gibt als die bislang offenen.

Gerade wenn es darum geht, dass eine Klientin sagt, sie sei ausgestiegen, haben wir im Team und auch mit den Klientinnen regelmäßig eine Diskussion darüber, ab wann jemand ausgestiegen ist und was das bedeutet.

Ist eine Klientin, die seit 10 Jahren von sich aus keinen Kontakt mehr zu den in einem europaweiten Netz organisierten TäterInnen aufnimmt, ausgestiegen, obwohl diese immer noch über die Einrichtung versuchen, sie zu kontaktieren?

Kann eine Klientin mit Sicherheit sagen, sie sei ausgestiegen, wenn ihre Binnenkommunikation noch Brüche aufweist und sie immer wieder – wenn auch nur kurze – Zeitverluste hat?

Kann eine Klientin mit einer DIS-Diagnose, die aus einer satanistischen Sekte kommt, innerhalb von vier Jahren ausgestiegen und integriert sein ohne aufarbeitende Therapie?

Vor dem Hintergrund, dass alle unsere Klientinnen, die Rituelle Gewalt erlebt haben, auch Gehirnwäschen und mind control-Verfahren unterzogen worden sind mit dem Ziel, dass die TäterInnen die absolute Kontrolle über sie behalten, ist es für sie von unermesslicher Wichtigkeit, zu lernen, sich zu vertrauen und zu realisieren, wann sie sich innersystemisch selbst manipulieren.

Um hier mehr Klarheit zu erlangen, unterstützen und begleiten wir als Bezugsbetreuerinnen die Klientin in der Schaffung ihrer inneren Sicherheit. Grundlegend für diese Arbeit ist die Förderung der Achtsamkeit der Klientin sich selbst gegenüber. Sie ist das Gegenteil von Dissoziation und fördert den Bezug zur Gegenwart.

Innere Sicherheit bedeutet auch, mit jeder Klientin einen individuellen Weg dafür zu finden, ihrer Selbstwahrnehmung zu vertrauen und dafür, wie sie mehr Binnenkommunikation haben kann, ohne überflutet zu werden. Ferner, auch zu realisieren, woran sie z.B. merkt, dass sie keine Zeitverluste mehr hat, oder wodurch sie wahrnehmen kann, dass sie ihre innersystemischen Aufspaltungen weitestgehend kennt.

Wesentlich ist hier auch die Arbeit an den negativen Selbstüberzeugungen der Persönlichkeitsanteile der Klientin, die eine Stabilisierung verhindern. Hilfreich ist es hier, die Klientin anzuregen, zu reflektieren, um diese reflexhaften Annahmen über sich selbst allmählich zu hinterfragen.

Zu Punkt 2:

Wenn es *unklar* ist, ob die Klientin noch im Täterkontakt ist oder nicht, gilt es mit ihr zu erarbeiten, woran sie merken könnte, dass sie noch Täterkontakt hat. Die Förderung ihrer Selbstwahrnehmung und Achtsamkeit hat hier die höchste Priorität. In diesem Zusammenhang unterstützen wir sie z.B. auch darin, zu lernen, eine Unterschiedsbildung zu machen zwischen solchen Gewaltsituationen, die sie innerpsychisch erinnert und solchen, die tatsächlich noch in der Gegenwart stattfinden. Viele Klientinnen haben eine mangelnde Unterscheidungsfähigkeit zwischen Innen- und Außenwahrnehmung. Dieses ist im hohen Maße verwirrend für sie. An dieser Stelle hilft es ihnen, sich durch Fragen zur Realitätsprüfung zu orientieren wie z.B.: „Wie sahen deine Haare aus? Welche Kleidung hattest du an? Welche Jahreszeit war es? Hast du Verletzungen, die du dir nicht erklären kannst? ..." Durch diese Fragen wird in der Regel relativ schnell klar, ob es sich um einen Übergriff in der Gegenwart handelte oder ob es ein erinnerter Übergriff aus der Vergangenheit war.

Wenn die Klientin erkannt hat, dass sie noch Täterkontakt hat, ist ein nächster Schritt in der Betreuungsarbeit mit ihr, sie zu unterstützen, diese Tatsache auch anzuerkennen und ihr eine Bedeutung in ihrem Leben beizumessen, damit sie entscheiden kann, welche Veränderungen sie in ihrem Leben vornehmen will. Dieses ist nicht immer selbstverständlich, weil die Bedeutung der Gewalt innersystemisch von vielen Persönlichkeitsanteilen oft geleugnet wird und es auch nur ein sehr begrenztes Wissen darüber gibt. Insbesondere, wenn die Binnenkommunikation noch nicht gut funktioniert – was der Regelfall ist, wenn sie noch im Täterkontakt sind.

Indikatoren für Täterkontakt und damit für fortgesetzte Folter können nach unserer Erfahrung sein:
– Die Klientin gerät von einer Krise in die nächste.
– Die Klientin agiert viel im Außen, wodurch es fast unmöglich ist, mit ihr an ihrer äußeren Sicherheit zu arbeiten.
– Es gibt im Gespräch andauernde, häufige, unkontrollierte Wechsel, so dass ein einigermaßen fokussiertes Arbeiten nicht möglich ist. Statt Kooperation gibt es ein „Themenhopping".
– Die Klientin hat viele Zeitverluste.
– Es gibt eine mangelnde Binnenkommunikation.
– Die Klientin hat unerklärliche neue Verletzungen.
...

Zu Punkt 3:
Wenn es klar ist, dass die **Klientin noch Täterkontakt** hat, kann sie in das teilstationär Betreute Wohnen nur aufgenommen werden, wenn sie sich entschieden hat, den Kontakt abzubrechen.

Wenn sich im Laufe der Betreuung herausstellt, dass die Klientin noch im Täterkontakt ist, begleiten wir sie in dem Prozess, sich zu entscheiden, diesen abzubrechen oder nicht.

Wenn sie ihn nicht abbrechen will, kann sie nicht in die Wohngruppe einziehen bzw. muss dann wieder ausziehen.

Die Entscheidung, auszusteigen, ist für Klientinnen mit rituellen Gewalterfahrungen eine existenzielle und zwar egal, ob sie sich dafür oder dagegen entscheiden.

Wenn sie sich gegen den Ausstieg entscheiden, haben sie ein hohes Risiko, die Gewalt nicht zu überleben.

Sich dafür zu entscheiden bedeutet für sie, sich für etwas zu entscheiden, das in ihrem Bezugsrahmen eigentlich unmöglich ist: Es gilt das Dogma, dass es unmöglich ist, die Familie/die Gruppe zu verlassen. Dieses geht nur durch den „eigenen Tod".

Darüber hinaus ist die Zugehörigkeit zu diesen Gruppierungen im hohen Maße Sinn stiftend und Halt gebend für die Klientinnen – ohne die Familie/die Gruppe sind sie in ihrer eigenen Wahrnehmung ein Nichts und nicht überlebensfähig. Und gerade wenn sie aus Gruppen mit einem religiösen oder ideologischen Hintergrund kommen, haben sie ein Weltbild, das dem unseren fast diametral entgegensteht. Die Folge ist, dass es erst einmal wenig Attraktives und Sinngebendes in „unserer Welt" für sie gibt.

Hieraus ergibt sich für die Betreuungsarbeit die Notwendigkeit, mit den Klientinnen daran zu arbeiten, einen Anker in „dieser Welt" zu finden, etwas, das für sie einen Nutzen hat und Sinn gibt. Wir klären in der Betreuung an dieser Stelle auch viel auf z. B. darüber, was Menschenrechte sind, wie das Grundgesetz lautet, darüber, dass Menschen kein Eigentum von jemandem sein können, dass das Ausüben von Gewalt ein Straftatbestand ist, dass Menschen Entscheidungsfreiheiten haben und wählen dürfen, mit wem sie z. B. Kontakt haben wollen und mit wem nicht.

Bei dieser Arbeit stellt sich für uns als Team immer wieder die Frage, wie lange wir den jeweiligen Entscheidungsprozess der Klientin mittragen. Oft werden sie in dieser Auseinandersetzungsphase noch von außen gequält. Dieses ist für uns als Bezugsbetreuerinnen, aber auch für das gesamte Team hoch belastend. Wir haben anfangs Zeitbegrenzungen eingeführt nach dem Motto, wenn wir wissen, dass es noch Täterkontakt gibt, hat die Klientin ein Jahr Zeit, sich zu entscheiden. Diese Regelung haben wir aufgegeben, weil sie weder den Klientinnen noch uns selbst gerecht wurde. Zurzeit diskutieren wir jeden Einzelfall immer wieder neu und nehmen die Auseinandersetzungsbereitschaft der Klientin, ihren persönlichen Einsatz für Veränderungen und unsere Belastbarkeit als Grenze.

Haben sich die Klientinnen entschieden, auszusteigen, liegt der erste Fokus der Arbeit auf der Schaffung der äußeren Sicherheit. Hier gilt der Grundsatz: Saftey first: Alle Entscheidungen und Handlungen der Klientin werden mit ihr dahingehend überprüft, ob sie in dem Sinne sicher sind, dass sie nicht zu einer Kontaktaufnahme mit den TäterInnen führen und/oder innersystemisch als Auslöser für schädigende Verhaltensweisen dienen.

Wenn die Klientin sich hier verweigert, gilt es:
1. dieses ernst zu nehmen.
2. es zu untersuchen: „Wieso ist es wichtig, dass...? Wieso ist das so?"
3. es zu verstehen: „Ach so ist das! Wissen das alle?"
4. und dann zu entscheiden, wie das weitere Vorgehen ist.

Klientinnen in der Ausstiegsbetreuung wohnen mehrere Jahre in einer Wohngruppe von Lotta e.V., um sich aus den Täterkreisen lösen zu können.

Im Laufe der Betreuung geraten sie häufig noch einmal in eine existentielle Krise, wenn sie realisieren sollten, dass sie selbst auch Täterinnen waren.

Auch wenn dieser Punkt an dieser Stelle nicht vertieft werden kann, möchte ich doch kurz unsere Teamhaltung dazu benennen: Es ist ein Unterschied, TäterInnen zu sein und auch zu bleiben oder sich zu entscheiden, damit aufzuhören. Und es ist ein Unterschied, ob jemand zur TäterIn in einem Zwangskontext wird oder sich frei dafür entscheidet.

Für die Klientinnen sind der Umgang mit ihrer Schuld und Scham hier zentrale Themen.

3.6.4 Alltagspraktische Unterstützungsmöglichkeiten im Rahmen des betreuten Wohnens

Im Laufe der Jahre haben wir eine Vielzahl hilfreicher, alltagspraktischer Unterstützungsmöglichkeiten gemeinsam mit den betroffenen Frauen erarbeitet und erprobt, von denen wir eine Auswahl vorstellen möchten:

Alle von uns betreuten Frauen werden dabei unterstützt,
– ihren Alltag zu strukturieren,
– möglichst eine sinnvolle Beschäftigung oder Arbeit aufrechtzuerhalten oder zu finden,
– ihre finanzielle Absicherung zu erhalten oder aufzubauen,
– sich ein haltendes, soziales Netzwerk zu erarbeiten,
– respektvolle, sichere Beziehungen und Kontakte zu finden,
– Gesundheitsfürsorge sicher zu stellen,
– sich einen sicheren, Geborgenheit gebenden Wohnraum zu ermöglichen,
– stabilisierende Imaginationen zu erlernen,
etc.

Hilfreich erleben viele Frauen auch Anti-Suizid-Verträge und andere für die einzelne Klientin sinnvolle Vereinbarungen.

Welche dieser Alltagsunterstützungen zu welchem Zeitpunkt und wie genau umsetzbar sind, vereinbaren wir jeweils mit der einzelnen Frau.

Besonders bei Frauen aus organisierten Täterkreisen hat das Thema „Äußere Sicherheit" oberste Priorität.

Um im Alltag mehr Sicherheit zu ermöglichen, ist es notwendig, dass die Klientin sich folgenden Fragen stellt:
– Wie und wann nimmt die Klientin Kontakt zu den TäterInnen auf?
– Wie und wann nehmen die Täterkreise Kontakt zu der Klientin auf?

Oft kann die Klientin (ihre Alltagspersönlichkeiten) auf diese Fragen nicht antworten. Und die Anteile, die antworten könnten, stehen unter einem massiven Redeverbot, schweigen aus Loyalität zu den Tätern, aus Angst oder Scham.

Eine Möglichkeit für die Klientin, Klarheit in das „Wann" zu bekommen, ist das *Tagesablaufbuch*. Sie schreibt jede halbe Stunde in ein Heft kurz auf, wo sie ist und was sie tut.

Schnell werden Zeitverluste deutlich, da zu bestimmten Tageszeiten und Wochentagen regelmäßig Lücken auftreten. Dies verdeutlicht der Klientin ihre Situation.

Die Bezugsbetreuerin fragt regelmäßig die betreute Frau, ob es Lücken gibt und ob sie eine Erklärung dafür hat. Wenn eine tragfähige Beziehung zur Betreuerin aufgebaut ist und die Klientin sich dafür entscheidet, kann die Suche nach Antworten beginnen.

Betreuerin: *Zwischen 19.00 und 5.00 h morgens gibt es also am Freitag keine Einträge, hast du festgestellt.*
Klientin: *Ja … (unruhiger Blick und Rutschen auf dem Sessel) … aber da habe ich bestimmt geschlafen und davor brauche ich lange Zeit, bis ich alles sortiert und mich gewaschen habe.…*
Betreuerin: *Hmm! Du und alle Anteile von dir haben also lange geschlafen?*
Klientin: *(langsam und nachdenklich) Nein. Eigentlich nicht.*
Betreuerin: *Magst du nach innen fragen, ob es Informationen gibt, was ihr am Freitagabend gemacht habt?*

Klientin:	*(Es ist erkennbar, dass eine innere Kommunikation beginnt. Der Blick ist nach Innen gerichtet und die Gesichtszüge bewegen sich wie in einem Gespräch. Zuerst ein zaghafter Gesichtsausdruck und dann spiegeln sich abwechselnd Wut, Angst und Ratlosigkeit im Gesicht.)*
Klientin:	*(Ein switch findet plötzlich statt und eine kindliche, weinende Innenperson schaut mich mit großen Augen an)* Sie haben mir wehgetan!
Betreuerin:	Hmm! Das macht dir Angst? *(Klientin nickt)* Waren das Leute von Innen oder von Außen? Weißt du das? *(Klientin nickt und switcht)*
Klientin:	*(Eine andere, ältere Innenperson mit rauer Stimme ist im Vordergrund...)* Außen! *(...und verschwindet wieder.)*
Klientin:	*(Eine ANP taucht auf und weiß nicht, wovon gerade gesprochen wurde.)*

Durch das Tagesablaufbuch wurde klar, dass immer Freitag Abend für mehrere Stunden Täterkontakt stattfand.
Im weiteren Verlauf der Gespräche konnten durch idiomotorische Fingersignale (eine Form der nonverbalen Kommunikation mit Innenanteilen, siehe M. Huber, Wege der Traumabehandlung Teil 2, Paderborn 2003, S. 125 ff.) weitere Informationen zum „Wann" herausgefunden werden.

Ebenso wichtig wie das „Wann" ist es, „wie" Täterkontakt aufgenommen wird.
Die Kontaktwege laufen unserer Erfahrung nach meist über
– das Telefon
– das Internet
– Briefe
– Selbstmeldung
– Die Familie und andere Kontakte
– Banken und Geldüberweisungen eventuell mit einem Codewort

Entsprechend der deutlich gewordenen Kontaktwege erarbeiten wir mit der Klientin, welche Möglichkeiten sie hat, sich zu schützen, und wie wir sie dabei unterstützen können. Erprobte Möglichkeiten sind:

Telefon:	Neue Telefonnummer mit Geheimnummer.
	Genau überprüfen, wer die neue Telefonnummer erhalten darf.
	Sperrung für ausgehende Telefonate außer bei einzelnen, sicheren Nummern.
	Die Klientin gibt das Telefon bei uns ab.
	Gemeinsam überprüfen, ob noch andere Telefone (Handys) im Besitz der Klientin sind, und gegebenenfalls abschaffen.
Internet:	Neue E-Mail-Adresse.
	Internet-Anschluss stilllegen.
Brieflich:	LOTTA e.V. als Postadresse.
	Absprache Klientin/Betreuerin, welche Post die Klientin als gefährlich einstuft.

Bezugsbetreuerin sortiert gemäß Absprache mit der Klientin die Post vor. Bezugsbetreuerin darf die Post lesen und sortieren, triggernde Post schreddern oder bei RechtsanwältIn lagern.

Selbstmeldung:
Sicherungsmaßnahmen erarbeiten mit der Klientin, damit sie nicht von sich aus den Kontakt herstellt oder den Kontaktaufforderungen der Täterkreise nachkommt.
Zu bestimmten Zeiten nicht oder nicht alleine (Freundin, Mitbewohnerin, andere sichere BegleiterIn) auf die Straße gehen.
Erarbeiten von unregelmäßigen Wegen.
Nicht die Türe öffnen, wenn es unerwartet klingelt.
Über bestimmte Tage in die geschlossene Akutpsychiatrie gehen, um selbst nicht loszugehen oder Tätern nicht ausgesetzt zu sein (Absprache mit Klinikpersonal treffen).
Alle Fahrten und Reisen mit Bezugsbetreuerin nach Risiko einer Kontaktaufnahme überprüfen, bevor die Klientin die Fahrt antritt.
Familie und andere soziale Kontakte:
Alle Menschen des sozialen Umfeldes überprüfen.
Mit Bezugsbetreuerin erarbeiten, welche Menschen sicher sind.
Unklare oder unsichere Kontakte unterbrechen und gegebenenfalls abbrechen.
Banken-Kontokarte/-auszüge:
Die Kontokarte in der Einrichtung lagern und Absprachen mit der Betreuerin treffen, wann sie wie lange mitgenommen wird.
Neues Bankkonto einrichten bei einer anderen Bank.
Einen vereinbarten Geldbetrag in der Einrichtung lagern und immer nur die für den Alltag notwendige Menge mitnehmen.
Die Kontoauszüge nur mit Betreuerin durchsehen, falls auf den Auszügen Trigger/Code auftaucht.
Überprüfen, ob und warum noch andere Konten vorhanden sind, und sie gegebenenfalls auflösen.
Einen klaren Umgang mit Geld unbekannter Herkunft finden.
Eventuell für eine Zeit eine gesetzliche Betreuerin für eingegrenzte Bereiche.

Im Ausstiegsprozess hat es sich bewährt, bei einer RechtsanwältIn Informationen zu den Täterkreisen (konkrete Fakten zu „Wann, Wer, Wo, Was") zu hinterlegen. In Absprache mit der RechtsanwältIn und mit sicheren Bezugspersonen wird in diesem Sicherheitstestament festgelegt, wann diese Informationen an die Staatsanwaltschaft weitergegeben werden: In der Regel bei Verschwinden, Unfall, schwerer Verletzung oder anhaltendem Verlust des Realitätsbezuges der Klientin.

Das Sicherheitstestament kann eine abschreckende Wirkung auf die Täterkreise haben.

Für die innere Sicherheit hat es mehrere Effekte:
- Überhaupt darüber zu berichten und zu benennen, „wer was wann und wo" gemacht hat, unterstützt die Realisierung der eigenen Lebensgeschichte.
- Die innere Gewissheit, dass die TäterInnen sie nicht einfach verschwinden lassen können, weil die Abwesenheit jetzt bemerkt wird und die Veröffentlichung von Tätern und Taten zur Folge hat.

Bei erfolgtem Kontaktabbruch zu den Täterkreisen ist es sinnvoll, eine Namensänderung (eventuell verbunden mit einem Wohnortswechsel) vorzunehmen. Parallel zur Unterbrechung der Kontaktwege besprechen wir mit den Klientinnen, wo in ihrem Alltag noch Trigger vorhanden sein können. So ermuntern wir die Frauen, alles aus ihrer Wohnung/Zimmer zu entfernen, das von Tätern stammt oder triggert.

Insgesamt fördern wir das achtsame Wahrnehmen von Triggern (Fernsehen, Zeitungen, Bücher, Sprache und Zeichen, …) und erarbeiten mit ihnen, wie sie im Einzelnen damit umgehen können. Wir machen die Klientin aufmerksam, wo sie nicht so genau hinsieht. Zudem ermöglichen wir unseren Klientinnen im teilstationären Rahmen, sich tagsüber in den „sicheren" Räumen der Einrichtung aufzuhalten. Das wird in der Regel als entlastend erlebt.

Unsere Haltung auch bei den alltagspraktischen Unterstützungsmöglichkeiten ist, die Verantwortung für ihre Entscheidungen und Handlungen bei der Klientin zu belassen. Sie entscheidet, welchen Weg sie wählt und welche Unterstützung für sie förderlich ist.

3.6.5 Was brauchen wir als Team bei der Ausstiegsbegleitung:

„Traumatisierten Menschen zu helfen ist eine äußerst lohnende Tätigkeit."
und
„Menschen können entweder direkt oder indirekt traumatisiert werden"

In unserer Arbeit u. a. mit Überlebenden Ritueller Gewalt wollen wir natürlich helfen, unterstützen, neue Lebensperspektiven mit-entwickeln und Begleiterin auf dem Weg in ein selbstbestimmtes und gewaltfreies Leben sein. Um diese Arbeit leisten zu können und nicht auszubrennen oder mitgefühlsmüde zu werden, brauchen wir Unterstützerinnen Unterstützung und bestimmte Rahmenbedingungen.

Für die teilstationäre Arbeit bei Lotta e.V. benötigen wir:

auf der Qualifikationsebene:
- eine grundlegende Ausbildung und fundierte Zusatzqualifikation im Bereich Psychotraumatologie zu erwerben,
- und weiterhin an Fortbildungen auch zu den speziellen Themen ʼRituelle Gewaltʼ und ʼAusstieg aus Täterkreisenʼ teilzunehmen.

auf der Einrichtungsebene:
– Regelmäßige externe Supervision bei einer Supervisorin, die auch über Erfahrung in Psychotraumatologie verfügt,
– Regelmäßige Fallbesprechungen im Team sowie die Möglichkeit und Bereitschaft, sich zeitnah mit einer Kollegin zum Austausch zu verabreden.

auf der Mitarbeiterinnenebene:
Wir erleben einen achtsamen und wohlwollenden Umgang mit uns selbst und den Kolleginnen als ausgesprochen hilfreich und stützend. Immer wieder für eine Atmosphäre zu sorgen, in der angst- und konkurrenzfrei alle Fragen und Zweifel (auch aneinander) geäußert werden können, ermöglicht Übertragungs- und Gegenübertragungsphänomene und Spaltungsdynamiken, die sich in einzelnen oder dem ganzen Team abbilden, zu verstehen und einen konstruktiven Umgang zu entwickeln. Die Grundannahme, dass jede Kollegin ihre besten Fähigkeiten zur Verfügung stellt, verbunden mit einer fehlerfreundlichen Haltung und dem Wissen darum, dass wir nicht besser als die Klientin wissen können, was richtig ist, ermöglicht mit einer offenen Suchhaltung zu verstehen, was – vor allem in schwierigen und angespannten Situationen – los ist und wo der Weg hinaus liegen könnte.

auf der persönlichen Ebene:
– Die eigenen Grenzen nicht nur zu kennen, sondern sie auch zu achten und einzuhalten,
– Sich schützen und distanzieren können, genauso wie wir es unseren Klientinnen beibringen und nahe legen (z.B. Lichtübungen, Distanzierungsübungen, innerer Garten usw.),
– Gute Selbstfürsorgestrategien und -möglichkeiten,
– Persönliche Lebens- oder Belastungssituationen im Team veröffentlichen, so dass die Kolleginnen mit-achtsam sein und ggf. entlasten können,
– Und alles, was zu einem zufriedenen Leben dazu gehört (soziales Netz, Hobbys, Urlaub, Spiritualität, Schlaf, Sport, Humor ...).

3.6.6 Vernetzung – Austausch – Interdisziplinäres Arbeiten – voneinander lernen ....

So wie ein wichtiger Inhalt in der Arbeit mit den Klientinnen die Förderung und Verbesserung ihrer Innenkommunikation ist, halten wir es „im Außen" für wichtig, die Kommunikation der im Unterstützungssystem der Klientin Tätigen zu vernetzen.

Ziel und Absicht ist dabei immer, für die Klientin förderlich und stützend zu sein, dabei ihre Selbstbestimmung und Integrität zu achten und niemals ohne ihr Einverständnis aktiv zu werden.

Für die Arbeit mit Kultüberlebenden und speziell in der (möglicherweise langen) Phase des Ausstiegs aus Täterkreisen ist die Zusammenarbeit mit der Kriseninterventions-Station der hiesigen Psychiatrie besonders wichtig. Die Klientinnen nutzen diese Station:

- in suizidalen Krisen,
- an Trigger-Tagen und in Trigger-Zeiten
- zum Schutz bei akuter Bedrohung von außen, wenn der Selbstschutz noch nicht sicher funktioniert
- auch zur Erholung nach besonders erschöpfender therapeutischer Arbeit, wenn nicht mehr genügend Kraft für Eigensicherung vorhanden ist
- zum „Umgang" mit laufenden Programmen bzw. um sie ins Leere laufen zu lassen.

Die hiesige Psychiatrie ist, wie viele, ein Ausbildungskrankenhaus, was einen regelmäßigen Personalwechsel bedeutet. Zudem ist die Krisenintervention natürlich nicht nur für DIS-Klientinnen konzipiert.

Um den Gegebenheiten Rechnung zu tragen, hat es sich für uns bewährt, in regelmäßigen Abständen einen Austausch mit dem Team und der Leitung der Station zu organisieren. Themen der Treffen sind:
- Information über DIS.
- Information über sexualisierte Gewalt und Kult (das Unglaubliche glauben).
- Wertschätzung des Vorhandenseins dieser Station.
- Austausch über einzelne Klientinnen (Stabilisierungs- und Reorientierungsmöglichkeiten), soweit eine Schweigepflichtsentbindung gegeben ist.
- Erklärung geben, warum einige Klientinnen bestimmte Stationsangebote nicht annehmen können (Kneipp-Kur, Gruppenaktionen, christliche Feste feiern etc.).
- Konkrete Absprachen zu Sicherungsmaßnahmen (begleiteter Ausgang, Telefon-(Nicht)-Benutzung, Besuchsregelungen.
- Ggf. Betreuungsarbeit von uns mit unseren Klientinnen auf der Station
- Gegenseitige Information über Rahmenbedingungen und Konzeptveränderungen

Für uns ist wichtig zu wissen, was auf der Station möglich ist und was nicht, weil wir unsere Klientinnen entsprechend auf die sie erwartende Situation vorbereiten können. Vieles ist auf Grund der Realitäten im Gesundheitswesen für Klientinnen aus Organisierter Kriminalität nicht optimal, und dennoch muss sich die Klientin manchmal entscheiden, den Schutz der Station in Anspruch zu nehmen.

Eine enge Vernetzung und Austausch sind natürlich auch mit dem übrigen Netzwerk der jeweiligen Klientin wünschenswert. Ziel ist immer, im Sinne der Klientin förderlich zu arbeiten und nie über ihren Kopf hinweg etwas zu tun oder zu entscheiden. Der Austausch und die Vernetzung sollen ein Miteinander und Füreinander befördern und ein unwissendes Nebeneinanderher oder gar Gegeneinander minimieren. Die Klientin hat sich dieses Netzwerk aufgebaut und ausgesucht, und alle Beteiligten sind mit ihren Fähigkeiten und professionellen Angeboten wertvoll für sie. In dieser Annahme kann ein gegenseitiger wertschätzender Austausch stattfinden.

Allen voran ist der Austausch mit der ambulanten Psychotherapeutin wichtig, um zu klären, welche Themen wo behandelt werden sollen und können. Aber auch der Austausch mit KrankengymnastInnen, ErgotherapeutInnen, MitarbeiterInnen von Werkstätten, LehrerInnen, ÄrztInnen usw. ist sinnvoll – lassen sich doch ungeahnte Fähigkeiten und Ressourcen der Klientin entdecken, die ihr selbst in der Getrenntheit gar nicht bewusst sind.

Die Unterstützung von Frauen im Täterausstieg ist für uns eine sehr herausfordernde und gleichzeitig auch sehr bereichernde Arbeit.

Wir begrüßen es, dass durch das Engagement vieler professioneller HelferInnen die Existenz von Organisierter Gewalt langsam, aber stetig in der Öffentlichkeit wahrgenommen wird und freuen uns, wenn sich weitere KollegInnen und Einrichtungen den Überlebenden dieser Gewalt zuwenden.

3.7 Eine ganzheitliche Betrachtung des Heilungsprozesses bei Dissoziation

Sabine Gapp-Bauß

Rituelle Gewalt kann von Menschen nur durch extreme innerpsychische Anpassungsprozesse überstanden werden. Die Betroffenen entwickeln unterschiedliche dissoziative Mechanismen auf der geistigen, emotionalen und körperlichen Ebene, insbesondere aber auch auf der spirituellen Ebene. Trotz dieser Notlösungen, die ein Über-Leben ermöglichen, hinterlässt Rituelle Gewalt eine schwere Beschädigung der Ganzheit des Einzelnen.

Rituelle Gewalt zielt insbesondere darauf ab, völlige Kontrolle über das Denken und Fühlen des Individuums zu erzeugen, die in einer totalen Willenlosigkeit des Individuums münden kann. Diese bereitet den Boden für die Machtausübung der Gruppenführer. Während Gewalt durch bloße Gefühlsausbrüche einer Bezugsperson für das kindliche Individuum oft noch durchschaut wird, ist Rituelle Gewalt so manipulativ, dass es kaum möglich ist, den eigenen Wesenskern zu schützen, zumal die Entwertungen moralisch und insbesondere mit dem Wirken einer göttlichen Instanz untermauert werden. Ein Kind hat hier keinerlei Möglichkeiten zur Gegenwehr, vor allem, wenn die eigenen Eltern das System stützen. Gängige psychotherapeutische Methoden kommen hier zwangsläufig an eine Grenze, da das Leid, das hier geschehen ist, ähnlich wie bei Holocaust-Opfern die eigene Vorstellungskraft oftmals übersteigt und einer komplexeren Behandlung bedarf.

Das Dilemma der heutigen Medizin in allgemeinmedizinischen Praxen, in der Psychiatrie und Psychotherapie

Die zunehmende Spezialisierung und Rationalisierung in der Medizin mit der entsprechenden Zeitverknappung für die Belange des Einzelnen führt dazu, dass der Blick auf die ganzheitliche Gesamtproblematik eines Menschen zunehmend verloren geht. Für Menschen mit Trauma bedingten Störungen und dissoziativen Phänomenen bedeutet dies häufig eine lange Irrfahrt durch verschiedene medizinische Fachgebiete, von der Inneren Medizin über Orthopädie, Dermatologie bis zu Neurologie und Psychiatrie, ohne dass der Kern der Probleme wirklich erkannt wird. Dies umso mehr, da die Betroffenen ja selbst meist nicht wissen, was mit ihnen los ist. Sie haben oft lediglich eine Ahnung, dass mit ihnen im Vergleich zu anderen irgendetwas nicht stimmt. So tragen die Menschen ihre Krankheitsprobleme zum Arzt. Wenn „nichts" gefunden wird, bleiben sie meist mit ihrer Not allein, da eine eventuelle psychotherapeutische Hilfe für sie noch gar nicht vorstellbar oder erwägenswert ist. Oft ist es reine Glücksache, dass jemand einem Therapeuten begegnet, der Fachwissen und Sensibilität für die zu Grunde liegende Problematik besitzt.

In Unkenntnis traumabedingter psychischer Störungen und der Art, hier Heilung zu erfahren, verbringen Betroffene dann oft viele Jahre in quälenden Zuständen, die sich mit den Krankheitsbegriffen von Psychotherapie und Psychiatrie nur ansatzweise beschreiben lassen. Sie versuchen mühsam, ihre extremen Gemütszustände zu kontrollieren, was ihnen jedoch zunehmend schlechter gelingt. Aus diesem Grunde suchen Betroffene häufig eine therapeutische Unterstützung außerhalb des schulmedizinischen Systems. Meist bringt irgendein Anlass von außen das System endgültig zur Dekompensation. Ich möchte an dieser Stelle auf Erfahrungsberichte von Betroffenen eingehen, die mich in ihrer Not wegen verschiedener Beschwerden aufgesucht haben.

Beispiel (anonymisiert): Eine junge Frau kommt wegen Prüfungsangst zu mir. Sie möchte ihre Prüfung als Steuerfachangestellte ablegen, merkt aber, dass sie, obwohl sie das Fach interessiert, den Stoff nicht behalten kann. Sie berichtet, dass Panikattacken eigentlich zu ihrem täglichen Erleben gehören, aber jetzt vor der Prüfung sei es so schlimm, dass sie ständig Herzrasen, Schwindelgefühle bis zu Ohnmachtsattacken habe. Beim Autofahren fürchte sie schon immer Staus. Sie bekomme dann so seltsame Blackouts, von denen sie sich erst nach einiger Zeit wieder erholt. Öffentliche Verkehrsmittel sowie unbekannte Fußwege meide sie grundsätzlich. Da sie eine äußerst gewissenhafte Frau ist, die eigentlich ihr Leben sehr diszipliniert strukturiert, wundert es sie, dass sie jetzt so große Bedenken hat, diese Prüfung zu schaffen. Nach Aufnahme der Anamnese wird sehr schnell deutlich, dass es sich um eine traumabedingte Überforderung innerer Persönlichkeitsanteile handelt, die auf die besondere Anforderung mit Verweigerung reagieren. Die Patientin hatte früher schon einmal eine Verhaltenstherapie gemacht, die ihr geholfen hat, den Tod der Mutter zu verwinden. Zu dieser Zeit waren die jetzigen Probleme aber nicht zur Sprache gekommen.

Durch eine Reihe von Selbstfürsorgemaßnahmen und kontrollierte Entspannungstechniken lernt die Patientin, ihren Stresspegel zu besänftigen, und ist in der Lage, sich auf Aktivhypnose einzulassen. Bei der Aktivhypnose verhilft man dem Klienten anhand der focussierten Wahrnehmung seines eigenen Körperzustands und seiner Empfindungen ähnlich wie beim Autogenen Training zu einer leichten Trance. Diese kann mit offenen oder geschlossenen Augen erlebt werden und ermöglicht eine ständige Kontrolle über sich selbst. Traumatische Inhalte, die durch Alltagssituationen getriggert wurden, können auf diese Weise einem neuen Erleben zugeführt werden und durch eine Kommunikation zwischen Therapeut und Klient in einen neuen Kontext gestellt werden. Das Unbewusste des Klienten entwickelt mit Unterstützung des Therapeuten heilende Bilder und erlösende Körpergefühle. Vor allem Ericson und Rossi (1991) sind Vertreter dieser sehr stark an Ressourcen orientierten Hypnotherapie, bei der der Klient im Gegensatz zur klassischen Hypnose seine Heilungsprozesse aktiv mitgestaltet.

Sie hilft ihr, die dissoziierten Persönlichkeitsanteile aus schweren traumatischen Situationen herauszuholen, sodass es ihnen besser geht und sie in der Gesamtpersönlichkeit kooperieren können.

Dies macht sie fähig, den Lernstoff zu verstehen, zu behalten und die Belastung der Prüfung durchzustehen.

Ein anderes Beispiel (anonymisiert): Eine sehr leistungsorientierte junge Frau hat seit Monaten Schlafstörungen. Eines Abends empfindet sie eine hochgradige innere Anspannung und einen etwas erhöhten Puls, der für sie jedoch beängstigend ist, da er sich nicht beruhigt. Sobald sie sich zum Schlafen hinlegt, schreckt sie in hochgradiger Panik immer wieder hoch. Das wiederholt sich immer wieder die ganze Nacht hindurch und auch am Tage ist sie trotz des gerädertes Zustands hellwach. Nach einer Woche völliger Schlaflosigkeit verbringt sie zur diagnostischen Abklärung zwei Tage auf einer internistischen Intensivstation. Sie wird von medizinischer Seite beruhigt. Alles sei in Ordnung und die Herzaktionen seien noch im tolerablen Rahmen. Nach weiteren 5 Tagen völliger Schlaflosigkeit steigert sich die Panik so, dass sie in der psychiatrischen Abteilung eines Krankenhauses aufgenommen werden muss. Das Ergebnis einer 10-minütigen Aufnahme der Krankengeschichte ist die Diagnose: „reaktive Depression" mit der Notwendigkeit einer „Einstellung" auf Mirtazapin, ein beruhigendes Antidepressivum. Der Zustand wird mit einem Burnout erklärt, der zur Depression geführt hat. Nur gering verbessern sich das Schlafen und die auch am Tage auftretende Panik. Es folgen mehrere Psychiatrieaufenthalte in immer kürzeren Abständen. Zusätzlich zu der Angst vertieft sich die Depression. Sie lässt sich trotz immer höherer Dosen von Antidepressiva-Kombinationen mit zusätzlichen Gaben von Valium und schließlich Lithium kaum beeinflussen. Als die Patientin nach einer langen Odyssee durch verschiedene psychiatrische Kliniken eine ambulante Traumatherapie beginnt und erstmals erfährt, dass sie durch eine psychische Destabilisierung mit Traumamaterial konfrontiert worden ist, das ohne professionelle Hilfe seelisch nicht zu verkraften ist, ordnet sich ihr Leben neu. Doch auf diesem Wege leidet sie unter schwersten Krankheitszuständen von schweren Gelenkschmerzen über Rückenprobleme, Ohnmachtsattacken, Verdauungsstörungen, Ekel vor dem Essen und Fressanfällen, hormonellen Schilddrüsenentgleisungen sowie langwierigen Schlafproblemen. Durch die schrittweise Aufarbeitung der traumabedingten dissoziativen Zustände erreicht sie im Laufe von zwei Jahren eine ganz neue innere Stabilität und die Befreiung von unerträglicher Verzweiflung und seelischem Stress.

Woran liegt es, dass die betroffenen Traumatisierten so häufig falsch eingeschätzt werden und selten adäquate Hilfe in ihrer Not finden?

- Da das Phänomen Dissoziation noch wenig bekannt ist und in der psychotherapeutischen Ausbildung vor 20 bis 30 Jahren kaum vorgekommen ist, fehlt häufig eine Pragmatik, um damit umzugehen. Die therapeutischen Möglichkeiten bei der Dissoziativen Identitätsstörung sind noch nicht lange bekannt. Viele Therapeuten sind auch heute noch der Überzeugung, dass dieses Phänomen gar nicht existiert, geschweige denn, dass man es behandeln kann.
- Patienten werden häufig in einem schweren Dekompensationszustand, einer schweren Depression und/oder Panikattacken in einer psychiatrischen Klinik erstmalig diagnostiziert. Der Routineablauf sowie der Personalschlüssel lassen meist wenig Spielraum für Interventionen zu, die dissoziativen Zuständen gerecht werden. Es fehlt im Routineablauf ein Setting, um heftigen seelischen Schmerz zum Ausdruck bringen zu dürfen und in einen geeigneten Kontext stellen zu können. Dies ist zwar zunächst einmal zeitauf-

wendiger, wirkt aber nachhaltiger. Stattdessen werden routinemäßig eher Beruhigungstropfen oder Tranquilizer ausgegeben. Sie machen den Patienten nicht selten zu einem hilflosen Medikamentenempfänger, der sich schämt, seine Gemütszustände nicht kontrollieren zu können. Er muss sie weiter verbergen und unterdrücken. Mehrmalige solche Erfahrungen führen in eine Abwärtsspirale von Aussichtslosigkeit und Verzweiflung mit Namen „Schwere Depression". Dies kann bis zu Wahnvorstellungen führen.

– Auf speziellen Traumastationen wird Traumatherapie heute oft nach einem festen Schema praktiziert. Nach einem festgelegten Zeitraum der Stabilisierung erfolgt die Traumakonfrontation. Das bedeutet für viele Betroffene, dass sie sich anfangs zusammenreißen müssen und hinterher mit zu viel Traumamaterial auf einmal überfrachtet werden. Ein Ausweg wäre hier eine flexiblere Gestaltung der Therapie individuell auf die Klienten abgestimmt. In einigen psychotherapeutischen Kliniken mit geschultem Pflegepersonal wird dies sehr erfolgreich praktiziert.

– Auch haben viele Konzepte weniger mit dem Nutzen für die Patienten als mit abrechnungstechnischen Gründen zu tun.

– Eine psychiatrische Anamnese mit eingehender Biographie dauerte vor dreißig Jahren noch mindestens eine Stunde. Unter dem heutigen Personalmangel und der Arbeitsüberlastung der Kliniktherapeuten wird selten eine ausführliche Anamnese erstellt. So werden häufig die vordergründigen Symptome von Depressivität oder Angst und Panik als psychiatrische Diagnosen gestellt, ohne die Bemühung, herauszufinden, warum ein Mensch mit diesen Symptomen reagiert. Zwar ist der Begriff der endogenen Depression längst obsolet, stattdessen wird häufig von chronischer Depression gesprochen, wobei mit Selbstverständlichkeit davon ausgegangen wird, dass die Patienten immer wieder rückfällig werden. Bei der zweiten Einweisung wurde eine Patientin vom Stationsarzt mit den Worten empfangen: „Ja, das ist ganz normal, dass das immer mal wieder auftritt." Was als „tröstendes Wort" gemeint war, stürzte die Betroffene in noch größere Gefühle von Ausweglosigkeit.

– Diagnosen wie Angststörung oder Depression treffen oft nur einen Teil des Problems bzw. einen Teil der Gesamtpersönlichkeit und verschleiern die dahinter liegenden Traumatisierungen, die zu dissoziativen Zuständen geführt haben. Häufig werden auch bipolare Störungen in Erwägung gezogen, um sich die starken „Stimmungsschwankungen" der Betroffenen erklären zu können. Diese rein phänomenologische Betrachtung ist leider in der Medizin immer noch weit verbreitet und in Psychiatrie und Psychotherapie besonders fatal.

– Leider gibt es immer noch eine Trennung zwischen Krankheiten, von denen man meint, sie seien psychotherapeutisch nicht behandelbar, und solchen, die als therapierbar gelten. Man argumentiert, dass Menschen im ersten Falle emotional nicht erreichbar seien, doch ist gerade das häufig ein typisches Phänomen der Dissoziation, das es zu behandeln gilt. Auch will man ihnen eine psychotherapeutische Aufdeckung nicht zumuten mit dem Argument, sie seien zu „Ich-schwach", und dies sei für sie viel zu riskant. Die Betroffenen spüren instinktiv, dass sie in eine diagnostische Schublade gesteckt werden, die ihrer Verfassung nicht gerecht wird. Das heißt nicht, dass Traumatisierte mit dissoziativen Phänomenen nicht von psychiatrischen Behandlungen profitieren könnten oder immer eine „Sonderbehandlung" benötigten. Es geht vielmehr darum, dass sie in ihrer besonderen Not gesehen werden und sie ein Erklärungsmodell für ihre gegensätzlichen und stark wechselnden inneren Zustände bekommen. Da kommen von Patienten Bemerkungen wie: „Niemand erklärte mir erst einmal, was mit mir los ist. Stattdessen werde ich vertröstet mit: „Ja, das ist die Depression. Wenn die Medikamente anschlagen, geht sie vorbei, wie sie gekommen ist." Die fehlende Verstehbarkeit im Sinne Antonovskys (1979) macht die Symptomatik besonders bedrohlich und triggert die bekannten Gefühle von Ausgeliefertsein, Einsamkeit und Verlassenheit in frühsten Lebensphasen, in der eine Versprachlichung meist noch nicht möglich war. Dies kommt einer Retraumatisierung gleich. Viele Patienten machen eine lange Odyssee durch, bis das Thema Dissoziation und Trauma zur Sprache kommt. Patienten mit Panikattacken sind häufig typische Drehtürpatienten. Sie werden oft berentet, weil nie eine Aufdeckung der wirklichen Ursachen geschieht. Durch das Zudecken mit Beruhigungsmitteln und die alleinige Behandlung mit Antidepressiva kommt es zu einer Schein-Remission. Die Panikattacken treten wie bei obiger Patientin in immer kürzeren Abständen auf. In seinem Buch: „Der Körper lügt nicht." hat Joachim Bauer (2004) dieses Phänomen sehr einleuchtend beschrieben.

– Psychiatrische Abteilungen bieten überdies ein festgelegtes Stationsprogramm, in das sich jeder einfügen muss. Oberflächliche Gesprächsrunden im Stil von: „Wie ist Ihre Stimmung heute zwischen null und hundert Prozent?" ermutigen nicht zu einer Aussage über das eigene Befinden. Im Gegenteil. Da Patienten sehr schnell spüren, dass keine privaten Aussagen erwünscht sind, führt es zu quälenden Veranstaltungen, die „abgesessen" werden müssen. Ergotherapeutische Beschäftigungen wie Körbeflechten oder Specksteinarbeiten erinnern in einer lieblosen oder unsensiblen Umgebung an Beschäftigungen für „Verrückte" früherer Zeiten. Da die Patienten in einer solchen Umgebung den – gut eingeübten – Ausweg in die Dissoziation nehmen, verfestigt sich die Symptomatik immer mehr. Im ungünstigsten Falle machen sie sich auch noch selbst Vorwürfe, dass sie nichts zustande bringen. Eine Frau erzählte mir, sie habe in ihrer Zeit in der Psychiatrie 11 Tabletts aus Peddigrohr geflochten, nur um in Ruhe gelassen zu werden und die Zeit unauffällig zu überstehen. Auch Pflichtveranstaltungen zum Thema: „Antidepressive Medikamente" lösen bei traumatisierten Patienten Panik aus, da sie ahnen, dass der Schrei ihrer Seele ruhiggestellt werden soll. Beschäftigungen und Programme für Traumatisierte müssen deshalb von Therapeuten mit einer besonders achtsamen, sensiblen, aber auch Halt und Struktur gebenden Kompetenz geleitet werden und eine heilsame Umgebung bieten, in der sich Betroffene individuell gesehen und (vielleicht erstmals) ernst genommen fühlen.

– Hinzu kommt, das Traumatisierte eine erhöhte soziale Intelligenz besitzen, die sie im Laufe ihres Lebens entwickeln mussten, um seelisch und körperlich zu überleben. Therapeuten, denen es an Kompetenz und Authentizität mangelt, werden sofort durchschaut und als nicht hilfreich abgelehnt. Diese Erkenntnis ruft in den Betroffenen erneut intensivsten seelischen Schmerz hervor, nämlich den, wieder einmal nicht *wirklich* verstanden und gesehen zu werden. Allein diese Erfahrung kann zu einem schweren seelischen Absturz oder einem Verharren in der Dissoziation führen. Umgekehrt sind sol-

che Menschen äußerst dankbar für jede Bemühung um ein wirkliches Verstehen. Schon kleinste Zeichen von Bereitschaft sind Hoffnungsträger und führen erstaunlich schnell aus der Depression heraus.
- Auch werden Panikzustände als allgemeine Begleiterscheinungen einer Depression oder als isolierte Angststörung gesehen – ähnlich einer Betriebsstörung, die noch nicht behoben ist – statt sie als dissoziative Zustände von extremer Hilflosigkeit und Ausgeliefertsein zu erklären, die als Flashback so lange wiederkommen, bis die Auslösereize erkannt und bearbeitet worden sind. Entscheidend ist, dass die Betroffenen alternative Erfahrungen machen können, sodass im Gehirn neue Netzwerke gebildet werden, mit Hilfe derer Außenreize in gesunder Weise beantwortet werden können, statt reflexartig den Traumakontext immer wieder neu beleben zu müssen.
- Leider begegnen Patienten in psychiatrischen und psychotherapeutischen Kliniken nicht selten jungen, unerfahrenen Kollegen, die mit dem Phänomen Trauma überfordert sind. So wurde eine Frau von ihrer Stationsärztin mit der Bemerkung empfangen: „Sie werden unsere Klinik als „Piranja" wieder verlassen." Statt sie in ihrem depressiven Widerstand und Nichtvermögen eines Kleinkindes abzuholen, wurde sie mit wohl meinenden Ratschlägen abgespeist. Sie brauchte lange Zeit, um sich von diesem Klinikaufenthalt zu erholen.
- Leider hat auch die Fähigkeit zur Dissoziation, nämlich von einem depressiven Kleinkind-Zustand in einen eiskalten und starken Erwachsenenzustand zu wechseln, häufig zur Folge, dass das Befinden der Patienten falsch eingeschätzt wird und ihnen mehr zugetraut wird, als sie tatsächlich können. So wechseln auch Körperempfindungen von Schmerzunempfindlichkeit mit extremer Schmerzwahrnehmung ab, was häufig den Eindruck einer Hypochondrie erweckt. Desgleichen kippt eine aggressive Selbstüberschätzung schnell in eine völlige Mutlosigkeit um. Ohne genaue Kenntnisse von Seiten der Therapeuten wiederholt sich auf diese Weise die traumatische Erfahrung, nicht wirklich verstanden zu werden, die so wesentlich ist für den Heilungsprozess.
- Auch wenn die personellen und räumlichen Gegebenheiten in Kliniken begrenzt sind, würde allein ein umfassenderes Wissen um diese Phänomene für alle Beteiligten viele Fehleinschätzungen ersparen. Denn wie immer geht es nicht um ideale Verhältnisse und ideale Bedingungen, sondern um heilende Beziehungen. Und diese sind auch unter nicht optimalen Umständen durchaus möglich.

Heilungswege bei der traumatisierten Persönlichkeit

Wenn ich als Ärztin für Naturheilverfahren mit Menschen zu tun habe, die extreme Gewalt erlebt haben, geht es mir so, dass ich mich instinktiv in einen konzentrativen Zustand versetze, in dem ich mich mit meinem eigenen tiefen Wesenskern und gleichzeitig mit allen guten Kräften verbinde, die einer höheren Dimension angehören, um gleichsam von einer höheren Warte auf das Schicksal dieses Menschen zu schauen. Dies wirkt wie eine zentrierende Kraft, die dem Klienten Halt gibt und die dem Erlittenen etwas entgegensetzt. Sie trägt zu der Hoffnung bei, die schwere Beschädigung pragmatisch in handhabbare Teilprobleme zerlegen zu können, um sie nach und nach abzuarbeiten. Neben klarem Halt und klaren Erklärungsmodellen sollte der Klient wieder mit der Liebe zu sich selbst in Berührung kommen. Liebe, neu erfahren und bewusst verinnerlicht, wirkt wie ein Gegengift gegen das Dämonische und Perfide Ritueller Gewalt. Vor allem ist es für die Klienten wichtig, dass sie bei ihren Erzählungen nicht „Angst um den Therapeuten" haben müssen, sondern ein belastbares Gegenüber erleben.

Traumatisierte leiden unter vielfachen körperlichen Beschwerden wie schwerer Migräne, Schlaflosigkeit und extremer körperlicher Anspannung mit all ihren Auswirkungen. Vor vielen Jahren kam eine Frau zu mir, die nur mittels Muskelrelaxantien lebensfähig war. Eine tiefe Angst hatte zu einer extremen Verkrampfung aller Muskeln geführt. Eine Entspannungstherapie war nur sehr vorsichtig möglich, nachdem die Klientin ein Gefühl von absoluter Sicherheit erfahren konnte. Über eine vorsichtige Körpertherapie, die im Wesentlichen ein Gefühl für Erdung vermittelte, konnte eine Lockerung erzielt werden. Erst viel später wurde der Hintergrund des Leidens deutlich: Das Aufwachsen in einer extremen Sekte mit den entsprechenden Folgen für die Persönlichkeit.

Insbesondere Menschen mit der Erfahrung von Ritueller Gewalt sind an einen Dauerzustand von hochgradigem innerem Alarm gewöhnt und/oder dagegen schon völlig abgestumpft. Dies zeigt sich in Form von vielfachen Abspaltungen im körperlichen, seelischen und geistigen Bereich. Flashbacks in Traumasituationen, die durch alltägliche Gesten oder Sinneseindrücke ausgelöst werden, führen zu Panik (Todesangst), Erstarrung (einer Art Totstellreflex) oder extremen Handlungen wie der Selbstverletzung und Aggressionen nach außen (Täterintrojekte). Eine Erlösung aus dieser Form der Traumatisierung setzt einen besonderen Weg der psychotherapeutischen Begleitung voraus. Vor allem muss sie den Betroffenen helfen, zu verstehen, wie es zu diesen besonderen Verhaltensformen gekommen ist, ganz im Sinne von Aaron Antonovskys salutogenetischen Forderungen nach Verstehbarkeit und Handhabbarkeit. Denn indem Menschen verstehen, wie sie zu Traumatisierten gemacht worden sind, können sie ihre schwierige Situation mit all ihren Folgen geduldiger ertragen und gewinnen Ausdauer für ihren langwierigen Heilungsprozess. Schamgefühle und entwertende Sichtweisen von sich selbst können Schritt für Schritt heilen. Überdies gibt dieses Verständnis für die Zusammenhänge ihnen Kraft, um für sich zu kämpfen, und führt sie aus der Opferrolle heraus. Das Ziel ist, das traumatische Material schließlich in neue Ressourcen zu verwandeln, die der Lebensbewältigung im Hier und Jetzt dienen. Auf diesem Weg gibt es viele unterstützende Möglichkeiten, von denen ich einige Aspekte darstellen möchte.

Ein ganzheitlicher Blick auf die Bedeutung und Behandlung körperlicher Beschwerden

Wie Dietrich Klinghardt (2009) anhand der Mentalfeldtherapie beschreibt, sind alle Ebenen für den Heilungsprozess wichtig. Geht es am Anfang vorwiegend um das reine Überleben auf der physischen und emotionalen Ebene, so müssen heilende Erfahrungen auf der geistigen und spirituellen Ebene hinzukommen. Menschen, die Rituelle Gewalt erlebt haben, sind verwundet in ihrer Verbindung zu ihrem höheren Selbst bzw. ihrem göttlichen Wesenskern oder der allumfassenden Liebe. Durch manipulative Techniken von Belohnung und Bestrafung wurden sie von dem Guten in sich selbst entfremdet. Scham, Angst und Depressivität, Wut und emotionales Erkalten bis zum emotionalen Absterben sind die Folge.

Traumatische Erfahrungen, die zu dissoziativen Phänomenen führen, hinterlassen Spuren im Gefühl des Betroffenen für sich selbst und in seinem Denken über sich und andere. Sie hinterlassen aber auch Spuren im energetischen und physischen Körper. Körperliche Beschwerden repräsentieren fast immer somatisierte seelische Beschwerden, die in abgespaltener Form erlebt werden. So kann wiederholte Todesangst sich manifestieren in Herzbeschwerden, Schilddrüsenüberfunktion, Magenproblemen oder Asthmaanfällen, die sich schließlich von dem emotionalen Erleben völlig losgelöst haben. Energetische Wahrnehmungen werden häufig als eine „Als-ob-Empfindung" beschrieben: „Mir ist so, als würde mein Hals zugeschnürt", oder: „Ich habe ständig einen Druck auf der Brust." Energetische Phänomene sind wie ein Bindeglied zwischen Informationen unseres Gehirns und dem physischen Körper. Wo die Rezeptoren für energetische Wahrnehmungen sitzen, wissen wir nicht genau. Wahrscheinlich werden sie über das autonome Nervensystem sowie Informationen in der die Zellen umgebenden Matrix des Bindegewebes, dem sogenannten Pischingerraum vermittelt, zu dem auch das reticuloendotheliale System gehört (Rost 1990). Wir wissen jedoch aus der Arbeit mit Reflexzonen, Methoden wie Craniosakraltherapie und Osteopathie, Neuraltherapie, Akupunktur und Akupressur, wie effektiv sich regulierende Reize hier auswirken. Bestehen energetische Blockaden über lange Zeit, so können sie je nach der individuellen Körperdisposition zu ernsthaften Krankheiten führen. So kann durch Verdrehungen der Wirbelsäule eine blockierte Atmung entstehen, die sich in Panikanfällen äußert, oder es entstehen durch Fehlbelastung Gelenkprobleme und Lähmungserscheinungen.

Menschen mit Trauma haben häufig die unterschiedlichsten Symptome entwickelt, um seelischen Schmerz in einer Form zu kanalisieren, die das Weiterleben garantiert. Gemeinsam ist allen körperlichen Beschwerden, dass sie durch einen extrem hohen inneren Stresspegel entstanden sind und persistieren, auch wenn die Gründe für diese Anspannungen wie reale äußere Gefahr, Manipulation und Kontrolle nicht mehr existieren. So ist es leichter, extreme Rückenschmerzen zu ertragen, als sich die eigene völlige Isoliertheit, Hoffnungslosigkeit und Ohnmacht klarzumachen. Es ist leichter, den Schmerz durch Selbstverletzung zu spüren, als sich überhaupt nicht mehr zu spüren, was einem Gefühl, tot zu sein, gleichkommt. Es ist auch viel leichter, sehr krank zu sein, als sich einzugestehen, dass man vom normalen Lebensglück und der Normalität der menschlichen Gesellschaft ausgeschlossen ist. Außerdem sorgt jede Krankheit durch das konkrete Leiden, das damit verbunden ist, wenigstens für irgendeine Form von Selbstwahrnehmung und Selbstbezug, welche beide durch Formen von Gewalt meist verlorengegangen sind und die Menschen zu einem Spielball ihrer Umgebung und der Umgebungseindrücke hat werden lassen. Wie oben erwähnt führen extreme Schlafstörungen manchmal überhaupt erst dazu, dass der Leidensdruck unerträglich wird.

Wie Klinghardt und andere Vertreter der energetischen Psychotherapie beschreiben, hält der Körper für jeden ungelösten Konflikt ein Äquivalent an Giftstoffen fest, welche ihr Pendant häufig in pathogenen Mikroben haben, die der Körper weder erkennt noch durch Antibiotika, antimykotische und antivirale Mittel auf Dauer loswerden kann. Die Folge sind zum Beispiel chronische Herpesinfektionen, Furunkulose, Pilzinfektionen. Auch kann der Körper im Stress gezielt den Blutfluss in einzelnen Organen drosseln, was zu einer verminderten Immunabwehr und zu Stauungsphänomenen führt. Dies ist sichtbar in unerklärlichen Schwellungen und Entzündungen einzelner Organe, Muskeln, Sehnen oder Gelenke.

Wenn wir davon ausgehen, dass alle Formen von Krankheiten letztlich durch eine Unterversorgung mit Sauerstoff, Energie in Form von ATP sowie Nährstoffen besteht, trägt jede Art der Verbesserung der Durchblutung und Entstauung zur Selbstheilung bei.

Es nützt deshalb wenig, die Symptome lediglich „wegzumachen", sondern es hilft, wenn durch eine gezielte Behandlung und Selbstfürsorge ein neuer Selbstbezug hergestellt und der Körper gestärkt wird.

Die Symptombehandlung sollte also möglichst folgende Elemente enthalten:
1. genaue Feststellung der Funktionsstörung
2. lindernde Anwendungen am Ort der Beschwerden (z.B. Wärme, Ölmassagen, Wickel, Bäder, Tees, heilsame Medizin, Stärkung, Entstauung)
3. emotionale Verbindung zum entsprechenden Körperteil (sanfte eigene Berührung, Hineinatmen)
4. auf mentaler Ebene mit den Beschwerden in Kontakt kommen durch Visualisierung, Rollenspiele, Ausagieren und Verstehen und Versprachlichen, um eine Umstrukturierung der Netzwerke des Gehirns zu ermöglichen, was gleichbedeutend mit einer Löschung des Traumakontextes sein kann.

Nach einer exakten Diagnose – sofern möglich – empfiehlt sich also eine konkrete Behandlung an der Stelle, wo die Körpersymptome sich zeigen, um Aufmerksamkeit, Fürsorge und Linderung zuteil werden zu lassen: „Der Arzt soll die Krankheit dort behandeln, wo sie heraus will", heißt es in alten naturheilkundlicher Schriften von Paracelsus (Erich Rauch 1967). In der konventionellen Medizin ist dieser Aspekt inzwischen fast völlig verlorengegangen. Der Griff zu starker Medizin, die das Symptom unterdrückt, steht im Vordergrund. Doch auf diese Weise wiederholt sich auf körperlicher Ebene die Traumatisierung: Der Körper als Sprachrohr der Seele wird mundtot gemacht.

Nach einer ersten Behandlung an Ort und Stelle ist sodann das „Gespräch" mit dem kranken Körperteil sehr heilsam, da dadurch häufig die dahinter liegenden seelischen Nöte freigegeben werden. Auch eine innere Visualisation des betreffenden Körperteils kann helfen, herauszubekommen, was dieser Teil braucht oder wofür er symbolisch steht.

Ein Beispiel: Ein Mann kommt mit chronischen Magenschmerzen in meine Sprechstunde, und wie immer, wenn Beschwerden längere Zeit bestehen, vermute ich eine seelische Ursache. Ich verordne ihm angenehme feuchte Oberbauchwickel vor dem Ins-Bett-Gehen, eine heilsame Teemischung und eine gezielte sanfte Atmung in den Bauch, um die

Aufmerksamkeit auf diesen Körperteil zu lenken. Auf meine orientierende Frage nach der Atmosphäre in seiner Kindheit winkt der Patient gequält ab und deutet Missbrauch mütterlicherseits und väterliche Gewalt an. Angesprochen darauf, was der Magen für ein Gefühl hat, ist es in einer der nächsten Behandlungen möglich, in Kontakt mit dem dahinter liegenden Ekel und auftauchenden Bildern zu kommen. Ich nutze mehrere Serien von Klopftechniken (Klinghardt 2009), um Teilbilder zu löschen, und der Patient kann schließlich den Rest des Ekels aus sich herausschleudern (mit den Händen und durch stimmliches Ausagieren). Anschließend begibt sich der Patient innerlich an einen angenehmen und sicheren Ort, wobei es zu lang anhaltendem Gähnen kommt. Er berichtet nach jeder Sitzung, dass er noch tagelang am ganzen Körper Muskelkater verspürt, wie wenn er einen hohen Berg bestiegen hätte. Ich empfehle Sauna und warme Salzbäder, wodurch die freiwerdenden Psychotoxine schneller ausgeschieden werden können. Auch Vitamingaben, vor allem aus der B-Gruppe sowie Aloe Vera und Algen-Präparate sind zusätzlich eine nützliche Unterstützung für die „seelische Verdauung" und die körperliche Neustrukturierung.

Meist haben Menschen mit Gewalterfahrung wenig Zugang zu ihrem Körpergefühl. Will man ihnen Entspannung angedeihen lassen, so ist das erst einmal nicht möglich, da sie es abwehren infolge zusätzlicher Unruhe oder Panik, die dadurch fühlbar wird. Es erfordert einige Kreativität und eine gute Beziehung zum Klienten, um ihn zu einem angenehmeren Körperempfinden hinzuführen. Hilfreich ist zunächst einmal das Fest-Anfassen oder Klopfen und Halten besonders angespannter oder „toter" Körperteile durch den Klienten selbst. Sinnvoll ist auch vor allem der Kontakt zu den Füßen, die weit entfernt von schwierigen Körperzonen liegen wie Brustkorb, Becken oder Hals und Kopf. Das Massieren der Füße mit anschließendem bewussten Wahrnehmen des Kontaktes der Fußsohlen mit der Erde, die einen trotz allem immer getragen hat und gewissermaßen einen verlässlichen Grund bildet, kann hier zu einem ersten Einstieg in Körper- und Selbstwahrnehmung einladen (Gapp-Bauß 2008).

Durch eigenes Klopfen oder Massieren des Körpers kann so ein neues Gefühl für sich selbst entstehen. Handelt es sich um kranke innere Organe, z.B. schmerzenden Magen, Darm- oder Herzbeschwerden, kann die Hand oder ein Dinkelkissen auf diese Stellen gelegt werden und vorsichtig dort hineingeatmet werden, um eine Beziehung zu diesen energetisch blockierten oder unterversorgten Körperregionen herzustellen. Auch feuchtwarme Wickel sind hier sehr angenehm und wirkungsvoll. Sie ermöglichen eine Berührung des eigenen Körpers, ohne sich selbst berühren zu müssen, was vielen Traumatisierten schwerfällt. Häufig reagieren die Betreffenden mit heftigen Emotionen, das heißt, die abgespaltenen und dort gespeicherten Gefühle werden wieder frei. Ähnlich wie beim Aufwachen eingeschlafener Füße können starke Schmerzen fühlbar werden. Da die Klienten Schmerz gewohnt sind, ist diese Form des realen Schmerzempfindens jedoch meist erlösend, insbesondere, wenn der Therapeut damit umgehen kann.

Oft hilft auch eine gezielte Wahrnehmung des Körpers im Wechsel zwischen „Gutfühlen" und „Schlechtfühlen". Ich rege die Klienten zum Beispiel an, sich einmal besonders schlecht zu fühlen – denn das kennen sie genau – und dabei zu beobachten, wie der Körper das macht. Meist kommen dann Aussagen wie: „Mein Atem stockt. Mein ganzer Körper ist wie in einem Schraubstock. Mein Bauch ist steinhart. Meine Oberschenkel sind zusammengekniffen". Ich fordere sie dann auf, aus diesem schlechten Gefühl etwas herauszugehen und zu beobachten, wie der Körper das bewerkstelligt. Oft tauchen in dieser leichten Trance, die auch mit offenen Augen herbeigeführt werden kann, innere Bilder aus Erlebnissen der Vergangenheit auf, die bedrohlichen Charakter haben. Stellt man einen neuen heilsamen Kontext her, in dem es keine Gefahr gibt, lässt die Spannung deutlich nach. Meist werden dann zaghaft die Schultern heruntergelassen, der Atem fließt langsamer und der Körper wird etwas bewegt oder ausgedehnt. Auch eine Aufrichtung der Wirbelsäule ist möglich. Manchmal schaffen erlösende Wutanfälle, gezielt kanalisiert und mit Blickkontakt zu dem imaginären Adressaten, weiteren Raum. Oft tritt danach der dahinter liegende seelische Schmerz zutage, der in ein Gefühl von Würde, Aufrichtung und Selbstannahme münden kann. Auch vorgestellte innere Helfer (Reddemann 2001) im Rücken oder an der Seite lösen im ganzen Körper eine Weitung und Lösung aus. Wenn all dies nicht möglich ist, lasse ich die Klienten sich jemanden vorstellen, der sich so fühlen könnte wie sie selbst. Durch das Nach-Außen-Verlagern der Beschwerden lassen sich häufig Lösungen finden, auf die sie sonst nicht gekommen wären.

Entscheidend ist, dass die Trennung zwischen somatisch und psychisch aufgehoben wird. Statt also Rücken- oder Knieschmerzen immer mit der gleichen Form von gymnastischer Therapie behandeln zu lassen, die bei psychisch bedingten Schmerzen meist kontraproduktiv ist, helfen oft unorthodoxe Maßnahmen wie liebevolle Berührung, Wärme, Atemlenkung. Die Körperdissoziation kann sowohl durch starke als auch sehr zarte taktile Reize aufgehoben werden, sodass den autoaggressiven Tendenzen etwas entgegengesetzt wird.

Schlafstörungen sind nicht nur „Teil der Depression", wie es Fachleute immer wieder betonen, sondern haben etwas mit dem instabilen Selbst zu tun, das bei drohendem Kontrollverlust („Wegtauchen") in Panik gerät. Hier ist oftmals hilfreich, in systematischer Abfolge die Angst vor dem Ins-Bett-Gehen, vor der Dunkelheit, dem Im-Bett-Liegen und dem Wach-Bleiben zu nehmen. Hier helfen eine Kombination aus Klopftechniken, Hypnotherapie und gezielten kontrollierbaren Entspannungstechniken, zum Beispiel das „Atemsurfen" aus dem Sounder Sleep System nach Michael Krugmann (siehe www.soundersleepsystem). Auf diese Weise können Patienten schrittweise von Tranquilizern, die sie in der Klinik bekommen haben, auf harmlosere Präparate wie Baldrian oder Hopfen oder den Reishi-Pilz umsteigen.

Verdauungsstörungen sind meist nichts als Angst in Kombination mit nicht bekömmlicher Ernährung. Schwindel und Ohnmachtsattacken haben meist nichts mit niedrigem Blutdruck zu tun, sondern ebenfalls mit Angst und Dissoziation. Fibromyalgie verschwindet mit sanften Körperanwendungen und einer Entspannung des gesamten Systems. Erschöpfung und geringe Belastbarkeit sind eine Folge von chronischem innerem Stress, den es macht, wenn mehrere Teile der Persönlichkeit „wegdissoziiert" sind.

Das Durcheinander im Kopf, das sich in Störungen des Denkens und des Gedächtnisses äußert, wird durch Zustände von Hyperarousal oder energetischen Umkehrungen hervorgerufen, die effektiv durch kinesiologische Übungen und Techniken aus der energetischen Psychotherapie (Gallo 2002, Klinghardt 2009 und andere Autoren) gelindert werden können. Außerdem trägt ein geordnetes und sicheres Ambiente wesentlich zur Stabilisierung bei.

Die seelischen Symptome wie Angst und Panik werden durch stabilisierende therapeutische Beziehungen, Trost, Ermutigung sowie Seelen nährende Inhalte (Singen, Musik, Malen, Schreiben) gelindert. Auch Biographien von Menschen, die Schweres durchlitten haben, geben Hoffnung und Zuversicht im Prozess des Heil-Werdens. (Z.B. Viktor Frankl 1982: Und trotzdem Ja zum Leben sagen, Waris Dirie 2005: Wüstenblume, Nelson Mandela 2010: Der lange Weg zur Freiheit, Herta Müller 2010: Atemschaukel)

Im gesamten Prozess ist jedoch ein achtsamer Umgang mit den Emotionen wichtig. Es muss eine Balance gefunden werden zwischen dem Ausagieren von Wut und Schmerz, aber auch dem Beruhigen der Gefühle. Auch das Gefühl von Kälte, von gefühllosen oder verhärteten Körperteilen, die häufig symbolisch für Täterintrojekte stehen, können durch fürsorgliche Behandlung erwärmt und regelrecht „aufgetaut" werden.

Esssucht und andere Süchte sind vordergründig entlastende Maßnahmen des Individuums, um den psychischen Druck zu mildern. Leider entstehen dadurch neue Krankheitssymptome wie Bewegungsstörungen durch extremes Übergewicht oder schwere Atemnotsyndrome durch exzessives Rauchen. Sucht als Sehnsucht nach Einheit, wie es im Programm der Anonymen Alkoholiker beschrieben wird, kann meist erst durch eine Einsicht auf spiritueller Ebene überwunden werden, die ja bei Ritueller Gewalt besonders verletzt ist.

Therapeutische Unterstützung als Geländer auf dem Weg zur Ganzheit

Grundsätzlich sollte der Therapeut dem Klienten helfen, seine Ressourcen auszubauen, die den allgemeinen Stresspegel und die Trauma-Trance vermindern. Hier sind Formen von Klopfakupressur, Feldenkrais-Übungen und sonstige Entspannungstechniken sinnvoll.

In dem Maße, in dem bei den Betroffenen die Verbindung zu ihrem inneren Wesenskern, dem höheren Selbst oder ihrem göttlichen Ursprung zerstört worden ist, geht auch das Gefühl dafür verloren, ein Teil des großen Ganzen zu sein, ein Gefühl der Würde und der Verbindung mit der Natur und allen Wesen zu haben. Die Erfahrung des Getrennt-Seins ist als typisches Symptom der schweren Depression bekannt.

Menschen zu zerstören und negativ umzuprogrammieren, gerade darauf zielen Praktiken Ritueller Gewalt ab. Wie auch Karlfried Graf Dürckheim (2001) betont, ist es sehr sinnvoll, auch Wege zur spirituellen Heilung aufzuzeigen. Wie die Erfahrungen des 12-Schritte-Programms der Anonymen Alkoholiker gezeigt haben, deren Empfehlungen auch bei Menschen mit Gewalterfahrungen hilfreich sein können, ist eine nicht religiös gebundene Spiritualität ein wesentliches Heilelement. Diese Arbeit kann allerdings nur von Therapeuten geleistet werden, die ihren Beruf als Berufung sehen und selbst eine tiefe Sinnhaftigkeit in ihrem Leben verspüren und dies auch ausstrahlen. Wie oben gesagt, ist die alleinige Anwendung von Methoden hier „Sinn-los". Aus der psychotherapeutischen Forschung weiß man, dass die Beziehung zwischen Therapeut und Patient (adherence) sowie die Beziehung des Therapeuten zu seinen Methoden (alegiance) in einem ausgewogenen Maß vorhanden sein müssen (Nadine Reiband 2007). Dies ist der Grund, warum häufig weder die Methode noch der Therapeut zum Heilungserfolg beitragen.

Die Methoden müssen zum Klienten, zum Therapeuten und zur Situation passen und vermitteln: Auch wenn das erlebte Schicksal noch so schwer zu ertragen ist, kann die allumfassende Liebe, was immer das auch für jeden Einzelnen bedeuten mag, die Verletzungen transformieren in Quellen der Kraft, Würde und einer tiefen Erfahrung des Mensch-Seins.

Literatur

Antonovsky, A. (1979). Health, stress and coping. San Francisco.
Bauer, J. (2005). Das Gedächtnis des Körpers. München: Piper.
Erickson, M.H. & Rossi, E.L. (1991). Der Februarmann. Persönlichkeits- und Identitätsentwicklung in Hypnose. Paderborn: Junfermann.
Fliß, C. & Igney, C. (2008). Handbuch Trauma und Dissoziation. Lengerich: Pabst Science Publishers.
Frankl, V. (1996). …trotzdem Ja zum Leben sagen. München: dtv.
Gallo, F.P. (2002). Handbuch der energetischen Psychotherapie. Kirchzarten: VAK.
Gapp-Bauß, S. (2008). Stressmanagement. Zu sich kommen statt außer sich geraten. Ahlerstedt: Param.
Dirie, W. (2005). Wüstenblume. München: Ullstein.
Dürckheim, Graf K. (1981). Hara. Die Erdmitte des Menschen. München: O.W. Barth.
Klinghardt, D. & Schmeer-Maurer, A. (2009). Handbuch der Mentalfeld-Techniken. Kirchzarten: VAK.
Mandela, N. (2010). Der lange Weg zur Freiheit. Frankfurt: Fischer.
Müller, H. (2009). Atemschaukel. München: Hanser.
Rauch, E. (1967). Natur-Heilbehandlung. Heidelberg: Haug.
Reddemann, L.(2001). Imagination als heilende Kraft. Stuttgart: Klett-Cotta.
Reiband, N. (2007). Klient, Therapeut und das Unbekannte Dritte. Heidelberg: Carl Auer.
Rost, J. (1990). Die Quintessenz der Naturheilverfahren. München: Quintessenz.

Teil 4: Rechtliche Hilfen?

4.1 Unglaublich – aber wahr! Rechtliche Aspekte Ritueller Gewalt

Rudolf von Bracken

4.1.1 Schwierigkeit oder Unmöglichkeit rechtlicher Erfassung und Bewältigung

4.1.1.1 Recht und Wirklichkeit

Das Recht und seine Ordnung sind ein gesellschaftliches Produkt. Es spiegelt und fasst zusammen, was die in der jeweiligen staatlichen Verfassung konstituierte Gemeinschaft für richtig hält. Der Geltungsanspruch dessen, was richtig ist, bezieht sich auf die Wahrnehmung dessen, was wahr ist. Wenn in der gesamten gesellschaftlichen Wahrnehmung Rituelle Gewalt als „Phänomen" an sich umstritten ist, leuchtet der Grund für die Schwierigkeiten rechtlicher Erfassung unmittelbar ein. Der in seiner juristischen Bedeutung gänzlich verkannte Wirklichkeitserfasser *Wilhelm Busch* bringt diese Position des Ungläubigen auf den Punkt: „Weil, so schließt er messerscharf, nicht sein kann, was nicht sein darf."

Somit lautet der Befund erst einmal: Rituelle Gewalt kommt im Gesetz nicht vor, weil sie im Recht und in der Wirklichkeit *nicht vorgesehen* ist.

4.1.1.2 So viele Gesetze!

Dabei muss man sich juristisch schon wundern. Haben wir nicht im Grundgesetz die Achtung der Menschenwürde, Recht auf freie Entfaltung der Persönlichkeit, Recht auf Leben und körperliche Unversehrtheit und Unverletzlichkeit und Freiheit der Person (Artikel 1, 2 GG)? Steht das Grundrecht der freien Entfaltung der Persönlichkeit nicht unter dem Vorbehalt der Verletzung der Rechte anderer, des Verstoßes gegen die verfassungsmäßige Ordnung und das Sittengesetz (Art. 2 Abs. 1 GG)?

Gibt es nicht die Bindung aller staatlichen Gewalt an die verfassungsmäßige Ordnung (Artikel 20 Abs. 3 GG), hat nicht „jedermann" vor Gericht Anspruch auf rechtliches Gehör (Artikel 103 Abs. 1 GG)? Gestaltet nicht das Bürgerliche Gesetzbuch als die „Gesetzesordnung der Freiheit" auf der Basis des allgemeinen Freiheitsrechts die Individualrechte und Rechtsbeziehungen unter den Menschen, Abwehransprüche bei Verletzung von Rechten (§ 1004 BGB), Schadensersatzanspruch (§§ 823 Abs. 1, Abs. 2 BGB), Schmerzensgeldanspruch (§ 847 BGB)? Droht nicht das Strafgesetzbuch strafrechtliche Verfolgung, also Aufklärung und Verurteilung für alle dort erfassten Straftatbestände an, insbesondere einfache und gefährliche Körperverletzung (§§ 223, 224 StGB), Misshandlung von Schutzbefohlenen (§ 225 StGB), schwere Körperverletzung (§ 226 StGB) und Körperverletzung mit Todesfolge (§ 227 StGB), ferner Beischlaf zwischen Verwandten (§ 173 StGB), sexueller Missbrauch von Schutzbefohlenen (§ 174 StGB), von Hilfsbedürftigen in Einrichtungen (§ 174a StGB), sexueller Missbrauch unter Ausnutzung einer Anstellung (§ 174b StGB), sexueller Missbrauch von Kindern und schwerer sexueller Missbrauch von Kindern (§§ 176, 176a StGB) mit der besonderen Qualifikation der Tatbegehung „von mehreren gemeinschaftlich" oder mit Todesfolge (§ 176b StGB), sexuelle Nötigung und Vergewaltigung (§ 177 StGB), mit Todesfolge (§ 178 StGB), sexueller Missbrauch widerstandsunfähiger Personen (§ 179 StGB), Förderung sexueller Handlungen Minderjähriger (§ 180 StGB), Zuhälterei (§ 181a StGB), sexueller Missbrauch von Jugendlichen (§ 182 StGB), Verbreitung pornografischer sowie gewaltpornografischer Schriften (§§ 184, 184a StGB), Verbreitung, Erwerb und Besitz kinderpornografischer Schriften (§ 184b StGB) sowie jugendpornografischer Schriften (§ 184c StGB), auch durch Rundfunk, Medien oder Teledienste (§ 184d StGB)?

Gibt es nicht auf der Basis des Grundgesetzes mit dem an das Kindeswohl gebundenen Elterngrundrecht (Artikel 6 Abs. 2 GG) und der Überwachung des Kindswohls durch die staatliche Gemeinschaft umfassende staatliche Ansprüche jedes Kindes auf Pflege und Erziehung, auf Schutz und Förderung (§ 1626 Abs. 1 und 2 BGB) und Eingriffspflichten des Staates in die elterliche Verantwortung nach §§ 1666, 1666a BGB, wenn das Kindeswohl gefährdet ist?

Gibt es nicht die Jugendämter, die in Ausführung des staatlichen Wächteramtes diesen Anspruch gewährleisten? Denn jeder junge Mensch hat ein Recht auf Förderung seiner Entwicklung und auf Erziehung zu einer eigenverantwortlichen und gemeinschaftsfähigen Persönlichkeit. Als besondere Aufgabe gilt es, Kinder und Jugendliche vor Gefahren für ihr Wohl schützen (§ 1 Abs. 3 Ziff. 3 des Achten Sozialgesetzbuches, SGB VIII)!

Hat nicht endlich ein jeder, der „im Geltungsbereich dieses Gesetzes oder auf einem deutschen Schiff oder Luftfahrzeug in Folge eines vorsätzlichen, rechtswidrigen tätlichen Angriffs gegen seine oder eine andere Person oder durch dessen rechtmäßige Abwehr eine gesundheitliche Schädigung erlitten hat", einen Anspruch auf Versorgung wegen der gesundheitlichen und wirtschaftlichen Folgen wie ein Kriegsopfer (§ 1 OEG)?

Ich habe die 25 Jahre meines Berufslebens damit verbracht, mich zu wundern, wie schwierig die Anwendung aller dieser Gesetze gerade bei den schwächsten und hilfsbedürftigsten Menschen, bei Kindern und Opfern schwerster Straftaten ist. Ich habe als Jurist und als Anwalt gelernt, wie wichtig formale Regeln der Gesetzesanwendung sind, und dass zu den Grundrechten und Menschenrechten, zu dem Rechtsstaatsprinzip unbedingt auch die Selbstbeschränkung staatlicher Rechtsanwendung gehört, also die Prinzipien der Unschuldsvermutung und der Strafvorbehalt für Gerichte nach streng formalisierten, die Rechte von Angeklagten schützenden Strafprozessverfahren (Artikel 6 EMRK). Ich habe die Mühen miterlebt und mitgemacht, die Rechte der Opfer in unserer „verfassungsmäßigen Ordnung" zu finden und wirksam zu machen, und die Entscheidung des Bundesverfassungsgerichts dazu unzählige Male zitiert, die Gesetzeskraft hat nach § 31 BVerfGG:

„Die verfassungsmäßige Ordnung des Grundgesetzes verpflichtet im Falle einer Straftat nicht nur zur Aufklärung eines Sachverhaltes und dazu, den Täter in einem fairen Verfahren seinem gesetzlichen Richter zuzuführen. Sie verpflichtet die staatlichen Organe auch, sich schützend und fördernd vor die Grundrechte der Verletzten zu stellen und ihnen zu ermöglichen, ihre Interessen justizförmig und in angemessener Weise durchzusetzen." (BVerfGE 39,1,41 ff.)

Ich kann mich inzwischen auch beziehen auf den Rahmenbeschluss des Rates der Europäischen Gemeinschaften vom 15. März 2001 über die Stellung des Opfers im Strafverfahren, Amtsblatt Nr. L082 vom 22.03.2001:

„Die Mitgliedstaaten sorgen dafür, dass in ihren Strafrechtssystemen Opfern tatsächlich und angemessen Rechnung getragen wird. Sie bemühen sich weiterhin nach Kräften, um zu gewährleisten, dass das Opfer während des Verfahrens mit der gebührenden Achtung seiner persönlichen Würde behandelt wird, und erkennen die Rechte und berechtigten Interessen des Opfers insbesondere im Rahmen des Strafverfahrens an." (Artikel 2 Abs. 1)

„Die Mitgliedsstaaten ergreifen die gebotenen Maßnahmen, damit ihre Behörden Opfer nur in dem für das Strafverfahren erforderlichen Umfang befragen." (Artikel 3)

„Die Mitgliedstaaten gewährleisten ein angemessenes Schutzniveau für die Opfer und ggf. für ihre Familien und gleichgestellte Personen, insbesondere hinsichtlich ihrer persönlichen Freiheit und des Schutzes ihrer Privatsphäre, wenn die zuständigen Behörden der Auffassung sind, dass die ernste Gefahr von Racheakten besteht oder schlüssige Beweise für eine schwere und absichtliche Storung der Privatsphäre vorliegen."

„Die Mitgliedstaaten stellen ebenfalls sicher, dass eine Begegnung zwischen Opfern und Tätern an den Gerichtsorten vermieden wird, es sei denn, dass das Strafverfahren das verlangt. Soweit es zu diesem Zweck erforderlich ist, stellen die Mitgliedstaaten sicher, dass bei den Gerichtsorten separate Warteräume vorhanden sind."

„Die Mitgliedstaaten sorgen dafür, dass Opfern, insbesondere den am meisten gefährdeten, die vor den Folgen ihrer Zeugenaussage in der öffentlichen Gerichtsverhandlung geschützt werden müssen, im Wege gerichtlicher Entscheidung gestattet werden kann, unter Einsatz geeigneter Mittel, die mit den Grundprinzipien ihrer jeweiligen Rechtsordnung vereinbar sind, unter Bedingungen auszusagen, unter denen dieses Ziel erreicht werden kann." (Artikel 8)

4.1.1.3 Juristische und andere Widerstände

Der weitere Zwischenbefund lautet, dass wir in einem erheblichen Vollzugsdefizit für grundsätzlich geeignete Gesetze und Regeln stecken, und im Bereich Ritueller Gewalt hierzu praktisch überhaupt noch nicht vorangekommen sind.

Es gibt bis jetzt keine einzige strafgerichtliche Verurteilung, die den Unrechtsgehalt Ritueller Gewalt insbesondere an minderjährigen Opfern, die regelmäßig von ihrer Familie dazu ausgebeutet werden, vollständig feststellt (ich wäre sooo dankbar für jede Widerlegung!). Das liegt an vielerlei, lässt sich zusammenfassen unter der strukturellen psychologischen Schwäche und fehlenden Eigenständigkeit von in solchen Verhältnissen aufgewachsenen Opfern Ritueller Gewalt, die aus diesem Schicksal heraus überhaupt nicht auf die Idee kommen *sollen und dürfen*, sich als eigenständig und berechtigt zum Erheben von Ansprüchen oder gar Anklagen zu empfinden. Denn alleine die Information nach außen ist nicht nur nicht vorgesehen, sondern bei Strafe verboten und mit psychologischen Konditionierungen regelmäßig an sich ausgeschlossen.

Wer überhaupt überlebt außerhalb pharmakologischer Entsorgung in psychiatrischen Kliniken, hat zudem mit der Alltags-Bewältigung zum schieren Überleben so viel zu tun, dass er oder sie gar nicht darauf kommt, Rechte geltend zu machen und damit sicher neue innere und äußere Widerstände heraufzubeschwören.

Die, die es trotz alledem dann doch noch schaffen zu einer Beratungsstelle oder verständnisvollen oder einfach nur pflichtbewussten und problemoffenen Behörden, bekommen es dann aber bei Anzeige- und Antragsbearbeitung mit ganz eigenartigen Widerständen zu tun, die jenseits des Rechtlichen zu liegen scheinen. Ihnen wird ganz einfach nicht geglaubt. Das gilt gerade für die schlimmsten und „unglaublichsten" Schilderungen, so sie diese zustande bringen. Formalrechtliche Einwände wie Verjährung, Beweiserfordernisse sind das eine. Dahinter scheint aber auch im eingangs zitierten Sinne von *Wilhelm Busch* eine Art gesellschaftlicher Auto-Immun-Reflex zu stehen, der der Abwehr von allzu schrecklichen Berichten von Opferleiden dient, zur eigenen und gesellschaftlichen Psycho-Hygiene.

Für uns gilt: Wir müssen nicht nur formale juristische Hürden nehmen, sondern auch uns auf menschliche und sozialpsychologische Reaktionen gefasst machen und diese einordnen, um sie überwinden zu können.

4.1.2 Strategie organisierten Opferschutzes bei Beratung und Durchsetzung

4.1.2.1 Auskunftssperre

Die einfachste Maßnahme ist die melderechtliche Auskunftssperre bei den Behörden und – vielleicht heutzutage noch wichtiger – die Nichtveröffentlichung persönlicher Daten wie Telefonnummern in einschlägigen Verzeichnissen. Die melderegisterliche Auskunftssperre setzt einen Antrag und die Darlegung berechtigter Interessen voraus. Nach den jeweiligen landesgesetzlichen Bestimmungen gelingt dies regelmäßig mit der abstrakten, knappen Darlegung als Opfer erlittener Straftaten und in diesem Zusammenhang befürchteten Nachstellungen und Bedrohungen.

4.1.2.2 Namensänderung

Die wirkungsmächtigste Maßnahme zum Abbruch von Brücken hinter sich ist die Namensänderung. Für diesen Antrag an die Einwohnermeldeämter bedarf es besonders gewichtiger Gründe, die den Behörden das Interesse des Antragstellers an der Namensänderung mit dem Interesse der Öffentlichkeit an der Identifizierbarkeit von Personen abzuwägen ermöglichen. Eine einfache, nicht formalen Hindernissen unterworfene Maßnahme ist immer die Verwendung von Alias-Namen, die selbst gewählt sind und wo der Bezug auf den amtlichen Namen ausschließlich an den dafür selbst bestimmten Stellen erfolgt.

4.1.2.3 Familienrecht, Sorge und Umgang

a) Geeignete und damit regelhaft betroffene Opfer Ritueller Gewalt sind zunächst Kinder. Kindern begegnet Rituelle Gewalt als schicksalhafte Wirklichkeit in ihrem Nahraum, die sie in ihrer eigenen Herkunftsfamilie, in Pflegefamilien, Erziehungsstellen, Einrichtungen, Gemeinden und Vereinen vorfinden. Diese Wirklichkeit ist unentrinnbar, prägend und bestimmend für das ganze weitere Leben. Jeder Mensch trägt die in der Kindheit gelernte Wirklichkeit durch sein ganzes Leben. Das geschieht im Bereich des Familienrechts, welches die Rechtsbeziehungen von Kindern zu ihren Eltern, gesetzlichen Vertretern, Vormündern und sonstigen für ihre Personensorge Verantwortlichen regelt.

Aus dem Grundgesetz folgt die Fürsorgepflicht der Eltern und primäre Zuständigkeit, alle Angelegenheiten des Kindes zu regeln. Damit sind die Eltern in allererster Linie auch für den Schutz der Kinder vor Kindeswohlgefahren und natürlich insbesondere Straftaten und jede Art von Misshandlung nicht nur zuständig, sondern verpflichtet (Art. 6 Abs. 2 S. 1 GG). Bei auftretenden Kindeswohlgefährdungen ist das staatliche Wächteramt berufen (Art. 6 Abs. 2 S. 2 GG). Dies tritt auf in den staatlichen Einrichtungen der Jugendhilfe (Jugendämter und Freie Träger der Jugendhilfe) und über den Richtervorbehalt bei wesentlichen Grundrechtseinschränkungen mit den Familiengerichten und ihrem Rechtszug (Oberlandesgericht, Bundesgerichtshof, Bundesverfassungsgericht, auch Europäischer Gerichtshof für Menschenrechte).

Weil das Grundgesetz nicht nur bestimmte staatliche Behörden in die Verantwortung nimmt, sondern die staatliche Gemeinschaft insgesamt, ist Kinderschutz letzten Endes eine Aufgabe aller staatlichen und gesellschaftlichen Einrichtungen, also auch von Verbänden, Schulen, Sozialleistungsträgern, Gesetzes- und Verordnungsgebern.

(b) Opferschutz für Opfer Ritueller Gewalt ist also am Anfang insoweit regelmäßig Kinderschutz. Wo Kinder betroffen sind, versagen für sie zuständige Menschen und Stellen. Die rechtlichen Konsequenzen sind relativ klar im Gesetz aufgezeigt, die Frage ist nur, ob jemand überhaupt und wer handelt.

In jedem Fall liegt ein gravierender Rechtskonflikt vor. Wird ein Kind Opfer, ist damit eine Kindeswohlgefahr gegeben und geradezu verwirklicht, Maßnahmen zur Abwendung der Gefahr sind zwingend. Familienrechtlich bedeutet das eine Notwendigkeit, das Familiengericht einzuschalten, weil die jeweilige Sorgerechtslage (Verantwortung für das Kind) sich als unzureichend für den Schutz erwiesen hat und Eingriffe durch das staatliche Wächteramt erforderlich sind. Die familienrechtlichen Vorschriften von §§ 1666 und 1666a BGB ermächtigen und verpflichten das Familiengericht zu Maßnahmen, um die Gefahr abzuwenden, und zwar als Eingriffe in die sorgerechtlichen Befugnisse. Das Sorgerecht ist einzuschränken oder ganz zu entziehen. Der erste Zugriff kommt regelmäßig aber dem Jugendamt als Verwaltungsbehörde zu, hier regeln die Paragrafen 8a und 42 SGB VIII, wann und wie zur Abwendung von Gefahren für das Kindeswohl das Jugendamt selbst zu intervenieren hat und/oder das Familiengericht eingeschaltet werden muss.

c) Alle Fälle Ritueller Gewalt an Kindern zeigen vollständiges Versagen aller zuständigen Stellen des Kinderschutzes auf. Organisierter Opferschutz heißt schlicht die Anwendung der Gesetze und Regelungen bei Kindeswohlgefährdung. Das ist die Anzeige an die zuständigen Stellen über das Vorliegen einer solchen Gefahr. Zuständige Stellen sind jedes Jugendamt und das nächst erreichbare Familiengericht. Das Jugendamt kann mit einer sofortigen Innobhutnahme (§ 42 SGB VIII) das Kind erforderlichenfalls aus der Situation herausnehmen. Jede mit dem Jugendamt verbundene Jugendhilfeeinrichtung kann über die Verfahrensregeln des § 8a SGB VIII eine jugendbehördliche und erforderlichenfalls familiengerichtliche Überprüfung der Kindeswohlgefährdung einleiten und vornehmen. Das Familiengericht kann ein Ermittlungsverfahren nach § 1666 BGB zu eben denselben Zweck einleiten und durchführen, dazu wird es immer mit dem Jugendamt zusammenwirken, Berichte einholen und Empfehlungen erarbeiten lassen.

d) Aus dem Familienrecht kommen aber auch ganz haarige Komplikationen für den Kinderschutz. Denn das Grundgesetz regelt, dass die Eltern grundsätzlich ohne staatliche Eingriffe zuständig sind für ihre Kinder. Gleichzeitig folgt aus dem Elternrecht auch, dass bei Konflikten der Eltern untereinander insbesondere nach Trennung die Elternrechte miteinander abgewogen werden müssen. Es gibt das gemeinsame Sorgerecht als Regelfall, aber auch – unabhängig von der Sorgerechtslage – das Umgangsrecht des getrennt lebenden Elternteils (§ 1684 BGB), welches verfassungsrechtlichen Rang hat.

Wenn sich die Eltern bei ihrer Trennung darüber streiten, bei wem das Kind zumindest hauptsächlich lebt und wer die Verantwortung trägt, geht es rechtlich darum, wer die sorgerechtliche Befugnis und die Verantwortung dazu unter Ausschluss des anderen bekommt. Gestritten wird dann über die Übertragung der elterlichen Sorge, was dem Entzug der elterlichen Sorge (ganz oder teilweise) des jeweilig anderen Elternteils entspricht (§ 1671 Abs. 2 Nr. 2 BGB). Das Familiengericht hat hier die Lösung zu finden, die dem Kindeswohl am besten entspricht. Kriterien hierfür sind Erziehungseignung, aber auch Kontinuität der Lebenssituation.

e) Das Bundesverfassungsgericht hatte 2003 über einen Sorgerechtsbeschluss eines Oberlandesgerichts zu befinden, mit welchem der Antrag der Mutter auf Übertragung der alleinigen elterlichen Sorge gegenüber einem rechtskräftig wegen an ihr verübter Körperverletzung sowie versuchter Vergewaltigung verurteilten Vater abwies mit dem Hinweis, es gäbe doch eine Verständigungsbasis, immerhin habe sie den Täter in finanziellen Fragen (wegen Kindesunterhalt) kontaktiert (Beschluss des Bundesverfassungsgerichts 1 BvR 1140/03 vom 18.12.2003). Das Oberlandesgericht folgte dem Dogma gemeinsamer elterlicher Verantwortung, welche als Leitbegriff des Familienrechts und der Pädagogik wunderbar ist, in solchen Fällen von Gewalt und schlimmerer Misshandlung aber nichts als Gefängnis des Terrors bedeutet. Denn die bei gemeinsamem Sorgerecht bestehende Verpflichtung zu Absprachen in wesentlichen Fragen über das Kind erzeugt dann *von Rechts* wegen die regelmäßige Re-Traumatisierung.

Natürlich hob das Bundesverfassungsgericht diese Entscheidung wegen Verletzung des Elternrechts (Art. 6 Abs. 2 S. 1 GG) auf. Das Beispiel verdeutlicht aber, mit welchen rechtlichen Widerständen und gerichtlichen Dramen mit teilweise katastrophalem Ausgang jemand rechnen muss, der oder die sich von einem misshandelnden Familienmitglied als *Erwachsener* trennen und sein Kind schützen will.

f) Entsprechend haarsträubend sind die Fälle wegen Umgang. Das Umgangsrecht wurde 1998 mit der Kindschaftsrechtsreform gleichzeitig als Umgangspflicht ausgestaltet und mit ausdrücklicher sorgerechtlicher Verpflichtung des die elterliche Sorge ausübenden Elternteils versehen, denn zum Kindeswohl gehöre regelmäßig auch der Umgang mit beiden Elternteilen (§ 1626 Abs. 3 BGB). Die rechtliche Formulierung mit „in der Regel" bedeutet eine Beweislastumkehr: Es muss bewiesen werden, warum im konkreten Fall der Umgang mit einem gewalttätigen oder schlimmer misshandelnden Elternteil *nicht zum Kindeswohl gehört*.

Man fürchte sich vor in solchen Fällen von den Familiengerichten bestellten kinderpsychologischen Gutachten! Denn nach dem Stand dieser Wissenschaft sind aktive Beziehungen des Kindes zu beiden Elternteilen von geradezu essentialer Bedeutung für positive Entwicklung von Person und geschlechtlicher Identität, auch der negativ besetzte, misshandelnde, vergewaltigende Elternteil ist ein Bestandteil einer jeden kindlichen Identität, so wird es formuliert. In Europa kaum hinreichend erforscht sind dann die Grenzen der Kindeswohlverträglichkeit in solchen Fällen, insbesondere die Erkennung und Bedeutung von Traumata und ihre Berücksichtigung in den aktuell herrschenden Familienrechtslehren der gerichtlich zu sanktionierenden unauflöslichen Täter-Opfer-Bindung. Tägliche Praxis sind gerichtliche Androhungen des Sorgerechtsentzugs, Veranstaltung von krampfhaften „begleiteten Umgängen" mit traumatisierten Elternteilen und verstörten Kleinkindern, Gerichtsvollziehereinsätzen in Begleitung überforderter jugendamtlicher Fachkräfte, Umgangspflegschaften mit Freiberuflern zur Erzwingung von Umgängen an Wochenenden, Sachverständigengutachten und willfährigen Gerichtsentscheidungen mit dem sorgerechtlichen Todesurteil „mangelnde Bindungstoleranz" wegen nackter Angst vor dem Täter (dagegenzuhalten wiederum Bundesverfassungsgericht 1 BvR 142/09 vom 18.05.2009!).

g) Über viele solche Gerichtsdramen verliert sich der grundgesetzlich begründete und im Familienrecht auch über verschiedene Gesetze ausgeführte Vorrang des Kinderschutzes vor dem Elternrecht, wie ihn das Bundesverfassungsgericht regelmäßig festhält. § 1666 BGB ordnet das Zurückweichen der elterlichen Macht und Gewalt vor Kindeswohlgefahren an, und das Bundesverfassungsgericht definiert demzufolge in ständiger Rechtsprechung das Elterngrundrecht als *gebundenes* Recht mit dem Zweck, die Rahmenbedingungen für die bestmögliche Entwicklung von Kindern zu gewährleisten.

„Das den Eltern gemäß Artikel 6 Abs. 2 S. 1 GG verfassungsrechtlich gegenüber dem Staat gewährleistete Freiheitsrecht auf Pflege und Erziehung ihrer Kinder dient in erster Linie dem Kindeswohl, das zugleich oberste Richtschnur für die Ausübung der Elternverantwortung ist (...)." (BVerfG 1 BvR 142/09 vom 18.05.2009).

Das muss allerdings in der Praxis von allen fachlich Beteiligten ständig neu erkämpft werden!

4.1.2.4 Staatlicher Kinderschutz

Das staatliche System des Kinderschutzes und der Jugendhilfe ist geregelt im Achten Sozialgesetzbuch (SGB VIII) mit dem schönen Leitsatz in § 1:

„Jeder junge Mensch hat ein Recht auf Förderung seiner Entwicklung und auf Erziehung zu einer eigenverantwortlichen und gemeinschaftsfähigen Persönlichkeit."

Die Aufgaben der Jugendhilfe sind unter Absatz 3 wie folgt definiert:
„(3) Jugendhilfe soll zur Verwirklichung des Rechts nach Absatz 1 insbesondere
1. junge Menschen in ihrer individuellen und sozialen Entwicklung fördern und dazu beitragen, Benachteiligungen zu vermeiden oder abzubauen,
2. Eltern und andere Erziehungsberechtigte bei der Erziehung beraten und unterstützen,
3. Kinder und Jugendliche vor Gefahren für ihr Wohl schützen,
4. dazu beitragen, positive Lebensbedingungen für junge Menschen und ihre Familien sowie eine kinder- und familienfreundliche Umwelt zu erhalten oder zu schaffen."

Jede Kindeswohlgefahr ist also in diesem Sinne rechtswidrig und reaktionsbedürftig. Nach der gesetzlichen Systematik von § 8a SGB VIII haben alle Jugendämter und die mit ihren verbundenen Jugendhilfeträger (z.B. KITAS!) die Pflicht, auf jegliche Information („Anzeige") über eine Kindeswohlgefährdung zu reagieren und verfahrensmäßig festgelegte Schritte zu unternehmen, die grundsätzlich nur mit Beseitigung der Kindeswohlgefährdung oder Anrufung des Familiengerichts (auch das aber nur zunächst) enden können. Unzuständigkeit, Achselzucken, Wegschauen und Untätigkeit sind gesetzlich verboten.

Die konkrete Handlungsanleitung für alle, die von aktuellen rituellen Gewaltabläufen erfahren, ist die – zu dokumentierende – Übermittlung der Information an irgendeinen Träger der Jugendhilfe, der dann nicht wegsehen darf, sondern handeln oder zum Jugendamt und Familiengericht weiterleiten muss, bis die erforderliche Intervention geschieht.

4.1.2.5 Strafanzeige

Wer von einer Straftat erfährt, Informationen über eine konkrete Straftat erhält, kann mit der Erstattung einer Strafanzeige bei einer Strafverfolgungsbehörde (jede Polizeistelle, Staatsanwaltschaft) ebenfalls Handlungspflichten auslösen, die zur Ermittlung und Aufklärung von Straftaten führen, wobei die Ermittlungspflicht alle erhältlichen oder aufspürbaren Beweismittel umfasst, und die Entscheidung, ob Anklage zum Strafgericht erhoben oder eingestellt wird, erst nach Erfüllung dieser Ermittlungspflicht erfolgen darf. Handlungspflichten bestehen also für die Angehörigen der Strafverfolgungsbehörden. Eine Pflicht zur Anzeige von Straftaten gibt es ansonsten nicht.

Ausnahme: Die „Nichtanzeige geplanter Straftaten" ist nach § 138 StGB strafbar bei bestimmten besonders gemeingefährlichen Straftaten, die im Einzelnen in der Vorschrift aufgeführt sind. Das trifft insbesondere auf die Straftaten zu, die in Ausübung Ritueller Gewalt begangen werden, nämlich:

/ Mord (§ 211 StGB)

/ Menschenhandel zum Zweck der sexuellen Ausbeutung, wenn das Opfer der Tat ein Kind ist, der Täter das Opfer bei der Tat körperlich schwer misshandelt oder durch die Tat in die Gefahr des Todes bringt, der Täter die Tat gewerbsmäßig oder als Mitglied einer Bande, die sich zur fortgesetzten Begehung solcher Taten verbunden hat, begeht, und Opfer mit Gewalt, Drohung oder List zu Prostitution oder Ausbeutungshandlungen gebracht werden (§ 232 StGB).

Wer von dem Vorhaben oder Ausführung einer solchen Tat zu einer Zeit, zu der Ausführung oder Erfolg noch abgewendet werden können, glaubhaft erfährt und es unterlässt, den Behörden oder dem bedrohten Opfer rechtzeitig Anzeige zu machen, wird mit Freiheitsstrafe bis zu 5 Jahren oder mit Geldstrafe bestraft. Und wer die Anzeige „leichtfertig unterlässt, obwohl er von dem Vorhaben oder Ausführung der rechtswidrigen Tat glaubhaft erfahren hat", kommt mit Freiheitsstrafe bis zu einem Jahr oder mit Geldstrafe davon.

Bei jeder Rituellen Gewalt haben sich also -zig Personen in diesem Sinne durch Wegsehen und Schweigen strafbar gemacht!

4.1.2.6 Gewaltschutzgesetz

Das Gewaltschutzgesetz bietet Schutz vor ungewollten Kontaktaufnahmen mit allen möglichen Kommunikationsmitteln sowie vor persönlichen Nachstellungen. Dazu bedarf es eines gerichtlichen Verfahrens, im Familienverband sind das nach der neuen Rechtslage grundsätzlich familienrechtliche Angelegenheiten, Anträge sind also an das Familiengericht zu stellen. Der Verstoß gegen eine gerichtliche Verbotsanordnung ist dann eine Straftat. Vorsicht: Regelmäßig werden Beschlüsse zwar erlassen, auf Widerspruch aber sind Gerichtsverhandlungen durchzuführen, in denen oft Vergleichsvereinbarungen getroffen werden. Die darin enthaltenen Unterlassungsversprechen müssen unbedingt mit gesondertem Beschluss vom Gericht zum Gegenstand einer Verbotsanordnung im Sinne des Gewaltschutzgesetzes gemacht werden, nur dann ist nachfolgend die Strafbarkeit eines Verstoßes gegeben!

Nach § 238 StGB sind Nachstellungen auch ohne Gerichtsverbote, die zuvor beantragt werden mussten, strafbar, wenn die Lebensgestaltung des Opfers damit schwerwiegend beeinträchtigt wird, bestraft wird mit Freiheitsstrafe bis zu drei Jahren oder mit Geldstrafe.

4.1.2.7 Zeugenschutzprogramm

Hierunter verstehen wir Schutzvorkehrungen für persönlich massiv bedrohte Zeugen, die in erster Linie zur Sicherstellung ihrer Zeugenaussagen, also zu staatlichen Zwecken, dann aber auch zum persönlichen Schutz eingerichtet werden. Zuständig sind dafür die Strafverfolgungsbehörden. Gedacht war und ist so etwas hauptsächlich für Organisierte Kriminalität aus Mafia-Strukturen, aber was anderes ist Rituelle Gewalt, wenn sie ihre Opfer mit Angst, Schrecken und Terror umstellt?

4.1.3 Strafrecht und Opferentschädigung

Diese sind die zwei Rechtsgebiete, in denen sich die Aufarbeitung oder – bisher – Nichtanerkennung von so gravierenden Rechtsverstößen und Opferschicksalen abspielt. Ich unterscheide Strafrecht und Opferentschädigung, weil unterschiedliche Kriterien und Anerkenntnishürden die rechtliche Bewältigung bestimmen – und bisher größtenteils verhindern. So bleibt es im Wesentlichen den Sozialsystemen der Absicherung gegen Krankheit und Erwerbsunfähigkeit sowie der Sozialhilfe bzw. Grundsicherung überlassen, die Opferschicksale zu verwalten und die Menschen am Leben zu erhalten. Das damit verbundene soziale Stigma der Nichtsnützigkeit verstößt unmittelbar gegen den Achtungsanspruch eines jeden Menschen nach Artikel 1 Absatz 1 GG (Die Würde des Menschen ist unantastbar! Sie zu achten und zu schützen ist Aufgabe aller staatlichen Gewalt!) und wird von den Opfern zurecht als tiefe, grundlegende und lebenslängliche Missachtung ihres Menschenrechts empfunden. Weil das im Grundsatz weder selbstverständlich noch akzeptabel ist, lehnen viele überlebende Opfer sich mit ihrem erprobten Lebenswillen und der daraus folgenden Kraft sowie allen Begabungen dagegen auf und werden „erst recht" gut funktionierende Mitglieder der Gesellschaft um den Preis von Verdrängung, Ausblenden und „die anderen mit der eigenen Geschichte in Ruhe lassen". Sie geben also den Anerkennungsanspruch des ganzen Menschen letztlich auf und fügen, zwängen sich in das gesellschaftlich Funktionale.

Dafür ist das Recht auf der Grundlage des Menschenbildes des Grundgesetzes aber nicht gemacht. Die unsere Rechtsordnung tragende Verpflichtung aller staatlichen Gewalt, den Menschen in seiner Gesamtheit mit seinem Achtungsanspruch zu einem vollwertigen Mitglied der staatlichen Gemeinschaft zu machen (siehe die gesellschaftliche Selbstverpflichtung in § 1 Abs. 1 SGB VIII: „Jeder junge Mensch hat ein Recht auf Förderung seiner Entwicklung und auf Erziehung zu einer eigenverantwortlichen und gemeinschaftsfähigen Persönlichkeit"), verlangt die bestmögliche Anwendung auch aller Rechtsfolgen, die das Gesetz für Unrechtstaten den Opfern zuspricht. Das Opfer hat einen Anspruch auf Anerkennung des an ihm geschehenen Unrechts, das Grundgesetz „verpflichtet die staatlichen Organe auch, sich schützend und fördernd vor die Grundrechte der Verletzten zu stellen und ihnen zu ermöglichen, ihre Interessen justizförmig und in angemessener Frist durchzusetzen (BVerfGE 39,1,41 ff).

4.1.3.1 Strafrecht und Strafprozess

Im Strafrecht finden sich sämtliche Rechtsnormen, die die staatliche Ahndung von persönlich widerfahrenem Unrecht, von Misshandlungen, Verletzungen zur Wiederherstellung des Rechtsfriedens und Wiedergutmachung gegenüber den Opfern regeln. Es gibt eine Aufklärungspflicht als Grundmaxime des Strafprozesses und gesetzliche Aufgabe der Strafverfolgungsbehörden (§ 170 Abs. 1 StPO). Es gibt aber auch Beschränkungen der Anwendung von Strafrechtsnormen, die im Sinne von Rechtsstaat und Menschenrechten geradezu konstituierend sind und in ihren Auswirkungen oft den Ausruf veranlassen, hier werde das Recht für die Täter gemacht, nicht für die Opfer. Im Bereich Ritueller Gewalt ist das am ehesten auch noch zu begründen, wo es doch tatsächlich kaum eine rechtliche Aufarbeitung in Strafprozessen gibt. Trotzdem muss die nähere Beschäftigung und Überlegung dazu führen, dass keiner in einem Staat und in einer Rechtsordnung leben möchte, wo nicht die Unschuldsvermutung und das Verbot gelten, ohne förmlich geregelte und sorgfältige Beweisführung eine Strafe zu verhängen.

Hiernach ist Voraussetzung für eine strafrechtliche Verurteilung, dass das Strafgericht (Einzelrichter oder Spruchkörper) die volle subjektive Überzeugung aufgrund der Erhebung der gesetzlichen Beweise darüber gewonnen hat, dass die konkret mit der Strafnorm bezeichnete Tat von dem Angeklagten zu einer konkreten Zeit an einem bestimmten Ort mit einer genau beschriebenen Tathandlung begangen wurde. Objektiv formuliert, bedeutet das das Erfordernis einer an Sicherheit unmittelbar grenzenden Wahrscheinlichkeit. Jeder vernünftige Zweifel muss ausgeschlossen sein. Bleiben Zweifel, wirkt sich das zu Gunsten des Angeklagten aus, der dann freizusprechen ist. Um das dann klar zu sagen: Die Strafprozessordnung, also die gesetzlichen Regeln der Ermittlung und Aburteilung von Straftaten, nimmt eher in Kauf, dass Schuldige unbestraft bleiben, als dass Unschuldige bestraft werden. Nur wenn wir dieses Prinzip sehen und anerkennen, können wir auf der Basis von Rechtsstaat und Menschenrechten besseren Opferschutz anstreben und umsetzen.

Kommen wir zur konkreten Problematik der strafrechtlichen Ermittlung von rituellen Gewalttaten. Der rituelle Handlungsrahmen erzeugt geradezu strukturell das Hauptproblem, nämlich das Fehlen von Zeugen, die eine Aussage machen, das Tatgeschehen bezeugen können.

Einzige Ausnahme ist dabei das Opfer. Dieses ist aber in vielerlei Hinsicht, wenn überhaupt zur Zeugenaussage fähig, belastet mit Einschränkungen der Aussageverwertbarkeit, die in den vom Bundesgerichtshof 1999 verbindlich erklärten Standards aussagepsychologischer Begutachtung ihre Ursache haben. Es geht um die hypothesengeleitete Methode der Aussagebeurteilung. In derselben Logik der Unschuldsvermutung werden negative, sogenannte *Unwahr-Hypothesen* gebildet, die mit feststehenden oder als feststehend vorgegebenen Tatsachen abgeglichen werden, um zu überprüfen, ob sie aufrechterhalten oder verworfen werden müssen (BGH 1 StR 618/98 vom 30.07.1999). Herrschende Vertreter dieser Lehre der Aussagepsychologie sind *Prof. Steller*, Berlin (als Sachverständiger damals vom BGH bestellt), und *Prof. Köhnken*, Kiel.

Die „Unwahrheits-Hypothese", an der unzählige Opfer von Sexualdelikten, insbesondere Kinder als Opfer rituellen Missbrauchs regelmäßig scheitern, ist diejenige der Suggestion, also Fremdbeeinflussung mit Aussageinhalten. Also: Könnte die konkrete Aussage, anstelle auf einem eigenen realen Erlebnis beruhend, von Dritten sozusagen „eingeflüstert" oder in anderer Weise vorgegeben worden sein? Bei Opfern sexuellen Kindesmissbrauchs geht es dabei regelmäßig um inhaltliche Gespräche, die die Kinderzeugen mit Eltern, Therapeuten, anderen Kindern, insbesondere anderen Opfern, in Beratungsstellen, aber auch bei polizeilicher Vernehmung geführt haben, wenn diese nicht sauber jegliche Vorgabe von Inhalten mit Suggestivfragen vermeiden. Tatsächlich ist das in der jeweiligen Situation, in welcher sich Opfer nach der Tat und in den psychologischen Ausnahmesituationen der Aufarbeitung der Tat befinden, oft festzustellen, woran dann regelmäßig das Verdikt geknüpft ist:

„Mit Mitteln der aussagepsychologischen Begutachtung kann die Realitätsbezogenheit der Aussage nicht begründet werden."

An diesen Hürden scheitern praktisch ausnahmslos die Opfer Ritueller Gewalt, denn sie sind zusätzlich belastet mit Wahrnehmungsverzerrung in der konkreten Opfersituation, oft durch psychogene Stoffe und/oder Wahrnehmungsmanipulationen mit beweisbar falschen Erinnerungen von den Berufszweiflern präsentierbar, wo die strengen Beweisregeln der Rechtsprechung die Aufklärung schon an sich scheitern lassen.

Hier ist es unbedingt berufspolitisch und berufsethisch geboten, die beteiligten psychologischen und juristischen Disziplinen zu verpflichten, weiterzuarbeiten und Kriterien zu entwickeln, etwa über erweiterte Hypothesenbildung unter Berücksichtigung aktueller Erkenntnisse der Traumaforschung wissenschaftlich fundierte und rechtsstaatlich der Unschuldvermutung gerecht werdende Verfahren der psychologischen Beweisfindung zu entwickeln, die dem Anspruch gerade der so schwer verletzten Opfer Ritueller Gewalt auf Aufklärung und Ahndung des an ihnen verübten Unrechts gerecht werden.

4.1.3.2 Soziale Entschädigung nach dem Operentschädigungsgesetz (OEG)

Nach dem Opferentschädigungsgesetz hat Anspruch auf Entschädigung und Finanzierung von Heilungsmaßnahmen, wer Opfer eines rechtswidrigen tätlichen Angriffs geworden ist (§ 1 OEG). Also fällt die rituelle Gewaltausübung unmittelbar unter dieses Gesetz und unter seine Anordnung von sozialen Ausgleichsleistungen, die von der staatlichen Verwaltung, den Versorgungsämtern zu erbringen sind.

Im Strafprozess gibt es die Unschuldsvermutung, die aus guten Gründen, aber eben im Bereich Ritueller Gewalt mit rechtsvernichtender Auswirkung auf die Aufklärungsansprüche der Opfer, in Kauf nimmt, dass gesetzliche Tatbestände nicht subsumiert werden können, die aber tatsächlich vorliegen. Der Rechtssatz „Im Zweifel für den Angeklagten" hat eine hohe Bedeutung und ist regelmäßig auch vermittelbar. Einen Rechtssatz „Im Zweifel für die Sozialkasse", also gegen Ansprüche auf dieselbe, gibt es natürlich nicht. Jedoch muss, wie jeder Anspruchstatbestand, auch derjenige des Opferentschädigungsgesetzes sauber und grundsätzlich zweifelsfrei bewiesen werden.

In letzter Zeit bildet sich in der Sozialverwaltung der Versorgungsämter eine Tendenz heraus, Opferentschädigungsansprüchen die Unglaubwürdigkeit der Tatschilderungen entgegenzuhalten und über die Bestellung oder Beantragung von aussagepsychologischen Sachverständigengutachten die vorgenannten Kriterien des Strafprozesses zur Überführung von bestreitenden Angeklagten auch auf das Soziale Entschädigungsrecht anzuwenden. Ich halte das für verfehlt. In der Praxis ist es aber nicht zu vermeiden, wenn die Versorgungsverwaltung oder das Sozialgericht ein solches Gutachten für erforderlich halten, dass dieses auch angefertigt wird. Nur ist dann die begrenzte Aussagekraft („mit aussagepsychologischen Mitteln ist die Erlebnisbezogenheit nicht zu belegen") zu berücksichtigen und rechtlich einzuordnen.

In einem jüngst von mir erlebten Verfahren suchte das längst erwachsen gewordene Opfer von Ritueller Gewalt im familiären Umfeld Hilfe und Möglichkeit der Aussprache bei Selbsthilfegruppen. Der renommierte aussagepsychologische Gutachter konstatierte eiskalt, die Beeinflussung durch die Schilderung von anderen Opfern über ihre jeweils erfahrenen Gewalterlebnisse bedeute, dass insofern eine Suggestion, Übernahme dieser gehörten Erlebnisse als eigene Erinnerung, nicht ausgeschlossen werden könne.

Auf dieser Grundlage sah sich das Sozialgericht nicht in der Lage, der Klage auf Opferentschädigung stattzugeben.

Auch hier bedarf es mit Hilfe der psychologischen Wissenschaft dringend der Weiterentwicklung der Kriterien, verstärkt noch um die Dimension der Ausführungsaufgabe für gesetzlich geregelte Leistungen des Sozialstaats. Denn die Opfer Ritueller Gewalt sind derart augenscheinlich massiv in ihrer gesamten Lebensführung beeinträchtigt und darin glaubwürdig, sich nichts auszudenken, um Leistungen zu erschleichen (sie benötigen nur dringend die weitere Finanzierung der existenznotwendigen Therapie), dass der Staat nicht mit einem aussagepsychologischen Gutachten, welches Übernahme fremder Erlebnisse lediglich nicht ausschließen kann, achselzuckend darüber hinweggehen darf. Die logische Begrenztheit solcher Ermittlungsergebnisse bedeutet eine Missachtung der Aufklärungspflicht, wenn es dabei belassen wird.

Das alles gilt selbstverständlich nur in den – allerdings meisten – Fällen, wo es keine Sachbeweise gibt. Darauf aufmerksam machen möchte ich angesichts jüngster Entwicklungen, wo sich weitere Opfer derselben Taten oder derselben Täter finden, wo Bild- und Filmdateien aufgefunden werden, die dann als komplementäre Zeugenaussagen und Sachbeweise eingeführt und berücksichtigt werden können.

Weiterer in den letzten Jahren hinzugekommener, naturwissenschaftlich aufgearbeiteter Sachbeweis ist Genmaterial, was insbesondere bei Sexualvergehen immer wieder und immer mehr die Überführung von Tätern ermöglicht, auch nach Jahren und Jahrzehnten.

4.1.4 Strategien im Einzelfall und auf politischer Ebene

4.1.4.1 Erkennen und Beraten im Einzelfall

Die Gesetzesanwendung, die eigentlich genug Vorschriften vorfindet, um Opfern von Ritueller Gewalt zu ihrem Recht zu verhelfen, tut sich im Einzelfall äußerst schwer. In der Regel sind es die vorgeschriebenen Prozeduren und Erkenntnisverfahren, die die Anwendung der Gesetze verhindern, was definitiv nicht der Zweck der Verfahrensvorschriften ist. Im Strafprozess geht es um anerkennenswerte und wichtige Prozessgrundrechte, denen gegenüber die Ansprüche an das soziale Leistungssystem in unterschiedlichen Graden einfacher durchzusetzen sind. Allerdings erfahren wir bei Anträgen auf Opferentschädigung qualitativ andere, aber auch erhebliche Hürden, die aus den Beweiserfordernissen für den gesetzlichen Tatbestand des rechtswidrigen tätlichen Angriffs resultieren.

Die Beratungssituation ist unterschiedlich vor allem danach, ob es um die Aufklärung von längst vergangenen Erlebnissen ritueller Gewalthandlungen geht, oder um kurz zurückliegende, oder gar noch weiterlaufende Vergehen.

Im ersten Fall ist das Strafrecht meistens nicht mehr anwendbar, wenn die Taten mehr als 10 oder 20 Jahre zurückliegen, weil dann die Verfolgungsverjährung alle Aktivitäten der Aufklärung erübrigt. Dabei unterliegt Mord keiner Verjährung, schwere Sexualstraftaten verjähren erst nach 20 Jahren, dazu gehören rituelle Misshandlungen mit schwerwiegenden Entwicklungsbeeinträchtigungen und krankheitswertigen und seelischen Folgen.

Der andere Fall ist im weiteren Sinn eine Aussteigerberatung. Dann berichten Opfer, meistens minderjährig, von möglicherweise fortlaufenden, andauernden schweren Straftaten. Hier kann sich nach § 138 StGB sogar eine strafbewehrte Anzeigepflicht ergeben (Mord, sexuelle Ausbeutung, Menschenhandel; siehe die Zusammenstellung oben), d.h. es droht die eigene Strafbarkeit, wenn keine Anzeige gemacht wird. In allen Fällen, wo die Situation noch im Gange ist, fortlaufende, also weitere Straftaten anzunehmen sind, bedarf es unbedingt einer unter maximaler Verschwiegenheit nur möglichen ergebnisoffenen Beratung, ob nicht akut und dringlich die Polizei einzuschalten ist, zur Abwehr von Gefahren für die Sicherheit von möglichen (weiteren) Opfern. Sofern es Minderjährige sind, ist das Jugendamt von Gesetzes wegen zur Intervention verpflichtet, die Information darüber löst die Verpflichtung des Handelns unmittelbar aus. Auch darüber gibt es vertrauliche Beratung durch Berufsgeheimnisträger.

Die Beratung sollte wirklich dahin gehen, bei laufenden Fällen unbedingt die Polizei einzuschalten, wenn es nur irgendwie von dem Opfer leistbar und verkraftbar ist. In Grenzfällen kann es sogar geboten sein, eigene rechtliche Beratung dafür in Anspruch zu nehmen, ob zur Abwendung von schweren Gefahren auch ohne das Opfer und gegen seinen Willen Behörden einzuschalten sind. Darüber gibt es verschiedene Varianten der Anonymität, die anwaltliche Beratung aufzeigen kann, und die auch die dann reflektierte weitere Beratung des Opfers zur eigenen Überzeugung und zum Mittragen einer Anzeigeerstattung und Mitwirken als Zeuge ermöglicht.

Auch wenn eine Anzeigeerstattung nicht möglich ist, so gibt es doch zunehmend und vielleicht mittlerweile überall bei den Landeskriminalämtern und rechtsmedizinischen Instituten, die mit ihnen zusammenarbeiten, die Möglichkeit anonymer Beweissicherung, etwa durch Hinterlegung von Abstrichmaterial, also Körpersubstanzen. Darauf können dann spätere Ermittlungsverfahren zurückgreifen, etwa nach einer später erstatteten Strafanzeige.

Wenn sich schwerwiegende Dauerschäden abzeichnen, sollte in jedem Fall ein Antrag auf Leistungen nach Opferentschädigungsgesetz beim zuständigen Versorgungsamt eingereicht werden. Die Antragstellung entscheidet über den Leistungsbeginn. Auch wenn das Verfahren teilweise langwierig und unübersichtlich ist, dient die Antragstellung der Anspruchsicherung. Ein Antrag kann jederzeit zurückgenommen werden, man hält das Verfahren also in der Hand, das ist ein wesentlicher Unterschied zum Strafverfahren, wo die Amtsermittlungspflicht unabhängig vom Opferwillen gilt.

Zu bedenken ist aber die grundsätzliche Verpflichtung der Versorgungsämter, nach gewährten Leistungen Regress zu nehmen bei denjenigen, die dafür verantwortlich sind, also bei den Tätern. In den Antragsformularen wird dies angekündigt, die persönlichen Daten der Täter werden abgefragt. Viele Opfer lassen sich alleine von diesem Gedanken von der Antragstellung abschrecken.

Dabei gibt es Zumutbarkeitsgrenzen, die in schwerwiegenden Fällen – zu denen zähle ich die Fälle Ritueller Gewalt grundsätzlich – die Möglichkeit geben, von der Regressforderung und der Kontaktaufnahme an die Täter abzusehen. Dies ist in Rundschreiben des zuständigen Bundesministerium festgehalten, auf die man sich berufen sollte. In jedem Fall muss bei der Antragstellung klargemacht werden, ob und ggf. aus welchen Gründen eine Kontaktaufnahme zum Täter für nicht zumutbar gehalten wird. Da es eine Ausnahmeregelung ist, müssen entsprechend schwerwiegende Gründe genannt, gesundheitliche und Sicherheitsgefahren aufgezeigt werden. Aussichtsreich ist das insbesondere bei einer etwa mit Namensänderung und Auskunftssperre schon verwaltungsmäßig umgesetzten Anonymisierung und Abschirmung.

4.1.4.2 Notwendigkeit rechtlicher Änderungen

Rituelle Gewalt als organisierte, Riten unterstellte sexuelle Misshandlung[1] ist in diesen Wochen, wo dieser Aufsatz geschrieben wird (Februar 2010), in der Öffentlichkeit ein Riesenthema geworden. Die gesellschaftlichen Institutionen, Schule, Internat, Kinder-

---

[1] Zur Diskussion um den Begriff Rituelle Gewalt siehe das Vorwort "Zur Definition Rituelle Gewalt" in diesem Buch

heim, besonders solche, die kirchlich, also religiös organisiert und solchen Werten unterstellt sind, befinden sich in direkter Kritik und großer öffentlicher Empörung. Das System, welches sich Jahrzehnte nach den Taten, deren Opfer Kinder und Jugendlicher in solchen Einrichtungen wurden, als nicht imstande erweist, diese aufzuklären, wo sie jetzt an das Tageslicht kommen, wird als ungerecht und überholungsbedürftig gesehen. Die Verjährungsdebatte ist voll entbrannt, Forderungen werden auf höchsten politischen Ebenen wie auch in der breiten Medienöffentlichkeit diskutiert, die Verjährung für Sexualstraftaten ganz abzuschaffen. Solche Gerechtigkeitserwägungen setzten sich schon bei der immer noch unbewältigten Aufgabe der Strafverfolgung nationalsozialistischer Verbrechen durch mit der Abschaffung der Verjährung für Mord, in der Debatte um sexuellen Kindesmissbrauch mit der Verschiebung des Verjährungsbeginns auf die Volljährigkeit für Strafverfolgung und zivilrechtliche Klagen.

Für alle, die über die Schicksale der Opfer mit Ritueller Gewalt konfrontiert sind, liegt die Ungerechtigkeit der Verjährungsregeln auf der Hand. Die Opfer tragen das Leid, was sie meistens in der Kindheit erfahren haben, mit sich herum, werden oft erst sehr spät fähig, das, was ihnen widerfahren ist, auch nur im Ansatz zu begreifen, in Worte zu fassen und davon konkret zu berichten. Die Strafverfolgungsbehörden fassen das dann nicht mehr an, weil verjährte Taten nicht der Strafverfolgung unterliegen. Es handelt sich somit um klares Täterstrafrecht zu Gunsten derjenigen, die diese Taten verantworten, gerichtet gegen diejenigen, an denen das Unrecht geschehen ist. Dieses Unrecht dauert an. Die Täter kommen davon, die Opfer ringen weiter um Anerkennung und Glaubwürdigkeit.

Ich schließe mich für alle Sexualstraftaten an Kindern und Jugendlichen der Forderung nach Abschaffung der Verjährung an. Die den Verjährungsvorschriften zugrunde liegende rechtsstaatlich Erwägung, dass sich geschehenes Unrecht irgendwann einmal durch Zeitablauf als solches erledigt, der Rechtsfrieden wiederhergestellt ist, geht von Taten aus, die geschehen und dann vorüber sind. Die Verletzungen, die Sexualstraftaten an Kindern auslösen, sind jedoch nicht vorbei, über sie „wächst kein Gras". Sie beeinträchtigen und prägen die Entwicklung von Kindern auf das allerschlimmste mit der Tendenz zu lebenslangen Auswirkungen auch auf das Leben als Erwachsener. Die Erinnerungen sind unauslöschlich. Deswegen ist das grundlegende Argument, Rechtsfrieden sei nach Zeitablauf allein durch diesen wiederhergestellt, in alten Geschichten sollte nicht mehr gerührt werden, für diese Fälle nicht tragend. Für Opfer von Sexualstraftaten im rituellen Gewaltrahmen kann Rechtsfrieden nur durch Aufklärung und Schuldspruch, durch Strafe und Genugtuung wiederhergestellt werden.

Damit verbietet sich die Verfolgungsverjährung für solche Fälle und sollte abgeschafft werden.

Aufmerksam machen will ich auf die besondere Bedeutung, die Wahrheitsfindung und Aufklärung auch außerhalb von förmlichen Straf-, Verwaltungs- und sonstigen Gerichtsverfahren für die Opfer haben. Die im zurückliegenden Jahrzehnt bekannt gewordenen, geradezu regelhaften und damit rituellen Sexual- und Gewalttaten im Rahmen von kirchlichen und Jugendhilfeinstitutionen, im Deutschland der schwarzen Pädagogik, in Irland, England, USA, Portugal, vor allem im kirchlichen Rahmen, haben über erheblichen öffentlichen Druck aufgrund der gebotenen moralischen Empörung bewirkt, dass der Staat und die Kirche Untersuchungen in eigener Kompetenz stattfinden lassen, Gremien dafür geschaffen, Anlaufstellen gebildet und Ansprechpartner beauftragt haben, um auch und gerade strafrechtlich längst nicht mehr fassbare, weil verjährte Vorgänge aufzuklären und Genugtuung für die Opfer anzubieten. Das führt jetzt dazu, dass alle Opfer, die sich dessen bewusst sind, außerhalb rein strafrechtlichen Aufklärungsinteresses die Möglichkeit haben, sich an diese Stellen zu wenden und glaubhaft zu werden mit ihrer persönlichen Geschichte, die sie detailliert und mit personifizierten Tätern schildern und damit auch im Gerechtigkeitssinne „geltend" machen.

Nach Jahrzehnten der Leugnung und institutionellen Abwehr (insbesondere der deutschen evangelischen und katholischen Kirche) wird die *Wahrheit* solcher rituell ablaufenden Taten und die organisierte Durchführung und Deckung von einzelnem sexuellen Kindesmissbrauch bis hin zum ritualisierten gemeinsamen Begehen grundsätzlich und offiziell anerkannt und die Opfer dürfen – endlich – damit rechnen, dass ihnen und ihrer Geschichte des Leidens Glauben geschenkt wird.

Das ist ein eigenständiges und gewichtiges Interesse, die oft fast lebenslang von anderen geleugnete eigene Wahrheit nunmehr bestätigt zu bekommen von gesellschaftlichen Organen, die für das zugefügte Leid verantwortlich waren – und immer bleiben werden!

Die damit legitimer Weise zu beanspruchende Genugtuung ist Verhandlungssache – nicht aber die Wahrheit.

4.1.4.3 Politischer Ausblick

Somit kommen wir zum Anfang meines Beitrages zurück. Das Recht in seiner Gesamtheit ist ein Produkt der gesellschaftlichen Überzeugungen von Gerechtigkeit. Diese sind aber gegründet auf dem, was die Gesellschaft für wahr hält, wahr halten kann, wahr halten mag, sich für wahr zu halten traut. Die jüngste Entwicklung von geballter und grausamer Wahrheit institutionalisierter und ritualisierter Misshandlungen an Kindern, von denen erwachsene Menschen nun in ihrer Lebensmitte oder schon weit darüber hinaus berichten, haben die betroffenen Institutionen und über politischen Druck aufgrund von Gerechtigkeitsüberzeugungen, die bisher im geschriebenen Recht nicht existierten, dahin gebracht, den Opfern Aufklärung und Genugtuung anzubieten, nachdem sie sich offiziell der Verantwortung gestellt haben.

Damit besteht nun Hoffnung für die, die bisher schwiegen – auf Wahrheit und Gerechtigkeit.

Das Recht wird dem zu folgen haben und sich aller Wahrheit stellen müssen.

4.2 Rituelle Gewalt – (k)ein Thema für die Polizei?
Rituelle Gewalt unter besonderer Berücksichtigung der sexuellen Ausbeutung von Kindern

Manfred Paulus

Fiktionen oder ignorierte, unverfolgte Kriminalität?

Vergewaltigungsrituale, Gruppenvergewaltigungen, rituell begangener, sexueller Missbrauch von Kindern, Folterungen bis hin zu qualvollem Töten, kannibalische Exzesse, Leichenschändung... Gibt es so etwas inmitten einer zivilisierten, rechtsstaatlichen und offenen Gesellschaft? Kann es solche verbrecherischen Exzesse in unserer modernen und geordneten Welt überhaupt geben? Ist so etwas denkbar und möglich – hier, mitten unter uns, vielleicht gleich nebenan?

Was verbirgt sich hinter den dunklen, geheimnisvollen Geschichten und bizarren Verbrechen, hinter den nicht oder nur schwer vorstellbaren Gräueltaten, begangen von Einzelnen oder von Angehörigen mysteriöser, verschworener Gemeinschaften, von denen wir immer wieder einmal hören? Sind es Phantastereien, Fiktionen, Hirngespinste, Wahnvorstellungen oder sind solche Horrorgeschichten zumindest teilweise Realität und damit ernst zu nehmende, vielleicht jedoch ignorierte, tabuisierte, verdrängte und damit weitgehend unverfolgte Kriminalität im Dunkelfeld hinter rechtsstaatlichen Fassaden?

Welche Erkenntnisse hat die Polizei über solche angeblichen oder tatsächlichen verbrecherischen Rituale und wie geht sie mit Hinweisen auf solche Geschehnisse um?

Diejenigen, die an das Gute und nur an das Gute glauben, seien daran erinnert, dass sich erst vor wenigen Jahren mitten in Deutschland zwei erwachsene Männer verabredeten – der eine mit dem Wunsch, seine neue Bekanntschaft zu quälen, zu töten und fein zerlegt aufzuessen, der andere mit dem Willen und Entschluss, sich im Rahmen eines entsprechenden Rituals quälen, töten und verspeisen zu lassen. Und dieses unglaubliche Vorhaben wurde in die Tat umgesetzt, kriminalistisch aufgearbeitet und mit einer Freiheitsstrafe für den Kannibalen gesühnt.

Zweifler an der Realität solcher und anderer verbrecherischer Rituale sind wahrscheinlich auch noch nie mit den Inhalten kinderpornographischer Produkte konfrontiert worden, die als „Trash-" oder „Snuff-Filme" auf dem illegalen Markt sind und in vertrautem Kreise gehandelt und konsumiert werden. Eines dieser innerhalb der deutschen Pädokriminellenszene und darüber hinaus auch bei Gleichgesinnten in mehreren Nachbarländern gehandelten und konsumierten Produkte hat – in einer den Leserinnen und Lesern zumutbaren und deshalb abgeschwächten Form geschildert - im Wesentlichen folgenden Inhalt:

Ein etwa 12-jähriger Junge wird von mehreren, schwarz gekleideten und schwarz maskierten Männern mit Peitschenschlägen gequält und anschließend wiederholt vergewaltigt.
Dann wird das Kind auf einem Tisch liegend an allen Vieren gefesselt.
Mit dem Hals einer zertrümmerten Flasche wird ihm der Körper aufgeschlitzt.
Die Maskierten tanzen zu den Schmerzensschreien des Kindes rund um den Tisch.
Sie tanzen immer schneller, immer wilder.
Dann wird das Schreien und Jammern des Kindes leiser.
Der Tanz wird langsamer.
Das Kind stirbt.

Bei den durchzuführenden Ermittlungen war davon auszugehen, dass dieser Film reales Geschehen wiedergibt. Die Zeit, in der bei solchen Erzeugnissen nicht mehr sicher gesagt werden kann, ob sie tatsächliche Abläufe zeigen oder aber mittels modernster Technik so hergestellt sind, dass das gezeigte Geschehen realen Handlungen gleichkommt, steht uns wohl erst noch bevor – und die kriminalpolizeilichen Ermittler werden ebenso wie die Gerichte vor ein neues und weiteres Problem gestellt sein.

Die Inhalte kinderpornografischer Produkte sind zumindest in Teilen ein Spiegelbild des realen Geschehens im Bereich sexueller und Ritueller Gewalt gegen Kinder.

Diese Inhalte werden häufig verkannt. Es geht bei den kinderpornografischen Produkten von heute viel weniger um Inhalte mit „normalen" (ein Begriff, der freilich sehr unterschiedlich interpretiert werden kann und unterschiedlich interpretiert wird) und vorstellbaren sexuellen Handlungen an und mit Kindern, also um so genannte Lo- oder Lolita-Filme, sondern in hohem Maße um Tathandlungen und Darstellungen von Gewalt und üblen Perversionen.

Gefragter und auch teurer als Lo-Filme sind die so genannten SM-Filme. SM steht für Sado-Maso – für quälen und für quälen lassen. Dabei stehen Gewalthandlungen mit schmerzhaften, oft qualvollen Übergriffen an den betroffenen Kindern im Mittelpunkt des Geschehens. „Trash-Filme" bilden eine weitere Stufe kinderpornografischer Brutalität.

Es handelt sich dabei um Produkte, die das zum Inhalt haben, was eigentlich herausgeschnitten und vernichtet werden müsste, weil zu grauenhaft und zu brutal.

Folter, Schmerzensschreie, Todesangst, Blut... Schließlich sind auch „Snuff-Filme" (siehe Filmbeschreibung) auf dem Markt, in denen Kinder in nicht selten ritueller und schrecklicher Weise gefoltert und getötet werden. Es sei nur angedeutet, dass die Scheußlichkeiten damit nicht ihr Ende finden. Sie scheinen vielmehr grenzenlos.

Probleme und Notwendigkeiten im Kampf gegen Kinderpornographie

Nimmt man dieses Inhaltsspektrum kinderpornografischer Erzeugnisse zur Kenntnis, so gelangt man schnell zur Überzeugung, dass dieser Deliktsbereich fälschlicherweise als Bagatellkriminalität gesehen und als Schmuddelkram abgetan wird. Eine realistische Betrachtung zeigt, Kinderpornografie ist nichts anderes als das dokumentierte und zumeist brutale Verbrechen an einem oder an mehreren Kindern. Solange jedoch selbst der Gesetzgeber die Verbreitung, den Handel und den Besitz solcher Produkte in den Vordergrund stellt und solange diese Kriminalität mit einem ähnlichen Strafrahmen wie das unerlaubte Entfernen vom Unfallort versehen ist, wird sie nicht angemessen bewertet, wird sie Bagatellkriminalität bleiben.

Warum ist es so schwer, im Kampf gegen den sexuellen Missbrauch von Kindern mit seinem anhaltend hohen Dunkelfeld und im Kampf gegen Kinderpornografie Wirkung und spürbare Fortschritte zu erzielen? Warum werden solche Vorgänge so gerne und so häufig verdrängt, verharmlost, verschwiegen, verheimlicht, vertuscht? Warum werden die Täter und Tätergruppierungen oft über lange Zeiträume hinweg nicht enttarnt? Warum ergehen so selten angemessene Urteile gegen die Täter?

Neben der geschilderten Fehlbeurteilung und Verharmlosung dieser Kriminalität und anderen, mehr oder weniger bekannten Gründen wird einer häufig nicht genannt: Akademiker sind bei den Tätern, die Kinder gewaltorientiert und in sexueller Absicht angreifen, alles andere als unterrepräsentiert. Daraus ergibt sich ein grundsätzlich gekonntes und geschicktes Täter- und Tarnverhalten, was zwangsläufig zu einer hohen Dunkelziffer führt.

Der in seiner Sexualität auf Kinder fixierte Tätertyp sucht die Nähe von Kindern (beruflich, nebenberuflich – am besten beides) und er strebt zudem nach gesellschaftlicher Achtung, weil er gelernt hat und weiß, dass diese unverdächtig macht. Nicht selten sind diese in ihrer sexuellen Ausrichtung auf Kinder fixierten Täter und auch andere, klammheimliche „Kinderfreunde" deshalb beruflich und/oder im „Ehrenamt" in einer Spitzenposition zu finden und genießen hohes gesellschaftliches Ansehen. Sie sind damit nicht nur gegen jeglichen Verdacht erhaben, sondern häufig auch mit Einfluss und Macht ausgestattet und sie versuchen, diese ihre Einflussmöglichkeiten zu nutzen, um Schaden von sich und Gleichgesinnten abzuwenden. Und dabei, so scheint es, haben sie durchaus Erfolg.

Fakt ist, zahllose Filme mit der Darstellung ritueller, sexueller und auch mörderischer Handlungen sind auf dem Markt und sie finden ihre Interessenten und Abnehmer.

Und je perverser die Inhalte, umso größer ist die Nachfrage nach solchen Produkten und umso höher ist ihr Preis. Die Inhalte werden in zunehmendem Maße brutaler und die Anzahl der Produkte hat nicht zuletzt durch die Möglichkeiten der Datennetze nie gekannte Dimensionen erreicht. Die beachtlichen und anerkennenswerten Erfolge, welche die Polizei in den vergangenen Jahren im Kampf gegen die Hydra Kinderpornografie immer wieder erzielen konnte, sind offensichtlich nicht mehr als die berühmten Stecknadeln im Heuhaufen.

Größere Erfolge bei der Bekämpfung dieser Kriminalität setzen wohl eine Anhebung ihres Stellenwertes und eine damit verbundene Veränderung und Verschärfung der gesetzlichen Rahmenbedingungen voraus. Zu berücksichtigen ist auch, dass Kinderhandel mit dem Ziel der sexuellen Ausbeutung, Kinderprostitution und die sexuelle Ausbeutung von Kindern zur Herstellung und zum Handel mit kinderpornografischen Erzeugnissen in weiten Teilen eine grenzüberschreitend begangene internationale Kriminalität ist. Die Täter und Tätergruppierungen kooperieren weltweit und die Datennetze, die sie seit jeher nutzen, haben ohnehin nie Grenzen gekannt.

Das wiederum erfordert einen weiteren, zügigen Auf- und Ausbau der internationalen Kooperationen in den Bereichen Ermittlung und Strafverfolgung. Diese werden jedoch nur dann realisierbar und wirkungsvoll sein, wenn weltweit ein Problembewusstsein geschaffen wird, das solche Kooperationen und ein effizientes Zusammenwirken und Arbeiten erlaubt.

Auch das ist bislang nicht der Fall. Zu beachten ist auch, dass die der viel beschriebenen und zurecht gefürchteten Organisierten Kriminalität zuzuordnenden Gruppierungen die so schmutzigen wie lukrativen Geschäfte mit der Ware Kind entdeckt und in ihr Repertoire aufgenommen haben, und sie sind nicht gewillt, auf die daraus resultierenden Einnahmen zu verzichten. Kinderpornografie ist kein Geschehen am Rande, sondern ein Milliardenmarkt!

Ärzte und psychosoziale Einrichtungen

Neben polizeilichen Ermittlern werden vor allem auch Kliniken, Ärzte, Psychologen, Therapeuten und Sektenbeauftragte durch Opferaussagen immer wieder Zeuge verbrecherischer Rituale, begangen durch Einzeltäter oder durch satanistische Zirkel, Psychogruppen, okkulte Orden oder Sekten – zumeist an Kindern oder Frauen.

Eine Studie, die im Jahr 2007 mit Psychotherapeuten in Rheinland-Pfalz durchgeführt wurde, erbrachte Hinweise auf 63 glaubhafte Opfer ritueller Gewalthandlungen. Diese berichteten zudem von 16 Ritualmorden, begangen im Zeitraum von 1992 – 2007.[1] Eine in Nordrhein-Westfalen durchgeführte Befragung ergab, dass jeder 8. Psychotherapeut Erfahrung mit der Behandlung von Opfern Ritueller Gewalt hat.

Dem ist hinzuzufügen, dass sich die allermeisten Opfer eines solchen Geschehens nicht oder nur schwer aus der Abhängigkeit ihrer Peiniger lösen können und im Falle eines Ausstiegs oder „Verrats" ernst zu nehmende Repressalien zu befürchten oder zumindest Angst vor solchen haben, so dass den Therapiewilligen mit größter Wahrscheinlichkeit ein ungleich größeres Dunkelfeld gegenüberstehen dürfte.

Die genannten Beispiele ritueller Verbrechen und die erwähnten Forschungsergebnisse belegen, dass rituelle Gewalttaten auch in einer zivilisierten und rechtsstaatlichen Ge-

---

[1] http://www.rp-online.de/public/article/651865/Viele-Opfer-durch-Rituelle-Gewalt.html. Zu beiden Studien siehe auch Kap. 1.4 in diesem Band

sellschaft möglich sind und dass mitten unter uns – bemerkt oder unbemerkt, verfolgt oder nicht verfolgt – verbrecherische Rituale der verschiedensten Art stattfinden. Entsprechende Verdachtsmomente und Hinweise dürfen deshalb nicht von vornherein als Unsinn oder Utopie abgetan und wegen ihrer Monstrosität nicht ernst genommen werden. Ihnen ist – solange keine gesicherten, gegenteiligen Erkenntnisse vorliegen – grundsätzlich mit der gebotenen Sorgfalt nachzugehen, auch wenn sie noch so abenteuerlich klingen oder unglaublich erscheinen. Ob solche Hinweise im Alltag jedoch tatsächlich immer ernst genommen werden und ob sie immer die richtigen Schritte und die jeweils erforderlichen Maßnahmen nach sich ziehen, das erscheint eher fraglich.

Rituelle Gewalt wird als Tatbegehungsweise nicht erfasst

Es ist auch davon auszugehen, dass Hinweise auf rituelle Hintergründe, Motive und Tathandlungen nicht immer als solche erkannt werden. Diese mögliche Verkennung und Falschbeurteilung von Hinweisen auf rituelle Vorgänge, Motive und Taten hat verschiedene Ursachen: Täter und Tätergruppierungen, die solche verbrecherischen Rituale praktizieren, agieren nach allen vorliegenden Erkenntnissen äußerst konspirativ, abgeschottet und geheim, was neben dem Schleier des Mystischen auch zu wenig Einblicken und zu einem extrem hohen Dunkelfeld in diesen Bereichen führt. Und weil Erkenntnisse über die verschiedenen Gruppierungen und die Art der von ihnen praktizierten Rituale fehlen, sind solche Hinweise auf entsprechende Täterkreise und Praktiken nicht oder nur schwer als solche erkennbar.

Bei kriminalpolizeilichen Ermittlungen steht die Frage „In ritueller oder nicht ritueller Weise begangen?" zudem nicht unbedingt im Mittelpunkt des Ermittlungsauftrags. Dieser richtet sich primär nach den jeweiligen Tatbestandsmerkmalen des Mordes, der Vergewaltigung, des sexuellen Missbrauchs von Kindern oder anderer Tatbestände im Sinne des Strafgesetzbuches (StGB). Hinweise auf rituelle Tatbegehungsweisen können so als nebensächlich angesehen, als unerklärliche und unbedeutsame Geschehnisse am Rande oder als Indizien für bestimmte Perversionen abgetan werden und keine weitere Berücksichtigung finden – ohne dass ein Ermittlungs- und Strafverfahren dadurch negativ beeinflusst werden muss.

Dass wir nur wenig – zu wenig – über Rituale, über die Motive für rituell begangene Taten und diejenigen wissen, die solche bizarren Verbrechen begehen, liegt vielleicht auch daran, dass wir solche kriminellen Praktiken gar nicht wahrhaben, dass wir mit ihnen nichts zu tun haben wollen, weil sie nicht zu den Werten unserer zivilisierten Gesellschaft passen.

An den Polizeihochschulen, -akademien und anderen polizeilichen Ausbildungsstätten fand das Thema „Rituelle Gewalt" während der vergangenen Jahre vermehrt Beachtung und polizeiliche Ermittler(innen) sind heute besser befähigt, entsprechende Hinweise richtig einzuordnen und zu bewerten. Sie werden deshalb häufiger auch abenteuerlich anmutenden oder gar unglaublich klingenden Hinweisen die erforderliche Aufmerksamkeit schenken und ihnen mit der gebotenen Intensität und Sorgfalt nachgehen.

Interessant und für ein realitätsnahes Lagebild erscheint auch von Bedeutung, dass sich Hinweise auf rituell begangene Verbrechen – auch solche von hoher Plausibilität – bei den polizeiliche Ermittlungen häufig **nicht** als solche bestätigen.

Die Gründe dafür sind unterschiedlich, jedoch nicht selten in einer Multiplen Persönlichkeitsstörung der oder des jeweiligen Hinweisgebers oder Zeugen zu sehen.

Diesbezügliche polizeilich nicht verwertbare Hinweise oder Zeugenaussagen werden also nicht vorsätzlich gemacht, sondern beruhen auf verzerrten Erinnerungen. Diese können ihre Ursache in der Traumatisierung der Zeugen und gezielter Manipulation durch die Täter haben[2].

Es fällt auf, dass rituelle Gewaltzeremonien sehr häufig auch oder ausschließlich sexuelle Handlungen zum Inhalt haben. Ob es tatsächlich sexuelle Handlungen im eigentlichen Sinne sind, erscheint angesichts der Erfahrungen mit solchen „Sexualstraftaten" und „Sexualstraftätern" allerdings eher fraglich. Bei vielen als „Sexualstraftat" bezeichneten Delikten stehen kriminalistischen Erfahrungen zufolge primär nicht das sexuelle Verlangen, sondern die Macht- und Gewaltausübung, das Beherrschen des Gegenübers, seine Demütigung und Erniedrigung, das Erzeugen von Hilflosigkeit und Ohnmacht im Vordergrund des Täterwillens und Geschehens. Es ist also Gewalt, sexualisierte Gewalt- und Machtausübung, die zur Anwendung kommt und das scheint unabhängig davon zu sein, ob solche „Sexualstraftaten" im Rahmen eines bestimmten Rituals oder in nicht ritueller Weise begangen werden.

Wenn rituell begangene Gewalttaten häufig solche sexualisierten Gewalthandlungen beinhalten, so ergibt sich daraus die interessante Frage, ob es (vorwiegend) die „klassischen Sexualstraftäter", also z.B. die Vergewaltiger oder Pädokriminellen sind, die zumindest in Teilen dazu neigen, ihre Taten in ritueller Weise zu begehen oder ob satanistische und gewaltorientierte Täter ihre Tathandlungen und Rituale sexualisieren, um damit vielleicht eine besonders demütigende und erniedrigende Wirkung zu erzielen oder andere Ziele zu verwirklichen. Polizeiliche Erkenntnisse belegen, dass sexuelle Gewalttäter – so zum Beispiel Pädokriminelle – in Teilen dazu neigen, ihre Taten im Rahmen bestimmter Rituale zu begehen (siehe Filmbeschreibung). Wie groß dieser Anteil ist, lässt sich angesichts der Dunkelfelder ebenso wenig sicher sagen wie die Häufigkeit sexueller Praktiken im Rahmen spiritistischer und/oder gewaltorientierter Rituale.

Hohe Dunkelziffer bei Sexueller Gewalt

Experten sind sich weitgehend einig darüber, dass die Dunkelziffer beim Delikt des sexuellen Missbrauchs von Kindern in der Bundsrepublik Deutschland zwischen 1:10 und 1:30 und bei den von Deutschen im Ausland begangenen Taten vielleicht 1:1000 oder gar noch höher liegen dürfte. Von zehn oder gar dreißig und bei den von Deutschen im Ausland begangenen Taten vielleicht sogar von tausend und mehr Vergehen und Verbrechen

---

[2] Siehe hierzu Kap. 1.2, 2.3, 4.3 und 4.4 in diesem Band

an Kindern wird den Strafverfolgungsbehörden also nur eines bekannt – ein seit Jahrzehnten anhaltender, rechtsstaatlich bedenklicher und zudem veränderbarer Zustand!

Bei rituell begangenen Straftaten sind gleich hohe oder noch höhere Dunkelfelder zu vermuten. Es gilt also bei den klassischen Sexualstraftaten wie bei Ritueller Gewalt, diese zum Teil extrem hohen Dunkelfelder abzubauen und in Hellfelder zu wandeln.

Die Polizei beweist im Umgang mit Delikten und Opfern im Bereich Sexueller Gewalt anerkanntermaßen Kompetenz. Sie hat sich durch eine qualifizierte und opferfreundliche Sachbearbeitung bei Vergewaltigungsdelikten und beim sexuellen Missbrauch von Kindern viel Vertrauen erworben und entscheidende Fortschritte erzielt. Sie weiß zudem von Tätern und Tätergruppierungen, deren Motivlagen und Vorgehensweisen mehr als jemals zuvor. Und sie weiß, dass diese Deliktsbereiche höchst präventabel sind und führt gezielte und wirksame Präventionsmaßnahmen durch – alles unabdingbare Voraussetzungen dafür, um eine Dunkel-Hellfeld-Verschiebung zu bewirken. Die Ursachen der Dunkelfelder im Bereich sexueller (und Ritueller) Gewalt sind jedoch gesamtgesellschaftlicher Natur und sie bedürfen gesamtgesellschaftlicher Maßnahmen und Veränderungen, um spürbar abgebaut werden zu können.

Kein einheitliches Vorgehen bei der Aufdeckung von sexueller Gewalt

Neben der verbreiteten „Kultur des Wegschauens und Schweigens" ist festzustellen, dass selbst auf diesen Feldern tätige offizielle Einrichtungen, Institutionen und Berufsstände längst nicht alles tun, um diese Dunkelfelder abzubauen und das Hellfeld zu vergrößern.

Zudem ist festzustellen und zu bedauern, dass ein (regelmäßiger oder auch fallbezogener) Erfahrungsaustausch, ein Zusammenwirken und gemeinsames Agieren der mit sexueller wie Ritueller Gewalt betrauten Einrichtungen, Organisationen und auch Behörden vielerorts fehlt.

Mit sexueller und Ritueller Gewalt können neben Polizei und Justiz verschiedene Berufsgruppen, Sozial- und Gesundheitsdienste, Behörden und private Einrichtungen und Organisationen in Berührung kommen. Beleuchtet man die Verfahrensweisen der einzelnen Berufe und Institutionen mit solchen Hinweisen und Delikten, so sind erstaunlicherweise größte Unterschiede feststellbar. Das Wissen über die Deliktsbereiche, über Täter, Tätergruppierungen, Tatmotive, Tatbegehungsweisen und auch über Art und Ausmaß praktizierter Rituale scheint zudem so unterschiedlich ausgeprägt wie das Problembewusstsein.

Haus-, Not- und Kinderärzte werden zum Beispiel immer wieder einmal Zeuge des sexuellen Missbrauchs von Kindern in all seinen Erscheinungsformen oder sie erhalten Hinweise auf ein solches Delikt. Sie verfahren dann häufig im Sinne von § 203 des Strafgesetzbuches (Verletzung von Privatgeheimnissen – auch als „Ärztliche Schweigepflicht" bekannt) und geben dieser Rechtsgrundlage entsprechend keine Hinweise auf das entsprechende Vergehen oder Verbrechen an Andere weiter – auch nicht an Polizei oder Staatsanwaltschaft. Die erforderliche, in allen Rechtsbereichen übliche Güterabwägung (einerseits das Verbrechen am Kind mit zumeist erheblicher Wiederholungsgefahr – andererseits die Datenschutzbestimmung des § 203 StGB) bleibt oft aus. Sie wäre jedoch erforderlich und würde in vielen Fällen zu einem anderen Ergebnis und anderer Verfahrensweise führen.

So aber bleibt der Täter unverfolgt.

Im Bereich des Kinderschutzes gab und gibt es Meinungen wie „Helfen statt bestrafen!"[3], die dazu führen, dass oft keine Strafverfolgung gegen den oder die Täter eingeleitet wird.

Dass man – soweit möglich – den Tätern Hilfe zukommen lassen soll, ist unbestritten.

Angesichts der kriminellen Energie, des Machtmissbrauchs, der oft gegebenen Wiederholungsgefahr und der Folgen für die Opfer sollten sich jedoch vor allem dem Kinderschutz verpflichtete Organisationen nicht die Entkriminalisierung des Missbrauchs und den damit verbundenen Täterschutz, sondern (auch) eine konsequente Tataufklärung und Strafverfolgung zum Ziel setzen.[4]

Jugendbehörden verfahren nach der Sozialgesetzgebung.

Allein Polizei und Staatsanwaltschaft leiten im Verdachtsfall in steter Regelmäßigkeit ein Ermittlungs- und Strafverfahren gegen den oder die Tatverdächtigen ein.

Durch die gegebenen gesetzlichen Rahmenbedingungen und bei diesen bis heute praktizierten Verfahrensweisen ergibt sich also die groteske Situation, dass beim Verdacht des sexuellen Missbrauchs eines Kindes – ob mit Hinweisen auf rituelle Begehungsweise oder nicht – in der Bundesrepublik Deutschland **allein der Zufall, wo** der Verdacht oder das Delikt bekannt wird, darüber entscheidet, ob ein Ermittlungsverfahren gegen den oder die Tatverdächtigen eingeleitet wird – oder nicht. Kriterien, die dafür bedeutsam erscheinen (z.B. Hinweise auf rituelle Praktiken, Art und Ausmaß der Gewalt, Wiederholungsgefahr) wird oft keine oder nur eine sekundäre Bedeutung zugemessen und sie bleiben ohne Berücksichtigung.

Eine Initiative des Verbandes der deutschen Kinder- und Jugendärzte forderte unlängst eine Öffnung und einen Austausch mit anderen, im Bereich des sexuellen Missbrauchs von Kindern tätigen Einrichtungen und Behörden. Dem kann aus kriminalpolizeilicher Sicht nicht nur zugestimmt werden. Ein solcher Austausch erscheint bei den gegebenen Praktiken zwingend erforderlich und ist gesetzlich zu regeln. Die Eigenständigkeit und unterschiedliche Zielrichtungen und Schwerpunkte jeder damit vertrauten Person oder Institution müssen dadurch keine Beeinträchtigung erfahren.

---

[3] z.B. Kinderschutzbund Ulm 1998 in "Sexuelle Gewalt gegen Kinder" (Hrsg: Lothar Heusohn & Ulrich Klemm), Verlag Klemm & Oelschläger, Ulm, ISBN 3-932577-06-X, S. 186

[4] Im Bereich des Opferschutzes und der medizinischen/psychosozialen Unterstützung beruhen Überlegungen zu einer Nichtanzeige allerdings oft auch auf einer Abwägung, ob die Belastungen eines Strafverfahrens für das Opfer leistbar sind bzw. die Gefahr der Retraumatisierung so hoch ist, dass dem Opferschutz Vorrang vor einer Strafverfolgung der Täter eingeräumt wird, insbesondere wenn mangels anderer Beweise die Chancen für eine Verurteilung der Täter gering sind. Siehe hierzu auch Kap. 4.3, 4.4 und 2.3 in diesem Band. Anmerkung der Herausgeberinnen.

Die Verfahrensweise so mancher (professionell) mit sexueller und Ritueller Gewalt betrauter Institution trägt bei genauer Betrachtung also wenig dazu bei, die Täter zu enttarnen, vor Gericht zu bringen und durch Inhaftierung und Therapie (Maßregelvollzug) von weiteren Taten abzuhalten sowie eine Dunkel-Hellfeld-Verschiebung zu bewirken. Manchmal scheinen die Verfahrensweisen geradezu konträr und zudem kontraproduktiv zu sein.

Handeln statt Wegschauen!

Von der Allgemeinheit wird mehr Zivilcourage gefordert, um diese Dunkel-Hellfeld-Verschiebung zu bewirken. Freilich ist es zumeist einfacher und angenehmer, nichts zu tun und sich im Verdachtsfall einer Rechtfertigung zu bedienen:
„Es wird schon nichts Schlimmes passieren (passiert sein)…!? ",
„Mich selbst geht das ja nichts an…!"
„Ich will keinen zu Unrecht verdächtigen…!"

Und es wirkt befreiend und entlastend, nützt den (potenziellen) Opfern allerdings nicht, nimmt man dafür andere in die Pflicht:
„Würde sich die Polizei mehr darum kümmern…!"
„Würde die Justiz andere Urteile sprechen…!"
„Würden die Eltern besser aufpassen…!"

Der Polizei wird es allein und auch mit Hilfe der Justiz nicht gelingen, entscheidende Fortschritte und Veränderungen bei der Bekämpfung von Sexueller und Ritueller Gewalt zu erzielen. Die Dunkelfelder in diesen Kriminalitätsbereichen sind Folge dieser in unserer Gesellschaft weit verbreiteten „Kultur des Wegschauens und Schweigens" und sie werden erst dann entscheidend beeinflussbar und umwandelbar sein, wenn sich tatbegünstigende, passive Verhaltensweisen in verantwortungsbewusste, Tat verhindernde und zur Aufklärung von Straftaten beitragende Verhaltensweisen wandeln.

Hin- und nicht wegsehen,
darüber reden und nicht schweigen,
handeln und nicht nach Entschuldigungen oder Ausflüchten suchen,
Verantwortung übernehmen und nicht auf Andere hoffen –
das sind Forderungen, die an den Normalbürger, an die Gesellschaft schlechthin zu richten sind. Sie sind jedoch primär von Politik und Gesetzgebung und denjenigen in die Wege zu leiten, zu verwirklichen und zu praktizieren, die mit diesen Delikten professionell umzugehen haben.

Nur so sind (auch) solche verbrecherischen Rituale und sexualisierten Gewalttaten ans Licht zu bringen, die Täter zu enttarnen und die Opfer zu befreien. Nur so kann diese Kriminalität wirksamer bekämpft werden als bislang der Fall.

Die Kriminalpolizei bietet im Verdachtsfalle Hilfestellung und kompetent Beratung an.

Sie wird auch Hinweise auf mysteriöse und „unglaubliche" Geschehnisse verantwortungsbewusst behandeln und Maßnahmen und Schritte einleiten, die zweckmäßig und erforderlich sind, um einen entsprechenden Verdacht oder Sachverhalt zu klären.

4.3 Aussagepsychologische Begutachtung
Helga Erl

„Wenn Geschichten von Opfern als unanfechtbar akzeptiert werden, ist es schwieriger, ungerechtfertigten Gegendarstellungen zu widersprechen. Dies führt dazu, dass keine Behauptung, Unrecht erlitten zu haben, ernst genommen werden kann. Die Lösung des Problems besteht nicht darin, alle zum Schweigen zu bringen, die behaupten, Unrecht erlitten zu haben (oder ihnen nicht mehr zuzuhören), sondern darin, dass wir uns zugestehen, ihre Behauptungen zu bewerten. Wobei wir auf die Schwierigkeiten achten sollten, die wir damit haben, die Erfahrungen von Menschen zu verstehen, die anders sind als wir, und zugleich versuchen sollten, diese Schwierigkeiten zu überwinden" (Brison 2004, S. 52).

Die aussagepsychologische Begutachtung findet im Kontext von juristischem Denken mit dem Grundgesetz als dessen Basis statt. Relevantes Wissen findet sich in der Wahrnehmungs- und Gedächtnisforschung auf dem Hintergrund von psychologischem und biologischem Fachwissen. In der Hoffnung, zwischen den Fachdisziplinen etwas Verständnis zu schaffen, folgt neben einer allgemeinen Übersicht zum Straf- und Strafprozessrecht, einem Exkurs über das relevante Wissen zu Gehirn und Gedächtnis die Darstellung der wichtigsten Grundlagen der Aussagepsychologie. Aufgrund der Folgen Ritueller Gewalt mit seinen Auswirkungen des traumatischen Stresses auf die Gedächtnisleistungen werden spezielle Aspekte der Aussagepsychologischen Begutachtung von Betroffenen Ritueller Gewalt formuliert.

4.3.1 Das Strafrecht und das Strafprozessrecht

4.3.1.1 Allgemeiner Teil des Strafrechts

Im Allgemeinen Teil des Strafrechts wird sich einmal die Frage: "Woher nimmt der Staat das Recht, seine Bürger zu bestrafen?" gestellt, also die Frage nach dem theoretischen Konzept der staatlichen Strafbefugnis. Des Weiteren wird in der Folge die Frage nach der Ausgestaltung dieser Strafe beantwortet. Das heutige Strafrecht folgt nicht, wie zum Beispiel in früheren Zeiten, der Unmoral eines Verhaltens, sondern es wird auf die Sozialschädlichkeit eines Verhaltens fokussiert. Dieses bedeutet, das friedliche Zusammenleben der Menschen darf nicht gestört werden. Es geht nicht um die moralische Verwerflichkeit eines Verhaltens, sondern der Gesetzgeber ist gehalten, den Einzelnen vor den Übergriffen anderer zu schützen. Unmoralisches Verhalten muss somit unbestraft bleiben.

In den staatstheoretischen Grundlagen der westeuropäischen Demokratie geht alle Staatsgewalt vom Volke aus. Daraus wird gefolgert, dass der vom Volk beauftragte Gesetzgeber allein dazu verpflichtet ist, den einzelnen Bürger vor den Übergriffen durch andere zu schützen. Im Strafrecht ist damit das Verbot sozialschädlichen Verhaltens bzw. der sogenannte *Rechtsgüterschutz* verankert. Weiterhin gilt das *Subsidiaritätsprinzip*. Dieses bedeutet, sozialschädliches Verhalten wird nur dann bestraft, wenn andere und mildere Mittel nicht ausreichen, um dieses schädliche Verhalten abzustellen. Das Strafrecht greift somit auch nur dann ein, wenn kein anderes Mittel mehr reicht.

Dem Strafrecht dient als theoretischer Hintergrund eine sich aus Vergeltungstheorie, aus spezialpräventiver und generalpräventiver Grundauffassung entwickelte Vereinigungstheorie.

Sinn und Rechtfertigung der konkreten Strafverhängung beruhen auf dieser sog. *Vereinigungstheorie*. Diese wurde auf dem Hintergrund von den oben genannten drei, jeweils allein nicht ausreichenden Grundauffassungen entwickelt. Die *Vergeltungstheorie* dient der Idee der Gerechtigkeit mit den Philosophien von Kant und Hegel sowie der christlichen Kirchen im theoretischen Hintergrund. Vorteil dieses Konstrukts ist, dass die Strafe durch den Staat nie härter sein darf, als es der Schuld des Täters entspricht. Nachteil ist, dass nur um der ideellen Gerechtigkeit willen eine Strafe auch dann verhängt werden kann, wenn der soziale Frieden z.B. nicht gestört ist. Damit widerspricht die reine Vergeltung der sozialen Aufgabe der Strafe. Hier setzt die zweite, die spezialpräventive Grundauffassung an. Die im Einzelfall vorbeugende Strafe soll den Täter hindern, weitere Straftaten zu begehen. Diese Strafe beinhaltet den sog. Resozialisierungsgedanken bzw. die Sozialisation. Hier liegt der Vorteil darin, dass sich die Ausgestaltung der Strafe an der sozialen Aufgabe der Strafe orientieren muss. Nachteil ist jedoch, dass jemand wegen geringfügiger Taten jahrelang eingesperrt werden könnte, wenn man z.B. ein Abgleiten in die Kriminalität befürchten würde. Andererseits könnte man im Extrem auch einen Mörder straffrei belassen, falls keine Wiederholungsgefahr bestünde. Diese Konzeption wurde von einem der größten Kriminalpolitiker Franz v. List vor ca. 100 Jahren entwickelt und wurde dann in den Siebzigerjahren besonders beachtet. Als Drittes sei die generalpräventive Grundauffassung genannt. Nach dieser Auffassung soll eine Strafe die Allgemeinheit zu rechtstreuem Verhalten anhalten. Sie soll also weder Schuld vergelten noch einen Verurteilten an neuen Straftaten hindern. Diese Lehre wurde von Anselm v. Feuerbach (gelebt zu Zeiten von Goethe) als Begründer der modernen deutschen Strafrechtswissenschaft erarbeitet. Der Vorteil besteht darin, dass hier die wichtigste Aufgabe der Strafe gewahrt wird, nämlich den Rechtsfrieden der Allgemeinheit herzustellen. Ebenso können auf diesem theoretischen Hintergrund schwere Straftaten auch ohne Wiederholungsgefahr bestraft werden, da z.B. einer Nachahmung vorgebeugt werden sollte. Nachteil ist, dass hier ebenfalls keine Begrenzung der Strafhöhe geliefert wird. Und zusätzlich könnte eine Strafe, die der Abschreckung für die Allgemeinheit dient, der Sozialisation eines Verurteilten entgegenstehen und somit ggf. gegen die Menschenwürde verstoßen. In der Vereinigungstheorie ist man bemüht, die Vorteile der oben sehr kurz beschriebenen verschiedenen Grundauffassungen zusammenzufügen und die Nachteile möglichst zu egalisieren. Der Zweck der Strafe: Schuldausgleich, Resozialisierung und Generalprävention soll möglichst gleichermaßen erreicht werden.

Das deutsche Strafrecht beinhaltet *neben der Strafe noch sechs sog. Maßregeln* der Besserung und der Sicherung. Der Allgemeine Teil des Strafgesetzbuches regelt neben der Strafe und den Maßregeln auch die Regeln über die Voraussetzungen der Strafbarkeit. Dabei handelt es sich z.B. um Themen wie Notwehr, Schuldfähigkeit und Tatversuch u.a.

4.3.1.2 Besonderer Teil des Strafrechts

Der Besondere Teil des Strafrechts beinhaltet die Ausführungen zu verschiedenen Straftaten (Betrug, Totschlag, Mord, Abtreibung etc.), die Schadenstheorien und den jeweils zugehörigen Strafrahmen. Das Strafgesetzbuch ist im Verlauf der Jahre durch zahlreiche Änderungsnovellen umgearbeitet worden. Seit dem 01.01.1975 gilt ein Strafgesetzbuch, welches, wie oben dargelegt, aus einem neuen Allgemeinen Teil und einem in den Grundlagen noch aus dem Jahre 1871 stammenden Besonderen Teil zusammengesetzt ist. Dieser Besondere Teil wird permanent durch eine Reihe von Einzelgesetzen reformiert. Die Einführung neuer Gesetze spiegelt dabei immer auch das Verfassungsverständnis und den Zeitgeist wider. Zum Beispiel hat das Sexualdelikts-Änderungsgesetz vom 27.12.2003 zu einer Verschärfung der Bestrafung von Vergehen gegen die sexuelle Selbstbestimmung geführt.

4.3.1.3 Das Strafprozessrecht

Das Ziel des Strafrechtsprozesses ist die Verdachtsklärung sowie mit dem Urteil die Schaffung des Rechtsfriedens und zwar stets normativ durch Wiederherstellung der Geltung der verletzten Norm. Die Mittel des Strafprozesses greifen deutlich in die Grundrechte ein. Das Grundgesetz als Hintergrund für den Rechtsstaat wird ergänzt um die Rechtsnormen der Europäischen Menschenrechtskommission (EMKR). Die Grundrechte gelten für Opfer und Täter gleichermaßen. Ist eine Schuld nicht zweifelsfrei nachzuweisen, wird ein Beschuldigter freigesprochen, oder wenn noch keine Hauptverhandlung eröffnet wurde, wird das Verfahren vor der Eröffnung eingestellt, wenn die Beweismittel nicht ausreichen.

Diese *Unschuldsvermutung* ist im Art. 6 BS der Europäischen Menschenrechtskonvention (EMRK) garantiert: „Jede Person, die einer Straftat beschuldigt wird, gilt bis zum Beweis ihrer Schuld als unschuldig". Schon die berühmte französische Erklärung der Menschenrechte von 1789 beinhaltet, jeder Mensch gelte bis zu seiner Verurteilung als unschuldig. Schon früh ist auch die Wahl der Mittel bei den Grundrechtseingriffen durch einen Strafprozess festgelegt. Z.B. begründet schon Friedrich der Große 1740 die Abschaffung der Folter als Mittel zur Herbeiführung von Geständnissen. Auch das Modell der Trennung vom Amt des Richters (Urteil) vom Amt des Staatsanwaltes (Verfolger) soll die Unparteilichkeit des Urteilers sichern und beruht damit auf der Unschuldsvermutung. Insgesamt wird die Abhängigkeit des Strafrechtsprozesses vom Verfassungsrecht deutlich.

Wichtig ist ebenfalls, dass nur ein nach bestimmten, im Folgenden erläuterten Formen der Justiz durchgeführtes Verfahren eine Verurteilung tragen und die Unschuldsvermutung beseitigen kann. Es gilt der Grundsatz der *Öffentlichkeit der Hauptverhandlung*. Eine Verletzung dieses Grundsatzes begründet einen absoluten Revisionsgrund. Den Anfängen einer „Geheimjustiz" (insb. nach den Erfahrungen in der geschichtlichen Vergangenheit) soll so auf jeden Fall entgegengetreten werden. Die Grundsätze der *Unmittelbarkeit und der Mündlichkeit* der Beweisaufnahme durch das Gericht sollen zusätzlich eine möglichst richtige Sachverhaltsfeststellung garantieren. Strafverfahren nur auf Grund von Aktenlagen sind somit nicht möglich. Auch wenn also die Aussage schon in den Akten vorliegt, muss der Zeuge sie in der Hauptverhandlung noch einmal formulieren. 1998 wurde hier die Möglichkeit einer Video-Dokumentation bei Einverständnis aller Beteiligten eingeführt, um z.B. jugendliche Zeugen davor schützen zu können, immer neu aussagen und die Vorgänge so wieder neu erinnern zu müssen.

Ein *Ermittlungsverfahren* wird nach Anzeige oder Kenntnisnahme einer Straftat von der Staatsanwaltschaft eingeleitet. Die Staatsanwaltschaft muss objektiv ermitteln und beurteilt am Ende, ob die Wahrscheinlichkeit, dass es zu einer Verurteilung kommt, größer als 50% ist und erhebt ggf. in der Folge die Anklage. Ansonsten stellt sie das Verfahren ein. Im *Zwischenverfahren* prüft das Gericht, ob die Beweislage für die Eröffnung eines Hauptverfahrens ausreicht. Nach Eröffnung der *Hauptverhandlung* und Vernehmung des Angeklagten folgt die Beweisaufnahme, die Erforschung der Wahrheit von Amts wegen. Nach der Beweiserhebung, die an strenge Regeln gebunden ist, folgt die richterliche freie Beweiswürdigung. Das bedeutet, das Gericht entscheidet über das Ergebnis der Beweiserhebung nach seiner „freien aus dem Inbegriff der Verhandlung geschöpften Überzeugung" §261 StPO. Der Richter entscheidet nach seiner persönlichen Überzeugung. Die Beratung mit anschließender Urteilsverkündung (Verurteilung, Freispruch oder Einstellung des Verfahrens) beendet die Hauptverhandlung. Nach der *Urteilsverkündung* folgt die *Strafvollstreckung*, für die wiederum die Staatsanwaltschaft zuständig ist. Seit dem 01.09.2004 kann sich ein Opfer über den Stand der Vollstreckung informieren.

Gegen ein strafgerichtliches Urteil kann innerhalb einer Woche *Berufung* eingelegt oder eine *Revision* beantragt werden. Die Revision prüft die Rechtsanwendung. Eine Berufung kann zu einer völligen Neuverhandlung führen mit Überprüfung der Tatsachengrundlage. Eine Begründung kann später nachgereicht werden. Ist ein Urteil rechtskräftig geworden, können tatsächliche Fehler eines Urteils durch *Wiederaufnahme* des Verfahrens korrigiert werden.

„Ein Strafverfahren und ein Urteil sind keine Wiedergutmachung. ... Manchmal sind ein Prozess und eine Verurteilung des Täters aber zumindest eine gewisse Genugtuung" (Stang & Sachsse 2007).

Die Aussagebegutachtung, die im oben beschriebenen Rechtssystem eingebettet ist, beschäftigt sich mit Aussagen über Erinnertes, also mit einer Gedächtnisleistung.

4.3.2 Wahrnehmen, Behalten, Vergessen, Erinnern: Wie funktioniert unser Gedächtnis?

Gedächtnis „passiert" im Nervensystem. Betrachtet man die Entwicklung von Zentralnervensystemen im Verlauf der Evolution, ist erkennbar, dass die charakteristischen Merkmale wie Nervenzellen, Dendriten, Axone, die Aufteilung in einen Sender- und einen Empfängerbereich bei der Weiterleitung von Informationen seit Jahrmillionen Jahren unverändert erhalten geblieben sind. Ebenso sind die biochemischen Bestandteile der Zellen in Gehirn und Rückenmark sowie auch die Überträgersubstanzen nahezu unverändert erhalten.

4.3.2.1 Das Gehirn

Das Gehirn besteht aus ca. 100 Milliarden Neuronen. Das Neuron ist die funktionelle Einheit des Gehirns. Dazu kommt die etwa doppelte Menge an Stütz- und Ernährungszellen, die Gliazellen. Das Gehirn des Neugeborenen wiegt zwischen 300 und 400 Gramm und enthält schon die gesamte Anzahl der Neuronen, die allerdings noch unreif sind. Die Entwicklung geschieht nach der Geburt bis auf ein Gewicht von ca. 1400 Gramm, hauptsächlich durch das Wachstum von Dendriten und Axonen (Nervenfasern). Die Dendriten erhalten Informationen von anderen Neuronen, und über die Axone werden diese Signale an andere Neurone oder sonstige Zellen weitergeleitet.

Das Gehirn lässt sich unterteilen nach anatomischen sowie nach funktionellen Gesichtspunkten. Die Großhirnrinde unterteilt sich *anatomisch* in vier sogenannte Lappen: der Stirn- oder Frontallappen, der Scheitel- oder Parietallappen, der Hinterhaupts- oder Occipitallappen und der Schläfen- oder Temporallappen. Zusätzlich unterscheidet man eine rechte von einer linken Hirnhälfte, die über den sogenannten Balken verbunden sind. Diese beiden Hirnhälften haben ihre speziellen Funktionen, tauschen sich jedoch über den Balken gegenseitig ergänzend aus. Praktisch sind immer beide Hirnhälften, wenn auch nicht im gleichen Maße, zusammen aktiv. Den Bereichen der Großhirnrinde lassen sich *funktionell* unterschiedliche Aufgaben zuordnen. Zu Beginn entwickelt sich der motorische Bereich. Ab dem 10. Monat differenzieren sich Wahrnehmung und Gefühle und mit 2 ½ Jahren (mit Entwicklung des präfrontalen Cortex und Broca-Areal) wird dann in einem weiteren Wachstumsschub die Grundlage für das bewusste Denken und höhere kognitive Leistungen, Sprache und Ich-Bewusstsein gelegt.

Die *Nervenzellen* stehen wiederum mit Hilfe von eigenen hirnchemischen und elektrischen Signalen im Dienst des Informationsaustausches. Die Kontaktstellen zwischen den Nervenfasern werden Synapsen (als funktionelle Verbindung) genannt und sind in der Regel kleine Verdickungen der Axonenden. Jede Nervenzelle ist nun über solche Synapsen mit anderen verbunden, und diese können dann elektrisch oder kombiniert chemisch-elektrisch funktionieren. Die Signale können einerseits unverändert oder auch verändert weitergegeben werden. Es können so Netzwerke stabilisiert, aber auch verändert werden, und damit kann dann auch ihre Funktion bei der Wahrnehmung, beim Denken oder bei der Gedächtnisbildung verändert werden. Geht man beim erwachsenen menschlichen Gehirn von ca. 10 Milliarden Neuronen aus, so besitzt es mindestens ca. 100 Billionen Synapsen. Die Vielfalt von Verknüpfungen ist somit unvorstellbar vielfältig.

So werden häufig hoch komplexe Nervennetze geknüpft. Diese sind wiederum eine ideale Basis für komplexe Gedächtnisleistungen. Das Gehirn erzeugt also über Informationen aus der Außenwelt Wahrnehmungen wie Bilder sehen, Musik hören, Gerüche riechen u.a. Unsere bewussten und unbewussten subjektiven Erfahrungen werden in weit verzweigten Netzwerken aus Nervenzellen, lokalisiert an verschiedenen Orten im Gehirn, in Form von Wirklichkeitskonstruktionen erzeugt.

4.3.2.2 Das Gedächtnis

Das Gedächtnis als notwendiger Bestandteil der Informationsverarbeitung stellt eine kontinuierliche, psychische Repräsentation von Wahrnehmungen dar. Diese ermöglichen unter Einbeziehung aller im Laufe des Lebens erworbenen Erfahrungen zielgerichtetes Denken und Handeln.

Lernen allgemein wird unter anderem als Verhaltensänderung durch Erfahrung definiert, und Gedächtnis ist das Behalten solcher Änderungen, d.h. es kann eine individuell erworbene Information abrufbar gespeichert werden. Das Gedächtnis mit seinen Problemen des Erinnerns und Vergessens besteht also aus einer Vielzahl verschiedener Prozesse und Systeme und ist die Fähigkeit des Gehirns, wahrzunehmen, Informationen zu speichern und bei Bedarf wieder abzurufen. Jedes System besteht aus einer speziellen Konfiguration von Nervennetzen im Gehirn mit verschiedenen neuronalen Strukturen. Einzelne Anteile des Gehirns tragen dabei zu verschiedenen Gedächtnisprozessen bei.

Unterteilt man das *Gedächtnis nach zeitlichen Gesichtspunkten*, wird das Ultrakurzgedächtnis unterschieden vom Kurzzeit- und Langzeitgedächtnis. Im Ultrakurzgedächtnis werden Informationen nur für Millisekunden, im Kurzzeitgedächtnis für Sekunden bis maximal Minuten aufrechterhalten. Was darüber hinausgeht, wird im Langzeitgedächtnis gespeichert. Das sogenannte Arbeitsgedächtnis stellt eine besondere Form des Kurzzeitgedächtnisses dar. Hier werden Informationen aktiv aufrechterhalten oder auch manipuliert, wie es z.B. beim Kopfrechnen passiert. Das Langzeitgedächtnis ist bezogen auf Zeitdauer und auch Kapazität theoretisch unbegrenzt. Eine Unterscheidung zwischen einem Neu- und Altgedächtnis kann besonders bei einem Menschen mit Gedächtnisstörungen getroffen werden. Der Übergang zwischen Alt- und Neugedächtnis wird dabei durch eine organische Hirnschädigung oder durch ein traumatisches Ereignis markiert. Kann man sich nun an Erfahrungen vor dem Ereignis nicht mehr erinnern, spricht man von retrograder Amnesie. Kann man neue Informationen nicht mehr speichern, spricht man von anterograder Amnesie.

Unterscheidet man das *Gedächtnis nach inhaltlichen Aspekten*, wird die Einteilung wie folgt durchgeführt. Das motorisch-prozedurale Gedächtnis beinhaltet motorische Fähigkeiten. Das Priming-Gedächtnis erleichtert das Wieder-Erkennen von Informationen (z.B. das Wieder-Erkennen einer Melodie). Das autobiographische Gedächtnis kann eher semantisch oder eher episodisch sein. Semantisch nennt man es, wenn z.B. die eigene Adresse oder das eigene Geburtsdatum gewusst wird, wenn es sich um ein sozusagen auswendig aufgesagtes Wissen („Weltwissen") handelt. Episodisch ist eine Erinnerung z.B. an den letzten Geburtstag. Die Abgrenzung ist nicht immer eindeutig. Man kann sich z.B. an den semantischen Fakt des Attentats auf J. F. Kennedy erinnern, gleichzeitig die episodische Erinnerung daran haben, wo man sich zu der Zeit aufhielt. Mit der eigenen Lebenserfahrung wird das autobiographische Gedächtnis immer weiter modifiziert, und das autobiographische Selbst ist nicht nur das Endprodukt dieser Lebenserfahrungen und unserer angeborenen Ausstattung, sondern auch der kontinuierlichen Überarbeitung unserer Erinnerungen.

Da darüber, wie viele Gedächtnissysteme es gibt, noch immer Unsicherheit besteht, hat sich parallel ein weiterer Konsens bei der Benennung herausgebildet. Dabei wird das Gedächtnis für Fakten als explizites (autobiographisches) oder auch deklaratives, relationales Gedächtnis bezeichnet, und das Gedächtnis für Fertigkeiten wird implizites oder auch prozedurales, nicht deklaratives Gedächtnis genannt.

Bevor nun eine Information im Gedächtnis gespeichert wird, muss sie von einem Sinnesorgan aufgenommen/wahrgenommen, also registriert werden. Die Vorverarbeitung heißt *Encodierung*, und wird diese nun in bereits bestehende Netzwerke mit Bildung von Assoziationen eingebettet, heißt dieser Vorgang *Konsolidierung*. Für diese Konsolidierung werden Zeiträume von Minuten über Stunden bis hin zu Jahren und Jahrzehnten genannt. Darauf folgt die permanente Speicherung dieser Engramme/Gedächtnisspuren. Diese gespeicherte Information kann wieder abgerufen *(Dekodierung)* und auch wieder eingespeichert werden. Diese *Re-Encodierung* führt dann immer auch zu einer Änderung der ursprünglichen Gedächtnisspur. Die Dekodierung kann einmal durch das Wiedererkennen von Informationen passieren oder durch ein Erinnern. Das *Erinnern* selbst kann durch fehlerhafte Abrufreize gestört sein oder auch durch motiviertes Vergessen (Verdrängung) wie durch Angst oder Schuldgefühle begründet sein. Patienten mit Amnesien z.B. können einmal Probleme beim Zugriff auf das Altgedächtnis haben, aber auch/oder Probleme bei der Re-Encodierung aufweisen.

Die langfristige Speicherung findet im Neokortex statt. Es wird davon ausgegangen, dass anhaltender Stress den Hippocampus schädigt und es dadurch zu Störungen des expliziten Gedächtnisses kommen kann.

Der Abruf deklarativer Gedächtnisinhalte besteht nicht nur aus den Fragmenten des Engrammes. Es können davon auch nur wenige Bruchstücke reaktiviert sein. Wenn dieses Bruchstück dann schwach ist oder mehrdeutig, kann sich das, was reaktiviert ist, von dem unterscheiden, was ursprünglich gespeichert wurde. Die *Erinnerungszuverlässigkeit* hängt dann mit der Größe der Erinnerungslücken zusammen. Es können zum Beispiel Teile, die reaktiviert wurden, zu einer anderen Gegebenheit gehören. Es können auch Gedanken oder Assoziationen verwechselt werden. Es läuft also ein *Rekonstruktionsprozess* des Sich-Erinnernden ab. Es handelt sich nicht um ein wortgetreues Abspielen der Vergangenheit. Eine erinnerte Erfahrung kann auch subjektiv als korrekt empfunden werden, wenn sie eine Annäherung an die Vergangenheit ist und keine exakte Wiedergabe. Gleichzeitig ist auch nicht garantiert, dass eine gespeicherte intensive Erfahrung abrufbar ist. Es müssen möglichst effektive Abrufhinweise vorliegen. An was und wie gut man sich an etwas erinnert, hängt zudem von Stimmungen und Geisteszuständen *(zustandsabhängig)* ab. Man erinnert sich eher an traurige Ereignisse, wenn man gerade in trauriger Stimmung ist und erinnert sich vorzugsweise an positive Ereignisse, wenn man in fröhlicher Stimmung ist. Wenn aber die Bildung einer Erinnerung erst gar nicht möglich und die Encodierung gestört war, kann später auch keine bewusste Erinnerung wiederhergestellt werden.

Der gesamte Kontext zum Zeitpunkt des Abrufs fördert die Erinnerung an Ereignisse, die früher in einem ähnlichen mentalen Zustand und in einem ähnlichen Kontext codiert wurden. Zum Beispiel erinnern Personen, die nach dem Inhalieren von Lachgas lernen, das Gelernte besser, wenn sie vor dem Reproduktionstest diese psychoaktive Substanz verabreicht bekommen. Also erinnert man sich um einiges besser, wenn Codierungs- und Abrufkontext identisch sind. Allgemein kann gesagt werden, dass ein Abruf dann am erfolgreichsten ist, wenn der Kontext und die Hinweise, die anwesend waren, als der Inhalt gelernt wurde, dieselben sind wie zum Zeitpunkt des Abrufs. „...und während ich die Fragen beantwortete, ging ich im Keller hin und her. Über die Bewegungen bekam ich wieder das Gefühl für den Raum. Ja, so lang war die Kette..." (Jan Philipp Reemtsma, Der Keller, S. 50).

Das Gedächtnis speichert emotional belegte Erfahrungen besonders gut, und Episoden von großer emotionaler Bedeutung können vom Individuum durch Selbstreflexion wieder abgerufen werden.

Beim *Vorgang des Vergessens* wird heute angenommen, dass sich bestimmte synaptische Modifikationen zurückbilden und tatsächlich verloren gehen oder auch, dass neue informationsspeichernde Inhalte bereits existierende Repräsentationen überschreiben und umformen. Das Alte wird durch das Neue getilgt. Trotz dem allmählichen Verblassen von Erinnerungen bleiben bestimmte Spuren des Ereignisses im Gehirn zurück. Wenn etwas gut codiert wurde, vollzieht sich das Vergessen nur allmählich über Jahre bis Jahrzehnte hinweg. Manche Erinnerungen, wichtige wie unwichtige, können jedoch mehr oder weniger korrekt ein Leben lang überdauern.

Verzerrungen und Ungenauigkeiten sind also tatsächliche Merkmale unserer Erinnerung. Anderseits sind Erinnerungen auch sehr genau. Nach der heutigen Forschungslage ist das Gedächtnis dann am genauesten, wenn die Person, die sich erinnert, nicht bedrängt wird mit Suggestivfragen oder auf andere Art und Weise unter Druck gesetzt wird. Außerdem sollte das Wesentliche, das Kerngeschehen, geprüft werden und weniger die Details. Auch erinnert sich das Gedächtnis bei bedeutungsvollem visuellem Material besonders exakt.

Um Informationen ins Langzeitgedächtnis zu bringen, braucht es normalerweise ein längeres Training. Es gelingt allerdings in Ausnahmefällen auch, eine Erinnerung in einem einzigen Durchgang permanent zu speichern. Solch eine Form von besonders gutem Gedächtnis ist das sogenannte Schlaglichtgedächtnis, *flashbulb memory*. Dabei handelt es sich um eine detaillierte und lebhafte Erinnerung an ein bestimmtes Ereignis, die ein Leben lang gespeichert ist. Diese findet man bei bestimmten historischen Ereignissen. Man erinnert sich z.B. ganz genau, wo man war, als man vom Fall der Mauer hörte (falls dieses Ereignis emotional bedeutungsvoll war). Auch autobiographische Informationen können auf diese Art besonders klar erinnert werden. Ein solcher flashback kann einerseits eine große Nähe zu tatsächlicher Erinnerung aufzeigen, anderseits kann es sich bei dieser Form der Erinnerung auch um komplexe Konstruktionen, zusammengestellt aus befürchteten und vorgestellten Ereignissen, handeln.

Bekannt ist auch, wie oben schon dargelegt, dass Menschen sich an emotional bedeutsames Material besonders gut erinnern, und zwar besser als an neutrales Material. Die Emotion kann das deklarative Gedächtnis stärken. Probanden erinnerten sich umso besser, je emotional bedeutsamer eine Szene war. Und ein Auslöser kann dann das explizite wie auch das implizite Gedächtnis aktivieren. Es kann zu einer bewussten Erinnerung kommen, aber auch zu einer Aktivierung der Amygdala durch implizit verarbeitete Reize, ohne dass explizite Erinnerungen ins Bewusstsein kommen. Die Ursache der dann folgenden Furchtreaktion ist für die Person nicht erklärbar. Bei solch extrem stressreichen Ereignissen kann es zu häufigem intrusivem Erleben kommen. Diese Erinnerungen können über eine sehr lange Zeit immer wiederkehren, müssen die tatsächliche Erfahrung nicht unbedingt exakt wiedergeben.

Bei den Vorstellungen zur Dissoziation wird davon ausgegangen, dass Störungen schon bei der Encodierung einsetzen und somit ein zuverlässiger Abruf nicht ausreichend gut möglich ist. Lücken werden unter Umständen entsprechend dem jeweiligen Schemawissen aufgefüllt.

Häufig kommt es auch bei betroffenen Personen zu Schlafstörungen. Der Schlaf fördert u.a. das Gedächtnis für bestimmte kognitive Lerninhalte, betrifft also das deklarative Gedächtnis. Dadurch kann also die Konsolidierung erschwert sein, andererseits kann das Erinnern durch entsprechende Entspannungstechniken u.a. gefördert werden.

Gedächtnis ist also eine grundlegende Bezeichnung für die Leistungen, Bedingungen und Grenzen des Wahrnehmens, Behaltens, Wiedererkennens und Erinnerns.

Auf das im Voraus und in Kürze beschriebene psychologische und biologische Fachwissen bezieht sich die Aussagepsychologische Begutachtung.

4.3.3 Die Aussagepsychologische Begutachtung

Der gerichtliche Gutachter/Sachverständige gehört wie der Zeuge und der sachverständige Zeuge zu den Beweismitteln im Gerichtsverfahren. Der Gutachter erhebt Befundtatsachen und zieht Schlussfolgerungen, ist auf Grund seiner Sachkunde Gehilfe des Gerichts laut BGH-Rechtsprechung. Es liegt im Ermessen des Richters, ob er einen Sachverständigen hinzuzieht, wobei das Gutachten dann seiner Überzeugungsbildung dient. Hierbei kommt es auf die komplette Beweislage an. Das Gutachten wird meistens eingeholt in den Fällen, in denen es kaum andere belastende Beweise als die Zeugenaussage gibt.

In der Straf- und Zivilprozessordnung zwingend vorgeschrieben ist: Der Sachverständige hat sein Gutachten „unparteiisch und nach bestem Wissen und Gewissen" zu erstatten. Die Glaubhaftigkeit kann nicht geprüft werden, wenn die Angaben zu wenig differenziert sind oder der Zeuge nicht gerichtsverwertbar zeugnistüchtig ist. Objektivität und

Unparteilichkeit sind wichtigste Grundlagen, und Zweifel an diesen Punkten können zur Ablehnung eines Gutachters führen wegen „Besorgnis der Befangenheit". Der Gutachter/Sachverständige ist verpflichtet, alle erhobenen Befunde und Tatsachen, die zur Beantwortung der Gutachtenfragen von Bedeutung sind, im Gutachten mitzuteilen. Er hat zudem sein Gutachten rechtzeitig, persönlich, gewissenhaft zu erstellen. Er hat nach Ladung vor Gericht zu erscheinen, muss, falls gefordert, einen Eid leisten, darf keine Rechtsfragen beurteilen und hat die Pflicht zur Fortbildung. Der Gutachter kann einen Auftrag ablehnen, falls Verwandtschaft besteht, fehlende Kompetenz oder andere triftige Gründe wie eventuelle Krankheiten vorliegen. Der Gutachter hat dazu das Recht auf Information, überwiegend durch die Gerichtsakte erledigt, und auf Teilnahme an der Beweisaufnahme. Das Gutachten wird in der Regel als vorläufiges Gutachten schriftlich erstellt. Wegen der Grundsätze der Mündlichkeit und Unmittelbarkeit ist erst das vom Sachverständigen in der Hauptverhandlung mündlich vorgetragene Gutachten, gemeinsam mit der Würdigung anderer Beweismittel, Grundlage für die Urteilsfindung des Gerichts.

Nach der mündlichen Gutachtenerstellung folgt die Befragung des Sachverständigen durch das Gericht, den Staatsanwalt, den Verteidiger. Schriftliches und mündliches Gutachten sollen nachvollziehbar aufzeigen, wie die Informationen gewonnen wurden, wie diese vom Gutachter interpretiert wurden, und welche Schlussfolgerungen er daraus zieht. Das Gericht ist nicht an das Ergebnis gebunden, muss jedoch seine Abweichungen sachkundig begründen.

Im Ermittlungsverfahren kann durch die Staatsanwaltschaft zur Absicherung der Aussage ein Gutachtenauftrag ergehen. In seltenen Fällen ergeht ein Auftrag durch das Gericht erst im Zwischen- oder Hauptverfahren. Es wird in Deutschland nur die Aussage eines Opfers begutachtet und nicht die eines Täters, denn der Täter ist nach deutschem Recht nicht verpflichtet, die Wahrheit zu sagen, bzw. die Aussagen eines Angeklagten gelten solange als richtig, bis sie widerlegt worden sind.

Hier schließt das Grundsatzurteil des Bundesgerichtshofs (BGH) vom 30.07.1999 mit der Formulierung der wissenschaftlichen Anforderungen an aussagepsychologische Begutachtungen an. In den Ausführungen wird dargelegt, dass das Grundprinzip darin besteht, den zu überprüfenden Sachverhalt so lange zu negieren, bis diese Negation mit den gesammelten Fakten nicht mehr vereinbar ist. Diese sogenannte Nullhypothese beinhaltet die Denkmöglichkeit, dass die Aussage nicht erlebnisfundiert (Fantasieproduktion, Suggestion u.a.) sein könnte. Die Bildung relevanter Alternativhypothesen ist somit ein wesentlicher Teil des Begutachtungsprozesses.

Die zugehörige Entscheidung vom 30.05.2000 (1StR 582/99), zitiert nach Vögele (2005), lautet wie folgt: „.... soll der Gutachter den zu überprüfenden Sachverhalt an Hand von anerkannten Realkennzeichen auf eigenen realen Erlebnishintergrund untersuchen. Das erlangte Ergebnis ist durch die Bildung von Alternativhypothesen zu überprüfen. Mit dieser Hypothesenbildung soll überprüft werden, ob die im Einzelfall vorfindbare Aussagequalität durch so genannte Parallelergebnisse oder reine Erfindung erklärbar sein könnte. Die Nullhypothese sowie die in der Aussagebegutachtung im Wesentlichen verwendeten Elemente der Aussagenanalyse (Qualität, Konstanz, Aussageverhalten), der

Persönlichkeitsanalyse und der Fehlerquellen- bzw. der Motivationsanalyse sind gedankliche Arbeitsschritte zur Beurteilung der Zuverlässigkeit einer Aussage".

Es wird nicht das personale Konstrukt einer allgemeinen Glaubwürdigkeit einer Person im Sinne eines Eigenschaftskonzeptes begutachtet (für das es keine wissenschaftliche Grundlage gibt), sondern die *Glaubhaftigkeit ihrer Aussage* geprüft. Der BGH hat auch hier Stellung genommen: Gegenstand einer aussagepsychologischen Begutachtung sei u.a. nicht die Frage einer allgemeinen Glaubwürdigkeit im Sinne einer dauerhaften personalen Eigenschaft, sondern, ob die auf ein bestimmtes Geschehen bezogenen Angaben zutreffen.

Bei dem Thema der *Aussagetüchtigkeit* geht es nicht um die Frage, ob das berichtete Erlebnis tatsächlich so erlebt wurde, sondern ob diese Person grundsätzlich in der Lage ist, einen spezifischen Sachverhalt zuverlässig und ausreichend realitätsgerecht wahrzunehmen, diesen im Gedächtnis zu speichern, in der Befragungssituation verbal verständlich wiederzugeben und selbst Erlebtes von anders generierten Gedächtnisinhalten zu unterscheiden (Greuel et al. 1998). Zusätzlich ist ein ausreichendes Maß an Kontrollmöglichkeiten gegenüber Suggestiveinflüssen notwendig. Kinder ab einem Alter von ca. 4 Jahren werden als aussagetüchtig eingeschätzt. Dieses entspricht den biologischen Kenntnissen über die Gehirnentwicklung im Allgemeinen. Dabei sind die individuellen Fähigkeiten des jeweiligen Kindes zu überprüfen.

Begutachtet wird immer eine individuell-spezifische Aussagetüchtigkeit im Zusammenhang mit Tatbestands- und Personenspezifischen Aspekten. Die Aufhebung der Zeugentüchtigkeit ist etwas sehr Seltenes, und die Infragestellung kommt am ehesten vor im Rahmen von psychiatrischen Erkrankungen, psychotischen Zuständen, Intoxikationen oder unter Umständen (wenn es kaum eine Aussage gibt, kann diese auch nicht begutachtet werden) bei Dissoziativen Identitätsstörungen.

Wird die Aussagetüchtigkeit bejaht, kann die *Aussagequalität*, also die Glaubhaftigkeit der Aussage, unter qualitativen Merkmalen geprüft werden. Mit Hilfe der *kriterienorientierten Inhaltsanalyse* einer wörtlich aufgezeichneten Aussage wird (mit Hilfe der Prüfung der sogenannten Realkennzeichen) zwischen erlebnisfundierten und erlebnisfern konstruierten, intentionalen Falschaussagen differenziert. Trotz des Begriffs der sogenannten Realkennzeichen kann nicht gefolgert werden, dass damit der Realitätsgehalt eines Geschehens belegt werden könnte. Da Wahrnehmung, Gedächtnisbildung und Erinnerung konstruktive Prozesse sind, kann keine Aussage über die Faktizität eines Geschehens gemacht werden, sondern nur die Möglichkeit eines wahrscheinlichen Erlebnisbezuges dargelegt werden.

Der Begutachtungsprozess beinhaltet die systematische Generierung und Prüfung der Bildung von Gegenhypothesen zur Erlebnisfundiertheit. Am häufigsten relevant sind die absichtliche Falschaussage und die Suggestionshypothese, bei der es um vermeintliche Erinnerungen, also um sogenannte Pseudoerinnerungen, geht. Für die Hypothesenbildung stehen in der Regel die Anknüpfungstatsachen in Form der Akten zur Verfügung, und Tatsachen ergeben sich zusätzlich im Begutachtungsprozess.

Es ist belegt, dass die Glaubhaftigkeitskriterien grundsätzlich erlebnisfundierte von erfundenen Aussagen unterscheiden können. Für die erfolgreiche Lügenleistung benötigt der Lügner u.a. auch aus der Sicht der Theory of Mind-Forschung (Förstl 2007) hohe Kompetenzen. Er benötigt die Kenntnis mentaler Zustände von sich selbst wie von anderen Menschen. Mit Hilfe dieser Kenntnisse kann der Lügende dann Verhalten voraussagen und sein eigenes Verhalten an diese Erkenntnis anpassen. Außerdem muss eine vom eigenen Wissen abweichende falsche Darstellung erzeugt werden, die Überprüfungsprozesse des anderen müssen mitgedacht werden und zusätzlich antizipierend unterlaufen werden. Weiterhin kommen eine zeitliche und eine kontextabhängige Komponente hinzu. Lügen ist also eine Leistung, und im Alter von ca. 7 Jahren setzt die Fähigkeit ein, überzeugend lügen zu können.

Handelt es sich bei der Annahme einer Falschaussage nicht um eine Lügenannahme, sondern um sogenannte Pseudo- oder Falscherinnerungen, greift die Methode der Merkmalsorientierten Aussageanalyse nicht gerichtsverwertbar ausreichend sicher. Die Gedächtnisforschung belegt, dass es zum Beispiel möglich ist, komplette Gedächtnisinhalte über umfangreiche Ereignisse, die sicher tatsächlich nicht stattgefunden haben, zu suggerieren und permanent zu implantieren. In solch einem Fall ist ein Zeuge von der Richtigkeit der suggestiv beeinflussten Aussage absolut überzeugt. Er hat konkrete Pseudoerinnerungen an nicht selbst erlebte Inhalte (Ganzfried 2002). Diese Pseudoerinnerungen können nach aktuellem Forschungsstand noch nicht mit Mitteln der aussagepsychologischen Methode ausreichend sicher von realen Erinnerungen an selbst erlebte Ereignisse unterschieden werden. Im Einzelfall kann es jedoch möglich sein, die Annahme von Pseudoerinnerungen mit anderen Mitteln der Aussagepsychologie zurückzuweisen. Hierher gehört auch die Beurteilung der Prozesse von Aussageentstehung und Aussageentwicklung.

Die Glaubhaftigkeit einer Aussage erschließt sich aus der Gesamtbewertung aller erhobenen Kriterien. Als glaubhaft wird eine Aussage dann beurteilt, wenn sie von einer aussagetüchtigen Person gemacht wird, wenn diese Aussage erlebnisfundierte Merkmale aufweist, welche mit hoher Wahrscheinlichkeit nicht erlebnisfern konstruiert wurden (Inhaltsanalyse), und wenn sie aufgrund der Rekonstruktion der Aussageentstehung und Aussageentwicklung mit hoher Wahrscheinlichkeit frei ist von substanziellen Fehlern. Es gibt keinen absoluten Grenzwert, ab dem eine Aussage als wahr bezeichnet werden kann, sondern es wird in der Gesamtschau die relative Plausibilität der Erlebnisfundierung geprüft auf dem Hintergrund einer Persönlichkeitsanalyse, einer Motivanalyse und der o.g. Inhaltsanalyse. Umgekehrt kann man beim Fehlen solcher Merkmale nicht folgern, die Aussage sei erfunden (Volbert 2004).

In einer Aussage geht es um die verbale Rekonstruktion subjektiver Wirklichkeiten. In einem aussagediagnostischen Prozess geht es um eine Wahrscheinlichkeitseinschätzung des Erlebnisbezugs.

Der Gutachter darf nicht ermitteln, lediglich eine Aussage begutachten. Die Verdachtsklärung und damit die Schaffung von Rechtsfrieden ist Ziel des Strafprozesses.

Die Gedächtnisleistung einer Aussage, das Wahrnehmen, Behalten, Vergessen, Erinnern ist durch Einwirkung von Extremstress durchaus störanfällig.

4.3.4 Rituelle Gewalt und deren Folgen für das Gedächtnis

Bei der Rituellen Gewalt handelt es sich um eine brutale Form der Gewaltanwendung an Menschen in Form von körperlicher, psychischer und/oder sexueller Misshandlung mit Hilfe von wiederkehrenden Ritualen. Es handelt sich also um eine vielschichtige und schwere Form der Gewaltanwendung, um Ausübung von Macht und Kontrolle, bei dem ein bestimmtes Glaubenssystem als Rechtfertigung für diese, auf Täterprofit zielgerichtete, planmäßige und wiederholte Gewaltausübung benutzt wird. Diese kann sich z.B. abspielen im Rahmen von rituell praktiziertem Satanismus und Pseudosatanismus mit unterschiedlichstem Hintergrund oder u. a. auch im innerfamiliären Feld unterschiedlichster Couleur.

Mit Hilfe von Mind Control, Folter und Programmierung wird ein Opfer konditioniert auf bestimmte Reaktionen. Diese Misshandlung findet über einen längeren Zeitraum statt und findet so über den Aufbau von neuronalen Netzwerken, Engrammen, Gedächtnisspuren Eingang ins Langzeitgedächtnis. Eine bestimmte Botschaft wird gekoppelt an einen bestimmten Sinneseindruck wie z.B. das Klingeln eines Telefons. Der Betroffene kann dann die reale Situation nicht mehr wahrnehmen, sondern reagiert so, als ob er sich in der alten, erinnerten Situation befindet. Er denkt, fühlt und tut Dinge auf diesen Auslösereiz (Trigger, cue) hin, die dieser eigentlich vom erklärten Willen her nicht tun möchte. Die Trigger können mit einem bestimmten Code versehen sein, ein bestimmtes Gefühl, ein bestimmter Satz, bestimmte Daten und Feiertage, Ansichtskarten mit einem bestimmten Motiv u. v. m. Hierbei kann es sich beispielhaft um selbstverletzendes bis suizidales Verhalten handeln oder auch um das Aufnehmen von Kontakt zum Täter. Ein Opfer kann so auch darauf programmiert werden, zu vergessen, bestimmte Erfahrungen werden dissoziiert. Bei der Dissoziation kann es zur teilweisen oder auch zur ganzen Abspaltung von Gefühlen und Erinnerungen kommen. Die Konditionierung kann so weit gehen, dass bestimmte Ich-Zustände mit bestimmten Triggern gekoppelt sind, und somit wird über diese Person massiv Kontrolle ausübbar, wie z.B. im Fall der Kindersoldaten, des Missbrauchs von Kindern oder im Bereich des Menschenhandels, der Prostitution, der Organisierten Gewalt.

4.3.4.1 Mögliche Erinnerungsspezifika bei extrem stressreichen Ereignissen

Bezogen auf mögliche Erinnerungsspezifika bei extrem stressreichen Ereignissen werden mit dem Auftreten traumabedingter Erinnerungsprozesse insbesondere folgende zwei Mechanismen in Verbindung gebracht, nämlich Verdrängung und Dissoziation. *Verdrängung* wird als Oberbegriff für verschiedene Abwehrmechanismen benutzt, ein Teil der eigentlichen Realität wird dem Bewusstsein ferngehalten. Es handelt sich hierbei um die direkte Blockierung eines Gedankens, eines Impulses oder einer Erinnerung. Verdrängung ist ein nicht bewusst kontrollierbares, aber motiviertes Nicht-erinnern-Können von schmerzhaften Erfahrungen. Bei dem Konzept der Verdrängung steht der intrapsychische Konflikt im Vordergrund.

Beim Konzept der *Dissoziation* wird stärker die externe Belastung betont. Hierbei kommt es zur nicht intentionalen Autoregulation von Belastungserfahrungen. Die bewusste Kontrolle über Verhaltensweisen oder Erinnerungen geht verloren.

In wie oben beschriebenen extremen Situationen können oft sensorische und emotionale Elemente der Ereignisse nicht in das persönliche Gedächtnis und in die Identität integriert werden. Die Erfahrung wird aufgesplittert. Die zustandsspezifischen Gedächtnisfragmente sind teilweise dissoziiert von der bewussten Selbstrepräsentation und dem autobiographischen deklarativen Gedächtnis und teilweise von anderen Bewusstseinszuständen. Ein Set von Aktivierungsreizen jenseits des Bewusstseins und der willentlichen Kontrolle werden wiederum durch entsprechende Auslöser (cue, Trigger) aktiviert. Diese Auslöser sind insbesondere solche, die starke Ähnlichkeit mit der ursprünglichen Erfahrung haben. Das können ähnliche Zustandsreize oder ähnliche sensorische Reize sein. Also mit dem ursprünglichen Trauma verbundene Geräusche, Gerüche, Gefühle etc. sind im impliziten (nicht deklarativen) Gedächtnis permanent codiert und können dann als Auslöser für früher Erlebtes fungieren.

In vielen Fällen eindeutig psychogener Amnesien und Amnesien unklarer Genese finden sich funktionelle bzw. metabolische Änderungen im Hirnstoffwechsel. Verschiedene organische und nicht organisch bedingte dissoziative Amnesien werden unter dem Begriff der funktionellen Amnesien zusammengefasst und können traumainduziert sein. Es wird dabei ein stressaktives mnestisches Blockadesyndrom postuliert (Markowitsch 2002), und dieses kann über Veränderungen im Arousal-Status hervorgerufen werden. Stress kann also zu Gedächtnisblockaden führen, die als Abrufblockaden zu verstehen sind. Die entsprechenden neuronalen Rezeptoren werden durch die ausgeschütteten Stresshormone belegt und nicht durch die normalen Überträgerstoffe. Es gibt also eine Unfähigkeit gedächtnisbezogener Informationsverarbeitung ohne manifeste organische Grundlage. Die Information ist aller Wahrscheinlichkeit nach weiterhin im Gedächtnis (implizit) vorhanden, kann nur nicht abgerufen werden.

Das Gehirn reagiert bei Extremstress, wenn alle verfügbaren realitätsangepassten Strategien scheitern, mit Dissoziation. Das Konzept der *traumatischen Gedächtnisspeicherung* geht davon aus, dass die Notwendigkeit, außergewöhnliche Erregung abzuwehren, mit einem veränderten (dissoziierten) Zustand des Bewusstseins verbunden ist, der Encodierung von Erfahrung verhindert/behindert. Die linguistischen Kanäle sind abgespalten, stattdessen reagieren die sensomotorischen Kanäle vermehrt. Infolge einer Enkodierung ohne Bedeutungsinformation werden die traumatischen Erlebnisse nicht auf einem symbolischen Niveau, sondern in einem primitiveren sensomotorischen Bereich gespeichert. Ein solches Gedächtnis kann dann durch Schlüsselreize/Trigger/cue reaktiviert werden, wenn die Person der ursprünglichen Situation wieder ausgesetzt ist oder in einen somatischen Zustand gerät, der die ursprüngliche Erinnerung wachruft. Es handelt sich nicht um ein psychotisches Geschehen, also nicht um eine Dekompensation mit Realitätsverlust. Die Erfahrung ist dann jedoch nicht in eine narrative Erinnerung integriert. Bei den Untersuchungen und Erkenntnissen zur psychischen Verarbeitungsstruktur werden überwiegend Inhalt und Zuverlässigkeit der Erinnerung außer Acht gelassen.

Insgesamt gesehen verhalten sich Erinnerungen an extrem stressreiche Ereignisse ähnlich wie andere autobiografische Erinnerungen: Der Kern des Ereignisses wird besonders gut behalten, periphere und bedeutungslose Details werden eher vergessen. Erinnerungsfragmente allgemein sind erstmals ab ca. dem 2. Geburtstag vorhanden. Kinder ab einem Alter von ca. 2 1/2 bis 3 Jahren zeigen auch über einen längeren Zeitraum hinweg gute Erinnerungen, wenn auch Fehler auftreten. Diese treten ebenfalls auf bei Berichten über neutrale Ereignisse.

Neben dem allgemeinen dissoziativen Funktionieren kann es auch Anzeichen für den teilweise dissoziierten Einfluss von Persönlichkeitsanteilen geben. Es kann zu teildissoziierter Sprache, Gedanken, Emotionen, Verhalten kommen, zu zeitweise dissoziierten Kenntnissen und Fertigkeiten, Identitätsänderungen und -unsicherheiten, ebenso zum Vorhandensein teildissoziierter Selbst-Zustände. Bei einer dissoziativen Amnesie werden nicht oder nur mangelhaft verarbeitete Erinnerungen vom Bewusstsein zurückgehalten und können so zu Depersonalisation oder anderen Identitätsstörungen führen. Die Gesamtheit dieser Gedächtnisprozesse spielt sich auf der mikrobiologischen Ebene ab, und eine Erläuterung würde an dieser Stelle zu weit führen. Am Ende des Kontinuums sowie mit zunehmendem und extremtraumatisierendem Stress wird das Vorhandensein vollständig dissoziierter Selbst-Zustände mit Amnesie füreinander beschrieben.

4.3.4.2 Dissoziative Identitätsstörung

Die Dissoziative Identitätsstörung (DIS/DID) wurde früher Multiple Persönlichkeitsstörung genannt. Nach van der Hart, Nijenhuis & Steele (2008) wird diese Spaltung der Persönlichkeit im Sinne dissoziierter Persönlichkeitsanteile beschrieben. Diese strukturelle Dissoziation zeigt sich in einfachen bis hin zu extremen Spaltungen der Persönlichkeit. Die einzelnen Anteile bilden ein Ganzes, sind sich ihrer selbst bewusst, verfügen über ein jeweils zumindest rudimentäres Selbstempfinden. Neben einem sogenannten Anscheinend Normalen Persönlichkeitsanteil (ANP) liegen dann ein oder mehrere Emotionale Persönlichkeitsanteile mit ihren jeweiligen Handlungssystemen vor. Auch kann der ANP zusätzlich gespalten sein. Überlebende als ANP bemühen sich mit Hilfe bestimmter Handlungssysteme, das normale Alltagsleben zu führen und zu organisieren und versuchen, das traumatische Erleben „erinnerungstechnisch" zu meiden. Als EP sind sie beschränkt auf z.B. Flucht, Kampf, Abwehr und tragen u. a. die traumatische Erinnerung. ANP und EP sind gegeneinander mehr oder weniger stark abgegrenzt, phobisch und im Extrem amnestisch füreinander. Bei der *primären strukturellen Dissoziation* liegt neben einem ANP ein einzelner EP vor. Kommt es zur Aufteilung des EPs mit unterschiedlichen psychobiologischen Konfigurationen, liegt die *sekundäre strukturelle Dissoziation* vor. Kommt es zusätzlich zur Aufspaltung des ANPs, liegt die sog. *tertiäre strukturelle Dissoziation*, die *Dissoziative Identitätsstörung*, früher Multiple Persönlichkeitsstörung genannt, vor. In diesen Fällen kommt es vor, dass stark entwickelte Anteile einen Namen, ein bestimmtes Alter, ein bestimmtes Geschlecht besitzen. Solch eine Person berichtet vom Hören von Kinderstimmen, von inneren Dialogen oder Streits, von drohenden Stimmen. Es gibt dann Hinweise auf voll dissoziierte Handlungen anderer Selbst-Zustände mit wiederholten Amnesien für das eigene Verhalten mit den Aspekten des stark lückenhaften Zeiterlebens und nicht-erinnerbaren Verhaltens.

Es wird davon ausgegangen, dass bei allen traumabezogenen Störungen die strukturelle Dissoziation eine Rolle spielt. Bei den einfachen Formen der Dissoziation spielt die *Akute Belastungsstörung und eine einfache Form der Posttraumatischen Belastungsstörung* eine Rolle. Die Dissoziative Identitätsstörung geht mit den komplexesten Formen dieser Erkrankungen einher. Sie entsteht in der Regel als Bewältigungsmechanismus bei über längere Zeit wiederkehrendem Extrem-Stress-Erleben in den ersten Lebensjahren. Sie ist keine Persönlichkeitsstörung, sondern eine Störung des Gedächtnisses und des Bewusstseins.

„Ich heiße Robert. Ich bin eine der elf Persönlichkeiten, denen Sie in diesem Buch begegnen werden. Irgendwann waren alle elf Persönlichkeiten Teil eines einzigen Menschen, der offiziell Robert Bromley Oxnam heißt. Äußerlich hat Robert B. Oxnam sehr viel erreicht: Er ist Asien-Experte, Sachbuchautor und schreibt auch literarisch über China. Viele Jahre war er Präsident der amerikanischen Asien-Gesellschaft und Professor für Asienwissenschaften. … Da ich am meisten nach außen agiere, habe ich, Robert, es übernommen, unsere Geschichte zu erzählen … Der größte Unterschied zwischen normaler Vielfalt und einer multiplen Persönlichkeit liegt wahrscheinlich darin, dass es den meisten Menschen bewusst ist, wenn sie der Reihe nach ihre inneren Persönlichkeiten durchgehen. Im Gegensatz dazu ist bei einer multiplen Persönlichkeitsstörung das Gedächtnis wie von starren Mauern umgeben. Barrieren verhindern die Erinnerung, bis sie mit Hilfe von Therapie durchbrochen werden … Er sprach und benahm sich wie ein fünfjähriger Junge … Er durchlebte Bruchstücke der Erinnerung erneut, fast so, als spule er ein Video ab. Seine Erinnerung war frisch und lebhaft. Ich kann nur raten, wann sich das alles tatsächlich ereignet hat – irgendwann im Alter zwischen ein und vier Jahren … Dr. Smiths (Dr. Jeffrey Smith, Psychiater, NY) Notizen lassen allerdings vermuten, dass ich mehrere Sitzungen ineinander geschoben habe (Oxnam 2008, S. 8-9)." Was nicht gleichzusetzen ist mit: Das Kerngeschehen wurde nicht realitätsgetreu erinnert.

Grundsätzlich bezieht sich die einheitliche Beschaffenheit unseres Bewusstseins darauf, dass wir unsere Erfahrungen als Ganzheit erleben. Aber auch ein Mensch, dessen Gehirnhälften man z.B. chirurgisch voneinander trennt, erlebt ein doppeltes Bewusstsein mit seinem jeweils eigenen einheitlichen Wahrnehmungsinhalt (Kandel 2007).

4.3.4.3 Kombination von Personal- und Sachbeweis

Neben der Glaubhaftigkeitsbegutachtung einer Aussage mit dem Belegen des Erlebnisbezuges gehört, um für die Gerichtsbarkeit den Wahrheitsgehalt einer Aussage zu prüfen, eine *Kombination von Personal- und Sachbeweis* (Greuel & Petermann 2009). Die Zeugenaussage vom Zeugen und/oder auch Beschuldigten ist ein sogenannter Personalbeweis. Nun kann eine Zeugenaussage zutreffen, teilweise oder gar nicht zutreffen. Auch der Wahrheitsgehalt eines Geständnisses (beispielhaft das Geständnis einer Person mit einer Dissoziativen Identitätsstörung, beteiligt zu sein an einer erzwungenen Tötung) muss auf den Wahrheitsgehalt hin überprüft werden. Es muss also überprüft werden, ob es überprüfbare Sachverhalte in den Angaben gibt. Die kriminalistische Prüfung arbeitet hier ebenfalls ergebnisoffen und hypothesengeleitet.

Bei den Sachbeweisen handelt es sich um ganz konkrete Spuren wie z.B. Fingerabdrücke, Blut, Sperma oder Fotos. Auch bei dem Vorliegen solcher Sachbeweise muss die Beweisführung die Möglichkeit ausschließen, dass die Spuren berechtigt vorliegen. Nur wenn die Spur konkret mit dem Verbrechen in Verbindung gebracht werden kann, kann sie als eindeutiger Beweis gelten.

Personal- und Sachbeweis kombiniert können ggf. dann eine Indizienkette bilden, welche einem Gerichtsverfahren standhält. Es schließt sich die Frage an, wann eine Anzeige sinnvoll, richtig und Erfolg versprechend sein kann für die aussagepsychologische Begutachtung bei einer Dissoziativen Identitätsstörung.

Im Ermittlungs- und Hauptverfahren geht es nur um die Frage, ob eine Tat bewiesen werden bzw. als gerichtsverwertbar beurteilt werden kann. Da es häufig an konkreten Personal- und Sachbeweisen mangelt, steht die Frage der Gerichtsverwertbarkeit der Zeugenaussage besonders im Mittelpunkt.

Grundsätzlich gelten für Personen mit Dissoziativer Identitätsstörung die gleichen Standards der aussagepsychologischen Begutachtung wie für andere Personen auch. Also auch hier werden die Aussagetüchtigkeit, die Aussagequalität und die Aussagezuverlässigkeit untersucht. Wie oben ausführlich dargestellt, ist jede Begutachtung einzelfallorientiert und ergebnisoffen auszurichten. Das Ausmaß einer dissoziativen Störung als primäre, sekundäre und tertiäre strukturelle Dissoziation mit ihren Auswirkungen auf das Gedächtnis kann eine große Bandbreite zeigen. Neben einer Reihe amnestischer Symptome sticht die posttraumatische Symptomatik hervor. Da die aussagepsychologische Begutachtung sich auf Erinnertes bezieht, ist für den Gutachter, neben anderen Kenntnissen, die Kenntnis der Ergebnisse aktueller Gedächtnisforschung unerlässlich.

Die klassische Frage der Glaubhaftigkeitsbegutachtung ist also nicht die Frage, ob das Ereignis überhaupt stattgefunden hat, sondern ob es als Erlebnis fundiert belegt werden kann. Wenn nun die *Aussagegenauigkeit/-zuverlässigkeit* bei der Dissoziativen Identitätsstörung (welche in anderen Fällen eher selten beurteilt wird) in Frage gestellt ist, wenn also massive Gedächtnislücken (Amnesien) bestehen, dann besteht die Frage, ob die Aussagereste noch zuverlässig genug sind, um begutachtet zu werden. Aus gedächtnisbiologischer Sicht kann das sogenannte *Kerngeschehen* eines Ereignisses um den Gehalt der „Anknüpfungstrigger am Rand des impliziten Gedächtnisses" erweitert werden.

Es kann bei diesem Störungsbild von Komplikationen bei der Kodierung, der Konsolidierung von traumatischen Erinnerungen sowie bei deren Abruf ausgegangen werden. Manchmal kann es auch schwierig sein, etwas, das man sich nur vorgestellt hat, zu unterscheiden von einer Erinnerung an ein tatsächlich stattgefundenes Ereignis. Für diesen Fehler sind besonders Kinder anfällig. Aber auch bei Personen mit dissoziativen Störungen kann es dazu kommen, dass der Wechsel zwischen Fantasie und Wachbewusstsein nicht kontrollierbar ist. Hierbei kann es dann zu einer hohen Durchlässigkeit beider Ebenen kommen, und Frage ist dann, ob die Wirklichkeitskontrolle gerichtsverwertbar ausreichend gut funktioniert. Andererseits speichert das Gedächtnis emotional belegte Erfahrungen besonders gut, und diese können oft auch selbstreflexiv oder durch bestimmte Auslöser angetriggert und unverändert wieder abgerufen werden.

Offensichtlich kann bei diesem Personenkreis von extrem traumatischem Erleben ausgegangen werden, nur besteht die Frage, ob diese Person in der Lage ist, eine gerichtsverwertbare Aussage zu machen. Wie oben erläutert: Ist sie in der Lage (zumindest eingeschränkt), Sachverhalte zuverlässig (realitätsgerecht) wahrzunehmen, zu speichern, zu erinnern und abzurufen und in einer sprachlichen Form wiederzugeben? Denn das Vorliegen von fragmentierten Erinnerungen, welche durchaus einen traumatischen Ursprung besitzen können, hat für sich allein genommen keinen Beweiswert. Auf Grund der Brüche im autobiographischen Gedächtnis kann es zudem vermehrt zu einem aktiven Rekonstruieren der eigenen Erinnerung kommen (gemäß der bekannten Auffüllung vorliegender Schemata). Die Angaben in der Aussage könnten aufgrund der Defizite im Bereich der Aussagetüchtigkeit nicht ausreichend realitätsgerecht sein.

Liegt jedoch eine Aussagetüchtigkeit vor, wird mit der Aussage genauso verfahren wie mit jeder anderen Aussage auch. Es wird also die *Aussagequalität* bezogen auf ihren Erlebnisbezug hin geprüft. Es wird keine Untersuchung gemacht zur Aufdeckung von Täuschungen oder ein Wahrheitstest durchgeführt. Die Bewertung der Aussage geschieht immer auf dem individuellen intellektuellen wahrnehmungs-, gedächtnis-, motivations- und entwicklungspsychologischen Hintergrund einer Person sowie auf ihre Fähigkeit hin, eine narrative Erinnerungsleistung zu produzieren.

Für die *Aussagezuverlässigkeit* wird untersucht, ob ggf. Störfaktoren in der Person oder von außen durch Suggestionseinflüsse vorliegen oder -lagen. Mögliche Beeinflussung durch eine evtl. therapeutische Arbeit, Literaturstudium sowie durch intensiven Austausch mit anderen betroffenen Personen kann oft nicht ausgeschlossen werden. Die Begutachtungsmethode hat bei ausgeprägten peritraumatischen Dissoziationsprozessen ihre Grenzen (wenn die Encodierung zu fehlerhaft ist), ebenso in dem Fall, wenn eine hoch suggestive Aussageentstehungsgeschichte vorliegt.

Die Einholung eines Gutachtens kann in solchen Fällen jedoch auch ein hoch wirksames Mittel zum Opferschutz sein. Kommt das Gutachten zu dem Ergebnis, die Aussage sei erlebnisfundiert, kann die Zeugin mit größerer Gelassenheit der Hauptverhandlung entgegensehen. Kommt das Gutachten zum gegenteiligen Ergebnis, kann es ggf. besser sein, wenn es gar nicht erst zur Verhandlung kommt im Sinn von: Opferschutz geht vor Täterverfolgung.

Soll nun eine Anzeige erfolgen, ist das Hinzuziehen einer Anwältin mit Kenntnis über die Auswirkungen einer Dissoziativen Identitätsstörung (als Nebenklagevertreterin) hilfreich und wird sicherlich enorm unterstützend sein. Gleichzeitig sollte so früh wie möglich eine Sachverständige mit Sachkenntnis in der Glaubhaftigkeitsbegutachtung sowie über sexuellen Missbrauch einbezogen werden. Die Betroffene muss sich hierbei darauf einstellen, sehr präzise zu allen Einzelelementen des Tatgeschehens, auch zu den belastetsten, befragt zu werden. Eine lückenlose Dokumentation (Tonträger, Video) jeglicher Vernehmungen ist unverzichtbar, ebenso der Verzicht auf Suggestivfragen oder Befragungsdruck.

In bestimmten Untersuchungen zeigte sich, dass Erinnerungen aus einer frühen Phase einer Therapie sich als zuverlässiger erwiesen haben als in einer späteren Phase. Wiederentdeckte Erinnerungen können zuverlässig sein, besonders wenn die Erinnerungen ohne äußere Einflüsse erfolgten. Das bedeutet, die Dokumentationen der Polizei, der Therapeutin, der behandelnden Ärzte sowie anderer Bezugspersonen sollten bezüglich der konkreten Beweise bei rituellen Gewalterfahrungen von Beginn an so detailliert wie möglich durchgeführt werden. In freier Rede Geschildertes wird im besten Fall in begleitender Akzeptanz wortgetreu mitgeschrieben oder auf Tonträger aufgezeichnet. Auf Deutungen/verbale Vorgaben durch die begleitenden/betreuenden Personen wird möglichst verzichtet, um auch hier später weitestgehend Suggestionseinflüsse ausschließen zu können. Für die ausführliche Aufarbeitung der Biographie mit der Auswertung von Fotos, Terminkalendern, Tagebüchern sollte ebenfalls so viel wie möglich dokumentiert und aufbewahrt werden. Es wird hier aber auch realistischerweise darauf hingewiesen, je länger eine Tat zurückliegt, je weniger weitere Zeugen vorhanden sind und je störungsanfälliger eine Zeugin war und ist, desto unwahrscheinlicher wird eine Verurteilung. Jedoch kann auch eine Anzeige ohne Aussicht auf Erfolg sinnvoll allein dadurch sein, dass dem Täter gezeigt wird, die Zeugin will sich wehren, und nicht alles soll weiterhin verborgen bleiben. „Das einfache Schreiben eines Tagebuches kann bereits hilfreich sein, weil dadurch das Selbst in ein aktives – erzählendes - Subjekt und ein eher passives – beschriebenes – Objekt aufgespalten wird. Auch dies kann dazu beitragen, ein durch ein Trauma zum Objekt erniedrigtes Selbst wieder in ein Subjekt umzuwandeln." (Brison 2004, S. 93)

Einer möglichst unaufgeregten gründlichen Abwägung der Vor- und Nachteile einer Anzeige mit allen beteiligten Professionen sollte genügend Raum gegeben werden. Im Gerichtssaal kommt es auf die Glaubhaftigkeit der Aussage einer Zeugin an. „In der psychotherapeutischen Praxis kommt es darauf an, die Wunde anzuerkennen, die dem eigenen Gemüt geschlagen wurde, damit sie geheilt werden und man darüber nachdenken kann, wie man weiterleben will." (Brison 2004, S. 125)

Bei in der Gegenwart anhaltender Gewalterfahrung ist das Dokumentieren der körperlichen Spuren des Missbrauchs bzw. der Gewalterfahrung insbesondere durch Rechtsmediziner mit ihrem speziellen Erfahrungswissen aus der Traumatologie unerlässlich. Ist dieses nicht möglich, sollte eine Gynäkologin für eine kompetente Spurensicherung gewonnen werden. Eine Psychotherapie sollte in solch einem Fall möglichst nur stabilisierend durchgeführt werden. Dadurch soll die Gefahr der Suggestion ebenfalls minimiert werden und die Aussage gerichtsverwertbar erhalten bleiben.

Der Polizei sollte so viel wie möglich an Sachbeweisen zur Verfügung gestellt werden. Möglichst alle Täter sollten benannt werden, Hinweise auf Tatorte, Tatwerkzeuge so ausführlich wie möglich beschrieben/fotografiert werden. Eine umfassende Personal- und Sachbeweissammlung ist ergebnisoffen in alle Richtungen konsequent zu planen und durchzuführen. Ein ausreichend stabilisiertes Ich ist sicherlich eine gute, wenn nicht sogar notwendige Voraussetzung, um einen wie im Voraus geschilderten Ablauf zu einem heilsamen Ergebnis zu bringen.

Natascha Kampusch am 06.09.2006 in ihrem ersten Fernsehinterview nach ihrer Flucht:

„Ich habe mir eines Tages geschworen, dass ich älter werde, stärker und kräftiger, um mich eines Tages befreien zu können. Ich habe sozusagen mit meinem späteren Ich einen Pakt geschlossen, dass es kommen würde und das kleine zwölfjährige Mädchen befreien."

Literatur

Brison, S. J. (2004). Vergewaltigt. Ich und die Zeit danach. Trauma und Erinnerung. München: Beck.
Damasio, A.R. (2002). Ich fühle, also bin ich. Berlin: Ullstein Taschenbuchverlag.
Diakonisches Werk Westfalen, Ev. Kirche von Westfalen, Bistum Münster, EXIT e.V. (Hrsg.) (2008). Dokumentation der Fachtagung „Rituelle Gewalt – Spinnerei oder Realität" vom 4. Juni 2008.
Förstl, H. (Hrsg.) (2007). Theory of Mind. Heidelberg: Springer Medizin Verlag.
Fliß, C. & Igney, C. (Hrsg.) (2008). Handbuch Trauma und Dissoziation. Lengerich: Pabst Science Publishers.
Ganzfried, D. (2002)....alias Wilkomirski. Die Holocaust-Travestie. Berlin: Jüdische Verlagsanstalt.
Greuel, L., Offe, S., Fabian, A., Wetzels, P., Fabian, T., Offe, H. & Stadler, M. (1998). Glaubhaftigkeit der Zeugenaussage. Weinheim: Psychologie Verlags Union.
Greuel, L. (2001). Wirklichkeit – Erinnerung – Aussage. Weinheim: Beltz PVU.
Greuel, L. & Petermann, A. (Hrsg.) (2009). Macht-Familie-Gewalt. Lengerich: Pabst Science Publishers.
Haken, H. & Haken-Krell, M. (1992). Erfolgsgeheimnisse der Wahrnehmung. Stuttgart: Deutsche Verlags-Anstalt.
Van der Hart, O., Nijenhuis, E.R.S. & Steele K. (2008). Das verfolgte Selbst. Paderborn: Junfermann Verlag.
Herschkowitz, N. (2008). Das Gehirn. Freiburg: Verlag Herder GmbH.
Huber, M. (2003). Trauma und die Folgen. Teil 1. Paderborn: Junfermann.
Kandel, E. (2007). Auf der Spur des Gedächtnisses. München: Pantheon Verlag.
Kröber, H.-L. & Steller, M. (2000, 2005) Psychologische Begutachtung im Strafverfahren. Darmstadt: Steinkopff Verlag.
Libet, B. (2005). Mind Time. Frankfurt a. M: Suhrkamp Taschenbuch.
Margraf, Müller-Spahn (Hrsg.) (2009). Pschyrembel. Psychiatrie, Klinische Psychologie, Psychotherapie. Berlin New York: Walter de Gruyter.
Markowitsch, H.-J. (2002). Dem Gedächtnis auf der Spur. Darmstadt: Primus Verlag.
Von Oefele, K. (1998). Forensische Psychiatrie. Stuttgart: Schattauer.
Oxnam, R..B. (2008). Ich bin Robert, Wanda und Bobby. Düsseldorf: Patmos.
Parkin, A. J. (2000). Erinnern und Vergessen. Bern: Verlag Hans Huber.
Rensing, L., Koch, M., Rippe, B. & Rippe, V. (2006). Mensch im Stress. Spektrum Akademischer Verlag. München: Elsevier.
Roth, G. (2007). Persönlichkeit, Entscheidung und Verhalten. Stuttgart: Klett-Cotta.
Schiepek, G. (Hrsg.) (2003). Neurobiologie der Psychotherapie. Stuttgart: Schattauer.
Singer, W. (2002). Der Beobachter im Gehirn. Frankfurt a. M.: Suhrkamp Taschenbuch.
Stang, K. & Sachsse, U. (2007). Trauma und Justiz. Schattauer.
Squire, L. R. & Kandel, E. R. (2009). Gedächtnis. Die Natur des Erinnerns. Spektrum Akademischer Verlag. München: Elsevier.
Vögele, W. (2005). Sexuelle Entwicklung – sexuelle Gewalt. Lengerich: Pabst Science Publishers.

Volbert, R. (2004). Beurteilung von Aussagen über Traumata. Forensisch-psychologische Praxis. Bern: Verlag Hans Huber.
Welzer, H. & Markowitsch, H. J. (Hrsg.) (2006). Warum Menschen sich erinnern können. Stuttgart: Klett-Cotta.

4.4 „Würdest du dich noch mal so entscheiden?" – Über Grenzen und Chancen von Strafanzeigen. Erfahrungen mit polizeilichen Ermittlungen bei Ritueller Gewalt

Eline Maltis

Ja. Das ist die Antwort auf eine Frage, die ich mir selbst nie stellte. Als sie in einem Gespräch auftauchte, überraschte ich (auch mich selbst) mit meinem klaren *„Ja"*.

Ja, ich würde wieder Strafanzeige erstatten, wieder diesen Weg gehen. In Gesprächen, Gedanken und Recherchen begriff ich, dass dieses „Würdest du dich noch mal so entscheiden" oft das *„Nein"* schon erwartet, fast vorwegnimmt. Meine Haltung irritiert offensichtlich: „Wie …? Aber was hat es denn … Wusstest du denn, wie so was … Hat es denn überhaupt …?"

Im Folgenden geht es um die Aspekte, die diese Antwort ermöglicht haben. Vielleicht kann die Untersuchung dessen, welche Faktoren dabei eine Rolle gespielt haben, dieses *„Ja"* häufiger werden lassen oder zumindest ein wenig dazu beitragen, ein *„Nein"* zu verhindern. Zu idealistisch, utopisch? Sicher. Ich bin eine hoffnungslose Optimistin mit einem Schuss fantastischer Utopien. Ohne das geht es vielleicht nicht.

> *„Verändern setzt ein Veränderbares voraus, in der Silbe ‚bares' ist Mögliches gemeint, Erhofftes, Erleidbares [...]. Die objektiv reale Möglichkeit umgibt die vorhandene Wirklichkeit wie ein unendlich größeres Meer mit Realisierbarkeiten darin [...]."*[1]

4.4.1 Vorgedanken

Die Anfrage, ob ich mir vorstellen könne, dieses Kapitel „Erfahrungen mit polizeilichen Ermittlungen aus der Betroffenensicht" zu schreiben, überraschte mich an einem Sams-

---

[1] Bloch, Ernst: Antizipierte Realität – Wie geschieht und was leistet utopisches Denken? In: Villgrader, R. & Krey, F. (1973, Hrsg.). Der utopische Roman (S. 18-29). Darmstadt: Wissenschaftliche Buchgesellschaft.

tag. Es wurde ein spezielles Wochenende. Oh ja, ich konnte es mir vorstellen. Sofort hatte ich eine lebhafte Vorstellung davon, wie es wäre, über dieses Thema zu schreiben. Aus allen Winkeln und Ebenen meiner selbst erreichte mich in atemberaubender Geschwindigkeit das Echo einer selten erlebten Einigkeit – Nein. Auf gar keinen Fall. Das kann ich mir nicht vorstellen. Ich konnte es nicht, weil ich es mir zu gut vorstellen konnte, mir mit jeder Synapse meines Geistes und jeder Faser meines Körpers ausmalen konnte, wie es wäre und vor allem, was es bedeuten würde.

Den Blick, den Fokus zu lenken auf diese Zeit, diese Thematik, diesen Teil meines Lebens? Jetzt, nachdem ich es gerade nach vielen Jahren der dauernden Ermittlungen und ebenso vielen Jahren der Verarbeitung derselben mit unendlich vielen Schritten in eine Gegenwart mit anderen Inhalten und weiteren, neuen Zielen geschafft hatte? Noch mal eintauchen in die Zeit, die Geschichte, nicht für mich, um mich zu erinnern, zu verändern oder Schlüssel zum Heute zu finden, nein, sondern um darüber einen Text zu schreiben, ein Kapitel? Darüber? Über all die Anstrengungen und Hoffnungen, das Warten und das Sich-Überschlagen der Ereignisse, das Immer-wieder-befragt-Werden und das Nichtwissen, was kommt …

Diesen Weg gedanklich, im Zeitraffer, noch einmal gehen, noch einmal nachvollziehen, sortieren, Äußeres, Inneres, Hilfreiches, Schwieriges … Oh nein. Ich stand ruckartig vom Schreibtisch auf, der Stuhl fiel fast hintenüber, ich putzte alle Fenster, riss die Anlage auf, staubsaugte, als ob ich noch nie gestaubsaugt hätte, und hockte schließlich mitten auf dem Teppich vor dem Zeichenblock und ertappte mich dabei, wie ich Stichworte, Überschriften und Assoziationen in immer kleiner werdender Schrift notierte, weil das Blatt zu klein wurde. Nein, das konnte ich mir überhaupt nicht vorstellen. Außerdem hatte ich genug anderes zu tun, mein Kalender war gefüllt mit Projekten und Jetzt-Zeit und über eben diese wollte ich nicht stolpern, ich hatte ein Heute, ich war frei, ich antwortete, ich wollte mehr Infos, wie lang sollte es werden, bis wann müsste ich mich entscheiden … Ich sagte zu.

4.4.2 Einführung

So viel zu meinen Vorgedanken. Noch etwas: Dies hier wird keine nüchterne, unpersönliche Abhandlung. Das haben Sie wahrscheinlich schon bemerkt. Es wird auch kein „Betroffenenbericht", der keinen Raum ließe für eine Übertragbarkeit der Erfahrungen. Ich schreibe als Expertin in eigener Sache, weil ich glaube, dass sich Aspekte und Faktoren herausstellen lassen, die hilfreich sein können für Betroffene, FreundInnen[2], BegleiterInnen und Professionelle. Es geht hierbei nicht um allgemeingültige Aussagen und Antworten, dazu ist dieses Thema zu sehr von individuellen Möglichkeiten und Grenzen geprägt –

---

[2] Im Folgenden verwende ich, wo es möglich und passend ist, die Schreibweise mit großem "I", ansonsten entweder die weibliche oder die männliche Sprachform. Frauen und Männer sind jedoch jeweils gleichermaßen gemeint.

außerdem würden Antworten an dieser Stelle das blockieren, was ich für maßgeblich halte: die Fragen. Sich selbst und andere immer wieder zu fragen, weiterzufragen und nach Antworten zu suchen und manche zu finden.

Ich möchte Mut machen, aufzeigen, dass eine Strafanzeige bei rituellem Gewalthintergrund insgesamt als sinnvoll und positiv erlebt werden kann – auch und gerade rückblickend und trotz aller Grenzen und Ambivalenzen.

Und ich möchte auch warnen, Hinweise geben, was zu beachten, zu bedenken, zu hinterfragen ist vor einer solchen Entscheidung. Nur wer eine Vorstellung davon hat, was die Grundbedingungen sind und was alles möglicherweise auf eine/n[3] zukommt, kann sich bewusst für oder gegen eine Strafanzeige entscheiden – und sie auch durchstehen. Daher hoffe ich, dass sich keine/r beim Lesen (oder *vom* Lesen …) abschrecken lässt durch die Vielzahl der Hinweise und die lange Liste der möglichen Schwierigkeiten. Es ist weniger als Checkliste denn als Angebot gemeint, das Thema Strafanzeige einer ergebnisoffenen Betrachtung zu unterziehen – diesen Weg gedanklich weder von vorneherein pauschal auszuschließen, *weil das ja dann immer so und so läuft,* noch kritiklos als das Nonplusultra oder Allheilmittel zu sehen, *weil bei so was nur eine Anzeige helfen kann …*

Ich werde versuchen, herauszufiltern, was helfen kann und was aus meiner Sicht notwendig ist, was wie vorbereitet und geklärt werden kann, und dass bei allem doch klar sein muss: Die Betroffene kann den Verlauf und das Ergebnis einer Strafanzeige und der Ermittlungen nicht kontrollieren oder bestimmen. Was sie kann, ist immer wieder ihre eigenen Handlungsmöglichkeiten wahrzunehmen und umzusetzen, z. B. sich um Begleitung zu kümmern und Pausen einzufordern. Und vor allem kann sie diesen scheinbaren Kontrollverlust auch als befreiende Veränderung und Entlastung empfinden und erleben. Das kann durch das Bewusstsein und die (durchaus im Verlauf wiederholt notwendige) Auseinandersetzung mit einer anderen möglichen Sichtweise gelingen: Die Verantwortung für die Ermittlungen und deren Ausgang wird den ermittelnden Behörden übertragen. Die Betroffene hat getan, was sie tun konnte, und fortan liegt es nicht mehr an ihr, vielmehr ist es nun Aufgabe des Staates bzw. der Strafverfolgungsbehörden wie Polizei und Staatsanwaltschaft.

In diesem Zusammenhang wird es um die Frage gehen, was Strafverfolgung und polizeiliche Ermittlungen bei Ritueller Gewalt so schwierig macht. Welche Hürden können in diesen Fällen im Strafrecht oder in aussagepsychologischen Gutachten liegen? Lassen sich Sachbeweise[4] (ohne die es in den meisten dieser Fälle (noch) nicht zu einer Anklage kommen wird) finden? Welche Auswirkungen können die Strafanzeige und auch die Vorgehensweisen der Strafverfolgungsbehörden auf die Anzeigende (und ihr Umfeld) haben?

---

[3] Ich gehe der besseren Lesbarkeit und Statistik halber von einer weiblichen Anzeigenden aus.
[4] Sachbeweise sind naturwissenschaftlich geführte Beweise zum Zweck des Nachweises einer Tat oder einer Täterschaft. Sie werden durch kriminalistische Erkenntnisse gewonnen, z. B. Spuren, Dokumente, Tatmittel, Protokolle einer Telefonüberwachung etc. (Steinert 2008)

4.4.3 Entscheidung und Motivation

4.4.3.1 Innen

Überprüfung der Motive – Für mich oder gegen die Täter?
Meiner Erfahrung nach ist es wichtig, ehrlich zu sich selbst zu sein. Das bedeutet, sich zunächst mit einer offenen Haltung die Gefühle, Wünsche und Hoffnungen zu vergegenwärtigen, um die inneren, möglicherweise hinter sachlichen Argumenten verborgenen Beweggründe zu erkennen. Das klingt vielleicht einfach, kann jedoch einige Zeit und selbstkritische Untersuchungen erfordern. Danach ist es möglich – und auch sehr wichtig! – allein und mit Unterstützung etwaige Hoffnungen und Ziele auf achtsame Art einer Wirklichkeitsüberprüfung zu unterziehen. Sind sie realistisch? Wie hoch ist die Wahrscheinlichkeit, dass der Verlauf meinen Erwartungen entspricht? Wie viel Prozent bräuchte ich, um es zu wagen?

Ist der Hauptantrieb Hoffnung auf Gerechtigkeit? Auf Heilung? Rache? Ein Ermittlungsverfahren/Strafverfahren/Prozess ist keine Wiedergutmachung. Der Wunsch oder das Bedürfnis nach einer objektiven Bestätigung im Sinne von „Mir wurde tatsächlich Unrecht getan" ist zwar sehr nachvollziehbar, kann aber schnell den gegenteiligen Effekt haben, wenn die eigene Anerkennung und Bewertung dessen, was war, vom Verlauf der Ermittlungen abhängig gemacht wird. Eine Einstellung der Ermittlungen oder des Verfahrens kann dann im Umkehrschluss gedeutet werden als Aussage, dass die Gewalt, das Unrecht nicht stattgefunden hätte.

Denn es geht um das Auffinden und Sichern strafrechtlich relevanter Beweise und die juristische Feststellung von Straftaten. Es geht nicht darum, wer was glaubt oder nicht glaubt. Das Rechtsstaatsprinzip *in dubio pro reo* und die Unschuldsvermutung bedeuten, dass im Zweifel, also wenn die Beweise für eine Verurteilung nicht ausreichen, für den Angeklagten zu entscheiden ist, damit niemand zu Unrecht verurteilt wird. (Ob dieses Prinzip in jedem Fall den Besonderheiten und speziellen Anforderungen mancher Fälle gerecht wird, sei dahingestellt. Definitiv sagt eine Einstellung des Verfahrens nicht zwangsläufig etwas über die Glaubhaftigkeit der Aussagen aus.)

Jeder Wunsch, jede Hoffnung ist Ausdruck, Spiegel der inneren Bedürfnisse oder Standpunkte – es gilt jedoch herauszufinden, ob diese Gefühle eigentlich eine Handlung nach sich ziehen müssen (oder es nicht eher darum geht, einen inneren Umgang mit etwas zu finden) und wenn, ob eine Strafanzeige tatsächlich das Mittel der Wahl dafür ist.

Es kann viele Motive und Gründe für eine Strafanzeige geben, häufig ist es auch eine Kombination. Antrieb und Ziel einer Strafanzeige kann sein, sich auf diese Weise aktiv gegen die Täter zur Wehr zu setzen, auch als Selbstbemächtigung und Signal an die Täter – vielleicht vollkommen unabhängig von Ermittlungs- oder Prozessergebnissen.

Weitere Beweggründe können sein, die erlittene Gewalt öffentlich zu machen und sozusagen den Staat in die Pflicht zu nehmen[5]; auch Sicherheitsfragen aus aktuellem Anlass,

---

[5] Restitutionspflicht, staatliche Fürsorgepflicht: Jeder Mensch hat das Recht auf Schutz vor Straftaten bzw. deren Verfolgung. Dieses Grundrecht lässt sich aus Artikel 2 GG herleiten, der die freie Entfal-

also die innere und/oder äußere Befreiung aus einem Bedrohungsgefühl oder einer Bedrohungssituation.

Die Meinung und Empfehlung jedoch, bei aktueller Bedrohung durch die Täter helfe auf jeden Fall (oder nur) eine Strafanzeige, ist durch die Erfahrungen leider längst widerlegt. Sicher gibt es das Modell, dass die Täter durch eine Strafanzeige die Betroffene in Ruhe lassen und sie sozusagen abschreiben – nicht (nur) steuerlich, sondern auf den Kult bezogen, sie wird intern „ausradiert".

Demgegenüber ist es in mehreren Fällen zu Gewaltanwendung, Überfällen und/oder Entführung durch die Täter gekommen. Nicht in jedem Fall schützt also der Weg in diese Art von Offensive. Das vielleicht gut gemeinte, aber oftmals naive oder auch drängende Anraten zu diesem Schritt in einer existenziellen, verzweifelten Situation ist zuweilen womöglich am allermeisten Ausdruck der eigenen Hilflosigkeit oder des Bemühens, das Leid und die Lebensrealität der Betroffenen von sich fernzuhalten ... Die Folge einer so entstandenen Entscheidung zur Anzeige kann sein, dass die Betroffene einer noch größeren Belastung und Gefährdung ausgesetzt ist.

Grundsätzlich ist es gut, sich bewusst zu sein, dass äußere Maßnahmen *ohne* die entsprechende innere Haltung und Einigkeit meist nur begrenzt und nicht dauerhaft nützen oder sogar schaden bzw. gefährden können. Zum anderen ist hier so gut wie möglich zu prüfen: Erhöht dieser Schritt tatsächlich meine Sicherheit oder kann er auch das Gegenteil bewirken, zum Beispiel, wenn ich tatsächlich solch umfangreiches Wissen habe, dass die Tätergruppe damit rechnen muss, aufgedeckt zu werden? Tätergruppen wägen da genau und haarscharf ab – für sie ist es eine Risiko-Nutzen-Kalkulation, deren Rechenwege längst nicht immer nachvollziehbar sind.

Eine Strafanzeige, die Ermittlungen und auch ein Strafverfahren dienen *nicht* in erster Linie dem Schutz des Opfers, sondern der Strafverfolgung und der Wiederherstellung des Rechtsfriedens. Für die Justiz ist das Opfer in erster Linie Zeuge. Das wissen die meisten Menschen bzw. Nicht-Juristen nicht, es ist aber eine wichtige Unterscheidung gerade im Hinblick auf eigene Erwartungen.

Es kann außerdem sein, dass dieselben Gründe, die eventuell das Ermittlungsverfahren erschweren (fehlende Sachbeweise, Unterschätzung der Gefährdung seitens der Ermittlungsbehörden etc.), auch Schutzmaßnahmen nach dem Gewaltschutzgesetz[6], dem Gefahrenabwehrrecht oder ein Zeugenschutzprogramm nicht greifen oder erst gar keine Anwendung finden lassen.

Der Entschluss zur Strafanzeige kann auch aus dem Wunsch resultieren, anderen zu helfen, die noch ‚dort' sind: „Es ist *nicht* vorbei – für andere im Kult, in der Gruppe".

---

tung der Persönlichkeit und die persönliche Freiheit sowie das Recht auf Leben und die körperliche Unversehrtheit schützt und damit garantiert. Die Staatsorgane haben nach Artikel 1 Satz 2 GG die Verpflichtung, die Würde des Menschen zu schützen und ihn damit vor Straftaten möglichst zu bewahren.

[6] Schwierigkeiten hier: Genügende Glaubhaftmachung der Bedrohung; der Täter muss eindeutig identifizierbar sein, d. h., der Anzeigenden muss der Name bekannt sein; zeitliche Befristung der Maßnahme.

Wenn andere nach wie vor Gewalt erleben, weiterhin in der Gewalt der Täter sind, vielleicht Geschwister, vielleicht ein Kind, kann dies ein Weg sein, zu tun, was möglich ist. Es kann ein Weg sein, der hilft, damit leben zu können und es ist der einzige Weg, anderen durch Handlung helfen zu können. Hilfe kann nur von ‚hier' aus geschehen. Wer ‚dort' ist, kann nichts für andere tun, auch wenn es so scheinen mag oder von Tätern suggeriert wird.

Vielleicht geht es bei dem Schritt auch darum, eine Generationenfolge sichtbar und öffentlich zu durchbrechen. Es kann um die Auflösung von Erpressung gehen, z. B. durch die Androhung der Täter, einem Menschen, den sie in ihrer Gewalt haben, etwas anzutun. Oder es geht um (scheinbare) Beweise in den Händen der Täter, z. B. Videoaufnahmen von eigener erzwungener Täterschaft … Es kann um tatsächliche oder empfundene Auswegslosigkeit gehen … Die Liste ist lang. Es gibt viele gute Gründe für eine Strafanzeige.

4.4.3.2 Außen

Überprüfung der Möglichkeiten – Information und Beratung

Nach der Klärung der Motivation kann es einen Schritt weiter gehen. Gut wäre an dieser Stelle eine eingehende Information und Beratung sowohl von psychologischer als auch von juristischer Seite. Das kann eine Beratungsstelle sein, eine Therapeutin, ein Rechtsanwalt, mit denen gemeinsam die Ziele und Chancen überprüft und eingeschätzt werden können.

Leitfragen könnten sein: Was käme auf mich zu? Womit muss ich rechnen? Was spräche für, was gegen eine Strafanzeige? Wäre in diesem Fall, zu diesem Zweck, eine Anzeige anzuraten? Wie sehen bisherige Erfahrungen und Verläufe in ähnlichen Fällen aus? Gibt es Verjährungsfristen?[7] Was kann ich mindestens oder maximal erreichen? Wenn ich noch keinen Rechtsanwalt habe: Wer käme in Frage? Sollte er/sie in dem Thema Rituelle Gewalt erfahren sein und evtl. bereits eine Kultüberlebende vertreten haben? Welche Auswirkungen kann die Strafanzeige haben? Auch im Hinblick auf meine Sicherheit? Kann dieser Weg ein Schutz sein? Kann er eine Gefährdung mit sich bringen? Sind Chancen auf eine Anklageerhebung/Verurteilung gegeben? Wie wichtig ist mir dieses Ziel? Was bräuchte es, damit es sich für mich lohnt? Was könnte im schlimmsten Fall passieren? Jahrelange Ermittlungen, Einstellung des Verfahrens, ein Prozess oder vielleicht *gar nichts*? Fühle ich mich dem gewachsen? Was bräuchte ich, um mit diesen Eventualitäten umgehen zu können?

---

[7] Verjährungsfrist für eine Vergewaltigung nach § 177 StGB 20 Jahre, sexueller Missbrauch von Kindern nach § 176 StGB verjährt grundsätzlich bereits nach 10 Jahren. Eine Verjährung von 20 Jahren kommt beim sexuellen Missbrauch von Kindern nur in besonders schweren Fällen nach § 176 Absatz 3 StGB in Betracht. Die Verjährung ruht bis zur Vollendung des achtzehnten Lebensjahres des Opfers bei Straftaten nach den §§ 174 bis 174c, 176 bis 179 und 225 sowie nach den §§ 224 und 226, wenn mindestens ein Beteiligter durch dieselbe Tat § 225 verletzt.

Viele, viele Fragen, die nicht alle abschließend beantwortet werden können oder müssen – meiner Erfahrung nach macht es aber einen großen Unterschied, sie sich überhaupt gestellt zu haben und sich damit auseinandergesetzt zu haben. Auch im Verlauf ist es für alle hilfreich, sich die Ziele, aber auch Zweifel vergegenwärtigen zu können, um (sich) ggf. daran erinnern zu können, wenn im konkreten Geschehen die Klarheit verloren geht oder Impulse von scheinbarer Sinnlosigkeit auftauchen.

Strafanzeige oder Beratung?

Klar muss sein: Wenn (vielleicht vorerst) nur eine Beratung durch die Polizei stattfinden soll, dann dürfen keine Namen, Tatorte und Tatvorgänge genannt werden, da Offizialdelikte[8] von Amts wegen, d. h. auch ohne Strafantrag zu verfolgen sind. Mit anderen Worten: Sobald die Staatsanwaltschaft oder Polizei von dem Verdacht einer solchen Straftat Kenntnis erlangt, müssen sie ermitteln, auch gegen den Willen der Zeugin. Und: Es gibt bei Offizialdelikten keine Möglichkeit, eine bereits erstattete Anzeige zurückzuziehen. Der Grund dafür ist eigentlich im Sinne der Anzeigenden, da sie dadurch keinen Einfluss auf den Verlauf der Ermittlungen, bzw. des Strafverfahrens hat und die Strafanzeige nicht unter Druck von Tätern zurückgezogen werden kann.

Selbstanzeige?

Häufig werden Opfer unter Androhung und Ausübung von Gewalt dazu gezwungen, selbst zu misshandeln oder strafbare Handlungen in oder für die Tätergruppe bzw. für den Kult zu begehen. Wenn eine Selbstanzeige[9] erwogen wird, beispielsweise um einen Ausweg aus Erpressung – oft werden solch erzwungene Handlungen genau zu diesem Zweck gefilmt – oder Schuldgefühlen zu finden, ist es wichtig, sich über mögliche Konsequenzen zu informieren und im Klaren zu sein. Es ist dann wichtig, sich vorher schon mit der Rolle als Beschuldigte auseinanderzusetzen. Das ist schwierig, je nachdem auch, inwieweit die eigene Täterschaft bereits in der Psychotherapie Thema sein konnte. Kripo und Staatsanwaltschaft sind angehalten, die angezeigten Umstände unvoreingenommen zu untersuchen, das gilt selbstverständlich ebenso, wenn aus den Schilderungen eindeutig der Zwang zur Tat hervorgeht. Dennoch sind die bisherigen Erfahrungen so, dass eine Selbstanzeige weder mit Untersuchungshaft noch mit einer moralischen Verurteilung durch die ermittelnden Beamten beantwortet wird.

---

[8] Vergewaltigung ist beispielsweise ein Offizialdelikt.
[9] Siehe auch 4.4.5.1.

4.4.4 Was braucht es, was ist hilfreich?

4.4.4.1 Persönlich/Innen

So unterschiedlich die Anzeigenden, aber auch die Begleitumstände und Voraussetzungen sind, so verschieden ist auch das, was jeweils notwendig und hilfreich sein kann. Daher ist es am Besten, immer wieder individuell zu analysieren und zu entscheiden. Einige Fragen können dabei vielleicht unterstützen:

Einigkeit
Sind alle Persönlichkeitsanteile[10] mit der Entscheidung einverstanden? Wo gibt es Ängste, Vorbehalte, Gegenargumente? Es ist wichtig, einen Umgang damit zu suchen, sich Zeit zu lassen und offene Diskussionen ohne Druck zu führen. Auch wenn es vielleicht mühsam und konfliktreich ist – doch auf diese Art ist es möglich, sich eine gute und stabile Basis zu schaffen, die auch in späteren Turbulenzen tragfähig ist.

Gibt es Anzeichen, Ahnungen oder Wissen von eventuell mit diesem Schritt verknüpften Konditionierungen? (Wie) Lassen sie sich auflösen/löschen/umwandeln? Wer kann dabei helfen? Innen, aber auch im Außen?

Es müssen nicht alle Anteile selbst den ausdrücklichen Wunsch zur Strafanzeige haben. Es wäre jedoch gut, verbindliche Absprachen zu treffen, dass diejenigen sich ggf. zurückziehen und die anderen nicht behindern. Dies kann indes zur Folge haben, dass manche Informationen nicht oder nicht ohne Weiteres zugänglich sind.

Es kann bei jeder einmal Situationen oder Stimmungen geben, in denen sie denkt: „Jetzt reicht es mir, jetzt nehme ich all meinen Mut zusammen und gehe zur Polizei!" Ich denke, das kann ein Anfang sein, für eine Entscheidung reicht es hingegen nicht, *einmal* genügend Mut und Kraft aufzubringen. Besser wäre, vorher schon eine Vorstellung davon zu haben, was es braucht und bedeutet. Natürlich ist es verständlich, wenn, beispielsweise aus Wut oder Ohnmachtgefühlen heraus, eine krasse und sofortige Entscheidung die Lösung verspricht. Doch Strafanzeigen, die aus einer spontanen Idee oder Kurzschlusshandlung heraus gestellt werden, womöglich im Alleingang einer oder weniger Persönlichkeiten, stellen das ganze System – und auch ein HelferInnensystem – vor vollendete Tatsachen. Das kann dazu führen, dass der Verlauf als nicht selbstbestimmt erlebt wird und die Handlungs- und Vorbereitungsmöglichkeiten stark eingeschränkt sind. Solche Bedingungen können für die Betroffenen leicht zu einer Art Wiedererleben von vergangener Ohnmacht führen, und auch ein UnterstützerInnennetz vor eine große Herausforderung stellen.

Vielleicht ist es eine gewohnte, vertraute Struktur, die lange Zeit einen Sinn hatte oder auch gar nicht anders möglich war („Feuerwehrprinzip"). Und sicher gelingt es dennoch, irgendwie einen Weg hindurchzufinden, jedoch wäre es meiner Meinung nach wün-

---

[10] Im Folgenden gehe ich von einer Anzeigenden mit DIS aus; m. E. sind viele Aspekte zumindest sinnbildlich aber auch für Anzeigende ohne DIS passend.

schenswert, sich ein anderes, schonenderes Vorgehen zu erlauben. Dies gilt natürlich auch für alle weiteren Aspekte einer Strafanzeige, die in dieser Hinsicht einen Spielraum lassen – die Herausforderungen werden so oder so groß genug sein …

Zweifelsohne kann es Situationen geben, in denen die Entscheidung aufgrund der Bedingungen oder Probleme schnell erfolgen muss. Wenn beispielsweise nur so das rechtzeitige Sichern von Sachbeweisen wie Spuren oder Verletzungen von aktuellen Taten oder Täteraktivitäten erreicht werden kann, muss es schnell gehen. Manchen solchen kurzfristigen Entscheidungen ging vielleicht eine unbewusste Auseinandersetzung mit dem Thema Strafanzeige voraus, die dann den schnellen Entschluss erlaubte – aber in manchen Fällen ist die aktuelle Situation so brenzlig, dass die Probleme, die eine unvorbereitete Strafanzeige zur Folge haben kann, schlicht nicht das Schlimmste oder Schwierigste an der Gesamtsituation sind und kein Kriterium für eine Entscheidung darstellen.

Klarheit und Struktur

Es braucht eine ausreichend stabile Basis; ein stabiles inneres Team, das bereit ist, die Belastungen und den Verlauf zu tragen, ebenso ist es gut, klare Absprachen zu finden, wer auch darüber hinaus wofür zuständig ist. Dazu kann z. B. gehören, vor Vernehmungen die innere Struktur zu ordnen, zu klären: Welcher Persönlichkeitsanteil ist „vorne"[11], welche/r sollte mit dabei sein oder in der Nähe sein? Welche Persönlichkeiten sollten geschützt im Inneren sein (und bleiben)? Welche Strategien und Möglichkeiten gibt es für Notfälle und für unvorhergesehene Veränderungen?

Täterloyale Persönlichkeitsanteile

Eine wichtige Frage ist jene nach möglichen inneren „blinden Flecken". Gibt es noch Persönlichkeitsanteile oder Bereiche im Inneren, die dem Alltagsteam/der Alltagspersönlichkeit nicht bekannt sind, oder zu denen keine oder kaum Kontakt- und Kommunikationsmöglichkeit besteht? Gibt es Persönlichkeitsanteile, die noch täterloyal sind und/oder von Tätern erreicht werden können? Werden Täter eventuell über das Vorhaben und die Entscheidungsfindung informiert? Was würde/könnte das bedeuten? Auch hinsichtlich der eigenen Sicherheit? Gelingt es, Absprachen zu treffen, „Verträge" zu verhandeln oder steht die Anzeigende an diesem Punkt noch ganz am Anfang? Eine hundertprozentige Sicherheit kann es hier sicher nicht geben, dennoch steht die Betroffene vor der Aufgabe, dies genau zu prüfen und nach ihrem Wissen und Gefühl beurteilen. Eine erfahrene Therapeutin kann hierbei sehr unterstützend sein.

Zu bedenken gilt, dass es in diesem Fall vielfältige Schwierigkeiten und Folgen geben kann, die von einer Strafanzeige eher abraten lassen. Beispielsweise können unter solchen Bedingungen Ermittlungen ad absurdum geführt werden, indem Täter informiert und gewarnt werden. (Umgekehrt bedeuten informierte Täter nicht zwangsläufig, dass das „Leck" in jedem Fall bei der Anzeigenden zu suchen ist.) Neben einer möglichen Gefährdung der Anzeigenden wie Versuchen der Täter, sie „zurückzuholen", und/oder wieder auf

---

[11] Mit "vorne" ist hier gemeint, welche Persönlichkeit nach außen handelt und kommuniziert.

Linie zu bringen, ist ganz simpel mit allerlei „Sabotageakten" von täterloyalen Persönlichkeitsanteilen bei den Ermittlungen zu rechnen. Plötzlich können vielleicht einzelne Persönlichkeiten nicht mehr sprechen (nämlich die, die ganz viel wissen ...), oder dort, wo eigentlich das Gedächtnis war, ist nur noch ein großes schwarzes Loch ... usw. usw.

Alternative Faktenhinterlegung?
In manchen Fällen ist die Hinterlegung niedergeschriebener Fakten (Taten, Daten, Orte, Namen von Tätern) bei einem Rechtsanwalt, besser noch an mehreren Stellen, die sicherere und nützlichere Möglichkeit. Je nach (innerer und äußerer) Situation kann die Hinterlegung kombiniert sein mit einer Mitteilung darüber an die Täter. Solch ein ‚Stillhalteabkommen', („Lasst ihr mich in Ruhe, tue ich auch nichts ...") kann auch das Mittel der Wahl sein, wenn es keine täterloyalen Anteile (mehr) gibt, aber zu befürchten steht, dass die Täter aus Angst vor Aufdeckung bis zum Äußersten gehen könnten und das Leben der Anzeigenden in Gefahr geraten würde.

Wobei hierzu zu sagen ist, dass der Grad einer Gefährdung oder die Wahrscheinlichkeit eines Mordversuchs letztendlich nie objektiv eingeschätzt werden kann (auch nicht unbedingt von speziell ‚eingeweihten' Innenpersonen). Darüber hinaus kann es Umstände geben, in denen eine Anzeigende dennoch dieses Risiko eingehen will oder muss. Im Grunde ist es, wie an so vielen Punkten, auch hier vielleicht das Beste – wenn auch nicht einfach – den Fokus auf sich selbst zu legen und auf das eigene Gefühl und Herz zu hören. Zumindest kann das hilfreicher sein als die eigene Energie in unglaublich komplizierte Gedankengänge und Versuche, Täterbotschaften oder -verhalten zu deuten und zu entschlüsseln, zu stecken. Und vielleicht kommt das eigene Gefühl der realen Situation und Wirklichkeit sogar viel näher bzw. wirkt in gewisser Weise auch daran mit ...

So oder so ist es wichtig und sinnvoll, sich über Schutzmöglichkeiten zu informieren und im Zweifelsfall eine längerfristige Begleitung für Außenwege[12] in Betracht zu ziehen und zu organisieren.

Stabilität

Stabilität hat meiner Meinung nach weniger mit Statik als mit Bewegung zu tun. Niemand muss für eine Strafanzeige stabil wie ein Betonpfeiler sein, stattdessen geht es um Ressourcen und Fähigkeiten, die wirken und funktionieren, wenn der Boden ins Wanken gerät. Brauchbare Fragen könnten sein: Wie ist das System strukturiert, wann greifen welche Strategien? Was passiert, wenn eine Extremsituation eintritt? Denn als eine solche müssten sowohl die Strafanzeige und die Ermittlungen an sich als auch eine mögliche Täterpräsenz oder -bedrohung vor Ort begriffen werden. Reagiert jemand bzw. ein System unter Druck oder Stress mit Destabilisierung, Dekompensation, Mutlosigkeit? Ließe sich das durch bestimmte Hilfen abpuffern? Oder schließt die Ausgangssituation das Vorgehen und Durchstehen einer Strafanzeige eher von vorneherein aus?

---

[12] Mit Außenwegen sind hier die Strecken gemeint, also beispielsweise der Weg zum Einkaufen, zur Therapie etc.

Immer wieder den Blick auf die Gegebenheiten lenken zu können und sich nicht abzukämpfen an unrealistischen Forderungen oder Ähnlichem sind wichtige Fähigkeiten auf dem Weg. Jeweils im Inneren und im Außen Kontakt halten und Absprachen treffen und einhalten können, das Bemühen, so gut wie möglich auszusagen und mitzuarbeiten, durchzuhalten – all das sind Aspekte einer sicheren, haltbaren Basis. Die Fähigkeit, schwierige Gefühle auszuhalten, und Fähigkeiten zur Selbstberuhigung sind naheliegenderweise hilfreich – andererseits aber bei einer komplexen PTBS vielleicht nicht unbedingt unter den Top 10 der leichtfallendsten Eigenschaften … Daher ist es eine gute Hilfe, sich in diesen Punkten realistisch einschätzen zu können und entsprechende Strategien und Unterstützung einzuplanen.

Kraft
Es ist bei allen Überlegungen sehr von Vorteil, langfristig zu denken und abzuwägen. Denn es werden viele und umfassende Termine auf die Anzeigende zukommen. Eine einzelne Vernehmung kann schon mal fünf oder sechs Stunden dauern. Und diese Termine, die Fragen und Inhalte, die verschiedenen Schritte und Anforderungen werden in den meisten Fällen für Monate, wenn nicht Jahre, den Alltag bestimmen oder zumindest immer wieder im Vordergrund sein (müssen).

Angesichts solch einer andauernden seelischen und körperlichen Belastung ist es – wenn es denn die Umstände zulassen – ratsam, die aktuelle Lebenssituation vor der Entscheidung gut zu analysieren und sich zu überlegen, ob tatsächlich genügend Zeit, Raum und Kraft vorhanden bzw. aufzubringen ist.

Ressourcen
Ressourcen allgemein sind ein nicht zu unterschätzender Faktor, der das Durchstehen der Strafanzeige und des Verlaufs wesentlich beeinflusst. Alles, was wirksam ist in Bezug auf Selbstfürsorge, Entspannung, Ausgleich und Ablenkung, ob nun in erster Linie auf der Körperebene oder eher stärkende, schützende oder entlastende Imaginationen – es kann alles Mögliche sein, das ankert und stützt, reguliert und Kraft gibt. Im Kontakt und Austausch mit Menschen zu sein, beispielsweise in Freundschaften oder Liebesbeziehungen, ist dabei von unschätzbarem Wert in Zeiten, die vielleicht alle Reserven fordern.

Alltag
Auch wenn es vielleicht in manchen Situationen absurd erscheinen mag, zum Alltag überzugehen, alltägliche Dinge zu verrichten wie einkaufen, kochen, zum Sport oder Chor zu gehen, ist eine sehr hilfreiche Fähigkeit. Dieses immer wieder zu versuchen, auch wenn es schwerfällt, vertraute Strukturen aufrechtzuerhalten und nicht im permanenten Ausnahmezustand zu sein, stabilisiert und schafft Ausgleich. Hierzu gehört das aktive Kontakthalten zu FreundInnen genauso wie tägliche Muße, Zeit für Innenpersonen usw.

Humor
Humor? Ja! Gerade der Ernst der Lage kann manchmal durch Humor erträglicher werden. Wenn es gelingt, hin und wieder über absurd Erscheinendes oder über den eigenen

Frust zu lachen, kann das sehr entlasten (und zumindest kurzfristig auch entspannen). Angesichts einer andauernden Überprüfung und Infragestellung der eigenen Geschichte und Glaubhaftigkeit kann eine gewisse Portion (Galgen-)Humor für alle Beteiligten ein befreiendes Moment sein und Druck abbauen. Sogar in einer Vernehmungssituation ist das möglich. Auch Kripobeamte sind Menschen. Mit Humor.

Schweigegebote und Programmierungen

Schweigegebote oder Programmierungen[13], die wirksam sind oder noch durch innere oder äußere Auslöser „angestoßen" werden können, sind im Idealfall natürlich vor dem Schritt zur Strafanzeige aufgespürt und „entschärft" worden. Allerdings ist es meiner Erfahrung nach praktisch unmöglich, jeden einzelnen „Reserve-Auslöser" oder sorgfältig verborgenen Mechanismus gezielt aufzuspüren. Manches kann erst erkennbar werden, wenn eine ganz spezielle Situation oder Kombination von (inneren und äußeren) Umständen auftritt. Wichtig ist grundsätzlich das Wissen um diese Möglichkeit und das Zulassen, im Sinne von Aushaltenkönnen, dass da (noch) solche „Automatismen" angelegt sein können. Ohne diese Haltung ist ein Bemerken eventueller kleiner, unscheinbarer Hinweise und Anzeichen auf eben solche Konditionierungen kaum möglich.

Wenn es während der Dauer der Vernehmungen und Ermittlungen – vielleicht gerade dadurch ausgelöst – zur Aktivierung eines Programms kommt, gilt das, was auch sonst hilft: Ruhe bewahren, über die Befürchtung bzw. die Gefühle/Gedanken/Zwänge sprechen, innere und äußere Sicherheitsmaßnahmen treffen und es mit Hilfe in der Therapie möglichst auflösen.

Was vielleicht zunächst undenkbar, unnötig oder unangenehm scheint, ist der offene, transparente Umgang mit dem Problem. Nicht nur, weil das allein schon ein gutes Gegengewicht und ungeplantes, irritierendes Moment in dem Programmablauf darstellt, sondern auch, um das eigene Verhalten und eventuell gewünschte Hilfestellungen oder Pausen gegenüber dem Rechtsanwalt und den ermittelnden Beamten kommunizieren zu können.

---

[13] Vgl. Becker & Felsner, 1996: "Häufig sind Verknüpfungen mit traumatischen Erlebnissen bereits durch Täter codiert/einprogrammiert und können von außen (beispielsweise durch Zeichen) ausgelöst werden. Sehr diffizile Formen der Programmierung bedienen sich "normalen" Alltagserlebens – beispielsweise Gerüchen, welche basierend auf – auch unbewusste – Erinnerungen an traumatische Erfahrungen an einen Zwang zur Verschwiegenheit erinnern und das Verhalten bestimmen."
Vgl. auch Huber, 2005: "Planmäßige und unter Verwendung von Folter durchgeführte, erst unbedingte, dann bedingte Konditionierung, welche die Person dazu veranlasst, auf Auslösereize hin kontextunabhängig Dinge zu tun, zu denken, zu fühlen, die ihrem Interesse schaden, wie SVV, Suizid, Selbstschutz vernachlässigen und wieder Kontakt zu den Tätern aufnehmen. Ein Auslösereiz ist ein Reiz oder "Ein-Schalter", der Täter-Botschaften und Aufforderungen ins Bewusstsein schwemmt und das Opfer zur Ausführung derselben zwingt, auch wenn es das nicht will."

4.4.4.2 Außen

Unterstützung, Therapie, Soziales Umfeld, HelferInnensystem
Für die Zeit der aktiven Ermittlungen ist die Organisation des Unterstützungsbedarfs von großer Bedeutung. Im Gespräch mit den in Frage kommenden Menschen wie Therapeutin, Beraterin, Rechtsanwalt und FreundInnen lassen sich die Möglichkeiten und Rahmenbedingungen gemeinsam klären. Dieser Weg ist meiner Meinung nach kaum allein zu schaffen, zumindest nicht ohne entsprechende Auswirkungen. Daher ist es sehr hilfreich, sich – und den betreffenden Menschen natürlich – die Frage zu stellen: Wer kann wofür zuständig sein? Wer hilft? Wer ist da? Wer kann an diesem oder jenem Punkt unterstützen? Sind diese Menschen bereit, das auch über einen längeren Zeitraum zu tun? Habe ich FreundInnen, mit denen ich auch über die Inhalte sprechen kann? Ist eine ausreichend stabile Basis und Vertrauen in den jeweiligen Beziehungen vorhanden?

Gerade wenn es um die Begleitung zu Terminen geht (Vernehmungstermine, aber auch andere Termine, die im Rahmen der Ermittlungen anstehen), ist es wichtig, vielleicht sogar notwendig, eine professionelle Unterstützung zu haben. Das kann zum Beispiel eine Beraterin einer (Frauen-)Beratungsstelle oder auch eine Betreuerin sein – natürlich auch die Therapeutin, jedoch kann es hier das Problem einer fehlenden Abrechnungsmöglichkeit geben. In jedem Fall sollte schon vor dem Beginn von Vernehmungen ein Vertrauensverhältnis bestehen. Gut wäre dazu die Sicherheit, dass die Begleitperson sich sowohl mit dem Thema Rituelle Gewalt, Trauma, Dissoziation und ggf. DIS auskennt, als auch dass sie nicht vom Hocker fällt, wenn sie bei den Vernehmungen mit konkreten, detaillierten Schilderungen konfrontiert ist …

Während in der therapeutischen Beziehung auch die Vor- und Nachbereitung von Vernehmungen und Ermittlungsschritten einen wichtigen Aspekt darstellt, ist es im Kontakt mit Freunden, Freundinnen und PartnerIn wichtig, den Alltag nicht zu vergessen. Treffen und Unternehmungen zu planen, in denen es nicht oder nicht nur um die Anzeige und die entsprechenden Inhalte geht, sollte immer wieder auf dem Zettel stehen. Denn dies ist, auch über die Entlastung und Ablenkung hinaus, etwas, das der jeweiligen Beziehung gut tut, die ja einer erheblichen Belastung ausgesetzt ist.[14]

Meiner Erfahrung nach geht es in schwierigen Phasen oder Situationen nicht darum, diese Belastungen unbedingt vermeiden oder verringern zu können, und auch nicht darum, irgendetwas „besser" machen zu können oder zu müssen. Ich glaube, der entscheidende Punkt ist, immer wieder im Kontakt darüber zu bleiben, sich zuzuhören in dem, wie es sich anfühlt und was es schwer macht. Miteinander lässt sich auch herausfinden, wo jeweils die Grenzen verlaufen, und Wege damit zu finden. Ganz wichtig ist, dass auch FreundInnen oder PartnerInnen die Möglichkeit haben, mit einer anderen Person über die Strafanzeige und über Probleme und Belastungen, Hoffnungen und Zweifel zu sprechen. Woanders einen eigenen Raum dafür zu haben, ist für PartnerInnen auch im Hinblick auf die mögliche eigene Vernehmung durch die Kripo von großer Bedeutung. Kei-

---

[14] Siehe Rüppell (2008).

ne sollte sich scheuen, eigene Unterstützung oder auch Begleitung zu Vernehmungsterminen in Anspruch zu nehmen. Für PartnerInnen ist es vielleicht hilfreich zu wissen, dass sie als Verlobte nicht aussagen müssen.[15]

Ohne ein HelferInnensystem, das selbst auch wiederum Unterstützung erfährt, sind vor allem akute Gefährdung und akute Traumatisierungen schwer zu tragen.

Finanzierung der Therapie und des Rechtsanwaltes

Ein wesentlicher Punkt ist die Frage der Finanzierung der therapeutischen und anwaltlichen Unterstützung. Wie viele Therapiestunden habe ich noch, falls die gesetzliche Krankenkasse zahlt? Oder wenn ich selbst zahle: Schaffe ich es, die Finanzierung auch in dieser Phase und über den gesamten Zeitraum sicherzustellen? Wäre es denkbar, die Therapiekosten für den Zeitraum der Ermittlungen mit Hilfe eines Darlehens oder einer Stiftung abzudecken? Käme das Versorgungsamt auf Grundlage des Opferentschädigungsgesetzes (OEG) als staatlicher Leistungsträger in Betracht? Wie (un-)realistisch wäre dies? Denn zum einen ist die Entscheidungspraxis ziemlich restriktiv, zum anderen sind im Zusammenhang mit Ritueller/Organisierter Gewalt und/oder DIS die wenigen positiven Entscheidungen das Resultat jahrelanger Widerspruchsverfahren und Klagen. Hier aber wäre ja eine eher zeitnahe Lösung wichtig … Theoretisch kann der Weiße Ring bei Anträgen nach dem OEG Rechtsschutz anbieten, das hieße, dass zunächst die entstehenden Kosten für eine Weiterführung bzw. Überbrückung der Therapiestunden übernommen werden, wenn andernfalls eine Therapieunterbrechung droht. Ein Antrag nach dem OEG kann jedoch so weit reichende Konsequenzen und Schwierigkeiten mit sich bringen, dass das noch mal ein ganz eigenes Thema ist und sehr gut überlegt und abgewogen sein sollte.[16]

Das Erstgespräch bei einer Rechtsanwältin kann bei geringem Einkommen über einen Beratungsschein finanziert werden. Dieser wird bei entsprechendem Nachweis vom Amtsgericht ausgestellt. Auch ein sogenannter Beratungsscheck des Weißen Rings für eine anwaltliche Erstberatung ist denkbar. Darüber hinaus ist bei geringem Einkommen die Finanzierung der rechtsanwaltlichen Begleitung über Prozesskostenhilfe möglich. Dafür braucht es die Beiordnung, d.h. die Bestellung des begleitenden Rechtsanwaltes durch das Gericht (Zu Einschränkungen dieser Praxis siehe 4.4.5.2.).

Schutz und Zufluchtsmöglichkeiten

Grundsätzlich gilt: „Die Polizei darf bei Straftaten in ihrer Eigenschaft als der Staatsanwaltschaft zuarbeitende Strafverfolgungsbehörde den Opfern von ihrem gesetzlichen Auftrag her keinen Beistand bieten, sie ist zur objektiven Aufklärung von Straftaten verpflichtet. Jede parteiliche Hilfeleistung und Beratung ist der Polizei aus rechtlichen Gründen versagt."[17] Soweit zu der Unterscheidung der Zuständigkeiten. Wer aber ist dann für den konkreten Schutz zuständig?

---

[15] Umfassendes Zeugnisverweigerungsrecht für Angehörige (§ 52 StPO).
[16] Siehe Igney (2008).
[17] Rudolf von Bracken, RA und Geschäftsführer des NetzwerkOpferschutz, URL: http://www.opferschutz.net.

An imaginären und visualisierten Zufluchtsorten dürfte es wohl kaum mangeln ... Das Fehlen tatsächlicher Unterbringungsmöglichkeiten für die Anzeigende im Falle einer Gefährdung ist allerdings ein Dilemma. Noch ist es so, dass im Falle einer nötigen Flucht nur stationäre Wohnmöglichkeiten vorhanden sind, die auf solch spezielle Situationen und Erfordernisse nicht unbedingt zugeschnitten sind. Außerdem erfordert die Aufnahme aufgrund der Trägerschaften und Kostenübernahmen die Auflösung der eigenen Wohnung. Zu solch einem Schritt lässt es sich nicht mal so eben entscheiden, auch nicht, wenn das eigene Leben bedroht ist. Ein Schutzort für die Dauer der Ermittlungen (und eines eventuellen Prozesses) mit entsprechenden Betreuungs- oder Gesprächsmöglichkeiten könnte eine große Entlastung für alle Beteiligten bedeuten. Die Vision wäre ein Netz von kurzfristig aufsuchbaren Orten, temporäre Schutzwohnungen und andere sichere Plätze, wo die Anzeigende allein oder auch mit Begleitung Schutz suchen kann.

Was ist mit staatlichen Schutzmaßnahmen? Ein Zeugenschutzprogramm, das (gerade auch für den Fall einer Einstellung des Verfahrens) Schutz bieten könnte, ist bei der schwierigen Beweislage, die bei Ritueller Gewalt besteht, kaum realistisch. Eine vorliegende DIS erhöht nicht gerade die Chancen. Zwar schließt die Gesetzeslage bei einer sogenannten Persönlichkeitsstörung die Inanspruchnahme eines Zeugenschutzprogramms nicht generell aus – doch hat es meines Wissens bundesweit noch keinen Fall gegeben, bei dem eine Anzeigende mit der Diagnose DIS in ein Zeugenschutzprogramm aufgenommen wurde. Allgemein ist es so, dass nicht das Ausmaß der empfundenen Bedrohung ausschlaggebend ist, sondern die Einschätzung der Gefahrenlage durch die Polizei, die Gewichtigkeit der Aussage und die Eignung der Person.

In der Umsetzung würde diese Art von Schutz einen Wohnortwechsel beinhalten, eine neue Identität (Namenswechsel, Legenden-Lebenslauf) und das Einverständnis in den dauerhaften Abbruch sämtlicher Kontakte. Es würde also bedeuten, das gesamte soziale Netz und Unterstützungsnetzwerk zu verlieren. Kein Kontakt zu FreundInnen und Angehörigen, aber auch zum Rechtsanwalt und zur Therapeutin etc.

Angesichts dessen, welch psychische Belastung/Überforderung solch ein Schritt zu dem Zeitpunkt und ohne die Unterstützung einer bekannten Bezugsperson tatsächlich darstellen würde, wäre es wohl unnötiges Verpulvern von Energie und Ressourcen, hierfür zu kämpfen. Und solange die bereits erwähnten Visionen noch Utopie ohne Grundstein sind, ist es vielleicht am besten, individuell für sich zu sorgen und mit Hilfe von FreundInnen, Rechtsanwältin, Therapeutin ein eigenes Konzept zu entwickeln. Das kann eine Kombination aus verfügbaren Schutzmaßnahmen sein, sowohl die äußere als auch die innerpsychische Ebene betreffend. In Frage kommen z. B. Melderegisterauskunftssperren, Sperren der Daten bei Banken, Krankenkasse, Rentenversicherungsträger, Namensänderung. Gerade weil diese Schutzvorkehrungen nicht lückenlos sein können, spielen subjektiv helfende Maßnahmen eine große Rolle. Die Stärkung des Sicherheitsgefühls durch systembezogene Strategien, aber auch durch einen Selbstbehauptungs- und Selbstverteidigungskurs ist auf jeden Fall (selbst-)wirksam.

Last but not least möchte ich den Tipp geben, wenn es irgendwie realisierbar ist, während der Zeit der Ermittlungen auch mal ein Wochenende woanders zu verbringen. Fern der Stadt, in der es vielleicht ohne Begleitung gerade gar nicht möglich ist, einen Schritt vor die Tür zu setzen, eine andere Umgebung, andere Eindrücke zu erleben und vielleicht ja auch genießen zu können, kann den Kopf frei und den Horizont weit machen ...

4.4.5 Was macht es schwer?

4.4.5.1 Persönlich/Ermittlungstechnisch

Zwischen Trauma und Justiz ... Bei einer Strafanzeige vor einem Hintergrund von Gewalt und Traumatisierung besteht meist ein Spannungsfeld, dessen Dilemma Stang und Sachsse (2007) auf den Punkt gebracht haben: „Wenn ich als Opfer in einem Strafprozess aussagen will, soll oder muss oder wenn ich als Opfer im OEG-Verfahren Beamte oder Gutachter überzeugen will, soll oder muss, dann muss ich meine Schädigung lebendig halten. Ich muss im Prozess oder im Gutachten spürbar werden lassen, wie schlimm die Sache für mich war, wie sehr sie mich geschädigt hat und wie weitgehend ich auch heute davon noch geschädigt bin. Mein Ziel muss es also gerade sein, das Trauma und die Traumafolgen weiterhin zu aktualisieren oder zumindest aus der Latenz rasch aktualisierbar zur Verfügung zu haben. Das ist den Behandlungsstrategien der traumazentrierten Psychotherapie diametral entgegengesetzt. In der Therapie soll Vergangenes vergangen werden, bei laufenden juristischen Verfahren muss die Vergangenheit aktuell gehalten werden." (S. 183).[18]

Auch wenn für viele Anzeigende die Traumatisierungen und das Leid noch sehr nah sind, zu nah oft, um auf eine Art darüber berichten zu können, die nicht retraumatisierend oder destabilisierend ist, ist es etwas vertrackt. Denn dann kommt es zwar nicht zu dem obengenannten Umstand, aber stattdessen vielleicht zu einer Dissoziierung der traumatischen Gefühle, so dass die Aussage im Ton eher einem Geschäftsbericht nahe kommt. Und wenn es noch keine Integration der Traumainhalte geben konnte, sind diese in der Regel leicht durch Auslösereize triggerbar.

Die Vernehmungssituation kann so leicht zu einer Gratwanderung zwischen dem Gefühl des Wiedererlebens und des „Verschwinden-/Dichtmachenmüssens" werden. Es liegt in der Natur – wenn eine dabei überhaupt von Natur sprechen mag – der Sache, dass die Entscheidung zur Strafanzeige oft einhergeht, bzw. in einem zeitlichen und kausalen Zusammenhang steht mit einer schwierigen und belasteten Ausgangslage der Anzeigenden.

Andersherum ist es wohl so, dass der Zeitpunkt, an dem die Anforderungen durch die Vernehmungen und Ermittlungen leichter und mit weniger Belastung, Überforderung und evtl. Spätfolgen zu bewältigen wären, auch der Zeitpunkt ist, an dem es weniger oder keine äußere Veranlassung oder Notwendigkeit für einen solchen Schritt (mehr) gibt. Auch die inneren Beweggründe für eine Strafanzeige treten bei manchen möglicherweise in den Hintergrund, wenn sie bereits so weit auf dem Weg vorangekommen sind, dass ihnen ein Leben im Hier und Jetzt ohne Gewalt, Bedrohung und Flashbacks möglich ist.

---

[18] Stang & Sachsse (2007).

Beweise und Beweisführung
Beweislehre ist ein sehr komplexes Thema, das gerade im Zusammenhang mit Ritueller Gewalt wenig erfreulich, dafür jedoch umso wichtiger ist.

Bereits bei dem Begriff ‚Beweis' werden etliche Kategorien unterschieden, ich beschränke mich jedoch auf die für dieses Thema relevanten Aspekte, nämlich die personalen und die sächlichen Beweise. Beweisen an sich heißt, dass ein Sachverhalt so dargestellt ist, dass ein vernünftiger Zweifel an dem angenommenen Tatgeschehen nicht möglich ist. (Angesichts der Taten und Umstände bei einem rituellen Gewalthintergrund stellt sich die Frage, ob es dort überhaupt irgendeinen Sachverhalt geben kann, den ein gesunder Menschenverstand nicht anzweifeln will …)

Personalbeweis
Hiermit ist der Mensch als Beweismittel gemeint, d. h. die Zeugen und die Beschuldigten. Damit ist der Personalbeweis also subjektiv und dadurch immer abhängig von den individuellen Fähigkeiten der Wahrnehmung und Reproduktion sowie von der Wahrhaftigkeit der Aussage. Gerade was die Fähigkeiten betrifft, Informationen im Gedächtnis zu speichern und zu einem bestimmten Zeitpunkt zu äußern und darzulegen, haben viele Anzeigende aufgrund der Traumafolgen große Einschränkungen. Auch Aussagen von anderen Zeugen können nur begrenzt hilfreich sein, nämlich wenn die Zeugen entweder selbst zur Tätergruppe gehören oder aber unbeteiligt sind und infolgedessen gar keine nennenswerten, nämlich verifizierenden Angaben machen können. (Zumindest, wenn es immer geklappt hat mit der hermetischen Abschottung der Kultgruppe …)

Sachbeweis
Sachbeweise sind zum Beispiel Tatmittel, also ein für eine Straftat verwendeter Gegenstand, außerdem Spuren und Gutachten. Auch die Inaugenscheinnahme (beispielsweise eine Ortsbesichtigung) ist ein Sachbeweis.[19]

Der Sachbeweis wird geführt, indem Gegenstände oder Ermittlungsergebnisse (Spurensicherungsbericht, Telefonüberwachung, Videoaufzeichnung) in die Beweisaufnahme eingebracht werden. Manche Sachbeweise werden durch Gutachter oder Sachverständige erbracht.

Die Beweissicherung über Spuren ist ein Problem. Denn Spuren finden sich z. B. an Tatorten, auf Fluchtwegen, an Tatmitteln und, bei aktuellen Gewalterfahrungen, am Opfer selbst.

---

[19] Definition nach Eisenberg, 2008: "Als sachliche Beweismittel werden im Allgemeinen solche Gegenstände und Sachgegebenheiten bezeichnet, die eine überzeugende Begründung der Richtigkeit oder Unrichtigkeit einer Tatsache erlauben. Sie müssen gegenüber dem im Strafverfahren zu erforschenden Vorgang eine gewisse Selbstständigkeit und Beständigkeit haben, denn der Tathergang selbst ist nicht Gegenstand des Sachbeweises, sondern soll durch dessen Durchführung ermittelt werden".

Es mag unmöglich klingen, und vielleicht ist es das auch in solch einer Situation, dennoch ist in diesem Fall zu raten, sich ärztlich-gynäkologisch beweissichernd untersuchen zu lassen, am besten innerhalb von 24 Stunden.[20]

Sachdienliche Spuren könnten *theoretisch* Fußspuren sein, Fahrzeugspuren, Fingerabdrücke, Situationsspuren[21] oder sogenannte Gegenstandsspuren (z. B. DNA, Videofilme, Computerdaten, Daten aus Aufzeichnungen). *Praktisch* ist es, vor allem, wenn die Taten schon Jahre oder Jahrzehnte zurückliegen und/oder Angaben und Hinweise zu Tatort, Tatzeit und Tätern nicht ausreichend konkret sein können, ziemlich unwahrscheinlich, tatsächlich Spuren sichern zu können – die zudem dann noch erwiesenermaßen tatrelevant sein müssten … Daher wird der Personalbeweis (mit all seinen Hürden) umso wichtiger. Ideal aus strafrechtlicher Sicht, und unter bestimmten Vorraussetzungen auch notwendig, wäre aber eine Kombination aus Personal- und Sachbeweisen.

Grundsätzliches zur Vernehmungssituation

Egal wie stabil und stark die anzeigende Person ist oder scheinen mag: Es ist wie bei jeder Strafanzeige aufgrund von sexualisierten Gewalterfahrungen[22] schwer. Es ist schwer, in einer nüchternen, sachlichen Umgebung und Atmosphäre über Erlebtes zu sprechen, das so viel Schmerz, Qual, Entwürdigung und Entmenschlichung bedeutet. In einem therapeutischen Setting wird von beiden Seiten sehr viel an dem Arbeitsbündnis, an den Bedingungen und Absprachen, an der Vertrauensbasis und an Stabilisierungstechniken/-möglichkeiten gearbeitet. Die Rahmenbedingungen bei einer Strafanzeige sind davon grundsätzlich zu unterscheiden.

Das gilt einerseits für die Sprache und Wortwahl – die Justiz, also auch ein Rechtsanwalt, verfügt über eine ganz eigene Sprache und Argumentation – aber auch für die mimische und inhaltliche Reaktion der KripobeamtInnen. Sie lassen keine Rückschlüsse zu. Am sinnvollsten ist es eigentlich, persönliche Einschätzungen oder Intentionen beispielsweise bei Fragen oder Äußerungen gar nicht erst zu versuchen zu interpretieren oder zu deuten. Hilfreicher ist es womöglich, sich immer wieder zu vergegenwärtigen, dass Ungereimtheiten oder Irritationen ihren Ursprung auch einfach in vernehmungstaktischen Erwägungen haben können.

Bei der ersten Aussage, der eigentlichen Erstattung der Strafanzeige, hat die Anzeigende diesen Beamten wahrscheinlich nie vorher gesehen, er ist ihr gänzlich unbekannt und fremd. Bestenfalls hat sie vielleicht den Rat bekommen, sich direkt an einen bestimmten

---

[20] Beweismittel können die Dokumentation von Verletzungen sein, ungewaschene Kleidung, Spermaspuren, Haare, Haut, Fremdkörper. (Inzwischen gibt es auch die Möglichkeit einer anonymen Spurensicherung und Lagerung bis zu zehn Jahren, die bei einer späteren Anzeigenerstattung zugeordnet werden kann: ASS – Anonyme Spurensicherung nach Sexualstraftat).

[21] Situationsspuren ergeben sich aus der Anordnung, Lage und Zuordnung von Spuren oder Gegenständen zueinander und zu ihrer Umgebung zwecks Rekonstruktion des Tathergangs.

[22] Siehe Literatur im Anhang.

Kriminalbeamten oder ein bestimmtes Kommissariat zu wenden, weil z. B. dem Rechtsanwalt bekannt ist, dass das Thema dort nicht völlig unbekannt ist oder es sogar schon Strafanzeigen bzw. Ermittlungen dazu gegeben hat.

Doch auch in einem solchen Fall kann sie die Reaktion (und den Verlauf) vorher nicht einschätzen, sondern muss darauf vertrauen bzw. hoffen, dass sie ernst genommen wird. Die Anzeigende wird zu Beginn darauf hingewiesen, dass die Aussage wahrheitsgemäß erfolgen muss. Es ist vielleicht gut zu wissen, dass diese Belehrung nicht aus Misstrauen erfolgt, sondern dem Schutz der Anzeigenden dienen soll – sie ist gesetzlich vorgeschrieben.

Selbstverständlich spielt es eine Rolle, ob die vernehmende Person mir sympathisch ist. Die Persönlichkeit des vernehmenden Kripobeamten, wie er sich gibt, ob er vertrauenerweckend und offen wirkt, die Art und Weise der Fragestellung oder auch das Angebot von Unterbrechungen und Pausen – all das wirkt sich aus auf die Atmosphäre und die Vernehmungssituation. Der Wunsch nach einer Pause oder Unterbrechung kann natürlich jederzeit selbst geäußert werden, das kann auch dazu beitragen, sich immer wieder in einer aktiven, mitbestimmenden Position erleben zu können.

Die Kriminalbeamten werden sich freundlich und interessiert verhalten, jedoch stets eine kritische Distanz wahren und weder „affektiv mitschwingen" noch eine Bewertung oder Einschätzung der Aussage erkennen lassen. Sie werden nachfragen, wo eine Freundin, Beraterin oder Therapeutin sich längst vergewissert hätte, ob es noch gut ist, weiter darüber zu sprechen, und sie werden Einzelheiten, Details und konkrete Abläufe wissen wollen, die das Erlebte sehr nah zurückholen können. Eine einzelne Vernehmung kann mehrere Stunden dauern: „Wie darf ich mir das vorstellen? Wo war das genau, Ort, Straße, Haus, wie sahen die Räume aus, wie viele und welche Personen, Beschreibung der Personen, wer hat wann was getan, wie lief das genau ab, wie war jener Vorgang, was war zu hören, zu sehen, was fühlten Sie …?" Alles, auch und gerade die Inhalte und Erlebnisse, die mit Gefühlen von (Todes-)Angst, Scham oder Schuld besetzt sind, können und werden Gegenstand der Vernehmungen und Ermittlungen sein. Das ist besch… schwer, aber es ist auch das, was dadurch Gehör findet und über Worte in ein öffentliches Außen gelangt, anstatt dem Weg eines immerwährenden Gehorchens oder Schweigens zu folgen.

In manchen Fällen ist von Beginn an eine Gerichtsgutachterin bei den Terminen anwesend – ein Umstand, der absolut im Interesse der Anzeigenden ist, jedoch auch erschwerend sein kann, weil da dann vielleicht noch jemand sitzt und kaum eine Miene verzieht … Andererseits können das Wohlwollen und die unvoreingenommene Grundhaltung sowohl des vernehmenden Kripobeamten als auch der Gutachterin spürbar sein und helfen, bei sich und den eigenen Zielen zu bleiben.

Aber auch andere Aspekte, die eigentlich ganz im Sinne der Anzeigenden sind und für sie insgesamt oder zu einem späteren Zeitpunkt hilfreich und entlastend sein können, sind in der Praxis dennoch als ambivalent erlebbar und können bei einem Hintergrund von Ritueller Gewalt eine große Herausforderung bedeuten. Ein Beispiel ist die mittlerweile häufiger angewandte Videoaufzeichnung der Aussage, die der Anzeigenden im Falle eines Strafprozesses eine erneute Vernehmung vor Gericht ersparen kann (Was in der

Hauptverhandlung die Anwesenheit des/der Angeklagten sowie einer eventuell zugelassenen Öffentlichkeit bedeuten würde).[23]

Trotz aller innerer und äußerer Vorbereitung kann der vielleicht erstmalig in einem anderen als dem Kultzusammenhang erlebte Vorgang des Gefilmtwerdens zu Flashbacks und/oder Verwechslung von Ort, Zeit und Raum führen. Hinzu kommt erschwerend das Bewusstsein, dass in einem anderen Raum Personen zur gleichen Zeit vor den Monitoren sitzen und die Aufnahme steuern.

Für nicht psychotraumatologisch versierte Menschen, wie es Kripobeamte üblicherweise sind, kann es sehr irritierend sein, wenn ein Sachverhalt, der vielleicht an anderer Stelle schon Bestandteil der Aussage war, plötzlich nicht wiedergegeben oder weiter ausgeführt werden kann und stattdessen die Anzeigende mit dem Verlust von Raum-Zeit-Orientierung und Symptomen des Wiedererlebens zu kämpfen hat.

Persönlichkeitswechsel und andere Besonderheiten

Weitere Schwierigkeiten – bzw. zunächst einmal nur Besonderheiten – können natürlich auch jenseits spezieller Bildtechniken auftauchen, etwa Persönlichkeitswechsel oder (scheinbar oder tatsächlich) verschiedene Darlegungen eines Sachverhaltes durch unterschiedliche Persönlichkeitsanteile, die aus ihrer jeweiligen Sicht und vor ihrem jeweiligen Erfahrungshorizont berichten.

Es kann auch bei sehr gut strukturierten Anzeigenden aufgrund des hohen Anspannungsgrads angesichts der Vernehmungs- oder Ermittlungssituation vorkommen, dass eine Persönlichkeit, die z.B. gerade über etwas Bestimmtes berichtet, mitten in der Aussage oder Situation „verschwindet", weil etwas im Außen oder im Inneren der Anzeigenden erschreckt oder gestört hat. Dies kann, neben der Aufgabe, danach den Faden wieder aufzunehmen, eine für die Anzeigende unangenehme und/oder ungewohnte Situation sein, da sie in solchen Fällen vielleicht normalerweise den Wechsel überspielen würde, damit er nicht auffällt – in der Vernehmungssituation wäre das nicht unbedingt hilfreich. Pauschal ist es eher zu empfehlen, mit allen Besonderheiten, Brüchen und Lücken der eigenen Wahrnehmung und Erinnerung offen umzugehen, sie sogar jeweils selbst zu benennen, wenn sie bewusst sind. Die zu anderen Zeiten (und vielfach in Not und unter Zwang) erlernte Fähigkeit, nach außen hin eine „glatte Fassade" ohne Auffälligkeiten darzustellen, kann vermutlich keine Betroffene problemlos *nicht* anwenden. Es braucht angesichts der jahrelang aktiven Automatismen und der (zum Teil begründeten) Befürchtungen eine klare Entscheidung und immer wieder den Mut zur Offenheit.

Generell kann der Vorgang des Switchens[24] zwischen verschiedenen Persönlichkeitsanteilen von dem Kripobeamten fälschlicherweise als Desorganisiertheit oder mangelnde Kontrolle (und damit auch als mangelnde Zeugen- bzw. Aussagetüchtigkeit[25]) interpre-

---

[23] §§ 58a, 255a StPO.
[24] Eine anderer Persönlichkeitsanteil oder Persönlichkeitszustand übernimmt die Kontrolle über das Verhalten der Person.
[25] Siehe auch 4.4.5.3.

tiert werden, auch wenn es für die Aussage oder Ermittlungssituation wichtig oder sogar notwendig ist und von der Anzeigenden bewusst gesteuert geschieht.

Da das Wissen der ermittelnden Beamten über Trauma und Dissoziation selten ein fundiertes, vielschichtiges Verständnis von Dissoziativer Identitätsstörung umfasst, bleibt es nicht aus, dass spezifische Phänomene und Vorgänge nicht erkannt oder missverstanden werden.

Neben diesen Besonderheiten, die bei multiplen/hochdissoziativen Menschen die Vernehmungs- oder Ermittlungssituation beeinflussen können, finden spezielle und/oder dissoziative Phänomene möglicherweise an einem weiteren Punkt Ausdruck:

Akute Bedrohungssituation
Eine besondere, wenn auch vielleicht gar nicht so seltene Situation, liegt dann vor, wenn für die Anzeigende zum Zeitpunkt der Vernehmungen und Ermittlungen eine akute Bedrohungssituation durch die Täter(-gruppe) besteht. Dies kann großen Einfluss auf die Qualität und Art und Weise der Aussage haben.

Ein erheblich erhöhter Angstlevel bei der Anzeigenden kann zu Schwierigkeiten führen, die einerseits die Ermittlungen betreffen und beeinträchtigen können und die zum anderen für die ermittelnden Beamten eventuell nicht leicht nachvollziehbar bzw. nicht ohne Weiteres der Bedrohungssituation zuzuordnen sind.

Dabei ist für die Heftigkeit des Gefühlserlebens zunächst einmal unerheblich, wodurch die Angst (und mit ihr die möglichen Folgen) hervorgerufen wurde. Sie kann als Konsequenz einer „erfolgreichen" Einschüchterungsstrategie seitens der Täter steigen, also durch gezielte Konfrontationen mit Tätern, Auslösereizen oder Drohgebärden, die damit bereits ihren Zweck erfüllt haben. Es kann allerdings auch eine Lebensbedrohung, also Gefahr für Leib und Leben der eigenen oder einer nahestehenden Person vorliegen.

Sowohl solche Bedrohungssituationen als auch angetriggerte Programme können die psychische Ausgangssituation der Anzeigenden grundlegend verändern und beeinträchtigen. Ein erhöhter Angstlevel und ein erhöhtes Erregungsniveau beeinträchtigen u.a. die Verankerung im Hier und Jetzt, setzen die Schwelle für die Auslösung von Flashbacks herab und können die Kommunikation und Kooperation zwischen den Persönlichkeitsanteilen erschweren oder auch zeitweise zum Erliegen bringen. Desgleichen kann es zu Konflikten kommen hinsichtlich etwaiger Konsequenzen oder Schlussfolgerungen wie etwa der „plötzlichen" Überzeugung, dass die Täter doch allmächtig seien, oder dass die Entscheidung zur Strafanzeige falsch gewesen und die Gefahr/Gefährdung dadurch selbst provoziert und verschuldet sei …

Während solche „alten", durch die Bedrohung oder durch Auslöser wachgerufenen Überzeugungen, ebenso wie Programme, mit viel Arbeit und Unterstützung im Verlauf immer wieder entdeckt und „entschärft" werden können, kann das grundlegende Problem einer Gleichzeitigkeit von Ermittlungen/Vernehmungen und Täterpräsenz vor Ort eine fast unlösbare Herausforderung und einen unangenehmen „Hirnspagat" bedeuten. Für alle.

Für die Anzeigende kann es besonders schwer sein, angesichts der akuten Not nicht in Wut oder anderen Gefühlen zu bleiben darüber, dass die Polizei dennoch nicht eingreifen und helfen kann. An diesem Punkt kann es sehr hilfreich sein, auch mit Hilfe der Therapeutin, immer wieder zu sortieren und gute Schutzstrategien zu entwerfen und umzusetzen.

Für die Vernehmungen bzw. Aussagen konkret kann der Umstand der Bedrohung zunächst einmal schlicht bedeuten, dass Schilderungen möglicherweise weniger klar, strukturiert oder umfassend ausfallen. Häufigere Persönlichkeitswechsel, Abwehr bei Fragen und schnelleres Erreichen der eigenen Grenzen und dadurch eine ständige Überlastung können u.a. die Folgen solch schwieriger Außenbedingungen sein.

Auch kann es zu zeitlich verzögerten Berichten über Vorfälle von Täterbedrohung kommen, sei es aufgrund einer Amnesie für das Ereignis oder dessen (vorerst) notwendiger Abspaltung aus dem Alltagsbewusstsein. Darüber hinaus ist eine Verzögerung durch ausgelöste Erfahrungen von Todesangst denkbar, die zunächst zugeordnet und auf Abstand gebracht werden müssen.

Bei den ermittelnden Beamten können solche verzögerten Berichte zu Irritationen und Verständnisschwierigkeiten führen. Ohne das entsprechende Wissen über die Wirkungsweise des Gedächtnisses allgemein und dann vor allem auch im besonderen Fall bei Trauma und Dissoziation ist eine entsprechende Einordnung und Bewertung dieser und anderer Besonderheiten im Ermittlungsverlauf kaum möglich. Wenn die Anzeigende erpresst wird (und damit extreme Belastung, Double-Binds, Gefühle der Verzweiflung und Ausweglosigkeit erlebt), kann dies eine weitere außergewöhnliche Anforderung sowohl an die Kripobeamten als auch das soziale Umfeld bedeuten.

Täterstrategien

Aber auch ohne zusätzliche Komplikationen wie zeitlich verzögerte Berichte über Vorfälle oder akute Bedrohung/Traumatisierung kann fehlendes Wissen zu Schwierigkeiten und Hindernissen im Ermittlungsverlauf führen. Dies gilt sowohl in Bezug auf den Einblick in traumatisches Erleben und Traumafolgen als auch auf die Kenntnis von Organisationsstrukturen und Täterstrategien im Rahmen von Kulten. Hier seien beispielhaft die Stichworte Bedrohungsszenarien (für die mitunter keine Kosten und Mühen gescheut werden), stets aktualisierte Risiko-Nutzen-Abwägung, aber auch Mind-Control-Techniken und Zwang zur Täterschaft genannt.

Während die Frage der Glaubhaftigkeit von Aussagen dadurch besonders zentral werden kann, steht dem eine mögliche Unterschätzung von Kult-/Täterstrukturen und damit der Perfidie ihrer Strategien gegenüber. Viele Situationen lassen – generell, aber auch abhängig vom Kenntnisstand über spezielle Absichten, Eigenheiten und Taktiken von Tätern aus dem Spektrum der Rituellen Gewalt – völlig unterschiedliche Schlüsse zu.

Darüber hinaus gibt es natürlich je nach Einzelfall noch sehr spezifische, nicht unbedingt logisch ableitbare Motive für ein ganz bestimmtes Vorgehen oder Verhalten, welches sich nur vor dem persönlichen Hintergrund und Umstand der jeweiligen Anzeigenden erklärt. Ganz banal: Ein per Post oder Bote an einem bestimmten Tag zugestelltes Päckchen mit einem für Außenstehende harmlosen Inhalt, sei es eine Nachricht oder ein Gegenstand, kann ein von den Tätern verwendeter Code, ein Pfand, etc. sein, den die Anzeigende als Morddrohung gegen sich oder eine bestimmte andere Person erinnert und begreift.

Auch kann es sein, dass sie aufgrund der aktuellen Situation bzw. Zusammenhänge bereits den Inhalt des ungeöffneten Päckchens kennt, da sie in vorherigen, oft Jahre oder Jahrzehnte zurückliegenden quälenden Prozeduren (eventuell hier und da „upgedated") die Botschaft und Bedeutung eines solchen Päckchens lernen und internalisieren musste. Die ermittelnden Beamten fokussieren sich vielleicht auf die für sie ungewöhnlichen und zunächst unverständlichen Chiffre und Codes, während die Anzeigende längst mit der real existierenden Bedrohung konfrontiert ist. Solch eine Bedrohungssituation ist strafrechtlich gesehen nicht beweiskräftig und erlaubt den Ermittlungsbehörden demzufolge auch nicht entsprechende Maßnahmen.

Neben den Besonderheiten von inneren Strukturen und Täterstrategien gibt es weitere mögliche Merkmale, die auf äußere Einwirkungen zurückzuführen sind, wie eine verzerrte Wahrnehmung und damit auch Erinnerung beispielsweise durch Drogeneinfluss oder Indoktrination. Oder Informationen sind weder verzerrt, fragmentiert noch widersprüchlich, sondern ganz einfach nicht vorhanden. Wenn eine Person Opfer einer Gewalttat wird, weiß sie „normalerweise" etwas über das Aussehen des Täters, sie weiß etwas über den Ort der Tat, und sie weiß etwas über den Zeitraum der Tat. Genau diese Informationen aber sind im Kontext von Ritueller Gewalt vielfach nicht erst oder nur durch psychische Prozesse beeinflusst, sondern auch ganz simpel durch verwendete Utensilien. Wer beispielsweise auf Fahrten meist verdeckte Augen hatte, kann bei einem im Rahmen der Ermittlungen sorgfältig vorbereiteten Rekonstruktionsversuch eines Fahrtweges keine vollständige Strecke erinnern.

Dies gilt natürlich ebenso bei andersgearteten Störmanövern am Gedächtnis, wie ausgelöste Schnellwechsel- oder Ablenkungsprogramme.

Außerdem haben Täter in vielen Fällen von Beginn an (bzw. über Generationen hinweg) eine Kulisse für ihre Gewalt entworfen, die für Außenstehende, die um diese Strategie nicht wissen, nur verrückt und unglaubwürdig wirken kann – was ja genau im Sinne der Erfinder ist. Indoktrinationen und Vortäuschungen von „magischen" Operationen, implantierte „Erinnerungen" an Entführungen durch Außerirdische, bekannte Comicfiguren, die als scheinbar reale Personen in Gewaltsituationen (beispielsweise bei Programmierungssequenzen) anwesend oder beteiligt waren … usw. Es klingt lustiger, als es ist.

Andererseits sind diese Ausführungen auch nicht abschreckend oder entmutigend gemeint – im Gegenteil. Ich bin der Ansicht, dass hier klare Worte für alle Seiten hilfreicher sein können als ein vorsichtiges Herumlavieren.

Täterstrukturen und Gruppensystematik

Ein Beispiel für generelle Strategien des Kultes/der Gruppe, die weit über den Einzelfall hinausgehen und -weisen, wird bislang vielleicht zu wenig in Betracht gezogen: Das systematische Ins-Leere-laufen-Lassen von Observationen[26], Telefonüberwachungen und Hausdurchsuchungen, in denen dann kein einziger verwertbarer Hinweis oder gar Beweis

---

[26] Hier wäre beispielsweise eine Überwachung sinnvoll, die nicht nur sogenannte kultrelevante "Feiertage" abdeckt.

zu finden ist. Hierfür gibt es (zumindest für „Insider" jeglicher Art) naheliegende Erklärungen wie etwa der Umstand, dass der Anzeigenden in den wenigsten Fällen neben den Namen der eventuell beteiligten Eltern weitere *echte* Namen (im Sinne einer juristisch feststellbaren Identität) bekannt sein dürften. Die Namen, die sie kennt, sind entweder erfunden, oder führen zu „unbescholtenen Bürgern". Die kultrelevanten Lebensumstände und Kommunikationsformen der jeweiligen Eltern allerdings, wie auch jedes möglicherweise darüber hinaus bekannt gewordenen Täters mit feststellbarer Identität, wurden in aller Regel ab dem ersten Anzeichen einer Unregelmäßigkeit bei der späteren Anzeigenden (Hinweise auf Zweifel, Ausstiegsgedanken) besonderen Sicherungsmaßnahmen unterzogen. Kultmitglieder perfektionieren sowieso die zweifelhafte „Kunst" des „wasserdichten" Doppellebens stets weiter. Spätestens jedoch im Fall einer bekannt gewordenen oder für möglichen gehaltenen juristischen oder polizeilichen Beteiligung greifen rigorose „Whitewash"-Prozeduren. So verwundert es leider meist nur noch die ermittelnden Beamten, dass trotz umfangreicher Maßnahmen keine Beweissicherung möglich wurde. Erwähnenswert finde ich an dieser Stelle, dass dieses Szenario nicht unbedingt auf eventuell noch bestehende Täterkontakte oder täterloyale Innenpersönlichkeiten angewiesen ist, sondern auch dann noch funktioniert, wenn die Anzeigende selbst keine „Schwachstellen" mehr hat.

Dennoch, und das ist ein wichtiger Aspekt einer Auseinandersetzung mit den (noch) bestehenden Grenzen der Ermittlungstechnik und -arbeit, ist es sehr zu begrüßen, dass all die bereits erwähnten Methoden inzwischen in einigen Ermittlungsverfahren Anwendung finden. Das für sich genommen ist schon eine deutliche Aussage und Ausdruck dessen, dass die Problematik ernst genommen wird. Vielleicht könnte eine generell erfolgende Ausschöpfung der Mittel öfter einen Prozess als Ausgang der Strafanzeigen zur Folge haben und damit auch für die Strafverfolgungsbehörden befriedigender sein ... Dazu könnte u.a. die prinzipielle Anwendung ggf. in Betracht kommender Paragraphen gehören, wie schwerer sexueller Missbrauch von Kindern (§ 176 a StGB), Bildung einer kriminellen Vereinigung (§ 129 StGB), schwerer Menschenhandel (§ 181 StGB), Mord (§ 211 StGB).

4.4.5.2 Ermittlungstechnische Möglichkeiten

Wenn entsprechende Paragraphen (s.o.) zugrunde gelegt werden, reichen die Möglichkeiten der Beweissicherung nämlich weiter als gemeinhin angenommen wird. Neben naheliegenden Maßnahmen wie der Vernehmung von PartnerInnen, FreundInnen, TherapeutInnen und Familienangehörigen kommen auch weiter reichende Ermittlungsschritte in Frage. Das können beispielsweise Hausdurchsuchungen[27] sein (Beschlagnahmung persönlicher Aufzeichnungen, Kalender, Fotos, Bücher, Akten, amtlicher Unterlagen), polizeiliche Observation und Überwachung der Telekommunikation sowohl der Anzeigenden

---

[27] §§ 102, 105 StPO

als auch der angezeigten Personen, Spurensicherung und Durchsuchung von Fahrzeugen, Arbeitsstelle usw.

Auch eine ärztliche Untersuchung einschließlich gynäkologischer Untersuchung durch eine Rechtsmedizinerin kann zum Zweck der Beweissicherung, bzw. Verifizierung von Aussagen angeordnet werden. Auf richterlichen Beschluss sind darüber hinaus die Beschlagnahmung der Unterlagen von Krankenkassen, Beratungsstellen und ÄrztInnen (z. B. Aufzeichnungen und Auswertungen von Berichten) möglich.

Fotografien sowohl von Opfern als auch Tätern und Tatorten können mit beschlagnahmten bzw. im Internet verbreiteten Foto- und Videoaufnahmen verglichen werden. Spezielle Dienststellen, an die der Ermittlungsauftrag weitergegeben wird, sind beim Bundeskriminalamt (Zentralstelle Kinderpornografie) und beim Bayerischen Landeskriminalamt eingerichtet worden. Es gibt neben der nationalen Dokumentation seit 2009 auch eine internationale Bilddatenbank bei Interpol mit Informationen zu identifizierten sowie noch nicht identifizierten Tätern und Opfern in so genanntem kinderpornografischem[28] Bildmaterial.

Ermittlungen in alle Richtungen

Insgesamt ist festzustellen, dass ein vielfältiges spezielles Wissen (noch) nicht in ausreichendem Umfang vorhanden ist, und es daher seitens der Ermittlungsbehörden z.B. zu mehr oder weniger starken Zweifeln an der Glaubwürdigkeit der Anzeigenden bzw. der Glaubhaftigkeit der Aussage kommen kann.

Die Anzeigende selbst kann durch entsprechende Rückfragen an sie und wiederholtes Insistieren auf scheinbar mangelnde Logik und Nachvollziehbarkeit der Aussage oder eines Verlaufs verunsichert werden – eine Vernehmung kann dann gefühlsmäßig zum Verhör werden. An dieser Stelle muss auch die generelle Schwierigkeit benannt werden, die Ermittlungen bedeuten, die aufgrund einer Selbstanzeige die eigene Person mit einschließen. Bei einer gleichzeitigen Selbstanzeige – jedoch nicht nur dann – kann es geschehen, dass die Anzeigende sich selbst mehr und mehr in den Fokus der Ermittlungen geraten sieht und das Gefühl entsteht, alle Aufmerksamkeit und Anstrengung wäre auf sie als Täterin oder Verdächtige gerichtet, während die übrigen Täter nicht belangt/observiert/überprüft würden. Hier kann es leicht zu Fehlinterpretationen und Verwechslungen kommen, obwohl die „Prüfung auf Herz und Nieren" (was für eine scheußliche Redewendung) ganz im eigenen Sinne ist. Es hilft, sich immer wieder zu vergegenwärtigen, dass die Anzeigende über weite Strecken des Ermittlungsverfahrens nicht im Bilde über den Umfang und die verschiedenen Ebenen der Ermittlungen ist. Und zum anderen ist es gut, sich zu vergegenwärtigen, dass der Zweifel zunächst lediglich eine Arbeitshypothese ist, und nur durch entsprechende Untersuchungen bestätigt, aber auch ausgeräumt werden kann.

---

[28] Dokumentationen zu Kindesmisshandlungen oder Kinder-Folter-Dokumentation, siehe Gerstendörfer (2007).

Denn die Staatsanwaltschaft muss bei ihren Ermittlungen nicht nur belastende Umstände gegen den/die Beschuldigten ermitteln, sondern auch solche, die für den/die Beschuldigten sprechen und diese/n entlasten[29]. Dieses gilt natürlich in beide Richtungen …

Ein weiterer juristischer Aspekt spielt hier eine nicht unwesentliche Rolle: Auch auf frühzeitigen Antrag des begleitenden Rechtsanwaltes kann die Staatsanwaltschaft die Trennung der Ermittlungsverfahren[30] und damit die Beiordnung eines Strafverteidigers (also des begleitenden Rechtsanwalts) ablehnen. Dieses bedeutet in der Folge, dass eine Kostenübernahme des Rechtsanwaltshonorars sowohl über die Beistandbestellung und damit Prozesskostenhilfe als auch über eine Finanzierung durch den Weißen Ring ausgeschlossen ist, da dieser nur ausschließliche Opfervertretung übernimmt.

An diesen Punkten ist es immer wieder notwendig, bei sich zu bleiben, den Fokus nach innen, auf sich selbst zu richten, um die eigene Energie nicht im Ausagieren von Impulsen, also unüberlegten Handlungen o.Ä. zu verlieren. Manchmal kann es dazu vielleicht auch eines Korrektivs von außen brauchen, wenn es schwer ist, den Bogen von allein wiederzufinden. Hier kann die Therapeutin weit mehr unterstützen, als Gespräche mit Menschen, bei denen diese Punkte in erster Linie – verständlicherweise! – Empörung ob dieser ungerechten Zustände und Verfahrensweisen hervorrufen … Denn dies ist zu dem Zeitpunkt nicht so gut geeignet, um wieder zu einem positiven Gefühl und Standpunkt zu kommen.

4.4.5.3 Aussagepsychologische Begutachtung

Aufgrund der bereits erläuterten Schwierigkeiten in der Beweisführung bei Strafanzeigen wegen Ritueller Gewalt ist die Aussage der Opferzeugin, also der Betroffenen, von großer Bedeutung. Gleichzeitig ist sie wie jede Aussage zahlreichen möglichen Ungenauigkeiten, Verzerrungen und anderen Beeinträchtigungen unterworfen. Dies ist auch dann der Fall, wenn keine DIS vorliegt.

Aussagepsychologie und Begutachtung sind ein komplexes Thema, das an dieser Stelle nur angedeutet werden kann, für die nähere Betrachtung verweise ich auf die Literatur im Anhang, z.B. das Kapitel von Ulrike Giernalczyk: Aussagepsychologische Begutachtung Erwachsener, die in der Kindheit traumatisiert wurden (2008).

---

[29] Von Staatsanwälten wird die Staatsanwaltschaft deshalb gerne als "die objektivste Behörde der Welt" bezeichnet.
[30] Gemeint ist hier, die Verfahren zu trennen, so dass die Anzeigende nicht Opferzeugin und Beschuldigte/sich selbst Beschuldigende im selben Ermittlungsverfahren ist.

Nullhypothese[31]

Grundsätzlich wird nach Steller & Volbert (1997) bei einer Glaubhaftigkeitsuntersuchung von der Leitfrage ausgegangen: „Könnte dieser Zeuge mit den gegebenen individuellen Voraussetzungen unter den gegebenen Befragungsumständen und unter Berücksichtigung der im konkreten Fall möglichen Einflüsse von Dritten diese spezifische Aussage machen, ohne dass sie auf einem realen Erlebnishintergrund basiert?"

Das klingt erstmal sehr technisch und abschreckend, dahinter verbirgt sich jedoch ein Hilfsmittel, mit dem eine umfassende Prüfung erreicht werden soll.

Die Aussagepsychologin hat die Aufgabe, zu untersuchen und zu beurteilen, ob die Zeugin sogenannte erlebnisbegründete Angaben macht. Damit ist gemeint, ob die Angaben zu einem bestimmten Geschehen dem tatsächlichen Erleben der Zeugin entsprechen. AussagepsychologInnen erforschen demnach die subjektive Wahrheit, ob diese auch juristisch als richtig oder tatsächlich bewertet wird, entscheidet das Gericht.

Die Aussagequalität ist umso schwerer zu beurteilen, je länger der Zeitraum zwischen Geschehen und Aussage ist und je mehr die Aussage verschiedenen Einflüssen ausgesetzt gewesen sein kann[32]. Bei Menschen mit Komplextrauma, DIS und Rituellem Gewalthintergrund sind in der Regel alle drei Phasen der Aussageentstehung[33] beeinträchtigt bzw. speziell: die Wahrnehmung eines Sachverhalts, die Speicherung im Gedächtnis und die verbale Reproduktion.

Grundsätzlich ist es zu empfehlen, die Vernehmungen von Beginn an aussagepsychologisch begleiten und analysieren zu lassen. Fachkenntnisse auch bei der Gutachterin über Organisierte/Rituelle Gewalt, Trauma und Dissoziation sind hierbei sehr hilfreich, da aus

---

[31] In der Entscheidung 1 StR 618/98 aus dem Jahr 1999 hat der Bundesgerichtshof wissenschaftliche Anforderungen an aussagepsychologische Begutachtungen (Glaubhaftigkeitsgutachten) aufgestellt: "a) Das methodische Grundprinzip besteht darin, einen zu überprüfenden Sachverhalt (hier: Glaubhaftigkeit der spezifischen Aussage) so lange zu negieren, bis diese Negation mit den gesammelten Fakten nicht mehr vereinbar ist. Der Sachverständige nimmt daher bei der Begutachtung zunächst an, die Aussage sei unwahr (sog. Nullhypothese). Zur Prüfung dieser Annahme hat er weitere Hypothesen zu bilden. Ergibt seine Prüfstrategie, daß die Unwahrhypothese mit den erhobenen Fakten nicht mehr in Übereinstimmung stehen kann, so wird sie verworfen, und es gilt dann die Alternativhypothese, daß es sich um eine wahre Aussage handelt. Die Bildung relevanter Hypothesen ist daher von ausschlaggebender Bedeutung für Inhalt und (methodischen) Ablauf einer Glaubhaftigkeitsbegutachtung. Sie stellt nach wissenschaftlichen Prinzipien einen wesentlichen, unerläßlichen Teil des Begutachtungsprozesses dar (Gutachten Prof. Dr. Fiedler und Prof. Dr. Steller; Eisenberg, Beweisrecht der StPO 3. Aufl. Rdn. 1863; Greuel/Offe/Fabian/Wetzels/Fabian/Offe/Stadler, Glaubhaftigkeit der Zeugenaussage S. 48 ff.; Steller/Volbert in Steller/Volbert, Psychologie im Strafverfahren S. 12, 23; Deckers NJW 1999, 1365, 1370; Greuel, Praxis der Rechtspsychologie 1997, 154, 161; Köhnken MschrKrim 1997, 290, 293 ff.; allgemein Westhoff/Kluck, Psychologische Gutachten schreiben und beurteilen S. 39 ff.)."

[32] Mit Einflüssen ist in diesem Zusammenhang alles gemeint, was zwischen Tat und Erstaussage bzw. Begutachtung auf die Aussage wirken konnte, beispielsweise (Trauma-)Therapie, Literatur, aber auch jedes Gespräch über die Taten oder das Erleben.

[33] Steller & Volbert, 1997.

den speziellen Merkmalen der Aussage ansonsten falsche Schlüsse gezogen werden können. Dies gilt besonders, da die zzt. gültigen Kriterien- und Kennzeichenkataloge[34] anhand derer die Glaubhaftigkeit untersucht werden muss, psychotraumatologische und neurobiologische Erkenntnisse bislang nicht berücksichtigen.[35]

Merkmale wie eine distanzierte Erzählweise, Inkonsistenz (Unstimmigkeit/Widersprüche) der Aussage, über viele Jahre abgespaltene Erinnerungen, aber auch kognitive Verzerrungen oder abgespaltene Sinnesebenen können leicht fälschlicherweise zu einer Infragestellung des Wahrheitsgehaltes führen. Denn nach den gängigen Kriterien beurteilt, würden sie auf eine mangelnde Aussagetüchtigkeit und Glaubhaftigkeit schließen lassen.

Einer fachkundigen Aussagepsychologin aber, die die Anzeigende im Verlauf in diversen Situationen und zu verschiedenen Themen gehört und erlebt hat, kann eine zutreffende Einschätzung und Beurteilung der Aussagetüchtigkeit und Glaubhaftigkeit gelingen.

4.4.5.4 Schluss

Wie nun schließen? So offen, wie ich begann? Und zum Beispiel sagen, dass die erste Textversion auf der Hälfte der Strecke plötzlich zu einer distanziert-unpersönlichen Abhandlung und damit zum eindrücklichen Beispiel geworden war, wie dem Thema „Strafanzeigen und polizeiliche Ermittlungen bei Ritueller Gewalt" bestimmt nicht zu neuen Fans verholfen wird? Wie die Chance vertan werden kann, einem Thema wie diesem neue Sichtweisen und Zukunftsvisionen hinzuzufügen? Nein. Entgegen allen Zweifeln und Schwierigkeiten bleibe ich dabei, bleibe bei meinem *„Ja"*.[36] Und ich hoffe, ich konnte ermutigen, sowohl diejenigen, die für sich eine Strafanzeige in Erwägung ziehen als auch und vor allem jene, die von Berufs wegen damit konfrontiert sind: Legt die Möglichkeit des Rechtsweges bei Ritueller Gewalt nicht ad acta, sondern bemüht euch um bessere, angemessenere Bedingungen!

In diesem Sinne:

„Manches, das am Morgen noch Utopie gewesen ist, ist zu Mittag bereits Science-fiction und am Abend schon Wirklichkeit."[37]

---

[34] Z. B. nach Steller und Fiedler (1999): 1. Ausgehen von Nullhypothese, 2. Hypothesenprüfendes Vorgehen, 3. Kompetenzanalyse (Intelligenz- und Persönlichkeitstestung), 4. Konstanzanalyse (Entstehungsgeschichte der Aussage prüfen), 5. Analyse der Aussagequalität (Realkennzeichen nach Steller/Köhnken, 1989), 6. Motivationsanalyse (Motive für Falschbeschuldigung), 7. Fehlerquellenanalyse (Anhaltspunkte für Suggestion).

[35] Siehe Giernalczyk (2008)

[36] Ein "Ja" übrigens, zu dem auch der eigene, aktive und selbstbestimmte Entschluss beitrug, nach einer Zeit von dreieinhalb Jahren andauernder Ermittlungen meine Mitwirkung gegenüber der Kripo und Staatsanwaltschaft zu beenden und nur noch im Falle neuer Erkenntnisse zur Verfügung zu stehen.

[37] Jerry Lewis (*1926), eigentlich Joseph Levitch, amerikanischer Filmkomiker, Drehbuchautor und Regisseur.

Literatur

Becker, Th. & Felsner, P. (1996). Ritueller Mißbrauch. In Arbeitsgemeinschaft Kinder- und Jugendschutz Hamburg (Hrsg.), Satanismus und Ritueller Mißbrauch. Aktuelle Entwicklungen und Konsequenzen für die Jugendhilfe – Dokumentation einer Fachtagung vom 27. März 1996 in Hamburg (S. 31-52). Hamburg.

Bender, R., Nack, A. & Treuer, W.-D. (2007). Tatsachenfeststellung vor Gericht. Glaubwürdigkeits- und Beweislehre, Vernehmungslehre. Ein Leitfaden für die Praxis. 3. Auflage. München: C. H. Beck.

Eisenberg, U. (2008). Beweisrecht der StPO. Spezialkommentar. 6., vollständig überarbeitete und teilweise erweiterte Auflage. München: C. H. Beck.

Enders, U. (Hrsg.) (2001). Zart war ich, bitter war's. Handbuch gegen sexuellen Missbrauch. Köln: Kiepenheuer & Witsch.

Fastie, F. (1994). Zeuginnen der Anklage. Die Situation sexuell mißbrauchter Mädchen und junger Frauen vor Gericht. Berlin: Orlanda Frauenverlag.

Fastie, F. (Hrsg.) (2002.). Opferschutz im Strafverfahren. Sozialpädagogische Prozessbegleitung bei Sexualdelikten. Ein interdisziplinäres Handbuch. Opladen: Leske und Budrich Verlag.

Freudenberg, D. (2002). Opferschutz durch Strafverfahren. Widerspruch oder realistische Alternative zur Aufarbeitung strafrechtlich relevanter Traumata? In Özkan, I., Streeck-Fischer, A. & Sachsse, U. (Hrsg.), Trauma und Gesellschaft. Vergangenheit in der Gegenwart (S. 165-195). Göttingen: Vandenhoeck & Ruprecht.

Gerstendörfer, M. (2007). Der verlorene Kampf um die Wörter. Opferfeindliche Sprache bei sexualisierter Gewalt. Paderborn: Junfermann.

Giernalczyk, U. (2008). Aussagepsychologische Begutachtung Erwachsener, die in der Kindheit traumatisiert wurden. In Fliß, C. & Igney, C. (Hrsg.), Handbuch Trauma und Dissoziation. (S. 347-360) Lengerich: Pabst Science Publishers.

Greuel, L., Offe, S., Fabian, A., Wetzels, P., Fabian, T., Offe, H. & Stadler, M. (1998). Glaubhaftigkeit der Zeugenaussage. Die Praxis der forensisch-psychologischen Begutachtung. Weinheim: PsychologieVerlagsUnion.

Huber, M. (2005). Vortrag: Rituelle Gewalt. In: www.michaela-huber.com. URL: http://www.michaela-huber.com/files/vortraege/rituelle_gewalt_1-24.pdf. Abgerufen: 2009-12-01.

Petermann, A. & Greuel, L. (2009). Dissoziative Identitätsstörung und ritueller Missbrauch – Möglichkeiten und Grenzen der polizeilichen Ermittlungstätigkeit und Beweisführung. In Greuel, L. & Petermann, A. (Hrsg.), Macht – Familie – Gewalt (?). Intervention und Prävention bei (sexueller) Gewalt im sozialen Nahraum (S. 183-207). Lengerich: Pabst Science Publishers.

Reemtsma, J. P. (2002). Das Recht des Opfers auf Bestrafung des Täters – als Problem. In: Die Gewalt spricht nicht – Drei Reden. Stuttgart: Reclam Universalbibliothek TB 18192.

Rüppell, A. (2008). Soziale Unterstützung traumatisierter Menschen: Begleitung durch FreundInnen, PartnerInnen und anderen Angehörige. In Fliß, C. & Igney, C. (Hrsg.), Handbuch Trauma und Dissoziation. (S. 269-285) Lengerich: Pabst Science Publishers Lengerich.

Stang, K. & Sachsse, U. (2007). Trauma und Justiz: Juristische Grundlagen für Psychotherapeuten – psychotherapeutische Grundlagen für Juristen. Stuttgart, New York: Schattauer.

Steinert, U. (2008). Kriminalistik/Kriminaltechnik Scriptum. Fachhochschule der Polizei des Landes Brandenburg.

Steller, M. & Volbert, R. (1997). Glaubwürdigkeitsbegutachtung. In Steller, M. & Volbert, R. (Hrsg.), Psychologie im Strafverfahren. Ein Handbuch (S. 12-39). Bern: Huber.

Teil 5: Es geht nur gemeinsam

5.1 Wir leben damit

Statement der bundesweiten Austauschgruppe Betroffener[1]

5.1.1 Unser Anliegen

Wir sind eine Gruppe von Frauen, die Rituelle Gewalt oder andere Formen von extremer Gewalt erlebt haben. Eine wichtige Überlebensstrategie war für uns, dass wir bestimmte Erfahrungen und Persönlichkeitsanteile abgespalten haben. In der Fachwelt spricht man dann von „Dissoziativer Identitätsstörung" oder „multipel sein".

Jede von uns hat einen langen Weg der Auseinandersetzung mit der Gewalt und ihren Folgen hinter sich. Wir haben Wege aus dieser Gewalt und dem Leid gefunden. Wir sind berufstätig, sozial integriert und leben heute ein erfülltes und weitgehend selbst bestimmtes Leben.

Dennoch erleben wir immer wieder, dass unsere Erfahrungen gesellschaftlich ausgegrenzt werden. Die öffentliche Debatte um Rituelle Gewalt – so sie überhaupt geführt wird – dreht sich immer noch hauptsächlich um den Glaubenskrieg, ob es „so was" überhaupt gibt. Betroffene tauchen – wenn überhaupt – fast nur als schwer gestörte, schwierige PatientInnen in der Fachdiskussion auf.

Dieser einseitigen Sichtweise möchten wir mit unserem Statement etwas entgegensetzen. Wir hätten dieses Statement auch gern persönlich vorgetragen. Das ist nicht möglich, weil wir uns weiterhin vor den Tätern schützen müssen, aber auch, weil wir unser heutiges Leben und das Erreichte nicht durch gesellschaftliche Stigmatisierung und Ausgrenzung gefährden wollen.

5.1.2 Diese Ausgrenzung ist allgegenwärtig

Soziale Integration ist erreichbar, allerdings um den Preis, unsere Erfahrungen abspalten zu müssen ins Allein-Sein oder in sehr private Bereiche wie gute Freundschaften, Partnerschaften und die Therapie. Bei allen anderen Kontakten müssen diese Erfahrungen weiterhin geheimgehalten werden.

Es ist heute selbstverständlicher geworden, dass Menschen eine Therapie machen, weil sie ein Trauma und z.B. sexuelle Gewalt durch Vater, Onkel oder Nachbarn erlebt haben.

---

[1] Das Statement war Teil der Fachtagung "Rituelle Gewalt. Vom Erkennen zum Handeln" am 06.11.2009 in Trier. Es ist hier im Originalwortlaut abgedruckt.

Aber mit dem Thema Rituelle Gewalt begibt man sich in einen Grenzbereich der Glaubwürdigkeit, der Akzeptanz und Erträglichkeit. Wer eigene Erfahrungen damit thematisiert, muss mit nachhaltigen Ausgrenzungen rechnen. Wenn Opfer Ritueller Gewalt ganz offen von ihren Erfahrungen berichten könnten, würde ein erschreckendes – und für die Gesellschaft schwer erträgliches – Ausmaß an Gewalt offensichtlich werden. Mehr Offenheit wäre aber Voraussetzung dafür, dass im Kampf gegen diese Form der Gewalt ernsthafte Schritte auf allen Ebenen der Gesellschaft gegangen werden.

Gleiches gilt für die Diagnose „Dissoziative Identitätsstörung" bzw. „Multiple Persönlichkeitsstörung". Da es sich laut Expertinnen- und Expertenmeinung um eine sehr schwere Störung handelt, schließt das ein erfülltes und erfolgreiches Leben eigentlich aus. Zudem bringt ein Bekenntnis zu dieser Diagnose die Gefahr mit sich, dass es bei eventuell auftretenden Problemen sofort heißt: „Wir wussten ja schon immer, dass mit dir etwas nicht stimmt" oder „Da fehlt die professionelle Distanz. Sie ist ja selbst betroffen."

5.1.3 Die Anforderungen an unser Leben als Betroffene extremer Gewalt in dieser Gesellschaft ist eine „Mission Impossible"

Selbst wenn wir Schritt für Schritt abgespaltene Persönlichkeitsanteile mühsam integrieren, bleibt unumgänglich, dass wir, um den Anspruch an unsere „gesellschaftliche Funktionalität" zu erfüllen, weiter abspalten müssen: Die Gewalterfahrungen gehören in die Therapie und die Privatsphäre – außerhalb des geschützten Rahmens ist dafür kein Raum. Und die gesellschaftliche Unterstützung in Bezug auf die Integration des Traumas in das Leben und in die Gesellschaft erleben wir als völlig unzureichend.

Zunächst ist da der Ruf nach beruflicher Betätigung
Berufstätigkeit gehört mit zu unserem Leben, auch um eine langjährige Therapie zu finanzieren, und sie mag zudem erforderlich sein, um dem Leben eine gewisse Struktur und einen Halt zu geben. Insgesamt ist es für Betroffene sehr grenzwertig und anstrengend, die Forderung eines angepassten Berufslebens zu erfüllen.

Daneben macht ein erforderlicher Ausstieg aus den Gewaltstrukturen vieles erforderlich:
Das kann eine Namensänderung sein, die Erwirkung von Auskunftssperren, ein kurzfristiges Untertauchen, der Umzug in ein anderes Bundesland oder ins Ausland, ein Sorgerechtsstreit um die Kinder – bei akuter Gefährdung ist ggf. sogar zeitweise eine schützende Begleitung für Betroffene und Kinder außer Haus notwendig – und vieles Andere mehr.

Das Grundgesetz unterstellt zwar die **Familie** dem besonderen Schutz des Staates, aber wie steht es um **Opfer von Familien**? Wir erlebten es jedenfalls als unglaublich schwierig, einen Kontaktabbruch und vollständige Auskunftssperren gegen Familienangehörige rechtlich und praktisch durchzusetzen.

Sodann der Anspruch auf Information der Strafverfolgungsbehörden
„Wenn du das alles doch weißt und das alles selbst erlebt hast, dann musst du auch vor der Polizei aussagen und etwas gegen die Täter tun." Ja, sicher doch – aber wie anstrengend und gefährlich ist das neben alledem!?

Und: Bitte sei doch endlich „NORMAL"!
Die Anforderung an uns, in unserer gespaltenen Situation in beruflicher und gesellschaftlicher Konformität zu funktionieren, ist insgesamt eine große zusätzliche Belastung zur Traumatisierung. Sie lässt das oft komplizierte Innenleben Betroffener und die Folgen der Gewalt außen vor und führt gemäß unserer Erfahrungen zwangsläufig in Situationen andauernder Überforderung.

Wir sehen darin den unausgesprochenen Anspruch an Betroffene, die Folgen des Erlebten möglichst alleine zu tragen. Der nahe liegende Ausweg, sich in die Rolle der Kranken und berufsunfähig Berenteten zurückzuziehen, ist für uns keine Alternative …

… doch unser Trauma braucht einen Raum!
Denn all dies, einen Beruf auszuüben, Täter zu benennen, sich zu schützen, mit Flashbacks umzugehen, auszuhalten, dass die Eltern so etwas getan haben, und vieles mehr, kostet viel Zeit, unendlich viel Lebensenergie und Geld. Und diese Gesamtbelastung wird unserer Erfahrung nach in die Privatsphäre bzw. als persönlich und möglichst unauffällig zu lösendes Problem abgespalten. Wir meinen daher, der Schmerz und das Wissen um die an uns und Anderen ausgeübte Gewalt braucht Raum sowohl auf individueller als auch auf gesellschaftlicher Ebene, um für Betroffene, professionelle HelferInnen und alle anderen die „unfassbare Gewalterfahrung" erfassbar zu machen.

5.1.4 Wir sind einen langen Weg gegangen

Trotz der Gewalterfahrungen stehen wir nach wissenschaftlicher und anderer beruflicher Qualifikation erfolgreich im Berufsleben, haben promoviert und/oder besitzen langjährige Berufserfahrung sowie spezifische Kompetenzen. Wir erleben uns darüber hinaus als praktische Spezialistinnen im Umgang mit den Folgen Ritueller und anderer Gewalt.

Auf Grund unserer Erfahrungen und unseres Wissens möchten wir dies alles gerne aus Sicht der Betroffenen als Kompetenz in diese Tagung und in die öffentliche Diskussion einbringen.

Welche Kompetenzen das nun ganz konkret sind?
Hier ein paar Beispiele:

Da ist die integrative Fähigkeit
Multiple Menschen haben gelernt, sich täglich der Herausforderung zu stellen, viele innere, mehr oder weniger getrennte und widersprüchliche Persönlichkeitsanteile in Kommunikation miteinander zu bringen und gemeinsam ihr Miteinander im Leben zu gestalten.

Wer nach Jahren dieser inneren Arbeit eine Annäherung und Integration der Persönlichkeitsanteile erreicht, hat gelernt, Entscheidungen gemeinsam zu finden, Konflikte zu bewältigen, Unvereinbares zu vereinbaren und Spaltungen aufzuheben. Unserer Erfahrung nach lassen sich diese Fähigkeiten auch im Berufs- und Privatleben nutzen, um integrierend und vermittelnd zu wirken.

Da ist die Klarheit beim Erfassen von Gruppendynamiken
Durch die Notwendigkeit, im therapeutischen Prozess eigenes Verhalten zu hinterfragen und reflektierend Geschehenes zu betrachten, wird auch der Blick für den Umgang miteinander in einer Gruppe, z.B. im kollegialen Kreis, geschärft. Störende Gruppenprozesse werden so früher angesprochen, hinterfragt und geklärt.

Durch unsere eigene Vergangenheit, durch unser Erleben von und Agieren in Gewaltsituationen wurde unser Blick für Macht- und Ohnmachtsituationen in unserem gesellschaftlichen Miteinander geschärft. Als Betroffene kennen wir die innere Spaltung in Opfer-Täter-Retter-Anteile und die damit verbundenen Dynamiken.

Und um eine innere Integration dieser verschiedenen Persönlichkeitsanteile zu erreichen, haben wir uns intensiv mit diesen Dynamiken auseinandergesetzt und eine Verbindung zwischen unseren Abspaltungen geschaffen.

Auch im Bereich der professionellen psychosozialen Arbeit, z.B. in Helfersystemen, Klinikstationen oder Arbeitsteams, sind diese Täter-Opfer-Retter-Spaltungen und die damit verbundenen destruktiven Dynamiken häufig anzutreffen und bleiben oft unhinterfragt bestehen.

Wir sehen hier unsere Fähigkeiten und natürlich auch die Schwierigkeit und Unmöglichkeit, solche Gruppendynamiken anzusprechen und aufzulösen.

Da ist das frühzeitige emotionale Erfassen von gefährdenden Situationen
Aus gewalttätigen Strukturen auszusteigen und mit den körperlichen und seelischen Folgen der Gewalt umgehen zu lernen, verlangt jahrelange Wachsamkeit, genaues Hinsehen und Hinspüren.

Betroffene, die dies geschafft haben, haben ungeheuer feine Antennen dafür, wenn Situationen unstimmig und damit unter Umständen gefährdend sind.

Und da sind auch noch die Disziplin und das Durchhaltevermögen zu nennen, der Mut und die Hoffnungsfähigkeit,
ohne die unser Weg nicht möglich gewesen wäre. Wir haben Unglaubliches geschafft, und dies gibt uns auch für andere Projekte und Wege Kraft und Zuversicht.

Jetzt mal ehrlich: Es wird wohl kaum eine Arbeitgeberin oder einen Arbeitgeber geben, die oder der sich nicht eine Mitarbeiterin mit diesen Kompetenzen wünscht!

5.1.5 Was wir uns wünschen

Wir wünschen uns Integration auf gesellschaftlicher Ebene – ohne dabei unseren Erfahrungshintergrund abspalten zu müssen.

Das lädt ein, den Blick der Professionellen und der Gesellschaft in beide Richtungen auszudehnen:
- Zum einen ist es tatsächlich so, dass unverarbeitete Gewalterfahrungen eine Gefährdung für sich selbst und andere sein können, z.B. weil sie weiter Spaltungen erzwingen oder weil Betroffene empfänglich bleiben für die Botschaften der Täter.
- Auf der anderen Seite haben Betroffene Kompetenzen und Ressourcen, die nicht nur in der Traumatherapie anerkannt und gefördert werden sollten, sondern ebenso in Arbeitszusammenhängen und der Gesellschaft.

Der reduzierte Blickwinkel auf eine „Gefährlichkeit" der Betroffenen, zum Beispiel als „spaltend" in Gruppen, vereinnahmende „Bienenköniginnen" und täteridentifiziert, führt zur abermaligen Stigmatisierung Betroffener und letztlich zur Beibehaltung und Verstärkung der Geheimhaltung und Ausgrenzung aus der Gesellschaft.

Dies hat persönliche Folgen, weil es die innere Integration der Erfahrungen und somit die Heilung der Verletzungen behindert.

Und es hat gesellschaftliche Folgen, weil die Gewalt und die Betroffenen in der Unsichtbarkeit verschwinden. Genau dort aber ist der beste Nährboden für weitere Gewalt.

Wir wünschen uns mehr Anerkennung und Nutzung unserer Ressourcen und Kompetenzen
Das bedeutet für uns, dass unsere spezifische Kompetenz und unser Erfahrungswissen auf gleicher Augenhöhe in den fachlichen und gesellschaftlichen Diskussionsprozess einbezogen werden sollten.

Das bedeutet für Betroffene, die selbst professionell im psychosozialen Bereich tätig sind, auch die Anerkennung der doppelten Kompetenz aus Fachwissen und eigener Erfahrung. Wir kennen den Weg von beiden Seiten!

Momentan befinden wir uns jedoch noch in einem großen Dilemma. Anstatt hier offen auftreten und uns in direktem Kontakt austauschen zu können, müssen wir uns (noch) verstecken.

Wir wünschen uns mehr Möglichkeiten zum Austausch und gegenseitiger Unterstützung
Es wäre – für uns und andere Betroffene in ähnlicher Lage – wichtig, dass wir uns gegenseitig unterstützen und stärken könnten. Dafür müssten aber ein einfaches Kennenlernen und der offene Austausch, auch jenseits von anonymen Selbsthilfe-Foren im Internet, möglich werden. Zurzeit ist dies mit vielen Gefahren verbunden, z.B. durch ein unfreiwilliges Outing berufliche Stigmatisierung zu riskieren. Wir merken in unserer gegenwärtigen Austauschgruppe aber, welche Bedeutung es für uns hat, dass „es da noch andere

Frauen gibt, die ebenso Unaussprechliches erlebt haben und denen man das nicht ansieht".

Wir wünschen uns die Anerkennung der politischen Dimension des Themas
Die Pathologisierung der Betroffenen entpolitisiert das Thema drastisch und vernebelt die gesellschaftliche Dimension der rituellen und anderen organisierten Gewalt.

Zum Abschluss ein Dank
Wir bedanken uns dafür, dass unserer Stimme und unseren Gedanken auf dieser Tagung Raum gegeben wurde. Wir bedanken uns ganz besonders und von ganzem Herzen bei allen Menschen, die uns auf unserem Weg unterstützt haben und ohne die wir heute dieses Statement nicht hätten verfassen können. Diese Menschen haben uns mutig auf unserem Weg begleitet und damit auch oft ihre eigene Anerkennung riskiert. Sie haben uns Hoffnung gegeben und uns Wege aus dem für uns oft unaussprechlichen Trauma gezeigt.

Viele Dank auch an Sie als Tagungsteilnehmerinnen und -teilnehmer fürs Kommen und Zuhören.

5.2 Interdisziplinäre Vernetzung
Silvia Eilhardt

5.2.1 Vorbemerkungen

Im Oktober 2009 erhielt ich die Anfrage der beiden Herausgeberinnen Claudia Igney und Claudia Fliß, ob ich meine Erfahrungen, die ich mittlerweile über die vielen Jahre gesammelt habe, in einem Kapitel beschreiben und damit dazu beitragen kann, dass sich viele Institutionen finden und untereinander vernetzen können in der Arbeit gegen Rituelle Gewalt im Kontext von Satanismus. Ich weiß, wie viele Schwierigkeiten und Hindernisse es geben kann, wenn man die unterschiedlichsten Bereiche an einen Tisch holen möchte, wenn es um sexuellen Missbrauch geht, aber dann noch im Zusammenhang mit Satanismus, da wird es noch schwerer. So fing es auch bei mir vor ungefähr 15 Jahren an, als ich von dem Thema hörte. Nach allen Berichten der Opfer, nach vielen Beratungen und nachdem mir bewusst wurde, dass es nicht allein mit einer Therapie getan ist, wenn Opfer über Rituelle Gewalt sprechen, merkte ich sehr schnell, wie alleine man sein kann oder auch in den entscheidenden Fragen ist, wenn die Not und der Hilfsbedarf so groß sind.

5.2.2 Aussteigerberatung für Rechtsextremismus/Satanismus im Amt für Jugendhilfe und Schule Witten

Was heißt das also in der Praxis? Gehen wir von dem Fall aus, eine Frau findet den Mut und die Kraft und wendet sich an die Beratungsstelle (ich arbeite im Amt für Jugendhilfe und Schule im Aufgabenbereich Ausstiegerberatung für Rechtsextremismus/Satanismus). Die im Bereich Satanismus Hilfe suchenden Menschen wissen, dass ich mich in den beiden Bereichen auskenne und nach langen Jahren der Begleitung und Beratung oft weiß, was Menschen erleben mussten, wenn sie Opfer Ritueller Gewalt geworden sind. Das kann für die Betroffenen oft schon Hilfe sein.

In der Regel finden drei bis vier Kontaktbesuche statt und die Frau beginnt, "über ihre meist lange Geschichte" zu erzählen, wo sie oft vergeblich nach Hilfe gesucht hat, bis sie an eine Stelle gelangt ist, wo sie verstanden wird und – was ganz wichtig für weitere Gespräche ist – wo ihr geglaubt wird. Und glauben heißt, sich einlassen auf die Dinge, die dem Rest der Gesellschaft und uns Helfern oft unglaublich erscheinen, weil es etwas mit Okkultem, also Geheimnisvollem und Verborgenem zu tun hat. Man sollte wissen, dass die meisten Opfer Ritueller Gewalt schon in jungen Jahren eine Arkandisziplin abgelegt haben. Das heißt, dass sie dem Kult absoluten Gehorsam und im schlimmsten Fall Zugehörigkeit bis in den Tod schwören mussten. Allein diese Form von Anbindung an den Kult macht den Ausstieg sehr schwer, weil die Opfer unterdrückt und beeinflusst wurden.

Nachdem nun die Frau in den ersten Gesprächen von ihrer Not berichtet hat und vielleicht die satanistische Gruppe (Kult, Loge, Geheimbund) beschrieben hat und den Wunsch, sich zu lösen, ist es wichtig, die richtigen Ansprechpartner zu finden. Das ist in der Regel eine Therapeutin und genau da fingen vor Jahren die Schwierigkeiten an, was mich veranlasste, ein Netzwerk auf zwei Ebenen aufzubauen – regional und deutschlandweit. Das heißt für die regionale Ebene, dass alle Personen, die mit Opfern Ritueller Gewalt in Kontakt kommen können, informiert sein sollten. Das beginnt bei den Jugendämtern, Kindergärten, Schulen und geht bis zur Polizei. Mit Fachvorträgen aus dem Bereich Satanismus werden Menschen darüber informiert, was ein Kult damit bezweckt, seine Mitglieder zu Opfern zu machen, sie in der Regel sexuell auszubeuten und für jede Form perverser Praktiken auf lange Jahre gefügig zu machen. Ganz wichtig ist es, auch bereit zu sein, sich mit dem Krankheitsbild einer eventuellen schweren Dissoziativen Identitätsstörung bzw. einer Multiplen Persönlichkeitsstörung auseinanderzusetzen. Die Traumatisierung beginnt schon in frühester Jugend mit einer Programmierung durch die Täter.

5.2.3 Notwendigkeit der Vernetzung

Nach Aussagen von Aussteigern ist es wichtig, mit Menschen aus den Bereichen zu arbeiten, die mit Betroffenen Ritueller Gewalt in Berührung kommen können, damit alle in Zukunft verstehen, was bei Aufklärung und Information helfen kann, um schneller zu reagieren. Oft berichten Kinder von Verletzungen, die schon bei oder kurz nach der Geburt zugefügt werden. Die nächsten, die mit sehr jungen Opfern konfrontiert werden, sind in der Regel Erzieherinnen in Kindergärten oder in anderen Betreuungseinrichtungen. Es geht hier um das Erkennen von Brand- oder Quetschungsverletzungen oder apathischen und anderen traumatischen Zuständen, also sowohl um körperliche als auch seelische starke Veränderungen bei Kleinkindern. Da meistens auch die Mütter dieser Kinder über Jahre so gequält wurden, ist es möglich, dass wir dort schon die ersten starken familiären Schwierigkeiten haben. Dann ist es wichtig, solch ein professionelles Team zu begleiten und zu beraten, wenn ein Verdacht auf Kindeswohlgefährdung vorliegt. Die Ursache der Probleme von Kindern ist bei Weitem nicht immer im Bereich Ritueller Gewalt zu suchen, aber die Vergangenheit hat gezeigt, wie wichtig es ist, über die außergewöhnliche Form des Missbrauchs in Kontext mit Satanismus schnell und gut informiert zu sein, damit man schneller handeln oder es ausschließen kann.

An einem aktuellen Fall, der zurzeit in meiner Beratung ist, zeigt sich nach vielen Jahren der intensiven Präventionsarbeit, wie gut und richtig eine schnelle Zusammenarbeit erfolgreich sein kann – dass erstens die Erzieher aufmerksam werden, die Kinder und ihre Veränderungen zu auffälligem Verhalten (starke Aggressionen, hoch sexualisiert) beobachtet haben, dass Kollegen vom Jugendamt schnell und genau reagiert haben, alarmiert durch die Bilder der Kinder. Es fand eine intensive Betreuung statt und ein Netzwerk von

Experten entstand, die von den Personen, die mit den Kindern zu tun hatten, dazu eingeladen wurden. Gemeinsam wurde hingeschaut und überlegt, was die Ursache der Probleme der Kinder sein könnte.

Im Bereich Netzwerk kommen wir nun auf die nächste Ebene, die Schule. Auch hier ist es mir gelungen, durch Informationsveranstaltungen und Infomaterial zum Thema Rituelle Gewalt Lehrer/innen aufmerksam zu machen und gezielt anzusprechen, sich zweimal im Jahr mit dem Netzwerk Rituelle Gewalt zu treffen. Mir ist es wichtig, dass bei der Vernetzung immer hinterfragt wird, wer ist der richtige Ansprechpartner und wer wird über Jahre mit den Kindern, später Jugendlichen und dann Erwachsenen in Berührung kommen. Wer ist intensiv damit befasst oder wer könnte helfen, die Betroffenen beim Lösen von einer extremen Gruppe zu unterstützen.

Bei der Unterstützung und Hilfe wäre da auch die Polizei zu nennen. Man kann sich sicher vorstellen, welche langen, intensiven und vorsichtigen Beschreibungen des Phänomens Rituelle Gewalt im Zusammenhang mit Satanismus erforderlich waren und sind. Diese Überzeugungsarbeit sollte mit dem Wissen einhergehen, dass beide Seiten aufeinander zuzugehen und Verständnis für die Arbeit und Vorgehensweise der unterschiedlichen Institutionen aufbringen müssen. Die Wichtigkeit muss vermittelt werden, Berichte von Menschen aus Kulten ernst zu nehmen. Wir müssen gleichzeitig verstehen, dass die Polizei einen Ermittlungsauftrag hat und dem auch nachgehen muss, wenn sie Kenntnis von konkreten Straftaten erhält. Wenn Aussteiger/innen den Wunsch haben, die Täter anzuzeigen, muss man ihnen erklären, was sie erwartet. Es ist mir gelungen, Polizeibeamte und -beamtinnen zu gewinnen, die erstmal eine vertrauliche Beratung anbieten, ohne dass sofort ermittelt werden muss. Als Therapeutin oder Beraterin sollte man nicht davor zurückschrecken, in offenen und ernsten Gesprächen mit den Dienststellen, die im Bereich Sexualdelikte arbeiten, darzustellen, dass es auch den Bereich Rituelle Gewalt im Kontext mit Satanismus gibt. Dabei spielen Zeichen und Symbole und bestimmte Rituale eine

---

Zusammenarbeit bei der Unterstützung von Opfern/Klient/innen

Psychische Hilfe
Themen: Aufarbeitung des Erlebten, Einbindung in die soziale Gemeinschaft, Stabilisierung, Bewältigung etc.
Institutionen: Therapeuten, Pflegekräfte, Aussteigerberatung, Kliniken etc.

Rechtlicher Beistand
Themen: Schmerzensgeld, Schadensersatz Rentenanträge, Berufsunfähigkeit, strafrechtliche Nebenklage, OEG etc.
Institutionen: Rechtsanwälte, Rechtsberater/innen, Gesetzl. Betreuer/innen etc.

Opfer/Klient/in benötigt/tritt in Kontakt mit

Hilfe im Alltag
Themen: evtl. Wohnortwechsel, Namensänderung, Erziehungsberatung Betreutes Wohnen, Begleitung zu Ämtern, Sicherung des Lebensunterhaltes etc.
Institutionen: Beratungsstellen, Ämter, Freund/innen, Frauenhäuser etc.

Physische Hilfe
Themen: Behandlung körperlicher Verletzungen und Krankheiten, Sicherung ausreichender Ernährung etc.
Institutionen: Mediziner/innen, Kliniken, Pflegekräfte etc.

Rolle, die von Opfern beschrieben werden. Polizeidienststellen sollten bereit sein, sich diesem Themenbereich zu öffnen. Eine Zusammenarbeit ist immer zum Wohle der Betroffenen zu sehen und Vertrauen entsteht, wenn man die Möglichkeiten und Grenzen der Ermittlungen aufzeigt, ohne das Gefühl zu vermitteln, dass Berichte ins Leere laufen oder gleich als Fantasien abgetan werden. Die Polizei und die Gerichtsmedizin, die Beratungsstelle und die Therapeuten können aufeinander zugehen und sich austauschen (unter Beachtung der Grenzen und des Datenschutzes). Das erspart den Betroffenen viel Unverständnis und der Polizei erfolglose Ermittlungen bzw. Situationen, in denen durch ein falsches Vorgehen Ermittlungen nicht mehr möglich sind.

Schwerpunkte:
1. Genaue Benennung der jeweiligen Funktion bzw. Aufgabe der jeweiligen Institution
2. Klare Abgrenzungen der Funktionen
3. Feststellungen und Möglichkeiten der Überbrückung von Schnittstellen

Wenn ein solches Netzwerk aufgebaut wird, sollten die Möglichkeiten und Grenzen der einzelnen Teilnehmer/innen bzw. Berufsgruppen durch eine eigene Vorstellung der Berufsgruppen und kleine Vorträge zur beruflichen Arbeit verdeutlicht werden. Es hilft, sich kennen zu lernen und zu erfassen, wer ab wann mithelfen kann, Opfern den Ausstieg zu erleichtern. Durch den Kontakt entsteht ein Verständnis dafür, welches Ziel das Netzwerk verfolgt. Das persönliche Kennenlernen erleichtert zudem eine spätere Zusammenarbeit. Für den Aufbau des AK Rituelle Gewalt beim Amt für Jugendhilfe und Schule, den ich vor sechs Jahren gegründet habe, war diese Bitte an die Teilnehmer um einen Vortrag über die eigene Arbeit erfolgreich. Die Teilnehmer erkannten, wo die Stärken der anderen sind und wie man wechselseitig durch den gemeinsamen Austausch voneinander profitieren kann. So habe ich z.B. die Opferschutzbeauftragte der Polizei gebeten, uns verstehen zu helfen, was Opferschutz im gesamten Umfang heißt, wann kann Opferschutz geleistet werden und wer kommt dafür in Frage. Diese Informationen sind wichtig für Betroffene, um ihnen zu vermitteln, wie ihre Chancen bei einer Strafanzeige und Aussage stehen. Das Netzwerk ist sehr wichtig für die einzelnen Institutionen, um sich schnell und umfassend auszutauschen und sich untereinander zu helfen. Es ist ebenfalls wichtig, auch Grenzen der Zusammenarbeit zu erkennen oder wann und wo es die nächsten Experten gibt. So ist es mir gelungen, über die Jahre hinweg aus den ersten sieben Teilnehmern nun ein Netzwerk aus 45 Teilnehmern aus ganz Deutschland aufzubauen. Zweimal im Jahr treffen sich die Teilnehmer/innen und es wird immer gefragt, welche Themen ihnen wichtig sind, um aus einzelnen Bereichen Erfahrungen und Informationen zu sammeln, die für alle Teilnehmer/innen und ihre Arbeit wichtig und hilfreich sind.

Neben diesem großen Netzwerk ist aber auch das Netzwerk vor Ort sehr wichtig. Das heißt, dass ich auch Institutionen aus den verschiedenen Bereichen vor Ort habe, die ich schnell und unbürokratisch in Krisensituationen um Unterstützung bitten kann, und sei es, dass ein Anwalt wichtige Unterlagen einer Betroffenen sichert.

5.2.4 Der Arbeitskreis Rituelle Gewalt, angesiedelt beim Amt für Jugendhilfe und Schule – Abteilung Erziehungshilfe und Jugendförderung – Aussteigerberatung

5.2.4.1 Der AK im Überblick

Auf Grund meiner Tätigkeit im Bereich Aussteigerberatung zum Thema Satanismus/ Rechtsextremismus ist mir im Laufe der Arbeit aufgefallen, dass man bei der Beratung von Menschen, die über Rituelle Gewalt berichten, als Helfer/in bei der Komplexität der Fälle sehr schnell an seine Grenzen stößt. Also entschloss ich mich, im Jahre 2002 im Rahmen meiner Tätigkeit einen Arbeitskreis zu gründen, der die einzelnen Helfer/innen verbindet und unterstützt.

Das Handlungsmodell aus der Arbeit Satanismus und Rituelle Gewalt von Thorsten Becker war eine meiner Grundlagen.

Drei Handlungsebenen sollten abgedeckt sein:

Ebene 1 – die therapeutische Ebene
Bestehend aus Therapeuten, Ärzten, Psychologinnen, Krankenpfleger/innen, Hebammen, die mit Klienten aus dem Bereich Rituelle Gewalt gearbeitet haben oder die sich für das Thema interessieren.

Ebene 2 – die sozialarbeiterische Ebene
Bestehend aus Erzieher/innen, Sozialarbeitern/innen und Pädagogen. Sie sollen Hilfe und Unterstützung erhalten, um die Problematik der Betroffenen auch einordnen zu können.

Ebene 3 – die juristische Ebene
Es ist wichtig, Polizei/Beamte/innen aus dem Bereich der entsprechenden Fachstellen Abt. Sexualdelikte einzuladen, Opferschutzbeauftragte, den Weißen Ring, die Gerichtsmedizin, bis zu den Landesstellen – LKA. Es wäre sehr gut, auch einen Staatsanwalt oder einen Richter mit einzuladen. Sensibilität für das Thema Rituelle Gewalt und die daraus entstehenden Schwierigkeiten bei der Ermittlung oder Vernehmung können geschaffen bzw. weiterentwickelt werden

Der Arbeitskreis setzt sich zusammen aus Vertretern dieser Ebenen, um eine optimale Betreuung der Opfer anzubieten und nachhaltig zu gewährleisten.

Ziel ist es:
1. Auf der therapeutischen und beraterischen Ebene geht es vordergründig darum, Opfern zu helfen. Eine Verifizierung der Aussagen ist in diesem Bereich nicht unbedingt erforderlich, da es um belastende Probleme und traumatische Erfahrungen geht. Auch irreale Vorgänge können bei Opfern und Überlebenden von Ritueller Gewalt Stress verursachen.

2. Auf der sozialarbeiterischen Ebene geht es um eine reale Einschätzung von Vorgängen, die die Grundlage des Handelns bildet. Hier gilt es, Maßnahmen zu treffen (beispielsweise die Inobhutnahme von Kindern), die fachlich zu verantworten sind. Dementsprechend muss hier der Grad der Überprüfbarkeit höher liegen.
3. Auf der juristischen Ebene geht es um konkrete Straftatbestände und deren unmittelbare Überprüfbarkeit in Form von Beweismitteln.

Ziel des Arbeitskreises ist es, ein Helfernetzwerk aufzubauen, in dem die Fachleute aus den unterschiedlichen genannten Bereichen sich austauschen, unterstützen und zusammenarbeiten.

Häufigkeit und Gestaltung der Treffen
Der Arbeitskreis Rituelle Gewalt trifft sich zweimal im Jahr. Angeboten werden

– Fachbezogene Vorträge zum Thema Rituelle Gewalt aus den unterschiedlichsten Bereichen.
– Austausch von Informationen und Hinweise auf Informationen und Weiterbildungen zu Ritueller Gewalt.
– Austausch aller aktuellen Themen.
– Vernetzung von fachbezogenen Helferinnen und Helfern.

Aktueller Stand des Arbeitskreises Rituelle Gewalt
In dem o. g. Arbeitskreis treffen sich:

– Psychologinnen
– Psychotherapeutinnen
– Kinderarzt
– Praktischer Arzt
– Hebamme
– Jugendamtsvertreter
– Beratungsstellen aus dem Bereich sexueller Missbrauch
– Beamtinnen und Beamte aus verschiedenen Polizeidienststellen
– Opferschutz-Rechtsanwälte
– Religionswissenschaftlerin

5.2.4.2 Die Entwicklung des AK Rituelle Gewalt – ein persönlicher Rückblick

Sieben Teilnehmer/innen fanden sich und trafen sich das erste Mal in Witten zum gemeinsamen Austausch und der Planung weiterer Treffen. Hilfreich war das persönliche Kennenlernen, was gerade in diesem sehr sensiblen Bereich nötig ist. Beim zweiten Treffen nach einem halben Jahr war es wichtig, sich klarzumachen, dass es einen AK bzw. ein Netzwerk sein soll, das sich ausschließlich mit dem Thema Rituelle Gewalt und Satanismus befasst. So wurden die nächsten Treffen und Vorträge genau auf dieses Thema ausgelegt. Dazu gehörten Vorträge in Gesprächsrunden, die sich mit den Themen Trauma und Dissoziative Identitätsstörung beschäftigten. Die ersten Treffen brachten das Verständnis dafür, was sexuelle Gewalt mit Satanismus zu tun hat. Wichtig bei der Vernetzung ist es, dass deutlich wird, dass wir es hier mit einer Form von sexuellem Missbrauch zu tun haben, zu dem es kaum Forschung gibt. Es geht um geheimnisvolle Rituale, von denen die meisten Institutionen oder Teilnehmer/innen sehr wenig wissen. Die Darstellung und das Erklären von Praktiken wie Arkandiziplin (absolutes Schweigegelöbnis, in einigen Fällen bis in den Tod) oder Gebärritualen (Hinein-geboren-Werden in den Kult, unterschiedliche Formen von perversen Praktiken, die an sehr jungen Opfern vollzogen werden) standen am Anfang der Treffen des Netzwerkes. Es folgten Berichte von Therapeutinnen, die schon lange mit Betroffenen Ritueller Gewalt arbeiten. Je mehr wir uns Schritt für Schritt dem Thema öffneten, desto größer wurden die Teilnehmerzahl und das Verständnis dafür, wie wichtig eine Vernetzung und ein regelmäßiger Austausch zu einer gegenseitigen Unterstützung und zur Hilfe für die Betroffenen sind. Viele Teilnehmer des AK waren und sind noch heute daran interessiert, gemeinsam an einer Anerkennung der Existenz Ritueller Gewalt zu arbeiten. Dazu tragen die Datenerhebungen bei, die durch den Arbeitskreis heraus mit hohem Aufwand erarbeitet wurden (Datenerhebung zur Situation "rituelle Gewalt" in der Region Ruhrgebiet, erstellt 2005 im AK Witten von Eilhardt, Silvia, Hahn, Brigitte, Kownatzki, Anja und Kownatzki, Ralf, siehe Kap. 1.4 in diesem Buch).

All das ist möglich, wenn man mit viel Überzeugung, aber auch Distanz zum Thema viele verschiedene Institutionen befragt und hinterfragt, ob und wie man sich dem Thema Ritueller Gewalt stellt und wie man gemeinsam mit den Betroffenen vorgeht, so dass sie nicht immer endlose Jahre damit verbringen, an die richtigen Fachleute zu gelangen. Aber auch für Helfer/innen und Berater/innen, Therapeuten und all die Menschen, die mit den Fällen konfrontiert werden können, ist es wichtig, sich untereinander auszutauschen und immer wieder neue Aspekte und Informationen zu bekommen. Dies ist das beste Hilfsmittel gegen Hilflosigkeit.

Dazu gehören Fachtagungen, Schulungen, intensiver Austausch, eigene Grenzen zu erkennen, sich schnell und umfangreich auszutauschen, Fälle gemeinsam zu besprechen und sich gegenseitig Erfahrungen mitzuteilen. Beim Aufbau des Netzwerkes und beim späteren Arbeiten in diesem hoch sensiblen Bereich sollte immer klar sein, dass es sich um ein sehr schwieriges Thema handelt und dass es selbst in Expertenkreisen zu den unterschiedlichsten Aussagen kommt, wenn es um sexuelle Gewalt, sexuellen Missbrauch, Rituelle Gewalt geht, die mit Satanismus verbunden ist.

Als ich 2003 den Arbeitskreis gründete, stellte sich nicht die Frage, kann es sein, dass es Missbrauch an Kindern mit Ritualen und Satanismus gibt. Es geht hier auch nicht um die immerwährende Frage, warum diese Fälle nicht polizeilich auftauchen oder dass es nach wie vor keine Verurteilung gibt. Vor Jahren konnte sich kein Mensch vorstellen, dass man Kinder unterirdisch in Kellern gefangen hält (siehe Dutroux und Kampusch). Dazu mag man einmal an die neun Kinder in den Blumentöpfen denken, die direkt nach der Geburt entsorgt werden.

Man denke an die vielen Berichte der uns bekannten Betroffenen, die von Dingen berichten, die so abscheulich sind, dass auch wir als Helfer immer wieder zweifeln und hinterfragen. Aber letztlich haben die Betroffenen es erleben und lange Jahre erdulden und ertragen müssen und das schlimmste für sie war oft, dass ihnen viele Jahre lang nicht geglaubt wurde. Es ist in der Tat so unglaublich, dass Täter über Jahre hinweg Kinder in Kulten und Logen zwingen, benutzen und ausbeuten und absoluten Gehorsam, Schweigen und Verdrängen fordern. Eines wurde mir über die Jahre der Arbeit mit Betroffenen deutlich. Eine Frau sagte einmal: "Es war meine Familie, ich hatte ein Urvertrauen zu ihnen und ich dachte über Jahre, dass alle Kinder so leben wie ich". Sie weinte und sagte, "es waren doch meine Eltern, ich war so klein und habe ihnen vertraut und habe sie geliebt, ich habe immer versucht, alles richtig zu machen. Mir wurde erst viele Jahre später bewusst, dass, wenn ich mich von ihnen trenne, ich mich auch von mir trenne, denn ich trage einen Teil von ihnen in mir und ich werde immer ihre Tochter sein, auch wenn ich sie für das hasse, was sie mir angetan haben. Aber es hilft mir sehr, wenn es jetzt Menschen gibt, die mir glauben, mir helfen und wenn ich irgendwann erfahren darf, dass ich anders sein darf und ich lerne, dass man wieder vertrauen kann."

Bei all den kontroversen Diskussionen um das Thema war mir von Anfang an klar, dass das Netzwerk eines sein sollte, das sich erstens und ausschließlich mit dem Bereich Ritueller Gewalt und Satanismus beschäftigt, denn das war den Betroffenen bis heute sehr wichtig, dass man das nicht umbenennt oder ausgrenzt. Es ist ihre Sichtweise des Erlebten und wenn sie von Missbauch sprechen, der sich für sie religiös und mit Ritualen verbunden zeigt, wenn während des Missbrauchs "Satan" angerufen wird und sie ihm geopfert werden, in welcher Form auch immer, dann sollten wir nicht versuchen, ihnen das Erlebte abzusprechen oder versuchen, es zu erklären. Nicht wir oder irgendjemand weiß, was diese Menschen erleben, und wenn für sie über Jahre Satan in welcher Form auch immer eine mächtige und extreme Rolle gespielt hat, sollten wir ihnen Anerkennung und Hilfe geben, ihnen glauben und sie ernst nehmen. Das war für mich der entscheidende Punkt, den AK vor sieben Jahren auch ganz klar zu benennen und zwar „Rituelle Gewalt im Kontext mit Satanismus". Der Erfolg und die vielen Teilnehmer, die inzwischen an den Fachtagen teilnehmen, haben gezeigt, dass wir alle vielleicht noch viel mehr wissen und erfahren müssen, um auch bei anderen Menschen ein Bewusstsein dafür zu schaffen, dass Unglaubliches wahr ist. Und warum müssen so viele noch leiden, wenn so viele es schon erlebt haben?

Was für mich vor 15 Jahren noch undenkbar war und was mich viel Zeit und Kraft gekostet hat, ist nun auf einem guten Weg. Umso erfreulicher war es für mich, als mutige und engagierte Frauen nachzogen, um sich auszutauschen, zu vernetzen und weitere Arbeitskreise zu gründen. So durfte ich 2009 Mainz und München meine Erfahrungen mitteilen und hoffe, dass es noch viele mutige Frauen und Männer gibt, die bereit sind, sich diesem Thema zu nähern und sich offen mit ihrer Erfahrung einzubringen.

An dieser Stelle möchte ich allen Mut machen, die sich mit Ritueller Gewalt beschäftigen, dass man es schaffen kann, wenn man das Gefühl hinter sich lassen kann, dass man alleine ist. Denn um es so zu sagen, wie einige Betroffene, sind auch wir "viele". Und ich glaube fest daran, dass wir nach der Veröffentlichung dieses Buches "viele mehr" sind.

5.3 Vertrauen als ein Fundament des Verständnisses der Welt

Lena Seidl

5.3.1 Vorüberlegungen

Weil es zum guten Ton gehört, sich bei ersten Begegnungen nach der alltäglichen Beschäftigung des Gesprächspartners zu erkundigen, komme ich des Öfteren in die Situation, den wohl bekannten und vielleicht ebenso verhassten *small talk* zu führen. Für mich stellte sich allerdings heraus, dass diese Art der Konversation einen besonderen Wert besitzt, unabhängig davon, ob der Inhalt des Gespräches für mich interessant ist oder nicht. Denn aufschlussreich finde ich vor allem die unmittelbare Reaktion auf die Beantwortung der Frage, was man im Leben so mache. Hier zeigt sich, meist ungewollt oder zumindest weitgehend unkontrolliert, dass das Vernommene oftmals anhand einer Vorstellung vom „richtigen Leben" bewertet wird. So bekomme ich mit jedem weiteren *small talk* eine vage Vorstellung von einer dominierenden Gesellschaftsmoral. Zurzeit lautet meine Antwort auf die mir gestellte Frage, womit ich mich momentan beschäftige, dass ich über „das Vertrauen" nachdenke, lese und schreibe. Denn ich habe das Vertrauen als Thema der Abschlussarbeit meines Philosophiestudiums gewählt, an der ich derzeit arbeite. Nach kurzem Innehalten, das wohl der Suche nach Gemeinsamkeiten zwischen meinem Gesagten und den Gedanken meiner Gesprächspartner dient, nicken diese meist zustimmend, versichern mir dann, dass Vertrauen sicherlich nützlich sei, und weisen auf den Zusammenhang zwischen Vertrauen und guten Leistungen hin. Wer Vertrauen in seine Handlungen lege, so wird der Zusammenhang näher erläutert, sei erfolgreicher im Leben als jemand, der nicht in sein Handeln vertraut. Im Vertrauen, so stimme ich meinen Gesprächspartnern zu, liegt sicherlich auch ein psychologischer Nutzen. Doch Vertrauen sollte nicht ausschließlich als psychologisches Hilfsmittel zum persönlichen Erfolg begriffen werden, weil es, so wie ich denke, nicht nur eine Reaktion auf eine bestimmte Realität ist, sei es nun eine politische, soziale, wirtschaftliche oder psychologische. Vielmehr bildet das Vertrauen ein Fundament all dieser Realitäten. Oder anders formuliert: Vertrauen erleichtert das Leben nicht nur, es macht das Leben überhaupt erst möglich. Vertrauen, so werde ich im Folgenden aufzeigen, fungiert nicht primär als Nutzen, es bildet vielmehr eine Grundlage des Verständnisses der Welt und fungiert so als eine Grundlage des Lebens selbst.

5.3.2 Vertrauen als moralisches Prinzip

Obwohl Besprechungen des Vertrauensbegriffes in den letzten Jahren in vielen Bereichen der Wissenschaft zugenommen haben,[1] wird das Vertrauen immer noch oftmals als unrelevant für den öffentlichen Diskurs bewertet. So befasst sich der kantische Moralbegriff, der unsere moderne Gesellschaft so grundlegend geprägt hat, indem er zum Beispiel das Manifest der universellen Menschenrechte ermöglichte und die institutionalisiere Demokratie stark beeinflusste, nicht ernsthaft mit dem Problem des Vertrauens. Aus der Perspektive des „kategorischen Imperativs", der Verpflichtung zum zeitlosen „Guten", besitzt das Vertrauen einen zu willkürlichen, zu persönlichen Zug. Offiziell herrscht in unserer Gesellschaft das Prinzip der Vernunft: „Objektive" Strukturen sollen „subjektive" Meinungen und Gefühle überflüssig machen. Doch die Ausklammerung menschlicher Empfindungen führt nicht etwa zur Objektivität, sondern zu einer Verleugnung des grundsätzlich Menschlichen, zumindest, wenn man Nussbaums Argumentation folgt.[2] „Schwierig auszumachen, was objektiv die Wahrheit sei", findet auch Theodor Adorno „doch wenn einem entgegnet wird, eine Aussage sei zu subjektiv, dann hat man Grund, ein paar Sekunden mit sich zufrieden zu sein", fügt er hinzu. Die Begriffe der Subjektivität und der Objektivität sind nämlich, so Adorno, völlig umgekehrt. Was „objektiv" genannt wird, ist eigentlich eine „aus Daten klassifizierte Fassade", das eigentlich Unwahre. Und was wir generell „subjektiv" nennen, ist „was jene durchbricht", also das eigentlich Wahre.[3]

Wir nennen Empfindungen und Gefühle „subjektiv" und trennen sie nach kantscher Lehre klar von der empirischen, objektiven Wahrheit. Aber gerade unsere Empfindungen sind es, die, so Nussbaum und Adorno, einen großen Teil unseres „wahren" Daseins ausmachen. Doch wenn wir unsere Innerlichkeit ausschließlich der Privatsphäre zuordnen und von der öffentlichen Sphäre trennen, dann akzeptieren, verdrängen oder verherrlichen wir unser Gefühlsleben höchstens oder mindestens. Wir erkennen aber die komplexe Vielfalt unserer sinnlichen und emotionalen Fähigkeiten nicht, vielmehr nehmen wir diese Unterentwicklung hin und nennen sie „Privatsache".[4] Das Streben nach einer rationalen, von der subjektiven Gefühlswelt getrennten „objektiven" Wahrheit deutet laut Nussbaum auf eine infantil-narzisstische Allmachtsphantasie hin, welche sich letztendlich nicht als schönes Streben, sondern vielmehr als destruktiv herausstellt. Das von subjektiven Empfindungen losgelöste „objektive" Wissen ist also nicht nur eine ontologische, sondern auch eine psychologische Fehlentwicklung. Das Objektivitätsideal entspringt, so glaubt Nussbaum, der Scham vor unserer Verletzlichkeit und dem Ekel vor unserer organischen Animalität. Wir schämen uns für alles, was nicht perfekt an uns ist, und wir ekeln uns vor allen Anzeichen unserer organisch determinierten Vergänglichkeit. Und so erfin-

---

[1] Martin Hartmann: "Einleitung" in: Hartmann, Claus Offe (Hg.): Vertrauen. Die Grundlage des sozialen Zusammenhalts. Frankfurt/New York 2001: S. 7
[2] Martha C. Nussbaum: Hiding from Humanity: Disgust, Shame, and the Law. Princeton 2004.
[3] Theodor W. Adorno: Minima Moralia. Frankfurt am Main 1964: S. 84
[4] Vgl. auch Daniel Barenoim: Everything is connected. The Power of Music. Elena Cheah (Hg.). London 2008: S. 25

den wir eine von unserer Verletzlichkeit unabhängige „Wahrheit" und nennen sie „Norm". Klar ist, dass wir nicht ununterbrochen mit unserer Sterblichkeit und Verletzlichkeit konfrontiert werden wollen. Doch erst im reflektierten Umgang mit unseren Schwächen könne so etwas wie eine „erwachsene Zivilisation" entstehen, behauptet Nussbaum. Was wir brauchen, ist also nicht so sehr eine so genannte „objektive" und universelle Wahrheit, wir sollten vielmehr den reifen Umgang mit unserer Verletzlichkeit erlernen und die damit verbundenen, aber bisher tabuisierten Gefühlszustände akzeptieren. Denn nicht abstrakte, universell gültige und zeitlose Moralbegriffe, sondern nur die Akzeptanz unserer Schwächen einerseits und, so Nussbaum, die Erhaltung des Selbst bei gleichzeitiger Integration im subtilen Zusammenspiel zweier oder mehrerer Personen andererseits, macht das Leben und den mit dem Leben verbundenen Schmerz unserer Unvollkommenheit erst erträglich. Die Verbindung von Akzeptanz und subtilem Zusammenspiel kann, so Nussbaum, in Liebe und Vertrauen stattfinden.

So sind wir nun mit Nussbaum bei einem Vertrauensbegriff als ethischem Prinzip angelangt. Denn statt sich von dem von der Moderne geprägten Begriff der Naturbeherrschung leiten zu lassen, sollte der Mensch seiner Welt mit reflektiertem Vertrauen und Liebe entgegentreten. Auch der Soziologe Niklas Luhmann ist davon überzeugt, der Mensch solle, seinem Wesen entsprechend, Vertrauen schenken, wenn auch nicht blindlings und in jeder Hinsicht. Luhmann kontrastiert den Vertrauensbegriff allerdings nicht mit dem Ideal der rationalen Naturbeherrschung wie Nussbaum. Fehlendes Vertrauen resultiert vielmehr in Verwirrung und Chaos. So ist er davon überzeugt, dass ein Mensch ohne jegliches Vertrauen morgens sein Bett nicht verlassen könne. Unbestimmte Angst und lähmendes Entsetzen befielen ihn. Doch ähnlich verhält es sich mit Nussbaums Begriff der Liebe. Ohne Liebe könne ein Mensch den Umgang mit der Welt nicht ertragen, ständig würde er verzweifeln, weil er die Konfrontation seiner Schwächen und Grenzen nicht verarbeiten könnte. Doch sowohl Vertrauen als auch Liebe sind nicht einfach "da". Sie müssen erlernt sein und gepflegt werden. Da stellt sich die Frage, wie Vertrauen und Liebe erlernt und gepflegt werden. Doch bevor diese Frage sinnvoll gestellt werden kann, muss geklärt werden, was genau „Liebe" und was „Vertrauen" eigentlich ist. Meine Überlegungen widme ich im Folgenden dem Begriff des Vertrauens.

5.3.3 Vertrauen als Funktion

Vertrauen muss sich irgendwo zwischen Wissen und Unwissen befinden. Denn wenn der Mensch allwissend wäre, könnte er seine Handlungen mit selbstverständlicher Sicherheit ausführen, ohne ein Bedürfnis nach Vertrauen oder überhaupt die Möglichkeit, zu vertrauen. Andererseits gäbe es keine Möglichkeit, zu vertrauen, wenn der Mensch absolut unwissend wäre. Denn dann wäre die Welt für den Menschen in Hinblick auf die Zukunft immer unsicher. Ihm bliebe lediglich das Glücksspiel.[5] So kann man Vertrauen als

---

[5] Vgl. J. David Lewis, Andrew Weigert: "Trust as a Social Reality" in: Social Forces. North Carolina 1985, Vol. 63:4.

„Lückenfüller" für unser begrenztes Wissen, vor allem in Hinsicht auf die Zukunft betrachten. Luhmann unterscheidet in diesem Zusammenhang den Begriff des Vertrauens von dem der Hoffnung. Interessant ist, dass er hier Vertrauen und Erwartung auf einen Nenner bringt. Denn für den Begriff des Vertrauens, genau wie für den Begriff der Erwartung, sei Kontinuität wesentlich. Ähnlich wie der Erwartende selektiert und evaluiert nämlich auch der Vertrauende vergangene Geschehnisse und schätzt mögliche Entwicklungen ein, bevor er vertraut. Vertrauen liegt also nur dann vor, wenn eine Erwartungshaltung den Ausschlag gibt. Beim Hoffenden fehlt die Kontinuitätserwartung, vielmehr fasst der Hoffende trotz Unsicherheit einfach Zuversicht. So kann Luhmann feststellen, dass Vertrauen Kontinuität reflektiert, während Hoffnung sie eliminiert.

Doch eine klare Definition des Vertrauensbegriffes bleibt bei Luhmann aus. Er glaubt, dass die Bedingungen des Vertrauens so komplex und variantenreich seien, dass es sich verbiete, nach allgemeinen Rezepten zu suchen. Vielmehr, sagt er, dränge sich die Einsicht auf, dass gerade in einer Vielfalt von Möglichkeiten zum Vertrauen ein gewisser Schutz gegen ein mögliches gesellschaftliches Versagen des Vertrauens läge. Dennoch weiß Luhmann den Begriff des Vertrauens begrifflich festzuhalten, indem er Vertrauen zumindest funktional als Einheit begreift. Jede Art des Vertrauens, so Luhmann, fungiert als wirksame Form der Reduktion der Komplexität der Welt. Diese Behauptung bedarf einer Erklärung.

Die Welt, sagt Luhmann, ist in ihrer extremen Komplexität nicht fassbar, denn ihre Möglichkeiten reduzieren sich schon allein durch die Voraussetzungen des Daseins, also durch zum Beispiel Bewusstsein und Wahrnehmung durch Zeit und Raum. So lässt die Welt immer mehr Möglichkeiten zu, als tatsächlich realisiert werden können. Diese Reduzierung aller Möglichkeiten auf eine bestimmte Wirklichkeit geschieht unter anderem durch Vertrauen. Vertrauen, sagt Luhmann, reduziert Komplexität, indem es „vorhandene Informationen benutzt" und „Erwartungen generalisiert". Dabei ersetzt es fehlende Information durch interne Sicherheiten. So bleibt Vertrauen auch immer auf andere Reduktionsleistungen angewiesen, zum Beispiel auf die der Erwartung, auf subjektive Sichtweisen und dergleichen mehr, kann aber nicht auf sie zurückgeführt werden. Doch auch Vertrauen bietet keine handfeste Lösung für das Problem der Komplexität der Welt. Eher, sagt Luhmann, verschiebt sich das Problem von außen nach innen. Vertrauen ist und bleibt ebenfalls ein Problem, es geht immer einher mit einem Risiko. Das ursprüngliche Problem der Komplexität der Welt kann nämlich durch menschliches Handeln, Fühlen, Denken oder sonstige Erkenntnisversuche nicht gelöst werden. Doch Luhmann betont: Wer sich weigere, Vertrauen zu schenken, stelle die ursprüngliche Komplexität der Möglichkeiten wieder her und belaste sich selbst damit. Denn ein Übermaß an Komplexität überfordere jeden Menschen.

5.3.4 Vertrauen in abstrakte Systeme

Die Reduktionsleistung des Vertrauens findet auf sehr verschiedene Weisen statt. So kann man darin vertrauen, dass morgen die Sonne wieder aufgeht, so dass man sich weiter keine Sorgen über den „Verlauf der Dinge" machen muss. Oder man kauft biologische Produkte im Vertrauen, dass diese tatsächlich umweltfreundlicher sind, und zweifelt nicht länger an einer eventuellen „Umweltfeindlichkeit" seines Konsumverhaltens. Man kann auch einer nahe stehenden Person vertrauen, indem man ihr wichtige Aufgaben anvertraut und sich die Mühe jeder Kontrolle spart, und auch das Vertrauen in eigene Fähigkeiten ist möglich, so dass man nicht immer neu überlegen muss, ob man wirklich „gut" genug sei für eine bestimmte Aufgabe. Luhmann zeigt mit dem Begriff des Vertrauens als Komplexitätsreduktion der Welt einen, wie ich finde, sehr gelungenen Zusammenhang zwischen den alltäglichen, praktischen Vertrauensformen und ihren philosophischen Voraussetzungen. Interessant finde ich aber vor allem das Vertrauen in unsere Wirklichkeit, die bei Luhmann eine sozial konstituierte ist; eine reduzierte Wahrheit, wenn man so will. Unsere Wirklichkeit, sagt Luhmann, wird durch das konstituiert, was er „abstrakte Systeme" nennt. Was ist ein abstraktes System? Nehmen wir zum Beispiel das Tauschgeschäft mit Geld: Ohne das Vertrauen in das System des Geldes wäre unser realer Alltag von heute ein grundsätzlich anderer. Mit dem Vertrauen in Geld vertrauen wir in ein durch diffuse Interaktion zustande gebrachtes abstraktes System. Generell wird dieses Systemvertrauen nicht thematisiert. Wir überprüfen nicht ständig, ob unser Vertrauen gerechtfertigt ist oder nicht, sondern wir vertrauen, bis es gar nicht mehr geht. Luhmann glaubt nun, dass unser blindes Vertrauen in das abstrakte System, wie zum Beispiel das Vertrauen in die Wirtschaft, die Stabilität dieses Systems aufrechterhält.

Die Organisation eines abstrakten Systems ent-persönlicht zwar unser Vertrauen, macht es aber nicht überflüssig. Wer in das alltägliche Leben, also in abstrakte Systeme vertraut, tut das nicht mehr auf eigenes Risiko, sondern auf das Risiko des Systems. Eine etwas tragische Konsequenz des Vertrauens in abstrakte Systeme ist, dass derjenige, der dem System nicht zustimmt, nicht etwa die Welt erschüttert, sondern sich selbst ausschließt. Wer die Reduktionsleistung eines Systems nicht übernimmt, verliert seine Rolle als mitkonstituierendes menschliches Subjekt, und er sondert sich so von seiner sozialen Umgebung immer mehr ab. Abstrakte Systeme generieren eine Wirklichkeit, die sich also, so kann man es auch formulieren, durch sozialen „Zwang" am Leben hält.

5.3.5 Vertrauen und Wirklichkeit: eine (schöne) Illusion

Das Zusammenfallen von Wirklichkeit und dem sich mit Hilfe sozialen Zwanges am Leben haltenden abstrakten System wirft die nicht ganz unbekannte Frage nach Wahrheit auf. Denn, so fragt man sich, wenn unser Vertrauen Wirklichkeit konstituiert und nicht so sehr andersherum, die Wirklichkeit *per Definition* vertrauenswürdig ist, dann ist unsere Realität im Grunde nichts anderes als eine kollektive „Illusion"; eine Einbildung, die eben nur dank ihres kollektiven Charakters real erscheint. Die Frage ist nun: Ist unsere Wirklichkeit tatsächlich nichts anderes als ein soziales Konstrukt, das sich durch seinen verbindlichen Charakter immer wieder selbst bestätigt, oder gibt es eine von der sozialisierten Welt unabhängige Wahrheit, die uns ihre Wirklichkeit sozusagen „anbietet"? Diese Frage beschäftigt auch Luhmann, wenn auch nicht explizit. Er behauptet, der ontologische Gegensatz zwischen „Sein" und „Schein" wäre für die Lösung dieser Frage ungeeignet. Doch indem Luhmann die Komplexität der Welt von der Reduzierung derselben durch Systeme unterscheidet, deutet er unweigerlich auf einen Unterschied zwischen Wahrheit (Sein) und Wirklichkeit (Schein) hin. Fielen Sein und Schein zusammen, dann gäbe es das Problem der Komplexität der Welt nicht, und es gäbe auch keine Systeme zur Reduzierung der ursprünglichen Komplexität der Welt. Ich würde behaupten, dass es also auch bei Luhmann eine von der sozialisierten Welt unabhängige Wahrheit gibt, und sei es nur als Möglichkeit. Denn wenn Realität das Resultat der symbolisch dargestellten Identitäten der Komplexitätsreduktion ist, dann ist Wahrheit eben alles außerhalb, aber auch innerhalb dieser symbolisch dargestellten Realität. So könnte man Luhmanns mit Hilfe von Systemen konstituierte Wirklichkeit mit dem Weltbild Nietzsches vergleichen - wohl wissend, dass er die Verbindung selbst nicht herbeiführt. Doch vielleicht ist es von Luhmanns sozialisierter Realität gar nicht so weit bis zu Nietzsches apollinischer Scheinwelt: Die Luhmannsche, durch diffuse Interaktion zustande gebrachte Wirklichkeit schwimmt immerhin auf ebenso fließenden Gewässern, wie Nietzsches ordnender Apollon als schöner Schein über der unerträglichen dionysischen, wahren Welt schwebt. Denn wie bei Nietzsche ist auch bei Luhmann der Begriff der Wirklichkeit mit (vertrauensvoller) Illusion verbunden.

Doch was ist das für eine Verbindung zwischen Vertrauen und dem Illusionscharakter der Wirklichkeit? Vielleicht bietet Joseph Früchtls Begriff des Vertrauens etwas mehr Orientierung. Früchtl selbst lehnt den Begriff Illusion allerdings ab; was wir „Wirklichkeit" nennen, ist seiner Auffassung nach keine Illusion, sondern das Resultat von Vertrauensverhältnissen, die frühkindlich aufgebaut werden. Doch ohne Früchtl widersprechen zu wollen, finde ich den Begriff der „Illusion" für eine Darstellung eines Wirklichkeitsbegriffes, der sich vom Wahrheitsbegriff explizit absetzt, sehr wohl zutreffend. Das lateinische *Illudere* bedeutet in etwa: „ein Spiel treiben", in der Auffassung des *in-ludere* als „innerlich" spielen, gerät Illusion in die Nähe des ähnlich gebildeten Ausdrucks „Gedankenspiel". Der Nachdruck des Begriffes der Illusion liegt auf der innerlichen, spielerischen Vorstellungskraft, die so wesentlich für den Begriff des Vertrauens ist, mit der wir die Lücke zwischen Wissen und Nichtwissen füllen. Auch wenn Vertrauensverhältnisse durch einen Lernprozess aufgebaut werden, bedeutet dies meiner Ansicht nach nicht, dass sie nicht zum großen Teil auf unsere Vorstellungskraft bauen. Ohne also die psychologischen und soziologischen Aspekte des Vertrauensbegriffes zu übersehen, verwende ich den Begriff der Illusion weiterhin für den vertrauensvoll konstituierten Wirklichkeitsbegriff.

Früchtl beschreibt den Zusammenhang zwischen Vertrauen und Wirklichkeit als Konstitution eines großen „Als-ob".[6] In diesem Zusammenhang unterscheidet er zwischen „bewusster Illusion", einem ästhetischen Zustand, den wir zum Beispiel beim Anschauen eines Filmes erfahren, und andererseits der „unbewussten Illusion", mit Hilfe derer wir

---

[6] Josef Früchtl: "George Clooney, Brad Pitt und Ich. Oder: Die schöne Illusion des Vertrauens" in: Felix Meiner (Hg.): Zeitschrift für Ästhetik und allgemeine Kunstwissenschaft. Hamburg 2009, Vol. 54:2.

uns auf eine Wirklichkeit festlegen. Früchtl illustriert die „unbewusste Illusion", mit der wir unsere Wirklichkeit begreifen, am Beispiel des zwar minimalen, aber vorbehaltlosen Vertrauens in fremde Menschen. Im Umgang mit fremden Menschen, erklärt er, vertraut man auf gemeinsame Regeln und tut so, *als ob* ein konkretes Verhältnis zwischen allen Menschen bestehe. Nur so könne man davon ausgehen, „dass im alltäglichen [...] Verkehr [...] niemand einen anderen grundlos anspricht, anschreit, küsst oder schlägt, etwas schenkt oder wegnimmt." Analog verhalten wir uns gegenüber Leinwandakteuren: Wir tun so, *als ob* wir mit dem Menschen auf der Leinwand ein aktives Verhältnis eingehen würden. Der ihm wichtige Unterschied zwischen Realität und Film ist, dass sich im Alltag die reale Illusion unbewusst vollzieht, während wir uns der Illusion der Filmrealität sehr wohl bewusst sind. So kompensiert Vertrauen fehlendes Wissen, indem es eine idealisierte Vorstellung von der Wirklichkeit ermöglicht. Es liegt aber auch ein heilendes Element in der Kunstanschauung; im reflektierten, ästhetischen Vertrauen. Relevant für die ästhetische Erfahrung ist, dass sie nicht eine „feierabendliche" Flucht aus der Realität bedeutet. Die ästhetische Erfahrung steht hier vielmehr im Zusammenhang mit der Wahrnehmung der Wirklichkeit. So kann jedes Medium, das eine bewusste *Als-ob*-Haltung generiert, als Kunstwerk begriffen werden. In der ästhetischen Anschauung findet ein reflektiertes Vertrauen statt, das eben durch seine Reflexion den Bezug zur Wirklichkeit und dadurch den Glauben an die Welt (wieder) herstellt. So komme ich hier wieder auf den Begriff der Liebe von Nussbaum zu sprechen. Die Liebe und die ästhetische Erfahrung, so wird nun klar, fördern beide, jeweils auf ihre eigentümliche Art, ein fundamentales Vertrauen in die Welt: Die (realistische) Liebe und das (ästhetische) Schöne sind zwar nicht dasselbe, aber diesen Begriffen wohnt eine Überwindung des Strebens nach unmenschlicher Allmacht und Perfektion inne. Diese Überwindung funktioniert durch ein grundsätzliches, dennoch bewusstes und deshalb kritisches Vertrauen in eine teils notwendig illusorische Welt.

5.4 Die Wurzeln und das Wachstum der Gewalt und welches Kraut dagegen hilft.
Ein Plädoyer für mehr Raum für Verletzlichkeit

Barbara Knorz

5.4.0 Einleitung

5.4.0.1 Eine auf den ersten Blick vielleicht etwas trist und absolut erscheinende These

Ich beginne dieses Kapitel mit einer These, die für manche ohne die daran anschließenden Ausführungen vielleicht sehr negativ, düster und überstark das Phänomen der Gewalt fokussierend erscheinen mag. Dennoch möchte ich sie gerne voranstellen, da sie die zu Grunde liegende Basis der nachfolgend skizzierten Ideen für mögliche Lösungsschritte darstellt:

Werden Menschen – egal aus welcher Situation heraus, aus welcher Motivation und aus welchem Grund, sei es privat oder beruflich – mit dem Thema Gewalt konfrontiert, können sie nicht *nicht* reagieren. Sie sind immer direkt und unausweichlich involviert und müssen ihren Standpunkt für jede Situation auch wieder neu entwickeln – trotz möglichem Erfahrungszuwachs aus früheren Begegnungen mit dem Phänomen Gewalt.

Der Spaltungsdynamik von Gewaltprozessen ist nicht einfach vollkommen zu entgehen. Sie scheint nicht dauerhaft, sondern höchstens situativ zu lösen zu sein. Jede andere Haltung stellt eine Illusion bzw. den Inhalt einer weiteren Entstehung von Spaltung dar.

Auswirkungen der Gewaltdynamik finden sich, zumindest in Ansätzen, in den betroffenen Beziehungen wieder – gleich welcher Art diese sind.

Auch wenn man Menschen, die Gewalt überlebt haben, unterstützen will, ist diese immer mit vorhanden. Sie kann genauso in informellen Beziehungen, im Rahmen der individuellen, professionellen Begleitung von Gewaltbetroffenen und in HelferInnennetzwerken identifiziert werden.

Es ist jeweils nur realisierbar, den betreffenden Dynamiken möglichst wenig Raum zu geben. Wenn sie sich bereits stärker entfalten konnten, ist es nur möglich, sie – Schritt für Schritt und in jeder Situation neu – zu erkennen und bestenfalls auch langsam aufzulösen.

Eine ganz andere Dynamik, eine Kraft, die sich grundlegend davon unterscheidet, muss deren Platz einnehmen dürfen.

Vielleicht kann hierdurch etwas Neues entstehen, was sich für alle besser anfühlt. Vielleicht gelingt es gemeinsam, Grundsteine des Vertrauens zu legen, auf die in der zukünftigen Entwicklung der Beziehung aufgebaut werden kann. Vielleicht wachsen neue, kreative und liebevolle Verbindungen.

All das wäre ein großer Erfolg. Mehr leisten zu können, ist *zu viel* erwartet: Völlig gewaltfreie Räume existieren nicht. Dazu bedeutet Leben an sich – auch das mit der Gewalt – immer in Entwicklung zu sein, bis zuletzt nicht anzukommen. Das ist für die privaten wie auch für die individuell-professionellen und öffentlichen Bereiche des Lebens gültig.

Es bedarf besonderer Reflexion, der Gewalt zu begegnen. Bestimmte Kenntnisse und vor allem spezielles Erfahrungswissen sind nötig, um mehr und mehr mit Gewaltprozessen umgehen zu können.

Auch wenn sich die Analysen teilweise überschneiden mögen: In der professionellen Arbeit mit Überlebenden von Gewalt reichen spezifisches Fachwissen und ausschließlich individuell und therapeutisch ausgerichtete Supervisionsinhalte i. d. R. nicht aus, um den im Folgenden näher beschriebenen Dynamiken etwas entgegensetzen zu können. Es muss vor allem eine Würdigung und ein Verstehen der gegenwärtigen Existenz der Gewalt geschehen.

Ebenso verhält es sich in privaten (auch gegenseitigen) (Unterstützungs-)Beziehungen: Hier kommen Menschen genauso nicht umhin, in wiederkehrender Gegenwart von Gewalt, zu lernen, ihr – mehr und mehr und immer wieder neu – den fruchtbaren Boden zu entziehen.

5.4.0.2 Bevor es konkreter wird: Einleitendes zum Inhalt und Aufbau des Folgenden

Die weiteren Ausführungen sollen zum einen die oben aufgestellte These erläutern. Sie zielen darauf ab, deren Hintergründe verständlicher zu machen.

Zum anderen können sie als erster, zarter Ansatz auf die dringenden Fragen begriffen werden:

Was kann man tun, um in einer Gewaltdynamik nicht stecken zu bleiben?

Welche möglichen kleinen Schritte, welche ersten Lösungsideen in Richtung situativer „Gewaltfreiheit" sind entwickelbar?

Dieser Beitrag leiht sich zu Beginn eine Definition aus der Soziologie. Auch wird, allerdings in stark modifizierter Form, ein bekanntes Modell aus der Transaktionsanalyse (einer psychotherapeutischen Richtung der humanistischen Psychologie) verwendet.

Vor allem aber stammen das Wissen und die zu Grunde liegenden Erfahrungen aus fundierter feministischer Analyse. Diese für die Unterstützung von durch Gewalt traumatisierten Menschen wichtigen Erkenntnisse (die größtenteils mündlich in der Vernetzung oder im Rahmen von grauer Literatur weitergegeben wurden und werden und selten in angemessenem Umfang und mit entsprechender Würdigung Eingang in die gängige Fachliteratur erhalten) verbinde ich mit meinem persönlichen Erfahrungswissen und damit auch mit der Weisheit aller, denen ich in der Vergangenheit begegnet bin.

Einen besonderen Wert für dieses Kapitel stellt ein Frühwerk der Psychotraumatologie – eine „Sammlung" im besten Sinne des Wortes – von Judith Herman (1994) dar: In ihrer Veröffentlichung „Die Narben der Gewalt" begreift und erklärt sie aus feministischer Perspektive die Geschichte eines traumatischen Ereignisses nicht als abgetrenntes Geschehnis oder als Auslöser isolierter Symptome, die ausschließlich diagnostiziert und behandelt werden müssen. Sie sieht darin vielmehr einen Auftrag, sowohl individuelle als auch gemeinschaftliche bzw. gesellschaftliche Integrationsleistungen zu vollbringen und zerstörte, gebrochene Verbindungen wiederherzustellen.

Schriftliche Abhandlungen, Theorien und Ideensammlungen – wären sie auch noch so vollständig und durchdacht – können aber niemals eine endgültige Antwort sein: Beim aktuellen Bearbeiten jener o. g. Fragen wurde mir nochmals sehr deutlich, dass diesbezügliche Lösungen und Erkenntnisse immer wieder neu im Moment des Bedarfs erarbeitet werden müssen. Es muss dazu gefühlt, darüber gesprochen und etwas entwickelt werden. Ein Austausch muss stattfinden: Wege, die von der Gewalt wegführen, finden Menschen nur selten alleine, eher im Dialog.

Aufgrund des Wesens und der Gesetzmäßigkeiten der Gewalt lassen sich Erkenntnisse nur schwer stabil begreifen, dauerhaft festhalten. Sie verhalten sich eher wie „glitschige Fische" im Wasser, die aus den Händen gleiten, nicht wirklich einzufangen sind. Man kann sie m. E. nur immer wieder für einen Augenblick auf einer neuen Wahrnehmungsschleife im Lebensfluss sehen, erinnern und mehr und mehr beginnen, zu verstehen und entsprechend zu handeln.

Das ist nicht nur im Rahmen individueller, persönlicher Erkenntnisprozesse, sondern auch hinsichtlich gesellschaftlicher Entwicklungsmöglichkeiten zu beobachten: Durch die bestehenden massiven Spaltungen in einer Welt, die von Gewalt durchdrungen ist, gestaltet sich das Verstehen und „Darauf-Reagieren" außerdem wie das vorsichtige Zusammenfügen von unzähligen, auseinanderstrebenden Bruchstücken (Cameron 1993). Das trifft auf jede, auch jede noch so kleinste Form von Gewalt zu – auch wenn es zugleich schon ein mögliches Verständnis von Dissoziation andeutet.

5.4.1 Das ist Gewalt

5.4.1.1 Worum es eigentlich geht: Was ist Gewalt?

Es gibt viele unterschiedliche Definitionen, es existiert ein ganz uneinheitliches Verstehen von Gewalt… – vergleicht man allein strafrechtliche Erläuterungen im Gegensatz zu Berichten der individuellen psychischen Erfahrung und Wahrnehmung von Gewalt.

Häufig wird immer noch nur körperliche Gewalt als solche bezeichnet und nicht berücksichtigt, welches zerstörerische Ausmaß auch nicht physische Formen der Gewalt annehmen können.

Soziologische Definitionen nähern sich dem Verständnis in der Regel über den Machtbegriff: So ist Gewalt etwa jede Handlung, die eingesetzt wird, um einem anderen Menschen den eigenen Willen bzw. ein bestimmtes Tun oder Unterlassen aufzuzwingen, einhergehend mit Abwertung bzw. Missachtung der anderen Person (Weber 1921).

Vertreterinnen der neuen Frauenbewegung beschreiben das Phänomen Gewalt darüber hinaus auch zusätzlich aus der Perspektive derer, die es erleben müssen: Gewalt wird damit als Angriff auf die seelische und/oder körperliche Würde und Unversehrtheit, als eine Verletzung oder Zerstörung der Grenzen von Menschen verstanden.

Die Auseinandersetzung mit Gewalt provoziert starke Kontroversen. Es entstehen fast unvermeidlich Spaltungen und Polarisierungen (vgl. z. B. Herman 1994).

Es ist unmöglich, als ZeugIn von Gewalt neutral zu bleiben (ebd.). Dieser Aspekt wird oft vergessen, vernachlässigt oder häufig auch verdrängt.

Wegweisend in der neuen Frauenbewegung war bereits in deren Anfängen die Erkenntnis, dass das Benennen und Bewerten des Geschehens und eine Auseinandersetzung *mit* der Gewalt der Schlüssel zur Prävention, zur Bewältigung und zum gemeinsamen Ausstieg *aus* der Gewalt ist.

Körperliche und psychische Gewalt wird oft unterschieden. In der Realität ist diese Trennung nur bedingt sinnvoll, u. a. weil massive psychische Gewaltausübung nicht nur seelische, sondern auch deutliche somatische Folgen hat (also auch immer eine mehr oder weniger starke physische Verletzung bzw. Schwächung nach sich zieht). Außerdem ist es für die Person, die die Gewalt erlebt, hierdurch schwieriger, Anerkennung für ihre Erfahrung zu erhalten (z. B. „Dir ist doch nichts passiert." im Sinne von: „Du wurdest nicht körperlich verletzt.").

Wichtig ist es, nicht nur die Existenz von personaler (= durch konkrete Personen ausgeübte) Gewalt, sondern auch strukturelle Gewalt (= alles, was gesellschaftlich-strukturell verankert ist, das Menschen hindert, sich zu entfalten, bzw. sie schädigt: z. B. konkrete Diskriminierung, Isolation, die ungleiche Verteilung von Ressourcen, Ausbeutung, eingeschränkte Lebenschancen...) *immer* mit im Blick zu haben.

Es gibt bewusst eingesetzte Gewalt (= mit der Intention, zu verletzen), unbeabsichtigte Gewalt und unwissentlich ausgeübte Gewalt. Letztere müssen nicht weniger gravierend sein als Erstere (z. B. als legitimiert erlebtes Töten von „Ehebrecherinnen", Genitalverstümmelung von Mädchen...). Wie die eigene Handlung erfahren und definiert wird, ist stark von den Normen des zur Orientierung herangezogenen sozialen Umfelds abhängig (vgl. dazu auch die Wirkung von Wertvorstellungen innerhalb von Kulten).

Für Außenstehende offensichtlich wahrnehmbare Gewalt ist zwar ebenso von der nicht oder nur diffus identifizierbaren Gewalt zu unterscheiden. Doch sagt diese Differenzierung letztlich nur etwas aus über die Nachweisbarkeit der Tat und die Chancen der Betroffenen, glaubwürdig zu erscheinen, nicht aber tatsächlich über die Schwere der Gewalt (vgl. z. B. jahrelange Morddrohungen ohne Möglichkeit der physisch greifbaren und „emotionalen" „Beweissicherung").

Durch den Blick von außen, die größere Möglichkeit der Distanzierung, kann Gewalt, die in anderen Kulturen ausgeübt wird, leichter in ihrem Ausmaß erkennbar sein als Gewalthandlungen und -prozesse in der eigenen Kultur (z. B. gesellschaftlich legitimierte Körperverletzungen gebärender Frauen, psychische Gewalt unter der Geburt in Deutschland). Das ist aber nicht zwingend der Fall, wenn auch andere wichtige Einflussfaktoren wirken.

Auch der zeitliche Abstand zur Gewalt kann wesentlich sein für deren Wahrnehmung und Bewertung (vgl. z. B. die Einordnung des Verhaltens und Erlebens von Menschen im zweiten Weltkrieg aus der heutigen Perspektive oder aber aus der vor 20, 40, 60 oder 70 Jahren).

Die Perspektive des Täters (oder der Täterin) ist immer vollkommen grundverschieden zur Wahrnehmung und zum Erleben des Opfers. Welche Einschätzung einer Handlung man erhält, wie man diese bewertet, ist entscheidend von den Machtverhältnissen und letztlich davon abhängig, wem man zuhört und vor allem, wem man glaubt. Das ist zwar rein sachlich gesehen von absolut offensichtlicher, zwingender Logik. Es muss aber im Kontakt bewusst besondere Bedeutung erhalten, da es ansonsten bei einer scheinbar „objektiven", „ausgewogenen" Bewertung der Situation nicht berücksichtigt, verleugnet oder verdrängt wird. „Je mächtiger der Täter, desto umfassender ist sein Vorrecht, Realität zu benennen und zu definieren, und desto vollständiger kann er seine Argumente durchsetzen." (Herman 1994, 18).

5.4.1.2 Die Schwere der Gewalt – und die Folgen...

Wesentlich für die Einordnung von Gewalt ist nicht – wie oft vereinfacht gesehen – eine bestimmte Handlung an sich, für sich isoliert gesehen (sie kann Außenstehenden u. U. sogar harmlos oder freundlich erscheinen, z. B. das Versenden einer Postkarte mit „Grüßen" oder eines „Geschenkepaketes" an eine Überlebende Ritueller Gewalt oder scheinbar „sanftes Streicheln"), sondern ihre Einbettung in den Gesamtzusammenhang: Auf welche Weise tut wer was, mit welcher Intention, in welchem Zusammenhang? Wie erlebt wer was, in welchem Zusammenhang, auf welchem Hintergrund?

Wie sich Gewalterfahrungen auf Betroffene auswirken und wie sie verarbeitet werden, hängt davon ab, über welche Ressourcen die betreffende Person situativ und auch langfristig verfügt.

Persönliche Verletzlichkeiten erschweren es Menschen individuell sehr stark, sich gegen Übergriffe und Grenzverletzungen zur Wehr zu setzen (z. B. das Alter, der Entwicklungsstand, das Geschlecht der Betroffenen, vorherige Gewalterfahrungen, eine oder mehrere Formen der Abhängigkeit von den TäterInnen, ein unerwartetes Geschehen oder eine für eine Person individuell besonders verletzliche Situation ...). Die Auswirkungen von Gewalthandlungen sind immer auch im Zusammenhang mit u. U. sehr weitreichenden Ungeschütztheiten zu verstehen.

Die Folgen der Gewalt sind abhängig von der Art der Gewalttat, von der Absicht der TäterInnen, dem Verhalten des näheren sozialen Umfelds der Betroffenen und den gesamtgesellschaftlichen Gegebenheiten (kulturelle, religiöse, soziale, materielle Hintergründe/Strukturen).

Auch bestehen grundlegende Unterschiede zwischen einmaligem, isoliertem Gewalterleben, wiederholter Gewalt innerhalb naher Beziehungen und Gewalterfahrungen im Zusammenhang mit organisiertem Verbrechen.

Entscheidend ist auch, wie die Gewalt von den TäterInnen eingeordnet, bezeichnet und bewertet wird und was sie den Reaktionen derer, die diese erleben müssen, entgegensetzen: Wenn die Betroffenen z. B. die Gewalt benennen oder sprachlos werden, wenn sie erstarren oder sich versuchen zu wehren oder wenn sie die Gewalthandlungen unterstützen, und die TäterInnen das umdeuten und/oder sich so verhalten, als wäre das, was gerade geschieht, legitim, keine Gewalt oder selbst verursacht, so kann das die empfundene Ohnmacht, die Hoffnungslosigkeit und das Entsetzen unermesslich verstärken. Und es erschwert die Selbsthilfe und die Suche nach Unterstützung.

Trotz der beschriebenen Einflussgrößen darf man aber nie davon ausgehen, dass man die Schwere der Gewalt vorhersehen oder einzelne gewalttätige Handlungen von anderen klar abgrenzen kann. Die Wirkungsbedingungen sind äußerst komplex, verwoben. Es besteht immer ein Kontinuum der Gewalt und damit auch ein Kontinuum möglicher individueller und kollektiver Folgen.

Was Gewalt sein kann, reicht von eher unbeabsichtigten und dennoch verletzenden Grenzüberschreitungen im ansonsten achtungsvollen zwischenmenschlichen Kontakt bis zu menschlichen Taten unbegreiflichen Ausmaßes, bei deren Wahrnehmung sich psychische Abgründe auftun, die ungläubig schaudern lassen. Diese extremsten, unfassbaren Gewalthandlungen und -prozesse führen zum physischen oder psychischen Tod, zur Flucht in den Wahnsinn oder – als letzte Schutzreaktion der Betroffenen – in die tiefe Spaltung, in die Dissoziation.

Beide Pole der Gewalt sind nicht miteinander zu vergleichen.

Doch wirken in jeder gewalttätigen Handlung, unabhängig von ihrem Schweregrad bzw. ihrer innewohnenden – im Grunde freundlich gesinnten oder aber, im totalen Gegenteil, extremst grausamen – Kraft und Qualität, dieselben Gesetzmäßigkeiten: Alle Gewaltsituationen und -prozesse haben eine spezifische, wiederkehrende Dynamik, mit der sie beschrieben werden können.

5.4.1.3 Das Wesen der Gewalt

Möchte man in Situationen, in denen Gewalt eine Rolle spielt, angemessen handeln, gilt es zunächst, ihr Wesen zu verstehen.

Gewalt...
– missachtet körperliche und seelische Grenzen.
– verletzt und zerstört.
– lässt Angst entstehen und wachsen.
– macht krank – psychisch und somatisch.
– löst Verwirrung, Desorientierung aus, stört und verändert das Empfinden, Bewerten, Verstehen.
– macht sprachlos.
– bewirkt Polarisierungen (des Verhaltens, der Rollen, Gefühle, Wahrnehmung, Einstellungen...).

- verursacht Spaltung, Dissoziation.
- isoliert, grenzt aus.
- führt zu Verleugnung, Tabuisierung.
- ist ein Teil der Gesellschaft, in ihr fest verankert, wird gesellschaftlich erzeugt und reproduziert (z. B. über Kultur, Politik, Medien), ist bis zu einem gewissen Grad mehr oder weniger bewusst gewollt. Eine Gewalterfahrung ist kein individueller Einzelfall.
- hat eine Sogwirkung: Je mehr Nähe zur Gewalt/zum Täter besteht, desto gefährdeter sind die Betroffenen, desto eher kommt es zur Eskalation (vgl.: Gewaltspirale, -dynamik, -beziehung).
- funktioniert nur in Abwesenheit von echtem Mitgefühl.
- hat für *alle* Beteiligten negative Auswirkungen: Wo geherrscht, unterdrückt, verletzt wird, entsteht umfassender Mangel mit all seinen Folgen.

5.4.1.4 Idealtypische, situative Hinweise auf die Abwesenheit von Gewalt

Gewaltfreiheit ist allein ein sehr situativer und niemals ein unbegrenzt andauernder Zustand.

Es gibt Augenblicke, Momente, Situationen… und länger andauernde Prozesse, in denen es gelingt, dass Menschen sich in völliger Abwesenheit von Gewalt begegnen.

Betrachtet man die nachfolgenden, besonderen Anzeichen für solchermaßen glückliche Kontakte und Verbindungen zwischen Menschen, so sind sie vor allem als Orientierung, als Idealbild, als Zielvorstellung zu sehen („Wo will ich hin?"). Kein Mensch ist jemals vollkommen authentisch oder klar, empathisch, kompetent, verbunden. Eine derartige Vorstellung von Personen weist z. B. auch auf Polarisierungen und Abspaltungsprozesse hin.

Was bei situativer Abwesenheit von Gewalt zu entdecken bzw. zu erfahren ist:
- Gegenseitige Wahrnehmung und Achtung als selbständige, selbst bestimmte *und* verletzliche Subjekte.
- Mitgefühl.
- Freude über den Kontakt und (diesbezügliches) Wohlbefinden aller Beteiligten, auch in sehr schwierigen, schmerzlichen Situationen.
- Gefühle von Sicherheit.
- Gefühle der „Ganzheit", Gefühle der Körperverbundenheit.
- Gefühle der Authentizität.
- Gute Wahrnehmbarkeit der Grenzen aller Beteiligten.
- Gefühle der Klarheit, Gefühle von Kompetenz und Können bei allen Beteiligten (auch möglich: ruhige Erkenntnis eigener, situativer Unfähigkeit).
- Verständigung, Gefühle der Verbundenheit zwischen den Beteiligten.
- Gefühle der Verbundenheit mit der „Welt".
- Entstehen von Vertrauen.
- Verantwortungsübernahme aller Beteiligten.

- Persönlicher Gewinn, Fülle, „Reichtum" für alle Beteiligten.
- Gemeinsames Wachstum und Lernen.
- Entschleunigung, Ruhe und das kreative Potenzial des scheinbaren „Nichts-Tuns".

Typisch für solche positiven zwischenmenschlichen Begegnungen ist auch, dass sie *allen* Beteiligten (etwas) Kraft schenken und nicht im Gegenteil nehmen. So kann als ein sehr wichtiger Hinweis für das Vorliegen eines solchen gemeinsamen Zustandes die Tatsache verstanden werden, dass sich *alle* Handelnden kraftvoller und nicht etwa schwächer als vor dem jeweiligen Kontakt fühlen bzw. dass *alle* in irgendeiner Weise gestärkter aus einem Prozess hervorgehen.

5.4.1.5 Die Gewaltdynamik im Bild: Ein sich immer wieder neu aktivierendes Dreieck der Rollen

Geschieht dagegen Gewalt, wird Lebenskraft geschwächt oder gar zerstört, getötet.

Zum besseren Verständnis eines solchen Gewaltgeschehens bietet sich das „Dramadreieck" (Karpman 1968) an. Dieses psychologische und soziale Modell aus der Transaktionsanalyse wird in beraterischen und therapeutischen Zusammenhängen häufig verwendet.

Entwickelt wurde es, um bestimmte „Beziehungsmuster", sog. „Dramen" in der Kommunikation zu verstehen. Die einzelnen Beteiligten werden dabei als Träger von manipulativen Rollen gesehen, ihr jeweiliges Verhalten als „Spiel" (= Transaktionen, komplexe, regelhafte Kommunikationsabläufe) auf der Basis von bestimmten Aktions- und Reaktionsmustern begriffen. Das Modell kann zur Beschreibung von menschlichem Verhalten in Konfliktsituationen, zur Analyse und zur Erarbeitung neuer Handlungsmöglichkeiten verwendet werden. Es soll helfen, in Beziehungen Abhängigkeiten, Strukturen und Verhaltensmuster zu erkennen, die von einem dynamischen, gegenseitigen Verschieben von Verantwortung, von Schuldvorwürfen, Wut, Ohnmacht und Enttäuschung geprägt sind, um sich von diesen zu verabschieden.

Die Transaktionsanalyse geht aber im Hinblick auf die Analyse der Verhaltenssequenzen eher von paritätisch und in gewissem Sinne analog agierenden „Spielern" aus und versteht dementsprechend Möglichkeiten einer erfolgreichen Bewältigung als kommunikative Lösung eher gleichberechtigt Handelnder. Dadurch ist das Schema, so denke ich, nicht ohne Modifikation zur Beschreibung von Gewaltdynamiken verwendbar: Es besteht die Gefahr einer mangelnden Anerkennung der Opferrolle.

Nimmt man das Modell aber aus dem beschriebenen Zusammenhang heraus, positioniert sich in der Deutung unmissverständlich im Sinne einer parteilichen Analyse und bezieht damit vorherrschende Machtverhältnisse mit ein, gelingt es, das Geschehen in Gewaltsituationen adäquat zu fassen und so besser zu verstehen. Dann ist das Modell nicht als gefährlich, sondern als sehr hilfreich anzusehen: Es kann als Konstrukt zum Verständnis der Dynamik von Gewalt eingesetzt werden. Die einzelnen Rollen im Gewaltgeschehen sind damit gut zu identifizieren.

So werde ich das auch im Folgenden tun, um einem Begreifen näher zu kommen. Denn das Bewusstsein für die Rollen und die Dynamik der Gewalt ist ein wichtiger Beitrag zum Ausstieg aus der Gewalt bzw. zur adäquaten Begleitung von Personen, die Gewalt erfahren haben.

5.4.1.6 Das Gewaltdreieck

Es existieren drei voneinander unterscheidbare Rollen im Rahmen eines Gewaltgeschehens: Die Rolle des Täters (oder der Täterin), die Rolle des Opfers sowie die Rolle der RetterIn.

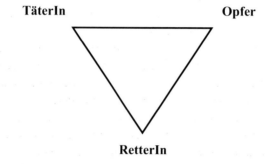

Ein Täter (oder eine Täterin) handelt einer Person gegenüber gewalttätig. Diese erfährt die Gewalt, erlebt Verletzung bzw. Zerstörung und Ohnmacht. Sie wird in dem Zusammenhang ihrer Subjekthaftigkeit beraubt, wird zum Opfer. Ein(e) andere Person in der RetterInnenrolle bemüht sich, der von Gewalt Betroffenen zu helfen, tut das jedoch (meist ungewollt) auf eine Art und Weise, die sie auf ihren Status im Gewaltgeschehen reduziert, dort hält und damit erneut zum Objekt (= „das Opfer") werden lässt.

Die einzelnen Rollen können eindeutig sein. Sie können aber auch verschwimmen. Oder eine Person kann sich in mehreren Rollen gleichzeitig befinden.

In der Transaktionsanalyse wird auch beschrieben, dass es in der Dynamik u. U. zu *vollständigen* Rollenwechseln kommt: So wird z. B. ein Opfer TäterInnen oder RetterInnen gegenüber gewalttätig, manipuliert sie z. B. und schlüpft damit selbst in die TäterInnenrolle. Oder es wendet sich als Folge der Gewalt gegen andere Menschen (oder Tiere), die sich nicht wehren können – so stellen die VertreterInnen der humanistischen Therapierichtung fest.

Das trifft zwar in bestimmten Fällen zu. Wichtig ist dabei allerdings, in der Wahrnehmung, Analyse und Bewertung sehr kritisch zu bleiben und keinesfalls eine Beliebigkeit, Willkürlichkeit der Rollen und der Wechsel anzunehmen. So kann es z. B. selbst ein Akt der Gewalt sein, Kinder, aber auch Erwachsene, unreflektiert als (Mit-)täterInnen zu definieren.

Bevor ich die einzelnen Rollen mit ihren zu Grunde liegenden Gefühlen näher beschreibe, möchte ich vorweg noch jeweils Beispiele dafür geben. Damit wird nicht zuletzt die innerpsychische, kommunikative und soziale Dynamik von Gewalthandlungen sichtbar.

Weil beim Ausstieg aus der Gewalt stets das Anstreben von Authentizität und Ehrlichkeit und die Übernahme von Verantwortung wesentlich sind, werde ich an dieser Stelle über persönliche Erfahrungen erzählen. Auch wenn es u. U. schwerfallen kann, erscheint es mir (natürlich in geschütztem Ausmaß, um nicht selbst Opfer von Angriffen zu werden) zur Prävention von Gewalt äußerst wichtig, immer mehr wirklich über sich selbst sprechen zu lernen.

Ich bin beispielsweise Täterin, wenn ich Menschen, die mir nahe stehen, abwerte, sie unter Druck setze, ihre Worte verdrehe, sie mit mehr oder weniger gezielten Sätzen verletze – z. B. in Situationen, in denen ich unter Druck bin, gestresst, überlastet und überfordert reagiere, mir meines eigenen Wertes nicht bewusst bin.

Es tut mir danach sehr leid und ich habe Schuldgefühle, dass mir „das" „geschehen ist". Wenn ich erkenne, dass ich Andere benutzt habe, um mich abzureagieren (weil sie gerade anwesend, offen und verletzlich waren), werte ich mich dann selbst ab, quäle mich dafür, dass ich mich nicht stoppen und gewaltfreier handeln konnte.

Um solche, andere und letztlich auch mich selbst verletzenden Handlungen zu vermeiden, um wieder empathischer sein zu können, ist viel Selbstfürsorge wichtig. Und dass ich lerne, mir zu verzeihen und *zugleich* Verantwortung zu übernehmen und nicht zu leugnen, was gewesen ist. Die zentrale Frage ist dann: Was brauche *ich* – jetzt ganz aktuell und auch in Zukunft – damit ich in einer ähnlichen Situation achtungsvoller und weniger gewalttätig sein kann?

Dieses Beispiel ist insofern für UnterstützerInnen gewaltbetroffener Menschen interessant, da ab einem bestimmten Grad an Überlastung solche (oder direkt selbst verletzende oder „verstecktere" Reaktionen) trotz intensiver Reflexion wohl beinahe unvermeidlich sind.

Als eindrucksvolles Beispiel für das intensive Erleben von scheinbar relativ harmlosen Handlungen in der Rolle des Opfers möchte ich eine Begegnung in einer Bahnhofsunterführung schildern: Ein Mann kam mir vor Jahren in einem ansonsten menschenleeren Durchgang entgegen, als ich erschöpft und psychisch etwas „wackelig" von einem sehr anstrengenden Arbeitstag nach Hause fahren wollte. Er bewegte sich schnell auf mich zu, so dass ich nicht ausweichen oder anderweitig reagieren konnte. Sehr nahe kam er mir und blieb in dieser viel zu geringen Entfernung vor mir stehen. Sein Körper dicht an meinem Körper, blickte er mich an: Mit einem für mich unfassbar erniedrigenden Gesichtsausdruck, einem abfälligen, feindlichen, zynisch-genüsslichen Grinsen, blies er mir seinen Zigarettenrauch mitten ins Gesicht. Dann verschwand er lächelnd.

Jene „kleine" Handlungskette ereignete sich innerhalb von wenigen Sekunden. Ich war zu verblüfft, um aktiver zu handeln, und konnte dem Täter nur mit gebrochener Stimme und wütend-ohnmächtigen Gefühlen hinterherrufen.

Obwohl das Ereignis schon lange zurückliegt, ist es mir mit allen Einzelheiten in Erinnerung geblieben: In dieser Zeit arbeitete ich in einem Frauennotruf zum Thema sexualisierte Gewalt. Mir waren eigentlich sämtliche Auswirkungen von Gewalterfahrungen aktuell sehr bewusst. Ich selbst hatte jedoch in der Vergangenheit keine traumatisierenden körperlichen Übergriffe erlebt. Und trotz alldem (oder gerade deshalb) war ich dann vollkommen überrascht und entsetzt über die Wirkung dieses scheinbar doch eher harmloseren, übergriffigen Verhaltens: Selten habe ich mich in meinem Leben so „beschmutzt" gefühlt. Die Augen des Mannes berührten mich brutal. Und ich las in ihnen die Möglichkeiten weiterer Gewalt. Den weiteren Abend und den nächsten Tag brauchte ich, um intensive Gefühle des Ausgeliefertseins, der Erniedrigung, der Scham und der ohnmächtigen Wut wieder abschütteln zu können. Auch das Erzählen des Erlebten, erhaltener Trost und symbolische Handlungen wie das Duschen meines Körpers ließen Gefühle des Ekels nur schwer verblassen. Die Gewalt des Mannes „klebte" an mir und fühlte sich an wie ein Zeichen meiner mangelnden Reaktionsfähigkeit und eigenen Minderwertigkeit.

In meiner Arbeit erlebte ich mich an den folgenden Tagen unsicherer.

So zeigt das Beispiel, wie viel verletzende Kraft bereits in einer einzigen, kurzen, bezug- und beziehungslosen Begegnung ohne Worte, ohne körperliche Berührung und zugleich hoher gewalttätiger Intention liegen kann (...und das auch dann, wenn die gewaltsame Handlung *nicht* auf entsprechende Traumatisierungen trifft).

Situationen, in denen ich in die Rolle der Retterin „rutschte", fallen mir unzählige ein. Als Beispiel dafür, dass ich mich im Rahmen meiner Arbeit damit auch selbst gefährden kann, möchte ich von folgender Situation berichten:

Zu Beginn meiner Tätigkeit als Beraterin begleitete ich eine Frau, die drei Kinder – im Säuglings-, im Vorschul- und im frühen Schulalter hatte. Ihr Mann und Vater der Kinder, ein am Wohnort angesehener und einflussreicher Akademiker, bekam in dieser Zeit das Sorgerecht für die Kinder zugesprochen. Zugleich wurde ein Strafverfahren gegen ihn eingestellt.

Er hatte seine Frau und Kinder jahrelang immer wieder im Keller des gemeinsamen, allein stehenden Wohnhauses gefangen gehalten und vergewaltigt. Sie waren auch aktuell massivster sexualisierter Gewalt ausgesetzt. Die eigenen Kinder verkaufte er z. B. stundenweise für mediale Gewaltdarstellungen.

Da ich noch wenig Erfahrung in der Begleitung von Überlebenden, die in der Gegenwart noch extreme Gewalt erfahren, besaß, handelte ich mit einem für alle Beteiligten ungesunden und z. T. gefährlichen Aktionismus ... – bis mir das vorgestellte Bild eines bis auf seine Grundfesten brennenden Hauses half, den nötigen Abstand wiederzufinden: Ich wusste plötzlich durch den Vergleich, dass ich niemandem helfen würde, wenn ich mich mit in das „gewaltige Feuer" stürzte. Ich erkannte, keine „unverletzliche Heldin" zu sein. Mir wurde das auf Verstandesebene eigentlich Offensichtliche auch gefühlsmäßig klar: „Ich bin nur ich – nicht mehr, aber auch nicht weniger. Nur aus für mich sicherer Entfernung von den haushohen Flammen und keinesfalls im Alleingang kann ich die Frau und ihre Kinder unterstützen." Und die Möglichkeiten, die mir zur Verfügung standen, waren erschreckend gering. Eigentlich konnte ich nichts anderes tun, als ihnen zu glauben, achtungsvoll da zu sein und der Frau zu helfen, sich noch besser zu vernetzen. Eine funktionierende „Feuerwehr" gab es zu dieser Zeit nicht, um das seelische und körperliche Leben der vier Menschen zu schützen. Das galt es gemeinsam auszuhalten.

Im geschilderten Beispiel war es der Betroffenen später – durch glückliche Umstände, Zufälle und gute Vernetzung – möglich, ihre Kinder in Sicherheit zu bringen und Recht zu erwirken.

Es gibt aber auch viele Fälle, bei denen die Ohnmacht und (Lebens-)Gefahr weiter und weiter bestehen bleibt, ohne dass diejenigen, die die Gewalt erleben und die, die sie begleiten und unterstützen, etwas gegen die fortlaufende Zerstörung zu tun vermögen.

Als Hebammenschülerin z. B. erlebte ich die Rolle der Täterin und des Opfers zugleich: Im Rahmen einer massiven Abhängigkeitsbeziehung wurde ich nicht selten von ÄrztInnen oder Hebammen (i. d. R. aus deren Unwissenheit heraus) genötigt, medizinisch nicht begründbare Körperverletzungen vorzunehmen oder zuzusehen, wenn (ungewollt) psychische Gewalt auf eine Gebärende ausgeübt wurde.

Beispielsweise schnitt ich mit einer dafür vorgesehenen Episiotomieschere – voller Angst und auf einer anderen Ebene zugleich emotional gelähmt – in den Damm (= Bereich zwischen Vagina und After) einer Gebärenden. Das geschieht unter der Geburt ohne Betäubung. Jener einige Zentimeter lange Schnitt, der auf Anweisung einer Ärztin zusätzlich noch im falschen Moment – bei noch stark durchblutetem Gewebe – von mir vorgenommen wurde, ist zugleich ein Zeugnis eines starken Machtungleichgewichts und meines fehlenden Widerstandes in dieser komplexen Situation: Obwohl ich klar erkannt habe, dass die Entscheidung zum Schnitt der Unwissenheit, der Angst und dem Kontrollbedürfnis der Ärztin entsprungen ist und in keiner Weise geburtshilflich sinnvoll war, obwohl ich wusste und fühlte, dass das, was ich tat, gewalttätig ist, traute ich mich trotzdem nicht, „Nein" zu sagen und meinem eigenen, alternativen Handlungsimpuls und dem, was ich von anderen Hebammen gelernt hatte, zu vertrauen. Es war mir in diesem Augenblick nicht möglich, die Verantwortung für mich und mein Tun zu übernehmen.

Die Tatsache, dass ich mich nicht weigerte, einen solchen Schnitt auszuführen, dass ich nicht widersprach, *obgleich* ich sehr darunter litt und mir auch lange danach nicht verzeihen konnte, zeigt sehr deutlich, welche Kräfte in einer gewalttätigen Dynamik wirken – auch dann, wenn in keiner Weise akute Lebensgefahr, sondern „nur" eine Abhängigkeit und dadurch ein besonderer, angstauslösender psychischer Druck für die Handelnde besteht.

Dass sich *scheinbar* ein- und dieselbe Handlung einmal sinnvoll und richtig und ein anderes Mal so gewaltsam anfühlt, dass es mich heute noch bei der Erinnerung daran innerlich schüttelt, zeigte im Vergleich ein ebenfalls von mir vorgenommener Dammschnitt in derselben Woche, den ich im richtigen Augenblick zum offensichtlichen Schutz eines Ungeborenen machen musste.

5.4.1.7 Die einzelnen Rollen – eine kurze Beschreibung in Stichworten.

Täter (bzw. Täterinnen) kennzeichnet...
– ein (flüchtiges) Gefühl von Macht, Einfluss, Dominanz, eigenem hohen Wert, vermittelt durch die Gewalttat, also auf der Basis der Erniedrigung, Beherrschung, Verwun-

dung, Zerstörung einer anderen Person oder sozialer Gruppen (bis hin zu weitreichenden Omnipotenzgefühlen).
- eine Objektsicht auf das Opfer, mangelnde Einfühlung in das Gegenüber (Fehlen von Achtung, Wertschätzung, Mitgefühl).
- Grenzenlosigkeit (= die Grenzen Anderer verletzen, überschreiten, sich entfalten auf Kosten anderer ...).
- ein Abspalten eigener Ohnmachtsgefühle und -erfahrungen.
- ein Abspalten möglicher eigener zarter, liebevoller, verletzlicher Gefühle.
- das Kontrollieren(wollen) des Opfers.
- unkontrollierte Aggression und/oder Gefühllosigkeit, Gefühlskälte, Wiederholungszwang, Hass. Möglich ist auch die Lust am Zerstören.
- ein Gefühl der Leere (z. B. nach Abflachen der Machtgefühle).
- ein Geheimhalten der Tat(en), Schweigen, Rationalisierung, Umdeutung des eigenen Verhaltens, Verleugnung, Angriffe auf die Glaubwürdigkeit des Opfers, das Fördern des Weghörens und Vergessens (Herman 1994).
- ein Verschieben der Verantwortung, Schuldzuweisung an das Opfer.
- das Weitertragen eigener Gewalterfahrungen: „TäterInnen als Opfer" (Achtung: Hier besteht die Gefahr des Freisprechens von Verantwortung).
- möglicherweise: ein „Sich-Eindenken" in die Gefühle des gewählten Opfers zum Zwecke noch gezielterer Erniedrigung und Zerstörung.
- möglicherweise temporär: psychische „Abstürze", einhergehend mit aktiver Selbstabwertung, Gefühlen der Wertlosigkeit, Schuldgefühlen, Beteuerung der zukünftigen Besserung.
- möglicherweise auch: ...nicht gewalttätig sein zu wollen: Kennzeichnend sind dann Gefühle des Erschreckens, Entsetzens beim Erkennen unbewusst ausgeübter Gewalt oder bei der Erkenntnis, in einen gewalthaltigen Konflikt „hineingeschlittert" zu sein (u. U.: Mangel an gewaltfreien Handlungsalternativen).
- möglicherweise auch: ...als TäterIn funktionalisiert zu werden (= zugleich in der Opferrolle zu sein; dann u. U.: Vorhandensein von Empathie, Angst, Ohnmachtsgefühlen, Gefühlen der Schuld versus „Wegsehen" und Verleugnung)

Opfer erleben...
- Gefahr für ihren Körper und ihre Seele und die Erfahrung des Verletzt- oder Zerstörtwerdens.
- den situativen oder (länger) andauernden Verlust der „Eigenmacht" (= für sich selbst angemessen und kraftvoll sorgen zu können): Ein „Opfer" ist zum Objekt erlebter Gewalt geworden.
- Angst bis Todesangst, Übererregung, Gefühlsüberflutung.
- Ohnmacht, Hilflosigkeit, Wehrlosigkeit, Unsichtbarkeit (Herman 1994), (ohnmächtige) Wut.
- Grenzenlosigkeit (= die eigenen Grenzen nicht (gut) fühlen „dürfen" oder können, die Erfahrung, dass Abgrenzung („Nein-Sagen") schwierig bis unmöglich ist, Gefühle des „In-die-Enge-Getrieben-" und Eingeschlossenseins, sich weit hinter die eigenen Gren-

zen zurückziehen, anderen den eigenen physischen und psychischen Schutzraum überlassen ...).
– Gefühle der Verwirrung, Unklarheit, die „Zersplitterung" der eigenen Gefühle, Gedanken und Handlungen, eine Erschütterung des Selbst- und Weltverständnisses, (die Angst), sich in Widersprüche zu verwickeln, „seltsam" zu erscheinen und sich zu fühlen, sich nicht erklären zu können, u. U. auch (die Angst), „verrückt" zu werden.
– die Überzeugung, das Erlebte selbst verursacht zu haben (= der innerpsychische Versuch, gegen die als vernichtend empfundenen Ohnmachtsgefühle den Glauben an die eigene Einflussnahme, Aktivität zu setzen), Schuldgefühle (= Übernahme der Verantwortung für die erfahrene Gewalt).
– Scham.
– Selbstekel, sich beschmutzt zu fühlen, bestimmte Körpergefühle wie z. B. den eigenen Körper nicht mehr (gut) spüren zu können.
– Gefühle der Wertlosigkeit, ein längerfristig negatives Selbstkonzept, den Verlust des Wissens um die eigenen Kompetenzen, Fähigkeiten.
– Selbstabwertung, Autoaggression, Depression, Suizid(gedanken).
– den Verlust an Verbindungen und Beziehungen, Isolation, Einsamkeit, Gefühle des Ausgegrenztseins (meist in Kombination damit, sich selbst auch aktiv nach außen abzukapseln – auf Grund der Ängste, der Ohnmacht, körperlicher und psychischer Erschöpfung, der Schamgefühle, des Bedürfnisses, sich und andere zu schützen, des Gefühls der Wertlosigkeit ...).
– eine Gewaltbeziehung zu den TäterInnen (hier besteht meist eine gefährliche Sogwirkung = das Bedürfnis, trotz bzw. gerade auf Grund der erfahrenen Verletzung und Zerstörung, Kontakt aufzunehmen, den TäterInnen nahe zu sein, Gefühle der existentiellen Abhängigkeit, das Gefühl, sich u. U. nie daraus lösen zu können, Gedankenkreisen um die Tat(en) und um die TäterInnen).
– bei massiver Gewalterfahrung: weitere weitreichende Folgen/Symptome erlebter Traumatisierung(en).
– Bedürftigkeit: Eine Person, die zum „Opfer" geworden ist, braucht Handeln, Engagement und Erinnerungsfähigkeit von den ZeugInnen der Gewalt bzw. den Menschen, denen sie sich anvertraut (Herman 1994).

RetterInnen kennzeichnet...
– eine „wohlwollende BeschützerInnenrolle": „Das Opfer" wird hierbei zum Objekt menschlicher Zuwendung und Rettung.
– eine Selbstdefinition über die Rolle der RetterIn (= sich weniger als Person wertvoll zu erleben, sondern vielmehr darüber, anderen Menschen zu helfen oder etwas zu leisten (Burnout-Gefahr)).
– die Überzeugung, besonders (oder sogar im absoluten Sinne) moralisch integer, unfehlbar – perfekt sein zu müssen.
– eine Polarisierung der Selbst- und Fremdeinschätzung: Sich außergewöhnlich stark und kompetent zu fühlen (bis hin zu Omnipotenzgefühlen) – *auf der Basis* der Helferbezie-

hung, also *im Vergleich* zur unterstützten Person (diese wird als deutlich ohnmächtig(er), hilfsbedürftig(er) und „unfähig(er)", usw. ... wahrgenommen).
- das meist unbewusste Kontrollieren(wollen) des Opfers.
- Gefühle der Unersetzlichkeit.
- Aktionismus (z. B. auch die Überzeugung, sehr viel in sehr kurzer Zeit tun zu müssen...), sehr ausgeprägtes Engagement für die Belange des Opfers, oft gepaart mit innerer Erregung, psychischem „Aufgewühltsein".
- Grenzenlosigkeit: Über die eigenen Grenzen hinausgehen, die der anderen übertreten (möglich z. B. auch: keine oder nur eine geringe Notwendigkeit zu erleben, die individuellen Bedürfnisse und Grenzen des Opfers kennen zu lernen und die Unterstützung klar danach auszurichten, ein u. U. gut gemeintes „Überfahren" mit Hilfsangeboten, von KollegInnen ein ähnlich „ausferndes" Engagement zu erwarten ....).
- die mehr oder weniger ausgeprägte Abspaltung eigener Verletzlichkeit, Körperlichkeit (= ebenfalls Zeichen fehlender Grenzen), u. U. auch: sich selbst in Gefahr bringen, das Fehlen von Angst.
- die Abspaltung von Gefühlen, Gedanken und Handlungsmöglichkeiten, die denen eines Opfers gleichen oder auch nur eigene Schwäche und Unvermögen ausdrücken; eine scharfe und eindeutige Trennung der Rollenzuschreibungen und eine mehr oder weniger rigide Überzeugung der Unveränderlichkeit der eingenommenen Rollen.
- Mehr oder weniger ausgeprägte Isolation („EinzelkämpferIn", „einsame HeldIn"); u. U. auch die Erfahrung der Idealisierung durch andere.
- die Gefährdung, selbst eine (Re-)Traumatisierung zu erfahren (Übertragung des Traumas oder/bzw. Aktivierung eigener Traumata). Hierbei kehren sich die polarisierten Gefühle, Gedanken, Einstellungen und Handlungen teilweise um (Vorhandensein von klassischen Traumasymptomen, Ängsten, Gefühlen der Inkompetenz und Überforderung, Kontrollverlust. Mangelnde Empathie oder Zerfließen von Gefühlen bzw. Grenzen zur unterstützten Person, Verlust der eigenen stabilen Mitte, z. B. ausgeprägtes Gedankenkreisen um die Situation des Opfers, Gereiztheit, Anspannung, Erschöpfung, psychosomatische Erkrankungen u. v. m.).

5.4.1.8 Die Normalität der Gewalt

Die Wurzel aller Gewalt ist die Verleugnung, Negierung, Missachtung von etwas Lebendigem, Wertvollem (Menschen, Tiere, Pflanzen, die Erde, die Umwelt, in der wir leben): Es wird in seiner Schönheit, Verbundenheit, Verletzlichkeit und Kraft nicht wahrgenommen, abgewertet, verwundet, ausgebeutet oder zerstört.

Zwar existiert in unserer Welt eine unermesslich große Vielfalt an unterschiedlichsten Werten, Sichtweisen, Einstellungen, Haltungen und Verhaltensweisen.

Unsere Gesellschaft ist aber auch klar hierarchisch organisiert. Macht und Ohnmacht sind polar aufgespalten. Menschen werden nicht alle als gleichwertig wahrgenommen, auch wenn das ein sehr häufig erklärtes Ziel darstellt. Anerkennung und Wertschätzung erhalten die Einzelnen nicht selten darüber, dass sie bestimmten, als höherwertig beschriebenen (und folglich meist auch erlebten) sozialen Gruppen angehören und als wertvoller definierte Leistungen vollbringen. Es gilt z. B. in vielen gesellschaftlichen Zusammenhängen, möglichst mächtig zu sein – im Sinne von „möglichst wenig Ohnmacht zu erleben und möglichst viel Einfluss auf etwas und/oder jemanden zu erlangen". Diese Form der Anerkennung basiert auf einer gewalttätigen Vorstellung von „Stärke": Um an Wert zu gewinnen, gilt es in jener hierarchischen Vorstellung, sich auch gegen die Interessen anderer durchzusetzen und das Errungene gegen Angriffe zu verteidigen. Manche Menschen besitzen per definitionem oder qua Geburt mehr Macht. Andere befinden sich zunächst in einer eher ohnmächtigeren Position. Um mehr Wertschätzung zu erfahren und weniger Ohnmachtsgefühle, Hilflosigkeit und letztlich ungeschützte Verletzlichkeit zu erleben, wünschen sie, mehr auf der Seite der Mächtigen zu stehen, und streben dies aktiv an. „Stark" zu sein bedeutet dann jeweils, sich zu behaupten, die eigene Stellung in der Hierarchie zu „verbessern" und zu sichern – und das genau genommen immer gegen die, die sich (aktuell oder längerfristig) nicht so „gut" wehren bzw. positionieren können. Verletzlichkeit wird in dieser polar angelegten Sichtweise folgerichtig als zu überwindende Schwäche definiert. Den „Mächtigeren" stehen gemäß dieser Überzeugung mehr Raum, mehr Selbstbestimmung, mehr Wahl- und Entscheidungsmöglichkeiten, mehr Einfluss auf andere, mehr Glaubwürdigkeit und größere Ressourcen zu als den „Ohnmächtigeren".

Es ist gesellschaftlich erlaubt, sich so zu verhalten und wird in vielerlei Hinsicht gefördert. Die Übergänge zur Gewalt sind nicht strukturell gekennzeichnet, sondern verwischen fließend und werden oft nicht wahrgenommen oder verleugnet.

Dem egozentrisch ausgerichteten Kampf um die Macht wird in diesem o. g. Bezugsrahmen eine sich selbst aufopfernde Nächstenliebe – oder säkularer: die Installation von Hilfen für Bedürftige sowie Rettungs-, Gleichstellungs- und Antidiskriminierungsmaßnahmen – antithetisch entgegengestellt.

Das Erlangen von mehr „Eigenmacht" und „Verbundenheit" als primärem Schutz des Lebendigen ist dagegen ein sehr viel seltener öffentlich angestrebtes Ziel. Diese oder vergleichbare Begriffe bzw. zu Grunde liegende Konzepte werden nur wenig propagiert und sind vielen Menschen nicht geläufig.

Es zu brauchen, scheinbar wertvoller – stärker, leistungsfähiger, kompetenter, schöner... – als das Gegenüber zu sein, bedeutet, den eigenen Wert nicht unabhängig fühlen zu können und auch auf Kosten anderer zu leben.

Gruppen, in denen massive Gewalt geschieht, sind nicht wirklich nach einem anderen als dem oben beschriebenen Muster aufgebaut: Auch hier geht es um Macht, „Stärke" und Anerkennung – und den Aufstieg in einer internen Hierarchie (siehe Kapitel 2.3.). Gewalt ist dabei als Mittel zur Durchsetzung und zum Erhalt von Macht in extremst übersteigerter Form legitimiert (ebd.).

So erklärt sich auf dieser Basis, warum (organisierte) Gewalt in unserer Gesellschaft so schwer zu verhindern ist: Manche zu Grunde liegenden, wesentlichen Wertvorstellungen ähneln sich – sie sind nicht vollständig und deutlich erkennbar anders, sondern nur graduell verschieden.

Gewalt pflanzt sich fort. Das tut sie dort, wo sie fruchtbaren Boden, eine gewisse Vulnerabilität und Ungeschütztheit vorfindet. Es ist normal und unausweichlich, dass auch angesichts oben beschriebener Bedingungen Gewalt von nirgendwo ganz ferngehalten werden kann. Sie ist in jedem Falle neben wertschätzendem, lebendigen Kontakt immer auch mit präsent und stellt in jeder Situation immer auch eine Möglichkeit des Handelns dar (siehe Kapitel 1.1.).

Auch Gewalt gegen diejenigen, die bereits zum Opfer geworden sind, scheint, trotz intensiver (feministischer) Öffentlichkeitsarbeit zum Thema, oft immer noch legitimiert zu sein: Nicht selten äußern z. B. ÄrztInnen, TherapeutInnen, BeraterInnen, LehrerInnen, also eigentlich Fachleute, dass es etwa verständlich ist, dass ein Kind diskriminiert wird, *weil* es zu dick ist oder sich seltsam verhält, oder eine Frau geschlagen wird, *weil* sie einen Mann provoziert hat oder umgekehrt zu sehr in der Opferrolle verharrt. Diese verletzenden Kausalschlüsse lenken zudem von den gewaltsam Handelnden und ihrer Verantwortung ab und fördern weitere Gewalt. Und sie erschweren für die Betroffenen die scheinbar identische, in Wahrheit aber gegensätzliche Erkenntnis, dass es durchaus einen Weg aus der Gewalt bedeutet, aus der erlebten und aktuell empfundenen Ohnmacht herauszufinden und zu erkennen, was Menschen selbst erfolgreich zu ihrem Schutz beizutragen vermögen.

Teams und Netzwerke von UnterstützerInnen Gewaltbetroffener können besonders gefährdet sein, Gewalt zu erleben *und* auszuüben: Die Einzelnen geraten innerhalb der Unterstützungsbeziehung, im Kontakt mit KollegInnen und KooperationspartnerInnen, in der öffentlichen Selbstdarstellung sowie in der Sorge um adäquate Ressourcen für ihre Arbeit leicht in eine gewalttätige Dynamik (vgl. auch: Pross 2009). Sie kommen dem Zentrum der Gewalt sehr nahe. Und die gesellschaftliche Wahrnehmung und Reaktion verstärkt entsprechende Tendenzen und Entwicklungen mit auf die Beteiligten projizierten „Täter-Opfer-Retter"-Folien.

Entscheidend ist dann, ob die HelferInnen die entstandene Gewalt verleugnen und ihr damit Kraft geben, sie aufleben und wachsen lassen oder ob sie sich trauen, diese zu erkennen und ihr mit allen Konsequenzen ins Auge zu sehen.

Mögliche Hinweise auf gewaltsame Spaltungsdynamiken in Teams oder Netzwerken sind z. B. überwiegend kraftraubende Besprechungen, Erschöpfung, Überlastungsgefühle, (bleierne) Müdigkeit, Lustlosigkeit, Leeregefühle, diffuse oder deutliche Ängste, Niedergeschlagenheit, (unklare) Traurigkeit, (unerklärliche) Spannungen, das Wahrnehmen von Unaussprechlichem (Tabuthemen), das Gefühl, der eigenen Empfindung und Bewertung nicht glauben zu können, rigide Vorstellungen von „richtig", „falsch", „besser" und „schlechter", der fokussierte Blick auf (vermeintliche) Schwächen und Fehler (statt auf persönliche Eigenheiten, Ressourcen, Stärken) anderer, das Abwerten von Einzelnen in der Gruppe, von anderen KollegInnen oder Berufsgruppen, Schuldzuweisungen, individualisierte Vorstellungen, der Zwang zur Psychohygiene, unterdrückte Unterschiedlichkeit, starre, „moraline" Überzeugungen, die Abspaltung von Verletzlichkeit, Perfektionsdruck, die Leugnung (punktueller) Inkompetenz und Unwissenheit u. v. m....

Es bedarf Mut und vor allem genügend Sicherheit, die eigenen Gefühle zu solchen Beobachtungen und/oder Erfahrungen Schritt für Schritt anzusprechen. Denn es ist keineswegs ungefährlich: Die Gewalt könnte sich als Folge (noch stärker) gegen die eigene Person richten. Doch abgesehen von einem *immer legitimen*, schützenden Verlassen der gewalttätigen Zusammenhänge stellt es die einzige Chance dar, aus einer entstandenen Gewaltdynamik langsam mehr und mehr auszusteigen.

5.4.2 Die Suche nach Lösungen – Möglichkeiten des Ausstiegs aus dem Gewaltdreieck

5.4.2.1 Wege jenseits der Gewalt, jenseits der Zerstörung, Verletzung, Polarisierung und Spaltung

Vielleicht stellt man sich beim Lesen des bisherigen Textes die Frage, warum die Ausprägungen, Bedingungsfelder und die Wirkungsdynamik von Gewalt so ausführlich entwickelt wurden?

Sie können gut als Matrix für die Identifikation und Analyse der unterschiedlichsten Gewaltprozesse dienen und sind so gewissermaßen wie eine Landkarte zu lesen, auf der die Wege zum Mittelpunkt einer gewalthaltigen oder gewalttätigen Dynamik, zum Inneren einer Gewaltspirale eingezeichnet sind.

Folgen wir ihnen in umgekehrter Richtung, führen die Wege hinaus aus dem Zentrum der Gewalt. Je weiter wir nach außen voranschreiten, desto weniger geschieht an Verletzung und Zerstörung von Lebenskraft: Die Fähigkeit, sich distanzieren bzw. Abstand halten zu können, spielt eine wichtige Rolle bei der Beendigung und Verhinderung von Gewalt.

Doch das allein reicht, denke ich, nicht aus. Um umgekehrt (wieder) Verbindungen schaffen, an Zerstörtes anknüpfen, Abgründe der Spaltung überbrücken und nach und nach wieder auffüllen zu können, muss auch eine Veränderung geschehen. Um bei dem Bild zu bleiben: Die Landkarte ist nicht zweidimensional zu sehen. Sie ist komplexer, verhält sich dreidimensional. Zusätzlich zur Abkehr vom Mittelpunkt müssen Gräben, u. U. auch tiefe Einschnitte, gefährliche Krater überwunden werden. Und die destruktive Kraft des Dreiecks, von der eine mehr oder weniger starke Sogwirkung ausgeht, muss aufgehoben werden.

Es gilt, die Rollen zu verlassen und sich (zunächst allein oder wenn möglich, gemeinsam) nicht nur an den sichereren Rand einer Gewaltspirale zu begeben, sondern einen neuen, mitunter auch sehr ungewöhnlichen Weg zwischen zwei meist unvereinbar erscheinenden Polen zu suchen. Ziel ist so gewissermaßen immer der Sprung hinaus in eine andere Ebene, ein Bogenschlag.

Oft ist ein solcher „dritter Weg" in eine andere Dimension nicht leicht zu finden. Es ist wichtig, dafür an seine Existenz zu glauben. Als hilfreiche Brücke kann die Verständigung zwischen Menschen dienen.

Und: Kein Bogenschlag gleicht meiner Erfahrung nach wirklich einem anderen. Jeder ist ein kreativer und gefühlvoller Akt.

Konkreter fassbar wird das in den späteren Abschnitten werden.

Nur innerhalb der Polarisierungen, innerhalb der Dynamik des „TäterInnen-Opfer-RetterInnen-Dreiecks" gefangen, kann ich als HelferIn, die von Gewalt betroffene Menschen begleiten will, nicht wirklich langfristig adäquat unterstützen, kann ich als Überlebende, als eine, die Gewalt erfahren hat, meine in mir schlummernden Fähigkeiten und Möglichkeiten nicht wirklich gut fühlen, kognitiv erkennen und nutzen.

Gewalt folgt bestimmten Gesetzmäßigkeiten. Ein bereits erwähntes Gesetz ist, dass sich in der Gegenwart von Gewalt alles polar aufspaltet. Das bedeutet z. B.: Es gibt Macht und Unterwerfung, Kampf und Niederlage, SiegerInnen und VerliererInnen, Reichtum und Mangel, scheinbare Stärke und scheinbare Schwäche, Gut und Schlecht/Böse, HeldInnen und wehrlose Opfer. Es gibt auf der einen Seite als gesund, kompetent, wertvoll und leistungsfähig und auf der anderen Seite als „kaputt" und krank wahrgenommene Menschen, es gibt „Schönes" und „Hässliches"...

Jenseits der Gewaltgesetze dagegen sind wir alle auch verletzlich und suchen nach einer Lösung, die für alle Beteiligten, wenn wir gemeinsam Glück haben, besser und heilsamer ist. Wir suchen dann nicht nur nach Kompromissen, sondern nach etwas ganz und gar Anderem, Neuem. Wir suchen nach dem Bogenschlag, dem „dritten Weg".

Diese andere Dimension hat in meinem Text noch sehr wenig Raum bekommen, weil ich zunächst den Weg aus dem Zentrum der Gewalt aufzeigen wollte. Sie ist aber, so fühle und denke ich, nicht kleiner – im Gegenteil, vermutlich eher größer (wissen oder gar wissenschaftlich erforschen kann man es wohl nicht?). Und auch die Kräfte, die in ihr wirken, sind m. E. nicht weniger stark, wenn sie genügend Verbindungen eingehen können.

Mit den unzähligen Polarisierungen und Spaltungen, die durch die Existenz und das Wachstum von Gewalt entstehen, leben wir alle. Wir begegnen ihnen, reagieren auf sie und haben sie auch mehr oder weniger in uns.

Dass wir letztlich in diesem Sinne *alle* betroffen sind, heißt aber nicht, dass wir alle *gleich* betroffen sind. Wesentlich sind vor allem die Schwere der selbst erlebten Verletzung und Zerstörung und die bewahrte emotionale Offenheit, Berührbarkeit.

Menschen, die schon in der frühesten Kindheit und über Jahrzehnte extremste Gewalt erfahren mussten, verfügen, wie ich meine, über unglaublich beeindruckende und tief berührende Kraft und (wirkliche) Stärke, wenn sie die Bogenschläge wagen und „der dritte Weg" mehr und mehr glückt. Die zu überwindende Strecke erscheint mir, um im Bild zu bleiben, sehr viel weiter, die zu überbrückenden Spaltungen viel gefährlicher, tiefer, breiter und zahlreicher, die Halt gebenden Verbindungen zunächst sehr viel weniger und der treibende Sog zurück viel größer.

Genauso haben auch UnterstützerInnen eine Beziehung zur Gewalt. HelferInnen, die z. B. Überlebenden ritueller Gewalt ein Therapieangebot machen und/oder sich auf eine Ausstiegsbegleitung einlassen, tun dies i. d. R. mit dem inneren Wissen, dass sie im Begleitungsprozess dem Zentrum der Grausamkeit, des Sadismus und der unfassbaren Brutalität so nahe kommen können, dass es nicht immer möglich ist, ihre eigene Seele zu schützen.

Und ich kenne viele Beraterinnen und Therapeutinnen (mich eingeschlossen), bei denen z. B. Bindungen an Nahestehende, die Gewalt erlebten, oder selbst erfahrene Traumatisierung die ursprüngliche Basis ihres Wissens und Könnens sind. Menschen, die etwas vom möglichen Ausmaß, dem unbegreiflichen Abgrund der Gewalt kennen oder vielleicht auch nur diffus zu spüren vermögen, suchen unbewusst oder bewusst, oft besonders intensiv nach Lösungen. Gelingt eine Verwandlung zerstörerischer Pole, ein Brückenschlag mit diesem Wissen, so erhält die entstehende Lebendigkeit dadurch in der Wahrnehmung meist eine ganz besondere Tiefe und einen existentiell berührenden Wert.

Traumatisierungen durch die zerstörerischen Handlungen von Menschen, also letztlich die Folgen der Gewalt, können als zugefügte körperliche und seelische Wunden erlebt und begriffen werden. In diesem Zusammenhang wird von der Notwendigkeit individueller Heilung gesprochen, die mit den unterschiedlichsten Methoden möglich werden soll und z.T. auch kann.

Wesentlich zur Erlangung von mehr Gesundheit, mehr Wohlbefinden sind aber keinesfalls nur persönliche innerpsychische und somatische Prozesse: Heilsam ist eine Aufhebung der Spaltungen in allen Bereichen, auf allen Ebenen: „Heilungswege" sind individuell körperliche, seelische *und auch* soziale, bezogene und gemeinsam verantwortete, gesamtgesellschaftliche, sinngebende Bogenschläge entlang der Spaltungslinien und Polarisierungen.

Und nicht nur die Aufhebung der Traumatisierung (= die „mehr oder weniger heilbare Krankheit" der „Opfer") sollte ein zentrales Ziel sein. Auch die Ursachen der Destruktion – die reale Existenz der TäterInnen, der Taten selbst und deren Entstehungsgeschichte – dürfen nicht abgespalten werden. Denn sonst verschwindet die zur Lösung drängende Erinnerung (vgl. auch Herman 1994). Wisselinck (1986) beschreibt einen solchen Prozess etwa am Beispiel der geschichtlichen Berichterstattung zur – heute für uns m. E. noch hochaktuellen – sogenannten „Hexenverfolgung" – der legitimierten Folterung und Tötung unfassbar vieler Menschen, v.a. wissender Frauen, Hebammen im Mittelalter.

Vielleicht fällt auf, wie ich mich etwas um die Beschreibung des Zustandes, der besteht – oder erst entsteht – wenn Gewalt fern ist und Veränderungen wirken, „herumdrücke". Ich verwende an dieser Stelle nicht ganz überzeugt etwas nebulöse Formulierungen und Umschreibungen. Mein Wunsch ist aber, nicht vorschnell missverstanden zu werden. Ich kann den Zustand oder auch die eingangs erwähnte (heilsame, lebendige, verbindende) Kraft, von der ich spreche, klarer benennen, von „Liebe" sprechen (z. B. auch Cameron 1993). Die Gefahr bei diesem Wort ist jedoch, dass es – m. E. noch viel mehr als „Gewalt" - sehr, sehr unterschiedlich verwendet wird.

Deshalb habe ich mich entschieden, eher davon zu schreiben, was, wie ich meine, geschieht, wenn diese Kraft wirkt:

Wenn sie (die „Liebe"?) im Raum ist, passiert nichts Absolutes. Im Gegenteil: Die Aufhebung des Absoluten geschieht.

Es gibt neue Verbindungen. Es gibt stärkere Gefühle der Lebendigkeit, Bezogenheit und zugleich innerer und äußerer Freiheit. Es gibt mehr Integration von vorher unvereinbar oder unlösbar Erscheinendem. Andererseits können Unterschiede besser stehen gelassen, Getrenntes muss nicht so sehr abgespalten oder mit Gewalt zusammengefügt werden. Fremdes, Unverständliches, Andersartiges, persönliche Grenzen werden mehr anerkannt. Angst und Scham dürfen mehr sein, müssen sich weniger verstecken. Das Bemühen, sich gegenseitig zu unterstützen, zu stärken, wird erkennbarer. Es geht mehr und mehr darum, einander zu erkennen und zusammenzukommen (Cameron 1993). Zugleich ist es eher erlaubt, die individuell nötige Distanz zu halten. Handlungen tragen zu mehr Verständigung, Verstehen und Wohlbefinden bei. Vertrauen wächst. Schwieriges und Schlimmes ist leichter aushaltbar. Zerstörtes, Kleines, Zartes, Feines, Hässliches, scheinbar Schwaches hat einen guten Platz und fühlt sich wohler. (Tiefe) Unsicherheiten, Unwägbarkeiten, Wagnisse in der Kommunikation mit anderen und in der Konfrontation mit sich selbst sind trotz (u. U. existenzieller) Angst mehr möglich. Das Große macht sich nicht viel größer, als es ist, das Kleine nicht viel kleiner (vgl. Hoban 2000). Es gibt für alle mehr Raum, es entsteht weniger Mangel. Lösungen werden nicht nur über den Verstand, die Analyse, sondern vor allem auf der Basis von Gefühl und Mitgefühl gefunden. Die, die handeln, versprechen nicht viel mehr als sie halten können (Cameron 1993). Das Eine ist nicht nur „gut", das Andere nicht uneingeschränkt „schlecht". Der Wunsch nach Kontrolle (und besonders auch deren Notwendigkeit) wird weniger. Alles darf und kann etwas mehr fließen. Grenzen sind gerade deshalb deutlicher zu fühlen – und einzuhalten. Gedanken und Gefühle pendeln, gehen Beziehungen ein, wechseln Perspektiven, sind in Bewegung, nicht starr und polar. Es gibt Austausch. Das Verletzende wird mehr erkannt, benannt und ist leichter zu stoppen. Wut und Aggression führen weniger zu Verwundung oder Zerstörung. Das Verletzliche fühlt sich normal, sicherer und kräftiger. Körper, Seele und Geist werden etwas mehr „eins". Strukturen geben eher Halt, sind weniger dafür da, einzuschränken und auszugrenzen. Fehler zu machen, ist selbstverständlicher und es gibt dafür mehr Trost. Achtung und Wertschätzung erhält nicht eine definierte Leistung, sondern mehr und mehr das pure Sein.

Ein typischer Hinweis auf Schritte in diese Richtung – für das Nähren dieser Kraft – ist gerade ihre eher *geringere gesellschaftliche Sichtbarkeit* (Anderenfalls stünde man wieder vor den HeldInnen im Gewaltdreieck.). Das sagt jedoch nichts über ihre Wirksamkeit und ihre Möglichkeiten aus: Bereits kleine, zarte Veränderungsschritte im Sinne dieser Kraft sind eher in ihrer Tiefe und Lebendigkeit berührend und verändernd, denn in ihrer Größe beeindruckend.

So gibt es auch keine absoluten Lösungsideen. Das „Nicht-Absolute" weist uns den Weg.

5.4.2.2 Eine wichtige Unterscheidung: „Gewalthaltige Dramen" versus „Gewalt mit dem Ziel der Erniedrigung und Verletzung"

Ganz unabhängig davon, welchem Ausmaß an Gewalt Menschen im Laufe ihres Lebens ausgesetzt waren und sind, kennen sie alle drei Rollen in jedem Fall aus eigener Erfahrung. Die Erkenntnis und Anerkennung dieser „Normalität" kann man bereits als ersten, sehr basalen Lösungsschritt verstehen.

Auch wenn Brutalität, Grausamkeit, Sadismus auf Grund ihrer immensen destruktiven Qualität nicht mit einer aus situativer Gereiztheit entstandenen Abwertung zu vergleichen sind; generalisierte, verzerrt übersteigert ausgelebte HeldInnen- und Rettungsphantasien nicht mit dem hilflosen Agieren und der Selbstüberschätzung in einer überfordernden Unterstützungssituation; das Erleben von Folter, von psychischer und physischer Zerstörung nicht mit der Erfahrung von Mobbing in einem Arbeitsteam: Entscheidend ist – unabhängig von der spezifischen Ausprägung der Gewalt – aber *immer* das Gelingen eines Ausstiegs aus der Gewaltdynamik.

Innerhalb gewalthaltiger „Dramen" und Beziehungsmuster geschieht Gewalt (zunächst) größtenteils unbeabsichtigt. Sie kann aber ungeachtet dessen mitunter durchaus eine weitreichende negative Dynamik entfalten.

Um wieder in einen tragenden, achtungsvollen Kontakt miteinander zu kommen, ist es für alle Beteiligten wichtig, sich frühzeitig zu verständigen, die Beziehungen untereinander zu entpolarisieren, Mitgefühl für die anderen, aber auch gleichermaßen für sich selbst zu entwickeln und sich damit gemeinsam aus den bisher eingenommenen Rollen zu befreien. Ein klares Benennen der Dynamik kann dabei sehr hilfreich sein. Wertende Anklagen hingegen verstärken das gewalthaltige Geschehen.

Eine Distanzierung zu den sich miteinander verwickelnden Gefühlen, Gedanken und Handlungen ist meist als erster Schritt entscheidend, um eigene Grenzen wieder fühlen und dem gemeinsamen Abdriften in Abwertungsspiralen entgehen zu können. Besonders wenn eine Verständigung nicht möglich erscheint, empfiehlt es sich dringend, Abstand zu gewinnen und sich auf sich selbst zu besinnen.

Unterstützung von außen sollte wertschätzend und empathisch für *alle* Beteiligten sein, ein Verständnis für die Genese der Rollen beinhalten und einen neu zu entwickelnden, „dritten" Weg ganz jenseits der verschiedenen eingenommenen Positionen und Pole fokussieren. Ein (vermittelter) sicherer Glauben an die Möglichkeit einer für alle guten Lösung eines Problems oder Konfliktes kann es den Beteiligten erleichtern, wieder mehr Weite im Fühlen und Denken zu erreichen und schließlich eine solche vielleicht auch gemeinsam zu finden.

Gewalt mit dem klaren Ziel des Machtgewinns auf Kosten anderer, mit dem Ziel der Verletzung, Erniedrigung und u. U. auch Ausbeutung, Zerstörung sowie eine Gewaltbeziehung erfordern dagegen eine eindeutige Parteilichkeit für die Person, die die Gewalt erleben musste bzw. aktuell noch erfährt.

Eine klare Positionierung und Distanzierung von den TäterInnen, eine deutliche, uneingeschränkte Verurteilung der gewalttätigen Handlungen ist wesentlich, damit die Betroffenen eine Chance haben, in ihrer Verletzung anerkannt zu werden, sich mehr und mehr aus ihrem Status zu befreien, Sicherheit zu erfahren und Selbstschutz zu entwickeln. Durch adäquate Begleitung werden sie unabhängig vom Handeln möglicher UnterstützerInnen und können sich immer mehr selbst helfen. Verständigungsbemühungen mit den TäterInnen sind hier nicht angebracht und können oft eine Gefahr für die Überlebenden der Gewalt und letztlich weitere Gewalterfahrung bedeuten.

Selbstverständlich gibt es auch Dynamiken, die nicht einer der beiden beschriebenen Bedingungen klar zugeordnet werden können.

Beispielsweise kann sich die Kommunikation in Beziehungen, die anfangs in eher wertschätzendem Kontakt begonnen wurden, zu einem im Laufe der Zeit immer stärker eskalierenden, u. U. gefährlichen Machtkampf entwickeln: Menschen setzen sich dann –

bewusst oder unbewusst – mehr und mehr gegenseitig unter Druck und bedrohen sich. Irgendwann sind gezielte Abwertungen und Verletzungen, vielleicht zusätzlich Erniedrigung und Erpressung zu beobachten, aber auch immer wieder das Bedürfnis, sich eigentlich gewaltfrei begegnen zu wollen. Es entsteht bei allen Beteiligten der Eindruck, zu wenig Raum zu haben, mit ihrer Wahrnehmung, ihren Gefühlen und Bedürfnissen gewissermaßen „in eine Ecke gedrängt" zu werden. Oft erkennen die Einzelnen darin nicht, wie sehr sie selbst bereits Gewalt ausüben, Grenzen überschreiten und zerstören oder sie legitimieren ihre Handlungen, indem sie diese als logische Reaktion auf das Verhalten der anderen rechtfertigen. Die Interaktionen werden durch die bereits erfahrenen psychischen oder auch physischen Wunden und das daraus resultierende Misstrauen stetig gewalttätiger, wobei die eingenommenen Rollen auch wechseln können. Meist bildet sich aber jeweils die Übernahme einer bestimmten Rolle in der Gewaltdynamik heraus – abhängig von den jeweiligen Ressourcen, Verletzlichkeiten (z. B. dem Geschlecht), Abhängigkeitsverhältnissen und dem persönlichen Hintergrund der beteiligten Personen.

Ob ein gemeinsamer Ausstieg aus der gewalttätigen Dynamik gelingen kann, hängt, abgesehen von der Motivation und dem Vermögen der einzelnen Beteiligten, u. a. stark davon ab, wie viel an unwiederbringlicher Verletzung schon geschehen konnte, also wie frühzeitig es möglich ist, sich dem Sog der Gewaltspirale zu entziehen. Das Bedürfnis, etwa aus Angst bzw. einer empfundenen Bedrohungssituation heraus, die Macht bzw. die Kontrolle zu behalten, muss dabei dem Bemühen nach Offenheit, Empathie und Verständigung weichen können. Mut und genügend eigener Schutz sind nötig, um in einer solch „aufgerüsteten" Situation einen Vertrauensvorschub leisten, sich wieder offen begegnen und damit der Entwicklung eine Chance geben zu können, sich umzukehren. Oft gelingt das nicht gemeinsam.

Nie kann man einer Eskalation sicher entgehen, wenn man sich selbst noch mehr einschränkt – im Gegenteil. Umgekehrt wird eine Situation auch noch gefährlicher, wenn man dem Gegenüber nahe bleibt und den Machtkampf selbst weiter schürt.

Es ist sehr viel Abstand nötig, um aus der durch die Anwesenheit der Gewalt gewachsenen Enge wieder den Raum – möglichst für alle – weit zu öffnen. Noch wichtiger kann es allerdings sein, mit der Verbindung ganz zu brechen, sich vor noch weiter steigernden gewalttätigen Handlungen in Sicherheit zu bringen.

5.4.2.3 Ausstieg aus den einzelnen Rollen – eine kurze Beschreibung

Ein Ausstieg aus Gewaltprozessen ist überhaupt nicht leicht: Die einzelnen Rollen zu erkennen, über den Weg hinaus Bescheid zu wissen und sich im Modell wiederzufinden, bedeutet in keiner Weise, das nur annähernd schon umsetzen zu können.

Der starke Wunsch, besonders auch für sich selbst etwas zu verändern, ein fester Wille und auch das Finden von Gleichgesinnten, unterstützt aber viele kleinere und größere Schritte in diese Richtung.

Alle Beteiligten brauchen, unabhängig von ihrer Rolle, Ehrlichkeit im Umgang miteinander, einen realistischen Kontakt. Sich das zu trauen und zu üben und dabei weiter möglichst respektvoll zu bleiben, ist ein wichtiger Schritt aus dem Sog der Gewalt.

Ausstieg aus der Rolle des Opfers
Erlebt eine Person Verletzung und Zerstörung durch menschliche Gewalttaten, so ist sie zunächst auf eine hilfreiche (oder zumindest akzeptierende, nicht zusätzlich belastende) Reaktion ihrer Umwelt angewiesen.

„Die traumatische Realität kann nur im Bewusstsein bleiben, wenn das Opfer durch sein soziales Umfeld gestärkt und geschützt wird und Opfer und Zeuge zu einem Bündnis zusammenfinden." (Herman 1994, S. 19, vorher bereits: Vertreterinnen der neuen Frauenbewegung).

Auf der individuellen Ebene bedeutet das vor allem, die Unterstützung von FreundInnen oder anderen nahen Menschen (ebd.) und/oder professionellen HelferInnen zu erhalten. Letzteren kommt aufgrund der häufigen Isolation der Betroffenen und der Begrenztheit der Ressourcen der informell Unterstützenden nicht selten eine besondere Bedeutung zu.

Auf der gesellschaftlichen Ebene sind z. B. politische Bewegungen zur Enttabuisierung der Gewalt (ebd.) sowie strukturelle Veränderungen sehr wichtig. Erstere verlaufen oft wellenförmig: Die öffentliche Auseinandersetzung nimmt zu und flaut wieder ab, obwohl die ausgeübte Gewalt stetig bestehen bleibt (vgl. etwa die Wellen der Öffentlichkeitsarbeit zur sexualisierten Gewalt gegen Kinder im Laufe der letzten Jahrhunderte und Jahrzehnte (ebd.)). Für Überlebende Ritueller Gewalt z. B. ist es besonders entscheidend, welches Wissen, welche Offenheit und Akzeptanz ihnen individuell begegnet, da gesamtgesellschaftlich m. E. noch extrem wenig Entwicklung zur Stärkung und zum Schutz der Betroffenen stattgefunden hat: Eine nicht nur am „Phänomen der Dissoziation" „interessierte", sondern tiefgehende, empathische öffentliche Auseinandersetzung würde, wie ich meine, ein enormes Veränderungspotential mit sich bringen und heftig an vielen Grundfesten der Gesellschaft rütteln.

Durch (existentielle) Ohnmachtserfahrungen kann man die Verbindung und den Zugang zum eigenen Wert und den persönlichen Fähigkeiten (nahezu vollständig) verlieren. Es gilt dann, mutig zu sein und an sich, an andere und an die Existenz von gewaltfreien Orten in der Welt glauben zu lernen und einen Weg vom passiven Erleben weg zur aktiven eigenen Befreiung und zum Eingehen neuer Beziehungen und Bezüge zu finden.

Eine Begleitung sollte sich, unabhängig vom Durchleben auch schwieriger (bedrohlicher, schlimmer) Gefühle, tief innen im Kern der Beziehung bzw. im Hintergrund immer *gut* anfühlen. Sie sollte stärken und die eigenen Kompetenzen klar erkennen lassen. Entsteht der Eindruck, unmündig behandelt, abgewertet zu werden, sich in erneuter und *stetig zunehmender, unguter* Abhängigkeit zu befinden, werden z. B. Ängste, Befürchtungen und allgemein die eigenen Bedürfnisse nicht ausreichend ernst genommen und berücksichtigt, so empfiehlt es sich unbedingt, mit den HelferInnen darüber zu sprechen. Sind durch Klärungsversuche keine Veränderungen möglich oder besteht das dringende Gefühl, dass solche Gespräche nicht stattfinden können, ist es i. d. R. sinnvoll, sich geeignetere Unterstützung zu suchen.

Es ist normal, dass man mit den eigenen Bemühungen, sich aus der Rolle des Opfers zu befreien, immer wieder auch an Grenzen stößt. In jedem Falle sollte bei der Bewertung der eigenen Situation nicht vergessen werden, dass kein Mensch wirklich unabhängig von den Umgebungsbedingungen, strukturellen Zwängen und Beschränkungen, Normen und Werten der Gesellschaft sowie den Reaktionen der unmittelbaren Umwelt handeln kann. Diese haben in ihrer stärkenden oder schwächenden Qualität Einfluss auf die angestrebten Selbstheilungsprozesse. Selten wird z. B. gesellschaftlich gewürdigt, welche große Leistung es bedeuten kann, etwa in einer Situation körperlicher und psychischer Bedrohung, ohne ausreichende materielle und soziale Sicherheit neben der Alltagsbewältigung eine für den eigenen Schutz existenzielle Auseinandersetzung zu führen. So ist schon allein angesichts der engen Leistungskriterien unserer Gesellschaft nachzuvollziehen, wie wichtig eine relativierende, unterstützende Spiegelung der Wahrnehmung durch HelferInnen ist, wenn sich Betroffene selbst (oft) als unfähig, wertlos und hochgradig ohnmächtig erleben.

Doch genauso sollte man sich umgekehrt auch immer wieder verdeutlichen, dass das helfende Gegenüber, auch wenn es gute Unterstützung leistet, Grenzen hat und manchmal auch ohnmächtiger und verwickelter ist, als man in der gegenwärtigen Rolle sehen und erkennen kann. Auch HelferInnen brauchen es, möglichst realistisch wahrgenommen zu werden: Es ist mitunter sehr schwer, überhöhten Erwartungen gegenüber für beide adäquat zu handeln und nicht in die RetterInnen-Rolle abzurutschen oder sich scharf abzugrenzen. Das soll jedoch nicht als Aufforderung verstanden werden, als Verletzte(r) zusätzlich innerlich die Verantwortung für die Unterstützenden zu übernehmen. Vielmehr sind auch hier bei Schwierigkeiten oder Konflikten offene Gespräche zentral, bei dem beide Seiten sich bestmöglich bemühen, sich für ihre Gefühle, Gedanken und Handlungen verantwortlich zu zeigen.

Betroffene können (z. B. innerhalb ihres Opferstatus) in der Vergangenheit auch selbst gewalttätig gewesen sein oder aktuell Gewalt ausüben. Eine Auseinandersetzung mit dem Ziel der Anerkennung des Geschehenen und der Verantwortungsübernahme für die eigenen Täteranteile ist so ebenfalls unvermeidbar und hilft zudem, sich aus der als passiv erlebten Opferrolle zu befreien. Auch hier müssen die eigenen Taten jedoch in einen bestimmten Kontext eingebettet gesehen und erlebt werden. Es gibt Gründe für das Geschehene, auch wenn es damit i. d. R. nicht zu entschuldigen ist. Und das Bewusstsein für die Komplexität und Verwobenheit der Gewaltdynamik in unserer Welt kann ebenfalls helfen, sich zu verzeihen und andere, gewaltfreiere Wege und Perspektiven für sich zu finden.

Von der RetterIn zur ZeugIn, BegleiterIn, UnterstützerIn

Sich aus der Gewaltdynamik zu befreien oder überhaupt erst nicht in die Rolle der RetterIn zu „rutschen", heißt immer zuallererst, die Selbstbestimmung, die Bedürfnisse, Wahrnehmungen, Grenzen, Wünsche der Überlebenden, die man begleiten will, ernst zu nehmen und zu achten *und zugleich* auch die eigenen Wahrnehmungen, Bedürfnisse, Grenzen und Wünsche unbedingt im Blick zu haben. Beide Seiten sind als gleichwertig anzusehen. Sie sollten *beide* möglichst wenig abgespalten werden, sonst besteht die Gefahr, der verletzten Person und sich selbst mehr oder weniger stark zu schaden. ZeugIn und BegleiterIn, UnterstützerIn eines Selbsthilfe- und Heilungsprozesses zu sein bedeutet nicht, *für jemanden da zu sein* sondern, da *sein*.

Bei Diskrepanzen und Differenzen kann es nicht darum gehen, die Unterstützten von der eigenen Wahrnehmung zu überzeugen, ihnen ihre persönlichen Kompetenzen abzusprechen und ihr Verhalten z. B. als individuell-systemimmanenten Widerstand zu deuten. Vielmehr ist es wichtig und, wie ich meine, spannend (wenn möglich gemeinsam) nach den fehlenden „Puzzlesteinen" zu suchen, die differierende Wahrnehmungen oder Vorstellungen sinnvoll verknüpfen und so zum besseren Verständnis eines Phänomens beitragen können. Erscheinen die Gefühle und Gedanken, Einschätzungen weiterhin polar, sollten die Unterschiede gleichberechtigt nebeneinander stehen gelassen und mögliche Schuldzuweisungen vermieden werden. Gemeinsame Lösungen auf *Handlungsebene* (Was können wir jetzt tun?) und die beiderseitige Übernahme von Verantwortung weisen dann den Weg aus der Polarität.

Fehler und Grenzüberschreitungen sind meiner Ansicht nach in einem lebendigen Kontakt nicht zu vermeiden, auch wenn man den Eindruck gewinnen könnte, dass sie äußerst selten oder nie (oder nur Betroffenen, nur informellen UnterstützerInnen, nur Berufsanfängerinnen ohne zahlreiche Zusatzausbildungen, nur anderen KollegInnen oder nur bestimmten Berufsgruppen...) geschehen, so wenig wie darüber in vielen beruflichen Zusammenhängen gesprochen wird. Selbstverständlich ist es ein zentrales Ziel, sorgsam darauf zu achten, die Erfahrung weiterer Verletzungen für die Betroffenen – so gut es irgendwie geht – zu vermeiden. Doch auch UnterstützerInnen dürfen natürlich überfordert sein und an ihre Grenzen stoßen. Im Rahmen einer respektvollen, wertschätzenden Kommunikation kann das sogar heilsam für beide sein, da eine adäquate Verständigung darüber einen direkt erlebbaren Ausstieg aus der Polarisierung „mächtige, allseits kompetente HelferIn" und „unzulängliches, ständig an Grenzen stoßendes, bedürftiges und ohnmächtiges Opfer" darstellt.

Entscheidend ist auch hier die Einbettung einer Handlung in den Gesamtzusammenhang, der Umgang mit und die Bewertung des Geschehenen. Bleibt die BegleiterIn auf eine ehrliche Weise im Gespräch, entzieht sie sich nicht oder überschreitet sie nicht in Folge noch weitere Grenzen, versteht sie die Betroffene weiterhin als ihre wichtigste Adressatin und Informantin, so gewinnt die gemeinsame Beziehung m. E. an Realität und Stabilität. Kleine, stetig aufeinander aufbauende, differenzierte Entwicklungen in einer im Idealfall immer tragfähiger werdenden Beziehung sind – bis vielleicht auf wenige Ausnahmen – viel hilfreicher als große „HeldInnentaten".

Die moralisch aufgeladene und individualisierende Verpflichtung, fehlerfrei zu sein, dehnt sich nicht selten auch auf den Bereich der Psychohygiene aus: So kann es in Teams, besonders bei massiver Überlastung, ein klassisches Tabu darstellen, nicht immer perfekt für sich selbst sorgen zu können.

Die Rolle der RetterIn zu verlassen, bedeutet, die Betroffenen in der eigenen Wahrnehmung nicht auf ihre Opferrolle zu reduzieren. Sie müssen vielmehr sowohl in ihrer Ohnmacht als auch in ihrer Macht und in der bereits entwickelten Eigenmacht, in ihrer Verletzlichkeit, aber auch in ihrer Belastbarkeit ernst genommen und als mündige und verantwortliche Subjekte erkannt werden. Auch wenn uneingeschränkte Parteilichkeit wichtig sein kann: Opfer sind deshalb keine „besseren" Menschen. Und sie schützen zu wollen, ohne wirklich an ihre Selbsthilfefähigkeiten zu glauben, heißt – auch wenn es vielleicht keineswegs beabsichtigt ist – sie zu schwächen. So liegt etwa in der Achtung erweisenden Ehrlichkeit im Umgang miteinander eine große Chance für korrektive Erfahrungen auf beiden Seiten: Es besteht hierdurch die Möglichkeit, sich und andere besser kennen zu lernen, neue Handlungsmöglichkeiten zu entwickeln und für umfassenderen Schutz zu sorgen.

Wegweisend müssen in der Begleitung immer primär der individuelle Bedarf der Betroffenen und die besonderen Fähigkeiten und Kompetenzen der einzelnen HelferInnen sein. Sich als professionelle UnterstützerIn zu stark oder gar ausschließlich an den jeweils aktuell vorherrschenden, häufig sehr normierten Vorstellungen, (wissenschaftlichen) Erkenntnissen und Trends unterstützender Vorgehensweisen zu orientieren, scheint mir polare Inhalte zu befördern und dem individuellen Erleben Einzelner nicht ausreichend gerecht zu werden. Vorsicht ist in diesem Zusammenhang auch vor generalisierten Heilungsversprechen geboten.

Sich immer wieder einmal bewusst zu machen, dass man selbst genauso in die Situation des Gegenübers geraten könnte (oder hätte geraten können), kann ein guter Ansatzpunkt sein, um aus der Rolle der Gewaltdynamik auszusteigen. Das ist eine Grundlage egalitärer Empathie: Die Rollen selbst sind nicht leistungsbedingt oder naturgegeben, sondern zuallererst ein Ausdruck eines gewalttätigen sozialen Prozesses. UnterstützerInnen würde es in einer vergleichbaren Situation vermutlich ähnlich ergehen wie denjenigen, die sie begleiten. Und sie wurden und werden in anderen Bereichen ihres Lebens auch zu Opfern.

Dass das gezeigte Verhalten der Überlebenden als eine *normale* Reaktion auf die gewalttätige Erfahrung anerkannt werden sollte, ist, wie ich meine, eigentlich eine Selbstverständlichkeit. Dieser Sachverhalt wird aber – aufgrund der Polarisierungen und Spaltungen – m. E. ebenfalls oft noch nicht wirklich tiefgehend (d. h. auch mit allen resultierenden Folgen) gewürdigt und u. U. tabuisiert.

Wenn es den BegleiterInnen gelingt, sich berühren zu lassen *und* Nähe und Distanz in der Unterstützungsbeziehung gut auszubalancieren, und wenn sie aufhören, alles kontrollieren zu wollen, werden sie automatisch stärker mit sich selbst, ihren Grenzen und den Erfahrungen in der Vergangenheit konfrontiert. Das entpolarisiert ebenfalls, kann m. E. vor Burnout schützen und eine überaus wertvolle Chance sein, Neues zu erfahren, zu lernen und lebendig zu bleiben.

Wichtig ist allerdings immer, selbst gut eingebunden zu sein, sich zu vernetzen – auch um nicht allein mit den gemachten Erfahrungen zu bleiben und sie ausreichend reflektieren zu können.

Ausstieg aus der Rolle des Täters (bzw. der Täterin)
Täter und Täterinnen brauchen eine Klarheit der Grenzen und ein offenes Benennen der von ihnen ausgeübten Gewalt – in ihrer gesamten Tragweite. Im Idealfall übernehmen sie

infolgedessen die volle Verantwortung für ihre Taten und beenden das gewaltsame Verhalten.

Ein Ausstieg aus der Rolle des Täters (oder der Täterin) bedeutet jedoch nicht nur das Einstellen der gewalttätigen Handlungen und die Übernahme von Verantwortung: Nur dann, wenn Selbstfürsorge auf der Basis der Achtung der Grenzen anderer Menschen erlernt wird und eine Auseinandersetzung mit den eigenen Gefühlen, Gedanken und Handlungen und der persönlichen Herkunftsgeschichte, der selbst erlebten Gewalt zumindest in Ansätzen möglich ist, gelingen individuelle Veränderungsschritte.

Die Entscheidung zur Gewalt trifft ein Mensch dann, wenn er keine eigenen Ängste zeigen und aushalten und Verwundbarkeit und Schwäche nicht zugeben will oder kann. Macht und Kontrolle über Andere ist das, was der Täter (oder die Täterin) beschließt, gegen die eigene (abgespaltene) Ohnmacht zu setzen.

TäterInnen haben i. d. R. nicht (ausreichend) gelernt, über ihre Gefühle zu sprechen, (nicht genügend) die Erfahrung gemacht, dass Verletzliches besonders wertvoll, kraftvoll, schützenswert und schön sein kann (Und dass es gut tut und stärkt, Beziehungen einzugehen, die einen weniger destruktiven Charakter haben.). Manche lernen es mehr und mehr, wenn sie diese andere Möglichkeit kennen lernen.

Es gibt aber auch eine andere, weitaus massivere Form der Gewalt, die nicht allein durch die Abwehr von Ohnmacht erklärt werden kann: Empfindet der Täter (oder die Täterin) darüber hinaus Lust am Zerstören, hat er „Freude" an der Beschämung, Verletzung, Erniedrigung, den Schmerzen und dem Leiden anderer, ist sein Handeln geprägt von Hass oder Kaltblütigkeit, von Brutalität und Sadismus, dann hat die Gewalt eine noch sehr viel tiefere, unwiederbringlich destruktive Qualität.

Nur dann, wenn der Täter (oder die Täterin) die Abkehr vom Leben auf Kosten anderer auch wirklich selbst wünscht, wenn es sein tiefer Wille ist, nicht mehr abzuwerten, zu beherrschen, zu verletzen oder/und zu erniedrigen, zu erpressen, zu bedrohen, zu zerstören, auszubeuten… gibt es eine mögliche Perspektive und Wege für ihn, die Gewalt mehr und mehr zu beenden.

Unsere Gesellschaft ist in vielerlei Hinsicht täteridentifiziert, so dass täglich unfassbar viel unbeantwortete Gewalt geschieht.

Berechtigterweise haben viele Menschen auch angesichts dessen Angst im Umgang mit Tätern (und Täterinnen) und halten sich deshalb von ihnen möglichst fern. Viele sind überfordert und sehen lieber weg, wenn in ihrer Nähe Gewalt geschieht.

Fühlen sich Einzelne nicht sicher, erscheint es sinnvoll, Abstand zu wahren (und aus einer geschützten Position heraus Hilfe zu holen). Konfrontieren kann man Täter(innen) wirklich nur dann, wenn man selbst in der Situation ausreichend klar und geschützt ist.

Es besteht die Gefahr, Täter(innen) entweder zu entschuldigen oder umgekehrt sie zu „verdammen" (= sie personifiziert in ihrer destruktiven Kraft wahrzunehmen) oder sie aufgrund ihrer persönlichen Geschichte vor allem in der Opferrolle zu sehen und ihre Entscheidungsfähigkeit und ihre gewalttätigen Ziele abzuspalten. Sie können dann eine entstandene Beziehung für ihre gewaltsamen Zwecke nutzen, manipulieren, kontrollieren und der Verantwortung für ihre Taten entfliehen.

Gewalt wächst nur dann, wenn sie auf dafür fruchtbaren Boden fällt und sich genügend ausbreiten kann.

Gelingt es, zu verhindern, dass Kinder zu Opfern von (massiver) Gewalt werden, ist dies zweifacher „Opferschutz": Es wird unterbunden, dass Menschen verletzt, traumatisiert werden. Und es wird unmöglicher gemacht, dass kleine Kinder zu späteren Tätern heranwachsen.

Gewalttätige Kinder, bis zu einem gewissen Grad auch Jugendliche, sind noch viel offener als Erwachsene für den Schutz und die Achtung des Lebendigen und das Kennenlernen von Wegen jenseits der Gewalt. Bei adäquater Unterstützung gibt es u. U. eine realistische Chance der Entwicklung und Veränderung: Kinder brauchen hierfür positive Beziehungserfahrungen (wertschätzende Beziehungen lehren Empathie), Verbindungen zur Welt und die Möglichkeit, im geschützten Rahmen ihre Gefühle auszudrücken.

Umgekehrt bietet auch die Abkehr von Opfer- und RetterInnenrollen einen (gewissen) Schutz vor Gewalt, da die TäterInnen, besonders auch durch feste, klare Bündnisse, nicht mehr so viel Möglichkeit und Raum zum gewalttätigen Handeln haben.

Zwar kann es beim Vorliegen massiver Gewalt oder einer entsprechenden Gefährdung sinnvoll und erfolgversprechend sein, die Polizei zu informieren bzw. eine Anzeige vorzunehmen, um vielleicht einen gewissen Schutz vor erneuten Gewalttaten zu haben und eventuell zu erreichen, dass sich die Täter oder Täterinnen für ihre Handlungen zumindest nach außen vor dem Gesetz verantworten müssen.

Rechtliche Regelungen, Entscheidungen wie Sicherheitsverwahrungen und andere (vergleichbare) Maßnahmen zum Schutze Betroffener bei massiver Gewalt verändern aber, auch wenn sie eine gewisse Solidarität mit den „Opfern" zeigen, nicht unbedingt die Gewaltbereitschaft der Täter(innen). Abgesehen davon werden eine große Vielzahl der Gewalttäter (erfahrungsgemäß insbesondere die, die sich in mächtigen gesellschaftlichen Positionen befinden) nie zur Rechenschaft gezogen.

Häufig wird in Bezug auf gewalttätige Handlungen auch von Wiedergutmachung gesprochen. Doch Vieles ist nie wieder „gutzumachen". Dann geht nur eine offene und ehrliche Anerkennung dessen, was war und ist.

Anklagen auf der Basis von Ohnmacht zeugen von der Ungeschütztheit der Überlebenden und Unterstützenden. Sie sind allein schon begreiflich und berechtigt, wenn man sich vergegenwärtigt, wie viele Täter(innen) ihr gewalttätiges Handeln nicht beenden. Doch ist man dadurch nicht in der Lage, die Situation wirklich zu verändern.

An dieser Stelle werden sehr eindringlich die Grenzen der Einflussnahme deutlich – wird gewaltsamem Verhalten erst dann entgegengetreten, wenn bereits zu viel Zerstörung wirken konnte: Viele Täter sind im Laufe ihrer Geschichte zu sehr zersprungen, sie haben die menschliche Fähigkeit zum Mitgefühl (nahezu) vollständig in sich abgetötet und sind nicht (oder zu wenig) willens, andere Handlungsmöglichkeiten als die der Gewalt zu erlernen. Damit Gewaltprävention in der Lage ist, zu wirken, muss sie deshalb früh einsetzen und sehr umfassend und mit möglichst großer Klarheit vermittelt werden. Ohne tief greifende Veränderung der gesellschaftlichen Werte, Normen, Vorstellungen, Ziele und Prioritäten sehe ich deshalb nur wenige Chancen für mehr Gewaltfreiheit.

Hier endet, wenn man nicht wegsieht, nicht nur für die Überlebenden massiver Gewalt der Mythos der gerechten, sicheren, im Grunde „heilen" Welt. Leben bedeutet an dieser Stelle für alle Beteiligten ein Leben mit gefährlichen Brüchen, nur auf lange Sicht heilbarer Verletzung und u. U. auch unwiederbringlicher Zerstörung von Zartem, Offenem, Verletzlichem, Lebendigem. Damit müssen wir leben, wenn wir bereit sind, es nicht abzuspalten.

Es ist äußerst wichtig, dass es viele Menschen gibt, die sich trauen, das (gemeinsam) auszuhalten: Denn es nimmt den Tätern ihren Schutzraum des Vergessens.

Und es hat nicht zuletzt Einfluss auf Heilungsprozesse: Dass wir nicht in einer grundlegend „guten" Welt leben, in der Gewalt nur als Ausnahme, als unglücklicher Einzelfall vorkommt, darf in der Begleitung Überlebender nicht abgespalten werden. Es sollte möglichst mit in die Unterstützung einbezogen werden, da es zentral sein kann, gemeinsam ein anderes stärkendes und sinnstiftendes Grundgefühl, eine andere Basis von Sicherheit zu entwickeln. Bekommen Betroffene vermittelt, dass ein Trauma gewissermaßen „nur" im Inneren und ohne Rückbezug auf dessen soziale Dimension verarbeitet werden kann, werden sie mit ihren Erfahrungen womöglich an einem wichtigen Punkt allein gelassen.

5.4.2.4 Aus der Sicht der HelferInnen: Wichtige Handlungen, die einen Ausstieg unterstützen

Die eigenen Grenzen erkennen, Verantwortung übernehmen
Die eigenen Grenzen fühlen, erkennen, mitteilen und einhalten zu können, verhindert Gewalt.

Dafür muss es allerdings auch erlaubt sein, sie „haben" und benennen zu dürfen.

Strukturelle Gewalt kann die sichere Einhaltung von Grenzen stören oder gar unmöglich machen. Es gibt Tabus, die dazu führen, dass es den Einzelnen besonders schwer fällt, gut auf sich selbst zu achten. So sollte man z. B. sehr hellhörig werden, wenn die Tatsache, dass man die eigenen Grenzen klar fühlt und die eigenen Leistungen dementsprechend zurückschraubt, in manchem Zusammenhang als persönliches Versagen oder moralisches „Vergehen" gewertet wird.

Manche Menschen sind davon überzeugt, dass es ihrer Umwelt, ihren Mitmenschen (und ihnen selbst) umso besser geht, je mehr sie geben und je mehr sie damit über ihre Grenzen gehen. Dem ist aber nicht so: Wie bei allen natürlichen Gesetzen ist das Ziel vielmehr das Finden eines beweglichen Gleichgewichtes im Geben und Nehmen. Nimmt oder gibt eine Person zu viel, dann schlägt das Pendel unweigerlich wieder in die andere Richtung zurück. Beispielsweise kann eine Unterstützerin irgendwann wütend werden auf die, die sie begleitet oder denen sie Woche für Woche zuhört, wenn sie längere Zeit zu viel gegeben hat, zu wenig auf sich selbst geachtet hat und z. B. gemeinsame Erfolgserlebnisse fehlen.

Über die eigenen Grenzen (und umgekehrt Möglichkeiten) zu sprechen scheint mir nie falsch zu sein, auch und gerade den Unterstützten gegenüber nicht: Wenn es in respektvoller, sicherer und verantwortungsvoller Weise, in einer passenden Situation geschieht, schafft es Realität, festigt die Basis der Beziehung und schenkt Klarheit und damit Orientierung.

Zwar ist es z. B. in der Begleitung von Menschen, die Rituelle Gewalt erfahren (haben), wohl in vielen Situationen unmöglich, wirklich umfassend für sich zu sorgen. Der Bedarf und die Belastung sind oft zu groß, die Auswirkungen u. U. zu massiv und es gibt nicht genug entlastende Hilfsangebote und Netzwerke. Doch auch gerade dann erscheint es für alle Beteiligten wichtig, eine entstandene Überlastung anzuerkennen, jenes Ziel der Einhaltung der eigenen Grenzen zumindest nicht aus den Augen zu verlieren und nicht nur bei Missstimmungen oder Konflikten das Gespräch und auch Unterstützung „von außen" zu suchen.

Ebenso gibt es in privaten zwischenmenschlichen Beziehungen Phasen, in denen diese mehr Kraft rauben als geben. Das ist normal und weist z. B. auf bewusste oder unbewusste Lösungsversuche schwieriger Beziehungsdynamiken oder große äußere Belastung hin. Wesentlich ist immer, dass die Verbindung insgesamt als positiv und stärkend empfunden wird und dass Gefühle und Wahrnehmungen möglichst besprechbar bleiben.

Lösungen können oft nur nach und nach gefunden werden. Setzt man sich selbst (moralisch) unter Druck oder wird von außen bedrängt, überfordert man sich, geht über die eigenen Grenzen.

Eine von Organisierter Gewalt Betroffene sagte mir vor Jahren etwas sehr Wertvolles: Es gäbe keine Gewalt, wenn sich die Menschen die gesamte Verantwortung, die es gibt, genau passend aufteilen würden (I. M. 2000). Das ist extrem idealistisch, aber, wie ich denke, dennoch wahr. Es kann helfen, sich zu orientieren: Auch hier ist weniger oft mehr, ist das richtige Maß entscheidend.

Zuhören und Glauben
Manche Gewalt ist so unvorstellbar schrecklich, dass man am liebsten wegsehen, sie vergessen möchte. Genauso kann es äußerst schlimm sein, zu erkennen, dass sie nicht verhindert wurde und vielleicht auch in Zukunft nicht wird oder werden kann.

Verleugnung ist aus psychischer Sicht in diesem Sinne auch eine normale Schutzreaktion der Seele. Zu beobachten ist sie auf individueller und auf struktureller, gesellschaftlicher Ebene gleichermaßen (Herman 1994).

ZeugInnen von Gewalt können sich innerhalb eines gewissen Rahmens entscheiden, wie nah sie jene Schattenseiten des Lebens an sich heranlassen, ob sie sich damit beschäftigen, sich dem stellen wollen (ebd.) – und das in jeder Situation neu.

Diese Möglichkeit haben direkt Betroffene massiver Verbrechen nicht. Sie können zwar das Unaushaltbare abspalten. Doch das gelingt nie vollständig. Überlebende werden durch die Auswirkungen der erfahrenen Gewalt immer wieder unmittelbar konfrontiert, daran erinnert (ebd.). So sind sie (je nach ihrer Persönlichkeit und ihren sie umgebenden Bedingungen mehr oder weniger stark) gezwungen, sich mit dem Erlebten und dessen sozialer Einbettung in irgendeiner Form auseinanderzusetzen.

Eine Auseinandersetzung mit dem Ziel, Spaltungen aufzuheben, stellt immer eine individuelle, aber auch sozial gebundene, beeindruckende Leistung dar, die erfordert, alte, existentielle Sicherheiten und Gewissheiten zu verlassen und den Mut zu haben, den bedrohlichen, verletzenden und zerstörerischen Seiten in unserer Welt und in uns selbst direkt ins Auge zu sehen.

Und dafür brauchen von Gewalt betroffene Menschen ZeugInnen, die bereit sind, zuzuhören, ihnen zu glauben und sie ein Stück weit mit einer bestimmten Aufgabe oder auch umfassend längerfristig zu begleiten.

Ein großer Verdienst der neuen feministischen Bewegung der 70er und 80er Jahre ist, dass mit ihr (sexualisierte) Gewalt gegen Frauen und etwas später auch (sexualisierte) Gewalt gegen Mädchen (Kinder) öffentlich gemacht und damit der gesellschaftlichen Verleugnung etwas entgegengesetzt wurde (Herman 1994). Dadurch wurde den Betroffenen erstmals mit breiter Öffentlichkeit geglaubt, wenn sie z. B. in ihrer Kindheit sexualisierte Gewalt erlebt haben (ebd).

Zahlreichen Menschen wird auch heute im Hinblick auf ihre Erfahrungen kein Glauben geschenkt. In früheren Zeiten aber war es normal, dass diejenigen, die über das Erlebte berichteten, als hysterisch oder verrückt eingeordnet wurden und keine adäquate Hilfe bekamen (ebd.).

Auch im Zusammenhang mit der noch weitaus stärker tabuisierten Erfahrung Ritueller Gewalt waren es in den Anfängen vor allem wieder auch Feministinnen, die im Rahmen einer zweiten Welle der öffentlichen Auseinandersetzung den Mut aufbrachten, die Überlebenden zu hören, ihnen zu glauben und ihnen damit zu ermöglichen, aus der Unsichtbarkeit, der Isolation und dem Vergessen ein Stück weit herauszukommen. Wirklich Zuhören (können) und Glauben sind damit entscheidende Leistungen, die die Basis und Bedingung jeglicher Unterstützung, auch jeder therapeutischen Arbeit darstellen.

Doch nicht nur Überlebende massiver Gewalt, sondern alle Menschen erfahren in privaten und in beruflichen Zusammenhängen mehr oder weniger einschneidende Verletzungen – selbstverständlich auch HelferInnen. Das wird oft vergessen. Zwar ist es beim Vorliegen einer Traumatisierung sehr viel entscheidender, ob jemandem geglaubt wird oder nicht. Aber auch viele kleinere, durch Gewalt erfahrene psychische Wunden können nur richtig gut heilen, wenn sie gesehen, gewürdigt, in ihrer Entstehungsgeschichte verstanden werden. Auch dafür braucht es Menschen, die bereit sind, füreinander ZeugInnen zu sein.

Die eigenen Gefühle (und die der anderen) ernst nehmen, die Wahrnehmung stärken
Zum wirklichen Zuhören gehört, das Geäußerte unbedingt ernst zu nehmen. Zentral sind dabei die Gefühle und Wahrnehmungen, die Menschen haben. Sie können das entscheidende „Hinweisschild" sein, um Gewalt zu erfassen, und auch ein „Wegweiser", um aus entsprechenden Dynamiken herauszufinden.

Alle Gefühle sind dabei wichtig und wertvoll. Es gibt keine „guten" und „schlechten" Gefühle, denn sie haben durch ihre pure Existenz alle ihre Berechtigung. Angst und Trauer, aber auch Wut sind z. B. schwerer auszuhalten und in ihrem Bedeutungsgehalt wertzuschätzen als Freude. Doch sie sind alle gleichermaßen erkenntnisreich, führen uns alle auf ihre Art zu Lösungen. Wesentlich ist *immer*, wie man dann auf ihrer Basis *handelt*.

Im Umgang mit Gefühlen und Wahrnehmungen erscheint es mir zunächst ausschlaggebend, dass man versucht, ihnen Raum zu geben und ihnen – und damit letztlich sich selbst – zu trauen. Man sollte auch dann, wenn man nur unklar und diffus wahrnimmt und/oder nicht weiß, welche innere und äußere Realität sie widerspiegeln, davon ausgehen, dass sie grundsätzlich immer Wahrheit in sich tragen. Ungeachtet dessen, was u. U. an früheren Erfahrungen durch das Erleben einer bestimmten Situation angestoßen wird, gibt es in der Gegenwart stets äußere Auslöser, die identifiziert und geklärt werden sollten.

So gilt es, ihre Ursachen, ihren Grund herauszufinden. Das wichtigste Gefühl etwa, das auf eventuelle Gefahren hinweist, ist Angst. Da Gewalt mit Gefahr für den Körper und/oder die Seele verbunden ist, sollte beim Vorliegen von Angst u.a. immer *auch* über die Möglichkeit nachgedacht werden, ob gerade aktuell Gewalt geschieht.

Bei offensichtlichen Spaltungsdynamiken oder Verletzungen kann man Gewalt u. U. ohne weiteres identifizieren. Doch selbst dann geht es sehr viel darum, der eigenen Wahrnehmung zu trauen. Schwieriger wird es noch bei diffusen, versteckten, stark tabuisierten, unterschwelligen Gewaltprozessen. Erleben sich z. B. UnterstützerInnen in bestimmten Situationen, etwa in Teamzusammenhängen, in der Außenvertretung, auf Tagungen oder Treffen besonders inkompetent, unprofessionell, ängstlich, wertlos, schuldig, beschämt, verwirrt, unter Druck, still, sprachlos, von Gefühlen überflutet, ohnmächtig, o. Ä.... oder aber außerordentlich stark, kompetent, kritisierend und vor allem besser als andere Anwesende, so besteht die *Möglichkeit*, in eine gewalthaltige oder gewalttätige Dynamik geraten zu sein. Es ist z. B. nicht ausgeschlossen, dass Gefühle so intensiv empfunden werden, weil sie von anderen gerade abgespalten werden.

Ein klassisches Indiz für das Vorliegen von Gewalt ist auch die Tatsache, dass man sich „verliert", sich nicht sicher fühlen kann. Gewaltsames Handeln spaltet in allen drei Rollen die Verbundenheit von Körper, Seele und Geist. So sind auch Körpergefühle und -reaktionen jeglicher Art (auch alltäglichere wie Kopf- und Rückenschmerzen) u. U. in diesem Zusammenhang wesentlich.

Mit jedem Schritt aus der Gewaltdynamik heraus können die sich verändernden Wahrnehmungen und Gefühle weiter richtungsweisend sein. Letztlich kommen diejenigen, die den Weg begehen, (wieder) mehr bei sich selber an: Sie „wachsen" oder „schrumpfen" auf eine angemessenere Größe und begegnen ihren ganz persönlichen Stärken und Verletzlichkeiten – und ihrem Unvermögen. Beim Versuch, die Rolle der RetterIn zu verlassen, kann es deshalb normal sein, sich zwischenzeitlich (neben (!) den Gefühlen, die auf eine stärkere Abwesenheit von Gewalt hinweisen) auch unzulänglich und ängstlich zu fühlen. Statt sich weiter an einer gewohnten Rolle im Gewaltdreieck festzuhalten, ist man mit etwas Lebendigem und weniger Kontrollierbarem konfrontiert und muss ein neues Gleichgewicht finden.

Auch andere Menschen sollten mit ihren Gefühlen und Wahrnehmungen möglichst ernst genommen werden, und das auch dann, wenn man diese nicht nachvollziehen kann oder wenn sie den eigenen widersprechen. Es kann z. B. sein, dass Polarisierungen entstanden sind. Oder eine Person vermag eine Situation aufgrund früherer Erfahrungen oder weil sie weniger abspaltet, genauer gefühlsmäßig zu identifizieren als man selbst. Es gibt noch viele weitere Möglichkeiten, wie die Unterschiedlichkeit oder Fremdheit zustande kommt. Sind die angesprochenen Wahrnehmungen und Gefühle nicht mit abwertenden und verletzenden Äußerungen verbunden und werden vom Gegenüber keine Grenzen übertreten, so lohnt es sich in der Regel, gemeinsam die Ursachen der Verschiedenheit zu erforschen (Bei destruktivem Verhalten anderer hat wieder die Sorge um den eigenen Schutz Vorrang vor etwaigen Klärungen. Und eigenes, grenzüberschreitendes Handeln muss zunächst erkannt werden, um es dann beenden zu können.).

Darüber sprechen: Die Stärke, Verletzlichkeit und Verletzung zeigen zu können
Sprachlosigkeit und die Abspaltung von verletzlichen Gefühlen, Wahrnehmungen und Erfahrungen sind Indizien für das Vorliegen von Gewalt. Und Schweigen, Vergessen und Verleugnen stärkt die Täter(innen) (Herman 1994).

So wesentlich und zentral ist es deshalb, damit zu beginnen, in möglichst geschützter Umgebung über die eigenen Gefühle und Erlebnisse zu sprechen. Denn das ist folgenreiche Gewaltprävention.

Herman (1994, S. 11) erkannte in Bezug auf die Überlebenden sexualisierter Gewalt, die ihre Erfahrungen erstmals mitteilten, „...welche Macht darin liegt, das Unsagbare zu benennen...". Sie betont, „...welche kreativen Energien freigesetzt werden, wenn die Mauer aus Verleugnung und Verdrängung fällt." (ebd.).

Das trifft nicht nur auf die Situation der von massiver Gewalt Betroffenen, sondern auch auf die der – nicht oder weniger traumatisierten – HelferInnen zu: Welche (Eigen)Macht liegt darin, genauso diejenigen Tabus, Mythen, Normen, Spaltungen und Polarisierungen aufzulösen und über diejenigen Erfahrungen zu sprechen, die durch die Berührung der Gewalt entstanden sind und auch den UnterstützerInnen Verletzung, Druck, Angst, Scham, Ohnmacht ... bereiten können?

Jede und jeder Einzelne von uns hält mit ihren und seinen Gefühlen, Wahrnehmungen, Erfahrungen und Lösungen ganz einmalige, spezifische „Puzzleteile" in den Händen, die einen kleinen Teil der verstreuten, durch Spaltung und Polarisierung zerbrochenen Wahrheit ausmachen (Cameron 1993). Darüber achtungsvoll zu sprechen, bedeutet damit auch, diese Fragmente zu sammeln und zu versuchen, sie zusammenzufügen (ebd.). Und das wiederum stellt eine Chance zu etwas mehr „Heilung" für *alle* Beteiligten dar (ebd.).

Feministinnen praktizierten dies bereits sehr früh: In der Tradition der *politischen* Selbsthilfegruppen, in der über die *eigene* gefühlsmäßige Betroffenheit und die *selbst* erfahrene Gewalt und ihre Auswirkungen gesprochen wurde, lag eine besondere Kraft der neuen Frauenbewegung.

Auch heute unterstützen sich Menschen in diesem Sinne. Solch ein Austausch kann, wenn er gut gelingt, gegen Vereinzelung wirken, Gesetzmäßigkeiten und zu Grunde liegende (Gewalt-)Strukturen identifizieren, vor individualisierenden und verallgemeinernden Vorstellungen schützen und vor allem Ressourcen vermehren.

Doch nicht nur das „Private", auch das „Berufliche" und das „Informell-Soziale" (= die private Unterstützungsarbeit) ist politisch:

Auch für BegleiterInnen kann durch das *gegenseitige* (!) Teilen von Verletzlichkeit ein besonderer, kraftvoller Kontakt entstehen, der Veränderungen möglich macht. Zentral ist hier genauso das Eingeständnis, das Zugeben einer spezifischen, *eigenen* Betroffenheit.

Das bedeutet nicht, aus therapeutischen Gründen über mögliche erlebte Gewalt zu sprechen und ebenso nicht, indirekte Vorwürfe vorzutragen. Auch heißt es keinesfalls, über bereits „überwundene", vergangene Schwierigkeiten locker oder sogar abgeklärt und mit Empfehlungen zu berichten. Es ist im Gegenteil ein *aktuelles Wagnis*, das neben vorhandener Neugier und Lust auch genauso mit der Überwindung von Angst und Scham verbunden ist.

So braucht es Mut, wenn ich z. B. offenbare, wie ich vor etwas Angst habe, wie ich verletzt bin, wie ich etwas nicht oder noch nicht kann, wie ich in einer Gewaltdynamik feststecke, wie ich ohnmächtig bin, wie ich mich schuldig fühle, wie ich mich schäme, wie ich mich nicht professionell genug fühle (was immer das ist), wie ich zur Täterin werde, wie ich mich irre, wie ich jemanden gefährde, wie ich Versprechungen zurücknehmen muss...

Und es ist – auch wenn es eigentlich von Stärke zeugt – nicht einfach, wenn ich anderen zeige, wie große Wissenslücken ich habe, wie mir etwas peinlich ist, wie ich etwas abspalte, wie ich unbedarft erscheine, wie ich keinen Zugang bekomme, wie ich mich verwickle, wie ich etwas selbst noch nicht verarbeitet habe, wie ich etwas ganz und gar „Falsches" behaupte, wie ich unklar bin, wie ich suche, in eine emotionale oder gedankliche Sackgasse gerate, wie ich mich innerlich klein fühle und wie ich hilflos bin und große Fehler mache...

Die egalitäre, politische Dimension und seine Zielrichtung unterscheiden einen solchen Kontakt von dem in einer Aus- und Weiterbildung, Supervision oder reinen Selbsthilfegruppe. Es ist ein kreativer politischer Akt innerhalb eines Forums von Gleichgesinnten und kann die Basis von Weiterentwicklung und Veränderung und das Mittel zum vorsichtigen Herantasten, Identifizieren und wenn überhaupt möglich, sequentiellen Auflösen von Spaltungen sein.

Sich mit so viel Offenheit zu zeigen und anzuvertrauen, kann sich als große Chance, aber auch als erhebliche Gefahr erweisen. Um das Risiko, selbst zum Opfer von Abwertung und Diskriminierung zu werden, geringer zu halten, empfiehlt es sich, vorsichtig und behutsam mit sich und den anderen zu sein. Dazu gehört es auch, innerliche Warngefühle ernst zu nehmen und die Tragfähigkeit einer Beziehung schrittweise zu testen (= Sich nicht „wie eine HeldIn" ins mögliche „Verderben zu stürzen", ist auch Gewaltprävention.).

Voneinander lernen – statt Menschen zu benutzen oder zu kontrollieren
Menschen, die Traumatisierungen erfahren haben, sind mehr oder weniger ExpertInnen im Umgang damit: Sie müssen täglich in irgendeiner Form mit den Folgen zurechtkommen.

So kann man als ZeugIn und BegleiterIn für sich selbst, für eine zukünftige Unterstützungsarbeit bzw. als professionelle HelferIn insbesondere für den eigenen Beruf von ihrem Wissen und Können profitieren. Viele Erkenntnisse – z. B. Lösungswege, Methoden – kommen im Ursprung logischerweise von den Überlebenden selbst.

Es erscheint mir gut und richtig, im Kontakt voneinander gegenseitig zu lernen. Eine offene Anerkennung der Weisheit des Gegenübers unterstützt einen Ausstieg aus den polarisierten Opfer-RetterInnen-Rollen. Im Gegensatz etwa zu künstlich angewandtem Empowerment mit dem Ziel der Regulation (= „empowert zu *werden*") spiegelt sie Leben und hilft *allen* Beteiligten, ihre ursprüngliche Kraft und den Glauben an das eigene Können wiederzufinden.

Werden die wertvollen Erkenntnisse von Betroffenen aber nur angeeignet und genutzt und nicht als ihnen zugehörig gewürdigt, so besteht die Gefahr, dass sie erneut zum Objekt werden, dass sie funktionalisiert werden für die Zwecke Anderer, die sich z. B. mit der fremden Fähigkeit zur Selbsthilfe profilieren, damit manipulieren oder ihre Neugier stillen. Dazu gehören auch Publikationen und Forschungsinhalte – manchmal gerade solche, die scheinbar „NutzerInnen-orientiert" erscheinen. Um die Begleitung bzw. das Interesse der Überlebenden geht es dann nicht mehr oder nur sehr eingeschränkt.

Andere HelferInnen wiederum sind der generellen Überzeugung, dass Überlebende nicht etwas anderes, sondern weniger als sie selbst wissen und können. Deshalb hören sie ihnen erst gar nicht wirklich zu, sondern versuchen sie vor allem zu kontrollieren (= letztlich zu „steuern"). Dies mag bis zu einem gewissen Grad sogar gelingen, nach bestimmten Maßstäben erfolgreich sein. Es ist dennoch Gewalt und keine wirkliche Hilfe. Gewalthaltiges Handeln beginnt hier, wenn Menschen sich nicht vorstellen können bzw. letzten Endes nicht den Mut haben, im Kontakt mit Anderen immer auch etwas Neues, Überraschendes zu lernen.

Ob eine Person begleitet oder aber funktionalisiert und kontrolliert wird – dafür ist die ihr gegenüber eingenommene Haltung maßgeblich entscheidend. Trendsicher oder pflichtbewusst auf die Herkunft von Erkenntnissen hinzuweisen, schützt z. B. nicht vor einer Funktionalisierung. Es verschleiert diese womöglich sogar – wenn dem Gegenüber (innerlich) nicht wirklich eine achtungsvolle Haltung entgegengebracht wird. Man kann dann, manchmal auch nur sehr diffus, Indizien für das Vorliegen von gewalthaltigem oder gewalttätigem Handeln identifizieren.

Die Grenzen sind allerdings fließend. Natürlich geschehen auch auf der Basis einer wertschätzenden Beziehung mitunter entsprechende Grenzüberschreitungen, die es dann zu erkennen und zu klären gilt.

Genauso viel wie durch Ausbildung und Fortbildung, wahrscheinlich sogar mehr, habe ich von jenen Menschen gelernt, die ich begleitet habe oder denen ich begegnet bin. Je stärker ein adäquater egalitärer Kontakt möglich war, desto reicher konnten wir uns gegenseitig beschenken. Gleichzeitig war und bin ich, trotz meiner eher liebevollen und paritätischen Grundhaltung, nicht immer vor Kontroll- oder Funktionalisierungsprozessen gefeit.

5.4.2.5 Wo bitte finde ich den dritten Weg?

Im Umgang mit Gewalt ist es durchwegs sinnvoll, sich um Ruhe zu bemühen, statt immer schneller, hektischer und mehr an der Oberfläche zu agieren. Das beinhaltet auch, sich (wenn möglich) einen sicheren Raum zu schaffen, um vielleicht im kreativen und heilsamen Potenzial der Langsamkeit und manchmal des „Nichts-Tuns" neue – elementare, konstitutive und tief greifende – Lösungen finden zu können.

Einen „dritten Weg" zu entdecken, bedeutet zuerst einmal, sich mehr und mehr (so gut es eben geht), von einem bewertenden „Entweder-Oder" zu verabschieden. Vor allem Gefühle, aber auch persönliche Wahrnehmungen, Standpunkte und Lösungsideen dagegen sind auf die Reise ausdrücklich eingeladen – auch gerade, wenn sie noch unausgewogen und unklar sind.

Antworten können häufig nur innerhalb einer vertrauensvollen Beziehung gefunden werden – und das oft nur dann, wenn es zunächst einmal erlaubt ist, mehr unausgefüllte (= unbeantwortete) Weite zu schaffen und auszuhalten, Intuition zu nutzen, Irrwege zu gehen und sowohl mehr als auch weniger „kluge" (= aber stets bedeutungsvolle) Fragen zu stellen.

Diese Fragen sind parallel dazu zu nutzen, um gewalthaltige oder gewalttätige Inhalte und Strukturen zu identifizieren (z. B. um zu erkennen, wann man vielleicht doch wieder in der beschriebenen Dynamik gelandet ist...).

Wünsche ich mir etwas grundsätzlich Anderes als Gewalt, versuche ich das tief Gespaltene, Polare wieder zusammenzubringen. Pole sind zu entdecken durch intensive, emotionale (!) Beschäftigung zu den für die Beteiligten wesentlichen Fragen. Die sich widersprechenden Pole gilt es dabei nicht abzuspalten, sondern im Prozess immer wieder auch in die gemeinsame Mitte zu denken. Es lohnt sich, die eventuell in der Luft liegenden Polaritäten dabei durchaus überspitzt zu formulieren und gerade Selbstverständliches zu hinterfragen.

Beispiele für Eingangsfragen für professionelle BegleiterInnen...
– Rund um Macht, Hierarchie und Gleichheitsgedanken:
  Gewalt verschwindet nicht einfach, wenn man diesbezügliche Positionen und Strukturen abschafft, sie wird u. U. nur diffuser wahrnehmbar. Andererseits fördern hierarchische Strukturen Machtmissbrauch, sie verhindern u. U. ehrlichen Austausch und Kontakt.... So könnten interessante Fragen dazu sein: Wie sollten unsere Beziehungen zueinander aussehen? Wie müssen Strukturen aussehen, damit sie uns eher Halt geben, als dass sie uns begrenzen? Wie verhindern wir Machtmissbrauch? Können unsere Maßnahmen das verhindern? Was fehlt vom anderen Pol?
– Rund um Distanz und Empathie, Rollenaufteilungen und den Schutz der Betroffenen:
  Wie soll die Begleitungsbeziehung aussehen? Welche Haltung nehmen wir den KlientInnen gegenüber ein? Nach welchen Maßstäben regeln wir die Beziehung? Auf welche Weise verhindern wir Machtmissbrauch? Ist das damit zu verhindern? Was fehlt vom anderen Pol?
– Rund um Leistungen, Leistungsfähigkeit und persönliche Grenzen:
  Was ist für uns eine Leistung? Wonach bemessen wir Leistungen? Sind es „wertschützende" Leistungen? Woran richten wir die Inhalte aus? Was ist der Auftrag, den wir uns selbst gegeben haben? Wie lauten die Aufträge von außen? Was heißt Leistungsfähigkeit für uns? Was sind die Kriterien dafür? Gleichen wir sie mit den uns zur Verfügung stehenden Ressourcen ab? Wie und wodurch erfahren wir Anerkennung? Wie und wo-

durch grenzen wir uns ab? Inwiefern unterscheiden sich unsere Gedanken von den üblichen normativen Vorstellungen/strukturellen Vorgaben?
– Rund um das Thema Qualifikation:
Was bedeutet es für uns, qualifiziert zu sein? Oder anders ausgedrückt, was befähigt uns genau – im Detail – zu dieser (Begleitungs-)Arbeit? Wodurch werden wir hingegen zu ExpertInnen? Wird dies gesellschaftlich ausreichend wertgeschätzt? Was kann eine Qualifikation leisten? Was verhindern? Welche Motivationen leiten uns? Welche Ansprüche haben wir an uns? Sind sie zu erfüllen? Welche ethischen Vorstellungen haben wir dazu?
– Rund um das Thema Gesundheit:
Wie definieren wir Gesundheit und Krankheit? Wie Heilung? Was bedeutet es, geheilt zu sein? Wie gehen wir damit um?

Die gewählten Fragen der Beispiele kann man auf eine sehr sachliche, rationale Art und Weise abarbeiten. Das führt i. d. R. nicht zu einer tief greifenden Veränderung der eigenen Haltungen, Meinungen, Vorstellungen. Lässt man sich hingegen emotional auf eine entstehende gemeinsame Auseinandersetzung ein, wählt die für sich passenden Themen und Fragen und fokussiert immer wieder die Widersprüche, vermag es sehr spannend zu werden...

Mich fasziniert z. B. das Thema „Professionalität", da ich das Wort einerseits nicht mag (es macht mich wütend) und es andererseits, wie ich finde, zur Zeit von vielen Menschen sehr häufig und fast „beschwörend" verwendet wird.

Sprechen HelferInnen etwa davon, dass eine Person „professionell" ist oder handelt, weiß ich oft nicht, was sie damit genau meinen. Es scheint mehr zu bedeuten als nur das berufliche Ausüben einer Tätigkeit – sagt es doch irgendetwas über die Qualität der Leistungen und über zu Grunde liegende, anspruchsvolle Maßstäbe aus. Auf jeden Fall entsteht der deutliche Eindruck für mich, dass es *nie und nimmer* empfehlenswert ist, es *nicht zu sein*.

Heißt „professionell zu sein", sicher zwischen privaten Gefühlen und beruflichem Verhalten trennen zu können? Heißt es, viel (was?) zu wissen, die richtigen (welche?) Methoden und Diagnosen zu kennen und anwenden zu können? Heißt es, etwas gut unter Kontrolle zu haben? Drückt es einen möglichst weiten, klar definierten Abstand zu den Betroffenen aus? Heißt es, die eigenen Grenzen zu kennen? Heißt es, Distanz zu haben? Oder weniger verwundbar und verwickelbar zu sein? Heißt es, etwas bis zur Ruhe und Gelassenheit bearbeitet zu haben? Heißt es, so sehr aufpassen zu können, die eigenen Motivationen und Handlungen so genau überblicken und verstehen zu können, dass es gelingt, nicht zu verletzen? Heißt es, nicht selbst betroffen zu sein? Drückt es das Bedürfnis nach Klarheit aus? Heißt professionell zu sein, die eigenen Bedürfnisse hinter denen der Unterstützten zurückzustellen? Oder bedeutet es, per se eine andere Begleitung (wo liegen die Unterschiede genau?) oder gar in jedem Falle höherwertigere Hilfe anbieten zu können als informelle BegleiterInnen?

Das sind Vermutungen. Und was denke ich?

Vielleicht ist es „professionell", eine Kultur vertrauensvoller, egalitärer Verbindungen (weiter) zu entwickeln und wiederzuentdecken, die viel Raum für „normale" Verletzlichkeit lässt – jenseits von Kompetenzgerangel, Geltungsdrang und der Demonstration der eigenen Unfehlbarkeit und Perfektion.

Vielleicht ist es „professionell", dass ich weiß: Ich kann manches schon – und manches noch nicht. Vielleicht bin ich „professionell", wenn ich mich auf eine lebenslange Auseinandersetzung einlasse und damit aber auch riskiere, auf diesem Weg verletzbar zu sein.

Vielleicht bin ich besonders „professionell", wenn ich mich von dem, was ist, berühren lasse, mich den Tabus nähere, statt sie mit Sicherheitsabstand zu streifen oder allein aus der scheinbaren Vogelperspektive von oben zu analysieren und zu bewerten..., wenn ich mich berühren lasse *und versuche*, mich zu schützen *und* den nötigen Abstand zu halten *und* möglichst wenig abzuspalten... Und wenn mir klar ist: Ich bin auf jeden Fall beteiligt. Ich kann mich nicht einfach abtrennen, außen vor stellen. Ich lebe darin, bin verbunden, bin unausweichlich Teil davon.

...um den Kreis zu schließen: Zum Ende noch Worte, die Mut machen:
Weich ist stärker als hart.
Wasser ist stärker als Fels.
Liebe stärker als Gewalt.
(Hermann Hesse)

Literatur

Cameron, A. (1993). Töchter der Kupferfrau. Frauenfeld: Verlag im Waldgut.
Herman, J. (1994). Die Narben der Gewalt. Traumatische Erfahrungen verstehen und überwinden. München: Kindler Verlag.
Hoban, R. (2000). Das kleine Meerwesen. München: C. Bertelsmann Jugendbuch Verlag.
Karpman, St. (1968). Fairy Tales and Script Drama Analysis. Transactional Analysis Bulletin, 7 (26), 39-43.
Pross, Ch. (2009). Verletzte Helfer. Umgang mit dem Trauma: Risiken und Möglichkeiten, sich zu schützen. Stuttgart: Klett-Cotta.
Schlegel, L., Wandel, F. & Schibolski, B. (1993). Handwörterbuch der Transaktionsanalyse. Sämtliche Begriffe der TA praxisnah erklärt. Freiburg: Herder Verlag.
Weber, M. (1921/1984). Soziologische Grundbegriffe. Tübingen: Mohr (Siebeck).
Wisselinck, E. (1986). Hexen. Warum wir so wenig über ihre Geschichte erfahren und was davon auch noch falsch ist. München: Verlag Frauenoffensive.

Verzeichnis der Autorinnen und Autoren

Herausgeberinnen

Claudia Maria Fliß
Diplom-Psychologin und Psychologische Psychotherapeutin, Verhaltenstherapeutin in eigener Praxis, Ausbildung in Körperorientierter Psychotherapie, mehr als 20-jährige Erfahrung in der Arbeit mit traumatisierten Menschen, Autorin eines Fachbuches (Körperorientierte Psychotherapie nach sexueller Gewalt, 1992) und weiteren aktuellen Fachartikeln zu den Themen sexuelle Gewalt, Trauma und Dissoziative Störungen.

Claudia Igney
Sozialwissenschaftlerin (M.A.), seit 1991 in der Anti-Gewalt-Arbeit, Gesundheitsförderung und Forschung aktiv, bis 2002 Landeskoordinatorin des Interventionsprojektes gegen häusliche Gewalt in Mecklenburg-Vorpommern, Referentin, Fortbildnerin, Autorin, ehrenamtlich seit vielen Jahren tätig bei VIELFALT e.V., Information zu Trauma und Dissoziation, www.vielfalt-info.de.

Beide sind Herausgeberinnen des interdisziplinären „Handbuch Trauma und Dissoziation. Interdisziplinäre Kooperation für komplex traumatisierte Menschen" (2008, Pabst Science Publishers, Lengerich)

AutorInnen

Baphomet
Aussteiger, Programmierer

Thorsten Becker
Diplomsozialarbeiter und systemischer Supervisor, freiberuflich tätig in Supervision, Fachberatung und Beratung/Betreuung mit einer Spezialisierung auf die Problemfelder Kulte, Rituelle Gewalt, dissoziative Störungen und organisierte Gewalt gegen Kinder (www.BeckerTho.de).

Ira Bohlen
Diplom-Psychologin und Psychologische Psychotherapeutin, Verhaltenstherapie. Ausbildung in Psychotraumatologie und traumazentrierter Psychotherapie (ZPTN), Zertifikat "Spezielle Psychotraumatherapie DeGPT". Mitarbeiterin in einer psychiatrischen Institutsambulanz. Mehrjährige Erfahrung in der Arbeit mit komplex traumatisierten Men-

schen, mit Menschen mit dissoziativer Identitätsstruktur sowie Betroffenen von Ritueller Gewalt.

Rudolf von Bracken
Rechtsanwalt, Fachanwalt für Familienrecht, Büro für Kinderrechte und Opferschutz, Hamburg, www.anwaelte-spadenteich.de und www.opferschutz.net.

Bundesweite Austauschgruppe Betroffener
Wir sind eine Gruppe von Frauen, die Rituelle Gewalt oder andere Formen von extremer Gewalt erlebt haben.

Silvia Eilhardt
Aussteigerberaterin im Bereich Satanismus, Rituelle Gewalt, Rechtsextremismus beim Amt für Jugendhilfe und Schule, Abteilung Erziehungshilfe und Jugendförderung, Leiterin des Interdisziplinären Arbeitskreises Rituelle Gewalt im Kontext mit Satanismus, Fachberaterin für den Aufbau von Arbeitskreisen zum Thema Rituelle Gewalt/Satanismus.

Helga Erl
Dipl.-Biol., Dipl.-Psych., niedergelassen in verhaltenstherapeutischer Praxis. U.a. Ausbildung in Systemischer Einzel-, Paar- und Familientherapie, Klinische Hypnose, NLP. Gründungsmitglied des Arbeitskreises Psychotraumatologie Bremen. Langjährige Erfahrung in der Arbeit mit traumatisierten Menschen. Als Fachpsychologin für Rechtspsychologie BDP/DGPs langjährige Gutachtertätigkeit.

Jennifer Fliß
Geboren am 10.01.1984 in Braunschweig, Studentin der Psychologie an der Freien Universität Berlin, Diplomandin zum Thema "Trauma und Macht".

Dr. med. Sabine Gapp-Bauß
Biologin und Ärztin für Naturheilverfahren in eigener Praxis. Aus der langjährigen Erfahrung mit Menschen in schwierigen Lebenssituationen entstand ein ganzheitliches Konzept zur Stressbewältigung – insbesondere für Menschen mit Burnout, Trauma und Depression. Veröffentlichungen und Vorträge zu verschiedenen Gesundheitsthemen. Fortbildungen zum Thema Stress- und Selbstmanagement an Schulen. Buchveröffentlichungen: „Stressmanagement. Zu sich kommen statt außer sich geraten" (2008) und „Stressmanagement. Das Übungsbuch" (2004) www.gapp-bauss.de.

Micaela Götze
Diplom-Psychologin und Psychologische Psychotherapeutin, Verhaltenstherapeutin, seit 2002 in stationärer psychotherapeutischer Traumatherapie tätig. Ausbildungen in der Behandlung dissoziativer Störungen, EMDR-Therapeutin, weitere Ausbildungen in Biofeedback, körper- und kunsttherapeutischen Techniken.

Anna Hafer
Jahrgang 1970, Diplom-Sozialarbeiterin, seit 5 Jahren befristet voll erwerbsunfähig.

Astrid Jürgensen
Diplom-Sozialpädagogin, zertifizierte Transaktionsanalytikerin (CTA), Fachtherapeutin für Psychotherapie nach dem Heilpraktikergesetz, Supervisorin (DGSv). Seit über 20 Jahren im Leitungsteam der teilstationären Wohngruppen für Frauen mit Psychotraumatisierungen. Eigene Praxis für Supervision, Beratung, Fortbildung und Therapie.

Barbara Knorz
Diplom-Pädagogin und Hebamme, geboren 1972. Mehr als 10-jährige Erfahrung in der Begleitung und Unterstützung von Überlebenden sexualisierter Gewalt. Ehemalige Mitarbeiterin eines politisch orientierten Frauennotrufs und über 10 Jahre Arbeit in der Frauen- und Mädchenberatung. Geprägt durch Werte, Grundhaltungen und Erfahrungen in der feministischen Notrufarbeit.
Frühere Tätigkeiten im Bereich der Frauengesundheit, insbesondere der Prävention im Sinne der Förderung von Lebendigkeit und „Gesundheit" (z.B. im Rahmen der Hebammenforschung), Kinderschutzarbeit, Familienberatung.
Aktuelle Arbeitsfelder:
– Schwangerenberatung, Schwangerschaftskonfliktberatung
– Eigene Beratungsstelle „Sonnentropfen" – gemeinsam mit einer Kollegin – für Frauen in Belastungssituationen
– originäre Hebammenarbeit, spezialisiert auf die Begleitung bei Ängsten in der Schwangerschaft und traumatischen Geburtserfahrungen
– Mitarbeit bei Vielfalt e.V., Information zu Trauma und Dissoziation.

Gisela Krille
Diplom-Sozialpädagogin, Psychodrama-Leiterin, Fachtherapeutin für Psychotherapie nach dem Heilpraktikergesetz, Supervisorin DGSV, seit 1985 im Leitungsteam der Wohngruppen und in der ambulanten Betreuung von Lotta e.V. tätig. Freiberuflich tätig im Bereich Supervision, Fortbildung, Beratung und Therapie.

Dr. Anne-Kathrin Ludwig
geb. 1967, nach Medizinstudium in Marburg und Frankfurt a.M. Facharztausbildung im Fachgebiet Innere Medizin an Krankenhäusern in Bremen und Nienburg, seit 1999 in internistischer Praxis in Bremen, in eigener Niederlassung seit 2003 zunächst allein, seit 2003 in Gemeinschaftspraxis hausärztlich-internistisch tätig; Zusatzqualifikationen: Rettungsmedizin, psychosomatische Grundversorgung.

Eline Maltis
Hier könnte nun eine Anhäufung (ausgewählter oder relevanter) normativer, zeitgeschichtlicher und/oder kritischer Lebensereignisse aus annähernd vier Jahrzehnten folgen ... Biographie als Trapez zwischen den subjektiv gemeinten und den objektiv stattgefun-

denen, den sichtbaren, scheinbaren und un-heimlichen Leben ... Ich lass das mal. Dennoch sei erwähnt, dass ich mich auf vielfältige Weise in verschiedenen Kontexten mit dem Thema Rituelle Gewalt (und DIS/Dissoziation) befasse.

Melina
Betroffene

Silke Neumann
Diplom-Sozialpädagogin, Ausbildung in Gestalttherapie (HIGW), seit 1988 Mitarbeiterin in verschiedenen autonomen, feministischen Frauenprojekten gegen Gewalt an Frauen. Seit 2007 Mitarbeiterin der Therapeutischen Wohngruppen für Frauen mit Psychotraumatisierungen von Lotta e.V.

Manfred Paulus
Erster Kriminalhauptkommissar a. D., Autor von „Pädokriminalität weltweit" und „Frauenhandel und Zwangsprostitution, Tatort: Europa", erschienen im Verlag Deutsche Polizeiliteratur (VDP) Hilden.

Dr. Tanja Rode
Diplom-Politologin, Supervision (DGSv), Coaching, Beratung, Psychotherapie (HPG), Organisationsentwicklung, Moderation, Fortbildungen, Vorträge, Lehraufträge, Lehrsupervision. Mitherausgeberin von „Bube, Dame, König – DIS. Dissoziation als Überlebensstrategie im Geschlechterkontext", Tanja Rode/Wildwasser Marburg e.V. (Hg.), mebes&noack Köln 2009. Aktuell in Vorbereitung eines Kongresses „Indirekte Traumatisierung im Kontext professionellen Handelns – Anforderungen an Ausbildung, Berufspraxis und Supervision", Berlin 2011. www.tanja-rode.de.

Martina Rudolph
Fachärztin für Psychosomatische Medizin und Psychotherapie, Verhaltenstherapeutin, seit 2005 in stationärer psychotherapeutischer Traumatherapie tätig. Ausbildungen in der Behandlung von Traumafolgestörungen und dissoziativen Störungen sowie EMDR.

Sylvia Schramm
Jg. 68, Diplom-Psychologin, Psychologische Psychotherapeutin, Tiefenpsychologie/Psychodrama/Traumatherapie, Einzel- und Gruppentherapeutin in psychosomatischen Kliniken über 5 Jahre, seit 2000 eigene Praxis mit Schwerpunkt Behandlung von Komplextraumafolgen, seit 2002 Vorstandsfrau des Zentrum für Psychotraumatologie e.V. Kassel, Referentin der Jahresfortbildungen „FachberaterIn Psychotraumatologie" in Kassel und Hamburg zu Chronischen Traumatisierungen/DIS/Ritueller Gewalt/Diagnostik/Traumatherapie. Initiatorin des 1. deutschlandweiten AussteigsbegleiterInnen-Treffens MUT-NETZ im September 2010 in Kassel.

Lena Seidl

zog Ende 1998 von Bremen in die Niederlande, um am Konservatorium von Groningen und Rotterdam Musik im Hauptfach Klavier zu studieren. Sie bildete sich an der Universität von Amsterdam weiter in Musikwissenschaft und Philosophie, wo sie die philosophischen Fundamente des Produzierens, Reproduzierens und Erfahrens von Musik und Kunst untersuchte. Lena Seidl wohnt in Amsterdam und schreibt momentan bei Prof. Dr. Joseph Früchtl ihre Masterarbeit im Fach Philosophie von Kunst und Kultur.

Iris Alice Semsch

Diplompsychologin und Psychologische Psychotherapeutin, MAS in Palliative Care, Tiefenpsychologisch fundierte und gestalttherapeutische Ausbildung, Kinder- und Jugendlichenpsychotherapeutin (FPI), ausgebildete Supervisorin (FPI). Langjährige Fortbildungs- und Supervisionstätigkeit im psychoonkologischen/palliativen Bereich.
Ehrenamtlich mehrjährige zweite Landesvorsitzende Hospiz Bayern. Umfassende Ausbildung in der Behandlung dissoziativer Störungen und Psychotraumatherapie.
Seit über 10 Jahren Arbeit mit komplex Traumatisierten und PatientInnen mit dissoziativen Störungen. Stationäre Tätigkeit in der Klinik am Waldschlößchen in Dresden und in eigener Praxis mit Schwerpunkt komplexe und dissoziative Störungen.

Dr. med. Kornelia Sturz

Ärztin f. Psychiatrie/Psychotherapie, Fachärztin für Psychosomatische Medizin und Psychotherapie, Sozialmedizin, Spezielle Psychotraumatherapie (DeGPT), EMDR-Supervisorin (EMDRIA), Tiefenpsychologisch-fundierte Psychotherapie, Psychodrama, K. I. P., Psychotraumatherapeutin.
Praxis für Psychosomatische Medizin und Psychotherapie und Ärztliche Leitung und Geschäftsführerin der Klinik am Waldschlößchen. Über 10-jährige Erfahrung in der Arbeit mit traumatisierten Menschen, seit 1997 Aufbau einer TraumaSchwerpunktStation mit zunehmender Subspezialisierung auf dissoziative Identitätsstörungen. Autorin von 2 Kapiteln in Fachbüchern zum Thema stationäre Behandlung von Patientinnen mit chronisch-komplexer PTBS. Zahlreiche Vorträge zu den Themen Essstörungen, Posttraumatische Belastungsstörung, Dissoziative Identitätsstörung. Seit 10 Jahren Teilnahme an den Erfurter Psychotherapiewochen (vormals Weimarer Psychotherapiewochen) mit Seminaren über die Grundlagen und Behandlung der PTBS.

Monika Veith

Jahrgang 1946, Diplom-Sozialarbeiterin/Sozialtherapeutin
– ab 1971 Betreuung sozial- und suchtgefährdeter Kinder/Jugendlicher
– ab 1974 „Heilpädagogische Pflegestelle" für Kurz- und Langzeitbetreuung
– 1983 – 1996 Therapeutin im FTZ Bremen (Schwerpunkt: Einzel- und Gruppentherapie für Frauen, die sexualisierte Gewalt überlebt haben), ab Anfang 1989 auch mit multiplen Frauen und Kultüberlebenden
– ab April 1996 Einzelpraxis in Bremen

– 1994 Initiatorin und Mitbegründerin einer überregionalen SV-Gruppe und des Vereins VIELFALT e.V. (Bremen).

Angelika Vogler
Diplompädagogin, Fachtherapeutin für Psychotherapie nach dem Heilpraktikergesetz, Gestalttherapeutin (DVG), Traumatherapeutin, Supervisorin (DVG), seit 16 Jahren im Leitungsteam der Wohngruppen von Lotta e.V., eigene Praxis für Beratung, Coaching, Fortbildung und Therapie. Veröffentlichungen: Deistler/Vogler: Einführung in die Dissoziative Identitätsstörung. Therapeutische Begleitung von schwer traumatisierten Menschen. Junfermann, 2002/2005, Angelika Vogler/Lucia: „Ich wollte mich wie der Geist bei Aladin in Luft auflösen …", in: Angela May & Bundesarbeitsgemeinschaft für Prävention und Prophylaxe e.V.: Emotionale Gewalt. Verlag die Jonglerie, 2006.

Tamara Wiemers
geb. 1984, Studentin der Sozialarbeit.

Claudia Fliß, Claudia Igney (Hrsg.)

Handbuch Trauma und Dissoziation

Interdisziplinäre Kooperation für komplex traumatisierte Menschen

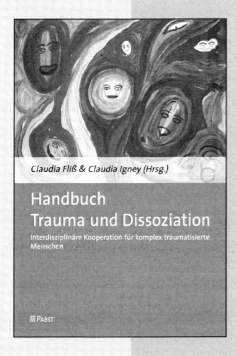

Das Handbuch zu Trauma und Dissoziation beinhaltet einen interdisziplinären Beitrag zu Komplextraumatisierungen und geht von einer breiten Basis von Ursachen, Traumafolgen und Unterstützungsmöglichkeiten aus. Die Beiträge sind von PraktikerInnen geschrieben und als Material für die Praxis gedacht. Das Zusammenwirken vieler Bereiche im Leben der Opfer erfordert eine interdisziplinäre Zusammenarbeit aller Professionen, die mit ihnen befasst sind, ob zu deren Unterstützung oder zur Strafverfolgung der Täter. Diese Zusammenarbeit muss immer wieder angeregt und weiter entwickelt werden. Dazu soll dieses Buch anregen.

PABST SCIENCE PUBLISHERS
Eichengrund 28
D-49525 Lengerich,
Tel. ++ 49 (0) 5484-308,
Fax ++ 49 (0) 5484-550,
pabst.publishers@t-online.de
www.pabst-publishers.de

384 Seiten, ISBN 978-3-89967-475-0
Preis: 30,- Euro

H. Küfner, M. Ridinger

Psychosoziale Behandlung von Drogenabhängigen unter Substitution (PSB-D)

Manual 2.0

332 Seiten, Preis: 40,- Euro
ISBN 978-3-89967-434-7

Dieses Therapiemanual (PSB-D) wurde im Rahmen einer wissenschaftlichen Studie zur Optimierung der substitutionsgestützten Behandlung entwickelt. Es umfasst sechs Komponenten: die Zielklärung, das Drogenmanagement, die soziale Situation, die psychische Situation, die sozialen Beziehungen sowie abschließend Bilanz und Ausblick. Schwerpunkte der Therapie sind eine Ressourcenorientierung und eine kognitiv orientierte Affektregulation. Das Therapiemanual besteht aus drei Teilen: Teil 1 ist ein allgemeiner Einführungstext in die Drogenabhängigkeit und in die Schwerpunkte der Therapie, die sich insgesamt an den Wirkfaktoren von Grawe orientiert, Teil 2 besteht aus den Checklisten mit einer genauen Strukturierung der einzelnen Sitzungen und Teil 3 besteht aus den Arbeitsmaterialien zur Durchführung mit den Patienten. In der wissenschaftlichen Studie wurde zwischen einer Basistherapie mit jetzt 18 Sitzungen und einer intensiveren indikativen Therapieform je nach Schweregrad mit zusätzlichen Sitzungen in den Bereichen Alltagsstrukturierung (3 Sitzungen), Ressourcenaktivierung (3 Sitzungen) und Interpersonelle Lösungsstrategien (5 Sitzungen) unterschieden.

Die drei Teile des Gesamtmanuals können auch unabhängig voneinander verwendet werden: So gibt Teil 1 eine generelle Einführung in die psychosoziale Therapie von Drogenabhängigen, Teil 2 hilft für die konkrete Strukturierung von Therapiesitzungen und die Arbeitsmaterialien als Teil 3 können auch frei in jeder Form der psychosozialen Therapie von Drogenabhängigen zum Einsatz kommen.

PABST SCIENCE PUBLISHERS
Eichengrund 28, D-49525 Lengerich, Tel. ++ 49 (0) 5484-308,
Fax ++ 49 (0) 5484-550, E-mail: pabst.publishers@t-online.de
Internet: www.psychologie-aktuell.com – www.pabst-publishers.de